De Yucatán a Chiloé

Dinámicas territoriales en América Latina

JULIO A. BERDEGUÉ Y FÉLIX MODREGO BENITO
(EDITORES)

De Yucatán a Chiloé

Dinámicas territoriales en América Latina

De Yucatán a Chiloé : dinámicas territoriales en América Latina / edición a cargo de Julio A. Berdegué y Félix Modrego Benito. - 1a ed. - Buenos Aires : Teseo; RIMISP, 2012.
620 p. ; 20x13 cm.
ISBN 978-987-1867-47-9
1. Desarrollo Territorial. 2. Desarrollo Rural. 3. América Latina. I. Berdegué, Julio A., ed. II. Modrego Benito, Félix, ed.
CDD 338.9

Buenos Aires, Argentina

ISBN 978-987-1867-47-9

Editorial Teseo

Hecho el depósito que previene la ley 11.723

Para sugerencias o comentarios acerca del contenido de esta obra, escríbanos a: **info@editorialteseo.com**

www.editorialteseo.com

Índice

Agradecimientos

Este libro es un resultado del programa colaborativo Dinámicas Territoriales Rurales coordinado por Rimisp-Centro Latinoamericano para el Desarrollo Rural, que se lleva a cabo a través de una red de socios en once países de América Latina. Agradecemos a todas las organizaciones socias que han puesto su capacidad y creatividad al servicio de las investigaciones incluidas en este libro: la Fundación Tierra (Bolivia); la *Universidade Federal do ABC*, la Universidad de San Pablo, la *Universidade Federal de Santa Catarina* y la *Universidade Federal de Recôncavo*, Bahía (Brasil); la Universidad de Los Andes (Colombia); el *Dansk Institut for Internationale Studier* (Dinamarca); la Universidad Andina Simón Bolívar, sede Ecuador, y la Universidad Nacional de Loja (Ecuador); la Fundación PRISMA (El Salvador); el *Centre de Coopération Internationale en Recherche Agronomique pour le Développement*, CIRAD (Francia); El Colegio de México y la Universidad Autónoma de Yucatán (México); el Instituto Nitlapán (Nicaragua); el *Natural Research Institute, University of Greenwich* (Reino Unido); la *University of Manchester* (Reino Unido); el Grupo de Análisis para el Desarrollo (GRADE) y el Instituto de Estudios Peruanos, IEP (Perú). Los editores también agradecen a Rimisp, centro que tuvo a cargo tres capítulos del libro.

El programa y este libro no serían posibles sin el generoso apoyo financiero del *International Development Research Centre* de Canadá. Los estudios realizados en Centroamérica contaron, además, con el apoyo del *New Zealand Aid Programme* del gobierno neozelandés.

Finalmente, un agradecimiento muy especial a María Cuvi Sánchez por su inteligente y comprometido trabajo de edición de este libro. Su esfuerzo ciertamente ha hecho una gran diferencia en el resultado final.

Los editores

Prefacio

Este libro presenta un conjunto de quince estudios territoriales realizados por investigadores y centros de investigación en nueve países de América Latina: México, El Salvador, Nicaragua, Colombia, Ecuador, Perú, Brasil, Bolivia y Chile. En todos los trabajos, se intenta responder una pregunta: ¿qué factores explican los casos, poco frecuentes en el continente, en los cuales se produce crecimiento económico con inclusión social y sostenibilidad ambiental en los territorios de América Latina?

El primer capítulo es un trabajo colectivo; sus autoras y autores elaboran una interpretación a partir de los resultados de los estudios empíricos, que aporta claves y recomendaciones de política territorial. En los restantes capítulos, se profundiza en la dinámica socioeconómica e institucional de cada territorio analizado.

Las investigaciones forman parte de un estudio regional que realizó Rimisp-Centro Latinoamericano para el Desarrollo Rural junto con sus socios en los países mencionados y con el respaldo del *International Development Research Centre* (IDRC-Canadá); estuvieron orientadas a aprender sobre los procesos de desarrollo territorial con inclusión social que han ocurrido en distintos países del continente. El resultado de estos estudios es lo que investigadores e investigadoras de Rimisp han denominado "una teoría de alcance medio", la cual permite comprender qué factores influyen cuando aparecen dinámicas territoriales virtuosas que apuntan al crecimiento, pero también al bienestar y la inclusión social. Las conclusiones de los estudios indican que la estructura productiva, la dotación de recursos naturales y los choques externos son determinantes en las oportunidades que se presentan, tanto para los territorios como para la gente que los habita. También lo son la capacidad de incidencia de los actores, los acuerdos, explícitos e implícitos, en torno al emprendimiento económico y la gestión de las instituciones. Es decir, la interpretación, visión y acción de los actores y su capacidad de intervención en sus contextos son los factores decisivos.

Desde la perspectiva de Rimisp, el desarrollo es más complejo que el logro de buenos resultados en materia del crecimiento del producto. Implica la ampliación de las capacidades de las personas a través de la expansión de sus libertades, para que puedan actuar y decidir sobre sus propias vidas. Esta es una tarea que requiere políticas económicas responsables, políticas sociales orientadas a la equidad y marcos institucionales adecuados. América Latina ha logrado importantes progresos: ha mejorado su desempeño en términos del crecimiento económico, de los indicadores de desarrollo humano, en la disminución de la pobreza y en la profundización de los procesos de paz y construcción democrática. Sin embargo, esta región tiene otra cara menos favorable: si se mira más allá de los promedios nacionales, se observa una enorme desigualdad en la distribución social y territorial del progreso, lo cual confirma que es la región más desigual del planeta. Se aprecia, además, que tal desigualdad está fuertemente asociada con la distribución de las oportunidades económicas, del emprendimiento, la dotación de activos, los recursos naturales y las capacidades que están localizadas en los territorios. Las regiones metropolitanas y las zonas con evidentes ventajas comparativas, por su dotación de recursos naturales, concentran mejores resultados económicos, pero en la vasta extensión de los territorios restantes se observa un sistemático rezago.

En este contexto, el planteamiento del desarrollo territorial constituye una poderosa palanca para combatir la desigualdad y aportar a un desarrollo económico y social inclusivo y ambientalmente sostenible en nuestros países. Constituye una alternativa que al permitir corregir las fallas de mercado y de acción pública contribuye a resolver las pérdidas de eficiencia económica que se producen al no utilizar, en plenitud, los activos de los territorios, así como los problemas de inclusión social que se derivan de las "trampas de desigualdad". Estas se producen por el hecho de que, aun habiendo nuevas oportunidades, segmentos importantes de la población no pueden aprovecharlas porque sus condiciones iniciales los sitúan al margen de las dinámicas competitivas e inclusivas.

Uno de los aspectos interesantes y novedosos de los estudios que se presentan en este libro es la perspectiva interdisciplinaria y colaborativa que los origina. Este es un trabajo colectivo que combina la reflexión teórica con los estudios de campo y el diálogo de políticas para examinar casos tan disímiles como el territorio semiárido de Cariri, en el noreste de Brasil, y la provincia andina de Tungurahua en el Ecuador. Los casos son presentados en el libro siguiendo un recorrido de norte a sur a lo largo de América Latina. Se comienza con un territorio de la península de Yucatán, al sur de México, hasta llegar al Archipiélago de Chiloé, en el sur de Chile.

Los quince territorios no fueron elegidos al azar. Se seleccionaron con base en un minucioso análisis estadístico de los cambios en el crecimiento económico, en la incidencia de pobreza y en la concentración del ingreso en 10.000 municipios de América Latina. Todos los casos contienen diversas dinámicas territoriales, diferentes resultados económicos, sociales y ambientales, y en casi todos los territorios ha habido crecimiento económico; en algunos, muy modesto, por cierto. Por este motivo, en las conclusiones de este libro no se responde a la pregunta acerca de qué factores hacen posible el crecimiento económico en los territorios rurales. Siendo el crecimiento económico el elemento en común, los casos varían significativamente en las transformaciones sociales y ambientales.

Durante los años 2009 y 2010, cada uno de los territorios fue estudiado en profundidad por una organización nacional, socia del programa Dinámicas Territoriales Rurales. En los estudios, se utilizaron métodos cuantitativos y cualitativos que estuvieron a cargo de especialistas de distintas disciplinas. En varios países, también se realizaron estudios sobre los sistemas de género en los mismos territorios, o acerca de la influencia del capital natural y de los servicios ecosistémicos sobre las dinámicas territoriales. Los equipos de trabajo funcionaron en red, de tal forma que los resultados parciales de cada uno ayudaban al conjunto a ir explorando nuevos ángulos de investigación o aplicando nuevas técnicas de análisis. En varios países, el trabajo de investigación fue acompañado de iniciativas de desarrollo de las capacidades de los actores territoriales, así como de incidencia en las políticas públicas.

El primer resultado intelectual de este enorme esfuerzo fue un centenar de informes y documentos de trabajo, todos los cuales están disponibles en la página web del programa: www.rimisp.org/dtr/documentos. Enfrentados a las restricciones férreas del número de páginas que todo libro impone, los editores han tenido la tarea, difícil e ingrata, de elegir una pequeña parte de toda esta producción intelectual, que supera ampliamente el millar de páginas, para dar forma a la obra que lectoras y lectores tienen ahora en sus manos. El esfuerzo final consistió en hacer una síntesis de este rico y diverso material, tarea que se acometió colectivamente, bajo la coordinación de un equipo de trece investigadores de siete centros de estudio en seis países de América Latina.

Esta publicación es nuestra forma de aportar a un desarrollo que valorice y active aquellas oportunidades que ofrecen los territorios para generar progreso y bienestar en los sectores que, sistemáticamente, son relegados, así como para extender las capacidades que tienen los territorios rurales para crecer, reducir la pobreza, mejorar la distribución del ingreso y poder, de esa manera, alcanzar la sustentabilidad económica, ambiental y social.

Claudia Serrano Madrid
Directora Ejecutiva de Rimisp,
Centro Latinoamericano para el Desarrollo Rural

Capítulo 1. Desarrollo territorial rural en América Latina: determinantes y opciones de política

Julio A. Berdegué,[1] Francisco Aguirre, Manuel Chiriboga, Javier Escobal, Arilson Favareto, Ignacia Fernández, Ileana Gómez, Félix Modrego, Pablo Ospina, Eduardo Ramírez, Helle Munk Ravnborg, Alexander Schejtman, Carolina Trivelli

1. Introducción

La aspiración de que las regiones rurales latinoamericanas logren el crecimiento económico, la inclusión social y la sustentabilidad ambiental, simultáneamente, es la que ha motivado las estrategias y políticas públicas, así como la acción de muchos agentes, públicos y privados, desde hace muchos años.

A pesar de los avances desde fines de la década de 1990, las desigualdades económicas y sociales están muy enraizadas en América Latina.[2] Son causa y efecto de las enormes diferencias de poder entre grupos dentro de nuestras sociedades. En la mayoría de los países de la región, el 10% más rico de la población concentra más de la mitad del ingreso total, mientras que el 20% más pobre recibe menos del 5% de dicho ingreso. Los índices de

---

1 Este capítulo se basa en textos elaborados por un grupo de trabajo integrado por los socios del Programa Dinámicas Territoriales Rurales, que son coautores y coautoras. Agradecemos a Ricardo Fuentealba, Mariela Ramírez y Rodrigo Yáñez, asistentes de investigación, por el procesamiento de la información contenida en los informes de los proyectos del programa. Agradecemos los comentarios de: Anthony Bebbington, Merle Faminow, Luis Marambio, Annalisa Mauro, José Antonio Mendoza, Susan Paulson, Edelmira Pérez, Francisco J. Pichón, Felicity Proctor, Julian Quan, María Angélica Ropert, Vera Schattan, Claudia Serrano, Octavio Sotomayor, Pim Verhallen y Stephen Vosti. Agradecemos los aportes de las personas que participaron en el Taller de Coordinadores de Proyectos del Programa de Dinámicas Territoriales realizado en Santiago de Chile, en octubre de 2010. Agradecemos el inteligente y riguroso trabajo de edición del borrador final de este capítulo, a cargo de María Cuvi S. Este capítulo y los trabajos en que está basado son los resultados del Programa Dinámicas Territoriales Rurales, coordinado por Rimisp-Centro Latinoamericano para el Desarrollo Rural (www.rimisp.org/dtr) y financiado por el *International Development Research Centre* (IDRC, Canadá), el Programa de Cooperación al Desarrollo de Nueva Zelanda, y el Fondo Internacional de Desarrollo Agrícola (FIDA).

2 Así lo sostienen, por ejemplo, De Ferranti *et al.* (2004); la CEPAL (2010); el PNUD (2010); Lustig, López-Calva y Ortiz-Juárez (2011).

Gini del ingreso per cápita van desde el 0,42 de Perú o el 0,43 de Uruguay, al 0,57 de Brasil o el 0,59 de República Dominicana. Aun nuestros países con las mejores distribuciones del ingreso son campeones en las grandes ligas mundiales de la desigualdad.

La hipótesis subyacente que justifica el programa Dinámicas Territoriales Rurales es que las desigualdades socioeconómicas en América Latina tienen un componente territorial, diferente y adicional a las desigualdades que se manifiestan entre personas, hogares y grupos sociales. En Chile, en el año 2002, hubo municipios con un ingreso per cápita de 975 mil pesos y otros con solo 66 mil (Modrego, Ramírez y Tartakowsky 2008). La provincia de Jorge Basadre, en Perú, tuvo un gasto per cápita promedio de 710 soles en 2007, que supera en 5,2 veces al de la provincia de Churcampa (Escobal y Ponce 2008). En 2005, el ingreso per cápita de la población de San Pedro Garza García, en México, fue 24 veces mayor que el de Acatepec (Yúnez Naude *et al.* 2009). En contraste, en Canadá la diferencia del ingreso per cápita entre los municipios más ricos y los menos ricos es aproximadamente de 1,5 veces (Olfert *et al.* 2011). También existen brechas territoriales en las tasas de pobreza; los rangos van del 52% hasta casi cero en los municipios de Chile; del 92 al 8% en las provincias del Perú; y del 99% a cero en los municipios de México. Asimismo, son notables las diferencias territoriales en la concentración del ingreso; los índices Gini del ingreso per cápita varían entre 0,76 y 0,36 en los municipios de Chile; en las provincias del Perú entre 0,41 y 0,25; y en los municipios de México entre 0,7 y 0,2.

> Como ha señalado recientemente la CEPAL (2010, 131): "Estas brechas relativas a la productividad y la sociedad tienen sus mapas, es decir, se plasman en la segmentación territorial y, a la vez, se nutren de ella. Esa segmentación implica que tanto en cada uno de los países como en la región en su conjunto el lugar de residencia de una persona determina en buena medida su condición socioeconómica".

También hay diferencias territoriales en la sustentabilidad ambiental de los procesos de crecimiento y desarrollo, que no tienen que ver solamente con la fragilidad y resiliencia de los diferentes ecosistemas. Importan las diferencias en los incentivos y la capacidad de las sociedades para conservar el ambiente en los diferentes territorios de un país.

Dada esta desigualdad espacial, no debería sorprendernos que las políticas generales -económicas, sectoriales, ambientales, sociales- tengan efectos territorialmente diferenciados. Además, si existe desigualdad espacial, algunos territorios tendrán mayor capacidad para aprovechar las oportunidades de desarrollo, sean estas de mercado o de política pública.

Es por ello que en la región cada vez se presta más atención a los enfoques territoriales del desarrollo.[3] Muchas iniciativas de desarrollo rural con enfoque territorial han sido diseñadas desde una perspectiva normativa.[4] En estos casos, la discusión intelectual y política se centra en las estrategias, objetivos, métodos e instrumentos para diseñar y gestionar políticas y programas de desarrollo territorial. Por lo general, tales propuestas, luego de constatar las brechas territoriales, derivan en un objetivo político: lograr mejores equilibrios territoriales. En dichas propuestas, se enfatizan diversas combinaciones de políticas e instrumentos de dos tipos: aquellos orientados a movilizar las capacidades endógenas de los territorios, y los dirigidos a transferir recursos y realizar inversión pública en favor de los territorios rezagados.

Las organizaciones que participamos en el programa Dinámicas Territoriales Rurales abordamos el tema con un interés normativo, pero desde una perspectiva analítica y empírica. Nuestro punto de referencia son los territorios que han logrado un crecimiento económico con inclusión social y con sustentabilidad ambiental. Para proponer qué hacer, tratamos de entender qué está pasando y, sobre todo, por qué ciertos territorios tienen dinámicas de desarrollo más exitosas en los ámbitos económico, social y ambiental.

Este capítulo está organizado en cinco secciones, además de esta introducción. En la siguiente, revisamos la literatura sobre la relación entre crecimiento, pobreza, desigualdad y sustentabilidad

---

3 Ver por ejemplo: Abramovay (2000); Da Veiga (2000); Echeverri y Ribero (2002); Echeverría (2003); Schejtman y Berdegué (2003); De Janvry y Sadoulet (2004); De Ferranti *et al.* (2005); Banco Mundial (2007).

4 Las propuestas del BID (2005); del IICA y MDA (2006); de la CEPAL (2010); del Ministerio de Coordinación de la Producción, Empleo y Competitividad del Ecuador, MCPEC (2010); de México (2011) y de Echeverri y Sotomayor (2010).

ambiental, y sobre la expresión territorial de dicha relación. En la tercera, constan el método y las fuentes de información en las que se basa este trabajo. En la cuarta, iniciamos la presentación de resultados con los referidos a la desigual distribución espacial del crecimiento económico, la reducción de la pobreza y la reducción de la concentración del ingreso, para continuar en la siguiente sección con una propuesta sobre los factores que, a nuestro juicio, determinan dicha distribución espacial. Concluimos el capítulo con una sección sobre implicaciones de política.

2. Elementos conceptuales

En el programa Dinámicas Territoriales Rurales nos planteamos tres preguntas:

a) ¿Existen en América Latina territorios rurales que estén creciendo económicamente con inclusión social y con sustentabilidad ambiental?
b) ¿Qué factores determinan las dinámicas territoriales exitosas, es decir, aquellas cuyo resultado ha sido el crecimiento económico con inclusión social y sustentabilidad ambiental?
c) ¿Qué se puede hacer desde la política pública, pero también desde otros espacios de acción pública, para estimular y promover este tipo de dinámicas territoriales?

Sabemos bastante sobre la relación entre crecimiento económico y reducción de pobreza; en los últimos 15 años, varios países de América Latina han establecido políticas e instituciones que han logrado -al menos parcialmente- estos objetivos bajo diferentes contextos. Sabemos que sin crecimiento económico, no es posible reducir significativa y permanentemente la pobreza, y que el crecimiento económico sin políticas públicas adecuadas y activas pierde eficacia como instrumento reductor de pobreza.

Sabemos menos y no hay consenso político sobre la relación entre crecimiento económico, pobreza y distribución del ingreso. Hay quienes continúan afirmando lo propuesto por Kuznets: para distribuir, primero hay que crecer, teoría que ha sido cuestionada desde hace 20 años por numerosos autores.[5] Hay evidencia de que en los países en desarrollo los niveles extremos de desigualdad reducen el potencial de crecimiento (Deininger y Olinto 2000); que la concentración del poder político asociada a la inequidad social da como resultado políticas de desarrollo subóptimas desde el punto de vista de la eficiencia económica (Acemoglu, Johnson y Robinson 2001); que la desigualdad reduce el impacto del crecimiento sobre la pobreza (Bourguignon 2004); que la desigualdad de oportunidades (el acceso desigual a los activos) es más perjudicial aun que la desigualdad en la distribución del ingreso (Birdsall y Londoño 1997); que la interacción entre fallas de mercado y acceso desigual a los activos es particularmente dañina para las oportunidades de crecimiento (Bardhan 1984; Carter y Zimmerman 2000); que en las sociedades desiguales las élites tienen una influencia desmedida en los procesos políticos y en las instituciones, de tal forma que estas tienden a reproducir la desigualdad (De Ferranti *et al.* 2004; Banco Mundial 2005). En definitiva, que la autorretroalimentación de las instituciones y políticas causantes de la inequidad puede llegar al extremo de colocar a la sociedad en verdaderas trampas de pobreza y trampas de desigualdad (Bourguignon, Ferreira y Walton 2007; Tilly 1998). También sabemos que la desigualdad puede reducirse a través de cambios estructurales provocados por el crecimiento económico, de presiones institucionales externas o de movilizaciones sociales y acciones colectivas apoyadas, a veces, en esfuerzos reformistas de agentes del Estado (Bebbington *et al.* 2008).

Si a la ecuación le agregamos la dimensión ambiental, la complejidad del problema aumenta considerablemente. Algunos autores como Grossman y Krueger (1995) y Brock y Taylor (2010) han propuesto una Curva de Kuznets Ambiental: se perdería sustentabilidad cuando el país tiene bajos niveles de ingreso, pero una vez que se llega a algún umbral de PIB per cápita, se comenzaría a ganar sustentabilidad. Vosti y Reardon (1997) argumentan que, en el largo plazo, los objetivos de crecimiento, reducción de la pobreza y sustentabilidad son compatibles, pero que "dichas complementariedades pueden tardar generaciones

---

[5] Entre otros: Sen (1992 y 2000); Alesina y Rodrik (1994); Deininger y Squire (1996); Bourguignon, Ferreira y Lustig (1998); Bourguignon, Ferreira y Leite (2002).

en manifestarse; para entonces, muchos recursos naturales se habrán perdido y muchos millones se habrán alimentado mal" (p. 2, traducción libre). De existir dicha Curva, operaría en plazos que la hacen social y políticamente inaceptable como mecanismo de solución del conflicto entre objetivos. Arrow *et al.* (1995) nos recuerdan que muchas veces es la población de pobres o son los países en desarrollo quienes deben soportar los costos de las reformas institucionales que hacen posible reducir el conflicto entre crecimiento y ambiente.

Una teoría con más respaldo mediático que evidencia empírica es aquella que indica que hay un "círculo vicioso" entre pobreza y deterioro ambiental. Reardon y Vosti (1997) analizan con detenimiento este modelo y señalan que al menos cinco grupos de argumentos permiten cuestionar o relativizar su validez; varios de los argumentos adelantados por estos autores nos remiten a las condiciones sitio-específicas de la pobreza ambiental y de los factores (incluyendo las instituciones) que median entre ambos. En esta misma línea, Escobar y Swintton (2003) y Ravnborg (2003) concluyen que no hay evidencia para sostener que existe una relación causal entre mayor pobreza y mayor deterioro ambiental en diferentes países y regiones rurales de América Latina.

En abundante literatura se argumenta que la desigualdad contribuye al deterioro ambiental. Autores como Boyce (2003) postulan que cuando quienes se benefician del deterioro ambiental tienen mayor poder que quienes sufren las consecuencias, el resultado será una menor protección del ambiente. Magnani (2000), después de analizar los datos a nivel de país, concluye que existe una relación inversa entre desigualdad e inversión pública en protección ambiental. Desde la economía política, Kempf y Rossignol (2005) analizan esta relación en el contexto de economías en crecimiento; su conclusión es que a mayor desigualdad en la distribución del ingreso, un menor número de votantes pobres apoyará políticas de conservación ambiental; más bien tenderán a preferir políticas procrecimiento económico.

Aproximándonos al problema empíricamente, el resultado de cualquier análisis detallado de los cambios en la actividad económica, la inclusión social y la sustentabilidad ambiental a escala de los territorios rurales será un fragmentado mosaico de tipos de dinámicas. Comprender los patrones y regularidades ocultas en esta heterogeneidad no es cosa fácil cuando carecemos de una teoría que ayude a interpretar esta desafiante realidad.

Contamos con la Nueva Geografía Económica. A partir de un conjunto de causalidades circulares donde las variables clave son los costos de transporte, las economías de escala y el acceso a los mercados, se sostiene que la fuente de la heterogeneidad espacial del desarrollo es el proceso de aglomeración de la actividad económica (Krugman 1995; Redding y Venables 2004). Una reciente aplicación de este cuerpo teórico a los problemas del desarrollo es el informe *Reshaping Economic Geography* (Banco Mundial 2009); ha sido muy criticado, porque postula que el mejor equilibrio de largo plazo se logra eliminando todos los obstáculos a la integración de los mercados y a la densificación o aglomeración de las actividades económicas. Más allá de la discusión que esta propuesta genera, lo cierto es que no es una teoría del cambio rural a escala territorial.

Puede ser que la dotación de recursos naturales o la localización confieran ventajas a un territorio en cuanto a su potencial de crecimiento económico (Sachs 2001; Blum 2003). De hecho, algunos estudios del programa confirman que hay grandes diferencias en capital humano, infraestructura y características geográficas entre territorios que reducen pobreza y aquellos que no lo hacen (Escobal y Ponce 2011). No obstante, la evidencia empírica y los estudios recientes demuestran que el concepto de ventajas comparativas derivadas de una mayor dotación de recursos naturales e infraestructura, o de proximidad a los mercados, no es suficiente para explicar el crecimiento económico con inclusión social y sustentabilidad ambiental (North 2005; Rodrik 2003). Entendemos que los efectos distributivos del crecimiento y sus relaciones con los ecosistemas y los recursos naturales están relacionados con los marcos institucionales bajo los cuales ocurren los procesos de desarrollo. Y, además, que las instituciones que están vigentes en una sociedad determinada no son fruto del azar ni de una mano invisible, sino construcciones sociales; en su gestación, tienen un papel importante las relaciones entre actores y grupos sociales, tal como concuerdan teóricos de distintas disciplinas y tradiciones.[6]

Los especialistas en desarrollo territorial también han generado algunas propuestas sobre los factores que son necesarios para estimular los procesos de crecimiento con inclusión social y sustentabilidad ambiental. La OECD (2005) apunta a factores que determinan el nivel de producción (capitales físico y humano, así como cambio técnico), la eficiencia de las empresas, recursos como las leyes, las políticas y las regulaciones, y los niveles de cohesión social y de emprendimiento. La Comisión Europea, a través de su programa LEADER, propuso una serie de principios (Observatorio Europeo LEADER 1999) agrupados en el concepto de competitividad territorial descompuesta en cuatro dimensiones: competitividad social, competitividad económica, competitividad ambiental y localización en el contexto global. Echeverri y Sotomayor (2010) reseñan la experiencia iberoamericana de desarrollo territorial enfocando su análisis en la gestión territorial, es decir, en la política pública más que en los procesos de cambio en los territorios y sus determinantes.

En síntesis, carecemos de un modelo que permita responder convincentemente la pregunta principal del programa: ¿por qué algunos territorios rurales en América Latina presentan un crecimiento económico con inclusión social y sustentabilidad ambiental? Nuestra propuesta es avanzar hacia una "teoría de alcance medio" (Merton 1949), es decir, hacia un conjunto de conceptos derivados de análisis empíricos, que permitan interpretar y explicar las dinámicas de territorios específicos y, con esa base, dialogar con las estrategias y políticas públicas. Esta teoría o modelo operacional que aspiramos construir se sustenta en teorías y conceptos de la economía, la sociología, la ciencia política, la geografía y otras ciencias sociales. Eso sí, no pretende ser una teoría general con capacidad predictiva.

---

6 Por ejemplo, North (2005); Acemoglu y Robinson (2006); Fligstein (2001); Mahoney y Thelen (2010); y Rodrik (2011).

3. Método

El programa se inició con la hipótesis de que las relaciones entre actores sociales, instituciones y activos en los territorios determinan las dinámicas de desarrollo territorial y sus efectos en términos de crecimiento económico, inclusión social y sustentabilidad ambiental (Rimisp 2008). Los territorios cuyas dinámicas presenten crecimiento con inclusión social y sustentabilidad ambiental serían aquellos donde los actores sociales han construido instituciones que favorecen determinadas distribuciones y usos de los activos tangibles e intangibles.

Una lectura superficial de la hipótesis podría llevarnos a pensar que las dinámicas territoriales y sus efectos están determinadas, exclusivamente, por lo que sucede en el interior del territorio. Postulamos, sin embargo, que las grandes tendencias económicas, políticas, culturales, ambientales, intensificadas por la globalización, reducen la autonomía de los territorios. Las sociedades despliegan un abanico acotado de opciones en los territorios en medio del cual lo rural está cada vez menos determinado por reglas propias, diferentes de las que estructuran el desarrollo general. En varios estudios de casos de este libro, constatamos que las dinámicas territoriales están fuertemente influenciadas -y a veces, determinadas- por *shocks* externos, cuya naturaleza puede ser económica, político-institucional y ambiental.

Sin embargo, dos razones nos llevan a postular que las condiciones internas influyen en los patrones de desarrollo, y que los territorios no son meras veletas que giran en la dirección en la que sopla el viento. En primer lugar, si bien la mayoría de los *shocks* exógenos descritos en los estudios de caso afectan simultáneamente a muchos territorios, incluso a veces a todos en un país, pueden diferenciarse los impactos que provocan en diferentes territorios, así como las respuestas que emergen de ellos: frente a una misma acción, hay muy diversas reacciones. En segundo lugar, constatamos la existencia de casos exitosos de desarrollo territorial donde no esperábamos éxitos, y de dinámicas no exitosas donde esperábamos mejores resultados económicos, sociales y ambientales. Así, las dinámicas no son la simple expresión de un territorio que posee más recursos naturales, o mejor infraestructura o servicios, o una localización privilegiada.

La respuesta a la pregunta acerca de por qué un territorio tiene una dinámica más o menos exitosa, por lo tanto, no depende solamente de lo que pasa en su interior, sino también de cómo los territorios interactúan con su entorno. Lo que las sociedades locales pueden construir es la capacidad y el poder de interactuar con el desarrollo general o, si se quiere, con la globalización. Al inicio del programa, supusimos que tal capacidad y poder dependerían de las instituciones, de los actores sociales y de los activos que se construyan o movilicen territorialmente (Rimisp 2008).

Dentro del programa, adoptamos una estrategia de aproximaciones sucesivas para responder las tres preguntas de investigación. En la primera etapa, analizamos los cambios en el ingreso o el consumo per cápita, la incidencia de la pobreza y la distribución del ingreso o del consumo per cápita, en el período comprendido entre los dos últimos censos de población de cada país. Analizamos 10.000 municipios usando microdatos de 400 millones de personas en 11 países; en cada uno, lo hicimos en dos momentos. En todos los países, usamos el mismo método (*Small Area Estimates* de Elbers, Lanjouw y Lanjouw 2003) y las mismas fuentes (censos nacionales de población y encuestas nacionales de hogares que incluyen mediciones de ingreso o consumo), excepto en el caso de Brasil, el cual se basó en mediciones directas del ingreso de los hogares contenidas en los censos demográficos de dicho país (Favareto y Abramovay 2009).

En la segunda etapa, exploramos las dinámicas de cuatro territorios: Santo Tomás en Nicaragua; Tungurahua en Ecuador; Cuatro Lagunas en Cuzco, Perú; y Chiloé en Chile.[7] En estos

[7] Estos cuatro estudios forman parte de este volumen bajo los siguiente títulos: *La inversión lechera: una gota que no se expande. El territorio de Santo Tomás en Nicaragua*, cuyas autoras son Ligia Ivette Gómez y Helle Munk Ravnborg; *Tungurahua rural, Ecuador: el territorio de senderos que se bifurcan*, cuyos autores y autoras son Pablo Ospina Peralta, Marcela Alvarado, Wladymir Brborich, Gloria Camacho, Diego Carrión, Manuel Chiriboga, Rosario Fraga, Patric Hollenstein, Renato Landín, Ana Isabel Larrea, Carlos Larrea, Paola Maldonado, Silvia Matuk, Alejandra Santillana y Ana Lucía Torres; *Intervenciones de actores extraterritoriales y cambios en la intensidad de uso de los recursos naturales: el territorio de Cuatro Lagunas en Cuzco, Perú*, cuyos autores y autora son Javier Escobal, Carmen Ponce y Raúl Hernández Asensio; y *La industria acuícola del salmón en Chiloé, Chile: del crecimiento económico al desarrollo sostenible*, cuyos autores y autora son Eduardo Ramírez, Félix Modrego, Rodrigo Yáñez y Julie Claire Macé. De aquí en adelante, citaremos únicamente los nombres del territorio y del país.

estudios de caso, que comenzaron a mediados de 2008 y terminaron a fines de 2009, probamos y afinamos las preguntas de investigación, las hipótesis y los métodos, además de que construimos el sistema de colaboración interproyectos. En la tercera etapa de aproximación sucesiva, realizamos 15 estudios de caso en igual número de territorios en 11 países.[8] Comenzamos hacia mediados de 2009 y concluimos a fines de 2010.

Reuniendo los proyectos de la segunda y tercera etapas, la evidencia proviene de 19 territorios en 11 países (cuadro 1.1). Estos territorios fueron elegidos a partir de los datos de *Small Area Estimates* y luego de una discusión en profundidad. Primero decidimos concentrarnos en territorios que tuvieran algún grado significativo de crecimiento económico.[9] Dentro de ese subconjunto, buscamos luego diferencias en los cambios, tanto en la incidencia de pobreza como en la distribución del ingreso o del consumo. La lista de alrededor de 75 territorios fue analizada por los equipos en los 11 países buscando casos que ilustraran dinámicas rurales importantes en toda América Latina, y donde estuvieran representadas diferentes situaciones de crecimiento con mayor o menor grado de inclusión social. Los que elegimos corresponden, por lo tanto, a estudios de casos, y no son una muestra representativa de los territorios de la región. Esta decisión de combinar crecimiento con diferentes resultados con respecto a la inclusión social y la sustentabilidad ambiental restringe el uso de dichos resultados para analizar territorios con estancamiento o regresión económica. Una vez elegidos los casos, determinamos en terreno y haciendo uso de fuentes secundarias y de entrevistas a informantes calificados si la dinámica territorial era o no ambientalmente sustentable.

---

8 Se realizaron, además, seis investigaciones sobre los sistemas de género y las dinámicas territoriales rurales, cuyos resultados aparecerán publicados en otro libro, en preparación, bajo la dirección de Susan Paulson.

9 Cuando los estudios estaban avanzados verificamos que en los territorios de Nicaragua no había habido crecimiento económico.

Cuadro 1.1. Territorios estudiados en el programa Dinámicas Territoriales Rurales

Territorio	País	Descripción física		
		Tamaño (km^2)	**Población total**	**Ruralidad (oficial) %**
Villamontes	Bolivia	10.922	23.765	32
Cariri Paraibano	Brasil	7.075	167.428	28
Litoral Centro-Sur y Litoral Centro-Norte de Santa Catarina	Brasil	1.272	510.581	9
Valle de Jiquiriçá	Brasil	12.462	317.054	46
Chiloé Central	Chile	3.412	79.000	48
Secano de O'Higgins	Chile	2.153	20.000	80
Municipios de Susa y Simijaca	Colombia	217	20.799	50
Provincia de Loja, subregión de Cariamanga (cafetalera)	Ecuador	2.705	71.017	78
Provincia de Loja, subregión de Pindal/Alamor (maicera)	Ecuador	724	20.709	68
Provincia de Tungurahua	Ecuador	3.369	426.400	59
Ribera norte del humedal Cerrón Grande	El Salvador	515	66.782	57
Cuenca Ostúa-Güija (suroriente del país, departamentos de Jutiapa y Jalapa)	Guatemala	924	102.693	61
Olancho	Honduras	1.009	28.329	60
Tlacolula - Ocotlán, valles Centrales de Oaxaca	México	3.930	124.298	62
CHAH (sur-centro del estado de Yucatán)	México	689	32.559	21
Macizo de Peñas Blancas	Nicaragua	422	26.737	100
Zona lechera de Santo Tomás	Nicaragua	1.690	37.206	50
Cuatro Lagunas	Perú	619	21.526	50
Jauja	Perú	2.130	88.926	30
Valle Sur-Ocongate	Perú	2.167	70.900	63

Cuadro 1.1. Territorios estudiados en el programa Dinámicas Territoriales Rurales *(continuación)*

Territorio	País	Dinámica			
		¿Aumentó el ingreso o el gasto per cápita?	¿Se redujo la pobreza?	¿Mejoró la distribución del ingreso o gasto?	¿La dinámica parece ambientalmente sustentable?
Villamontes	Bolivia	Sí	Sí	-	Sí
Cariri Paraibano	Brasil	Sí	Sí	Sí	-
Litoral Centro-Sur y Litoral Centro-Norte de Santa Catarina	Brasil	Sí	Sí	Sí	Sí
Valle de Jiquiriçá	Brasil	Sí	Sí	Sí (con sectores en que no)	-
Chiloé Central	Chile	Sí	Sí	Sí	No
Secano de O'Higgins	Chile	Sí	Sí	No	No
Municipios de Susa y Simijaca	Colombia	Sí	Sí	Sí	-
Provincia de Loja, subregión de Cariamanga (cafetalera)	Ecuador	Sí	Sí	Sí	-
Provincia de Loja, subregión de Pindal/Alamor (maicera)	Ecuador	Sí	Sí	No	No
Provincia de Tungurahua	Ecuador	Sí	Sí	Sí (con sectores en que no)	-
Ribera norte del humedal Cerrón Grande	El Salvador	Sí	Sí	No	-
Cuenca Ostúa-Güija (suroriente del país, departamentos de Jutiapa y Jalapa)	Guatemala	Sí	Sí	Sí	-
Olancho	Honduras	Sí	Sí	Sí	-
Tlacolula - Ocotlán, valles Centrales de Oaxaca	México	Sí	Sí	Sí	-
CHAH (sur-centro del estado de Yucatán)	México	Sí	Sí	No	-
Macizo de Peñas Blancas	Nicaragua	No	No	Sí	Sí
Zona lechera de Santo Tomás	Nicaragua	No	No	No	No
Cuatro Lagunas	Perú	Sí	No	No	No
Jauja	Perú	Sí/No	No	Sí	No
Valle Sur-Ocongate	Perú	Sí	Sí	No	-

Cuadro 1.1. Territorios estudiados en el programa Dinámicas Territoriales Rurales *(continuación)*

Territorio	País	Características
Villamontes	Bolivia	Extracción de metales, gas y petróleo, junto con políticas subnacionales y articulación de actores locales.
Cariri Paraibano	Brasil	Políticas gubernamentales que dieron lugar a una transferencia masiva de ingresos hacia el interior del país.
Litoral Centro-Sur y Litoral Centro-Norte de Santa Catarina	Brasil	Urbanización junto con el desarrollo de centros turísticos e industriales y un proceso de ecologización del territorio; pesca y agricultura familiar.
Valle de Jiquiriçá	Brasil	Diversificación agropecuaria de pequeños y medianos agricultores de escala familiar, junto con fuertes políticas públicas de transferencia de ingresos.
Chiloé Central	Chile	Transformación productiva del territorio desde un sector rural tradicional hasta el desarrollo de la salmonicultura (con un importante segmento de la población trabajando en el sector industrial y los servicios).
Secano de O'Higgins	Chile	Intensificación agrícola; estímulos a la inversión privada en el sector primario, liberalización del uso de los recursos naturales, subsidio a la inversión productiva y al desarrollo de la infraestructura social.
Municipios de Susa y Simijaca	Colombia	Desarrollo de la ganadería y la agroindustria lechera en un territorio con fuerte dualismo agrario.
Provincia de Loja, subregión de Cariamanga (cafetalera)	Ecuador	Dinámicas de base agrícola; café orgánico.
Provincia de Loja, subregión de Pindal/Alamor (maicera)	Ecuador	Dinámicas de base agrícola; maíz intensivo para industria avícola.
Provincia de Tungurahua	Ecuador	Economía muy diversificada, muchos eslabonamientos locales, fuerte presencia de pequeñas y medianas empresas vinculadas con mercados nacionales.
Ribera norte del humedal Cerrón Grande	El Salvador	Aprovechamiento de las remesas e inversión en educación y salud; grandes obras de infraestructura.
Cuenca Ostúa-Güija (suroriente del país, departamentos de Jutiapa y Jalapa)	Guatemala	Diversificación económica (agrícola, empleo no agrícola e ingresos por remesas), junto con articulación a mercados internos y externos.
Olancho	Honduras	Explotación de bosques y aserrío de madera, ganadería y agricultura de granos básicos.
Tlacolula - Ocotlán, valles Centrales de Oaxaca	México	Territorio con fuerte identidad cultural; población indígena; agricultura de autoconsumo, mezcal, turismo, producción artesanal, etc.
CHAH (sur-centro del estado de Yucatán)	México	Transformación productiva del territorio desde el monocultivo del henequén a un gran número de actividades económicas (nuevos cultivos, turismo, manufactura de ropa con maquilas, etc.).
Macizo de Peñas Blancas	Nicaragua	Actividades cafetaleras en tránsito a un mayor nivel de diversificación productiva y mayores niveles de certificación en el café; reserva ecológica.
Zona lechera de Santo Tomás	Nicaragua	Intensificación de producción lechera; papel central de la cooperación internacional; reconstitución de la gran propiedad agraria.
Cuatro Lagunas	Perú	Comunidades campesinas andinas; agricultura, ganadería, pesca, comercio y pequeña minería.
Jauja	Perú	Territorio abastecedor tradicional de alimentos para Lima pierde posición y se encuentra en recomposición de sus actividades productivas.
Valle Sur-Ocongate	Perú	Economía agrícola de pequeños productores; proximidad al Cuzco estimula diversificación económica (servicios).

Comenzamos la identificación de los territorios seleccionando un grupo de municipios contiguos que tuvieran un mismo tipo de dinámica de cambio, expresada a través de indicadores de ingreso / consumo, pobreza y distribución de ingreso / consumo. Visitamos esos municipios para determinar si se trataba solo de agregados de municipios fruto de una coincidencia en el análisis estadístico, o si estábamos ante un territorio entendido como un espacio con un grado razonable de identidad socialmente construida (Schejtman y Berdegué 2003).

En general, el método empleado en estos estudios de caso es el de narrativas analíticas (Bates *et al.* 2000; Rodrik 2003), a través de las cuales se investiga la evolución de casos particulares con base en un modelo conceptual (Rimisp 2008). Consiste en identificar aquellos elementos aparentemente estables y generalizables de todos los casos, los que constituyen hipótesis que pueden ponerse a prueba en el análisis de nuevos casos que no hayan formado parte del conjunto inicial. Analizamos la información secundaria, cuantitativa y cualitativa, realizamos entrevistas a informantes calificados dentro y fuera del territorio, así como talleres y grupos focales; en la mayoría de los casos, hicimos encuestas a muestras representativas de los hogares del territorio. Los equipos de investigación de los distintos países se reunieron cada seis meses, aproximadamente, conforme avanzaban los estudios de caso, para comparar métodos y resultados.

El punto de partida de este capítulo es la síntesis que fue elaborada con los resultados de los cuatro proyectos exploratorios. Fue discutida en octubre de 2010 en un taller de tres días en el que participaron las personas que coordinaban los equipos de trabajo en los once países. Ahí se refrendaron los elementos principales de la síntesis; también se incorporaron nuevos elementos y rectificaciones.

Desde enero de 2011 hasta mediados de 2012, se llevará a cabo la última etapa del programa. A través de cinco proyectos temáticos, se profundizará en el análisis de algunos factores determinantes de las dinámicas territoriales identificadas en las etapas previas. Al término de esta cuarta etapa, elaboraremos una nueva síntesis que responda a las preguntas del programa. La síntesis que ofrecemos en este capítulo, por lo tanto, será revisada y enriquecida con los resultados de estas nuevas investigaciones.

4. Cambios en el ingreso per cápita, en el consumo y en la incidencia de la pobreza

La primera pregunta del programa es si en América Latina existen territorios rurales que estén creciendo económicamente con inclusión social y con sustentabilidad ambiental. Como señalamos, los socios del programa analizaron los microdatos de censos de población y de encuestas nacionales de hogares que abarcan a 400 millones de personas en 10.000 municipios de 11 países empleando el método de *Small Area Estimates* de Elbers, Lanjouw y Lanjouw (2003).[10]

Ya en esta etapa, encontramos un primer obstáculo infranqueable: especialistas consultados confirmaron que no hay datos desagregados a escala de municipios o sus equivalentes con cobertura nacional que puedan usarse para establecer comparaciones entre los 11 países, para aquellas variables o indicadores a través de los cuales se pudiera calcular, aproximada y agregadamente, la condición ambiental general de un territorio, como sí los hay para las dimensiones económica y social. No pudimos, por lo tanto, incorporar la dimensión ambiental en el análisis de *Small Area Estimates*. Por ende, la respuesta a la primera pregunta del programa abarca tres variables: cambios en el ingreso o el consumo per cápita; cambios en la incidencia de la pobreza monetaria; y cambios en la distribución del ingreso o del consumo per cápita. Tenemos conciencia de que el crecimiento económico no está plenamente representado por el cambio en los niveles de ingreso per cápita y que la inclusión social es más que la combinación de incidencia de pobreza monetaria y distribución del ingreso o del consumo per cápita (Stiglitz, Sen y Fitoussi 2009). Sin embargo, creemos que esas tres variables dan una idea aproximada, aunque plausible, de las tendencias

---

[10] Los resultados de este análisis pueden ser consultados en: Damianović, Valenzuela y Vera (2009); Escobal y Ponce (2008); Favareto y Abramovay (2009); Fernández *et al.* (2009); Flores *et al.* (2009); Gómez *et al.* (2008); Hinojosa, J. P. Chumacero y M. Chumacero (2009); Larrea *et al.* (2008); Modrego, Ramírez y Tartakowsky (2008); Romero y Zapil (2009); Yúnez Naude, Arellano y Méndez (2009), y hay un libro en preparación.

relativas del crecimiento económico y del bienestar social de esos 10.000 municipios.

Los resultados de ese análisis están resumidos en el cuadro 1.2. Casi el 10% de la población de los 11 países vive en 1.260 municipios que han experimentado cambios que han incidido positivamente en el ingreso o consumo per cápita, en su distribución, así como en la pobreza. Es decir, los resultados arrojan indicios de que el crecimiento con reducción de la pobreza y mejoramiento de la distribución del ingreso es posible en América Latina, aunque siga siendo la excepción antes que la regla.

Cuadro 1.2. Tipología de los cambios en el ingreso o el consumo per cápita, incidencia de pobreza y distribución de ingreso en once países de América Latina*

Tipo	En el período entre los dos últimos Censos de Población, hubo cambios favorables y estadísticamente significativos en:			Municipios**		Población	
	Ingreso o consumo promedio per cápita	Incidencia de pobreza	Distribución del ingreso o consumo promedio per cápita	Número	%	Número	%
1	Sí	Sí	Sí	1.260	12	34.810.814	9
2	Sí	Sí	No	2.129	20	60.920.050	15
3	Sí	No	Sí	120	1	5.512.634	1
4	Sí	No	No	736	7	32.708.854	8
5	No	Sí	Sí	1.034	10	30.934.332	8
6	No	Sí	No	395	4	9.462.410	2
7	No	No	Sí	1.388	13	85.462.336	21
8	No	No	No	3.359	32	139.697.708	35
Total				**10.421**	**100**	**399.509.138**	**100**

* Datos de Damianović, Valenzuela y Vera (2009); Escobal y Ponce (2008); Favareto y Abramovay (2009); Fernández *et al.* (2009); Flores *et al.* (2009); Gómez *et al.* (2008); Hinojosa, P. Chumacero y M. Chumacero. (2009); Larrea *et al.* (2008); Modrego, Ramírez y Tartakowski (2008); Romero y Zapil (2009); Yúnez Naude, Arellano y Méndez (2009).

** Provincias en Perú y parroquias en Ecuador; en los demás países, municipios o sus equivalentes.

Por los estudios de caso, sabemos que en algunos de los territorios en cuyos municipios hubo positivos cambios económicos y sociales, también hubo dinámicas de desarrollo que parecen ser ambientalmente sustentables (lo que no significa que no existan impactos ambientales específicos). Por ejemplo, el fuerte crecimiento con gran reducción de la pobreza y sin mejoramiento en la distribución del ingreso en el territorio de Chiloé Central, antes mencionado, demostró ser no sustentable cuando los equilibrios ambientales fueron superados con la aparición de una nueva enfermedad de los salmones. En cambio, las dinámicas en el territorio de Villamontes, en Tarija, Bolivia, que giran en torno a la explotación de hidrocarburos, parecen ser sustentables, a pesar de que se presentan algunos impactos ambientales.[11]

En todo caso, cerca del 12% de los municipios de esos 11 países de América Latina ha generado dinámicas de crecimiento del ingreso per cápita, con cambios positivos en la distribución del ingreso, con reducción de la pobreza y con sustentabilidad ambiental. Tal crecimiento económico con inclusión social y sustentabilidad ambiental es posible, pero improbable; la inmensa mayoría de la población de América Latina vive gestionando los conflictos que se suscitan entre los objetivos de crecimiento, inclusión social y sustentabilidad ambiental.

Los resultados muestran una geografía heterogénea en cuanto a las dinámicas de crecimiento y desarrollo reciente en América Latina. Los estudios que hemos realizado indican que tal heterogeneidad no se manifiesta de manera aleatoria en el espacio (Modrego, Celis y Berdegué 2008), lo que coincide con los resultados obtenidos por otros autores.[12] Esto no quiere decir que se explique solo a partir de las diferencias relativas en la dotación de activos y capitales, ni en el po-

---

[11] El estudio de caso de Bolivia fue realizado por Leonith Hinojosa, Juan Pablo Chumacero, Guido Cortez y Anthony Bebbington y consta en esta compilación bajo el título de "Formación de territorios bajo la expansión de la industria del gas en Tarija, Bolivia". De aquí en adelante, nos referiremos a este caso mencionando únicamente el nombre del territorio y del país.

[12] Nos referimos por ejemplo a: Ellison y Gleaser (1997); Rey y Janikas (2005); Aroca, Guo y Hewings (2006); Ezcurra, Pascual y Rapun (2007).

tencial de mercado de los distintos espacios subnacionales. Con respecto a la pobreza rural en Chile, Bentacor, Modrego y Berdegué (2008) muestran que algunas zonas del país son mucho más sensibles que otras a los cambios en el crecimiento y la distribución del ingreso, resultados que no responden a patrones asociados a la geografía. Escobal y Ponce (2011) ilustran que aun controlando todos los factores obvios del crecimiento, existe "algo más" que ayuda a explicar por qué los resultados del desarrollo varían en las distintas zonas de Perú; lo atribuyen, en última instancia, a diferencias institucionales. Esta idea alimenta la posibilidad de que existan "trampas de desigualdad" localizadas, debido a los mecanismos e instituciones económicas, políticas y socioculturales que preservan las dinámicas de exclusión (Bourguignon, Ferreira y Walton 2007; Rao 2006) en el ámbito territorial. Estas trampas de desigualdad llevan a los distintos espacios subnacionales a no expresar su potencial de desarrollo, lo que puede ser detectado analíticamente para identificar aquellos territorios que no solo están rezagados respecto del promedio, por ejemplo, en términos de incidencia de pobreza, sino que además tienen un potencial latente de desarrollo que puede ser movilizado con las políticas y los programas adecuados (Olfert *et al.* 2011).

Lo que se desprende de esos resultados es, en definitiva, que el efecto de un activo o conjunto de activos en un territorio dependerá de su interacción con otras condicionantes locales, inclusive si a escala nacional sabemos que una mayor dotación de dicho activo tendrá un efecto determinado sobre la pobreza, el crecimiento o la distribución del ingreso. A través del análisis de las dinámicas territoriales, el objetivo es, precisamente, entender esas relaciones locales, ya que muestran que lo observado o previsto a partir de los promedios o agregados nacionales no necesariamente tiene un correlato a nivel local.

Habiendo constatado la heterogeneidad geográfica de las dinámicas de desarrollo y la existencia de factores no evidentes tras esa heterogeneidad, nos preguntamos entonces cuáles son los determinantes de las dinámicas territoriales de crecimiento económico con inclusión social y sostenibilidad ambiental. La hipótesis del programa (Rimisp 2008) es que en los marcos institucionales, en los actores sociales y en sus coaliciones radica una parte importante de la respuesta.

5. Determinantes de las dinámicas territoriales

Con los resultados de los estudios realizados en 19 territorios, podemos afinar la propuesta del programa: en América Latina, las trayectorias de desarrollo territorial son el resultado de la acción de las coaliciones sociales que se forman y consolidan en procesos, muchas veces de larga duración, al calor de las interacciones de los actores en torno a cinco factores principales: estructura agraria y capital natural, mercados, estructuras productivas, ciudades ligadas a los territorios, e inversión pública. Las relaciones entre los actores que integran las coaliciones sociales, así como la acción de las coaliciones en torno a dichos factores, están reguladas o estructuradas por las instituciones que operan en el territorio. Estas, que pueden ser formales o informales, endógenas o exógenas, finalmente establecen las reglas del desarrollo territorial. Se trata, por cierto, de una hipótesis que está siendo analizada y enriquecida a través de nuevos proyectos de investigación en curso.

5.1. Coaliciones sociales

La pieza clave para que funcionen los círculos, virtuosos y localizados, de crecimiento económico, inclusión social y sustentabilidad ambiental sería la formación y desarrollo de coaliciones sociales que, a lo largo del tiempo, construyen el poder y el proyecto necesarios para imprimir un sentido diferente al desarrollo de sus territorios. Su acción les permite escapar de la suerte corrida por la mayoría de los territorios de la región. Estas coaliciones sociales emergen del juego de intereses entre quienes las conforman en torno a los cinco factores antes mencionados.

Al inicio del programa Dinámicas Territoriales Rurales, definimos las coaliciones sociales como “alianzas de actores que compiten por el control de la distribución de los recursos y beneficios tangibles e intangibles. Estos grupos de actores pueden estar en conflicto (activo o latente) con otras coaliciones o con otros grupos de actores, por ejemplo, por el acceso a los recursos naturales o financieros, por las prioridades de inversión pública, por los patrones tecnológicos, o por el poder político local" (Rimisp 2007). Entonces las llamábamos "coaliciones distributivas".

En todo territorio, "un espacio socialmente construido" según Schejtman y Berdegué (2003), hay actores sociales, algunos de ellos endógenos y otros exógenos, es decir, que residen dentro o fuera del territorio; esta última condición no impide que sus acciones y omisiones impacten en las dinámicas territoriales. Si bien estos actores se relacionan entre sí y participan en diversas formas de acción colectiva, no en todos los casos se conforma una coalición social. Asimismo, no toda coalición social es portadora de un proyecto de crecimiento con inclusión social y sustentabilidad ambiental ni es capaz de realizarlo, especialmente cuando contraviene los "proyectos territoriales" de otros actores o coaliciones.

A partir de los resultados de los estudios de caso, proponemos que aquellas coaliciones sociales que han impulsado dinámicas de crecimiento con inclusión social y sustentabilidad ambiental comparten algunas características comunes. En primer lugar, una base social amplia, integran a sectores relevantes de dentro y fuera del territorio, entre los cuales hay consensos tácitos o explícitos. Esto no impide que persistan diferencias y conflictos importantes entre ellos. Ser coaliciones de base amplia significa que no están integradas exclusivamente por pobres ni solo por ricos y poderosos. Más bien expresan la sociedad existente o buena parte de ella, aunque muchas veces reproducen las exclusiones, situación que es ilustrada en el capítulo de este libro sobre Tungurahua, Ecuador, antes citado. En el capítulo sobre Valle Sur-Ocongate, en Perú, se discuten las coaliciones que tienen su base en actores locales,[13] situación que contrasta con la coalición dominante en Chiloé,

---

[13] El título completo de este estudio es: "Crecimiento económico, cohesión social y trayectorias divergentes: Valle Sur-Ocongate en Cuzco, Perú", cuyos autores son Raúl Hernández Asensio y Carolina Trivelli.

Chile, la cual se articula en torno a actores externos. En el territorio boliviano antes mencionado, se explica el proceso de constitución y las formas de operar de las coaliciones conformadas por las élites locales, mientras que la situación de una coalición estable, organizada y dirigida por los representantes locales del poder político central es tratada en el estudio de caso de Yucatán, México.[14]

El sistema de género es muy importante al analizar la composición de las coaliciones y sus efectos sobre la inclusión social, tal como se ilustra en el estudio de caso sobre Yucatán en México. También Rodríguez y Gómez (2011) demuestran en el territorio que analizan en Nicaragua que las organizaciones de mujeres no forman parte de las coaliciones que han liderado el valioso proceso de reconversión productiva del café. En contraste, dichas organizaciones mantienen relaciones fuertes con las agencias y redes que trabajan para paliar la pobreza extrema, a través de políticas y programas asistenciales. Es decir, la composición de las coaliciones en los territorios refleja el sistema de género y las normas culturales que lo conforman.

Para cumplir con sus objetivos, las coaliciones sociales necesitan tener poder, que se basa en recursos tangibles e intangibles. Es suficiente poner en juego tales recursos para conseguir resultados y efectos que convienen a los intereses de la propia coalición. En estos recursos, se combinan, de diferentes maneras, los capitales económico, social, cultural y político, sin que ello signifique que las coaliciones innovadoras tengan altas dotaciones de cada una de estas formas de activos, tal como lo ponen en evidencia tres estudios de caso que constan en esta compilación y que ya fueron mencionados: Chiloé en Chile, Cuatro Lagunas en Perú y Santo Tomás en Nicaragua. El poder de una coalición puede derivarse, por ejemplo, de su capacidad de movilización social y política, que no siempre depende de la posesión de recursos económicos. En Chiloé,

---

[14] El caso aparece bajo el título de "Los motores del desarrollo de un territorio rural en Yucatán, México". Sus autores y autoras son: Antonio Yúnez Naude, Leticia Janet Paredes Guerrero, Jimena Méndez Navarro, Ivett Liliana Estrada Mota, Alejandra Pamela España Paredes, Valeria Serrano Cote y Javier Becerril García.

el capital económico es el principal motor de vinculación social dentro y fuera del territorio; una millonaria inversión de la industria del salmón y del sector público repercute en la generación de empleo y logra convocar a actores muy diversos. Son el capital social y el control colectivo de la tierra y el agua, ambos derivados de las instituciones de la comunidad indígena andina, los factores que articulan una coalición en Cuatro Lagunas, en Perú. Esta abarcó, en un primer momento, a los actores de la cooperación internacional y de algunas agencias gubernamentales de desarrollo; más recientemente, a los gobiernos municipales empoderados por los ingresos del canon minero, es decir, del monto que reciben directamente los gobiernos distritales del territorio por concepto de ingresos y rentas estatales, provenientes de las explotaciones mineras. En Santo Tomás, Nicaragua, fue la propiedad de la tierra, desde mediados del siglo XIX, la base para construir los capitales social y político de la coalición dominante.

Las coaliciones sociales tienen un proyecto territorial algunas veces explícito, muchas otras, tácito. Se sustenta en un discurso, vale decir, en las creencias, ideas, normas y valores que predominan en la coalición y que le permiten definir lo que es deseable, lo bueno y lo malo, los aliados y los adversarios, lo que conviene y lo que es una amenaza, los medios legítimos y los ilegítimos para alcanzar sus objetivos. Los autores del estudio de Cuatro Lagunas, en Perú, explican que en ese territorio está en curso un proceso en el cual compiten al menos tres proyectos de desarrollo, cada uno llevado adelante por coaliciones integradas por actores similares entre sí, pero que sustentan sus visiones en diferentes discursos. En Tarija, Bolivia, la coalición principal logra articular y llevar adelante una visión de desarrollo sintetizada en la consigna "sembrar el gas", que es recuperada en el respectivo estudio de caso. El proyecto de desarrollo de las grandes empresas de la industria del salmón se transformó en el proyecto hegemónico del territorio de Chiloé, en Chile, mientras que en Santa Catarina, Brasil, compiten diferentes coaliciones con distintos proyectos de desarrollo, aunque con muchas similitudes, ya que surgen de la historia social del territorio. En cambio, en Susa y Simijaca, en Colombia, la élite ganadera no ha conseguido articular un proyecto que vaya más allá de los estrechos intereses del grupo.[15]

No en todos los territorios se conforman coaliciones sociales capaces de incidir en sus trayectorias. Muchas veces, se estructuran alianzas que no alcanzan a tener el poder necesario para generar un influjo, como sucede en Cerrón Grande, El Salvador, donde se esboza la emergencia de una interrelación de agentes en torno al tema de los conflictos ambientales. O en Jauja, Perú, donde la debilidad de una élite política, la fragmentación administrativa y la ausencia de una base institucional no permiten afianzar una coalición social interna.[16]

Las coaliciones sociales presentan complejas estructuras, no son monolíticas y los atributos positivos suelen combinarse con otros que pueden afectar negativamente los objetivos de crecimiento, reducción de la pobreza y mejora de la equidad en todas sus dimensiones (género, grupos sociales, grupos de edad, grupos étnicos, etc.). En el secano de O'Higgins en Chile, por ejemplo, algunos organismos públicos dedicados al desarrollo rural y los pequeños agricultores de la zona impulsaron un fuerte programa para asegurar los derechos de propiedad de estos últimos sobre el agua subterránea para el consumo humano y para el riego. De esta forma, se generaron positivos efectos de inclusión social, pero se agravó el problema de explotación excesiva de las napas subterráneas, porque ni esta alianza ni ninguna otra coalición en ningún momento

---

[15] Los títulos de los dos estudios son: "Sinergias y conflictos entre dinámicas territoriales: rumbo al desarrollo sustentable en la zona costera del Estado de Santa Catarina, Brasil", bajo la autoría de Claire Cerdan, Mariana Aquilante Policarpo y Paulo Freire Vieira; y "Cuando el crecimiento viene de afuera: dinámicas territoriales en Susa y Simijaca, Colombia", bajo la autoría de María Alejandra Arias, Diana Bocarejo, Ana María Ibáñez, Christian Jaramillo, Manuel Fernández y Jessica Kisner.

[16] Dichos estudios aparecen en este volumen bajos los siguientes títulos: "Tensiones entre la agenda endógena y la agenda externa de desarrollo: ribera norte del Humedal Cerrón Grande en El Salvador", por Ileana Gómez y Rafael E. Cartagena; y "Límites de la articulación a mercados dinámicos en la sierra de Jauja en Perú", por Javier Escobal, Carmen Ponce y Raúl Hernández Asensio.

apoyaron, menos aun impulsaron, políticas para restringir el acceso al recurso con miras a asegurar su sustentabilidad.[17]

Proponemos, por lo tanto, que las coaliciones sociales surgen, adquieren poder y formulan su proyecto en medio de la interacción entre actores sociales y cinco factores estructurales que revisamos a continuación.

5.2. Capital natural y estructura agraria

El capital natural de que está dotado un territorio rural limita las opciones de desarrollo que están disponibles para esa sociedad (*Millenium Ecosystem Assessment* 2005). Las estrategias de vida de buena parte de la población de los territorios dependen, en gran medida, de los servicios ambientales. La forma en que en un territorio se gestionan el capital natural y los servicios ambientales que se derivan del mismo tiene un efecto directo sobre las combinaciones de crecimiento, inclusión social y sustentabilidad ambiental.

Los marcos institucionales, los actores y las coaliciones sociales intermedian la relación entre capital natural y dinámicas territoriales, así como sus efectos. Por ello, no existe una relación unívoca entre capital natural y los efectos de las dinámicas territoriales. En consecuencia, no siempre es cierto que el resultado de una mayor dotación de capital natural serán dinámicas de crecimiento con inclusión social y sustentabilidad ambiental. Las interacciones sociales en torno al acceso a los recursos naturales y su uso, incluyendo los conflictos y también los acuerdos de cooperación, juegan un importante papel en la emergencia de coaliciones sociales, así como en la elaboración de sus discursos y proyectos territoriales. La dotación de capital natural en el territorio de Tungurahua no lo distingue de las otras provincias vecinas en la sierra ecuatoriana, pero la acción colectiva de pequeños y medianos productores y comerciantes, desde al menos el siglo XIX, permitió construir una extensa red de irrigación y

---

[17] Consta en este volumen bajo el título de "Fronteras de la transformación agroindustrial en el secano interior de la región de O'Higgins en Chile"; sus autoras y autores son Félix Modrego, Eduardo Ramírez, Rodrigo Yáñez, Daniela Acuña, Mariela Ramírez y Esteban Jara.

caminos interiores que compensaron las desventajas naturales (Ospina *et al.* 2009, 2011 y 2012). Durante décadas, el territorio del secano (zona de temporal) de la provincia de O'Higgins, en la costa central de Chile, era conocido no solo por la pobreza y el estancamiento económico, también lo fue por el avanzado grado de degradación del suelo. Como se evidencia en el capítulo de este volumen dedicado a este caso, un conjunto de cambios legales que alteraron las reglas de acceso y uso del agua del subsuelo, aunado a la inversión gubernamental en bienes públicos, catalizaron un proceso que ha transformado radicalmente la economía, la sociedad y el ambiente de ese territorio.

Al contrario, los territorios de Jauja en la sierra central del Perú y de Santo Tomás en Chontales, Nicaragua, que forman parte de esta compilación, ilustran la situación inversa a la de Tungurahua y de O'Higgins. Aquellos dos territorios se caracterizan por una dotación de recursos naturales relativamente favorable, que les ha permitido, durante largos períodos, ser abastecedores importantes de productos agrícolas (Jauja) y ganaderos (Santo Tomás). En Jauja, sin embargo, los actores sociales del territorio no han podido mantener su posición competitiva como fuente de alimentos para Lima. En Santo Tomás, la acción de los grupos sociales más poderosos les permitió revertir la reforma agraria de la década de 1980, reconcentrar la propiedad de la tierra y apropiarse de las significativas inversiones (en caminos y desarrollo de cooperativas ganaderas) tanto del gobierno como de la cooperación internacional. El resultado, en ambos territorios, son dinámicas caracterizadas por un bajo o nulo crecimiento económico, sin disminución de la pobreza ni de la concentración del ingreso. Además, enfrentan desafíos ambientales importantes: en Jauja, por una creciente escasez de agua, y en Santo Tomás, una fuerte deforestación.

Hay también, por supuesto, territorios en los que se potencian los efectos de la favorable dotación de capital natural, a través de un positivo desarrollo institucional desde épocas tempranas. Tal es el caso del litoral de Santa Catarina, en Brasil.

La estructura agraria, es decir, la tenencia de la tierra (y del agua) y las correspondientes estructuras sociales tienen una particular importancia en estos territorios rurales. En igualdad de otras condiciones, a mayor equidad en la distribución de la tierra en la historia del desarrollo del territorio, mayor es la probabilidad de observar dinámicas de crecimiento con inclusión social. Esto porque la mayor equidad de oportunidades, es decir, la equidad en el acceso a activos, favorece tanto el crecimiento como la disminución de pobreza; también es mayor y más amplio el acceso a redes, relaciones y activos adicionales necesarios para aprovechar, o manejar, las oportunidades de crecimiento y distribución de los ingresos. Es bien conocido que la tenencia y el acceso a la tierra y el agua condicionan los proyectos y discursos políticos y culturales, tanto los de los poseedores como los de los desposeídos, así como las relaciones de poder entre ellos. De esta forma, inciden en los proyectos territoriales.

La excepción en América Latina son aquellos territorios que tuvieron una mejor distribución de la tierra desde épocas tempranas de la historia y donde, por lo tanto, la hacienda no tuvo un peso dominante. Tales son los casos de Jauja y Cuatro Lagunas en Perú, Tungurahua en Ecuador, el litoral de Santa Catarina en Brasil y Chiloé en Chile. La economía de estos territorios se organizó tempranamente con base en el trabajo de pequeños propietarios o de comuneros dedicados a la agricultura, la ganadería y la pesca artesanal. Con diferentes intensidades y velocidades, que dependían del grado de vinculación de esos territorios a mercados dinámicos, el estrato de pequeños productores agrícolas dio origen a los sectores de artesanos, pequeños industriales y comerciantes. El fenómeno fue más fuerte en Jauja y Tungurahua, que estuvieron tempranamente ligados a mercados importantes, a diferencia de otros territorios que por décadas, a veces siglos, se mantuvieron relativamente distantes de las dinámicas comerciales extraterritoriales, como Chiloé y Cuatro Lagunas.

El sistema de género que atraviese la estructura agraria del territorio puede, sin embargo, diluir o incluso anular el efecto distributivo de una estructura agraria más equitativa. En el estudio del territorio del Macizo de Peñas Blancas, en Nicaragua, Rodríguez y Gómez (2011) concluyen que aun entre la gente pobre el acceso a la tierra les permitió la participación en las oportunidades y beneficios del desarrollo cafetalero. Sin embargo, la exclusión de las mujeres domina la estructura agraria: el 39% de los hogares integrados solamente por mujeres no accede a tierra para producir, mientras que esa proporción se reduce a la mitad en los hogares donde hay hombres.

Otros territorios se asemejan a los anteriores en el sentido que una estructura agraria relativamente igualitaria facilitó procesos de desarrollo bastante inclusivos, pero se diferencian en que el acceso a la tierra es un fenómeno relativamente reciente (siglo XX) y derivado de políticas de reforma agraria más que de los procesos originales de ocupación del espacio. El territorio de Valle Sur-Ocangate, Perú, que discuten Hernández Asensio y Trivelli más adelante, ilustra esta situación. Cabe destacar, como lo demuestra el caso de Santo Tomás, Nicaragua, presentado por Gómez y Munk Ravnborg, que no toda reforma agraria logra el efecto de que la transferencia de la tierra a los campesinos se convierta en una palanca de desarrollo socialmente inclusivo. El caso de Yucatán, descrito por Yúnez Naude *et al.*, representa un territorio con distribución de la tierra relativamente equitativa como consecuencia de una profunda reforma agraria, pero donde la actividad económica central colapsa al calor de las reformas neoliberales implementadas en México a partir de la década de 1980.

Hay otro grupo de territorios donde las dinámicas de desarrollo nacen marcadas por el enorme peso de la hacienda y la estructura agraria dual, que caracterizan a la mayor parte de la América Latina rural. Entre los casos incluidos en este libro, ilustran esta situación los territorios de Susa y Simijaca en Colombia, así como dos localizados en Brasil: Cariri en Paraíba y Jiquiriçá en Bahía.[18]

---

[18] Los respectivos títulos de estos dos estudios de caso son: "Desarrollo territorial en Cariri, en el noreste semiárido de Brasil: más allá de las transferencias de ingresos", por Arilson Favareto, Ricardo Abramovay, Maria do Carmo D'Oliveira y João Fábio Diniz; y "Diversidad territorial y crecimiento inclusivo en el valle de Jiquiriçá, noreste de Brasil", por Julian Quan, Alicia Ruiz Olalde y Valdirene Santos Rocha Sousa.

Las relaciones sociales propias de esa estructura agraria dual impidieron el surgimiento de cualquier tipo de pequeños y medianos empresarios agrícolas o no agrícolas. Los sectores subordinados carecieron no solo de la oportunidad de acceder a los más importantes activos, sino también del espacio para desarrollar las habilidades sociales (Fligstein 2001) requeridas para constituirse en actores económicos significativos. Como señalan los autores del estudio de caso sobre Cariri, en Brasil, debido a la estructura agraria de este territorio, similar a la de gran parte del noreste brasileño, los grandes hacendados mantuvieron la llave de acceso a cualquier fuente de ingreso, además de que controlaron el ingreso al sistema político formal y los mecanismos de resolución de los conflictos locales. No es del todo sorprendente, por lo tanto, que en Cariri los sectores sociales subordinados hayan tenido enormes dificultades para capitalizar oportunidades históricas derivadas de los cambios institucionales originados fuera del territorio. En Santo Tomás, Nicaragua, un gran número de los campesinos que se beneficiaron con la reforma agraria perdieron rápidamente sus tierras, al calor de los procesos territoriales de dinamización económica estimulados por las políticas gubernamentales y las inversiones públicas, así como por la cooperación internacional. En Susa y Simijaca, Colombia, la estructura agraria dual consolidada en este territorio colombiano desde la entrega de las encomiendas, a mediados del siglo XVI, después de 500 años sigue determinando la participación de campesinos y hacendados en las nuevas oportunidades y beneficios del *boom* lechero que caracteriza a este territorio.

5.3. Vínculos con mercados dinámicos

El grado de intercambio que mantiene el territorio con mercados dinámicos de diferente tipo -laborales, de bienes y servicios, financieros, etc.- es el segundo factor. Tales mercados tienen el suficiente tamaño, número de agentes y de transacciones como para estimular un crecimiento sostenido por períodos prolongados. Por lo general, son mercados externos al territorio rural; pueden ser regionales, nacionales o internacionales. A igualdad de otras condiciones, los vínculos con mercados dinámicos desde épocas tempranas favorecen la acumulación y el crecimiento. Una vez más, la combinación de elementos es lo decisivo: la interacción prolongada de los actores del territorio con mercados importantes junto con estructuras agrarias menos desiguales favorecen un crecimiento económico con mayor inclusión social. Esta combinación la observamos, en mayor o menor medida, en cuatro estudios de caso que forman parte de esta compilación: Tungurahua en Ecuador, Jauja en Perú, Jiquiriçá y Santa Catarina, ambos en Brasil. Durante décadas y aun siglos, ha predominado la pequeña propiedad en la estructura agraria de estos territorios y los actores han mantenido una relación fuerte con mercados dinámicos.

El vínculo de Tungurahua con diversos mercados dinámicos fue convertido por los actores locales en capital social, económico y político y en un proyecto territorial. Jauja, que secularmente ha estado ligada a los mercados de Lima y Huancayo para el abastecimiento de productos agrícolas, no ha conseguido traducir esta ventaja en una dinámica exitosa, debido, al menos en parte, a que los actores políticos y económicos no pudieron constituir una coalición que superara el fraccionamiento económico, social y político, expresión de realidades muy locales.

En la relación de los territorios con los mercados dinámicos, también operan, claramente, fuerzas que juegan en contra de una mayor distribución social de los beneficios del crecimiento. En Cuatro Lagunas, Perú, las condiciones y exigencias de la ganadería han dado como resultado una concentración de los beneficios en manos de la élite local. En Jiquiriçá, Brasil, la estructura de la cadena de valor de los principales cultivos, como el cacao, ha permitido que una parte muy importante de los beneficios sea captada fuera del territorio, debilitándose la posibilidad de que a través de la reinversión alimente el crecimiento económico territorial.

Más allá de la dimensión económica, encontramos que la mayor participación de las personas en mercados más dinámicos fortalece su ciudadanía. En territorios tan diversos como Tungurahua en Ecuador, Jiquiriçá y Santa Catarina en

Brasil, Tarija en Bolivia u O'Higgins en Chile, la ampliación del ejercicio de la ciudadanía ha ido de la mano del desarrollo de los vínculos de los territorios con mercados más dinámicos. No siempre es así, como atestiguan, en distinto grado, los estudios de Yucatán en México y Santo Tomás en Nicaragua. En todo caso, es importante afirmar que, en la relación de los territorios con los mercados, las coaliciones sociales acumulan capital no solo económico, sino también social, cultural y político, y construyen discursos. Por lo tanto, crean un proyecto territorial.

5.4. Estructura productiva

El grado de diversificación de la economía, la existencia de encadenamientos intersectoriales localizados en el territorio y la variedad de tipos de empresas (por tamaño y peso del capital local vs. los extraterritoriales) tienen una marcada influencia en las dinámicas territoriales. Así, los territorios con economías más diversificadas, con mayor densidad de encadenamientos localizados en su espacio, con una sólida presencia de pequeñas y medianas empresas, y con un peso significativo de los capitales locales en la economía, tendrán mayores opciones para construir dinámicas de crecimiento con inclusión social.

Tal estructura productiva, en primer lugar, ofrecerá más canales de participación en la economía a una mayor diversidad de grupos de la población, por ejemplo, a las mujeres. Un estudio de Macé y Bornschlegl (2010) demuestra que el sistema de género incide en las dinámicas de desarrollo de los territorios, específicamente a través de los cambios en la estructura productiva. Señalan esas autoras que las normas preexistentes en Chiloé sobre la relación entre las mujeres y el trabajo facilitaron enormemente la rápida expansión de la industria del salmón, que demanda una gran cantidad de mano de obra femenina para encarar las tareas para las que los hombres eran considerados menos aptos. Sostienen que si bien la transformación productiva en Chiloé ha provocado cambios prácticos y materiales significativos en el sistema de género, el matriarcado machista sigue ejerciendo una fuerza normativa en las conductas de hombres y mujeres. Las prácticas laborales de hombres y mujeres han dado un giro durante los últimos 20 años, no así el discurso público y las expectativas asociadas a este discurso. Esta última observación no es compartida por las autoras que realizaron el estudio del territorio de Ostúa-Güija en Guatemala. A su juicio, la diversificación productiva (manufactura de calzado a través de talleres domésticos) condujo no solo a un aumento de los ingresos de las mujeres, sino también a un mayor grado de independencia, respeto social y bienestar personal; es decir, "en este caso, el mayor capital económico está ligado a un aumento en el capital simbólico y social" (Florian *et al.* 2011a, 18).

En el estudio comparativo de territorios de Loja, Ecuador, realizado por Portillo *et al.* (2011), se confirma la relación estrecha entre sistemas de género y estructura productiva. Sostienen sus autores y autoras que la aparente sustentabilidad del café lavado podría relacionarse con un sistema de género menos inequitativo que en el caso del maíz. En la producción de café, existe una mayor flexibilidad en la división del trabajo entre hombres y mujeres dentro del hogar, lo cual es sostenido por una red social compleja. En cambio, la producción del maíz para la industria alimentaria se funda en una separación de los ámbitos productivo y reproductivo. La vulnerabilidad económica y ambiental de la producción de maíz podría deberse, en parte, a esta situación.

En segundo lugar, una estructura productiva como la descrita propenderá a una mayor diversificación de activos, a la desconcentración de los vínculos con los mercados consumidores o laborales y a la diversificación del tejido social. En tercer lugar, una economía de este tipo debería ser más resiliente frente a *shocks* económicos o ambientales. No obstante, una estructura como la señalada no conduce necesariamente a lograr mayores tasas de crecimiento; tampoco a una mayor sustentabilidad ambiental.

Como explican las autoras del estudio sobre el litoral de Santa Catarina, en Brasil, se trata de un territorio que desde épocas muy tempranas conformó una estructura productiva bastante diversificada, con importante presencia de pequeñas y medianas empresas, y con protagonismo de los capitales locales. Esta estructura se originó cuando los primeros colonos europeos ocuparon el territorio en calidad de pequeños productores. Las políticas públicas de épocas más recientes se propusieron, expresamente, favorecer los encadenamientos entre las empresas y los sectores existentes con miras a la formación de *clusters*. En el sector rural, las políticas públicas de desarrollo territorial empujaron en la misma dirección.

El estudio de caso sobre los territorios del Chaco tarijeño, en Bolivia, es otro ejemplo de cómo una estructura productiva diversificada, donde la presencia de las pequeñas y medianas empresas y de los capitales locales es fuerte, confiere marcadas ventajas a los territorios que la contienen. En Tarija se desarrolló durante largo tiempo una economía agraria bastante dinámica, a partir de cuyos excedentes fueron surgiendo sectores agroindustriales y de servicios. La fortaleza de esta estructura productiva fue suficiente para que los territorios estudiados pudieran manejar o "negociar" las nuevas condiciones de su propio desarrollo, derivado del descubrimiento y posterior explotación de enormes reservas de gas.

De los casos incluidos en este libro, el de la industria del salmón en Chiloé Central es uno de los que mejor ilustra el resultado de un territorio organizado en torno a un *cluster*. En efecto, si bien la producción y exportación de salmón está concentrada en una decena de empresas, casi todas de capitales extranjeros, no es menos cierto que alrededor de un millar de empresas pequeñas y medianas, de capitales locales, hacen parte del sistema a través de la provisión de bienes y servicios en diferentes etapas de la cadena de valor. Ese entramado de relaciones interempresas e intersectoriales genera empleo para alrededor del 50% de la población económicamente activa del territorio. Es esta estructura productiva la que sostiene el proyecto y los capitales de la coalición social dominante en Chiloé.

El territorio analizado en México es un caso particular. Durante muchos años y hasta fines de la década de 1980, la estructura productiva del territorio bajo estudio estaba conformada por pequeños productores agrícolas (ejidatarios) dedicados al cultivo del henequén, y una empresa paraestatal monopólica responsable del procesamiento y la comercialización de los derivados de esta fibra vegetal. Esta situación se desmoronó cuando se retiraron los financiamientos públicos y fue reemplazada por una estructura mucho más diversificada.

5.5. Ciudades en el territorio

Esencialmente, todo territorio rural en América Latina mantiene relaciones con los centros urbanos para poder realizar una diversidad de funciones económicas, sociales y políticas. Sin embargo, no todos los territorios rurales latinoamericanos contienen en su interior una ciudad; muchas veces los vínculos urbano-rurales se dan entre un espacio rural y un centro urbano externo al territorio. Nuestro argumento es que los territorios donde hay una ciudad obtienen un conjunto de ventajas que facilitan el desarrollo de dinámicas que conducen al crecimiento económico con mayor inclusión social, aunque no necesariamente con mayor sustentabilidad. Lo que importa no es solo la ubicación física de la ciudad dentro de los límites del territorio, sino que existan relaciones funcionales entre una ciudad de suficiente tamaño y su entorno rural. Al contenerla, ya no se trata de territorios rurales en el sentido más estricto del término, sino de lugares mejor representados con el término de territorios urbano-rurales.

De los quince territorios incluidos en este libro, seis son los casos en los cuales los territorios contienen centros urbanos de cierto tamaño, que juegan un papel principal en las dinámicas territoriales: el del litoral de Santa Catarina y el del valle de Jiquiriçá, ambos en Brasil, el Chaco Tarijeño en Bolivia, Chiloé en Chile, Santo Tomás en Nicaragua y Tungurahua en Ecuador. Los restantes casos de este libro corresponden a situaciones en las cuales los vínculos urbano-rurales se establecen entre el territorio rural y las ciudades fuera de él.

Una ciudad intermedia permite la retención, el consumo, el ahorro y la inversión de la mayor parte de los excedentes generados dentro de las fronteras del territorio. En el territorio de Jiquiriçá, por ejemplo, el autor y las autoras del estudio reportan que muchos comerciantes de cacao de la ciudad de Mutuípe son también agricultores, lo que propicia flujos de reinversión entre la agricultura y los servicios, todo dentro del mismo territorio.

En contraste, en Susa y Simijaca en Colombia, en el secano de O'Higgins en Chile y en Cariri en Brasil, ante la ausencia de una ciudad dentro del territorio, los excedentes del crecimiento económico se transfieren afuera. Como se concluye en el caso de Cariri, estos territorios son exportadores de bienes primarios; quienes los procesan y comercializan son actores económicos de afuera, que retienen la mayor parte de valor agregado en desmedro del desarrollo de los pueblos y ciudades pequeñas del propio territorio. Autoras y autores del estudio de Susa y Simijaca agregan otra variable importante: cuando no hay una ciudad en el territorio, generalmente las élites económicas, sociales y políticas viven en ciudades relativamente lejanas, lo que afecta no solo la proporción del valor agregado que se consume, ahorra o reinvierte localmente, sino también las relaciones sociales de esta élite con el resto de los actores y agentes públicos y privados del territorio.

La existencia de varias ciudades de hasta 100.000 habitantes en el litoral de Santa Catarina, en Brasil, permitió el desarrollo temprano de un mercado para la producción agrícola y facilitó el acceso de la población local a los servicios públicos y privados. Según las autoras y el autor de este estudio, es en las ciudades donde se pueden desarrollar las nuevas actividades industriales y de servicios, en parte basadas en el capital acumulado por los pequeños productores agrícolas, lo que a su vez fue posible gracias a que la estructura agraria estuvo desconcentrada desde que se inició la colonización del territorio.

Las ciudades pequeñas y medianas del interior del territorio muchas veces operan como puentes importantísimos que facilitan a los pequeños productores acceder a mercados más dinámicos. Citando el caso de Jiquiriçá, apuntamos al ejemplo de ciudades como Amargosa y Jaguaquara, donde los pequeños y medianos productores de plátano y yuca, en la primera, y de frutas y verduras, en la segunda, pueden colocar sus productos, en tanto que son los grandes productores quienes pueden llegar directamente a ciudades mayores fuera del territorio.

Una ciudad en el territorio implica, casi por definición, la existencia de nuevos actores sociales, que abren la posibilidad de que surjan nuevos tipos de coaliciones, algo improbable en un territorio puramente rural. Eso está muy bien descrito en el caso del Chaco Tarijeño (Bolivia), donde ciudades como Villamontes, Tarija o Entre Ríos han jugado un papel central en la conformación de las alianzas y coaliciones que incluyen a agricultores, agroindustriales, sectores de la construcción o de las finanzas, dueños de medios de comunicación y personas dedicadas a las profesiones liberales. Una ciudad de suficiente tamaño dentro del territorio incrementa el poder político y la capacidad de negociación con agentes públicos y privados externos al territorio. Las élites son ciertamente urbanas, pero para muchos de quienes las integran, la base de su poder es agraria, es decir, expresan la realidad y las posibilidades de territorios urbano-rurales. Esta es la situación que observamos en Tarija, Bolivia, donde las coaliciones dirigentes del desarrollo enfrentan la "guerra del gas" con un proyecto territorial propio.

Cabe señalar que la intensidad de los vínculos de un territorio rural con una ciudad externa e importante también puede tener efectos positivos sobre la dinámica rural. En el estudio del Valle Sur-Ocongate, en Perú, se muestra que la proximidad con la ciudad de Cuzco ha sido un factor dinamizador de la economía, la política y la cultura del territorio rural. La diferencia de esta situación con la de otra en la cual la ciudad está dentro del territorio es quién se apropia de la mayor parte del valor agregado de estas actividades.

5.6. Inversión pública

La inversión pública es, potencialmente, una fuerza transformadora de los territorios rurales. Dos casos analizados en este libro, el del secano de O'Higgins en Chile y el de Santo Tomás en Nicaragua, ilustran situaciones en las cuales dichas inversiones, tanto en bienes públicos como privados, catalizan procesos de transformación productiva que cambian las dinámicas territoriales. O'Higgins, un territorio que se caracterizaba por la pobreza, el estancamiento productivo y el deterioro ambiental, recibió inversiones públicas destinadas a caminos rurales y servicios públicos, las cuales, junto con una serie de cambios institucionales que liberalizaron el acceso y el uso de las aguas subterráneas, desataron un fuerte flujo de inversión privada. Esto provocó la rápida agroindustrialización del territorio y una importante reducción de la pobreza, particularmente por la fuerte incorporación de las mujeres rurales al mercado laboral. En Santo Tomás, las inversiones nacionales y de la cooperación internacional en caminos, instalaciones para el acopio refrigerado de leche, así como la formación y fortalecimiento de cooperativas han sido elementos centrales en la transformación económica de este territorio, pero han catalizado también la reconcentración de la tierra y provocado la expulsión de los campesinos pobres.

La observación significativa es que no siempre existe una relación directa y positiva entre dichas inversiones y los cambios que conduzcan al crecimiento económico con inclusión social y sustentabilidad ambiental. Los efectos de las inversiones públicas están mediados por los marcos institucionales (formales e informales) que operan en el territorio; también por el papel que jueguen diferentes coaliciones en atraer, regular y controlar el tipo, la localización y el flujo de dichas inversiones. En el estudio sobre la ribera norte del Humedal de Cerrón Grande en El Salvador, la autora y el autor analizan en detalle la influencia decisiva que tuvieron las grandes inversiones en infraestructura sobre las dinámicas de ese territorio. Lo que está claro es que dicha inversión, si bien ha alterado tanto el paisaje como las estructuras productivas territoriales, ha sido insuficiente para catalizar un círculo virtuoso localizado de crecimiento económico con inclusión social y sustentabilidad ambiental.

Los autores y la autora del estudio sobre Cariri, en Brasil, analizan otro tipo de inversión pública, esta vez, de carácter social. Como ya hemos dicho, la historia de este territorio está marcada por la estructura agraria propia de la gran hacienda nordestina: muy débiles vínculos con mercados dinámicos y una estructura social que hasta no hace mucho estuvo controlada, férreamente, por una pequeña élite de latifundistas. En años recientes, Cariri se ha beneficiado con un nuevo tipo de gasto público orientado a la gente pobre, tanto a través de programas de derechos universales (por ejemplo, pensiones) como de otros focalizados (por ejemplo, los programas de transferencias monetarias condicionadas y los de apoyo a la agricultura familiar). Sin embargo, la mayoría de la población no logra convertir estas nuevas inversiones en palancas para un desarrollo autosostenido.

No muy distante de Cariri (para la escala de Brasil) se encuentra Jiquiriçá, ambos territorios en la gran región del noreste. Las mismas inversiones públicas que en Cariri han tendido a estimular una condición de dependencia en un alto porcentaje de la población que recibe las transferencias, en Jiquiriçá han dinamizado la economía local y han fortalecido el papel económico de los agricultores familiares. El autor y las autoras de este estudio de caso muestran que estos efectos positivos se entienden, al menos parcialmente, por la historia de la estructura agraria, la estructura productiva, la relación con los mercados y el papel de las ciudades del territorio.

La situación del territorio localizado en Yucatán, México, se asemeja algo a la de Cariri. A partir de 1990, el gobierno puso en marcha enormes programas de transferencias sociales y de redes de protección a las personas y hogares, incluyendo pero no limitándose a la población de pobres. Además, se estableció un fuerte sistema de subsidios al campo y surgieron decenas de programas de apoyo a la micro y pequeña empresa. La inversión en carreteras fue de tal magnitud que los kilómetros de caminos asfaltados se expandieron ocho veces en quince años. Y, por si fuera poco, el gobierno central entregó subsidios, directos e indirectos, a la industria maquilera textil, que hoy en día es el mayor empleador del territorio. Todo ello ha tenido una influencia decisiva en el derrotero de ese territorio. Un aspecto especialmente interesante es la influencia del sistema de género en la distribución de las oportunidades y los beneficios de la inversión pública. Como reportan Paredes *et al.* (2010), las normas culturales que regulan los roles de hombres y mujeres permean el diseño y las decisiones de los consejos de Desarrollo Rural Sustentable y de otras instancias del gobierno, de tal forma que las inversiones de fomento productivo son siempre dirigidas por hombres para destinatarios hombres, mientras que las que son valoradas como "regalos" o transferencias sociales son también dirigidas por hombres, pero las beneficiarias son mujeres. Dichas normas son lo suficientemente poderosas como para impedir o limitar el efecto de la abundante legislación nacional a favor de la equidad de género. Algo similar sucede en el territorio del Humedal de Cerrón Grande en El Salvador. Aquí, "los proyectos de desarrollo, el apoyo institucional, el mercado, los proveedores de crédito, tecnología y conocimiento tienden a dirigir activos clave a los actores más visibles y valorados, en este caso, un grupo de hombres adultos, y a las actividades asociadas con ellos. La resultante distribución inequitativa de oportunidades y activos tiende a fortalecer ciertos grupos de actores, y a contribuir aunque no intencionalmente al desempoderamiento, empobrecimiento y marginalización de otros actores y actividades" (Florian 2011b, 15).

Los territorios de Tarija, en Bolivia, también contrastan con Cariri. La inversión pública más relevante en el período estudiado es aquella proveniente o financiada por las rentas del gas. El uso de esos recursos ha sido influido por el juego de las coaliciones sociales preexistentes en estos territorios bolivianos. Es esta capacidad de los actores sociales de participar en la negociación del destino y uso de la renta del gas lo que hace la diferencia con casos como el de Cariri, donde los actores locales son más pasivos o menos influyentes en la determinación del sentido, destino y uso de la inversión pública.

El estudio de Valle Sur-Ocongate en Perú también arroja luces sobre este tema. Allí, la inversión pública es financiada por una fracción del canon minero. La observación importante de este caso es que la disponibilidad de estos recursos coincidió con un cambio en el perfil de las autoridades locales; fueron elegidos alcaldes de origen rural e indígena con experiencia escolar o laboral en la ciudad, y cuyo discurso combina la lógica desarrollista de las ONG con una marcada reivindicación de sus raíces étnicas. El resultado, sostienen el autor y la autora del caso, es un "indigenismo modernizante". Esta combinación de factores se ha traducido en inversiones principalmente en obras de infraestructura, riego, educación y conectividad a Internet. Al mismo tiempo, la misma combinación de factores desincentiva la coordinación intermunicipal y fragmenta las inversiones a la mínima escala posible, que es la distrital.

6. Implicaciones para la investigación y las políticas de desarrollo territorial rural

Finalmente, queremos plantear algunas implicaciones del modelo propuesto. La primera de ellas es que la explicación de la heterogeneidad de las dinámicas territoriales de desarrollo en América Latina debe ir más allá de la interacción entre actores, instituciones y activos en los territorios. No es que hayamos dejado de postular que estas interacciones son determinantes importantes de estas dinámicas. De hecho, cada uno de los temas que hemos discutido en este capítulo contiene actores, instituciones y activos. La estructura agraria, por ejemplo, hace referencia a activos (tierra y otros recursos naturales), a actores sociales (latifundios, empresas capitalistas modernas, jornaleros agrícolas sin tierra), e instituciones (leyes, reglamentos, o reglas informales que regulan la propiedad y el acceso a los activos, y las relaciones de poder que de ahí emanan). Las coaliciones sociales son arreglos de actores, pero involucran activos (los capitales de cada actor y los de la coalición) e instituciones (el discurso de la coalición refleja normas, creencias y otros elementos que estructuran las decisiones de los actores). Pero el nuevo modelo nos permite pasar de una formulación genérica a otra mucho más específica que tiene una ventaja: el modelo pasa a ser una hipótesis falseable, es decir, que se puede poner a prueba a través del análisis de nuevos casos para establecer cuáles son los límites de su poder explicativo.

Esto nos lleva a la segunda implicación. La ventaja de una "teoría de alcance medio" es que permite identificar instrumentos de política. Una afirmación, en este sentido, es que la historia pesa, y en la mayoría de los territorios rurales de América Latina, pesa en contra de las dinámicas de crecimiento con inclusión social y sustentabilidad ambiental. Esto es consecuencia de los factores estructurales que hemos discutido. Por ejemplo, como en la mayor parte de los territorios de América Latina la concentración de la tierra es una marca determinante, va a ser difícil romper con las estructuras sociales que se construyeron sobre estos antiguos fundamentos de la historia local.

Una conclusión normativa es que en las políticas de desarrollo rural convendría prestar mucha más atención a las instituciones y los arreglos institucionales (las reglas y normas, formales e informales, que estructuran las decisiones de los actores, y las relaciones de poder que están inmersas en cada una de ellas) antes que concentrarse, exclusiva o privilegiadamente, en las transferencias de activos. En territorios donde las instituciones surgen de estructuras con raíces tan profundas, puede ser más importante buscar alterar las reglas del juego, que concentrar todas las energías en las capacidades de los jugadores. Un desarrollo rural centrado en el cambio institucional debe ser algo muy diferente del actual desarrollo rural centrado en incrementar el *stock* de activos.

Otra implicación normativa es que las transformaciones de los territorios, en el sentido explorado por el programa -crecimiento económico con inclusión social y sustentabilidad ambiental-, parecen ser el resultado de la acción de las coaliciones integradas por diversos actores, más que de las organizaciones de los pobres. Por supuesto, si la gente pobre no forma parte de las coaliciones sociales, es muy probable que las dinámicas resultantes no expresen sus intereses. Pero la mayor parte de las políticas de desarrollo rural han tendido a centrarse bien sea en promover solo la organización de la población pobre, o bien en promover relaciones contractuales o cuasicontractuales de este sector con otros actores, en el marco de las cadenas de valor. Ninguna de estas dos soluciones genera coaliciones sociales transformadoras de la realidad, particularmente cuando, como hemos visto, ese *statu quo* no favorece un crecimiento económico y/o inclusión social y/o sustentabilidad ambiental. En otras palabras, hay que cambiar nuestra idea de quienes son los agentes de las transformaciones rurales.

Queremos resaltar una última implicación derivada de nuestra constatación de que lo que importa no es una especie de suma lineal, aditiva, de los factores aquí discutidos. Lo que hace la diferencia es la forma en que dichos factores interactúan. Si esto es correcto, debemos aceptar que no hay un solo sendero para los diseños de política, sino que estos tendrán que ser específicos al menos para diferentes tipos de dinámicas. Esto nos remite al difícil asunto de las capacidades institucionales, públicas y privadas, para acometer esta tarea y, por lo tanto, a la necesidad de concluir que el camino hacia el desarrollo territorial pasa por el desarrollo institucional y la construcción de gobernanza.

Referencias citadas

Abramovay, Ricardo. 2000. O Capital Social dos Territórios: repensando o desenvolvimento rural. *Economía Aplicada* 4, 2: 379-397.

Acemoglu, Daron, Simon Johnson y James A. Robinson. 2001. Colonial Origins of Comparative Development: An Empirical Investigation. *American Economic Review* 91: 1369-1401.

Acemoglu, Daron y James A. Robinson. 2006. *Economic Origins of Dictatorship and Democracy*. Nueva York: Cambridge University Press.

Alesina, Alberto y Dani Rodrik. 1994. Distributive Politics and Economic Growth. *Quarterly Journal of Economics* 109: 465-489.

Arias, María Alejandra *et al.* 2012. Cuando el crecimiento viene de afuera: dinámicas territoriales en Susa y Simijaca, Colombia. En *De Yucatán a Chiloé. Dinámicas territoriales en América Latina* editado por Julio A. Berdegué y Félix Modrego. Buenos Aires: editorial Teseo.

Aroca, Patricio, Dong Guo y Geoffrey J. D. Hewings. 2006. *Spatial Convergence in China: 1952-99*. Helsinki, Finlandia: World Institute for Development Economic Research (UNU-WIDER), Working Papers RP2006/89.

Arrow, Kenneth *et al.* 1995. Economic Growth, Carrying Capacity and the Environment. *Science* 268: 520-521.

Banco Mundial. 2005. *Equity and Development: World Development Report 2006*. Washington DC: Banco Mundial.

.... 2007. *Agriculture for Development: World Development Report 2008*. Washington DC: Banco Mundial.

Banco Mundial. 2009. *Reshaping Economic Geography: World Development Report 2009*. Washington DC: Banco Mundial.

Bardhan, Pranab K. 1984. *Land, Labor, and Rural Poverty: Essays in Development Economics*. Nueva York: Columbia University Press.

Bates, Robert H. *et al.* 2000. The Analytic Narrative Project. *The American Political Science Review* 94, 3 (septiembre): 696-702.

Bebbington, Anthony J. *et al.* 2008. Inequality and Development: Dysfunctions, Traps and Transitions. En *Institutional Pathways to Equity. Addressing Inequality Traps* editado por Anthony J. Bebbington *et al.* Washington DC: Banco Mundial.

Bentancor, Andrea, Félix Modrego y Julio A. Berdegué. 2008. Sensibilidad de la pobreza al crecimiento y a los cambios distributivos en las comunas rurales de Chile. Santiago de Chile: Rimisp, Programa Dinámicas Territoriales Rurales, documento de trabajo núm. 8. Puede consultarse en www.rimisp.org/dtr/documentos.

BID, Banco Interamericano de Desarrollo. 2005. *Estrategia de desarrollo rural.* Washington DC: BID.

Birdsall, Nancy y Juan L. Londoño. 1997. Asset Inequality Matters: An Assessment of the World Bank's Approach to Poverty Reduction. *American Economic Review* 82, 2: 32-37.

Blum, Bernardo S. 2003. The Curse of Geography: A View about the Process of Wealth Creation and Distribution. *Cuadernos de Economía* 40, 121: 423-433.

Bourguignon, François, Francisco H. G. Ferreira y Nora Lustig. 1998. *The Microeconomics of Income Distribution Dynamics in East Asia and Latin America*. Washington DC: Banco Mundial.

Bourguignon, François, Francisco H. G. Ferreira y Phillippe Leite. 2002. *Beyond Oaxaca-Blinder: Accounting for Differences in Household Income Distributions across Countries*. Washington DC: Banco Mundial, Policy Research Paper 2828.

Bourguignon, François. 2004. The Poverty-Growth-Inequality Triangle. Ponencia preparada para la conferencia *Poverty, Inequality and Growth*, París, 13 de noviembre de 2003 y organizada por la Agence Française de Développement y el E U Development Network.

Bourguignon, François, Francisco Ferreira y Michael Walton. 2007. Equity, Efficiency and Inequality Traps: a Research Agenda. *Journal of Economic Inequality* 5, 2: 235-256.

Boyce, James K. 2003. *Inequality and Environmental Protection*. Massachusetts, EE.UU.: Universidad de Massachusetts Amherst, Political Economy Research Institute, Working Paper Series 52.

Brock, William y Taylor M. Scott. 2010. The Green Solow Model. *Journal of Economic Growth* 15, 2 (primavera): 127-153.

Carter, Michael R. y Frederic J. Zimmerman. 2000. The Dynamic Cost and Persistence of Asset Inequality in an Agrarian Economy. *Journal of Development Economics* 63, 2: 265-302.

CEPAL, Comisión Económica para América Latina. 2010. *La hora de la igualdad. Brechas por cerrar, caminos por abrir*. Santiago de Chile: CEPAL.

Cerdan, Claire, Mariana Aquilante Policarpo y Paulo Freire Vieira. 2012. Sinergias y conflictos entre dinámicas territoriales: rumbo al desarrollo sustentable en el litorial del Estado de Santa Catarina, Brasil. En *De Yucatán a Chiloé. Dinámicas territoriales en América Latina* editado por Julio A. Berdegué y Félix Modrego. Buenos Aires: editorial Teseo.

Da Veiga, José Eli. 2000. *Desenvolvimento Territorial do Brasil: Do Entulho Varguista ao Zoneamento Ecológico-Econômico*. São Paulo, Brasil: Universidade de São Paulo, Departamento de Economía.

Damianović, Ninoska, Rodrigo Valenzuela y Sergio Vera. 2009. Dinámicas de la desigualdad en El Salvador: hogares y pobreza en cifras en el período 1992-2007. Santiago de Chile: Rimisp, Programa Dinámicas Territoriales Rurales, documento de trabajo núm. 52. Puede consultarse en www.rimisp.org/dtr/documentos.

De Ferranti, David *et al.* 2004. *Inequality in Latin America. Breaking with history?* Washington DC: Banco Mundial.

.... 2005. *Beyond The City. The Rural Contribution to Development.* Washington DC: Banco Mundial, Latin American and Caribbean Studies.

De Janvry, Alain y Elisabeth Sadoulet. 2004. Toward a Territorial Approach to Rural Development. Ponencia preparada para el *Fourth Regional Thematic Forum in Latin America and the Caribbean, on Harvesting Opportunities: Rural Development in the 21st century,* Costa Rica, 19 al 21 de octubre, organizado por el Banco Mundial.

Deininger, Klaus y Lyn Squire. 1996. A New Dataset: Measuring Income Inequality. *World Bank Economic Review* 10, 3: 565-591.

Deininger, Klaus y Pedro Olinto. 2000. *Asset Distribution, Inequality, and Growth.* Washington DC: World Bank Policy Research Paper 2375.

Echeverri, Rafael y María P. Ribero. 2002. *Nueva ruralidad. Visión del territorio en América Latina y el Caribe.* San José, Costa Rica: Instituto Interamericano de Cooperación para la Agricultura.

Echeverri, Rafael y Octavio Sotomayor. 2010. *Estrategias de gestión territorial en las políticas públicas de Iberoamérica.* Santiago de Chile: Grupo Inter-Agencial de Desarrollo Rural.

Echeverría, Rubén (ed.). 2003. *Desarrollo Territorial Rural en América Latina y el Caribe.* Washington DC: Banco Interamericano de Desarrollo.

Elbers, Chris, Jean O. Lanjouw y Peter F. Lanjouw. 2003. Micro-level Estimation of Poverty and Inequality. *Económetrica* 71, 1: 355-364.

Ellison, Glenn y Edward L. Glaeser. 1997. Geographic Concentration in US Manufacturing Industries: A Dartboard Approach. *Journal of Political Economy* 105: 889-927.

Escobal, Javier y Carmen Ponce. 2008. Dinámicas provinciales de pobreza en el Perú 1993- 2005. Santiago de Chile: Rimisp, Programa Dinámicas Territoriales Rurales, documento de trabajo núm. 11. Puede consultarse en www.rimisp.org/dtr/documentos.

Escobal, Javier y Carmen Ponce. 2011. Spatial Patterns of Growth and Poverty Changes in Peru (1993-2005). Santiago de Chile: Rimisp, Programa Dinámicas Territoriales Rurales, documento de trabajo núm.78. Puede consultarse en www.rimisp.org/dtr/documentos.

Escobal, Javier, Carmen Ponce y Raúl Hernández. 2012. Intervenciones de actores extraterritoriales y cambios en la intensidad de uso de los recursos naturales: el territorio de Cuatro Lagunas en Cuzco, Perú. En *De Yucatán a Chiloé. Dinámicas territoriales en América Latina* editado por Julio A. Berdegué y Félix Modrego. Buenos Aires: editorial Teseo.

.... 2012. Límites de la articulación a mercados dinámicos en la sierra de Jauja en Junín, Perú. En *De Yucatán a Chiloé. Dinámicas territoriales en América Latina* editado por Julio A. Berdegué y Félix Modrego. Buenos Aires: editorial Teseo.

Escobar, Germán y Scott Swinton. 2003. Relaciones entre pobreza rural y el deterioro ambiental en algunos países de América Latina. En *Pobreza y Deterioro Ambiental en América Latina* editado por Germán Escobar. Santiago de Chile: FONTAGRO y Rimisp.

Ezcurra, Roberto, Pedro Pascual y Manuel Rapun. 2007. The Spatial Distribution of Income Inequality in the European Union. *Environmental Planning A* vol. 39: 869-890.

Favareto, Arilson y Ricardo Abramovay. 2009. O surpreendente desempenho do Brasil rural nos anos 1990. Santiago de Chile: Rimisp, Programa Dinámicas Territoriales Rurales, documento de trabajo núm. 32. Puede consultarse en www.rimisp.org/dtr/documentos.

Favareto, Arilson *et al.* 2012. Desarrollo territorial en Cariri, en el noreste semiárido de Brasil: más allá de las transferencias de ingresos. En *De Yucatán a Chiloé. Dinámicas territoriales en América Latina* editado por Julio A. Berdegué y Félix Modrego. Buenos Aires: editorial Teseo.

Fernández, Manuel *et al.* 2009. Dinámicas departamentales de pobreza en Colombia 1993-2005. Santiago de Chile: Rimisp, Programa Dinámicas Territoriales Rurales, documento de trabajo núm. 33. Puede consultarse en www.rimisp.org/dtr/documentos.

Fligstein, Neil. 2001. *The Architecture of Markets.* Princeton y Oxford: Princeton University Press.

Flores, Manuel *et al.* 2009. Cambios en la pobreza y concentración del ingreso en los municipios de Honduras: desde 1988 a 2001. Santiago de Chile: Rimisp, Programa Dinámicas Territoriales Rurales, documento de trabajo núm. 50. Puede consultarse en www.rimisp.org/dtr/documentos.

Florian, Maritza *et al.* 2011a. Género en las dinámicas territoriales en la cuenca Ostúa-Güija, suroriente de Guatemala. Santiago de Chile: Rimisp, Programa Dinámicas Territoriales Rurales, documento de trabajo núm. 75. Puede consultarse en www.rimisp.org/dtr/documentos.

……. . 2011b. Género y dinámicas territoriales rurales en la ribera norte del humedal Cerrón Grande, El Salvador. Santiago de Chile: Rimisp, Programa Dinámicas Territoriales Rurales, documento de trabajo núm. 77. Puede consultarse en www.rimisp.org/dtr/documentos.

Gómez, Ileana y Rafael Cartagena. 2012. Tensiones entre la agenda endógena y la agenda externa de desarrollo: ribera norte del Humedal Cerrón Grande. En *De Yucatán a Chiloé. Dinámicas territoriales en América Latina* editado por Julio A. Berdegué y Félix Modrego. Buenos Aires: editorial Teseo.

Gómez, Ligia *et al.* 2008. Mapeo de cambios en municipios de Nicaragua: consumo de los hogares, pobreza y equidad 1998-2005. Santiago de Chile: Rimisp, Programa Dinámicas Territoriales Rurales, documento de trabajo núm. 12. Puede consultarse en www.rimisp.org/dtr/documentos.

Gómez, Ligia, Helle Ravnborg y Edgard Castillo. 2011. Gobernanza en el uso y acceso a los recursos naturales en la dinámica territorial del Macizo de Peñas Blancas, Nicaragua. Santiago de Chile: Rimisp, Programa Dinámicas Territoriales Rurales, documento de trabajo núm. 82. Puede consultarse en www.rimisp.org/dtr/documentos.

Gómez, Ligia y Helle Ravnborg. 2012. La inversión lechera: una gota que no se expande. El territorio de Santo Tomás en Nicaragua. En *De Yucatán a Chiloé. Dinámicas territoriales en América Latina* editado por Julio A. Berdegué y Félix Modrego. Buenos Aires: editorial Teseo.

Grossman, Gene M. y Alan B. Krueger, 1995. Economic Growth and the Environment. *The Quarterly Journal of Economics* 110, 2: 353-377.

Hernández, Raúl y Carolina Trivelli. 2012. Crecimiento económico, cohesión social y trayectorias divergentes: Valle Sur-Ocongate en Cuzco, Perú. En *De Yucatán a Chiloé. Dinámicas territoriales en América Latina* editado por Julio A. Berdegué y Félix Modrego. Buenos Aires: editorial Teseo.

Hinojosa, Leonith, Juan Pablo Chumacero y Mauricio Chumacero. 2009. Dinámicas provinciales de bienestar en Bolivia. Santiago de Chile: Rimisp, Programa Dinámicas Territoriales Rurales, documento de trabajo núm. 49. Puede consultarse en www.rimisp.org/dtr/documentos.

Hinojosa, Leonith *et al.* 2012. Formación de territorios bajo la expansión de la industria del gas en Tarija, Bolivia. En *De Yucatán a Chiloé. Dinámicas territoriales en América Latina* editado por Julio A. Berdegué y Félix Modrego. Buenos Aires: editorial Teseo.

IICA, Instituto Interamericano de Cooperación para la Agricultura, y MDA, Ministerio de Desarrollo Agrario de Brasil. 2006. Desenvolvimento Sustentável e Territorialidade: identidades e tipologias. Bases conceituais e proposta metodológica. Brasilia: IICA.

Kempf, Hubert y Stéphane Rossignol. 2005. *Is inequality harmful for the environment in a growing economy?* Milán: Fondazione Eni Enrico Mattei, Documento de Trabajo 5.

Krugman, Paul. 1995. *Development, Geography and Economic Theory*. Cambridge, MA: The MIT Press.

Larrea, Carlos *et al.* 2008. Mapas de pobreza, consumo por habitante y desigualdad social en el Ecuador: 1995-2006. Metodología y resultados. Santiago de Chile: Rimisp, Programa Dinámicas Territoriales Rurales, documento de trabajo núm. 13. Puede consultarse en www.rimisp.org/dtr/documentos.

Lustig, Nora, Luis F. López-Calva y Eduardo Ortiz-Juárez. 2011. *The Decline in Inequality in Latin America: How Much, Since When and Why*. Tulane, EE.UU.: Tulane University, Tulane Economics Working Paper Series, Working Paper 1118.

Macé, Julie C. y Teresa Bornschlegl. 2010. Dinámicas de Sistemas de Género en Chiloé Central, o la Cuadratura de los Ciclos. Santiago de Chile: Rimisp, Programa Dinámicas Territoriales Rurales, documento de trabajo núm. 63. Puede consultarse en www.rimisp.org/dtr/documentos.

Magnani, Elisabetta. 2000. The Environmental Kuznets Curve, Environmental Protection Policy and Income Distribution. *Ecological Economics* 32: 431-443.

Mahoney, James y Kathleen Thelen. 2010. A Theory of Gradual Institutional Change. En *Explaining Institutional Change. Ambiguity, Agency, and Power* editado por James Mahoney y Kathleen Thelen. Nueva York: Cambridge University Press: 1-37.

MCPEC, Ministerio de Coordinación de la Producción, Empleo y Competitividad, Ecuador. 2010. *Agenda para la Transformación Productiva*. Quito: MCPEC.

Merton, Robert K. 1949. *Social theory and social structure*. Nueva York: Free Press.

México, Estados Unidos Mexicanos. 2011. Ley de Desarrollo Rural Sustentable, http://www.diputados.gob.mx/LeyesBiblio/ref/ldrs.htm (acceso: 25 de febrero de 2011).

Millennium Ecosystem Assessment. 2005. *Ecosystems and Human Well-being: Synthesis*. Washington DC: Island Press.

Modrego Félix, Ximena Celis y Julio A. Berdegué. 2008. Polarización étnica de los ingresos rurales en el sur de Chile. Santiago de Chile: Rimisp, Programa Dinámicas Territoriales Rurales, documento de trabajo núm. 15. Puede consultarse en www.rimisp.org/dtr/documentos.

Modrego, Félix, Eduardo Ramírez y Andrea Tartakowsky. 2008. La heterogeneidad espacial del desarrollo económico en Chile: Radiografía a los cambios en bienestar durante la década de los 90 por estimaciones en áreas pequeñas. Santiago de Chile: Rimisp, Programa Dinámicas Territoriales Rurales, documento de trabajo núm. 9. Puede consultarse en www.rimisp.org/dtr/documentos.

Modrego, Félix *et al.* 2012. Fronteras de la transformación agroindustrial en el secano interior de la región de O'Higgins, Chile. En *De Yucatán a Chiloé. Dinámicas territoriales en América Latina* editado por Julio A. Berdegué y Félix Modrego. Buenos Aires: editorial Teseo.

North, Douglass C. 2005. *Understanding the Process of Economic Change*. Princeton y Oxford: Princeton University Press.

Observatorio Europeo LEADER. 1999. *La competitividad territorial. Construir una estrategia de desarrollo territorial con base en la experiencia de LEADER*. Bruselas: Observatorio Europeo Leader.

OECD, Organisation for Economic Co-operation and Development. 2005. *Building competitive regions. Strategies and governance*. París: OECD.

Olfert, Margaret Rose *et al.* 2011. Places for Place-Based Policies. Santiago de Chile: Rimisp, Programa Dinámicas Territoriales Rurales, documento de trabajo núm. 79. Puede consultarse en www.rimisp.org/dtr/documentos.

Ospina, Pablo *et al.* 2009. Tungurahua: una vía alternativa de modernización económica. Santiago de Chile: Rimisp, Programa Dinámicas Territoriales Rurales, documento de trabajo núm. 35. Puede consultarse en www.rimisp.org/dtr/documentos.

……. 2011. *El Territorio de Senderos que se Bifurcan. Tungurahua: Economía, Sociedad y Desarrollo*. Quito: Universidad Andina Simón Bolívar, Corporación Editora Nacional.

Ospina, Pablo *et al.* 2012. Café y maíz en Loja, Ecuador. ¿Un crecimiento sustentable o pasajero? En *De Yucatán a Chiloé. Dinámicas territoriales en América Latina* editado por Julio A. Berdegué y Félix Modrego. Buenos Aires: editorial Teseo.

……. 2012. Tungurahua rural, Ecuador: el territorio de senderos que se bifurcan. *En De Yucatán a Chiloé. Dinámicas territoriales* en América Latina editado por Julio A. Berdegué y Félix Modrego. Buenos Aires: editorial Teseo.

Paredes Guerrero, Leticia *et al.* 2010. Género y participación: los consejos de desarrollo rural sustentable. CHAH Yucatán. Santiago de Chile: Rimisp, Programa Dinámicas Territoriales Rurales, documento de trabajo núm. 81. Puede consultarse en www.rimisp.org/dtr/documentos.

PNUD, Programa de Naciones Unidas para el Desarrollo. 2010. *Actuar sobre el Futuro: Romper la Transmisión Intergeneracional de la Desigualdad*. San José, Costa Rica: PNUD.

Portillo, Bruno *et al.* 2011. Género, ambiente y dinámicas territoriales rurales en Loja. Santiago de Chile: Rimisp, Programa Dinámicas Territoriales Rurales, documento de trabajo núm. 85. Puede consultarse en www.rimisp.org/dtr/documentos.

Quan, Julian, Alicia Ruiz Olalde y Valdirene Rocha Sousa. 2012. Diversidad territorial y crecimiento inclusivo en el valle de Jiquiriçá, noreste de Brasil. En *De Yucatán a Chiloé. Dinámicas territoriales en América Latina* editado por Julio A. Berdegué y Félix Modrego. Buenos Aires: editorial Teseo.

Ramírez, Eduardo *et al.* 2012. La industria acuícola del salmón en Chiloé, Chile: del crecimiento económico al desarrollo sostenible. En *De Yucatán a Chiloé. Dinámicas territoriales en América Latina* editado por Julio A. Berdegué y Félix Modrego. Buenos Aires: editorial Teseo.

Rao, Vijayendra. 2006. On 'Inequality Traps' and Development Policy. *World Bank, Development Outreach* (febrero): 10-13.

Ravnborg, Helle Munk. 2003. Pobreza y degradación ambiental en las laderas de Nicaragua. En *Pobreza y Deterioro Ambiental en América Latina* editado por Germán Escobar. Santiago de Chile: FONTAGRO y Rimisp.

Reardon, Thomas y Stephen A. Vosti. 1997. Poverty-environment links in rural areas of developing countries. En *Sustainability, Growth and Poverty Alleviation. A policy and agroecological perspective* editado por Steph A. Vosti y Thomas Reardon. Baltimore: The Johns Hopkins University Press.

Redding, Stephen y Anthony J. Venables. 2004. Economic geography and international inequality. *Journal of International Economics* 62: 53-82.

Rey, Sergio J. y Mark V. Janikas. 2005. Regional Convergence, Inequality and Space. *Journal of Economic Geography* núm 5: 155-176.

Rimisp, Centro Latinoamericano para el Desarrollo Rural. 2007. *Rural Territorial Dynamics: A research-based policy advice and capacity-development program for rural economic growth, social inclusion and sound environmental governance.* Santiago de Chile: Rimisp. Puede consultarse en www.rimisp.org/dtr/documentos.

……. . 2008. Investigación Aplicada de Dinámicas Territoriales Rurales en América Latina: Marco Metodológico (versión 2). Santiago de Chile: Rimisp, Programa Dinámicas Territoriales Rurales, documento de trabajo núm. 2. Puede consultarse en www.rimisp.org/dtr/documentos.

Rodríguez, Tomás y Ligia Gómez. 2011. Género y dinámicas territoriales en Nicaragua. Santiago de Chile: Rimisp, Programa Dinámicas Territoriales Rurales, documento de trabajo núm. 88. Puede consultarse en www.rimisp.org/dtr/documentos.

Rodrik, Dani (ed.). 2003. *In Search of Prosperity. Analytic Narratives on Economic Growth*. Princeton y Oxford: Princeton University Press.

……. 2011. Why do (some, mostly international) economists dislike democracy so much? Puede consultarse en http://rodrik.typepad.com/dani_rodriks_weblog/ (acceso: 12 de mayo de 2011).

Romero, Wilson y Pedro Zapil. 2009. Dinámica territorial del consumo, la pobreza y la desigualdad en Guatemala: 1998-2006. Santiago de Chile: Rimisp, Programa Dinámicas Territoriales Rurales, documento de trabajo núm. 51. Puede consultarse en www.rimisp.org/dtr/documentos.

Sachs, Jeffrey. 2001. *Tropical underdevelopment*. Washington DC: National Bureau of Economic Research, NBER, Working Paper núm. 8119.

Schejtman, Alexander y Julio A. Berdegué. 2003. Desarrollo Territorial Rural. Debates y Temas Rurales. En *Desarrollo Territorial Rural en América Latina y el Caribe* editado por Rubén G. Echeverría. Washington DC: Banco Interamericano de Desarrollo, 9-63.

Sen, Amartya. 1992. *Inequality Reexamined*. Oxford: Oxford University Press.

……. 2000. *Development as Freedom*. New York: Anchor Books.

Stiglitz, Joseph E., Amartya Sen y Jean-Paul Fitoussi. 2009. Report by the Commission on the Measurement of Economic Performance and Social Progress. Puede consultarse en www.stiglitz-sen-fitoussi.fr/en/index.htm (acceso: 5 de diciembre de 2011).

Tilly, Charles. 1998. *Durable Inequality*. Berkeley: University of California Press.

Vosti, Stephen A. y Thomas Reardon. 1997. The Critical Triangle of Links among Sustainability, Growth and Poverty Alleviation. En *Sustainability, Growth and Poverty Alleviation. A policy and agroecological perspective* Stephen A. Vosti y Thomas Reardon (eds.). Baltimore: The Johns Hopkins University Press.

Yúnez Naude, Antonio, Jesús Arellano González y Jimena Méndez Navarro. 2009. México: Consumo, pobreza y desigualdad a nivel municipal 1990-2005. Santiago de Chile: Rimisp, Programa Dinámicas Territoriales Rurales, documento de trabajo núm. 31. Puede consultarse en www.rimisp.org/dtr/documentos.

Yúnez Naude, Antonio *et al.* 2012. Los motores del desarrollo de un territorio rural en Yucatán, México. En *De Yucatán a Chiloé. Dinámicas territoriales en América Latina* editado por Julio A. Berdegué y Félix Modrego. Buenos Aires: editorial Teseo.

Capítulo 2. Los motores del desarrollo de un territorio rural en Yucatán, México

Antonio Yúnez Naude, Leticia Janet Paredes Guerrero, Jimena Méndez Navarro, Ivett Liliana Estrada Mota, Alejandra Pamela España Paredes, Valeria Serrano Cote, Javier Becerril García[1]

Abstract

From an econometric study of the dynamics in economic welfare from 1990 to 2005 experienced by the inhabitants of the municipalities in Mexico, this article presents the main results of a multidisciplinary research conducted in a territory consisting of four contiguous municipalities of the State of Yucatan. The aim of our study was to investigate cultural, historical, economic, social and political factors that could explain the increase in welfare of the inhabitants of the territory. The results suggest that the process of economic transformation and diversification in the income sources of rural household inside of the territory that have produced improvements in welfare has been the result of endogenous factors to it, combined with the reduction of transaction costs in goods and labor markets, at local and regional level. However, our study also shows that there have been sectors of the population of the territory excluded from the development process and that there are challenges to achieving sustainability in natural resource use planning.

---

[1] Además del apoyo de Rimisp, el proyecto contó con el aporte económico del Consejo Nacional de Ciencia y Tecnología (CONACYT-México) y de las Fundaciones Hewlett y Ford a través del Programa de Estudios del Cambio Económico y la Sustentabilidad del Agro Mexicano (http://precesam.colmex.mx). En el proyecto, participaron Patricia Balam, Patricia Barrera, Omar Burgos, Maritza Chan, Edwin Fernández, Javier Gómez, Silvia González, Filemón Hernández, Adán Mex Ek, Viridiana Pardenilla, Carlos Robleda, Carolina Solís e Isis Tullub, egresados y estudiantes de Economía de la Universidad Autónoma de Yucatán (UADY). Colaboraron en el levantamiento de un censo para la selección de la muestra de hogares a encuestarse, en la aplicación de las encuestas y en la captura y validación de toda la información primaria y secundaria usada, y con esta base se elaboraron cinco tesis de licenciatura y maestría. Agradecemos a Julio Berdegué por sus comentarios a una versión previa del informe y a los vertidos por colegas que han participado en el Programa Desarrollo Territorial Rural.

Introducción

En este artículo, presentamos los principales resultados de la investigación multidisciplinaria realizada en un territorio formado por cuatro municipios del estado mexicano de Yucatán: Cuzamá, Homún, Acanceh y Huhí (CHAH).[2] Tres preguntas guiaron dicha investigación. ¿Cuáles han sido los fenómenos endógenos y exógenos que han influenciado la dinámica del territorio desde principios de la década de 1990? ¿Cuáles son los fenómenos que podrían explicar la mejora del bienestar de sus hogares durante ese periodo? Ya que es común que en los procesos de desarrollo haya población excluida de sus beneficios, la tercera pregunta indaga sobre este aspecto. ¿Cuáles son los niveles de pobreza y desigualdad prevalecientes en el territorio?

Mapa 2.1. El territorio del CHAH

Fuente: Méndez (2011). México DF. Escala 1:250 000 Serie II y Marco Geoestadístico Nacional actualizado al evento censal del XII Censo General de Población y Vivienda (2000).

---

2 En México el municipio es la unidad político administrativa de menor tamaño.

Antes de iniciar el estudio, indagamos si esos cuatro municipios, contiguos y con dinámicas positivas en materia de bienestar, pueden considerarse un territorio (mapa 2.1). Concluimos que lo son, a partir de la aplicación de los conceptos nodalidad, homogeneidad, complementariedad y plan usados en la geografía y economía regional, así como la noción antropológica de identidad cultural, imprescindible para definir un territorio, ya que permite identificar a su población y distinguirlo de otros espacios (Yúnez Naude *et al.* 2009; Paredes *et al.* 2010).

En la investigación, usamos metodologías cualitativas y cuantitativas. El planteamiento teórico de Bourdieu (1997 y 2009) sobre el análisis de los campos económico, político y simbólico contribuyó a explicar la dinámica territorial. Dichos campos se definen como las relaciones que se establecen entre actores individuales y colectivos, quienes ponen en juego su capital para tener una posición o un lugar en la jerarquía social, económica y política del territorio. Asimismo, en el estudio de la dinámica del CHAH retomamos la propuesta de Bourdieu de tratar conjuntamente lo público y lo privado, lo endógeno y lo exógeno, para poder observar afinidades y relaciones que se establecen entre esos ámbitos, a fin de entender y explicar una realidad concreta. Con este planteamiento, se pueden analizar los componentes del campo, que son: actores, capital, *habitus* y jerarquías.

Hemos prestado especial atención al campo económico por la importancia que ha tenido en la dinámica del CHAH desde la década de 1980. Se manifiesta en la relación entre los fenómenos endógenos y exógenos que generan la dinámica territorial, surgidos de los capitales económico, cultural y político.

El enfoque cuantitativo nos permitió conocer al detalle y en el plano socioeconómico los resultados actuales de la dinámica del CHAH, que también nos sirvieron para interpretar los hallazgos del análisis cualitativo. La base del estudio cuantitativo fueron los datos recabados en 2009 aplicando encuesta a los hogares del CHAH. Con estos datos, logramos conocer los rasgos demográficos, la posesión de activos y las fuentes de ingreso de sus miembros, así como las vinculaciones de sus actividades con los distintos mercados, y la persistencia (o no) de la pobreza y la desigualdad.[3] Además, con base en el análisis multivariado de componentes principales y de conglomerados, determinamos las características de los hogares pobres y no pobres. El enfoque cualitativo se basó en entrevistas y grupos focales orientados a conocer las percepciones de los habitantes sobre la dinámica económica, política, institucional y sociocultural del CHAH y sus características.

El artículo está organizado en cuatro secciones que siguen a esta introducción. En la primera, analizamos la dinámica territorial del CHAH durante los últimos treinta años, recurriendo a una serie de esquemas sinópticos en los cuales se visualizan los factores y fenómenos económicos, políticos y socioculturales que han influido en la dinámica actual, y que permiten comprender la estructura de dicha dinámica (Paredes *et al.* 2010). Con base en los resultados de la encuesta de hogares, discutimos sobre el campo económico y analizamos los mercados. Debido a su relevancia, en la segunda sección indagamos sobre el carácter y papel que han jugado las políticas públicas. En la tercera, presentamos un diagnóstico de la pobreza y desigualdad prevalecientes en el CHAH, y en el cual resultó ser fundamental la estructura de edades de los habitantes del territorio. En la última sección, concluimos con una discusión de los fenómenos más relevantes que explican la dinámica del CHAH, así como de los retos que enfrenta el territorio para lograr un desarrollo más equitativo y sustentable.[4]

---

3 La selección de la muestra se hizo con base en el listado de viviendas que elaboramos y en el Conteo de Población y Vivienda 2005 del Instituto Nacional de Estadística, Geografía e Informática (INEGI), http://www.inegi.org.mx/ (acceso: 29 de noviembre de 2009). Para asegurarnos la representatividad de los más pobres, agrupamos a los hogares en dos estratos: alto (2.839 hogares) y medio (812 hogares) de acuerdo con lo que establece el Consejo Nacional de Población (CONAPO), http://www.conapo.gob.mx/ (acceso: 2 de febrero de 2010). A partir del diseño muestral, seleccionamos 251 hogares: 186 del estrato alto y 65 del medio. Excluimos a los hogares de la cabecera municipal de Acanceh, porque en esa localidad es baja la marginación, por no ser rural y por limitaciones financieras y de tiempo.

4 El componente de sustentabilidad es limitado en nuestro estudio, tanto por falta de información histórica sobre el uso de los recursos naturales del territorio, como porque el tema es desarrollado en el estudio paralelo que también formó

1. La dinámica del territorio CHAH

El análisis de la dinámica del territorio CHAH mostró el tránsito desde las actividades económicas eminentemente agrícolas hacia la diversificación de actividades y de fuentes de ingreso. Ello afectó las lógicas de organización de la sociedad y evidenció que el cambio generacional ha modificado la acumulación de patrimonios y saberes, el manejo de capitales, el establecimiento de nuevas relaciones entre sus actores y la dinámica de la estructura productiva.

La transformación ocurrió a raíz de la crisis en la producción de la fibra del henequén de principios de los años 1990; desde entonces, se inició una diversificación de las actividades productivas como resultado de la relación entre factores exógenos y endógenos. Entre los primeros, destacan las acciones gubernamentales derivadas de la implementación del Programa de Reordenación de la Zona Henequenera y Desarrollo Integral de Yucatán, así como el crecimiento de la oferta de empleo, fuera y dentro del territorio. Entre los segundos, se encuentran el autoempleo y el desempeño de más de una actividad por persona, por ejemplo, tricitaxista-plomero-milpero.[5] Así, en el territorio actualmente existe una estructura económica y productiva diversificada que está integrada por la manufactura industrial, por la provisión, en pequeña escala, de un amplio rango de servicios, incluyendo los laborales, y por la producción agropecuaria en pequeña y mediana escala. Podemos afirmar que esta estructura diversificada ha sido y sigue siendo muy importante en la dinámica del CHAH.

1.1. Ámbito económico

La economía del CHAH ha transitado desde las actividades eminentemente agrícolas (henequén y alimentos para el

---

parte del Programa de Desarrollo Territorial Rural, en el que además se trata el tema de género (Paredes, Méndez y Vaisman 2010).

5 En México, el término "milpa" se refiere al cultivo de maíz y de otros alimentos. En Yucatán, los más comunes son la calabaza, el frijol, el jitomate y las hierbas alimenticias llamadas *ibes*.

autoconsumo familiar) que fueron las predominantes, hacia las manufacturas, los servicios y el trabajo asalariado dentro y fuera del territorio.

Ante el declive del henequén -provocado por fenómenos exógenos al territorio vinculados con el desarrollo en el plano mundial de sustitutos a la fibra-, algunos actores optaron por diversificar sus actividades dentro de este mismo sector, de tal suerte que, además de continuar cultivando henequén a menor escala y produciendo alimentos para el consumo familiar, se dedicaron a la apicultura y a la ganadería con fines comerciales. Otros empezaron a establecer negocios propios para la provisión de bienes y servicios, y hubo quienes se emplearon como asalariados en Mérida, la capital del estado, o cerca de sus municipios en las granjas de cría de cerdos o aves, en la albañilería, en la maquila textil, y en el sector de servicios públicos y privados.

Los profundos cambios en la economía del territorio y el incremento del trabajo asalariado no han provocado la desaparición de las actividades productivas por cuenta propia. Según los datos de la encuesta a hogares, además de que el 63% de los ingresos de los hogares dedicados a la actividad agropecuaria proviene del trabajo familiar, más del 70% de esos ingresos surge de las actividades por cuenta propia en el sector secundario. Este no es el caso del sector terciario, ya que solo el 20% del ingreso de los hogares cuyos miembros trabajan en el sector de servicios surge de actividades por cuenta propia.

La transformación de la economía del CHAH se caracterizó por el cambio en el peso relativo de las distintas fuentes de ingreso de sus habitantes, y por una diferenciación demográfica en las ocupaciones, que se explica, en parte, por la mayor escolaridad de la gente joven. En efecto, en el año 2009 la participación del sector primario en el ingreso bruto de los hogares del territorio no alcanzó el 12%, mientras que la del sector secundario fue de casi el 46% y la del terciario de 42% (encuesta de hogares del CHAH).[6] Con respecto a la

[6] Es mínima la emigración laboral de miembros de los hogares del CHAH fuera del territorio, así como las remesas que las personas emigradas envían a

productividad del trabajo, la del sector primario es menor a la media del total, mientras que es mayor tanto en el secundario como en el terciario. Es precisamente la PEA joven del CHAH la que se dedica más a la manufactura, que es la actividad mejor remunerada (gráfico 2.1) y la que tiene mayores niveles de escolaridad (gráfico 2.2). Para lograr un mayor detalle, indagamos las características demográficas y la escolaridad de los hogares rurales pobres y no pobres en términos alimentarios.[7] Los resultados del cuadro 2.1 muestran dos situaciones: 1) la baja escolaridad de los hogares pobres; y 2) la mayor edad de jefes o jefas de estos hogares frente al resto.

Gráfico 2.1. CHAH rural 2009. Distribución de la PEA ocupada según sector económico y edad

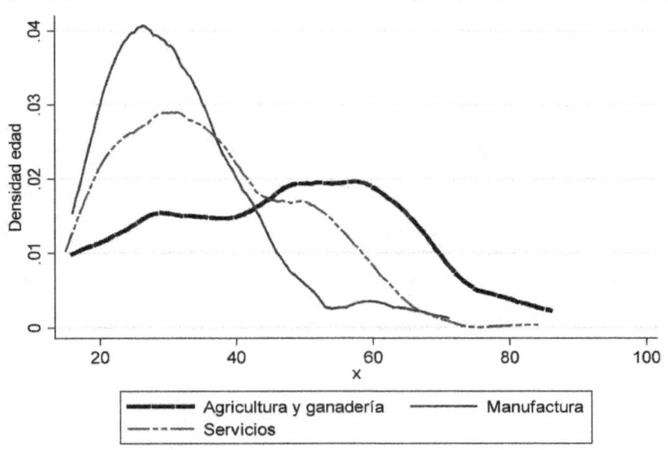

Fuente: Encuesta de hogares del CHAH, PRECESAM (2010).

sus familiares. El fenómeno no es común en el México rural (Yúnez Naude 2010) e indica que en el CHAH y su región hay alternativas de ingreso frente a las existentes a partir de los mercados de trabajo en el México urbano o en EE.UU.

7 Los hogares pobres son los que están por debajo de la línea de pobreza alimentaria.

Gráfico 2.2. CHAH 2009. Nivel de escolaridad por grupo de edad

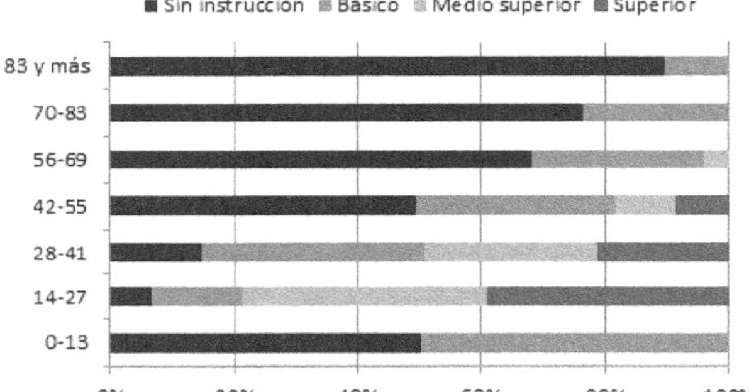

Fuente: Encuesta de hogares del CHAH, PRECESAM (2010).

Cuadro 2.1. CHAH 2009. Participación de los hogares según escolaridad promedio y edad de jefas y jefes

Escolaridad	Hogares pobres (%)	Hogares no pobres (%)	Edad Jefa/ Jefe	Hogares pobres (%)	Hogares no pobres (%)	Todos los hogares (%)
Sin instrucción	21,59	13,84	**14 a 24**	0,00	4,40	3,20
3 años de primaria	23,86	19,50	**25 a 35**	19,77	25,16	23,20
4 a 6 años de primaria	31,82	40,25	**36 a 59**	60,46	50,94	54,40
1 a 3 años de secundaria	15,91	20,75	**Más de 60**	19,77	19,50	19,20
Preparatoria y más	6,82	5,66				
Suma	100,00	100,00	**Suma**	100,00	100,00	100,00

Fuente: Encuesta de hogares del CHAH, PRECESAM (2010).

En síntesis, la transformación de la economía del CHAH afectó las lógicas de organización de la sociedad e introdujo una diferencia generacional. De tal forma, han cambiado la acumulación de patrimonios y saberes, así como el manejo de capitales, y se han establecido nuevas relaciones entre actores y en la dinámica de la estructura productiva.

1.1.1. Sector primario

Desde mediados del siglo XX hasta el inicio de la década de 1980, la dinámica del CHAH se explicaba principalmente por el proceso productivo del henequén (Baños 1993; Montalvo y Vallardo 1997; Quezada 2001; Yúnez Naude *et al.* 2009 y 2010). Sin embargo, la explotación de la tierra no se circunscribía únicamente a ese cultivo, sino que se lo combinaba con la milpa, que se destina generalmente al autoconsumo.

Los conocimientos, saberes y construcción del patrimonio territorial en torno al trabajo de la tierra se trastocaron durante los años 1990. Hubo una reorientación de la lógica económica en el país y el estado que abrió para quienes ahora representan a la gente joven y adulta joven del territorio un panorama totalmente diferente al de sus padres y abuelos, quienes continúan cultivando la tierra. Algunos lo expresaron así: "Es mi encanto trabajar en el campo, porque todo lo que hago produce y eso me satisface"; "se siente muy bonito comer lo que uno cultiva"; "mi vida es el campo, de allá no me muevo, [voy] todos los días". También es frecuente escuchar a otros decir: "Solo los muy antiguos se dedican al campo". De las entrevistas en profundidad, se desprende que al inicio este nuevo panorama fue percibido negativamente por los pobladores, puesto que se les cerraba una fuente importante de trabajo, sin que visualizaran alternativas laborales concretas.

En la década de 1980, comenzó el declive del henequén, que venía gestándose con la aparición de substitutos sintéticos y con el consecuente desplome de su precio real y relativo frente a otros productos agropecuarios relevantes de la región yucateca, por ejemplo, los precios relativos de la carne de ave, res y porcina en el último quinquenio de la década de 1990.[8] En efecto, a pesos constantes de 2002, el precio de la fibra bajó más del 18% entre 1992-2000 respecto al promedio de los nueve años previos, y casi el 25% entre 1982-1991 y 2001-2008.[9]

A eso hay que añadir la transición del modelo económico hacia una lógica neoliberal. En Yucatán, se reflejó en la implementación, en 1984, del Programa de Reordenación de la Zona Henequenera y Desarrollo Integral de Yucatán (PREDEY), y el cierre de la paraestatal Cordemex que se inició en 1990 y culminó formalmente en 1992.[10] Esto implicó la liberación del mercado del henequén, la individualización del ejido -también promovida por la Reforma Ejidal de 1992-, la indemnización de más de 30.000 ejidatarios y la jubilación anticipada de más de 12.000 campesinos mayores de 50 años (Canto 2001).[11]

Así, con el declive del cultivo y la industrialización del henequén se modificaron las relaciones establecidas, por muchos años, entre los ejidatarios y el Estado, contexto en el cual los principales actores fueron los comisariados ejidales.[12] El *habitus* y las prácticas basadas en el tutelaje del Estado lograron que en la conciencia colectiva de los ejidatarios su papel fuera el de proveedor de trabajo, de salarios relativamente estables

---

[8] Sistema de Información Agropecuaria y Pesquera, sitio en la red de la Secretaría de Agricultura, Ganadería, Desarrollo Rural, Pesca y Alimentación (SAGARPA). Sistema de Información Agroalimentaria (SIAP) http://www.siap.gob.mx/ (acceso: 12 de diciembre de 2009).

[9] Banco de México, Índice Nacional de Precios al Consumidor de Bienes Agropecuarios, 2009. http://www.banxico.org.mx/ (acceso: 5 de enero de 2010).

[10] En el PREDEY, se reconocía abiertamente que la declinante actividad henequenera ya no podía ser la palanca de desarrollo en Yucatán; se proponía como alternativa el desarrollo integral, especialmente la expansión selectiva de la industria. Cordemex era un complejo productivo que controlaba desde el cultivo hasta la producción y comercialización de artículos elaborados de henequén.

[11] Los ejidos se formaron con la Reforma Agraria que resultó de la Revolución de 1910. Con la aplicación de dicha reforma, se repartieron millones de hectáreas de tierra a millones de campesinos o ejidatarios y comunidades rurales, que habían sido desposeídos de sus tierras. Con la repartición, se crearon los núcleos agrarios compuestos por ejidos y ejidatarios con derechos de explotación individual y comunal de la tierra, pero con restringidos derechos de propiedad. Con la Reforma Ejidal de 1992, se abrió la posibilidad de que los ejidatarios privatizaran los predios que explotaban individualmente y pertenecientes a los ejidos (Yúnez Naude 2010).

[12] El comisariado es el representante de los ejidatarios para realizar cualquier trámite o apoyo.

y de seguridad social. Esta imagen fue quebrantada cuando se privatizó la industria. El sentimiento de abandono se hizo presente entre los ejidatarios, para quienes el gobierno (periodos 1984-1987 y 1992-1994) fuera el causante de la muerte de la industria henequenera. Los subsecuentes gobiernos los dejaron enfrentarse solos con los problemas que surgían de sus relaciones comerciales con empresas privadas que regulaban el mercado del henequén.

Una vez promulgada la Reforma Ejidal, en 1992 el gobierno federal empezó a aplicar el Programa de Certificación de Derechos Ejidales y Titulación de Solares (PROCEDE), con el fin de determinar la extensión de los predios y las tierras comunales ejidales. La aplicación del PROCEDE sería la base para privatizar estas tierras, bajo la condición de que fuera aprobada en asamblea por la mayoría de los ejidatarios. Según los datos del Padrón e Historial de Núcleo Agrario (PHINA),[13] el cambio significativo que ha habido en el CHAH, después de más de 20 años de Reforma Ejidal, es la delimitación formal de las tierras de sus núcleos agrarios. Las personas que entrevistamos en el campo nos mencionaron que la opción de privatizar ha sido propuesta por la minoría de los miembros del ejido y que ha provocado conflictos con el resto de los ejidatarios. Siguen siendo los mismos 18 núcleos agrarios en el CHAH; la diferencia es que los ejidatarios y sus comisarios han perdido la posición y el poder en la toma de decisiones, que ostentaron durante la época dorada del monocultivo del henequén. Asimismo, los ejidatarios continúan cultivando la milpa con el propósito de producir alimentos para el consumo familiar.

Desde principios del siglo XX hasta el inicio de la década de 1980, la principal actividad en el CHAH fue la primaria, destacándose la plantación de henequén (la milpa y la cría de ganado siempre han sido los otros componentes de la producción agropecuaria del territorio). En el año 1961, se creó Cordeles Mexicanos SA de CV (Cordemex) para impulsar toda la cadena del henequén (cultivo, industrialización y comercialización). Esta empresa paraestatal logró, durante las primeras

---

13 Consultado en la Secretaría de la Reforma Agraria. http://www. app.ran.gob. mx/phina/ (acceso: 15 de noviembre de 2009).

décadas de funcionamiento, constituir el complejo industrial más grande y moderno del mundo para la industrialización de la fibra del henequén. Hasta principios de los años 1980, la economía basada en el henequén cobró fuerza en todo el territorio. El Estado contrató como asalariados a los campesinos para que trabajaran en el cultivo y procesamiento del agave, con lo cual se redujo la escala de las demás actividades primarias dirigidas al autoconsumo. A partir de 1984, la implementación del PREDEY marcó el final de la producción masiva de la fibra y estimuló el crecimiento de otros sectores económicos. El año 2002 fue muy significativo, ya que el huracán Isidoro destruyó viviendas e infraestructura en el CHAH y ocasionó pérdidas de cosecha y daños en las plantaciones del agave. Esto último y la destrucción de la planta desfibradora más cercana al territorio deprimió aun más al sector henequenero y dificultó la comercialización del producto.[14]

Durante los últimos 15 años, los agricultores del CHAH se han beneficiado de un programa nacional de transferencias directas de ingreso a productores de cultivos básicos que incluye a los de maíz y frijol, llamado Programa de Apoyos Directos al Campo (PROCAMPO). Es un subsidio directo que el gobierno federal otorga a los productores rurales, desde 1993; por cada hectárea o fracción de esta, se recibe una cantidad de dinero. A raíz de la promulgación de la Ley de Desarrollo Rural Sustentable (LDRS), en el año 2001, la población del CHAH ha recibido apoyo de otros programas públicos. En principio, con dicha ley se persigue la descentralización y la participación ciudadana a través de los Comités Municipales de Desarrollo Rural Sustentable o CMDRS (Paredes, Méndez y Vaisman 2010). Otros programas gubernamentales son los enfocados a amortiguar los efectos de desastres naturales como el huracán Isidoro, en 2002, y los apoyos al sector pecuario (ganado, apicultura y aves).

---

[14] Una consecuencia imprevista del declive de la actividad henequenera ha sido el crecimiento de la cobertura vegetal del territorio. Los mapas de cubierta vegetal de 2000 muestran que empieza a haber zonas de selva baja cadufilia. Instituto Nacional de Ecología 2007. *Mapas de Cubierta Vegetal 1970-2000.* http://www.ine.gob.mx/acerca/sistemas-portales (acceso: 22 de noviembre de 2009).

Asimismo, a partir de 2005, en los municipios de Cuzamá y Homún se inició la cría de pavos, una actividad principalmente a cargo de las mujeres. En Cuzamá, algunas entrevistadas dijeron que fue una iniciativa de un particular que otorgó crédito; otras, que recibieron dinero no reembolsable de un fondo estatal. En Homún, indicaron que recibieron "sobrantes" del proyecto de Cuzamá, que fueron gestionados por los CMDRS. Las mujeres que se dedican a esta actividad han formado grupos basados en redes de parentesco: madre e hija, nueras y suegras, esposos y esposas. Los esposos que trabajan en granjas avícolas apoyan al grupo consiguiendo mercado para la venta. Esta colaboración les permite destinar parte de las ganancias a la compra de más pavos, así como costear los gastos en alimentos y medicinas.

En el año 2007, esas mismas mujeres tuvieron la oportunidad de incursionar en el cultivo de chile habanero. Se les facilitaron las instalaciones (una "casa sombra") y capacitación para el cultivo. Desde entonces, cosechan chiles cada tres meses y venden en sus municipios y a los supermercados.

Además del cultivo de chile y la cría de pavos, estas mujeres realizaban otras actividades generadoras de ingresos económicos, tales como el bordado de huipiles y ternos, a lo que se han dedicado desde hace años. También sembraban en su traspatio otro tipo de plantas y frutas que vendían y consumían. Según datos de la encuesta a hogares, alrededor del 90% de los hogares rurales del CHAH producía en su traspatio. Si bien la cría de pavos y el cultivo de chile son actividades que aportan poco al ingreso total de las familias de Huhí y Cuzamá, podrían en un futuro convertirse en fuentes importantes de ese ingreso y estarían lideradas por las mujeres.

Según los datos de la encuesta a hogares, el 54,8% de los hogares rurales del territorio cuenta con algún derecho de uso de la tierra para actividades agropecuarias; 64,96% son ejidatarios que están autorizados a usar las tierras del ejido; les siguen los propietarios privados (27,74%), los "posesionarios" o ejidatarios que están en el proceso de tener derechos privados de propiedad (5,84%), y los avecindados con derechos temporales de explotación de la tierra (1,46%). De acuerdo con los datos de dicha encuesta sobre la distribución de ocupaciones e ingresos de los hogares cuyos miembros trabajaban en actividades agropecuarias en 2009, el 38% de esos hogares tiene derechos de uso de la tierra para la producción de maíz, frijol e *ibes* en predios de menos de dos hectáreas hasta de cinco hectáreas. Solo el 4,5% de los hogares se dedica al cultivo del henequén y la misma proporción se dedica a la apicultura. Otra ocupación importante es la producción en el traspatio de plantas, frutales y hierbas, de ganado menor y huevos para el autoconsumo. La mayor parte de la actividad agropecuaria se realiza por cuenta propia; la producción de la milpa y del traspatio se usa para el consumo familiar de acuerdo con el Censo Agropecuario de 2007 (http://www.inegi.org.mx). La milpa es la actividad agropecuaria menos remunerativa y a esta se dedican los adultos mayores del CHAH. Son personas que vivieron el auge agrícola y que saben trabajar la tierra, a pesar de los escasos incentivos económicos de esa actividad.

Según las opiniones de las personas que fueron entrevistadas y de los grupos focales, los principales problemas de los agricultores que producen para la venta son los altos costos de transporte de insumos y productos, el bajo precio de sus productos y los efectos en la producción causados por fluctuaciones climáticas.

1.1.2. Sector secundario

Como en la agricultura, factores exógenos y endógenos también han intervenido en el crecimiento manufacturero del CHAH después del declive del henequén. Desde principios de la década de 1980 comenzó el desarrollo de la manufactura familiar e industrial y de otras actividades del sector secundario, promovido, en parte, por el PREDEY desde 1984, y por el cierre de Cordemex en 1992. En 1985, los talleres y maquiladores iniciaron el proceso basado en esfuerzos individuales y aprendizajes propios de quienes necesitaban generar ingresos familiares. Desde 1997, se instalaron en el territorio aquellas maquiladoras de inversión extranjera, gracias a las políticas nacionales y estatales reflejadas en el Tratado de Libre Comercio de América del Norte (TLCAN), el cierre de Cordemex y los Programas de Maquiladora. La Manufacturera Lee de México SA de CV se ubicó en tres municipios de Yucatán: Izamal (1995), Tekax (1996) y Acanceh (1997). En 2005 y 2007, dos más llegaron a Homún.

El Estado y estas empresas son dos actores clave en el desarrollo del sector secundario en el CHAH. Hubo mayor acceso al mercado internacional debido al TLCAN; exención de impuestos a las maquiladoras; subsidio al uso de agua sin regulación sobre las residuales, y capacitación a la población en actividades de transformación.[15]

Además de las empresas maquiladoras de capital extranjero y de la maquila elaborada en talleres instalados en los hogares del CHAH, hay otros negocios dedicados a elaborar bolsos y ropa que podrían considerarse pequeñas y medianas empresas (PYME), ya que son de tamaño reducido y pagan impuestos. El mercado de la Lee es internacional, mientras que el del resto de las empresas es local, regional o localizado en la península de Yucatán. Algunas pagan las prestaciones que por ley deben recibir sus trabajadores, y enfrentan problemas de financiamiento y comercialización (Yúnez Naude *et al.* 2010).

Una actividad adicional vinculada tanto al sector secundario como al terciario es la de la construcción dentro y fuera del territorio. Cobró dinamismo desde la década de 1990 e impulsó la demanda de mano de obra asalariada del territorio. En años recientes, esa mano de obra ha recibido más capacitación, lo cual ha mejorado sus oportunidades laborales. También se ha iniciado la formación de cooperativas -por ejemplo, la de mujeres dedicadas a la carpintería y albañilería- que se conformaron en 2008 en Homún, luego de la llegada de las Misiones Culturales al municipio y con los programas de la Comisión Nacional para el Desarrollo de los Pueblos Indígenas (CDI) que apoyan las actividades productivas y culturales.[16]

En el año 2009, estos fueron los porcentajes más importantes que arrojó la encuesta de hogares sobre la distribución de actividades e ingresos en los hogares del CHAH cuyos miembros trabajaban en actividades secundarias. Más del 40% participa

---

15 Un alto ejecutivo que fue entrevistado mencionó en la entrevista realizada que la empresa procesa las aguas residuales, para que sean aptas para el consumo humano en la planta.

16 Las Misiones Culturales llegaron por segunda ocasión a Homún en 2007. Son agencias de educación para adultos que la CDI realiza a petición de los ayuntamientos. Misiones Culturales http://www.educacion.yucatan.gob.mx/shownoticia.php?id=236 (acceso: 24 de noviembre de 2009).

en las manufacturas: 14% en las de pequeña escala y casi el 30% en las maquiladoras industriales, siendo las del primer tipo más rentables, así como los oficios de plomería, albañilería y la carpintería. Las actividades por cuenta propia tienen un peso muy alto en el ingreso de los hogares que la realizan (solo el 11,9% proviene de los salarios que reciben los miembros de los hogares que trabajan en la maquiladora industrial).

1.1.3. Sector de servicios

A partir de las iniciativas locales, en la primera década del siglo XXI el CHAH ha experimentado un crecimiento de la oferta de servicios; destacan el ecoturismo en pequeña escala y el transporte público en el territorio.

Es en el municipio de Cuzamá donde el ecoturismo tuvo su origen a partir de la década de 1990, como iniciativa de ejidatarios de la hacienda Chunkanán. Además de trabajar en el henequén, empezaron a dar paseos a turistas por los tres *cenotes*[17] ubicados a lo largo del camino construido para el transporte de las pencas del agave. Los medios de transporte fueron los usados previamente para trasladar henequén por riel y halados por caballos (llamados *truks*), que los ejidatarios modificaron para transportar turistas, la mayoría extranjeros o mexicanos de fuera del territorio. En 2002, luego de que el huracán Isidoro destruyera la planta desfibradora, más ejidatarios incursionaron en esta actividad.

En 2004, los ejidatarios de Chunkanán firmaron un convenio con los de Cuzamá para obtener permiso de explotar los tres *cenotes* de la ruta durante 10 años. Ello debido a que, según la división territorial, un cenote pertenece al ejido de Acanceh, otro a Cuzamá y el tercero a este y a Chunkanán. Recientemente se quebrantaron las relaciones entre los *trukeros* de la hacienda con los de Cuzamá, lo que ha desembocado en una serie de denuncias, demandas y pugnas por mantener el control y explotación turística de estos tres *cenotes*.[18] A esto

---

17 *Cenote* es un término que solo se utiliza en México; proviene de la palabra maya *dzonot* que significa abismo. Son pozos de agua dulce creados por la erosión de la piedra caliza, suave y porosa. Los *cenotes* son patrimonio natural de los habitantes del CHAH y de la península de Yucatán.

18 Los *trukeros* de Cuzamá manifestaron que los de Chunkanán los segregaban reduciéndoles sus oportunidades de pasear a los turistas, mientras que los de

se sumó la aparición de otros actores que buscan beneficiarse del desarrollo de esta actividad. El resultado más evidente del conflicto fue la apertura, en febrero de 2010, del parador turístico (con apoyo de las autoridades de la cabecera del municipio) para dar espacio a los *truckeros* de Cuzamá.

El aprovechamiento de los *cenotes* con fines turísticos se ha extendido más allá de Cuzamá, convirtiéndose en una opción de ingreso para otros ejidatarios y para la economía del territorio por sus efectos multiplicadores.[19] Ejemplo de ello son el servicio de transporte a turistas en tricitaxis impulsados con energía humana hacia los paradores cercanos a los *cenotes*, así como el establecimiento de restaurantes.

Una segunda actividad local que ha crecido es la transportación de personas en tricitaxis y motos adaptadas (mototaxis), promovida por el crecimiento, la transformación y la diversificación de las actividades económicas en el territorio (transporte de trabajadores a las maquiladoras y de los estudiantes a sus escuelas, el ecoturismo, entre otras), así como por la facilidad para integrarse a esta actividad debido a la ausencia de requisitos formales y a la baja inversión necesaria para adquirir y adaptar el triciclo. Asimismo, en 2010, los CMDRS del municipio de Homún gestionaron recursos de la CDI para la obtención de 32 mototaxis. Paralelamente y en parte animada por el mismo ecoturismo, ha crecido de manera sustancial la transportación local de personas, así como la provisión de otros servicios. Esta actividad representa el 18,4% del ingreso bruto de los hogares del CHAH rural.

Llama la atención la elevada proporción de hogares cuyas mujeres trabajan en el servicio doméstico (41%, sobre todo en Mérida) y el escaso peso de sus salarios en el ingreso per cápita de sus hogares. También destaca el trabajo en restaurantes fuera del territorio rural del CHAH, el cual es mucho mejor remunerado que el servicio doméstico. Asimismo, la remuneración de quienes están empleados en el sector público

---

Chunkanán consideran tener el derecho a la explotación de los *cenotes* porque se han dedicado más de veinte años a esta actividad.

[19] En Homún, el secretario del comisariado ejidal comentó que había aproximadamente 380 *cenotes*, muchos de ellos sin limpiar ni explotar.

representa más del 23% del ingreso bruto de los hogares con miembros trabajando en esta actividad.

Uno de los factores que han promovido el crecimiento durante las recientes décadas es la reducción de los costos del traslado de mercancías dentro del territorio, a Mérida y a otros lugares, así como para la provisión de servicios desde el territorio. Tal disminución se explica principalmente por la inversión gubernamental en bienes públicos, destacando las obras en infraestructura vial.

Así, el crecimiento de la infraestructura vial en el CHAH ha facilitado el desarrollo de los mercados. Se refleja en el marcado descenso, entre 1990 y 2009, del tiempo que toma transportarse a Mérida. Según datos de la encuesta a hogares, se redujo a más de la mitad desde la cabecera Acanceh a Mérida (ahora es 20 minutos), y más de dos horas desde Homún a la cabecera de Acanceh (ahora toma 30 minutos). Asimismo, de 1990 a 2009 se ha duplicado el número de viajes que hace el transporte público entre cabeceras municipales y a otros lugares de la península yucateca.[20]

En los esquemas 2.1 y 2.2 consta el desarrollo de algunos mercados en el CHAH. En el esquema 2.1, están los flujos de trabajadores asalariados. Las personas que viven en Cuzamá, Homún y Huhí se trasladan diariamente a Acanceh para trabajar en su cabecera municipal; de los cuatro municipios se trasladan a Mérida, y algunos, semanalmente, a la Ribera Maya en el estado de Quintana Roo. Las principales ocupaciones son las de obreros, albañiles, soldadores, rotuladores, meseros y trabajadoras del servicio doméstico. En el territorio, se emplean profesionales, principalmente los médicos y maestros de escuelas públicas y algunos ingenieros que asesoran los proyectos productivos. Además de la compra de bienes importados para la actividad comercial, las empresas maquiladoras (tanto la industrial como la de pequeña escala) compran insumos y venden sus productos al exterior (esquema 2.2). En el caso de los bienes manufacturados en los talleres y hogares, lo más común es la venta directa fuera del territorio.

---

[20] Información del cuestionario aplicado a informantes clave de las comunidades del CHAH, que fue parte de la Encuesta a los Hogares.

Esquema 2.1. CHAH. Flujo laboral

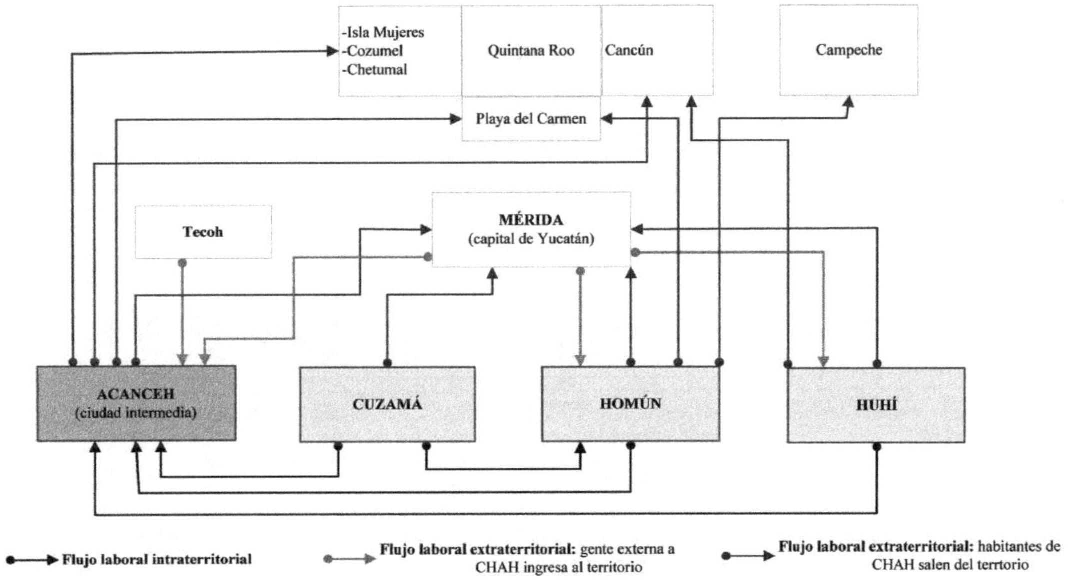

Fuente. Entrevistas a informantes de los cuatro municipios del CHAH (2010).

Esquema 2.2. CHAH. Flujo de insumos y productos del sector manufacturero

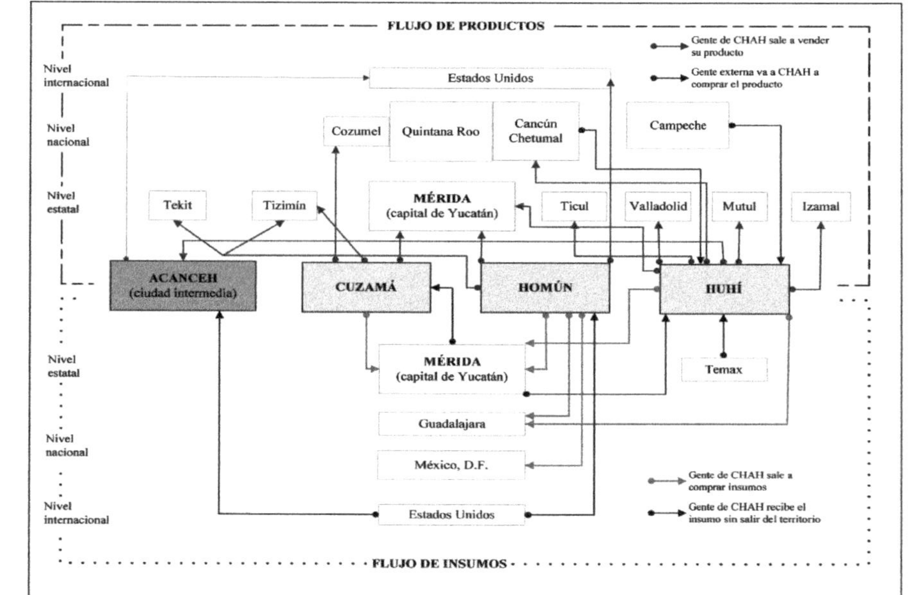

Fuente: Entrevistas a informantes de los cuatro municipios del CHAH (2010).

El incipiente desarrollo turístico en el CHAH también se ha beneficiado de las obras de infraestructura. Con excepción de la industria avícola y la apicultura, no puede decirse lo mismo de la producción agropecuaria por su carácter local y porque básicamente se canaliza al consumo familiar.

De acuerdo con los datos recabados de las entrevistas, el territorio se caracteriza por mantener un importante grado de intercambio con varios tipos de mercados, como los laborales, de servicios y de obtención de insumos y venta de productos, a nivel intraterritorial, regional, nacional e internacional. Los dos mercados con los nexos más dinámicos corresponden a los vinculados con la manufactura y los servicios.

Esto confirmó la función de Acanceh como ciudad intermedia del CHAH. Su importancia se manifestaba en los flujos laborales y de servicios como los de salud. Asimismo, no se detectó una dependencia mutua significativa entre esa ciudad y el resto de los municipios del territorio. Si bien los tres municipios se beneficiaban con las oportunidades laborales, de servicios y de adquisición de bienes, no se encontró una evidencia sólida de que Acanceh mantuviera una dependencia importante del algún sector del resto del territorio.

1.2. Ámbitos político y sociocultural

La investigación cualitativa mostró la generalizada existencia de relaciones de carácter político y clientelar que se manifiestan como capital político. La presidencia del municipio, una institución encargada de potenciar el desarrollo territorial, está en los cuatro municipios que componen el CHAH cooptada por grupos familiares o de amistad política que han acaparado estos cargos a lo largo de más de 15 años, y han obtenido beneficios para sí mismos, sus familias y sus amistades.

Desde 1980 a 2010, un partido político, el Partido Revolucionario Institucional (PRI), ha mantenido la hegemonía en el territorio, aun cuando en algunos años de la primera década de 2000 el Partido Acción Nacional (PAN) ha ocupado las presidencias municipales. Asimismo, tres apellidos se han repetido en los puestos del presidente municipal en el territorio: Candila, Pech y Echeverría.

En paralelo, desde la década de 1990 ha habido un incremento del número de grupos sociales de tipo institucional y no institucional, mientras que han disminuido los de tipo parental. Entre los primeros, están las asociaciones religiosas, los CMDRS, las cooperativas de productores, los grupos de ejidatarios asociados al programa federal PROCAMPO. Dentro de la segunda categoría, están, principalmente, los grupos de mujeres que crían pavos y cultivan chile. En contraste, ha disminuido la organización familiar asociada a las actividades del campo, sobre todo a partir del declive del henequén. Con respecto a las coaliciones, únicamente se podrían mencionar los CMDRS y un grupo de ejidatarios de Acanceh que visualizan el ecoturismo como una actividad de desarrollo territorial.

Es imprescindible mencionar una condición prevaleciente en el territorio y en todo el país que ha dificultado la formación de coaliciones sociales que se incorporen a procesos de desarrollo territorial: el corporativismo del Estado. Pese a que cambió el partido político en el poder del gobierno federal desde inicios de 2000, el corporativismo estatal ha organizado, durante más de ocho décadas, a los trabajadores, campesinos, obreros, sector popular, transportistas y otros, en organizaciones tales como la Confederación Nacional Campesina (CNC) y la Confederación Revolucionaria de Obreros y Campesinos (CROC). Sus dirigentes han formado parte de los grupos de poder que intervienen en las actividades económicas y limitan o impiden la apertura de más espacios y oportunidades para que la sociedad organizada participe activamente en la toma de decisiones.

Un aspecto adicional de la situación sociocultural del CHAH es la creciente diferenciación generacional de su población. Se manifiesta en los resultados de un análisis de conglomerados (AC), elaborado a partir de los datos de la encuesta a hogares, sobre religión y lengua hablada en el territorio. El AC arrojó dos grupos diferenciados por la edad promedio de los miembros del hogar (gráfico 2.3).[21] Con esta base y considerando que la religión y la lengua son indicadores de la identidad, proponemos que el territorio está formado por dos grupos definidos por cohorte de edad: los hogares de jóvenes y los de mayor edad.

---

[21] La edad promedio de las jefas o los jefes de hogar es de 46,7 años; 31,9 años la de todos sus miembros; y la cantidad promedio de miembros por hogar es de 5,1 personas.

Gráfico 2.3. CHAH. Distribución de las edades de los grupos 1 y 2

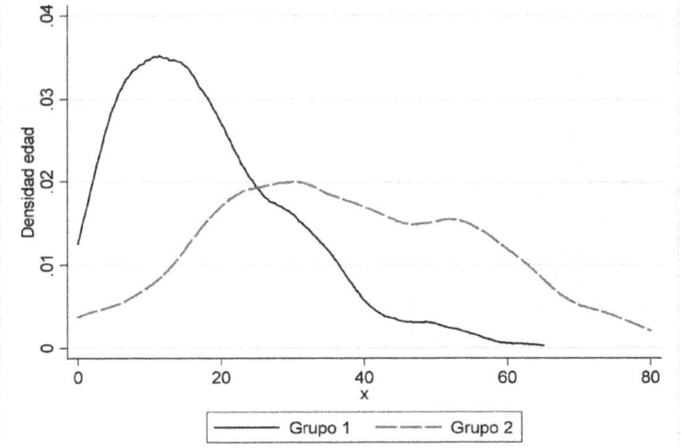

Fuente: Encuesta de hogares del CHAH, PRECESAM (2010).

2. Las políticas públicas

A las políticas de desarrollo del CHAH y de la región arriba analizadas hay que añadir las acciones que el Estado mexicano ha implementado a nivel nacional, de forma paralela a las reformas iniciadas en la década de 1990. Destacan dos programas de transferencias directas de ingreso establecidos en la primera mitad de tal década. Uno es PROCAMPO y el otro es el de combate a la pobreza, conocido como Oportunidades. A través de este último, el Estado transfiere ingresos a las jefas de hogar para la educación y salud de sus hijos menores.[22] Además, como ya mencionamos, con la promulgación de la LDRS desde comienzos del siglo XXI existe la intención de descentralizar los programas gubernamentales para el desarrollo rural.

[22] Paralelamente está la inversión pública en escuelas y clínicas de salud, así como la relacionada con las comunicaciones.

Tales transferencias de ingreso explican en parte el mayor bienestar de los habitantes del CHAH: PROCAMPO al apoyar a los productores de maíz y frijoles (alrededor del 6% de hogares) frente a la competencia por la apertura comercial; y Oportunidades al combatir la pobreza que afecta al 16% de la población del CHAH y al 12,8% de hogares, tal como consta en el gráfico 2.4. En las evaluaciones y estudios sobre los efectos de Oportunidades, se evidencia que este programa ha promovido la educación de niños, niñas y jóvenes, y ha mejorado su nutrición, así como su salud y la de sus madres. Habría que añadir que otro impacto de los dos programas es la mejora en la liquidez de los hogares rurales. En estudios empíricos para todo México, se concluye que PROCAMPO y Oportunidades han tenido tales consecuencias, lo cual ha promovido las actividades productivas de los hogares beneficiados (Winters y Davis 2009).

Gráfico 2.4. CHAH 2009. Cobertura de los programas gubernamentales (% de hogares)

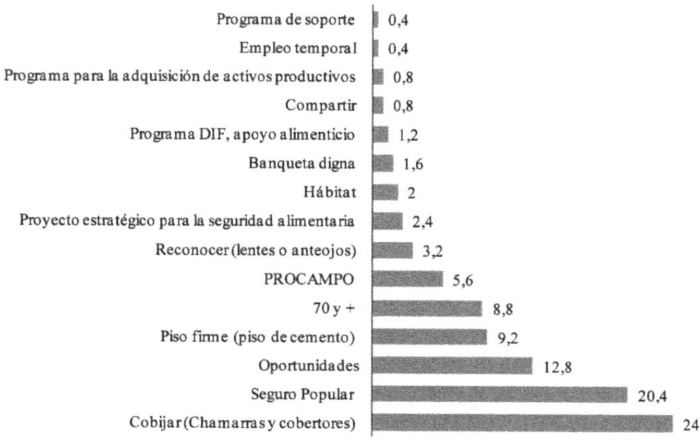

Fuente: Encuesta de hogares del CHAH, PRECESAM (2010).

No obstante, los autores citados expresan que ese aumento en la escolaridad de niños, niñas y jóvenes, impulsado por Oportunidades, tiene su lado negativo: despertarles el interés de trabajar en actividades no agropecuarias asalariadas. Si la demanda por este tipo de trabajo es insuficiente para cubrir la oferta -fenómeno que ha sufrido México por su bajo ritmo de crecimiento económico entre otros motivos-, es posible que las personas que se han beneficiado no encuentren trabajo, que el que consigan sea poco productivo y mal remunerado, o que emigren, sobre todo a los EE.UU. Algunos resultados de las investigaciones que hemos realizado (Yúnez Naude *et al.* 2010) sugieren que no es eso lo que está ocurriendo en todo el CHAH, ya que la gente joven sí ha encontrado empleo asalariado en sectores no agropecuarios del territorio y de la región, aunque no necesariamente bien remunerado. Asimismo, sus conocimientos y saberes les han servido para establecer negocios por cuenta propia o emplearse como carpinteros, plomeros y herreros.

En el CHAH, hay otros programas públicos asistenciales y focalizados como Oportunidades, pero cuyos presupuestos y cobertura son menores (encuesta de hogares). Se trata de programas que apoyan a adultos mayores, los canalizados a mejorar la vivienda, los alimentarios, y el regalo de cobijas y chamarras. También hay que agregar el proyecto federal Seguro Popular, iniciado en diciembre de 2006 y que ya cubre a más del 20% de los hogares del territorio (gráfico 2.4).[23]

Salvo los apoyos a la industria maquiladora y los descentralizados, son contados los programas públicos productivos. Por ejemplo, el programa descentralizado llamado Adquisición de Activos Productivos beneficia solo al 0,8% de los hogares del CHAH. Entre los escasos subsidios a la producción, destacan el federal ganadero Programa de Producción Pecuaria Sustentable y Ordenamiento Ganadero y Apícola (PROGAN), que cubre a algunos apicultores, y los apoyos estatales a estos productores, así como el programa de contingencias

---

[23] Las transferencias de estos programas representan el 8% del ingreso de los hogares del territorio (encuesta de hogares).

climatológicas de la Secretaría de Agricultura y Ganadería, que brinda apoyos a agricultores cuando se presentan desastres naturales.

Que los programas productivos sean escasos en el territorio no significa que estén ausentes en las políticas públicas del Estado mexicano. Aunque los hay y son de carácter descentralizado –sobre todo, a partir de 2003 cuando comenzó la aplicación del Programa Especial Concurrente (PEC) instrumento de la LDRS–, en los estudios realizados para todo el país se concluye que, en general, los efectos y cobertura de esos programas han sido limitados (Caballero 2006).

De lo anterior, tenemos evidencia en el CHAH. Una está relacionada con Alianza para el Campo, un conjunto de acciones de participación corresponsable entre los tres niveles de gobierno y los productores. Estos últimos contarían con asesoría de profesionales contratados que laboran en localidades rurales, para poder presentar un proyecto productivo a concurso siguiendo una serie de reglas y aportando recursos propios; el resto del costo del proyecto es financiado por los gobiernos federal y estatal y, en ocasiones, por el municipal. En las entrevistas realizadas a ejidatarios, expresaron la dificultad de conseguir apoyos a través del concurso. Lo consideraban un sistema muy burocrático y complicado que los colocaba en una situación de desventaja frente a participantes como las pequeñas y medianas industrias. En primer término, porque carecen de los conocimientos para elaborar un proyecto productivo, motivo por el cual debían contratar a "proyectistas" que, generalmente, cobraban entre el 2 y el 3% del monto a solicitar, independientemente de que el proyecto fuera aprobado o no. En segundo término, la modalidad de división de los recursos bajo la cual el productor debiera aportar recursos adicionales a los del gobierno federal, el estatal y el municipal no era viable, porque los productores no contaban con ese capital. Además, se percibía que la atención al campo era mínima y que el ejidatario sobrevivía gracias a su labor y no necesariamente por esos apoyos.

Otra de las limitaciones de los proyectos descentralizados y participativos se relaciona con la sustentabilidad. Un ejemplo son los CMDRS regidos por la LDRS. Estos órganos consultivos conformados por los habitantes de los municipios tratan de integrar sistemas, programas, servicios y fondos para lograr el fomento agropecuario y el desarrollo rural sustentable, entre otros objetivos. Paredes, Méndez y Vaisman (2010) analizaron nueve proyectos que se habían impulsado en el CHAH a través de esos consejos. Para ellos, solo dos podían ser considerados favorables a la sustentabilidad. Uno es el proyecto de adquisición de tricitaxis en Homún. Para el asesor del consejo promotor del proyecto, la actividad era sustentable, porque generaba empleos, disminuía el consumo de gasolina y era un transporte seguro. El otro era un proyecto de invernadero, cuyo presidente describía la propuesta como de conservación, porque reducía los impactos ambientales ocasionados por la deforestación y apoyaba el saneamiento ambiental. El mencionado estudio mostró que en la mayoría de los CMDRS del CHAH no existían iniciativas aprobadas que estuvieran relacionadas con la problemática ambiental diagnosticada en los municipios del territorio. Por ejemplo, la mayoría de los proyectos de Cuzamá, Homún y Acanceh está enfocada a proveer servicios o a aumentar la productividad. De hecho, una elevada proporción de los miembros de los consejos no asociaban la sustentabilidad ambiental con los CMDRS. No obstante, consideramos que las capacidades y saberes locales pueden potencializarse con la aplicación cabal de la LDRS.

3. Pobreza y desigualdad

Con el fin de precisar los efectos de la dinámica territorial en las condiciones de vida de la población e indagar sobre las desigualdades sociales, analizamos los componentes principales (ACP) y los conglomerados (AC) usando datos de la encuesta a hogares. También estudiamos aspectos relacionados con desigualdad de género, basándonos en la información cualitativa obtenida en campo.[24]

---

24 Trabajamos junto con el equipo encargado de la investigación sobre género y sustentabilidad en el territorio.

La pobreza alimentaria en el CHAH afectó al 30% de los hogares rurales en 2009.[25] La proporción no es tan elevada si se la compara con el 31,8% que corresponde a todo el México rural durante 2008, y si se considera que probablemente creció en 2009 debido a los efectos de la crisis internacional.[26]

Una manera de precisar el fenómeno de la pobreza en el territorio es calculando los índices Foster, Greer y Thorbecke o FGT (1984), con los cuales medimos su incidencia (proporción de hogares pobres en la población estudiada); su profundidad o intensidad (brecha promedio que existe entre los ingresos o gastos de los hogares en condición de pobreza y la línea de pobreza), y su severidad (brecha proporcional entre los pobres). Los cálculos que hicimos para todos los hogares rurales de México durante 2007 y para el CHAH durante 2009 muestran que en el CHAH rural la incidencia, profundidad y severidad de la pobreza son considerablemente menores a las de los hogares rurales de todo el país (por ejemplo, la incidencia en el CHAH es del 31% mientras que la nacional es del 44%). También la desigualdad es baja.[27] Pero si bien el bienestar de los hogares del territorio creció de 1990 a 2005, tal mejoría no ha sido del todo incluyente. Por ejemplo, la mayor parte de los hogares que sufre pobreza alimentaria corresponde a aquellos cuya jefa o jefe tiene 36 años o más.

Con el fin de estudiar el fenómeno, indagamos las características socioeconómicas y demográficas de los hogares

---

[25] Definimos la pobreza alimentaria como la proporción de hogares cuyo ingreso por persona es menor al necesario para cubrir las necesidades de alimentación. Para calcularla, actualizamos los precios de la canasta alimentaria siguiendo el índice nacional de precios al consumidor del Banco de México. Esto arrojó un costo de 756.55 pesos mexicanos mensuales por alimentos por persona para las zonas rurales en junio de 2010 (USD 61).

[26] Consejo Nacional de Evaluación de la Política Social (CONEVAL), http://www.coneval.gob.mx (acceso: 4 de febrero de 2010).

[27] El coeficiente de Gini que estimamos para 2009 con datos de la muy mencionada encuesta es de 0,33, mientras que para el estado de Yucatán fue de 0,49 en 2008 según cálculos del CONEVAL, http://www.coneval.gob.mx (acceso: 4 de febrero de 2010). Cuanto más cercano a cero esté el coeficiente de Gini, menos desigualdad hay.

que registran pobreza alimentaria y los no pobres del componente rural del territorio. Una forma de conocer tales rasgos es clasificando a los hogares por quintil a partir de un índice de su riqueza material que construimos, y mediante la aplicación de análisis de componentes principales. Los resultados muestran que hay diferencias sustanciales en riqueza dentro del CHAH rural. Por ejemplo, solo el 7,1% de los hogares más pobres tiene piso de tierra en su vivienda y ninguno posee vehículo, computadora, reses o equinos, mientras que todos los hogares más ricos tienen piso firme, el 26% cuenta con vehículo, el 24% con computadora y el 42% con ganado mayor.

Otra forma de constatar la diferenciación de los hogares del CHAH es indagando si hay diferencias según edades de la jefa o el jefe conforme al índice de riqueza que calculamos. En el gráfico 2.5, se muestra que, en efecto, los hogares menos ricos son los encabezados por personas de mayor edad. Para profundizar en dicha diferenciación, pero concentrada en el ámbito rural, realizamos otro AC con base en la edad y la escolaridad de los jefes de los hogares, vinculando sus resultados también con el índice de riqueza estimado a partir del ACP. Aparecieron dos grupos. En el grupo 1, el 76% de los hogares es el menos rico, mientras que la distribución de la riqueza entre los hogares del grupo 2 es relativamente equitativa. Estos dos grupos también se diferencian según escolaridad: mientras el 100% del grupo 1 no tiene instrucción, en el grupo 2 el 92% tiene instrucción básica, el 7% media superior y el 1% superior. Con respecto al tipo y sector de ocupación del jefe o jefa de hogar, una vez más los hogares del grupo 1 son los que más se dedican a la producción agrícola familiar y ninguno de ellos trabaja como asalariado en la industria maquiladora o en actividades de servicios (cuadro 2.2.).

Gráfico 2.5. CHAH 2009. Edad del jefe o jefa del hogar y riqueza (quintiles 1 y 5)

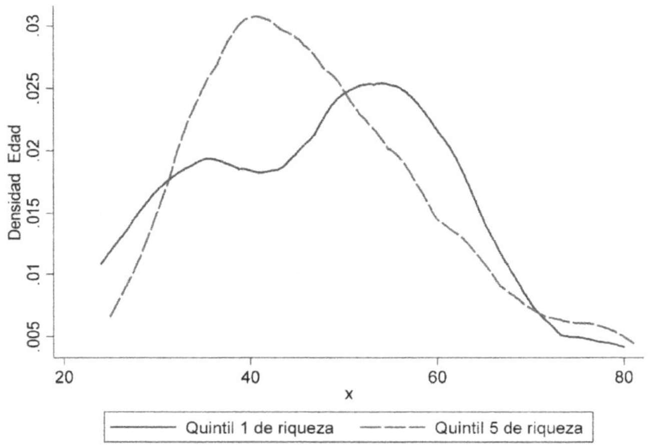

Fuente: Encuesta de hogares del CHAH, PRECESAM (2010).

Cuadro 2.2. CHAH 2009. Características de los grupos según tipo y sector de ocupación

Sector		Grupo 1 (%)	Grupo 2 (%)
Actividades agrícolas	Cuenta propia	25	13
	Asalariado	13	8
Manufactura	Cuenta propia	25	34
	Asalariado	0	12
Servicios	Cuenta propia	37	22
	Asalariado	0	11
Total		**100**	**100**

Fuente: Encuesta de hogares del CHAH, PRECESAM (2010).

El último resultado se refiere a la distribución del programa Oportunidades en el territorio. El ACP que calculamos a partir del índice de riqueza indica que este programa ha estado focalizado en los hogares menos ricos y que la mayoría ha recibido las transferencias desde hace 12 años (cuadro 2.3). Sin embargo, los otros resultados arriba expuestos sugieren que ese programa no ha logrado que los hogares beneficiados aumenten su riqueza material después de años de recibir el subsidio.

Cuadro 2.3. CHAH 2009. Distribución del programa Oportunidades por quintil de riqueza

Años	Quintiles de riqueza (%)					Total (%)
	1	2	3	4	5	
1	3,1	6,3			6,3	15,6
2	3,1					3,1
4		3,1	6,3	3,1		12,5
5		6,3				6,3
7	3,1					3,1
8		3,1				3,1
12	18,8	12,5	9,4	6,3	9,4	56,3
Total	**28**	**31**	**16**	**9**	**16**	**100,0**

Fuente: Encuesta de hogares del CHAH, PRECESAM (2010).
Nota: Los quintiles de riqueza dividen a la población en cinco grupos, ordenados del grupo más pobre al más rico, es decir, el quintil 1 representa al 20% de la población más pobre y el quintil 5 al 20% de la población más rica.

La perspectiva de género nos permitió investigar, comprender y explicar problemáticas relacionadas con la forma en que mujeres y hombres interactúan en un espacio determinado. Las evidencias recogidas en el trabajo cualitativo en campo permiten argumentar que, a pesar de que en el ambiente político y en las políticas públicas se han introducido elementos para generar nuevas formas de institucionalidad y se ha promovido la participación ciudadana, el territorio sigue funcionando bajo un esquema que favorece a los hombres y limita las posibilidades de que las mujeres participen en la política y en la economía. Por lo tanto, se siguen reproduciendo la desigualdad de género y la exclusión de las mujeres.

En instituciones como el gobierno, el sistema económico, la cultura y la familia continúan reproduciéndose los estereotipos de masculinidad y femineidad, así como una división del trabajo en la cual a cada género le es asignado un rol. Por ejemplo, dentro de la mayoría de familias del CHAH se sigue considerando que las mujeres no deben ocupar el espacio público porque no es para ellas.

A pesar de ello, también obtuvimos evidencias, incipientes todavía, donde las mujeres son agentes dinamizadoras de sus comunidades. Recientemente, organizadas en grupos y cooperativas, han entrado en escena en el territorio desempeñando actividades económicas tales como la cría de pavos, la siembra de chile habanero, la carpintería y la alfarería. Aunque siguen desempeñando trabajos tradicionalmente asociados a su género, ahora tienen capacidad de sacar provecho económico que redunda en el bienestar de sus familias, sin la necesidad de salir de sus comunidades y sin descuidar las labores asociadas al rol de madre y esposa, que eran y son socialmente valoradas en el territorio.

4. Conclusiones

La transformación económica ha sido componente básico de la dinámica del CHAH desde la década de 1990 y ha sido el resultado de la relación entre los fenómenos exógenos y endógenos al territorio. Aunque podría parecer que los primeros han sido los de mayor trascendencia, su incidencia en el bienestar de la población del territorio no podría haberse dado sin la participación de actores y habitantes del CHAH, ya que ellos fueron los que reorientaron, con base en sus saberes y conocimientos, gran parte de las actividades económicas, con lo cual han incidido en el desarrollo del territorio, de su región y estado.

El proceso de cambio en el CHAH surge del declive en la producción del henequén, causado por cambios en el mercado internacional de esta fibra y profundizado después por las políticas estatales de liberalización económica y de fomento a otras actividades. Por su parte, los hogares del territorio fueron diversificando sus actividades y fuentes de ingreso, manteniendo la explotación de la tierra, ahora enfocada a la producción de alimentos, sobre todo para el consumo familiar, y participando en los mercados manufactureros y de servicios, a partir de negocios por cuenta propia o de la oferta de mano de obra de parte de sus miembros. Sin embargo, tal dinámica no ha sido homogénea, ya que los adultos mayores son los que más se dedican al campo y los jóvenes al resto de las actividades económicas en el territorio y fuera de él.

Elemento clave del desarrollo del CHAH durante los últimos veinte años es la reducción de los costos de transacción en los mercados de bienes y laborales, locales y regionales, debida fundamentalmente a la ampliación y mejoras de los caminos y del transporte. Ello, unido a la aplicación de saberes tradicionales y de mejoras en la salud y escolaridad de la juventud, ha permitido el crecimiento de las actividades no agropecuarias por cuenta propia, y de la participación de la fuerza de trabajo del territorio en los mercados de trabajo asalariado. Por su carácter eminentemente endógeno y su potencial en el desarrollo sustentable del CHAH, destaca el uso del capital natural del territorio, específicamente los *cenotes* con fines turísticos.

No obstante su dinámica positiva, ese desarrollo ha excluido a parte de su población. Por ejemplo, un tercio de los hogares sigue sufriendo pobreza alimenticia, los encabezados por adultos mayores son los más pobres, y las mujeres siguen teniendo limitaciones para desarrollar negocios propios, para participar en las decisiones públicas y una considerable proporción trabaja en el servicio doméstico recibiendo un salario ínfimo. Así pues, en el territorio se observa una marcada reproducción de los estereotipos tradicionales de género y una división del trabajo que establece cuáles son las actividades propias de los hombres y cuáles son propias de las mujeres. De esta manera, el espacio público se reserva para los primeros y el privado para las segundas.

En la transformación del CHAH, las coaliciones en pro del desarrollo han tenido y tienen un papel poco influyente. Aunque encontramos grupos organizados, institucionales, no institucionales y parentales, algunos que mencionan en el discurso al desarrollo territorial (ayuntamientos, CMDRS, grupos específicos de ejidatarios), para la mayoría, este desarrollo no es uno de sus objetivos prioritarios. La ausencia de dicho tipo de coaliciones puede estar ligada a la permanencia de un fuerte corporativismo estatal, que inhibe la aparición de otras formas organizativas.

Durante el presente siglo, quienes más se han acercado a posiciones de poder e influencia para el desarrollo territorial han sido los CMDRS y las administraciones municipales. Los primeros surgieron de la LDRS para promover el desarrollo rural sustentable, participativo y descentralizado. Sin embargo, son escasos y con limitada cobertura territorial los proyectos vinculados con los CMDRS; estos comités apoyan a grupos específicos (diferenciados por sexo), lo cual ha restringido su papel como promotores de un crecimiento económico equilibrado y sustentable en el CHAH. Aunque ha aumentado la competencia electoral de los principales partidos políticos del país en el territorio, las administraciones municipales siguen cooptadas por grupos familiares o de amistad política, los que han acaparado por más de 15 años estos cargos de poder, beneficiándose a sí mismos, a sus familias y amistades.

El resultado ha sido que, si bien las políticas públicas de corte social han sido relevantes en la mejoría del bienestar de la población del CHAH, las políticas productivas han tenido escasa presencia en el territorio, han sido inequitativas, no han sido participativas y han sido poco cuidadosas en materia de sustentabilidad.

Empero, consideramos que el territorio tiene potencial para continuar creciendo con más equidad y sustentabilidad. Las condiciones para lograrlo son el marco institucional definido en la LDRS y sus reglas de operación, combinados con los saberes históricos recreados y aprendidos y con los capitales locales.

Un gran reto es que los propósitos de descentralización y coparticipación planteados en dicha ley se hagan una realidad en el territorio, es decir, que la financiación pública de proyectos productivos y de otro tipo tenga como base los programas del gobierno estatal y regional / territorial. Esto a partir, entre otros factores, de la evaluación de la factibilidad financiera y sustentabilidad de las propuestas individuales o de grupos locales y de su congruencia con los planes de desarrollo estatal y regional / territorial. Por lo tanto, se requiere que las políticas públicas de desarrollo sean regionales / territoriales y que en lo concreto vayan "de abajo hacia arriba".

En el plano federal, una verdadera descentralización requiere que las decisiones sobre el uso del presupuesto federal se definan en los estados, en sus regiones y territorios, tal como se propone en Caballero (2006).

Los saberes y experiencias individuales y grupales han repercutido en el crecimiento del trabajo por cuenta propia orientado a los mercados, lo cual muestra que el CHAH cuenta con un potencial de desarrollo con un fuerte componente endógeno. Para que esto se haga realidad, es necesario conjugar patrimonios y capacidades locales -individuales o grupales- con asesorías técnicas en la formulación de proyectos de negocios sustentables para ser financiados con recursos públicos o privados. También sería necesario mayor control ciudadano de las decisiones públicas, a lo cual se debería sumar la formación de coaliciones en pro del desarrollo sustentable.

Referencias citadas

Banco de México. http://www.banxico.org.mx/portal-inflacion/index.html (acceso: 1 de febrero de 2010).

Baños, Othón. 1993. Reconfiguración rural-urbana en la zona henequenera de Yucatán. *Estudios Sociológicos* (El Colegio de México) vol. 11, núm. 32: 419-443. http://biblioteca.colmex.mx/revistas/xserver/index.php?request=%20Ba%C3%B1os%20Ram%C3%ADrez%20Oth%C3%B3n&find_code=wau (acceso: 4 de agosto de 2010).

Bourdieu, Pierre. 1997. *Razones prácticas sobre la teoría de la acción*. Barcelona: Anagrama. http://www.scribd.com/doc/6765766/Pierre-Bourdieu-Razones-Practicas-Sobre-La-Teoria-de-La-Accion (acceso: 10 de agosto de 2010).

Bourdieu, Pierre. 2009. *El sentido práctico*. Buenos Aires: Siglo XX.

Caballero, José María. 2006. México: Decentralization of Rural Development Programs. En *Decentralized Service Delivery for the Poor*. Washington DC: Banco Mundial, Report 35692-ME, 223-290 (marzo).

Canto, Rodolfo. 2001. Del henequén a las maquiladoras. La política industrial en Yucatán 1984-2001. Instituto Nacional de Administración Pública. http://www.bibliojuridica.org/libros/libro.htm?l=1732 (acceso: 10 de septiembre de 2010).

Comisión Nacional para el Desarrollo de los Pueblos Indígenas. Misiones Culturales. http://www.educacion.yucatan.gob.mx/shownoticia.php?id=236 (acceso: 24 de noviembre de 2009).

Consejo Nacional de Evaluación de la Política Social (CONEVAL). http://www.coneval.gob.mx (acceso: 4 de febrero de 2010).

Consejo Nacional de Población (CONAPO). http://www.conapo.gob.mx/ (acceso: 2 de febrero de 2010).

Foster, James, Joel Greer y Erik Thorbecke. 1984. A class of decomposable poverty measures. *Econométrica* vol. 52: 761-766.

Instituto Nacional de Ecología. 2007. Mapas de Cubierta Vegetal 1970-2000. http://www.ine.gob.mx/acerca/sistemas-portales (acceso: 22 de noviembre de 2009).

Instituto Nacional de Estadística, Geografía e Informática (INEGI). http://www.inegi.org.mx/ (acceso: 29 de noviembre de 2009).

Méndez, Jimena, Javier Becerril y Valeria Serrano. 2010. *Encuesta de hogares del CHAH*. Yucatán, México: Programa de Estudios para el Cambio y la Sustentabilidad del Agro Mexicano, PRECESAM.

Montalvo, Enrique e Ignacio Vallado. 1997. Sociedad, economía, política y cultura. http://books.google.com.mx/

Paredes, Leticia *et al.* 2010. CHAH, territorio en Yucatán: identidad y políticas públicas para su desarrollo. Ponencia presentada en el Encuentro Anual de Rimisp: Territorios rurales en movimiento realizado en Bogotá del 16 al 18 de marzo.

Paredes, Leticia, Jimena Méndez y Rafael Vaisman. 2010. Género y participación: los Consejos de Desarrollo Rural Sustentable. CHAH Yucatán. Santiago de Chile: RIMISP, Programa Dinámicas Territoriales Rurales, documento de trabajo.

Quezada, Sergio. 2001. *Breve historia de Yucatán*. México: El Colegio de México.

Secretaría de Agricultura, Ganadería, Desarrollo Rural, Pesca y Alimentación (SAGARPA). Sistema de Información Agroalimentaria (SIAP). http://www.siap.gob.mx/ (acceso: 12 de diciembre de 2009).

Secretaría de la Reforma Agraria. http://www. app.ran.gob. mx/phina/ (acceso: 15 de noviembre de 2009).

Taylor, Edward. 2004. Project proposal to the Hewlett Foundation. California, EE.UU.: University of California en Davis.

Winters, Paul y Benjamin Davis. 2009. Designing a Programme to Support Smallholder Agriculture in Mexico: Lessons from PROCAMPO and Oportunidades. *Development Policy Review* 27, núm. 5: 617-642.

Yúnez Naude, Antonio *et al.* 2009. Dinámicas territoriales rurales (DTR): territorio en Yucatán. Informe etapa 2A. México, DF: Programa de Estudios para el Cambio y la Sustentabilidad del Agro Mexicano.

Yúnez Naude, Antonio, Jimena Méndez y Javier Becerril. 2009. Propuesta Dinámicas territoriales rurales etapa 2A y B. México, DF: Programa de Estudios para el Cambio y la Sustentabilidad del Agro Mexicano, PRECESAM.

Yúnez Naude, Antonio *et al.* 2010. La dinámica de un territorio en Yucatán, México. México: Centro de Estudios Económicos del Colegio de México, documento de trabajo (DT-2010-10) http://centros.colmex.mx/cee/index.php/component/content/article/37-publicaciones/122-documentos-de-trabajo.html (acceso: 15 de octubre de 2010).

Yúnez Naude, Antonio. 2010. Las transformaciones del campo y el papel de las políticas públicas: 1929-2008. En *Historia económica general de México. De la colonia a nuestros días* coordinado por Sandra Kuntz Kicker. México: El Colegio de México y Secretaría de Economía, 729-755.

Capítulo 3. Tensiones entre la agenda endógena y la agenda externa de desarrollo: ribera norte del Humedal del Cerrón Grande en El Salvador

Ileana Gómez, Rafael E. Cartagena

Abstract

Eight municipalities from the northern bank of the Cerrón Grande Wetland were studied. All of them demonstrated improvements in regard to income and poverty levels. However, improved income distribution was observed in only two cases. These improvements are due to remittances and investments in education, health and infrastructure and occur in spite of the fact that there is no economic activity that could be considered the dynamic axis of the territory.

The institutional changes in these municipalities are related to two development agendas. One, which is "endogenous" in nature, is aimed at strengthening the base of family production, organizational culture and environmental protection. It is being promoted by coalitions that are seeking to promote the sustainable use of natural resources through ecosystem management as a condition for the development of inclusive productive strategies. Said agenda has not managed to generate policies that provide returns to the area due to their role in the provision of ecosystemic services for the generation of hydroelectric energy and the strengthening of the productive fabric. The other agenda is an "external" one that emphasizes connectivity in the territory and forms part of a strategy that projects the country as a provider of regional logistics services.

El Humedal del Cerrón Grande es un lago artificial en la zona norte de El Salvador. El estudio de caso que aquí se presenta se ocupa de un territorio conformado por ocho municipios en la ribera norte de este humedal, con una extensión de 411 km^2 y una población de 66.782 personas.[1] La investigación analizó las dinámicas ambientales y productivas en este

[1] Los municipios de la ribera norte del Humedal Cerrón Grande que cubre la investigación son Tejutla, El Paraíso, Santa Rita, San Rafael, Chalatenango, Azacualpa, San Luis del Carmen y San Francisco Lempa, todos del departamento de Chalatenango.

territorio, las agendas de los actores y coaliciones sociales, elementos de la institucionalidad formal e informal, así como las políticas sectoriales y territoriales.[2] Durante la investigación, incorporamos el análisis de género con el propósito de ampliar la información sobre los actores y coaliciones sociales, los cambios institucionales y la distribución y acceso a activos.

El análisis de las dinámicas macro y su expresión territorial nos permitió entender cómo la globalización articulada con los poderes económicos de los Estados define las direcciones del cambio económico y social: declinación del agro, auge de los servicios y la economía urbana, migración interna y externa, urbanización, etc. También analizamos las respuestas territoriales para entender los cambios en las estrategias de vida de los hogares y su relación con el manejo de los recursos naturales, los tipos de acción colectiva y los arreglos institucionales que inciden en la dinámica del territorio, por ejemplo, las formas de negociación, generación de acuerdos, resistencia o defensa del territorio y manejo de conflictos.

Para la recolección de información primaria, realizamos entrevistas, observación participante y talleres participativos; también usamos microdatos recolectados por los censos agropecuarios y de población. Asimismo, aprovechamos la información contenida en diagnósticos y estudios previos realizados en Chalatenango.

De acuerdo con Damianović, Valenzuela y Vera (2009), 28 municipios del país presentan un incremento del ingreso per cápita, reducción de la pobreza y una mejor distribución del ingreso. En la ribera norte del Cerrón Grande se encuentran dos de esos municipios: Santa Rita y Azacualpa. Los otros seis presentan mejoras en el ingreso per cápita y reducción de la pobreza. Se trata, por lo tanto, de un territorio *win-win-lose*.[3]

---

2 Este artículo recoge insumos de otra investigación en la cual caracterizamos, geográficamente, la dinámica socioambiental y productiva del territorio en relación con la degradación o recuperación de sus principales activos naturales, cambios de uso de suelo, etc. Puede consultarse en Díaz, Escobar y Gómez (2010). Los autores también reconocen los aportes de Florian (2010) para esta investigación.

3 W (*win*) indica un cambio favorable estadísticamente significativo en el tiempo y L (*lose*) indica los cambios nulos o negativos, según la nomenclatura usada por Damianović, Valenzuela y Vera (2009).

Las diferencias entre municipios permitieron contrastar los factores que explicarían el desempeño *win-win-win* de los municipios de Azacualpa y Santa Rita. La proximidad de estos municipios al Humedal Cerrón Grande permitió enriquecer la investigación con una lectura de las dinámicas ambientales asociadas al humedal.

El artículo consta de cuatro partes. La primera aborda las dinámicas estructurales que han configurado el territorio hasta inicios de la década de 1990, incluyendo la identidad territorial. La segunda analiza la dinámica socioproductiva a partir de la década de 1990. La tercera parte se ocupa de la institucionalidad que actúa en el territorio: las intervenciones del gobierno central y de la cooperación internacional, y la agenda surgida de la acción colectiva de la sociedad civil y gobiernos locales. La cuarta parte corresponde a las conclusiones; allí exponemos los resultados de la investigación respondiendo a las siguientes tres hipótesis:

- Hipótesis 1. El modelo de desarrollo económico aplicado en El Salvador desde la década de 1990 ha tenido impactos positivos en el capital natural y ha favorecido las dinámicas ambientales y productivas del territorio, puesto que ha fortalecido las estrategias de vida de la población, ha permitido reducir la pobreza y ha impactado positivamente en los ecosistemas.
- Hipótesis 2. El capital social del territorio (capacidades organizativas, coaliciones sociales y arreglos institucionales) no ha tenido la fuerza suficiente para incidir en las características y efectos de los megaproyectos, de tal forma que estos sean motores de una dinámica de crecimiento endógeno con inclusión social y sustentabilidad ambiental, porque no ha existido la voluntad política para institucionalizar las propuestas surgidas del territorio.
- Hipótesis 3. Las diferencias entre los territorios respecto a la distribución en los ingresos se explican por el éxito de la gestión municipal y las políticas y proyectos ejecutados en el territorio, independientemente del flujo de remesas y de su capital natural.

1. El territorio y los factores que configuran su identidad

Desde finales del siglo XIX, la zona norte de El Salvador suministró la fuerza de trabajo para las cosechas de café, algodón y caña de azúcar destinadas a la exportación. Esta dinámica marcó al territorio hasta finales de los años 1970, cuando empezó un profundo y acelerado cambio económico. La agroexportación tradicional ha dejado de ser el principal sector generador de divisas y empleo del país y tiene un menor peso relativo en la producción nacional.[4]

El desplazamiento de la agroexportación provocó un colapso en los empleos y salarios agrícolas en este sector (café, algodón y caña de azúcar), a lo que se sumó la caída de los precios reales de los cultivos de subsistencia (maíz y frijol). El resultado fue un empeoramiento de los medios de vida de los pobres rurales.[5] Los pilares de la economía de las familias campesinas de la zona norte se derrumbaban, al mismo tiempo que la zona se convertía en uno de los principales escenarios de la guerra interna en El Salvador (1979-1991). Esto desarticuló la vida productiva y social, produjo desplazamientos masivos de población, abrió la migración al extranjero y volvió inhabitable buena parte del territorio.

El departamento de Chalatenango, que forma parte de la zona norte, presenta dos elementos cohesionadores de su identidad territorial: 1) las huellas sociales dejadas por la guerra, los escenarios de enfrentamientos, los héroes y heroínas comunitarias o religiosos y las históricas masacres de población civil representan lugares, personas y eventos

---

4 En 1978, el sector agropecuario representaba el 37% en la estructura productiva (precios corrientes) frente a un poco más del 10% en 2008. La participación de la agroexportación en la generación de divisas representó el 67% en 1978 y el 4% en 2006. En cambio, las remesas, que en 1978 representaban solo el 9% del total de divisas del país, en 2006 aportaron el 55% (Rosa 2008).

5 En 2007, el empleo rural fue tan solo 1% mayor que el registrado en 1980. Mientras la participación de los empleos agropecuarios era mayoritaria en 1980 (61%), en 2007 los empleos no agropecuarios representaron 59%; resalta el empleo generado por el comercio, la industria y la construcción en las zonas rurales (DIGESTYC 2008).

recordados y ritualizados en celebraciones, murales o cantos populares; 2) la conciencia de contar con recursos naturales estratégicos para el país. Esto ha permitido la formación de coaliciones multiactores, que integran a sectores que una vez estuvieron enfrentados.

En Chalatenango, se ha desarrollado un nuevo tipo de identidad territorial basado en la organización social participativa. La actividad de organizaciones religiosas y el surgimiento del movimiento campesino desde los años 1970 cohesionan a las comunidades rurales, convirtiéndola en una de las zonas con mayor capacidad de organización social del país.[6] Aquellas organizaciones comunitarias crearon las bases de las estructuras organizativas que se expresan en la actualidad (Gómez, García y Larios 2004).

En la posguerra, los actores reivindicaron al territorio como proveedor de servicios ecosistémicos, ya que cuenta con "potencialidades que podrían romper con la marginalización", entre ellas, "los recursos naturales forestales, climáticos, hídricos, tanto para la producción piscícola, como eléctrica" (PRODERE 1995). Este elemento se ha incorporado a la identidad territorial. La acción colectiva en torno a la reconstrucción implicó redefinir el rol del territorio; permitió que los habitantes desarrollaran la conciencia de poseer recursos de importancia nacional (por ejemplo, el río Lempa usado en generación de electricidad), "por los cuales no reciben una compensación departamental que pueda utilizarse en el desarrollo de su región" (CND 1998).

En cuanto a los municipios de la ribera norte del Humedal Cerrón Grande, específicamente, estos presentan elementos comunes que los estructuran como un territorio:

- Impactos en los medios de vida por la pérdida de tierras de cultivo y vivienda debido a la construcción de la represa hidroeléctrica Cerrón Grande en 1976. La formación del embalse de 135 km de superficie ha estructurado al territorio en términos espaciales

[6] Según el PNUD (2003), las identidades regionales en El Salvador son bastante difusas y no generan un sentido fuerte de pertenencia, pero este no es el caso de Chalatenango.

y sociales, puesto que inundó buena parte de las mejores tierras cultivables de Chalatenango y desplazó a 13.000 pobladores, que recibieron bajos montos de indemnización (mapa 3.1). En la memoria histórica de la población de Chalatenango, esta experiencia ha sido vivida como un despojo.

- Desplazamiento de población. Aunque el territorio fue menos afectado por los combates armados en comparación con otras zonas del departamento, la migración hacia la capital o al extranjero fue una salida ante la inseguridad, la crisis del agro y la pérdida de tierras por la inundación producida por la represa. En el caso de los municipios de Azacualpa, San Francisco Lempa y San Luis del Carmen, esto ha repercutido en la pérdida de buena parte de su población.
- Incidencia de macroproyectos como la Carretera Longitudinal del Norte (CLN) que mejora la interconectividad de El Salvador y de la zona norte con la región centroamericana. La falta de instrumentos para el ordenamiento territorial e instrumentos fiscales, a través de los cuales las municipalidades y el Estado podrían captar plusvalía del suelo, deja la puerta abierta a la especulación de compra-venta de tierras y crecimiento urbano desordenado.
- Existencia de esfuerzos sociales para el manejo de recursos comunes. Las organizaciones territoriales han generado sus propias propuestas, entre las que se destacan las orientadas al mejoramiento de sus medios de vida y el manejo de recursos de importancia nacional, específicamente en la zona del Humedal Cerrón Grande.

Mapa 3.1. Ribera norte del embalse Cerrón Grande y subcuencas de los ríos Soyate y Tilapa

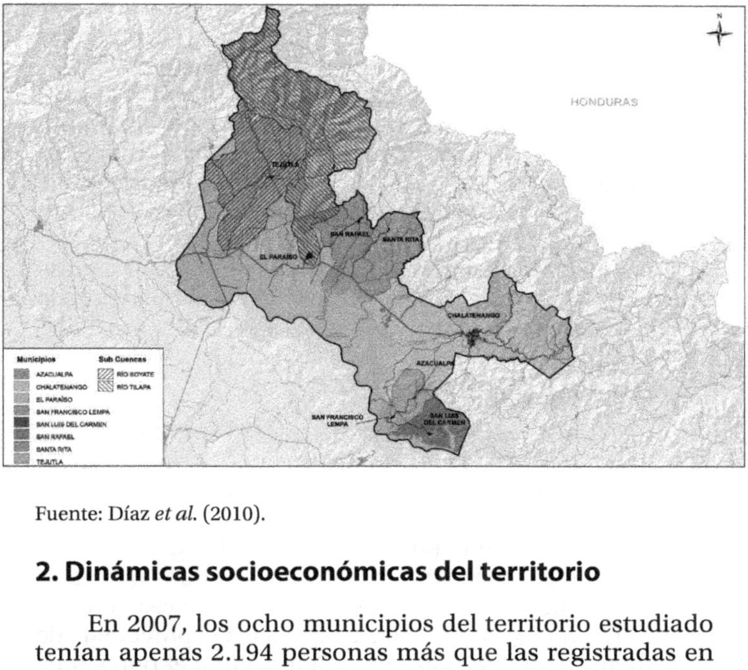

Fuente: Díaz *et al.* (2010).

2. Dinámicas socioeconómicas del territorio

En 2007, los ocho municipios del territorio estudiado tenían apenas 2.194 personas más que las registradas en 1992.[7] El 57% de población era rural, la densidad fue de 162,6 personas por km2, bastante menor a la del resto del país.

Entre 1992 y 2007, disminuyó el número de personas económicamente activas (PEA[8]) entre el 3,4 y el 5,7%, y hubo "descampesinización" y "tercerización" de la dinámica socioeconómica del territorio. En cinco de los ocho municipios, disminuyó la cantidad de personas con 15 años o más que

---

[7] En esta sección, usamos los microdatos de los Censos de Población y Vivienda de 1992 y 2007, así como del Censo Agropecuario 2007/2008. Solamente donde se ha considerado necesario para evitar confusiones se indica la fuente utilizada.

[8] Excepto donde indica otra cosa, la definición de la PEA utilizada en este informe corresponde a los ocupados y cesantes de 10 años o más.

reportaron tener una ocupación remunerada o que buscaban empleo; la agricultura decreció del 46 al 21% de la PEA; también aumentaron las actividades comerciales y de servicios.

Producto de esos cambios, el territorio carece de una actividad económica distintiva y articuladora de la dinámica territorial. En 2007, los tres sectores de mayor peso en la PEA (agricultura, comercio, administración y servicios públicos) representaron el 50% de la misma, mientras que la otra mitad se desglosaba en más de una docena de actividades. Las remesas juegan un rol clave en la dinámica del territorio. Según el Censo de 2007, el 16% de la población con 10 años o más recibe remesas.[9]

Si bien en los ocho municipios ha mejorado el ingreso y disminuido la pobreza, solamente en dos habría mejorado la distribución del ingreso.

2.1. Tercerización de la PEA

Actualmente, el 96,4% de mujeres y el 64,9% de hombres se insertan en actividades no agropecuarias. Este cambio está relacionado con el acceso de la población al sistema educativo, pues la población mejor educada dejó la actividad agropecuaria, de modo que el porcentaje de analfabetismo de la PEA no agropecuaria es del 11%, mientras que el de la PEA agropecuaria alcanza el 29,2%. Los índices educativos de la PEA mejoraron entre 1992 y 2007: el porcentaje de analfabetos bajó del 27 al 15%, mientras que el porcentaje con educación media o superior se elevó del 11 al 28%. Al mejoramiento de estos índices contribuye la población más joven, lo cual también impacta en la composición etaria de los sectores agropecuarios y no agropecuarios: mientras el 58% de las personas con 50 años o más está ocupado en el sector agropecuario, un 80% de los menores de 29 años trabajaba en el sector no agropecuario. Visto de otro modo, la edad

---

[9] Según el Mapa de Pobreza 2004, si de los ingresos de los hogares se sustrajeran las remesas, la pobreza rural en el territorio pasaría del 47 al 54%, y la pobreza urbana del 22 a 32% (FLACSO, Programa El Salvador 2005).

promedio de la PEA agropecuaria es de 43,3 años, mientras que la del sector no agropecuario es de 36,7 años.

2.2. Estructura ocupacional de la PEA en el Cerrón Grande

Entre 1992 y 2007, creció la cantidad de personas ocupadas en 13 de un total de 17 ramas de actividad económica, pero solo dos -el comercio y la construcción- tuvieron un alto impacto en la estructura ocupacional del territorio. El cambio más importante se dio en la agricultura, cuya participación porcentual en la PEA se redujo más de la mitad. Si en 1992 los ejes de la economía del territorio fueron la agricultura y el servicio militar, en 2007 hubo más diversificación, pero no un grupo de actividades encadenadas que constituya el nuevo "eje" económico.

El empleo continúa fuertemente vinculado a la valorización de los recursos naturales. En el cuadro 3.1, se destaca el peso que tienen ocho actividades relacionadas directamente con la base de recursos naturales del territorio: el sector primario, la industria de transformación básica de bienes primarios, y la categoría de restaurantes-turismo que representan en conjunto más del 40% de la PEA en los municipios contemplados, con la excepción del municipio de Chalatenango (27%). La mayoría de esas actividades es realizada principalmente por hombres. La proporción de la PEA masculina vinculada de forma más cercana al capital natural suma 46% en todo el territorio; sus actividades más importantes son la agricultura, la construcción y ventas relacionadas con la construcción y el comercio.[10] La PEA femenina tienen poca participación en las actividades primarias; sus empleos más frecuentes corresponden al comercio, los servicios sociales, la administración pública y el servicio doméstico.

[10] Entrevista a un funcionario del Centro Nacional de Desarrollo Pesquero, CENDEPESCA, Agencia El Paraíso, Chalatenango, 19 de febrero de 2010.

Cuadro 3.1. Ribera norte del Cerrón Grande. Estructura porcentual de la PEA según actividades económicas y género (2007)

	PEA masculina %	PEA femenina %	Total PEA %
Agricultura	29,9	3,1	20,9
Cría de ganado	4,5	0,3	3,1
Cría de otros animales y explotación mixta	0,6	0,2	0,5
Servicios y ventas relacionados con el sector agropecuario	3,5	0,2	2,4
Forestería e industria forestal básica	0,3	0,0	0,2
Pesca e industria del pescado	4,7	0,4	3,3
Industria de alimentos y bebidas (otros)	1,5	6,3	3,1
Restaurantes y Turismo	0,7	7,6	3,0
Subtotal de actividades vinculadas directamente al capital natural	45,7	18,1	36,5
Industria (otras manufacturas)	3,8	5,1	4,3
Construcción, servicios y ventas conexos	13,2	0,2	8,8
Servicios y ventas relacionados con circulación y almacenamiento	8,9	0,6	6,1
Comercio al por mayor y por menor (bienes no especificados en otra parte)	9,8	29,1	16,3
Servicio doméstico	0,5	17,5	6,3
Ejército, Policía y seguridad privada	5,2	1,6	4,0
Educación, salud, administración pública, gobierno municipal, orgs. sociales, suministro de energía y agua	8,3	20,8	12,5
Otras actividades, servicios y alquileres	4,4	6,8	5,2
Total	**100,0**	**100,0**	**100,0**

Fuente: Elaboración propia con base en el Censo Agropecuario 2007-2008.
Nota: Los totales no coinciden debido al redondeo.

Con respecto al sector agropecuario, específicamente, el Censo de Población de 2007 indica que la PEA agropecuaria en el territorio sumaba 4.459 personas, cifra cercana a los 5.300 "productores agropecuarios" identificados en el Censo Agropecuario (2007/2008).[11]

[11] Productor agropecuario es "toda persona natural o jurídica que toma las decisiones en el manejo o administración de las actividades que se desarrollan en la explotación agropecuaria" (MEIC y MAG 2009, 11). Esta definición de productor agropecuario no abarca a los trabajadores agrícolas.

Por otra parte, el Censo de 2007 reporta un total de 621 personas que dicen dedicarse a la pesca en el Humedal Cerrón Grande, aunque la Dirección General de Desarrollo de la Pesca y Acuicultura (CENDEPESCA) reporta alrededor de 2.700 pescadores. Muchos de estos posiblemente no practiquen la pesca como medio principal de vida. Tómese en cuenta que los datos de la PEA basados en el Censo no captan las múltiples actividades que productores y productoras realizan, ya que solo dan cuenta de la "actividad principal" de las personas.

2.3. El capital natural

El capital natural está afectado por la degradación de los ecosistemas del Humedal Cerrón Grande y de las cuencas Tilapa y Soyate. Hay disminución de la cobertura vegetal, pérdida de la productividad del suelo y crecimiento descontrolado de los asentamientos periurbanos. Los pobladores perciben esta degradación y están preocupados por la crisis del recurso hídrico, pero no identifican prácticas específicas de conservación (Díaz *et al.* 2010).

Ese deterioro del capital natural limita las actividades agropecuarias y de pesca, y restringe el desarrollo del turismo. Debido a la contaminación del agua del humedal y de la mayoría de ríos que desembocan en él, no se puede aprovechar para riego y los paseos en lancha son poco atractivos, porque los turistas no pueden estar en contacto directo con el agua. Además, se han suscitado conflictos por la extracción de material pétreo de los ríos, lo cual afecta su curso y erosiona los terrenos privados.

La ganadería determina el paisaje del territorio, a pesar de ser una actividad en la que se ocupa una minoría de la población (mapa 3.2). Al analizar los cambios en la cobertura del suelo, se observa que entre 1991 y 2005, el 7,81% del suelo pasó de estar cubierto por cultivos mixtos y anuales a estarlo por pastos y potreros. La superficie dedicada a pastos para ganado representa un poco más de la mitad de la extensión total de las explotaciones agropecuarias del territorio. En los talleres realizados con pobladores, se confirmó la importancia de la actividad ganadera. Sin embargo, el número de productores dedicados a la ganadería es pequeño. Los ganaderos especializados representan el 10,6% de los productores en los ocho municipios y manejan el 64% de la extensión total de las explotaciones agropecuarias; la proporción de pastos dentro de cada municipio es mayor en la medida en que sea mayor la superficie controlada por los ganaderos especializados.

Mapa 3.2. Transiciones y zonas estables en la ribera norte del Humedal Cerrón Grande y en las subcuencas de los ríos Soyate y Tilapa

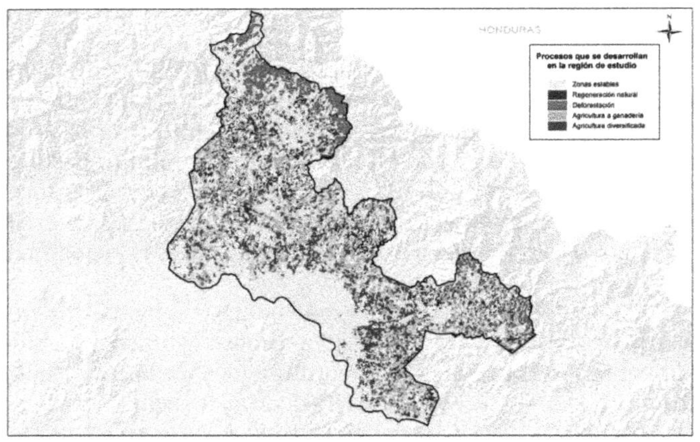

Fuente: Díaz *et al.* (2010).

Los conflictos por el uso deficientemente regulado del capital natural afectan sobre todo a las llamadas “tierras fluctuantes” a orillas del humedal. Estas tierras, que se inundan periódicamente, pertenecen a la Comisión Ejecutiva del Río Lempa, CEL, pero se dan en arriendo a los interesados. Aunque solo pueden ser trabajadas entre marzo y abril, tienen una alta demanda por la fertilidad del suelo; muchas son manejadas por grupos asociativos, como en el caso de Santa Bárbara y Copapayo, donde los ganaderos tienen mayor influencia y poder que otros usuarios. Por ello, el 75% de las tierras fluctuantes está dedicado a la ganadería; solo el 25% es utilizado para agricultura.

A través de la diversificación agrícola o agroforestería, los medianos productores tratan de revertir la degradación; combinan el cultivo de maíz con los pastos y mantienen cierto arbolado de frutales o especies para leña y producción de miel; además, las mujeres participan activamente en estas actividades, sobre todo las de las partes altas de la cuenca. También hay propuestas para activar el turismo comunitario y una creciente acción colectiva para la protección de las cuencas y el humedal. Un análisis basado en imágenes satelitales confirma que los que fueron monocultivos de pastos y cultivos anuales se han convertido en zonas de cultivos mixtos (Díaz *et al.* 2010).

2.4. Género y medios de vida: pesca, agricultura y ganadería

La pesca en el Cerrón Grande no era una práctica tan difundida en 1992 como lo es ahora. Según el censo de aquel año, unas 300 personas en todo el departamento de Chalatenango reportaron ganarse la vida mediante esa actividad, cifra que se duplicó en el censo de 2007. Sin embargo, estas cifras no captan la totalidad de la población que hace de la pesca una actividad complementaria.

En talleres realizados con pescadores, se confirmó que la mayoría de estos son hombres. Las mujeres se vinculan a la actividad como vendedoras y asumiendo tareas administrativas en las cooperativas pesqueras. Algunas han incursionado en el servicio de paseos en lancha en el humedal. La participación de las mujeres en las cooperativas es muy baja, salvo en una, donde representan el 60%. En este caso, han sido ellas quienes han promovido la creación de la cooperativa, la cual tiene como objetivo establecer una planta de procesamiento y promover actividades turísticas. Al indagar por qué esta baja participación, las mujeres respondieron que existe la idea de que la mujer descuida las obligaciones domésticas por asistir a las actividades de la cooperativa (Florian 2010).

Por otra parte, las cifras del Censo Agropecuario de 2007 indican que el 85% de los productores agropecuarios del territorio dedican la mayor parte de su producción al consumo familiar. En dicho Censo, también se verifica que el 83% de las viviendas en el territorio cuentan con huertos, cultivos o especies animales menores, lo cual es una prueba de cuán difundidas y arraigadas están las prácticas agrícolas, algo que no se refleja en las cuantificaciones de la PEA agropecuaria. Tomando en cuenta que el trabajo en el hogar lo realizan principalmente mujeres, es de suponer que dichos huertos están en buena medida a cargo de ellas.

A diferencia de la agricultura, donde predomina la producción de subsistencia, la incursión en la ganadería se hace, sobre todo, con una lógica comercial, incluso entre los pequeños productores. Ahora bien, no basta poseer ganado para ser "ganadero", con el estatus social favorable que eso supone. En el cuadro 3.2, hemos combinado dos criterios para determinar la cantidad de ganaderos en el territorio: el 16% de los productores pueden ser llamados con propiedad "ganaderos", en tanto superan el nivel de autoconsumo al contar con más de cuatro bovinos; mientras que el 11% pueden ser llamados ganaderos especializados, pues la porción de su tierra dedicada a los pastos es mayor que la dedicada a la agricultura.

Cuadro 3.2. Ribera norte del Cerrón Grande. Productores agropecuarios orientados a la ganadería

	Tipo de productor			Tipo de productor		
	Comerciales	Pequeños	Todos	Comerciales %	Pequeños %	Todos %
No ganaderos	240	4.191	4.431	37	90,6	84
Ganaderos	409	436	845	63	9,4	16
No especializados	80	205	285	12,3	4,4	5,4
Especializados	329	231	560	50,7	5	10,6
Total ganaderos y no ganaderos	**649**	**4.627**	**5.276**	**100**	**100**	**100**

Fuente: Elaboración propia con base en el Censo Agropecuario 2007-2008.
Notas: Con base en la definición de "ganadero" como el productor agropecuario que cuenta con al menos 5 cabezas de ganado. "Ganaderos especializados": los que además del criterio anterior, dedican más superficie a los pastos que a los cultivos.

En los talleres de medios de vida, confirmamos que la mayoría de las tareas ganaderas son realizadas por hombres (cultivos, elaboración del ensilo, control de malezas, reparación de cercos y otras actividades de rutina). Las mujeres participan en el procesamiento de lácteos y en la venta de ganado. Esto concuerda con los datos del Censo de Población: de las personas que se dedican a la ganadería, el 97% son hombres.

Las tres mujeres que participaron en el taller sobre ganadería eran solteras. Indicaron que la ganadería es su actividad principal; dos son dueñas de 20 a 30 cabezas de ganado y contratan jornaleros. El hecho de que estén involucradas con el procesamiento de lácteos y no los hombres puede deberse a que esta tarea es considerada una extensión del trabajo doméstico, aunque remunerada; les permite aumentar sus ingresos sin apartarse de las labores del hogar. Los 27 hombres participantes en ese taller manifestaron que la ganadería es su actividad principal y la agricultura la secundaria, o viceversa. La relación entre agricultura y ganadería es de dos tipos: se cultiva para alimentar al ganado (sorgo y maíz) o se cultivan alimentos y se cría ganado. Algunos han dedicado su vida al negocio de la ganadería, bien sea como propietarios de animales o como jornaleros, otros se incorporan sin conocimiento previo y hubo un caso en que lo hizo al jubilarse (Florian 2010).

¿Cómo inciden en estas estrategias el acceso a la tierra, los créditos y el conocimiento, para los hombres y mujeres del territorio?

El 90% de productores en el territorio maneja explotaciones agropecuarias menores a 5 manzanas, el 65,4% se encuentra en el rango de 0,5 y 2 manzanas, y el 41% trabaja menos de una manzana.[12] El 58% de productores reportó trabajar exclusivamente en tierras alquiladas o prestadas y ocupan el 24,6% de la superficie total de las explotaciones agropecuarias del territorio, mientras que la tierra trabajada por sus propietarios sumó el 71% de la extensión. Solamente el 5,9% de la superficie es manejado por mujeres.

Entre los productores-propietarios, el 10% más rico controla el 69% de la tierra trabajada en propiedad, y el 30% es propietario de solo el 2,5% de dichas tierras. La concentración y la tenencia de la tierra inciden en las dinámicas del territorio; en parcelas

---

[12] El 65,4% se encuentra en el rango entre 0,5 y 2 manzanas. Las explotaciones más pequeñas miden 0,06 manzanas, mientras las más grandes superan las 200 manzanas.

pequeñas, se cultiva principalmente para la autosubsistencia o se reemplaza esta actividad por otra, sobre todo si se cuenta con remesas o hay una mayor cercanía a fuentes de empleo urbanas.

A pesar de que los sectores de la pesca y la ganadería son importantes, no gozan de reconocimiento crediticio en las entidades bancarias. Un pescador puede acceder a un préstamo vía cooperativa o familia; un ganadero suele acceder a créditos a través del Banco de Fomento Agropecuario (BFA). Este tipo de condiciones modela el territorio: generalmente incentivando la actividad agrícola se puede acceder a créditos. Esto también determina el tipo de asesoría técnica. Es más común recibir información e insumos para sembrar maíz, pasto, frutales u otro cultivo que sobre la actividad pesquera. En este caso, son las cooperativas las que difunden conocimiento y facilitan el acceso a diversos activos, sobre todo para los pescadores organizados.

El acceso a los créditos, capacitaciones y otros incentivos todavía tiene a los hombres como principales destinatarios. En los talleres realizados, ellos mostraron tener mayor información que las mujeres en cuanto a créditos y asistencia técnica (Florian 2010).

2.5. Comercialización de la producción agropecuaria y pesquera

La producción agropecuaria del territorio está insuficientemente diversificada, pues consiste sobre todo en granos básicos para subsistencia. El maíz sigue siendo el principal producto y se lo cultiva para autoconsumo; pocos productores venden sus excedentes. Predomina la comercialización vía intermediarios que abastecen al mercado de San Salvador. Los cultivos comerciales más importantes son hortalizas, frutas y arroz, realizados en explotaciones que representan una parte minoritaria de la producción agrícola.

La comercialización de frutas y hortalizas se realiza a través de intermediarios vinculados a los mercados del área metropolitana. Algunos medianos productores de sandía y papaya han logrado convertirse en proveedores regulares de las cadenas de supermercados, pero el impacto económico de estas explotaciones es marginal. El arroz se produce con fines comerciales; no es uno de los productos importantes del territorio, excepto para unas pocas comunidades, cuyos productores han establecido convenios con los industrializadores.

El sector ganadero presenta incipientes niveles de especialización. Casi todo el hato es de doble propósito, aunque el objetivo principal es la producción de leche. Chalatenango carece de una industria procesadora de leche; la mayor parte se vende como leche fluida a intermediarios del mismo departamento, quienes la recogen en *pick-ups* sin refrigeración y la entregan a procesadores artesanales semitecnificados del territorio y a procesadores de San Salvador. Solo una minoría vende directamente a las grandes plantas procesadoras de leche (BMI / Fortagro 2006) ubicadas en San Salvador, para lo cual se han asociado entre productores y han adquirido la tecnología necesaria para suministrar leche fría.

La pesca, por otra parte, no muestra encadenamientos productivos con industrias de transformación, todo se vende fresco, a lo sumo descamado o en lonja. Toda la producción está en manos de pescadores artesanales, quienes no han podido influir en los esquemas de comercialización que se realizan a través de intermediarios. Se calcula que el 5% de la producción del Humedal Cerrón Grande se comercializa en el territorio; el 15%, en los mercados de mayoreo de San Salvador; y el 80%, en Guatemala.[13]

3. Cambios institucionales y su incidencia en las dinámicas territoriales

Los cambios institucionales que inciden en la dinámica del territorio están relacionados con las agendas de la posguerra. Las políticas oficiales respecto del territorio se han orientado a la reconstrucción y reinserción productiva, fortalecimiento de municipalidades y dotación de infraestructura. Los actores locales van desarrollando una agenda "endógena" en la que se priorizan estrategias para el fortalecimiento de la base de producción familiar, la cultura organizativa comunitaria y

---

[13] Entrevista a un funcionario del Centro Nacional de Desarrollo Pesquero, CENDEPESCA, Agencia El Paraíso, Chalatenango, 19 de febrero de 2010.

la protección ambiental. Esta agenda es implementada por organizaciones locales y coaliciones multiactores, con fondos de proyectos de la cooperación y solidaridad internacional.

3.1. La agenda de desarrollo oficial y externa

La zona norte de El Salvador, históricamente marginada de las políticas y programas oficiales de desarrollo social, ha sido, en cambio, proveedora de servicios ecosistémicos gracias a la construcción de infraestructura para aprovechar sus recursos naturales, específicamente energía hidroeléctrica y agua para el resto del país.

Una vez terminado el conflicto armado, los cambios institucionales que inciden en la dinámica del territorio se orientaron a los siguientes objetivos: a) reactivación y reconstrucción de posguerra aplicando enfoques de desarrollo rural basados en la agricultura y la participación ciudadana; b) protección de los recursos naturales del territorio; c) fortalecimiento municipal y de las mancomunidades; d) dotación de infraestructura social (caminos, electrificación, sistemas de agua potable, etc.); y e) estímulo a la conectividad de la zona a través de la Carretera Longitudinal del Norte.

Así, posteriormente a los Acuerdos de Paz (1992) se iniciaron planes de reconstrucción social y productiva, distribución de tierras a ex combatientes, programas para el fortalecimiento de gobiernos municipales, reactivación económica y desarrollo rural, apoyados con fondos de cooperación internacional para el desarrollo y redes de solidaridad. Estas intervenciones atendieron necesidades básicas como vivienda, electrificación y sistemas de agua potable. Si bien no lograron compensar el colapso de los medios de vida rurales tradicionales, contribuyeron a la generación de prácticas de diálogo y participación democrática para enfrentar los problemas locales como salud, educación, ambiente y opciones productivas.

Dos programas han sido cruciales en la reconstrucción de posguerra: el Programa de Desarrollo para Desplazados, Refugiados y Repatriados en Centro América (PRODERE), entre 1990 y 1995, y el Programa de Desarrollo Rural en Chalatenango (PROCHALATE) entre 1994 y 2000. Posteriormente se han implementado otros proyectos, cuya incidencia ha sido modesta (Cartagena 2010).

PRODERE realizó proyectos puntuales y generó mecanismos de concertación alrededor de temas de salud, educación y desarrollo económico. Sobre todo, contribuyó a la legitimación de una cultura de participación ciudadana y estableció un conjunto de organismos que cambiaron la institucionalidad económica del territorio, como cooperativas de crédito y asociaciones comunales de pescadores.[14]

PROCHALATE surgió en respuesta a una solicitud de las comunidades repatriadas y de los ex combatientes del Frente Farabundo Martí para la Liberación Nacional (FMLN). Sus acciones se enfocaron en fortalecer y transformar la base productiva, principalmente de la agricultura, y en la recuperación y manejo sostenible de los recursos naturales. Sin embargo, el impacto de PROCHALATE en el sector agropecuario no es muy claro; hay testimonios de que produjo un cambio positivo en las prácticas productivas, así como una mejora en el manejo de los recursos a nivel de finca y en la dieta familiar campesina, pero no se crearon ni fortalecieron suficientes mecanismos de comercialización de la producción (MAG / PROCHALATE 2000).[15] Quedan dudas, también, sobre su alcance y continuidad (Quiel 2009). El legado más importante de PROCHALATE fue, en cambio, constituir una base de institucionalidad territorial desde el nivel comunal hasta el departamental. Apoyó la creación de comités comunales de protección ambiental y asociaciones de desarrollo comunal e impulsó la formación del Comité Ambiental de Chalatenango (CACH).

Al mismo tiempo, tuvo lugar un proceso de descentralización y desconcentración del Estado, surgido de las políticas

---

14 PRODERE impulsó la formación de la Asociación para el Desarrollo Local (ADEL, un sistema de crédito que luego se transformó en la primera cooperativa de ahorro y crédito del departamento), la Asociación de Ahorro y Crédito del Sistema COFICOL (ACACRESCO), y de las primeras Asociaciones Comunales de Pescadores (ACOPES) (Cartagena 2010).

15 Entrevistas a una miembro del CACH (Chalatenango, 3 de febrero de 2010) y a un integrante de la Asociación Ecológica de Chalatenango (Chalatenango, 8 de febrero de 2010). También consultar Quiel (2009).

de ajuste estructural que pretendía fortalecer los gobiernos municipales.

A mediados de los años 1990, comenzó a notarse otra dinámica con la formación y desarrollo de asociaciones o mancomunidades municipales. Despegaron con apoyo de la cooperación externa, pero su conformación no surgió súbitamente o de una decisión impuesta, sino de sucesivas iniciativas locales que llevaron a alcaldes y concejos municipales a tomar la decisión de asociarse. La mejora de infraestructura y la preocupación ambiental han sido motores de integración de tres mancomunidades de la zona de estudio: la Mancomunidad La Montañona, la Asociación de Municipalidades de Servicios del Norte (AMUSNOR) y la Mancomunidad Suchitlán. Estas han construido sus propias estructuras e instrumentos de gestión territorial, tales como planes de ordenamiento o reglamentos de protección de recursos que son gestionados por organizaciones locales.

La construcción de infraestructura es la política gubernamental mejor delineada para Chalatenango durante los últimos veinte años, lo cual se observa a nivel municipal y en un plano más estratégico. A nivel de municipios, estos se han beneficiado por el Fondo de Inversión Social, desde 1996, Fondo de Inversión Social para el Desarrollo Local (FISDL). Desde 1992 hasta enero de 2010, se han canalizado más de USD 59.8 millones para infraestructura en el departamento de Chalatenango (FISDL 2010).

A finales de los años 1990, la política de reconstrucción adoptó una visión más estratégica de la zona norte, en la que se identifica las principales potencialidades del territorio, recursos naturales y ruta de conectividad. La Comisión Nacional de Desarrollo (CND) recupera el proyecto de la carretera longitudinal del norte (CLN) concebido en la década de 1950 y lo inserta en el Plan de Nación. Chalatenango fue incorporado a la "zona norte", reconociendo su papel como región proveedora de agua y energía, tal como lo había reivindicado el CACH. Sin embargo, con la CLN el departamento cumple un rol (territorial) de ruta de tránsito para el intercambio comercial en el norte centroamericano, función que nunca estuvo en la agenda de los actores locales.

La construcción de la CLN fue financiada con fondos de la Corporación del Reto del Milenio (MCC) como parte de un programa para "reducir la pobreza en la zona norte a través del crecimiento económico", ejecutado por el Fondo del Milenio (FOMILENIO).[16] Este programa no está dirigido a fortalecer los medios de vida de las comunidades rurales más pobres, y eso condiciona su efectividad en la zona norte. No aporta incentivos para aprovechar el conocimiento y experiencia acumulada por las organizaciones locales en el tema de diversificación agroecológica de las fincas,[17] ya que está pensado para que los grandes actores y beneficiarios sean los empresarios e instituciones que promuevan iniciativas eficientes, toda vez que los créditos a otorgar son por montos mínimos de USD 50.000 y el inversionista debe aportar el 20% del valor del proyecto (FOMILENIO 2009).

La falta de una política oficial de desarrollo rural o al menos de atención a la producción campesina fue suplida -apenas parcialmente- a través de programas como PROCHALATE y el Programa Binacional o el Programa de Reconstrucción y Modernización Rural (PREMODER).

3.2. La construcción de una agenda endógena de desarrollo

Desde los últimos años del enfrentamiento armado, aparecieron en Chalatenango estructuras de gestión del desarrollo impulsadas por organizaciones locales con una agenda alrededor de tres ejes: a) fortalecimiento y diversificación de la producción familiar; b) construcción de la cultura organizativa y de participación ciudadana; y c) protección de recursos naturales claves para las estrategias de medios de vida y el reconocimiento de su importancia para el país (Cartagena 2010).

---

16 En este proceso quedaron fuera los componentes de protección ambiental y desarrollo urbano. Entrevista a un ex funcionario de la Comisión Nacional de Desarrollo. San Salvador, 4 de febrero de 2010.

17 Por ejemplo, no se considera a los frutales como una opción de diversificación de la parcela campesina, sino que se favorece la plantación de monocultivos. Entrevista a un funcionario de CORDES, Chalatenango. Chalatenango, 8 de febrero de 2010.

Entre 1990 y 1995, asegurar la alimentación de las poblaciones de repatriados y repobladores se convirtió en una prioridad para organizaciones como la Asociación de Comunidades para el Desarrollo de Chalatenango conocida por sus siglas originales como CCR, la Fundación Promotora de Cooperativas (FUNPROCOOP), la Fundación para la Cooperación y el Desarrollo Comunal en El Salvador (CORDES) y el PRODERE. Sus acciones configuran una especie de política no oficial de seguridad alimentaria, basada en oportunidades ofrecidas por la cooperación internacional. Con los años, al propósito de asegurar la dieta básica se fueron sumando la protección de suelos, diversificación, reducción de insumos químicos, mejor aprovechamiento del agua, etc.

Las iniciativas de diversificación productiva y seguridad alimentaria están vinculadas a una visión de sostenibilidad en el desarrollo social y económico del territorio. Ambas cuestiones -protección ambiental y desarrollo productivo- también son parte de la agenda de grupos comunales y gobiernos municipales, algunos de ellos sensibilizados en procesos que contaron con el respaldo de PROCHALATE y del Programa Binacional.

La construcción de una cultura organizativa se ha logrado fortaleciendo las organizaciones comunales de base y las ONG vinculadas a los grupos de repobladores. Programas como PROCHALATE promovieron la formación de espacios de concertación entre los actores del territorio alrededor de actividades productivas, salud, educación, protección y manejo de recursos naturales. También surgieron las Asociaciones de Desarrollo Comunal (ADESCO) vinculadas a la vida municipal. En 1995 surgió el CACH, una plataforma de intercambio y foro de coordinación entre las diferentes fuerzas políticas del territorio. El tema ambiental y la apropiación de los recursos del territorio fueron los ejes dinamizadores (Gómez y García 2002).

3.2.1. Las coaliciones y plataformas multiactores

Con el CACH se formó un nuevo tipo de institucionalidad que posibilita la coordinación y enlace entre diversos niveles de participación en el territorio. En poco tiempo, logró poner en contacto a diversas organizaciones no gubernamentales, instituciones estatales y comunales para coordinar acciones y encontrar soluciones a temas puntuales y urgentes para los pobladores.[18]

La etapa más activa del CACH fue entre 1995 y 2004, cuando canalizó las inquietudes socioambientales al gobierno central y logró poner algunos temas en la agenda nacional, por ejemplo, el rol de la zona norte como proveedora de servicios ecosistémicos. También ha aglutinado la resistencia del territorio ante megaproyectos como la represa hidroeléctrica El Cimarrón y la exploración minera. El CACH incubó otros espacios multiactores para la gestión de ecosistemas, por ejemplo, el Comité Interinstitucional del Humedal Cerrón Grande (CIHCG). Este Comité dejó de reunirse en 2005 pero se reactivó desde 2009 ante la posibilidad de relacionarse más estratégicamente con el gobierno central, sobre todo porque se ha priorizado a la zona norte para que ejecute actividades y proyectos contenidos en la Estrategia Territorial para el Desarrollo Productivo y en los programas de combate a la pobreza.

Las organizaciones sociales agrupadas en el CACH formularon el Plan Departamental de Manejo Ambiental (PADEMA). Este contiene lineamientos para una política ambiental y de desarrollo sostenible que integra los esfuerzos que ya se estaban realizando en el territorio. Representa el proyecto de desarrollo del territorio a largo plazo y es un ejercicio inédito de los actores sociales para construir propuestas. La estrategia territorial incluye "las potencialidades ambientales de Chalatenango y su relación con el resto del país como productor de servicios ambientales" (Gómez y García 2002).

Si bien no ha habido una propuesta de política que retribuya a Chalatenango por su papel en la protección de los servicios ecosistémicos, dentro del territorio sí se logró definir una base institucional para la gestión ambiental. El PADEMA estableció 26 microrregiones que recibieron el nombre de Unidades Ambientales de Producción y Manejo Sostenible

---

[18] Hacia el año 1997 se podía identificar unos ocho organismos involucrados plenamente, otras nueve entidades que se sumaban de manera regular y unas 25 de manera esporádica (FUNDE 1997).

(UAMPS) (CACH 2003). Una docena de UAPMS funcionaron algún tiempo, pero la iniciativa requería más que voluntad y empoderamiento ciudadano. Sin fondos económicos ni estructura institucional, la constitución de dichas unidades fue limitada y repercutió en la baja implementación del PADEMA en las microrregiones (Cartagena 2010).

En todo caso, se reconoce que el PADEMA y el CACH han contribuido a la definición concertada de acciones de manejo de los ecosistemas más importantes para los medios de vida locales y provisión de servicios a las zonas urbanas. Existe una gran cohesión en la red de actores del territorio (Escobar 2010), en la cual destacan las coaliciones como CACH, el CIHCG y la Asociación de Organizaciones de la Cuenca de los ríos Grande de Tilapa y Soyate (ASOCTISO). Estas coaliciones, dada su mayor capacidad de coordinación y cooperación, son los actores que tienen mayor acceso a los recursos sociales de la red territorial, ya que controlan mayor cantidad de información y tienen mayor oportunidad de influir o ser influidos por los actores que conforman la red. Además, pueden acceder con mayor facilidad al resto de los miembros de la red, lo que se traduce en una mayor capacidad de recibir y enviar información. Por lo tanto, son claves para las dinámicas de desarrollo territorial y la incidencia en políticas (Díaz *et al.* 2010).

Las organizaciones multiactores como CACH, CIHCG y ASOCTISO fueron espacios pensados para que todos los participantes tuviesen voz y voto. La idea de una participación horizontal, abierta, democrática, inclusiva, con una apertura a la dimensión de género está definida en los principios de actuación de estos espacios, es parte del discurso de sus participantes y está presente en sus planes estratégicos y normativas.

Estas coaliciones reconocen la dimensión de género en sus principios, pero sin llegar a definir estrategias que permitan una mayor participación de las mujeres. Realizamos entrevistas a líderes y lideresas de esas coaliciones tratando de entender su discurso manejado de género, la percepción de las formas de participación de hombres y mujeres, así como algunas oportunidades y limitaciones para ampliar la participación de las mujeres en estos espacios. Las personas entrevistadas consideran que los roles diferenciados de género son el producto de una construcción social y reconocen el género como algo presente en todos los temas de desarrollo territorial: cultura, medio ambiente y economía. No obstante, no puntualizan cómo dichos roles influencian sus decisiones y prioridades en el desarrollo territorial (Florian 2010). También identificamos las distintas formas de participación de hombres y mujeres y de su asistencia a los espacios multiactores. Encontramos que las mujeres participan poco, por ejemplo, en el CIHCG el porcentaje de participación de los hombres es del 65%, y el de las mujeres, del 35%.

La participación de las mujeres está limitada y definida por su menor acceso al capital social, menor nivel de instrucción y sobrecarga de actividades reproductivas. Según los actores, "no hay oportunidades claras para que se destaquen las mujeres dentro de estos espacios", y por lo tanto, aun "ellas no se proponen romper este hielo" (Florian 2010). Otro factor que incide en el desequilibrio de participación entre hombres y mujeres es la convocatoria que se dirige a las organizaciones de desarrollo local, a las organizaciones de productores, así como a las organizaciones no gubernamentales y gubernamentales. En el caso de las organizaciones de productores, la mayoría de quienes se identifican como "productores" son hombres, especialmente pescadores y agricultores. Asimismo, las organizaciones tanto estatales como no gubernamentales suelen involucrar principalmente a hombres. Los participantes en estos espacios reconocen que los temas abordados no se han visto desde "el lente de género". Una de las lideresas del CACH considera que "no hay instituciones que les interese trabajar la temática".[19]

En compensación a la falta de estrategias formales para incentivar la incorporación de mujeres, se ha producido otro tipo de praxis, la "solidaridad de género", es decir, una articulación de redes sociales, que puede ser un aliciente a la participación de mujeres en organizaciones tradicionalmente compuestas por hombres. Pero estas estrategias pasan desapercibidas o

[19] Entrevista a una miembro de la Asociación de Capacitación e Investigación para la Salud Mental, ACISAM. Chalatenango, 14 de julio de 2010.

son vistas como una curiosa excepción, lo mismo que los liderazgos femeninos. Desde el inicio del CACH, hay mujeres que lideran en los espacios técnicos o comunitarios,[20] algunas han sido parte de organizaciones feministas o capacitadas bajo el enfoque de género y desarrollo rural. Hay una tendencia a una mayor participación activa de las jóvenes. En todo caso, mientras no se institucionalice la práctica de inclusión de género en la estrategia de trabajo de las coaliciones, estas potencialidades seguirán sin evolucionar hacia estructuras de representación más equitativas e inclusivas.

3.3. Sinergias entre las agendas endógena y externa

Las acciones de las distintas organizaciones e instituciones en el territorio pueden agruparse en seis áreas:

- Apoyo a las iniciativas productivas y de protección de medios de vida.
- Protección de recursos naturales claves para las estrategias de medios de vida.
- Fortalecimiento de la cultura y espacios de participación ciudadana para el desarrollo.
- Políticas de fortalecimiento municipal y formación de mancomunidades.
- Políticas de construcción de infraestructura social: educación, salud, agua potable, etc.
- Definición de las funciones del territorio dentro de una estrategia nacional de desarrollo.

La agenda endógena hace énfasis en las cuatro primeras áreas, lo cual ha posibilitado la coincidencia entre actores locales y externos, principalmente las organizaciones locales de desarrollo y las agencias de cooperación. Estas acciones configuran una política pública no oficial; "desde abajo", en

---

[20] Nos referimos a lideresas que conjugan su liderazgo comunitario y su trabajo dentro de organizaciones locales como CACH, Asociación Ecológica de Chalatenango ASECHA, ASOCTISO y ACISAM. En términos generales, el liderazgo de mujeres es destacado en las actividades de conservación de cuencas y en las cooperativas que impulsan la diversificación productiva, por ejemplo, la producción de miel y hortalizas.

tanto impulsada por organizaciones de sociedad civil, y "desde afuera", en tanto que ha podido implementarse, de manera limitada, gracias al apoyo de la cooperación internacional.

De esta política "desde abajo" y "desde afuera" cabe destacar los "planes de finca" de PROCHALATE, basados en el modelo de parcelas agroecológicas de CORDES. Estos "planes de finca" integran la diversificación productiva en la parcela, obras de conservación del suelo y del agua y reducción de productos químicos. Este modelo de agricultura alternativa ha demostrado reducir la vulnerabilidad de las familias campesinas ante hechos inesperados y desestabilizantes. Por ejemplo, cuando azotó el huracán Mitch "mucha gente tuvo efectos en el maíz y frijol pero tenían producción de guineo. Lo que perdió lo niveló".[21]

En cambio, las entidades estatales han financiado o gestionado los componentes de infraestructura en las áreas de salud, educación, conectividad, electrificación, pero su respuesta a temas como la protección de los recursos naturales u ordenamiento territorial ha sido limitada. Los planes de desarrollo nacional enfatizaron la función de conectividad de la zona norte como parte de una estrategia que proyectaba al país como proveedor de servicios logísticos regionales.

Se observan desencuentros entre la agenda endógena y la externa en las opciones que afectan las funciones del territorio dentro de una estrategia nacional de desarrollo. Las propuestas del Plan de Nación para la Zona Norte retomaron la visión del territorio del PADEMA, que al final solo contó con apoyo político para gestionar un proyecto de dotación de infraestructura. El Plan de Nación para la Zona Norte es lo más cercano a una política de Estado sobre las funciones del territorio chalateco en el marco del desarrollo nacional.

El CACH ha visualizado al departamento como proveedor de agua y electricidad. La construcción de la carretera no lleva necesariamente a la desaparición de ese rol, pero le asigna al territorio una función adicional, ya que lo convierte en una ruta de tránsito.

---

[21] Entrevistas: a un ex facilitador del CACH, Chalatenango, 16 de febrero de 2010; a una miembro del CACH, Chalatenango, 3 de febrero de 2010; y a un funcionario de CORDES, Chalatenango, 8 de febrero de 2010.

La reactivación de las plataformas multiactores del CIHCG y el CACH tendría que favorecer los acuerdos entre las dos agendas, toda vez que la nueva administración del país (2009-2014) se muestra más favorable a la concertación con los intereses de la sociedad civil en el territorio.

4. Respuestas a las hipótesis

Al inicio de este artículo, planteamos tres hipótesis que ahora respondemos de acuerdo con los resultados del análisis expresado en las páginas precedentes.

Rechazamos la primera hipótesis, en la cual sostenemos que el modelo de desarrollo económico aplicado en El Salvador desde la década de 1990 ha tenido impactos positivos en el capital natural y ha favorecido las dinámicas ambientales y productivas del territorio. En términos generales, el Estado ha carecido de iniciativas de desarrollo productivo hacia el territorio, excepto en la dotación de infraestructura y equipamiento social. La mejora de los índices en este territorio se puede atribuir a mejoras en los servicios de salud y educación, pero no a una dinámica productiva o de aprovechamiento sostenible de los recursos naturales ni a políticas para fortalecer los componentes productivo o ambiental.

La reactivación de posguerra en un territorio resquebrajado económicamente se basó en la economía urbana y no sirvió para revertir dichas tendencias. Las políticas de liberalización económica se caracterizaron por un sesgo antiagrícola y falta de interés en incentivar las exportaciones no tradicionales de origen agrícola y, en general, por modernizar las zonas rurales del país (Segovia 2004). Además, se debilitó sustantivamente la capacidad del Estado para atender a este sector.

Los efectos en el territorio han sido una reducción drástica del número de personas ocupadas en el sector agropecuario. También han aumentado las áreas dedicadas a la ganadería en detrimento de las de cultivos (Díaz *et al.* 2010), lo cual refuerza las dinámicas de degradación de suelos.

La segunda hipótesis afirma que el capital social no ha tenido la fuerza suficiente para incidir en las características y efectos de los megaproyectos de inversión, de tal forma que estos sean motores de una dinámica de crecimiento endógeno con inclusión social y sustentabilidad ambiental.

La investigación muestra que el territorio cuenta con un fuerte capital social, que se expresa en la capacidad organizativa especialmente de las coaliciones sociales y en los arreglos institucionales existentes.

Estas coaliciones son la máxima representación del capital social territorial; articulan a diferentes sectores en función de intereses comunes que se sobreponen a las diferencias ideológicas partidarias, aunque no las eliminan. Han abordado problemas críticos en torno a los medios de vida para asegurar la reproducción de una población que debía reinsertarse en un territorio afectado por la guerra y la desarticulación de los sistemas productivos tradicionales. Lograron canalizar fondos de la cooperación y solidaridad, han sido contraparte de programas y proyectos territoriales, y han definido una visión de territorio que lo articula a la dinámica nacional, económica y ambiental. Sin embargo, no han logrado convertirse en interlocutores activos del gobierno central ni este ha definido una política de interacción con las bases sociales organizadas en el territorio, lo cual limitará a futuro la construcción de visiones más estratégicas y consensuadas. En fin, no ha existido la voluntad política para institucionalizar las propuestas surgidas del territorio.

El territorio avanzará en el crecimiento económico, en la superación de la pobreza y en la distribución de los recursos siempre y cuando los actores territoriales y sus coaliciones tengan mayor poder de decisión en las políticas y programas de desarrollo territorial.

Finalmente, rechazamos la tercera hipótesis, en la que se intenta explicar las diferencias entre municipios en cuanto a distribución de los ingresos como resultado del éxito diferenciado de la gestión municipal y las políticas y proyectos ejecutados en el territorio, independientemente del flujo de remesas y de su capital natural.

Si bien todos los municipios del territorio muestran un mejoramiento en el ingreso y la pobreza (*win-win*), solamente en dos, Azacualpa y Santa Rita, habrían mejorado, además, las condiciones de distribución (*win-win-win*). Existen indicios de que el desempeño de Azacualpa y Santa Rita se relaciona con la recepción de remesas y el nivel de acceso al recurso tierra entre los productores agropecuarios. Pero también median otras variables que no habían sido consideradas y que son más evidentes en Azacualpa, como la relación PEA / población, que ha crecido entre 1992 y 2007, los niveles de educación y la inversión en infraestructura.

En términos del territorio, la mejora de los índices como el ingreso per cápita o la incidencia de la pobreza -y en menor medida, la distribución del ingreso- es resultado de diversos factores asociados al cese del conflicto armado, no precisamente el producto de una dinámica eje específica de tipo económico. Con el cese del conflicto, la actividad económica repuntó como respuesta a las nuevas oportunidades, incluyendo la oferta de pequeños créditos para reactivar la actividad agropecuaria y la generación de empleo en obras de infraestructura. Sin embargo, no surgió ningún sector productivo particularmente dinámico. Los cambios positivos en el territorio son, entonces, resultado de la inversión realizada en infraestructura y servicios sociales.

Referencias citadas

BMI / Fortagro. 2006. *Cadena Agroproductiva del Subsector Lácteos en El Salvador. Programa de Fortalecimiento de Cadenas Agroproductivas.* El Salvador: FORTAGRO.

CACH. 2003. Plan Estratégico 2003-2008. Chalatenango, El Salvador: CACH.

Cartagena, Rafael. 2010. Análisis de la institucionalidad que incide en la dinámica social, económica y ambiental del territorio municipalidades de la ribera norte del Humedal Cerrón Grande. San Salvador: documento de trabajo preparado por PRISMA-Rimisp.

CND. 1998. Informe Chalatenango (síntesis). El Salvador: CND.

Damianović, Ninoska, Rodrigo Valenzuela Fernández y Sergio Vera Schnëider. 2009. Heterogeneidad espacial del desarrollo económico en El Salvador: radiografía de los cambios del bienestar en el período 1992-2007, por estimaciones de áreas pequeñas. Santiago de Chile: Convenio Rimisp, CEPAL. También puede consultarse en: http://www.rimisp.org/, bajo el título: Dinámicas de la desigualdad en El Salvador: hogares y pobreza en cifras en el período 1992/2007.

Díaz, Oscar *et al.* 2010. La dinámica agroambiental de la zona norte del Humedal Cerrón Grande. San Salvador. Lugar: PRISMA y Rimisp, documento de trabajo.

DIGESTY. 2008. *Encuesta de Hogares de Propósitos Múltiples 2007*. San Salvador: Ministerio de Economía.

Escobar, Elías. 2010. Análisis de Actores Sociales de la Ribera Norte Humedal Cerrón Grande. San Salvador: PRISMA, informe.

FISDL. 2010. Proyectos financiados por FISDL en el Departamento de Chalatenango desde 1992 a enero de 2010. El Salvador: Tabla formato Excel (.xls).

FLACSO, Programa El Salvador. 2005. Mapa de pobreza: indicadores para el manejo social del riesgo a nivel municipal, tomo II. El Salvador: FISDL.

Florian, Maritza. 2010. Género y DTR en La Ribera Norte del Humedal Cerrón Grande (El Salvador). San Salvador: PRISMA, Universidad de Lund, Rimisp, documento de trabajo.

FOMILENIO. 2009. Fideicomiso de Apoyo a la Inversión en la Zona Norte (FIDENORTE) http//:www.fomilienio.gob.sv (acceso: 15:09, 13 de abril de 2010).

FUNDE, Fundación Nacional para el Desarrollo Económico. 1997. Estudio de caso. El Salvador: Comité Ambiental de Chalatenango, CACH.

Gómez, Ileana y Margarita García. 2002. La gestión ambiental participativa en el norte de El Salvador: El caso del Comité Ambiental de Chalatenango. San Salvador: PRISMA, documento de trabajo.

Gómez Ileana, Margarita García y Silvia de Larios. 2004. *La gestión ambiental participativa hacia la búsqueda de medios de vida sostenibles: el caso de la Mancomunidad La Montañona*. San Salvador: PRISMA.

MAG y PROCHALATE. 2000. Informe de Evaluación. Identificación de efectos y/o impactos de los servicios proporcionados por el PROCHALATE, período abril 1994-diciembre 1999. El Salvador: MAG y PROCHALATE (mayo).

MEIC y MAG. 2009. El Salvador. IV Censo Agropecuario 2007-2008: Informe General y Metodológico. El Salvador: MEIC, compilación de documentos técnicos.

Mora, Jorge e Isabel Román. 2004. Experiencias de movilización social, gobernanza ambiental y desarrollo territorial rural en Mesoamérica. Santiago de Chile: Rimisp/IDRC-CRDI, informe final.

PNUD. 2003. *Informe sobre Desarrollo Humano El Salvador 2003. Desafíos y Opciones en tiempos de globalización.* San Salvador: PNUD.

PRISMA. 1995. *Dinámica de la degradación ambiental.* El Salvador: PRISMA.

PRODERE. 1995. Chalatenango: Hacia el desarrollo humano. Sistemas locales de desarrollo / PRODERE. El Salvador: PRODERE y PNUD.

Quiel, Pedro. 2009. Vínculo técnico-productor en los proyectos de desarrollo rural: El caso del proyecto PROCHALATE (1994-2002) Chalatenango, El Salvador. Borrador de tesis para optar al título de Doctor en Ciencias Sociales, Programa Centroamericano de Posgrado, FLACSO, sede El Salvador.

Rosa, Herman. 2008. *Perfiles y trayectorias del cambio económico en Centroamérica: Una mirada desde las fuentes generadoras de divisas.* San Salvador: PRISMA.

Segovia, Alexander. 2002. *Transformación estructural y reforma económica en El Salvador.* Guatemala: F&G Editores.

.... 2004. Centroamérica después del café: el fin del modelo agroexportador tradicional y el surgimiento de un nuevo modelo económico. *Revista Centroamericana de Ciencias Sociales* (San José, FLACSO), vol. 1, núm. 2 (diciembre): 5-38.

Capítulo 4. La inversión lechera: una gota que no se expande. El territorio de Santo Tomás en Nicaragua

Ligia Ivette Gómez, Helle Munk Ravnborg[1]

Abstract

The milk producing zone of Chontales and Boaco was one of the areas in Nicaragua that experienced economic growth between 1998 and 2005. In the 1990s, public investments, supported through international development cooperation, in infrastructure and milk collection and cooling facilities encouraged the re-establishment of the livestock herds that had been decimated during the civil war of the 80'ies and made it possible to ensure year-round milk supplies. Later, the milk collection and processing capacity was expanded through El Salvadoran private investments, and dairy exports to El Salvador have grown significantly.

However, it is primarily the local elite who has benefited from these developments. Cows are expensive and to produce milk year round in the area, access to pastures both in the drier parts for grazing during the rainy season and in the more humid parts for dry season grazing is necessary. Owners of smaller plots of land have gradually had to give up their land. Instead they have taken up the search for employment elsewhere, e.g. in Costa Rica, or for cheaper land, e.g. in the tropical forest towards the Atlantic coast. Only limited employment opportunities have been generated locally. Whereas the Nicaraguan population in general grew between 1995 and 2005, the population of the milk producing zone stagnated. Therefore, the reduction in poverty rates which the area witnessed between 1998 and 2005 seems to be result of an exclusion of the poor from the area rather than an inclusion of the poor in economic activities.

Desde mediados de la década de 1990, ha habido grandes expectativas de que la cadena ganadera-láctea contribuyera al desarrollo de Nicaragua. Esas expectativas aumentaron cuando se inició la negociación del *Central America Free Trade Agreement* (CAFTA) y la elaboración del Plan Nacional de Desarrollo; desde entonces, la zona y el sector ganadero han recibido atención de las políticas e inversiones tanto públicas como privadas. Asimismo, desde esa misma década, la política

[1] Con la colaboración de Karla Bayres Mejía, Rikke Broegaard y Francisco Paiz.

económica cuenta con un marco institucional que fomenta la inversión en el conglomerado lechero, con el fin de convertirlo en un motor de crecimiento económico y reducción de la pobreza (Gobierno de Nicaragua 2001). Las principales metas de las políticas han sido: incrementar el hato nacional bovino, la producción de leche y las exportaciones de queso; elevar el consumo aparente de leche; incrementar la producción y la exportación de carne; promover la sostenibilidad ambiental; habilitar los caminos, la red eléctrica y mejorar el abastecimiento de agua en las zonas ganaderas (Gobierno de Nicaragua 2004).

Al parecer, muchas de esas expectativas se han cumplido, ya que, entre 1998 y 2005, 53 de los 141 municipios rurales de Nicaragua experimentaron un crecimiento significativo del consumo promedio por persona, entre ellos, 14 que forman parte de la zona ganadera (Rodríguez *et al.* 2011). Dentro de esta zona, se destaca el municipio de Santo Tomás, donde además se ha reducido la proporción de la población cuyo consumo anual está por debajo de la línea de pobreza, del 60% en 1998 al 55% en 2005. No obstante, los cambios han sido menos positivos desde el punto de vista ambiental. La información indica que el crecimiento económico ha ido acompañado de deforestación y contaminación de las fuentes de agua, entre otros motivos, por las descargas de sueros a los cuerpos de agua.

Con el objetivo de entender las dinámicas territoriales que han dado lugar a esos cambios, específicamente cómo y en qué medida la intervención de las instituciones públicas ha contribuido a estimular el crecimiento económico y la inclusión social, en este artículo se discuten los resultados de la investigación llevada a cabo entre septiembre de 2008 y enero de 2010 en la zona lechera de Chontales, en Nicaragua.

1. Delimitación del territorio

> [...] nos íbamos a una fiesta y hasta que terminaba la fiesta le decíamos a alguien: "Ve, me voy a ir a dormir a tu casa". Eso muestra la cercanía entre los pueblos. Lógicamente esa cercanía entre las personas geográficamente importa también, puesto que la economía se dinamiza entre sus pueblos (Comunicación personal con diputado oriundo de San Pedro de Lóvago, 30 de noviembre de 2009).

Santo Tomás es el municipio más urbano de la zona, ya que de los 16.404 habitantes, el 71% vive en la ciudad de Santo Tomás, la misma que constituye un centro de servicios por donde pasa "la ruta de la leche". Tomando a ese municipio como punto geográfico de partida, el territorio de estudio se delimitó trazando las interacciones económicas, políticas y sociales entre los actores locales: ganaderos, comerciantes, pobladores, empleados públicos y políticos. Así, el estudio comprende los municipios de Santo Tomás, San Pedro de Lóvago y Villa Sandino (mapa 4.1).

Mapa 4.1. La zona lechera de Santo Tomás

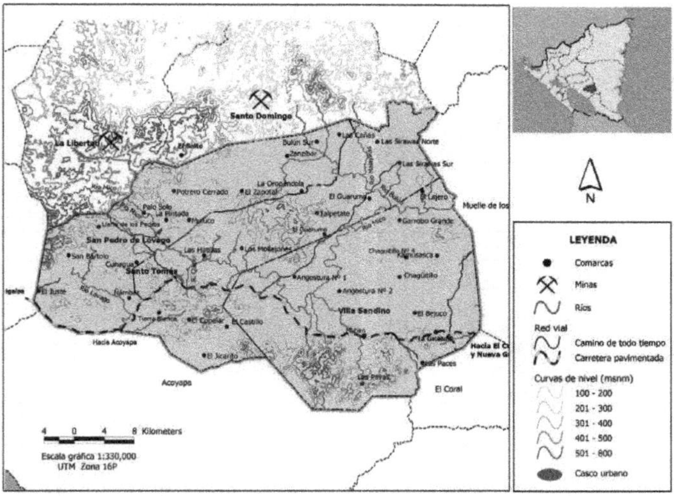

Fuente: Ruiz y Marín (2005).

2. Cambios económicos, sociales y ambientales en el territorio

En el cuadro 4.1, se ilustran algunos cambios sociales y económicos positivos ocurridos en los tres municipios que forman parte de la zona lechera de Santo Tomás. No obstante, la colonización de las tierras de esta zona ha ido acompañada de deforestación, ya que se inició con la tala y quema para la instalación del sistema de producción que hasta ahora predomina: la ganadería extensiva y la producción a pequeña escala de granos básicos para el autoconsumo. Una finca con bosque era -y en gran medida todavía es- considerada una finca de gente "perezosa". La deforestación se frenó con la guerra de la década de 1980, cuando la gente tuvo que salir de la montaña, pero se retomó con fuerza en la siguiente década con la pacificación del territorio.

El actual sistema de producción ha ocasionado graves daños al ecosistema, no solo por la quema para el manejo de potreros y para la siembra de granos básicos (maíz y frijol), sino también por la compactación de los suelos y la pérdida de fertilidad causada por el pastoreo sobre áreas extensas, lo cual merma las expectativas de regeneración natural del bosque, que ahora se ha reducido a matorrales. En el año 2000, prácticamente habían desaparecido las áreas contiguas de cobertura boscosa que existían en 1983 (mapa 4.2).

Cuadro 4.1. Cambios entre 1998 y 2005 en Santo Tomás, San Pedro de Lóvago y Villa Sandino

	Santo Tomás		San Pedro de Lóvago		Villa Sandino	
	1998	2005	1998	2005	1998*	2005**
Consumo promedio (C$)[1]	5.242	6.372	4.903	6.430	4.451	4.587
Coeficiente de Gini[2]	0,40	0,40	0,37	0,42	0,46	0,37
Población (núm. personas)	15.997	16.404	7.125	7.650	20.543	13.152***
Porcentaje de pobres (%)[3]	60	55	65	58	67	69****
Número de personas pobres	8.944	6.193	4.253	3.487	13.468	7.522*****

Fuentes: Rodríguez *et al.* (2011); INIDE (2008).

Notas:

* En 1998, el municipio de Villa Sandino incluía lo que hoy es el municipio El Coral.

** Excluye lo que hoy es el municipio El Coral.

[1] El crecimiento solo ha sido estadísticamente significativo en Santo Tomás y San Pedro de Lóvago.

[2] El cambio en la distribución del consumo ha sido estadísticamente significativo en San Pedro de Lóvago.

*** La población de 2005 comparable con la de 1998, incluyendo al municipio de El Coral, es de 20.191 personas.

[3] La disminución de la proporción de la población con un consumo anual por debajo de la línea de pobreza no ha sido estadísticamente significativa.

**** El porcentaje de pobres en 2005, comparable con el de 1998, incluyendo El Coral, es de 58,8%.

***** El número de personas pobres en 2005, comparable con el de 1998, incluyendo El Coral, es de 11.874.

Mapa 4.2. Comparación de la cobertura boscosa en la zona lechera de Santo Tomás: 1983 y 2000

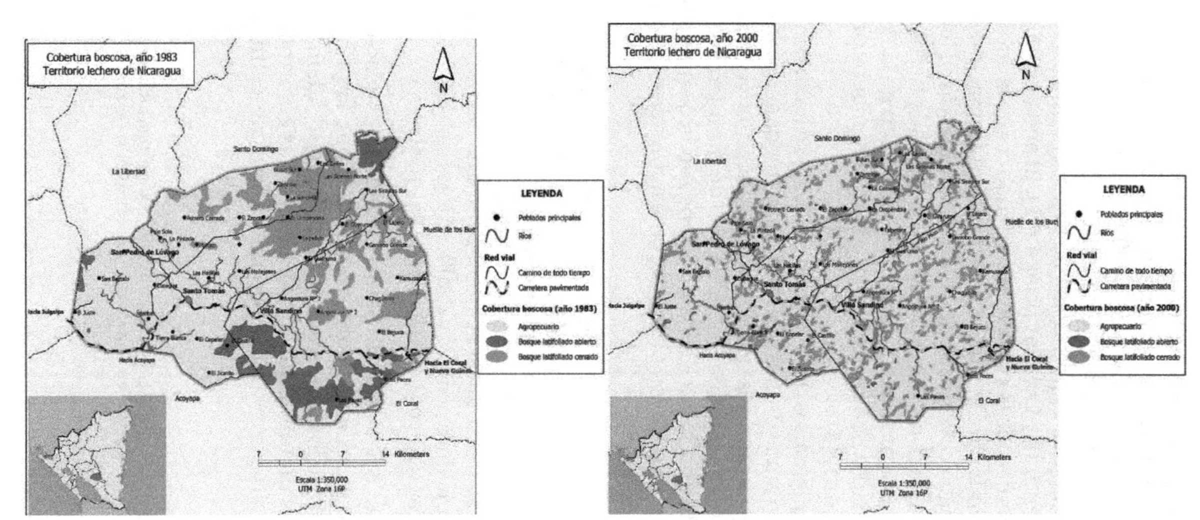

Fuente: INAFOR (2004).

Las precipitaciones siguen una media de 1.500 mm. No obstante, en algunos años llegan a 2.000 mm, mientras que en otros años apenas llueve (1.000 mm). La densa red hidrográfica del territorio está constituida por los ríos Mico, Estero de Matagua, Zapote, Paso de Lajas, el Caracol, Bulún, Caño Oropéndola y Copelar (mapa 4.1). El agua es utilizada principalmente por los hogares, la ganadería y la industria láctea. Sin embargo, hay una creciente contaminación de las fuentes de agua con los subproductos de la actividad lechera (sueros y quesos), con agroquímicos (sobre todo herbicidas) y con el cianuro usado para la extracción de oro en las minas de La Libertad y Santo Domingo, ubicadas en la parte más alta del río Mico (Marena *et al.* 2006).

Desde mediados de la década de 1990, se ha presentado un promedio anual de 3.414 casos de enfermedades diarreicas agudas en el territorio estudiado. Eso significa que casi la mitad de los hogares ha tenido al menos a uno de sus miembros con diarrea cada año.[2] Uno de los primeros médicos graduados de la zona y uno de los primeros en establecerse en Santo Tomás, considera:

> ...que el agua es un problema. Hay poca agua, es superficial y está contaminada. Aquí en los centros de salud lo que hay es para curarnos, no para prevenir. [...] yo curo una diarrea y [la persona] vuelve al mismo medio y no estoy haciendo nada; hay un cinturón de pobreza en esta ciudad, que por las condiciones geográficas dificulta los servicios del agua y, por consiguiente, la salud tiene sus problemas.

Según el Ministerio de Salud (MINSA), los efectos son más graves en las áreas rurales debido a que la población bebe el agua de los ríos, quebradas y *criques*.[3] Además, con esas aguas elaboran el queso montañero. Las enfermedades diarreicas son permanentes debido a la mala calidad del

---

[2] Comunicación personal con el responsable de las estadísticas de Sistemas Locales de Atención Integral en Salud (SILAIS), Ministerio de Salud (MINSA). Juigalpa, Chontales, enero de 2010.

[3] Un *crique* es un ojo de agua.

agua.[4] Asimismo, ha aumentado el uso de herbicidas para controlar las malezas, tanto en los cultivos de granos como en los pastos, como una alternativa a la quema. Los productos más utilizados son el Gramoxone y el glifosato, que ponen en riesgo la salud humana y contaminan el ecosistema.

3. Marco conceptual y metodológico

Los cambios económicos, sociales y ambientales se producen en medio de la interacción entre actores sociales integrados en coaliciones, quienes a través de marcos institucionales, formales e informales, tratan de regular o de gobernar el acceso y uso de activos, entre ellos, los recursos naturales. En este proceso, las instituciones y las relaciones entre estas y los actores sociales están en constante formación (Rimisp 2008).

En la zona lechera de Santo Tomás, gran parte de las prácticas de los actores gira en torno al acceso y uso de la tierra, el ganado y la cadena de comercialización de la leche y sus derivados. Más específicamente, se pudieron identificar tres "flujos" de recursos y acciones que han sido importantes en las prácticas de esos actores y que son también claves para entender las dinámicas territoriales producidas en la interacción entre actores e instituciones. El primer flujo es el de la migración hacia la nueva frontera agrícola desde hace varias décadas; este flujo ha permitido establecer relaciones de confianza y dependencia mutua que hoy hacen posible la ganadería extensiva basada en la trashumancia. El segundo es el de la cooperación internacional, el cual facilita las relaciones entre alcaldías y cooperativas; ha provisto la infraestructura básica y promovido la capacidad organizativa para reactivar la ganadería y para colocar en la agenda pública temas como el ambiental, el de la democracia y buen gobierno, y el de la inclusión social. El tercer flujo corresponde a las inversiones

---

4 Conversación con el responsable de las estadísticas de los Sistemas Locales de Atención Integral en Salud, SILAIS del MINSA. Juigalpa, enero 2010.

privadas que han aumentado la capacidad de producción de lácteos en la zona.

En cada flujo se ha analizado cómo las relaciones sociales han formado y han sido formadas por el respectivo flujo, y cómo esto, a su vez, ha contribuido a que se produzcan los cambios observados. Para ello, se exploraron los acontecimientos durante el período bajo estudio; se caracterizó a los actores, así como a las coaliciones que han conformado; se caracterizaron los cambios institucionales ocurridos o que fueron propuestos como parte de las interacciones entre actores; y se analizó la contribución de las coaliciones, las instituciones y los activos de los actores a los cambios observados.

Más concretamente, la investigación implicó tres pasos metodológicos:

1. Se realizaron entrevistas narrativas semiestructuradas con 84 informantes clave y con seis grupos focales, en comunidades rurales y barrios urbanos, con el propósito de identificar las percepciones con respecto a los cambios económicos, sociales y ambientales y los factores que han contribuido a estos cambios; también para conocer los cambios institucionales que habían sucedido y los actores clave que habían tratado de promover o prever estos cambios.
2. Con el fin de identificar las percepciones e indicadores locales de bienestar y pobreza, se realizaron clasificaciones de bienestar en un barrio urbano y en dos comunidades rurales dentro de la zona lechera. Los lugares fueron seleccionados de tal manera que incluyeran factores que pudieran ocasionar diferencias en las percepciones de bienestar y pobreza.
3. Se realizó una encuesta de hogares distribuida en 250 del área urbana y 250 del área rural. Esta encuesta sirvió, en primer lugar, para elaborar el perfil de pobreza de los hogares radicados en la zona lechera, ya que arrojó información con base en la cual se pudieron elaborar cinco indicadores que reflejan los aspectos de pobreza y bienestar identificados a través de las clasificaciones

de bienestar[5] usando la metodología de Ravnborg *et al.* (1999). A partir de esos indicadores, se definieron tres niveles de pobreza: hogares más pobres, menos pobres y no pobres (cuadro 4.2). En segundo lugar, dicha encuesta sirvió para analizar las dinámicas territoriales de la zona lechera estudiando la participación de los hogares según niveles de pobreza en la migración laboral, la trashumancia, la compra y venta de tierra, la venta de leche y el contacto con organizaciones locales y externas.

Cuadro 4.2. Distribución porcentual de los hogares según nivel de pobreza

Muestra	Nivel de pobreza			Todos los niveles
	No pobres	Menos pobres	Más pobres	
Muestra urbana (n=250)	18,8	55,2	26,0	100
Muestra rural (n=250)	21,6	44,8	33,6	100
Muestras urbana y rural, combinadas (N=500)	20,2	50,0	29,8	100

4. Actores y coaliciones sociales en la zona lechera de Santo Tomás

Desde la conquista de Nicaragua, ha existido una íntima relación entre el control de la tierra y el poder político, que ha servido de base para la acumulación de las élites. Santo Tomás y San Pedro de Lóvago se fundaron en 1861 y 1864, respectivamente, cuando el gobierno del general Tomás Martínez decidió trasladar a estos lugares a la comunidad indígena loviguisca,[6] que estuvo integrada, entonces, por 250 perso-

[5] Los indicadores elaborados reflejan: 1) la capacidad de los hogares para proveer de educación a hijos e hijas; 2) su capacidad de producción agropecuaria (tenencia de tierra y animales); 3) sus fuentes de ingreso no agrícolas; 4) su dependencia de empleos como el jornalero para obtener ingresos; y 5) la calidad de la vivienda.

[6] http://www.inifom.gob.ni/municipios/documentos/CHONTALES (acceso: 10:56, 3 de marzo de 2011); Espinoza (2009).

nas. Villa Sandino nació del caserío Pueblo Viejo que creció desde un campamento donde habitaban los trabajadores que construían la carretera de Chontales a El Rama y Muelle de los Bueyes y que en 1892 solo tenía tres casas.

Además de la población indígena, estaban las primeras familias colonizadoras, cuyos apellidos más conocidos fueron Bravo, López, Orozco, Vargas y Sovalbarro, en Santo Tomás; en San Pedro de Lóvago fueron las familias González y Miranda, y en Villa Sandino, la familia Duarte.[7] Estas familias formaron sus haciendas en los ejidos. Denunciando en la alcaldía aquel pedazo de tierra que "no era de nadie" y pagando un peso por entre 100 y 150 manzanas[8] por año, obtenían el derecho de uso. Los que pudieron siguieron pagando el arriendo, año tras año, hasta que denunciaron y obtuvieron el derecho de posesión. Según Espinoza (2009), hubo familias que de esta manera lograron poseer hasta 800 manzanas de tierra.

Las comunidades indígenas también recibieron tierras ejidales cuando fueron trasladadas, pero como no pudieron pagar el arriendo, se fueron endeudando con los que podían pagarlo. Poco a poco, perdieron su derecho a la tierra hasta que terminaron como trabajadores agrícolas.

La población de la zona lechera no sobrepasaba las 10.000 personas hasta la década de 1940; creció lentamente durante la siguiente, cuando empezaron a llegar los campesinos del norte y oeste del país, que fueron desplazados por las compañías bananeras y algodoneras, las cuales necesitaban tierras para cultivar. Con el terremoto de Managua, en 1972, y la consiguiente búsqueda de tierras, la población de la zona prácticamente se duplicó hasta mediados de la década de 1990. En este período, el centro urbano de Santo Tomás y el municipio de Villa Sandino, tanto la parte rural como la urbana, fueron receptores de emigrantes (gráfico 4.1). Además de la gente que llegó de otras partes del país, durante los años 1980 ocurrió la primera ola de migración rural-urbana dentro la

---

7 Comunicaciones personales con un historiador en Santo Tomás, el 14 de enero de 2010, y un miembro de la Cooperativa "Ríos de Leche", también en Santo Tomás, el 13 de enero de 2010.

8 Una manzana corresponde a 0,7 ha.

zona. Desde entonces, ha habido un incremento sostenido de la población urbana, sobre todo en Santo Tomás, que recibe gran parte de la población rural del mismo municipio, además de la que viene de los municipios vecinos, especialmente de San Pedro de Lóvago. Al inicio, la gente llegaba a la ciudad por temor a la guerra, pero después, muchos se quedaron. De hecho, en 2005 la mitad de la población de la zona es urbana: 26% en Villa Sandino, 40% en San Pedro de Lóvago y 71% en Santo Tomás (gráfico 4.1).

Gráfico 4.1. Evolución de la población urbana y rural de la zona lechera de Santo Tomás: 1971-2005

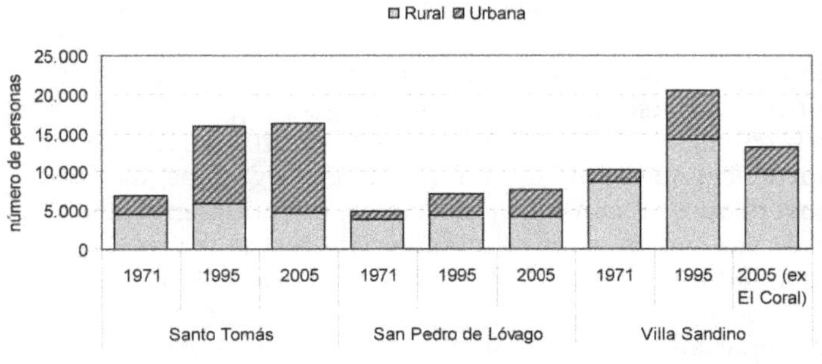

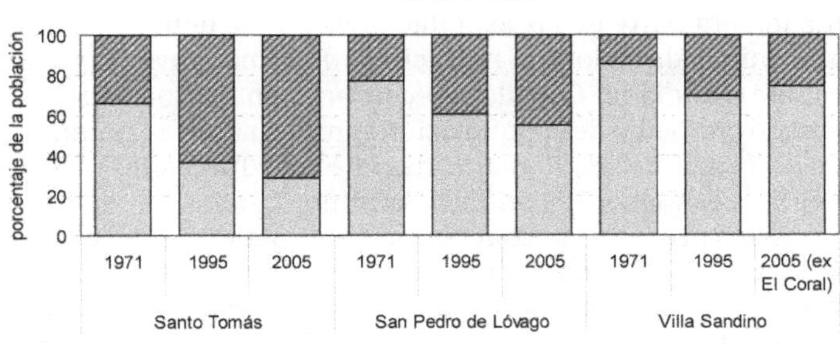

Fuentes: Gobierno de Nicaragua (1971); INEC (1995); INIDE (2005).

Pocas familias han concentrado, históricamente, no solo la tierra, sino también el poder político y la administración de justicia. Antes de la revolución de 1979, todas las funciones de juez, síndico, alcalde y registrador civil estaban concentradas en un alcalde designado por el general Somoza; ese alcalde desempeñaba sus funciones apoyado solamente por una secretaria que celebraba los casamientos y cobraba los impuestos. El gobierno central tomaba las decisiones, recibía los impuestos recaudados y decidía sobre las inversiones en el territorio. Recién en 1990, Nicaragua tuvo las primeras elecciones municipales.

Era común que algunas familias de la élite local recibieran en sus hogares al general Somoza y organizaran fiestas para celebrar sus visitas, con lo cual fortalecían sus lazos de amistad y de poder.[9] Por lo general, sus miembros eran nombrados alcaldes y jueces de los municipios; además, eran las primeras personas beneficiarias de los programas de apoyo a la ganadería desarrollados por Somoza, lo cual les permitió fortalecer su producción. Entre esos programas, figuraban inversiones en caminos y carreteras, mejoramiento genético del hato, construcción de mataderos industriales y de la planta acopiadora de leche Prolacsa (Pratt y Pérez 1997).

Según el Censo Agropecuario de 1963 (INIDE 1963) en el departamento de Chontales, el 1,4% de las explotaciones agropecuarias concentró el 35% del área total, mientras el 38% de las explotaciones apenas concentró el 2,7% del área total; una tercera parte de las explotaciones de ese departamento estaba ubicada en los tres municipios que constituyen la zona lechera estudiada. Calculando con base en dicho Censo, el tamaño promedio de la explotación agropecuaria de Chontales fue de 90 manzanas; 77 manzanas en Santo Tomás, 80 en San Pedro de Lóvago y 109 en Villa Sandino.

Estos procesos de concentración de la tierra y del poder político consolidaron el latifundio ganadero extensivo en la zona lechera y la formación del colonato. Gran parte de las familias que llegaron a la zona durante las décadas de 1950 y

---

[9] Comunicación personal con una funcionaria de la Alcaldía de Santo Tomás, realizada en esta localidad en noviembre de 2008.

1960 se dedicó a trabajar para las haciendas grandes, donde sus dueños les permitían sembrar. Se calcula que en 1963 alrededor de la mitad de los hogares rurales no tenía tierra; sus miembros se ganaban la vida como trabajadores agrícolas o accediendo a tierra a través del patrón.

4.1. Cambios a raíz de la revolución sandinista

A través de la reforma agraria, el gobierno sandinista que llegó al poder con la revolución, en 1979, trató de redistribuir la tierra en todo el país. En la zona lechera, fueron confiscadas 22 fincas, cuyos propietarios y sus familias se marcharon a EE.UU. Solo una de las familias tradicionales se quedó: la familia Bravo. Es más, Carlos Mejía Godoy, conocido compositor nicaragüense, compuso una canción sobre esa familia.[10] Al parecer, hubo mucha gente que no estuvo de acuerdo con las confiscaciones, particularmente a dicha familia, a tal punto que eso provocó la renuncia del director del Instituto Nacional de Reforma Agraria (INRA), quien se fue de Nicaragua. Como explicó un técnico que había trabajado en el INRA:

> Es bien querida [la familia Bravo] [...] Independiente de la amistad con Somoza, este señor también se rozaba con los pobres; tenía amistades con todo el mundo. En diciembre regalaron juguetes a los niños pobres; administraron la Cofradía de la iglesia en Santo Tomás, donde había muchos novillos. No tenían historial de maldad, sino de gente bien querida. [...] Todo el pueblo se sintió mal por la confiscación... pero logró ver la devolución de su propiedad... Fue confiscada por personas que no eran de aquí, por su envidia... El director lo hacía desde arriba, sin consensuar con los de abajo... Tuvo que dejar Nicaragua... [el director], porque muchos no estuvieron de acuerdo con sus confiscaciones.

Hoy casi no existen vestigios de las reformas agrarias de las décadas de 1980 y 1990. De acuerdo con el Censo Agropecuario de 2001, el 2% de las explotaciones agropecuarias abarcaba el

---

10 Conversación personal con un técnico del INRA y de la Oficina de Ordenamiento Territorial (OTR). Santo Tomás, 29 de enero de 2009.

24% del área total, mientras que el 23% de las explotaciones más pequeñas controlaba el 2% del total (INIDE 2001).

De los hogares encuestados durante el estudio, apenas el 3% de los que tienen tierra indicó haber recibido una parte a través de las reformas agrarias. Muchas personas que recibieron tierra la vendieron durante la década de 1990, cuando se produjo una euforia por la compra de tierra:

> En Acoyapa, los miembros de la resistencia que habían recibido [tierra] de la Reforma Agraria... muchos vendían a productores de San Pedro... un 80% tal vez vendió. A 500 o 1.000 córdobas la manzana. Después se paró; era hasta como en el 2001 que se paró algo. En la época de Alemán se dio 100% la venta de tierras... y las compras de tierra. Era, como les digo, al entregar título de la reforma agraria, ¡se entregó al comprador! [...] Los compradores en ese tiempo tenían que pedir una certificación de la OTR para ver si podían o no comprar. Pero claro, siempre había mañas... llevas cuatro libras de queso y crema a Managua... a los directores de titulación... y la pasabas [tu solicitud]. Por ejemplo, titularon una propiedad de un señor de Acoyapa, él había comprado 17 títulos de Reforma Agraria, vino un muchacho de la OTR y autorizó la compra-venta [*ex post* de la compra] sin necesidad de ir a Managua.[11]

Muchos de los dueños anteriores han vuelto a comprar las tierras y han consolidado aun más sus propiedades. A pesar de la deforestación (mapa 4.2) y la ampliación del área agropecuaria, el número de explotaciones agropecuarias solo aumentó de 2.004 en 1963, a 2.065 explotaciones en 2001, y el tamaño promedio por explotación creció de 92 hasta 96 manzanas (INIDE 2001). Según los resultados de la encuesta de hogares realizada durante el estudio, de las personas que han comprado más tierra desde principios de la década de 1990, el 38% posee más de una finca; la mayoría indicó que la tierra comprada es usada principalmente para pastos. De las personas que vendieron, únicamente el 28% se quedó con tierra en la comunidad; la

---

[11] Comunicación personal con un técnico de la OTR. Santo Tomás, 29 de enero de 2009.

mayoría adquirió tierras más cercanas a la montaña o se fue a vivir a Santo Tomás, a Managua o migró a Costa Rica. Según la misma encuesta, el 42% de los hogares de la zona lechera tiene tierra; la residencia de la mayoría de esos hogares (76%) es en el área rural. Asimismo, el 66%de los hogares no pobres que residen en el área urbana tiene tierra (gráfico 4.2).

Gráfico 4.2. Tenencia de la tierra por nivel de pobreza y lugar de residencia

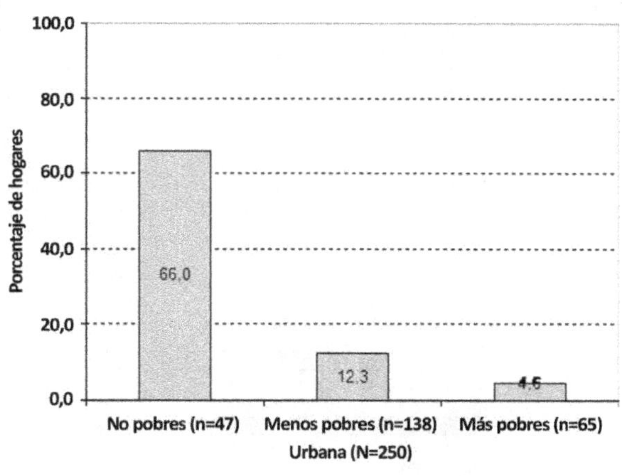

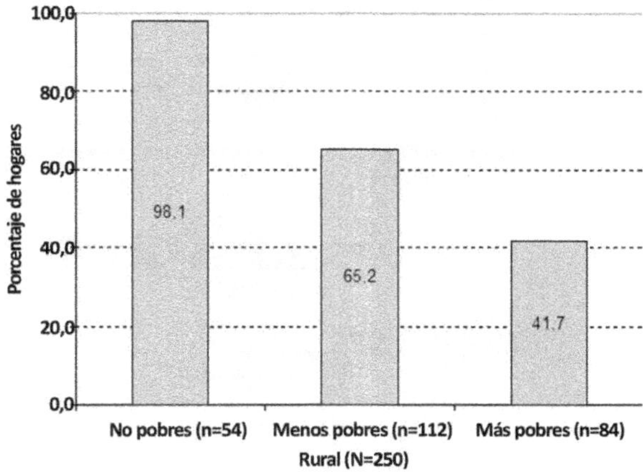

4.2. Propiedad de la tierra, empleo y niveles de pobreza en la zona lechera

La trashumancia o movimiento del ganado entre diferentes zonas climatológicas para aprovechar los pastos naturales y evitar las inundaciones juega un papel importante en la estrategia productiva de la ganadería extensiva. Tener fincas en diferentes zonas climatológicas facilita la trashumancia. Tiene fincas en las zonas seca y húmeda el 25% de los hogares no pobres con tierra, frente al 2 y 3% de los hogares menos pobres y más pobres, respectivamente. Asimismo, el 28% de los hogares con residencia urbana y con tierra tiene fincas en las dos zonas climatológicas, frente al 6% de los hogares con residencia rural que tiene tierra en las dos zonas (gráfico 4.3).

Gráfico 4.3. Tenencia de la tierra por zona climatológica, según nivel de pobreza y residencia (N=212 hogares)

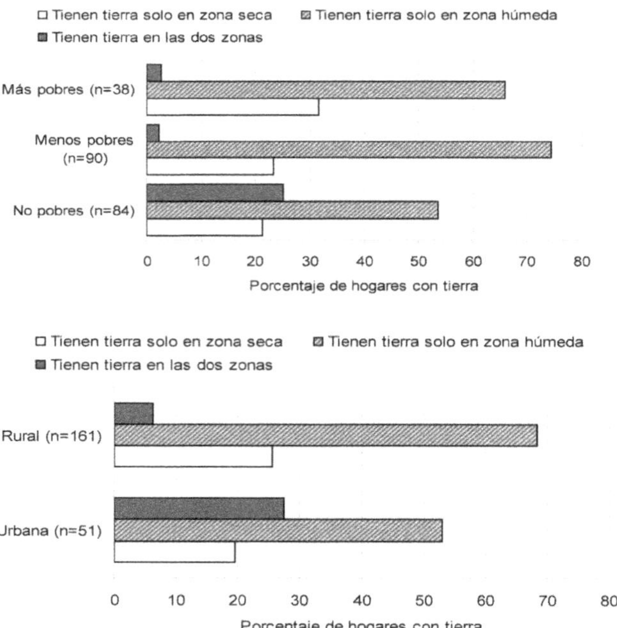

Según el Censo Agropecuario de 2001, las probabilidades de que la explotación agropecuaria abarque más de una parcela y de que el dueño no viva en la finca crecen con el tamaño de la explotación: entre más numerosas y grandes son las explotaciones, mayores son las probabilidades de que el dueño viva en la cabecera municipal o en Managua. En las fincas vive solo el 14% de los 174 dueños con explotaciones mayores de 200 manzanas de tierra, las cuales corresponden al 38% del área agropecuaria total de la zona lechera.

Mediante ese proceso de concentración y reconcentración de la tierra, tanto en la zona lechera como en el país, se ha formado un segmento grande de hogares sin tierra o sin tierra suficiente como para ganarse la vida mediante la producción agrícola propia. Algunas de las familias que vendieron su tierra en la zona lechera de Santo Tomás lo hicieron para comprar (más) tierra cerca de la montaña, mientras otras han optado por establecerse en la cabecera municipal, sobre todo en Santo Tomás, y ahí buscar empleo agropecuario como jornaleros en la zona o migrar temporalmente a Costa Rica (gráfico 4.4). En una tercera parte de todos los hogares estudiados, el jefe, la jefa o los dos tienen un hermano o una hermana en Costa Rica, y el 16% de todos los hogares recibe remesas. Principalmente los hogares menos pobres y los que residen en las zonas urbanas son los que tienen familiares en Costa Rica. Los datos demográficos confirman esta emigración: la población de la zona se mantuvo entre 1995 y 2005,[12] mientras que a nivel nacional la población creció el 18%. En vez de remesas, los hogares más pobres tienden a depender más del empleo agropecuario -como jornaleros- o de trabajos como el de tortillera, quesillera o empleada doméstica. Llama la atención que el 25% de hogares con residencia urbana dependa del empleo como jornaleros agrícolas (gráfico 4.5). De los hogares que no tienen tierra o solo tienen un solar, el 58% son menos pobres, mientras el 36% son categorizados como más pobres.

---

12 En 1995, la población de la zona era de 37.263 personas, mientras que en 2005 era de 37.206 personas.

Gráfico 4.4. Compra de tierras durante los últimos 20 años (N=500) y destino de los vendedores de tierra (N=94)

Gráfico 4.5. Fuentes de empleo e ingreso y características demográficas, según nivel de pobreza y residencia (N=500)

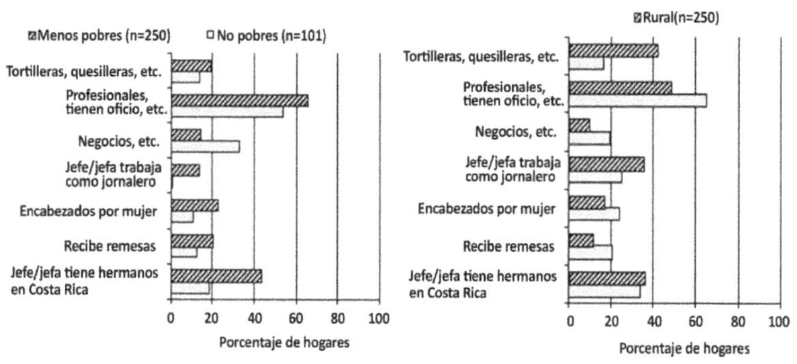

5. Nuevos actores sociales

Sobre la antigua matriz de hacendados, colonos y trabajadores surgieron nuevos actores sociales durante la revolución y la subsiguiente pacificación que tuvo lugar en la década de 1990. Entre ellos, están las cooperativas agropecuarias y la Unión Nacional de Agricultores y Ganaderos (UNAG), gremio que en la década de 1980, durante los primeros años de su fundación, defendió la entrega de tierra a los "verdaderos campesinos productores"[13] y facilitó la entrega de insumos a través de sus tiendas campesinas.

Después de la guerra y la caída de la economía durante la década de 1980, la figura institucional de la cooperativa tenía connotaciones negativas en el país.[14] Para mucha gente nicaragüense, las cooperativas representaban la crisis productiva, económica y organizativa que Nicaragua había vivido. Así, un buen número de las cooperativas agropecuarias creadas con las fincas y haciendas confiscadas desapareció durante la década de 1990.

Esa imagen negativa contrasta con la que tuvo gran parte de las organizaciones de la cooperación internacional que llegaron a Nicaragua al inicio de la década de 1990 para apoyar a la democracia. Como los donantes, especialmente los nórdicos, habían simpatizado con la revolución frustrada por la guerra civil, llegaron con la idea de que la cooperativa, una forma de organización que había sido importante en sus países durante el siglo XIX, era clave en Nicaragua para lograr el cambio estructural del sector agropecuario a favor de los pequeños productores. Por lo tanto, podía ser la figura institucional que les permitiría llegar a su grupo meta: los pequeños y medianos productores. Además, dicha figura les permitiría apoyar al sector agropecuario sin tener que apoyar directamente a las empresas privadas y productores individuales. Así, fue la cooperación internacional (Pietrobelli 2007) la que se planteó el objetivo de facilitar la creación de cooperativas en la zona lechera, ya no de producción agropecuaria como las que se crearon en

---

13 http://unag.org.ni/filer/3158historiadelaunagfinal.pdf (acceso: 31 de enero de 2008).

14 Comunicación personal con un poblador en Santo Tomás, 29 de enero de 2009.

la década de 1980, sino orientadas al acopio, procesamiento y comercialización de la leche. La Cooperativa Ríos de Leche, en Los Mollejones, municipio de Santo Tomás, fue la primera en establecerse con ese fin, y de ella surgieron otras (cuadro 4.3). Estas se fortalecieron, organizativa y productivamente, con el financiamiento de la cooperación internacional, ya sea directo o a través de instituciones estatales como el Instituto de Desarrollo Rural (IDR), o gremiales como la UNAG.

Cuadro 4.3. Cooperativas y empresas privadas lácteas en la zona lechera de Santo Tomás

Nombres	Cooperativa o empresa individual	Año de fundación	Propietario o presidente	Fuentes de financiamiento
Lácteos Narváez	Individual	1970	Manuel Martínez Fernández (prop.)	Fondos propios
Cooperativa Ríos de Leche	Cooperativa	1980	Ulises Miranda Rivas (pdte.)	Fondos propios, Fondos del PMA
Quesillos Umanzor	Individual	1994	Deri Israel Umanzor (prop.)	Fondos propios
Cooperativa La Esperanza El Guabo	Cooperativa	1994	Juan Luna (pdte.)	Fondos propios
Lácteos La Montaña	Individual	1994	Elmer Landaverde (prop.)	Fondos propios
Lácteos Las Mesas	Individual	1995	Julio Robleto (prop.)	Fondos propios
Lácteos Sierrawas	Individual	1996	José del Carmen Barahona Zambrana (prop.)	Fondos propios
Cooperativa Manantial	Cooperativa	2001	Ramiro José González Miranda (pdte.)	Fondos propios, Tanques de Parmalat, Donación del IDR
Cooperativa San Pedro de Lóvago	Cooperativa	2002	Miguel Bravo Miranda (pdte.)	Fondos propios, Préstamos al Banco, Donación del IDR, Tanques de Parmalat
Lácteos Las Delicias	Individual	2004	Álvaro Aguilar (prop.)	Fondos propios
Lácteos Aguilares	Individual	2008	Eduardo Aguilar (prop.)	Fondos propios
Lácteos San José	Individual	2009	José Alexander Lazo (prop.)	Fondos propios
Lácteos Las Tucas	Individual		Isaías González (prop.)	Fondos propios

Fuente: Entrevistas a cooperativas y empresas.

Las cooperativas se han vuelto un actor económico importante en la zona. El análisis de las relaciones por negocios, que fue desarrollado con la información obtenida a través de las entrevistas realizadas en Santo Tomás y San Pedro de Lóvago, muestra una correlación significativa entre la densidad promedio de dichas relaciones y ser socio de una cooperativa.[15] Este análisis también indica que unas pocas familias concentran una parte significativa de las relaciones por negocios: en Santo Tomás, son las familias Bravo y Sevilla, mientras en San Pedro de Lóvago, son las familias González y Miranda. De hecho, los fundadores de las cooperativas fueron, en el caso de Ríos de Leche, las familias Borges, Miranda, Bravo, Cabrera, Martínez, Lazos y Hernández,[16] y en el caso de El Manantial y San Pedro, ambas ubicadas en el municipio San Pedro de Lóvago, fueron las familias Miranda, González y Bravo. Hay una tendencia a que los socios de una cooperativa sean miembros de los hogares no pobres;[17] también existe una correlación significativa entre tener ganado y más de una finca, con la densidad promedio de las relaciones por negocios.[18]

Además de haberse constituido en un actor económico importante, las cooperativas y sus directivas también se han vuelto un actor político relevante, tanto en la zona como en el ámbito nacional. Uno de los pioneros de la UNAG de Chontales, Douglas Alemán, ganadero y miembro de la cooperativa de San Pedro de Lóvago, ha sido dirigente gremial de esta Unión desde 1993 y, en 2006, fue elegido diputado sandinista ante la Asamblea Nacional de Nicaragua. Alemán no solo fue el que promovió la conformación de cooperativas en la zona, sino también la creación de la Asociación

---

15 Los 32 actores que son socios de una cooperativa tienen una densidad promedio de 15,0 de las relaciones por negocios, en comparación con los 36 actores que no lo son y cuya densidad promedio es 3,0.

16 Comunicación personal con altos miembros de la cooperativa Ríos de Leche. Santo Tomás, 15 de diciembre de 2009.

17 El 23% de los hogares no pobres son socios de una cooperativa, en comparación con el 8% de los hogares menos pobres y el 3% de los más pobres.

18 Los actores que poseen ganado tienen una densidad promedio de relaciones por negocios de 17,2, mientras los que no lo poseen tienen una densidad promedio de 2,7. Paralelamente, los propietarios de más de una finca tienen una densidad de relaciones por negocios de 26,4 en comparación con 6,5 de los que poseen solo una y 0,0 para los que no tienen finca.

de Ganaderos de San Pedro de Lóvago, que desde 1980 ha servido como plataforma para la gestión de los recursos en la UNAG. La directiva de esa asociación también ha contado con Humberto González, quien además de ser uno de los fundadores de la cooperativa San Pedro fue alcalde de San Pedro de Lóvago entre 2005 y 2008.

Entre 2000 y 2001, varias cooperativas de la zona, con el apoyo de *Finnish International Development Agency* (FINNIDA), a través del programa Proyecto de Desarrollo Ganadero (PRODEGA), formaron la Alianza Amerrisque[19] con el objetivo de establecer una plataforma a través de la cual dialogar con el gobierno e instituciones estatales, algo que no es tan factible con una cooperativa individual. Como explica un entrevistado, en la producción agropecuaria hay que trabajar en tres niveles: en la finca, entre fincas a través de las cooperativas para la comercialización de la leche y contratación de asistencia técnica, y en el nivel territorial.

> Este nivel, que está fuera de las fincas, para mí es el territorio. Si hay que ir a hablar con el gobierno o hay que hablar con la cooperación externa, entonces tiene que haber ese nivel de organización, allí es donde estas organizaciones han ayudado mucho como la UNAG, la ASOCHON,[20] la Alianza Amerrisque. Han ayudado a la representación del territorio, a la búsqueda del recurso para resolver problemas, por ejemplo, el precio de la leche. Una sola cooperativa no lo puede ver, lo tienen que ver todas juntas, por ejemplo, un plan de electrificación que se hizo en el departamento para meter electrificación y acopio a distintos lugares, hubo que hacerlo como grupo, las carreteras, la preparación de las carnes, todo esto ha ayudado mucho.

Además de apoyar a las cooperativas, la cooperación internacional también respaldó el fortalecimiento de las alcaldías. Antes de 1979, los alcaldes eran nombrados por Somoza; a

---

19 Sobre el año de creación de la Alianza Amerrisque, unas fuentes señalan el 2000 y otras el 2001. (http://wnp.uwsp.edu/programs/natural/ftf/2001/reports/pmalon_1.doc). Tampoco se pudo determinar si fueron 8 o 9 cooperativas de Chontales las que la integraron.

20 Asociación de Chontaleños Residentes en Managua.

partir de la década de 1990, la meta oficial ha sido establecer una dirección municipal con capacidad técnica y administrativa. Tal capacidad se ha incrementado, pues aunque los gobiernos locales se eligen cada cuatro años, la mayoría de técnicos de las áreas más importantes de las alcaldías trabaja más de cuatro años. Varias organizaciones de la cooperación internacional han apoyado el fortalecimiento de la gestión y administración en los municipios, a través de capacitaciones, financiamiento del levantamiento del catastro municipal, sistemas administrativos para recaudación de impuestos, entre otros. También han apoyado la formación de la Asociación de Municipios Chontaleños para facilitar la gestión intermunicipal sobre temas que cruzan las fronteras municipales, como los de infraestructura y ambiente.

Apoyada por FINNIDA, se fomentó la participación ciudadana a través de un proceso de planificación participativa y del establecimiento de mesas de concertación. Las mesas de concertación fueron concebidas como espacios de debate temático y de intercambio entre diferentes actores sociales, facilitadas por la alcaldía. Sin embargo, cuando terminó el apoyo finlandés, en 2003, el gobierno municipal decidió dejar de apoyarlas; solo una mesa, la de producción, ha seguido funcionando.[21]

Así, hubo varias iniciativas para fortalecer la democracia local y, de esta manera, romper la relación íntima que durante mucho tiempo había existido entre el control de la tierra y el poder político.

Hasta cierto punto, estas iniciativas se lograron, ya que la alcaldía se ha vuelto una institución con un alcance amplio en la zona. Casi una cuarta parte de los hogares encuestados indicó haber tenido contacto con la alcaldía durante el último año, independientemente de que su residencia fuera urbana o rural. La diferencia aparece entre los hogares no pobres y los más pobres. Siguen siendo los hogares no pobres los que tienen mayores probabilidades de mantener contacto con la alcaldía. Casi uno de cada cinco hogares más pobres (17%)

---

[21] Comunicación personal con funcionaria de la Alcaldía de Santo Tomás, 24 de noviembre de 2008.

indicó haber tenido ese contacto durante el último año, comparado con el 32% de los hogares no pobres. Además, se ha formado un grupo de profesionales con capacidad técnica y administrativa para la gestión municipal.

Pese a los cambios, todas las familias descendientes de los fundadores de los poblados de la zona y que concentran las relaciones por negocios -excepto la familia Bravo- han tenido a uno de sus miembros como alcalde durante uno o más periodos. Aunque muchas de las relaciones políticas -por ejemplo, las vinculadas con las mesas de concertación- se dirigen vía los técnicos municipales y no directamente a través de miembros de las familias económicamente fuertes, el intercambio entre ellos ocurre en los clubes sociales, donde confluyen todos los actores fuertes de las esferas económica y política. Por ejemplo, un ex presidente de la cooperativa Ríos de Leche menciona que ha participado en todos los clubes de Santo Tomás.

> ...yo he participado en todos [los clubes]. Yo soy miembro del Club Social de Obreros, de la Cruz Roja, ocho años estuve en la Presidencia de la Cooperativa Agropecuaria y hace como dos años me retiré, porque [...] tenemos que preparar gente para que sigan trabajando los jóvenes, dar la oportunidad de formar líderes. Hubo un momento en que en tres o cuatro organizaciones estaba y yo era presidente de todas ellas. Incluso cuando en los 80, cuando la situación estaba difícil, como Club de Leones formamos aquí organizaciones, decían que yo era sandinista, y en realidad nunca he sido. [...] mejoramos toda el agua potable de Santo Tomás y fuimos como unos cuatro [...] hay un grupo que siempre son los mismos y que están en el Club Social de Obreros, el Club de Leones, la Cruz Roja, la cooperativa Ríos de Leche y la cooperativa Avance. Según el problema que haya, enviamos a la persona que tiene el contacto a resolver ese problema.

Sin proponérselo, la cooperación internacional ha contribuido al fortalecimiento económico y organizativo de la élite tradicional que después de la revolución ha estado acompañada de la nueva élite política sandinista, cuyos miembros han logrado pasar de ser solo ganaderos fuertes, productores de leche y carne, a ser también acopiadores e incluso procesadores de leche aprovechando las inversiones públicas. Mientras tanto, la gran mayoría de la población perdió su tierra, su arraigo rural y ahora conforma la fuerza laboral migratoria que ofrece su mano de obra, principalmente, en Costa Rica.

Cuando el FINNIDA, donante principal durante la década de 1990, retiró su apoyo a las cooperativas y a Alianza Amerrisque, estas ya tenían el poder necesario para proponer que Chontales-Boaco fuera el conglomerado lácteo dentro del Plan Nacional de Desarrollo; también para exigir directamente apoyo al gobierno central y no a través de sus gobiernos municipales, para mejorar la infraestructura vial y la electrificación. Incluso propusieron que la Alianza manejara directamente los fondos,[22] lo cual implicaba saltarse a los gobiernos municipales y el control democrático en el ámbito local.

6. La dinámica del auge de la leche

Con la construcción de la carretera a Managua en los años 1940, se incrementó la producción de leche en el territorio de Santo Tomás. Antes no se vendía leche fluida, sino el queso chontaleño; cargada en bestias salía la producción de las montañas al mercado local y a Juigalpa, o a través de Puerto Díaz en el lago Cocibolca.

> El queso lo hacían artesanalmente [...] Mi papá venía (a Santo Tomás desde la finca), cada dos o tres días, a dejar el queso en una mula. Vendía el queso chontaleño. Eso era para consumo local, ni siquiera a Managua llegaba. Cuando se fundó la salida de aquí era por el lago. Había carretera pero no a Managua; salían a Puerto Díaz. Eso fue antes de los años 40, en esa época también salía a lomo de mula el oro de las minas de La Libertad, se llevaba al puerto al lado de Acoyapa, iba todo por el lago.[23]

---

[22] María Antonia López. 2001. "Lecheros exigen apoyo al Gobierno", en diario *La Prensa* (Managua), 6 de septiembre de 2001. http://archivo.laprensa.com.ni/archivo/2001/septiembre/06/economia/ (acceso: 11:58, 3 de marzo de 2011).

[23] Comunicación personal con un hijo de los primeros propietarios de fincas. Santo Tomás, 13 de enero de 2010.

En Nicaragua, la ganadería tenía ventajas por sus bajos costos de producción al disponer de extensos pastos naturales. Sin embargo, el primer auge ocurrió en los años 1960, cuando aumentó la demanda de carne en el mercado estadounidense impulsada por la masificación de la comida rápida. Desde entonces, la ganadería nicaragüense ha sido de doble propósito, porque al aumentar el hato para el mercado de la carne, aumentó la producción de leche. En 1949 se instaló la primera planta, cuyo nombre fue La Salud; diez años después, se estableció la segunda, denominada La Perfecta (Biondi-Morra 1990).

Las plantas artesanales de queso se instalaron en Santo Tomás cuando llegó la energía eléctrica a la zona y se construyó la carretera Roosevelt, que comunica a esta ciudad con Managua (Espinoza 2009). La primera quesera, Lácteos Narváez, se ubicó en Villa Sandino y vendía su producción en Managua. Esta empresa se trasladó del Departamento de León a esta zona en busca de más oferta de leche y para poder, así, disminuir sus costos de producción.[24]

La producción de leche fue aumentando en todo el país hasta 1979; casi toda la producción se destinaba al consumo interno. De las cinco plantas lácteas que entonces existían, apenas una, PROLACSA, exportaba leche en polvo para el Mercado Común Centroamericano, ya que en esos años la leche casi no se pasteurizaba. De los 480 millones de litros de leche que se produjeron en 1978, solo 50 millones se pasteurizaron (Biondi-Morra 1990).

Con la guerra de la década de 1980, la producción disminuyó drásticamente. La ganadería sufrió un proceso de descapitalización, hubo fugas de reses hacia los países vecinos y creció la matanza indiscriminada. En tres años, el hato se redujo de 2.7 millones a 2 millones de cabezas (Pratt y Pérez 1997). Además, con el objetivo de disminuir la capacidad ociosa de las plantas, la industria relacionada con la producción ganadera fue intervenida por el Estado durante esa misma década y se crearon la Empresa Nacional de Industrias Lácteas

---

[24] Comunicación personal con un administrador de Lácteos Narváez. Santo Tomás, febrero de 2010.

(ENILAC) y la Empresa Nacional de Mataderos y Reforma Agraria (ENAMARA). Sin embargo, la capacidad ociosa, en vez de disminuir, aumentó hasta el 85% de la capacidad instalada (Biondi-Morra 1990). En la zona no se abrieron nuevas plantas en los años 1980. Únicamente la Cooperativa Ríos de Leche trató de conformarse para procesar y comercializar el queso, pero no fue aprobada, porque como sus fundadores no eran del partido sandinista, no obtuvieron el aval de la UNAG. Pese a ello, produjeron queso de manera artesanal para el mercado nacional. Fue en 1992 cuando lograron formalizar la creación de la cooperativa.[25]

Desde principios de los años 1990, comenzó a reactivarse la producción ganadera y hubo un nuevo auge de la leche, debido a tres factores:

1. El fin de la guerra, lo cual permitió que las fincas abandonadas volvieran a producir y que se reincorporaran a la vida productiva los ex miembros del ejército sandinista y de la resistencia nacional, quienes recibieron tierras. Esta transición contó con el apoyo de la cooperación internacional, cuyo fin era consolidar la pacificación.
2. El aumento de la demanda de productos lácteos desde El Salvador, país donde también estaba finalizando la guerra, en 1992. Su población disponía de recursos provenientes de las remesas para comprar alimentos, pero enfrentaba limitaciones de tierra para la producción agropecuaria. En 2004, El Salvador importaba más del 75% de la producción total de lácteos de Nicaragua (IICA 2004).
3. La inversión, pública y privada, que aumentó la capacidad de acopio de la leche (mapa 4.3). En los años 1990, se construyeron el camino de Las Mesas a Oropéndola, donde se instaló Lácteos Las Mesas; la carretera de Villa Sandino a Campana; y varios centros de acopio sobre esta vía (en El Guabo en 1994 y en Sierrawás en 1996). El resto de centros de acopio se han instalado sobre la carretera hacia El Rama, cerca de las vías que son las principales rutas de acopio (mapa 4.3).

---

[25] Comunicaciones personales con dos presidentes de la Cooperativa Ríos de Leche en Santo Tomás, diciembre de 2009 y enero de 2010.

Mapa 4.3. Evolución de la infraestructura de acopio de leche y de la red vial en la zona lechera de Santo Tomás

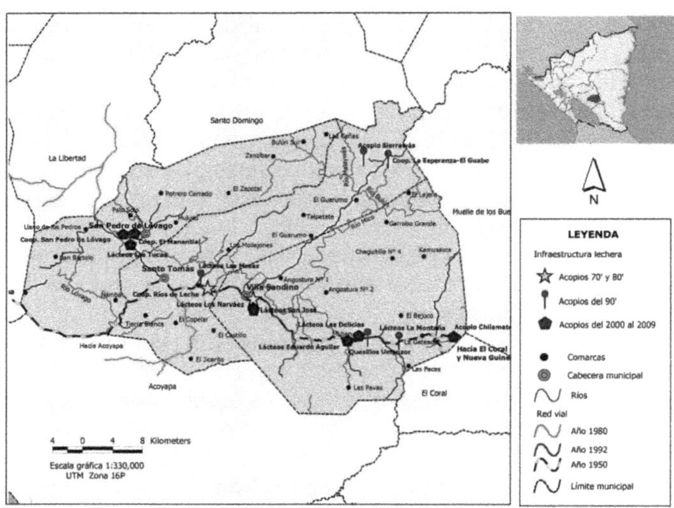

Fuente: Ruiz y Marín (2005).

El aumento de la producción de ganado y de leche generó procesos que beneficiaron a ciertos actores y excluyeron a otros del auge económico que se estaba viviendo, sobre todo en tres ámbitos: la producción ganadera, el procesamiento de lácteos y el empleo.

6.1. La producción ganadera

Los que mejor han aprovechado el aumento de la demanda de leche han sido los productores con tierra y con capacidad de invertir, es decir, los no pobres. Según un estudio de Ruta (2007), se debe invertir al menos USD 1.000 por productor para garantizar los requerimientos mínimos de calidad en el ordeño del ganado exigidos por la industria láctea. Una de las características para definir el nivel de bienestar en el territorio, tanto en el ámbito urbano como en el rural, es tener ganado mayor. El 41% de los

500 hogares encuestados lo tiene y está distribuido de la siguiente manera: todos los hogares no pobres son ganaderos, frente al 42% de los menos pobres y al 12% de los más pobres. El 40% de los hogares no pobres tiene más de 50 cabezas de ganado.

Otros actores cuya situación económica ha mejorado notablemente son los productores que antes vendían el queso montañero y que ahora venden leche. Este grupo representa el 40% del total de productores que actualmente vende este producto; tal es el caso de El Guabo, ubicado sobre la carretera a Campana. Son las nuevas trochas y caminos que han llegado cerca de sus propiedades lo que les ha brindado la posibilidad de participar en el mercado de la leche.

No todos se han beneficiado de la producción lechera. Para poder acumular capital con la ganadería, se necesita haber alcanzado un umbral de acumulación mínimo, que garantice la reproducción tanto de la familia como del hato. Son pocos los productores que antes no poseían ganado y que ahora sí lo poseen y venden leche; constituyen el 9% de los 207 hogares que hoy venden leche, mientras el 40% de los que hoy la venden antes tenían ganado pero no vendían leche.

Además, la inversión en ganado también está restringida por la carga animal en las fincas pequeñas, lo cual afecta, particularmente, a los productores medianos y pequeños. A medida que crece el número de miembros de las familias y aumenta el valor de la tierra, algunos propietarios venden sus fincas y van en busca de tierras más baratas en la nueva frontera agrícola. "Se han tenido que ir [de la comunidad] porque con lo que tienen [refiriéndose a la tierra] no les ajusta", dijeron en un grupo focal organizado en Oropéndola.

El mercado de tierras suele funcionar entre vecinos colindantes: los productores más grandes compran a sus vecinos más pequeños. Los que se van sueñan en convertirse algún día en finqueros comprando más tierra en la frontera agrícola, pero como carecen de capital para invertir no logran capitalizarse. Cuando la infraestructura avanza y llegan los caminos, se repite la historia: venden a los productores con capital y siguen avanzando hacia las nuevas zonas de la frontera agrícola. Por ejemplo, antes de la década de 1990 se desplazaban hacia Campana, pero desde que llegó la trocha a ese lugar se convirtió en el actual puerto de montaña y la tierra empezó a encarecerse. Un poblador de Campana contó:

> Hace 10 años, cuando se construyó la trocha [a Campana], cada productor puso dos vacas y tres mil córdobas. Con la construcción de la trocha ahora muchos ganaderos han comprado en Campana, y los que tienen menos o ya no pueden trabajar la tierra han vendido para descansar o comprar tierras más baratas adentro, donde aún no llega la trocha.

Cerca del 10% de los hogares urbanos y del 30% de los rurales han logrado comprar más tierra durante los últimos 20 años; quienes la vendieron se han ido de la comunidad para comprar más hacia 'la montaña' o para vivir en la zona urbana o en Costa Rica (gráfico 4.4). Poco a poco, la tierra ha ido a parar en manos de los que han logrado aprovechar las oportunidades que ofrece la producción de la leche. Un poblador de Tierras Blancas contó:

> Algunos se han movilizado de aquí porque piensan que pueden comprar sus casitas por otro lado, aquí no hay dueños, casi todo mundo cuidamos lo que no es de nosotros [...] la gente que se ha ido de la comarca se ha ido para un lugar que se llama San Bartolo, al lado de San Carlos, y parece que han hallado solares baratos.

6.2. El procesamiento de lácteos

En la zona lechera de Santo Tomás hay 13 centros de acopio, de los cuales 10 son también plantas procesadoras de queso. La mayoría se ha instalado con inversiones de El Salvador.

Todas las empresas lácteas del territorio estudiado aumentaron su capacidad de acopio respecto a la que tuvieron al inicio de sus operaciones. Recolectaron unos 18 millones de galones al año, es decir, el 27% de la producción nacional[26] (gráfico 4.6). En 2008, Nicaragua produjo cerca de 70 millones de galones de leche (BCN citando a MAGFOR 2009).

---

[26] Un galón equivale a 3,785 litros. Los datos fueron proporcionados por cada centro de acopio en enero de 2010.

Gráfico 4.6. Acopio de leche en las empresas del territorio al inicio de las operaciones y en 2010

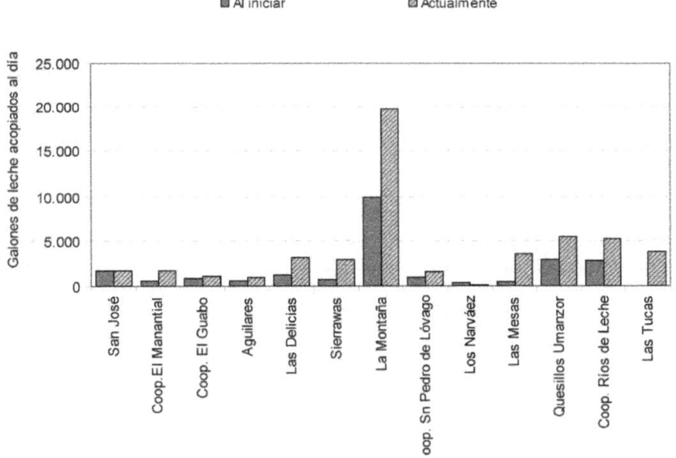

Fuente: Entrevistas a empresas lácteas del territorio.

Con el contacto que se ha establecido con El Salvador a través de la exportación de queso, ahora se producen nuevos tipos de productos lácteos como el *morolique* y el queso fundido o pasta hilada, que en Nicaragua es conocido como quesillo. Para elaborarlos, ha sido necesario un aprendizaje, así como la adecuación del proceso y del equipamiento a las exigencias del mercado de destino (NICAEXPORT 2007). La inversión mínima para establecer una planta láctea semindustrial es de USD 500.000.[27] Según los datos proporcionados por las plantas, exportan al mes más de un millón de libras de queso (cuadro 4.4). La planta más grande es La Montaña, que exporta a El Salvador y, recientemente, también a EE.UU. De las empresas exportadoras, solo la Cooperativa Ríos de Leche es propiedad de nicaragüenses.

[27] Comunicación personal con un ingeniero de la planta Masiguito de Boaco durante 2005.

Cuadro 4.4. Exportación de queso desde la zona lechera de Santo Tomás

Empresas que exportan	Cantidad que exporta (libras al mes)	Porcentaje
Lácteos Las Delicias	48.200	4%
Lácteos San José	70.500	6%
Lácteos Las Mesas	100.000	9%
Lácteos Sierrawas	132.000	12%
Quesillos Umanzor	164.000	14%
Cooperativa Ríos de Leche	193.600	17%
Lácteos La Montaña	430.000	38%
Total	**1.138.300**	**100%**

Fuente: Entrevistas a empresas lácteas del territorio estudiado.

Con el resto de leche que se acopia en el territorio, las plantas semindustriales (y algunas artesanales como Los Narváez) elaboran queso destinado al mercado nacional, o entregan la leche a Parmalat y a Centrolac. Las cooperativas Manantial y San Pedro de Lóvago, que actualmente solo acopian leche, están construyendo una planta procesadora con donación del gobierno, a través del IDR y de coinversión de los socios. La Cooperativa La Esperanza, en El Guabo, que no es tan fuerte como las anteriores como para construir una planta procesadora, acopia leche para vender a Lácteos Sierrawás, que exporta a El Salvador y también a Honduras, ya que su propietario es hondureño.

Buena parte de la ganancia que se obtiene en la cadena láctea se concentra en el acopio y procesamiento. Por lo tanto, los ganaderos que no son socios de cooperativas no han podido beneficiarse del auge de la leche por esta vía.

La evolución de la capacidad semindustrial para la producción de lácteos ha perjudicado a las procesadoras artesanales de quesillo que surgieron en la década de 1970. Las primeras fueron Aura Oporta y Doña Cora. A las 80 quesilleras que trabajan en la zona se les vuelve cada vez más difícil conseguir quién les venda leche, porque compran en pequeñas cantidades. Entonces, ser quesillera no es una buena opción para salir de la pobreza, sino lo contrario:

> ...en la escuela recibí hijos de quesilleras y comúnmente se salen de clases para ir a trabajar. No solamente venden quesillos, sino que se montan en los buses a vender gaseosas y chicles. Es una actividad de sobrevivencia.[28]

6.3. El empleo en las empresas lácteas

El empleo en las empresas lácteas se ha triplicado durante las recientes décadas, de 113 trabajadores cuando empezaron las operaciones hacia finales de los años 1990 o a principios de los años 2000, a 351 empleos directos y 129 empleos indirectos en 2010. Estos últimos se ofertan en las rutas de acopio de la leche, ya que la mayoría de las empresas compra a intermediarios llamados "ruteros". En cada ruta se emplea a dos o tres personas que diariamente recolectan la leche. En la zona operan 77 rutas que no se limitan a los tres municipios, sino que acopian de productores de los municipios vecinos. Se calcula que las plantas del territorio recogen leche de más de 4.000 productores ganaderos dentro del territorio.

Ese aumento del empleo solo compensa parcialmente la disminución del número de trabajadores agropecuarios que, según datos censales, fue de 871 empleos entre 1995 y 2005 (INEC 1995; INIDE 2005).

7. Inversión lechera: una gota que no se expande

Tanto las condiciones iniciales como las presentes se caracterizan por un alto grado de inequidad económica y política. Bajo estas circunstancias el crecimiento económico no es condición suficiente para lograr la reducción de pobreza, ya que existe un gran riesgo de que la élite capture las inversiones públicas destinadas al sector productivo. En la zona lechera de Santo Tomás, la élite tradicional logró no solo recuperar la

---

[28] Comunicación personal con un historiador en Santo Tomás, 14 de enero de 2010.

tierra que se le confiscó durante la revolución sandinista, sino también capitalizarse e integrar uno o más eslabones de la cadena láctea. De ser originalmente ganaderos fuertes, ahora son también acopiadores y procesadores de leche. Este salto fue posible por la apertura del mercado de El Salvador, donde hubo un crecimiento de la demanda de productos lácteos, así como por las inversiones públicas, directa o indirectamente apoyadas por la cooperación internacional, que en el inicio estuvieron destinadas a los pequeños y medianos productores, con el objetivo de contribuir a la reducción de la pobreza a través de un crecimiento pro pobres y ambientalmente sostenible. En vez de estimular un crecimiento de este tipo, las inversiones públicas y privadas provocaron, sin habérselo propuesto, la exclusión de los pobres de la cadena ganadera-láctea y de la zona. Asimismo, facilitaron la continuación de la ganadería extensiva.

Así como el crecimiento económico no es condición suficiente para lograr la inclusión social bajo condiciones de inequidad económica y política donde fácilmente el poder económico se traduce en poder político, el fortalecimiento de las capacidades técnicas de las instituciones públicas, tanto a escala municipal como nacional, tampoco es suficiente para lograr la gestión pública transparente y no discrecional. Para conseguir una gestión pública con estas características, que contribuya a que aparezcan dinámicas territoriales incluyentes y ambientalmente propicias, se requiere fortalecer la capacidad estructural de esas instituciones pensando en una interacción multiescala, que asegure tanto el acceso equitativo a los programas de inversión pública como la aplicación no discrecional de la ley.

Referencias citadas

BCN, Banco Central de Nicaragua. 2009. *Anuario de estadísticas 2001-2007*. Managua: BCN.

Biondi-Morra, Brizio. 1990. *Revolución y política alimentaria, un análisis crítico de Nicaragua*. México: Siglo XXI.

Espinoza, Wilfredo. 2009. *Loviguisca y los primitivos chontales*, vol. 2. Santo Tomás, Nicaragua.

Gobierno de Nicaragua. 1971. *Censo de Población*. Managua: Gobierno de Nicaragua.

……. . 2001. *Estrategia Reforzada de Crecimiento Económico y Reducción de Pobreza*. Managua: Gobierno de Nicaragua.

……. . 2004. *Plan Nacional de Desarrollo-Operativo, 2005-2009*. Managua: Gobierno de Nicaragua.

IICA, Instituto Interamericano de Cooperación para la Agricultura. 2004. Estudios del desarrollo de las exportaciones agropecuarias de Nicaragua. Managua. Borrador para discusión.

INAFOR. 2004. *Bases de datos georreferenciadas, Atlas Forestal de Nicaragua*. Managua: INAFOR.

INEC. 1995. *VII Censo de Población y III de Vivienda 1995*. Managua: Instituto Nacional de Estadísticas y Censos.

INIDE, Instituto Nacional de Información de Desarrollo. 1963. *Censo Nacional Agropecuario*. Managua: INIDE.

……. . 1975. *Censo de Población y Vivienda*. Managua: INIDE.

……. . 2001. *Censo Nacional Agropecuario*. Managua: INIDE.

……. . 2005. *VIII Censo de Población y IV de Vivienda*. Managua: Instituto Nacional de Información de Desarrollo.

……. . 2008. *Municipios en Cifras*. Managua: INIDE.

Kronik, Jakob y David Bradford. 2009. Notas para el análisis de la dimensión ambiental en las dinámicas territoriales. Santiago de Chile: Rimisp, Programa Dinámicas Territoriales Rurales, documento de trabajo núm. 58.

MARENA *et al.* 2006. Diagnóstico ambiental de la subcuenca alta de los ríos Siquia y Mico. Managua.

NICAEXPORT. 2007. Estudio de inteligencia de Mercados: El Salvador y Estados Unidos, Quesillo. Centro de Promoción de Exportaciones. Managua: NICAEXPORT. http://www.cuentadelmilenio.org.ni/Documentos/PNR/2007/Quesillo.pdf (acceso: 8 de marzo de 2011).

Pietrobelli, Carlo. 2007. Global Value Chains and Clusters in LDCs: What Prospects for Upgrading and Technological Capabilities? Ginebra: Naciones Unidas, Background paper for UNCTAD, The Least Developed Countries Report 2007.

Pratt, Lawrence y José Manuel Pérez. 1997. *Análisis de sostenibilidad de la industria de la ganadería en Nicaragua.* Managua: Centro Latinoamericano para la Competitividad y el Desarrollo Sostenible, INCAE. http://www.incae.edu/es/clacds/publicaciones/articulos/cen751.php.

Ravnborg, Helle Munk *et al.* 1999. *Desarrollo de perfiles regionales de pobreza basada en percepciones locales.* Cali: Centro Internacional de Agricultura Tropical, CIAT, publicación núm. 291.

Rimisp, Centro Latinoamericano para el Desarrollo Rural. 2008. Applied Research on Rural Territorial Dynamics in Latin America. A Methodological Framework. 2da. versión. Santiago de Chile: Rimisp, Programa Dinámicas Territoriales Rurales, documento de trabajo núm. 2.

Rodríguez, Tomás *et al.* 2011. Cambios en consumo, pobreza y equidad en Nicaragua 1998-2005. Managua: Nitlapan-UCA.

Ruiz, Alfredo y Yuri Marín. 2005. *Revisitando el Agro Nicaragüense.* Nitlapan: FAO.

RUTA, Regional Unit for Technical Assistance. 2007. *Motores de Crecimiento Sostenible y Reducción de la Pobreza del Conglomerado Lácteo de la Región Central Sur, Fase I: Dinámica Económica Regional.* San José: Infoterra Editorial SA.

Capítulo 5. Cuando el crecimiento viene de afuera: dinámicas territoriales en Susa y Simijaca, Colombia

María Alejandra Arias, Diana Bocarejo, Ana María Ibáñez,
Christian Jaramillo, Manuel Fernández, Jessica Kisner

Abstract

The purpose of this study is to analyze the process of economic growth presented by the municipalities of Susa and Simijaca, its possible causes and the distribution of this recent prosperity among different groups within the population. The specific conditions of the two municipalities are conducive to the study of the roles of history, geography and social institutions in territorial configuration, the distribution of wealth, social coalitions and productive processes in a region. The results of the analysis, which are both quantitative and qualitative, show that the changes that allowed for increased income in Susa and Simijaca between 1995 and 2003 are due to external factors rather than dynamics generated within the territory. The consolidation of the dairy industry, the transition from agriculture to livestock and the arrival of migrants to Simijaca explain the economic growth. However, the historic divisions between the high-and low-lying areas, the creation of new territorial identities in urban and rural areas and the geographic advantages that Simijaca enjoys have led to an unequal distribution of this new prosperity.

Susa y Simijaca, dos municipios ubicados a pocas horas de Bogotá, la capital del país, constituyen el territorio escogido para entender las dinámicas de desarrollo regional. Durante la primera década del siglo XXI, hubo cambios que aumentaron los ingresos de sus habitantes. La consolidación de la agroindustria lechera, la transición de la agricultura a la ganadería y la llegada de migrantes a Simijaca han sido determinantes en este proceso.

Esos procesos fueron desatados por factores externos. La cercanía a Bogotá y el crecimiento sostenido de los precios de la leche en el país favorecieron la consolidación de la agroindustria lechera en el territorio. La transición de la agricultura hacia la ganadería en las zonas altas del territorio se aceleró debido a la consolidación de esa agroindustria y a la incertidumbre en los ingresos agrícolas, esto último como consecuencia de la variabilidad en los precios de los productos agrícolas, los altos precios de los insumos y el riesgo de las cosechas. Finalmente, el deterioro de la seguridad en el occidente de Boyacá, la cercanía geográfica y el incremento en los ingresos de los migrantes boyacenses incentivaron la migración hacia Simijaca.

La distribución del crecimiento económico en el territorio fue desigual. Diferencias históricas que aparecieron en la Colonia y siguen vigentes han dividido geográficamente el territorio y han moldeado sus instituciones y prácticas sociales. La división entre zonas altas, con asentamientos de pequeños productores, y zonas bajas, con una predominancia de grandes hacendados, así como la divergencia en sus procesos económicos, parecen ser determinantes en la distribución de la riqueza. Asimismo, las ventajas geográficas de Simijaca frente a Susa le han permitido aprovechar las dinámicas favorables, lo cual ha profundizado las diferencias entre los dos municipios.

En este artículo, se analiza el proceso de crecimiento económico en Susa y Simijaca, se exploran sus causas así como la distribución de la reciente prosperidad económica entre los distintos grupos de población. La información cualitativa en la cual se sustenta el análisis se basa en 53 entrevistas a actores claves de las comunidades, 17 historias de vida y dos grupos focales. La información cuantitativa se obtuvo de la Encuesta Longitudinal Colombiana de la Universidad de los Andes (ELCA) aplicada por esta institución.

1. El territorio y sus características

El estudio se concentra en dos municipios vecinos, Susa y Simijaca, localizados en el centro del país. Comparten características comunes, tales como su geografía biofísica, su relación poblacional y de identidad, y su organización administrativa. Susa y Simijaca pertenecen a la misma unidad administrativa: el departamento de Cundinamarca (mapa 5.1). Están separados por cuatro kilómetros de distancia y el principal acceso a ambas zonas es una única vía pavimentada que proviene de Bogotá y los comunica con otros municipios y divisiones departamentales colindantes, tales como Boyacá y Santander. Así, Susa se ubica a 120 km de la capital del departamento de Cundinamarca y del país (Bogotá), y Simijaca a 124 km. Susa está compuesto por 13 veredas[1] o unidades administrativas en las que se divide un municipio en Colombia, las cuales cubren 109,6 km2. Simijaca tiene 11 veredas[2] que suman una extensión de 107 km2.

Mapa 5.1. El territorio de Simijaca y Susa

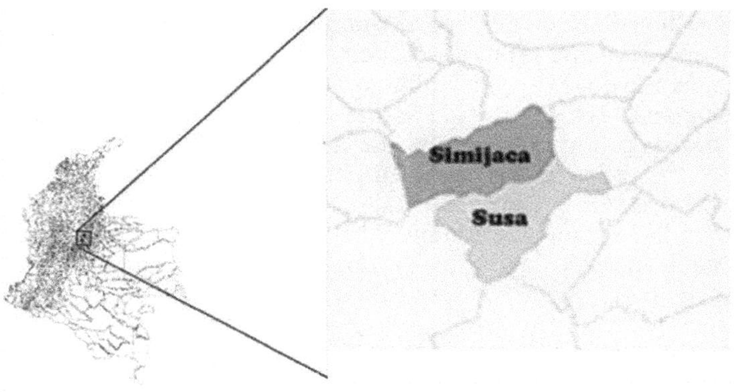

Fuente: Base de datos del Instituto Geográfico Agustín Codazzi.

Es un territorio interesante de estudio, pues los dos municipios están localizados a una altura similar y tienen una misma temperatura con dos pisos térmicos -frío y páramo-, pero con diferencias biofísicas notables. En Simijaca, el páramo,

1 Nutrias, Timinguita, Tablón, Coquirá, La Glorieta, La Estación, Punta de Cruz, Paunita, Matarredonda, Aposentos, Llano Grande, Cascadas y La Fragua.

2 Aposentos, Centro, Churnica, Don Lope, El Fical, El Juncal, El Pantano, Hatochico, Peña Blanca, Salitre y Táquira.

ubicado en las partes altas, ocupa una superficie de 16 km2 (15% del área total). Susa tiene una superficie de piso térmico frío de 28 km2 (25%), mientras que el páramo cubre el 75% de la superficie de este municipio con 82 km2.

Hay también otras diferencias biofísicas. Los suelos de Simijaca son de mejor calidad que los de Susa, y la vocación del uso de la tierra presenta más alternativas que en Susa; la mayoría son aptos para agricultura y ganadería, con algunas regiones de vocación forestal y de conservación. El territorio de Susa está dedicado principalmente a la agricultura, mientras que en Simijaca se combina la agricultura con la ganadería (Bocarejo y Kisner 2010). La preponderancia de zonas bajas, las mejores vías de acceso, la mayor fertilidad del suelo y la diversidad de sus tierras otorgan a Simijaca una ventaja geográfica que se puede traducir en un desarrollo económico más alto que Susa. Sin embargo, en Simijaca se usa inadecuadamente la tierra, lo cual podría convertirse en un obstáculo para la producción agropecuaria y el desarrollo económico.

Los dos municipios comparten cuerpos de agua y un sistema hídrico interconectado. En Simijaca, los principales son la Laguna de Fúquene y los ríos Simijaca, Suárez (que nace en dicha laguna) y Carupa. En el municipio de Susa, son los ríos Susa, San José y Suárez.

1.1. Condiciones ambientales

Los dos municipios comparten problemas ambientales como el acceso y regulación del uso del agua, el secamiento de la Laguna de Fúquene, la utilización excesiva de los suelos, el manejo de desechos, y la larga historia de tala y de sustitución de bosques nativos. En más de la mitad de las veredas de ambos municipios se presentan problemas ambientales. En Simijaca, el problema más común es la destrucción deliberada del ambiente, mientras que en Susa es la contaminación del aire y del agua (cuadro 5.1).

Cuadro 5.1. Problemas ambientales en Susa y Simijaca

Variable	Susa	Simijaca
Contaminación del aire	63,60	62,50
Contaminación de aguas	63,60	65,50
Destrucción deliberada del ambiente	54,60	100,00
Explotación inadecuada de recursos naturales	36,40	62,50
Observaciones	11	8

Fuente: Cálculo de autoras y autores con base en ELCA Ronda I.

Los habitantes de estos municipios atribuyen el deterioro ambiental a ciertas instituciones formales y a varias actividades y actores de la región. Lo atribuyen parcialmente a la Corporación Autónoma Regional (CAR) de Cundinamarca, institución departamental encargada del control ambiental de la región. Por ejemplo, los programas de reforestación con especies forestales no nativas, cuyo objetivo era mitigar el problema de erosión de la tierra, ocasionaron una invasión de estas especies en la región, la reducción de fuentes hídricas y la esterilización de los suelos (Ajustes del Esquema del Ordenamiento Territorial, Gobernación de Cundinamarca, 2003).[3] Una de las actividades bajo la lupa es la carbonera, por la tala indiscriminada de bosques y la contaminación del aire; como se realiza esporádicamente durante las temporadas de baja demanda laboral, no es posible identificar la población a la que se debería capacitar. Otra actividad que causa problemas ambientales es el cultivo de papa, porque se ha expandido la frontera agrícola en los páramos, por la disposición inadecuada de residuos y por la fumigación. La excesiva fumigación de este y otros cultivos deteriora el ambiente, pero también provoca conflictos entre vecinos, dado que los vientos esparcen los químicos afectando los suelos y la producción de predios colindantes, según los testimonios de quienes participaron en el estudio cualitativo. Una preocupación mencionada recurrentemente por la población es la sobreutilización de los suelos. Si bien este problema se percibe más en las tierras altas

[3] http://www.planeacion.cundinamarca.gov.co (acceso: 15:37, 5 de octubre de 2009).

donde hay escasez de agua, también en la zona baja de Simijaca hay una saturación del suelo como consecuencia de una antigua plantación de flores que existía en la vereda del Pantano. Además, muchos campesinos consideran que han cambiado las épocas de siembra, de lluvia y de sol, lo cual daña varios cultivos.

No obstante, el principal problema ambiental para quienes participaron en el estudio cualitativo es la contaminación de las fuentes de agua y la reducción del espejo de la Laguna de Fúquene. Los desechos industriales y de fertilizantes que se depositan en las fuentes hídricas y la carencia de un sistema de alcantarillado son los principales responsables de la contaminación hídrica (CONPES 2006). Muchas de las personas que participaron en nuestro estudio aseguraron que debido a la extracción del agua de los pozos profundos, realizada por las industrias lecheras en Simijaca, ha disminuido la disponibilidad de este recurso en las zonas altas y se ha deteriorado más la fertilidad.

La Laguna de Fúquene es la fuente hídrica más importante de la región. Hace 40.000 años cubría desde las lagunas de Palacio y Cucunubá hasta lo que ahora es la ciudad de Chiquinquirá; hoy se ha reducido en un 70%, la vegetación cubre el 95% de la laguna y ha disminuido la fauna (Instituto de Investigación de Recursos Biológicos Alexander von Humboldt y Fundación Humedales 2004; Corporación Autónoma Regional de Cundinamarca 2007). Los pobladores de Susa y Simijaca aseguran que esta situación ha generado escasez de agua en sus municipios. Por un lado, los grandes terratenientes han secado la laguna para poder utilizar el suelo, cuya fertilidad lo ha convertido en un sitio ideal para la agricultura y la ganadería extensiva. Por otro lado, los cultivadores de papa buscan los aljibes y nacimientos de agua para poder sembrar, motivo por el cual frecuentemente se les acusa de secar y sobreexplotar las fuentes acuíferas. La intervención en la Laguna de Fúquene ha desestabilizado el sistema hídrico de la región, provocando inundaciones recurrentes en los municipios.

1.2. Características sociodemográficas

Simijaca cuenta con 11.017 habitantes, de los cuales el 47,7% reside en áreas rurales; el 58% de esa población es menor de 30 años. De las 9.782 personas que conforman la población de Susa, el 53,1% reside en áreas rurales; un poco más del 25% es menor de 30 años.

En el municipio de Simijaca, el indicador de Necesidades Básicas Insatisfechas (NBI)[4] ha disminuido del 28,4 al 21,5% entre 1993 y 2005, lo cual indica que ha habido una mejoría notable. Los años de escolaridad promedio son 5,44. Dichos indicadores son más bajos en Susa, cuyo NBI rural es 32,1 y la tasa de escolaridad promedio es de 4,37 años. El crecimiento del gasto per cápita entre 1993 y 2005 fue de 68,1% para Simijaca y 87,3% para Susa (cuadro 5.2). En los dos municipios hubo reducción de los índices de pobreza y de desigualdad. Sin embargo, persiste una dinámica diferenciada entre las zonas bajas y altas de ambos municipios, de tal manera que la riqueza y los beneficios derivados del crecimiento en el gasto per cápita se concentran en las zonas bajas.

Cuadro 5.2. Condiciones económicas en Susa y Simijaca

Variable	Susa	Simijaca
Estadísticas 1993		
Gasto per cápita	133.305	169.077
Pobreza	0,635	0,544
Gini	0,457	0,452
Estadísticas 2005		
Gasto per cápita	249.751	248.156
Pobreza	0,443	0,398
Gini	0,395	0,414
Variaciones Porcentuales		
Gasto per cápita	87,35	68,06
Pobreza	-0,19	-0,16
Gini	-0,06	-0,04

Fuentes: Cálculos propios a partir de: Encuesta de Caracterización Socioeconómica (CASEN) 1993 del DANE; Encuesta de Calidad de Vida (ECV) 2003 del DANE; Censo de 1993 del DANE; Censo de 2005 del DANE.

[4] Según el Ministerio de Ambiente, Vivienda y Desarrollo Territorial de Colombia, el índice de Necesidades Básicas Insatisfechas identifica la proporción de personas y/o hogares que tienen insatisfecha alguna (una o más) de las necesidades definidas como básicas para subsistir en la sociedad a la cual pertenece el hogar. Capta condiciones de infraestructura y se complementa con indicadores de dependencia económica y asistencia escolar.

2. Actores y coaliciones sociales

El objetivo de esta sección es presentar las fronteras de identidad del territorio de Susa y Simijaca que parecieran mantenerse relativamente estables desde la época colonial.

La mayoría de la población se identifica como campesina. Aunque hubo una gran presencia indígena antes y durante la Colonia, la población no se autorreconoce o autoidentifica como indígena, no existen procesos de reetnización como en otros lugares de Colombia ni reclamos territoriales de resguardos indígenas.

Las nociones identitarias campesinas se construyen a través de criterios de producción económica, como son las actividades agrícolas y ganaderas. Se mencionan, constantemente, la geografía, formas y prácticas de asociatividad, de organización familiar y la vinculación con prácticas productivas. La primera y más notoria división que cruza nociones identitarias, económicas y geográficas es la división entre zonas altas y bajas.

Desde la Colonia, Susa y Simijaca se han fraccionado en zonas altas y zonas bajas. Esta división espacial juega un papel importante en la vida de sus habitantes y perpetúa formas de socialización diferentes o fronteras de identidad. A través de estas fronteras, se pueden comprender muchas relaciones sociales dentro del territorio. La distribución de la riqueza y la desigualdad en la percepción de los beneficios del crecimiento económico están determinadas, en buena parte, por la división entre zonas bajas y altas.

En las zonas altas, se mezclan la producción agrícola y la ganadería, organizadas en unidades familiares y estructuras de propiedad minifundistas. La mayoría son pequeños productores que se identifican como campesinos y que se asocian bajo definiciones sobre uso y apego a la tierra. Trabajan en el campo y se dedican a la agricultura y la ganadería utilizando prácticas transmitidas de generación en generación. El tamaño de sus predios oscila entre menos de una hectárea a ocho hectáreas como máximo; en la mayoría de los casos, estos predios son herencias familiares. Los diversos miembros de la familia participan en las prácticas productivas y tienen roles definidos.

En las partes bajas, los actores son ganaderos que presentan una serie de características generales: trabajan en extensiones de predios de nueve hectáreas en adelante, poseen más de ocho cabezas de ganado, sus tierras son más fértiles, tienen más acceso a capital y mayor adopción de tecnologías productivas. Muchos ganaderos cultivan algunos productos, pero no se consideran agricultores, ya que la ganadería es su principal actividad económica. Más aun, ser ganadero tiene un estatus mayor entre los pobladores de la región y del país. La mayoría no se involucra con la comunidad o no se entera de los problemas existentes en otras zonas.

La división entre áreas rurales y áreas urbanas es otra forma de diferenciar a los actores, en particular en Simijaca. Las personas que habitan las áreas rurales se piensan como campesinos, mientras que algunos habitantes urbanos intentan diferenciarse utilizando criterios de gusto, de estética en la forma de vestir y de hablar y en sus prácticas diarias. Una de las diferencias de las familias de las zonas urbanas es que mujeres, jóvenes y niños no participan en la producción agrícola o ganadera. En Simijaca, la diferencia entre zonas urbanas y rurales tiene otro componente relevante asociado con la migración de pobladores del occidente de Boyacá, que ha traído consigo nuevas formas de entender el espacio productivo. En el casco urbano, se han construido nuevos centros comerciales, más viviendas, y se han abierto locales comerciales para suplir las necesidades de la población recién llegada.

3. La transición a la ganadería, la agroindustria lechera y la migración

La disminución de las actividades agrícolas, la transición a la ganadería, la consolidación de la agroindustria lechera y la migración hacia el municipio de Simijaca serían los factores determinantes del reciente crecimiento. Por ende, las principales causas del incremento del ingreso promedio de la población responden a factores externos. Si bien la transición a la ganadería es un factor interno, ella está motivada por factores externos como el comportamiento de los precios de los bienes agropecuarios y los riesgos climáticos que enfrentan los agricultores.

La reconfiguración de las fuentes de ingresos en las zonas altas, debida al abandono de la agricultura y la transición hacia la ganadería, se explica por las siguientes razones:

1. La región se ha convertido en el referente de comercialización de la leche cruda en el país.
2. Los costos de producción de la agricultura se han incrementado significativamente debido a la tendencia creciente de los precios de los insumos.
3. Hay incertidumbre y un alto riesgo en la actividad agrícola por la variación de los precios de los productos agrícolas y del clima.
4. Las ganancias económicas de la agricultura llegan en algunos meses del año, mientras que la ganadería permite contar con un flujo constante de recursos económicos.

A pesar del incremento en la actividad ganadera, la agricultura continúa teniendo un fuerte impacto y legado en la región, ya que ha sido la principal actividad de producción desde antes de la Colonia. La arveja, el maíz, la cebolla y la papa son los mayores cultivos. Sin embargo, el área cosechada de los principales productos agrícolas en la cuenca del río Suárez ha decrecido 5% entre 1994 y 2004, año en el cual se cosecharon 27.335 ha. Únicamente la papa pasó de representar el 48,6% del área total destinada a la cosecha de productos agrícolas en 1994, a representar cerca del 81,5% en 2004.

Los cultivos agrícolas se concentran en pequeñas extensiones de las zonas altas y se llevan a cabo predominantemente con mano de obra familiar. Por ende, no ha habido innovación tecnológica en años recientes. Sin embargo, en varias fincas de la planicie los cultivos del maíz y la papa demandan jornaleros. La transición de la agricultura a la ganadería ha implicado que los campesinos de las zonas altas combinen la pequeña ganadería y la agricultura.

La disminución de la dependencia de la agricultura ha sido mayor en Simijaca que en Susa. Si bien durante algunos meses del año las personas de ambos municipios se vinculan a trabajos por fuera de sus predios, las de Susa únicamente se emplean en actividades agropecuarias, mientras que las de Simijaca trabajan en la construcción, los servicios, la explotación maderera, minería y petróleo, comercio e industria. Esta mayor diversificación de actividades refleja el mayor dinamismo de Simijaca.

La transición de la agricultura a la ganadería, particularmente en las zonas altas, parece haber mejorado las condiciones económicas de los pequeños propietarios de una manera casi imperceptible.

3.1. Transición a la ganadería y consolidación de la ganadería y la agroindustria lechera

Las condiciones geográficas favorables, una ubicación privilegiada y un crecimiento sostenido de los precios de la leche impulsaron la consolidación de la agroindustria lechera en la región, lo cual ha promovido el crecimiento económico. Además de los recursos directos que produce dicha agroindustria, su consolidación genera externalidades positivas para la región. En primer lugar, la demanda de leche de mejor calidad promueve la adopción tecnológica en las zonas bajas que, lentamente, se transfiere a las zonas altas. Dicha agroindustria también promueve la creación de pequeñas microempresas agroindustriales en la región y crea una demanda laboral. Por último, con las actividades agroindustriales aparecen entidades financieras privadas que otorgan créditos a los grandes productores y cubren a los pequeños.

Susa y Simijaca están localizados en el valle de Ubaté, una de las principales regiones productoras de leche en Colombia. Hubo una fácil adaptación de las razas de ganado europeo traídas desde la época colonial (Holstein, Normando, Jersey) y de razas criollas de doble propósito. En la zona baja, la mayoría es de razas puras. Ello, aunado a la calidad del pasto y de la tierra, genera una alta productividad. En las zonas altas, la mayoría del ganado es Criollo o Normando. Desde hace 10 años hay un proceso lento de adopción de la inseminación artificial, que presumiblemente redundará en un mejoramiento de la raza en las zonas altas.

La cercanía a ciudades intermedias y grandes, como Bogotá, junto con las buenas vías de acceso, ha contribuido a la consolidación de la agroindustria lechera, expandido la demanda de productos de la región y facilitado la provisión de servicios públicos y sociales. El aumento de la demanda de la capital del país incentiva la producción de leche, y la cercanía a las principales procesadoras industriales de productos lácteos, ubicadas en Bogotá, facilita y abarata el transporte de leche cruda. Además, los grandes productores de la región residen en Bogotá y tienen vínculos con los principales grupos de poder y económicos, lo cual ha contribuido a atraer inversión en infraestructura, servicios financieros y la instalación de varias plantas de la agroindustria lechera. La reciente urbanización de municipios pequeños, tales como Ubaté y Chiquinquirá, ha contribuido a la consolidación de esa agroindustria, pues allí se comercializan los bienes producidos en Susa y Simijaca. Datos de la encuesta comunitaria de la ELCA muestran que el 73% de los productos de Susa y el 50% de los de Simijaca se venden en el mismo lugar. También se evidencia que la otra mitad de los productos de Simijaca se comercializa en otros municipios, lo cual insinúa que este municipio estaría inserto en las redes de comercialización de otros municipios.

El aumento de la demanda y del precio de la leche en Colombia también ha sido otro de los impulsos. La producción lechera ha crecido sostenidamente desde hace 30 años; aumentó de 2.000.000 de litros anuales en 1979 a 6.200.000 en 2004, es decir que ha habido un crecimiento de 225% en 25 años a un promedio de 9% anual. La mayor parte del incremento suple el mercado interno colombiano, cuya demanda de leche ha crecido cerca de 26% desde comienzos de la década de 1990.

Según datos de la Asociación Nacional de Productores de Leche (ANALAC), los precios reales percibidos por los productores de leche muestran también un incremento de 9,3% entre 1998 y 2008. En el departamento de Cundinamarca, esos precios fueron más altos que el promedio. Dichos incrementos contrastan con la alta variabilidad de los precios de los bienes agrícolas, con lo cual la ganadería constituye una alternativa más rentable.

En 2003 había 21.110 cabezas de ganado en el territorio: 13.500 en Simijaca y 7.610 en Susa. Pese al crecimiento de la producción lechera en el país, entre 1998 y 2003 el número de cabezas de ganado en esos dos municipios se redujo en 27% (Corporación Autónoma Regional 2007). Esta disminución puede haber sido causada por enfermedades del ganado o por las inundaciones de 2001 que afectaron a los predios de la zona baja. Un alto porcentaje del hato ganadero de ambos municipios está compuesto por razas para lechería especializada y hembras, lo cual, junto con la expansión de la inseminación artificial, denota la especialización de la región. El 30% del hato ganadero de Susa está compuesto por ganado de doble propósito, el 65% de lechería especializada (el 5% restante es utilizado para ceba) y 88% son hembras. En Simijaca, el 80% de ese hato corresponde a lechería especializada, el 20% a ganado de doble propósito y el 92% a hembras. La mayor especialización del hato ganadero en Simijaca y el alto porcentaje de hembras es el resultado del mayor dinamismo económico y de la consolidación del municipio como productor lechero.

Las diferencias de productividad entre Susa y Simijaca también son significativas (Valderrama y Téllez 2003). Las veredas de El Pantano y El Fical, situadas en la parte baja de Simijaca, presentan productividades superiores a 16 litros por vaca al día (los mayores niveles de toda la región y cerca de 11,5 litros adicionales por vaca al día) y la productividad de otras cuatro veredas es de 12 y 16 litros por vaca al día. Las veredas con mayor productividad en Susa, ubicadas también en la parte baja, producen entre 8 y 12 litros por vaca al día.

La expansión de la producción lechera también es desigual dentro de cada municipio. Mientras todas las fincas de las zonas bajas se dedicaron a la ganadería lechera, las de las zonas altas lo hicieron a la agricultura y a la ganadería de doble propósito, por lo general, para autoconsumo. Además, el grueso de la producción se concentra en unos pocos predios, pues la mayoría cuenta con menos de 10 cabezas de ganado: 67% en Simijaca y 78% en Susa. En contraposición, seis predios de Simijaca cuentan con 14% del total de cabezas de ganado del municipio, y dos predios de Susa con 12% del total (FEDEGAN 2009).

En ambos municipios, existe una significativa brecha entre la productividad de las zonas altas y la de las bajas. Es así como las altas productividades en Simijaca, junto con ventajas geográficas, contribuyeron al surgimiento y consolidación de la agroindustria de producción de lácteos. Las principales empresas pasteurizadoras del país y algunas locales establecieron plantas de producción en el municipio, por ejemplo, Ledesin, Alpina, Incolácteos y Santo Domingo. Paralelamente, se consolidaron pequeñas empresas locales de procesamiento de lácteos.

Pese al reciente crecimiento económico de la región, persisten riesgos debido a la alta dependencia de la producción, de leche cruda principalmente. Los costos de una caída en los precios de la leche no afectarían solo a los productores directos, también alcanzarían a un grupo importante de la población que depende directamente del mercado de este producto. Más aun, dado que un alto porcentaje de la población rural está dedicado a la producción lechera, esto implica que sus ingresos están correlacionados y la posibilidad de asegurarse frente a choques covariados es limitada.

3.2. Migración a Simijaca

Simijaca ha recibido recientemente un flujo significativo de migrantes. Cifras del Censo de 2005 del Departamento Administrativo Nacional de Estadísticas (DANE) indican que cerca del 10% de la población corresponde a migrantes, mientras que en Susa llegan a 3,7%. La migración proviene del departamento de Boyacá, de Bogotá y de otros municipios del departamento de Cundinamarca. Mucha gente viene desde el occidente de Boyacá (Bocarejo y Kisner 2010), lo cual ha contribuido al dinamismo económico del municipio, pero con un alto costo social, pues han aumentado la violencia y los conflictos sociales.

Esos flujos migratorios desde los municipios del occidente de Boyacá se deben a la intensificación de la violencia causada por el conflicto armado y el narcotráfico en Colombia, de lo cual han logrado escapar los dos municipios estudiados. Esto, aunado a la cercanía geográfica, hizo de Simijaca un lugar ideal para acoger la migración procedente de otros departamentos. La explotación de esmeraldas en la región incrementó los ingresos de sus pobladores, lo que generó suficientes recursos como para que muchas personas migraran a otras regiones del país y los invirtieran en los nuevos lugares a los que llegaron. Por último, algunas personas que participaron en el estudio cualitativo argumentaron que la población del occidente migra en búsqueda de mejores centros educativos.

La independencia del campesinado frente a los grandes terratenientes es fundamental para entender el legado histórico pacífico de Simijaca. En Colombia, los conflictos sociales de la primera etapa republicana y buena parte del siglo XX se configuraron a partir de las disputas partidistas entre liberales y conservadores. La desvinculación de los grandes hacendados de la región permitía que los grupos de poder local se concentraran en las dinámicas puramente regionales, sin una gran influencia de los temas que eran el centro de debate nacional. Este aislamiento e independencia del poder local explican, parcialmente, cómo la región del valle de Ubaté logró mantenerse al margen de la violencia que asolaba a buena parte del país. La región sigue siendo pacífica; las disputas locales, que de hecho se producen, no se asemejan a la violencia de otras regiones de Colombia.

En los municipios del occidente de Boyacá, la tradición de violencia se origina en la riqueza fruto de la explotación de esmeraldas, aunque algunos municipios enfrentan también problemas relacionados con la producción de cultivos ilícitos, en especial, de coca; en varios se han efectuado fumigaciones aéreas (mapa 5.2).

Mapa 5.2. Áreas ocupadas con cultivos ilícitos

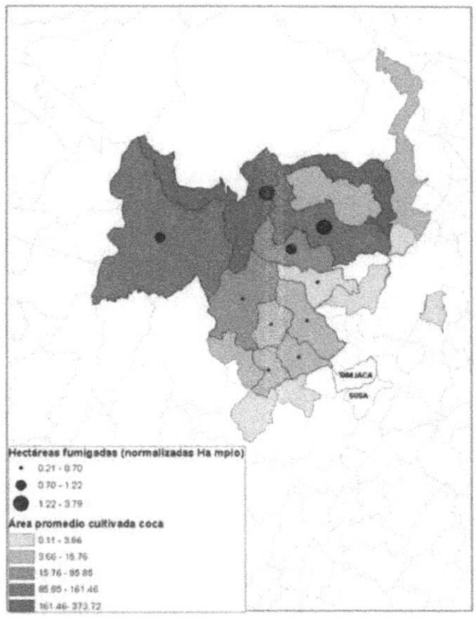

Fuente: Base de datos del Sistema de Integración y Monitoreo de Cultivos Ilícitos.

La migración de los esmeralderos, cuyo ingreso supera el promedio de la región, ha atraído migraciones de campesinos provenientes de Muso, Maripí, Caldas y La Belleza. Al parecer, la falta de oportunidades en sus municipios impulsó a muchas personas a migrar y emplearse en Simijaca. En algunos casos, se trasladan temporalmente durante la cosecha del maíz y regresan al occidente de Boyacá cuando hay trabajo. Esta población flotante ha llevado, según varias personas entrevistadas, a caídas en la remuneración de la mano de obra; también ha desplazado a trabajadores nacidos en Simijaca.

Las inversiones de la gente procedente de Boyacá y la expansión de la demanda de bienes en la región han irrigado recursos adicionales a la economía, que se han concentrado en las áreas urbanas. Según el esquema de Ordenamiento Territorial de Simijaca, en el año 2000 se expandió el área urbana del municipio de 0,8 a 1,1 km2. Dicha expansión dinamizó el comercio e incrementó la construcción de viviendas, centros comerciales y varios locales destinados al comercio. Sin embargo, parecería que estos beneficios no se han transmitido a la población de las zonas altas, de tal modo que se ha profundizado la desigualdad social y económica en el municipio.

La inmigración a Simijaca ha provocado conflictos culturales. En reiteradas ocasiones, las personas entrevistadas plantearon que era necesario diferenciar entre la gente de Susa y Simijaca, por un lado, y los migrantes, por el otro, ya que estos son "otro tipo" de población; atribuyeron a estas diferencias la "falta de integración" y sus temores frente a la gente recién llegada. Varias personas, por ejemplo, no aprueban que se les vendan terrenos, dado que desconfían del origen de sus ingresos. Algunas personas de Simijaca que participaron en la investigación atribuyeron el aumento reciente de la violencia a la migración. Aunque abordaron el tema de la inseguridad, estuvieron renuentes a discutir y profundizar en sus posibles causas; explicaron que su silencio se debía al miedo que sentían de la "nueva" población. En la encuesta realizada durante la investigación, aparece que el abigeato, los atracos y los robos a viviendas son frecuentes en Simijaca. Susa estaría menos afectada por ese tipo de violencia. La migración hacia Susa es mucho menor, seguramente por la actitud de rechazo que mantiene la población. En varias entrevistas y en las historias de vida, son frecuentes opiniones tales como "preferimos un municipio tranquilo a un municipio rico pero con problemas de seguridad".

Si bien la migración ha promovido el desarrollo económico y el crecimiento urbano en Simijaca, también ha generado problemas sociales y nuevas dinámicas de socialización entre sus habitantes. Asimismo, en el mediano y el largo plazo constituye un riesgo para el desarrollo de este municipio, puesto que si el grupo inmigrante abandonara la región, podría restringirse el dinamismo de la economía.

4. Distribución desigual de los beneficios del crecimiento

Las condiciones geográficas, las dinámicas históricas y la migración han ocasionado una distribución desigual de los beneficios del crecimiento económico del territorio. Los beneficios han sido percibidos en mayor medida por Simijaca, las zonas urbanas y las zonas bajas del territorio. En esta sección, se compara la percepción de los beneficios de la prosperidad económica entre las zonas altas y bajas, entre Susa y Simijaca, además de contrastar las condiciones de los hombres y las mujeres en cada municipio.

4.1. Distribución de los beneficios: zonas altas y zonas bajas

El antiguo contraste entre las zonas altas y bajas determina la organización social que permanece hoy en día. En la zona de Susa y Simijaca, los españoles sometieron a los indígenas sutas, simijacas y ebatés alrededor de 1541. Para 1558, el control español estaba consolidado en la región a través de la instauración de las encomiendas que se concentraron en las zonas bajas.[5] La reacción de la población nativa para evitar

[5] La encomienda fue el derecho otorgado por el Rey de España a un súbdito llamado encomendero. En compensación por los servicios que había prestado a la Corona, podía recibir los tributos o impuestos que los indios debían cancelar a aquella. A cambio, el encomendero debía cuidar de ellos tanto en lo espiritual como en lo terrenal, preocupándose de educarlos en la fe cristiana. El tributo se pagaba en especie, en servicios personales o con trabajo en los predios o minas de los encomenderos.

pagar los tributos fue desplazarse hacia las zonas altas de las laderas.[6] Fue así como se inició una dinámica diferenciada en las formas de producción y los esquemas de propiedad, y se estructuraron las formas de organización social.[7]

La producción de la zona baja se concentró, desde un comienzo, en la ganadería. Dado que no requería mucha mano de obra, se mantuvo una cierta independencia entre los pobladores de las laderas y los de la planicie. Las zonas altas se organizaron, además, en pequeños núcleos autónomos de producción familiar. La situación implicaba un beneficio mutuo para los pobladores de la región, ya que la demanda agroalimentaria de la parte baja era suplida por la producción de alimentos de las zonas altas. Además, el crecimiento demográfico de Bogotá impulsaba la producción agrícola a través de una mayor demanda, lo que a su vez proporcionaba una alternativa a los productores y reducía su dependencia de las grandes haciendas. La poca productividad del suelo de las zonas altas, sin embargo, impedía el surgimiento de granjas comerciales y de la producción agrícola a mayor escala. Las relaciones entre los pobladores de las zonas altas y las bajas se establecieron entre unos pocos campesinos arrendatarios y peones.

El desplazamiento de las comunidades indígenas hacia las zonas de ladera provocó un cambio demográfico y el rápido mestizaje de la zona. La cercanía de la región con la capital y la comunicación constante entre colonizadores e indígenas aceleraron el proceso de mestizaje. Ello implicó la eliminación de las estructuras de propiedad comunal indígena. Los que permanecieron en la parte baja, denominados ladinos, fueron aculturados por los españoles. Asimismo, la organización en unidades familiares campesinas en la parte alta sustituyó la identidad indígena comunitaria (Flórez 2005).

---

6 Asentándose en las montañas, los indígenas escaparon de los recaudadores tributarios. "La población fugitiva alimentó el crecimiento de los sectores mestizos, que mostraban el mayor dinamismo demográfico, dentro de una sociedad en la cual las castas tenían vida legal" (Ángel 1996, 70).

7 Según Flórez (2005, 39): "Los valles planos de las zonas bajas, alimentados por ríos y grandes lagunas, vieron florecer la gran propiedad, desde la encomienda colonial hasta las haciendas republicanas, mientras las zonas montañosas de ladera recibieron inicialmente a grupos de indígenas desplazados de sus asentamientos originales, para dar origen a una sociedad campesina adaptada al seco entorno".

Desde etapas muy tempranas, la estructura social de la región se organizó a partir de la división productiva. Los propietarios de las grandes haciendas lecheras se fueron desvinculando de aquellos procesos que no estuvieran relacionados con temas productivos de sus haciendas y migraron a la capital. El vacío de poder generado por este ausentismo permitió que la organización política quedara en manos del campesinado de las laderas y de los primeros grupos de comerciantes que arribaron a los centros urbanos.

La falta de integración entre los pobladores de las zonas altas y bajas se ha profundizado recientemente con la adopción de nuevas tecnologías para la ganadería que, además, ha provocado una brecha tecnológica entre los predios de ambas zonas. Pese a la puesta en marcha de capacitaciones y la divulgación de las nuevas tecnologías, los campesinos son renuentes a adoptarlas. Adicionalmente, con la tecnificación de la producción lechera de las grandes fincas ganaderas, especialmente a partir de la introducción del ordeño mecánico, la demanda de mano de obra se ha reducido aun más.

La diferenciación entre las zonas altas y bajas no solo se percibe en la producción, sino también en las dinámicas de venta e intercambio. A pesar de que la venta directa a compañías lecheras garantiza que el precio esté acorde con la legislación colombiana, la carencia de vías de acceso a las partes altas fortalece el papel de los intermediarios, que no se rigen por el precio regulado: compran a precios muy bajos y luego revenden a un precio mayor a diferentes acopios o compañías. En el caso de la ganadería, la leche de las zonas bajas recibe mejores precios debido a la mejor calidad del ganado, el uso de tanques de enfriamiento y la venta directa. En el segundo semestre de 2009, el precio en estas zonas osciló entre 710 y 850 pesos colombianos por litro, mientras que el de las zonas altas fue desde 500 a 750 pesos colombianos.

Las diferencias históricas entre las zonas altas y bajas de Susa y Simijaca se han profundizado con el paso del tiempo hasta provocar un desequilibrio en el desarrollo económico de la región y una desigual distribución de los beneficios de la reciente prosperidad económica.

4.2. Distribución de los beneficios en Susa y Simijaca

Los habitantes de Susa, además de percibir menores ingresos, dependen casi totalmente de las actividades agropecuarias. El ingreso anual promedio de un hogar en Simijaca asciende a 5.100.000 pesos, mientras que en Susa es de 3.300.000 pesos. Sin embargo, la diferencia no es estadísticamente significativa, como consta en el cuadro 5.3, en el cual se presenta la descomposición por fuentes de ingresos. En Susa, los ingresos recibidos por actividades pecuarias y agrícolas aportan el 86%, y en Simijaca, el 72%. Alrededor de la mitad de los ingresos de los hogares de ambos municipios proviene de actividades pecuarias. La participación de los ingresos agrícolas en el ingreso de los hogares es dos veces mayor en Susa que en Simijaca. La importancia que todavía mantiene la agricultura se refleja en la alta contribución de las actividades agrícolas al ingreso de los hogares. En ese mismo cuadro, se evidencia que la diversificación de las fuentes de ingresos es mayor en los hogares de Simijaca que en los de Susa. La alta dependencia de las actividades agropecuarias en Susa expone a este municipio a un mayor riesgo frente a los choques económicos y determina una alta vulnerabilidad a la pobreza (White 1991; Bagachwa y Stewart 1992; Adams 1999).

Cuadro 5.3. Ingreso total según fuentes en Susa y Simijaca (%)

Variable	Susa %	Simijaca %	Diferencia
Ingresos pecuarios	49,76	53,75	-
Ingresos agrícolas	33,72	17,88	Significativo al 1%
Actividades agrícolas fuera del hogar	10,88	8,61	-
Actividades no agrícolas fuera del hogar	2,52	2,93	-
Herencias	0,61	1,49	-
Venta de pastos	0,22	1,59	Significativo al 10%
Venta animales descarte	1,32	8,10	Significativo al 1%
Compra-venta de animales	0,97	3,82	Significativo al 5%
Venta otros activos	0,00	1,82	Significativo al 5%
Observaciones	163	134	

Fuente: Cálculo basado en ELCA Ronda I.

Además de analizar el ingreso de los hogares, se examinó su variación debida a la ocurrencia de choques covariados e idiosincráticos, para conocer las estrategias de aseguramiento de los hogares ante estos choques. Los hogares de Simijaca enfrentan más choques que los de Susa, pero cuentan con estrategias de aseguramiento más sofisticadas. En el cuadro 5.4 se presentan los choques recibidos por la comunidad y los hogares desde el primer semestre de 2009 hasta el primer semestre de 2010. La ocurrencia de enfermedades o accidentes de un miembro del hogar y la pérdida de cosecha o animales en Simijaca duplican a las de Susa. Simijaca enfrenta con mayor frecuencia choques debido a la violencia y los desastres naturales, pero es probable que cuente con mejores mecanismos de aseguramiento ante riesgos, ya que los ingresos son mayores que en Susa.

Cuadro 5.4. Choques idiosincráticos y covariados en Susa y Simijaca

Variable	Susa %	Simijaca %	Diferencia
Choques idiosincráticos			
Enfermedad o accidente de un miembro	17,21	34,38	Significativo al 1%
Muerte de algún miembro del hogar	1,40	2,60	-
Cambio en composición del hogar	0,93	2,60	-
Cambio en estado laboral	0,47	21,88	Significativo al 1%
Migración	0,47	2,08	-
Económicos	1,86	3,13	-
Pérdida de cosecha o animales	22,79	47,40	Significativo al 1%
Violencia	0,93	3,13	-
Choques covariados			
Violencia*	12,09	48,96	Significativo al 1%
Desastres naturales**	0,47	10,42	Significativo al 1%
Quiebra o cierre de empresas	0,00	3,13	Significativo al 5%
Epidemias que mataron animales	0,93	9,90	Significativo al 1%
Epidemias humanas	0,47	1,04	-
Plagas en cosechas	12,09	18,23	Significativo al 10%
Observaciones	215	192	

Fuente: Cálculo basado en ELCA Ronda I.

* Enfrentamientos entre grupos armados, pandillas de delincuencia común, atentados terroristas, robos a las viviendas, atracos, abigeato, extorsiones y masacres de grupos armados.

** Inundaciones, derrumbes, terremotos y otros desastres naturales.

Los habitantes de Simijaca, además de reportar mayores niveles de aseguramiento, han diversificado más sus estrategias. Cerca del 8% de los hogares de Susa recurre a estrategias bastante primitivas, principalmente dinero propio y prestado, mientras que el 18,2% de los hogares de Simijaca está cubierto por seguros formales (cuadro 5.5).

El acceso de los hogares al crédito no es despreciable. Más de la mitad reportó contar con uno que ha sido otorgado ya sea por instituciones financieras, proveedores o familiares y amigos (cuadro 5.6). El acceso al sistema financiero formal es más alto en Susa; los hogares de Simijaca se apoyan más en créditos informales de familiares y amigos. Los recursos de los créditos se destinan primordialmente a las actividades agropecuarias. El porcentaje que se destina a la ganadería es mayor en Simijaca, debido, presumiblemente, a que la transición de la agricultura a la ganadería es más profunda que en Susa.

Cuadro 5.5. Aseguramiento de los hogares en Susa y Simijaca

Variable	Susa %	Simijaca %	Diferencia
Dinero*	6,51	16,67	Significativo al 1%
Cesantías	0,00	8,85	Significativo al 1%
Bonos**	0,00	3,13	Significativo al 1%
Seguros***	0,93	18,23	Significativo al 1%
Inversión en otras empresas	0,00	0,52	-
Observaciones	215	192	

Fuente: Cálculo basado en ELCA Ronda I.

* Dinero en efectivo, bancos, corporaciones, fondos de empleados, cooperativas, fondos de pensiones voluntarias, en grupos de cadenas de ahorro o dinero prestado.

** Bonos del gobierno o de empresas enlistadas en el mercado de valores.

*** Seguros de vida, de cosecha, de motos y vehículos, de vivienda, de maquinaria, y otros seguros.

Cuadro 5.6. Acceso al crédito, tipo y destino en Susa y Simijaca

Variable	Susa %	Simijaca %	Diferencia
Tiene crédito	51,16	56,25	-
Tipo de crédito			
Crédito	45,12	52,60	-
Con proveedores	13,49	15,63	-
Observaciones	215	192	
Con quién es el crédito			
Bancos*	76,11	63,39	Significativo al 5%
Familiares y amigos	15,93	43,75	Significativo al 1%
Almacenes	0,00	1,79	-
Prestamistas	0,00	0,89	-
Destino del crédito			
Agricultura	24,78	22,32	-
Ganadería	23,89	35,71	Significativo al 10%
Animales no ganado	2,65	0,89	-
Inversión**	5,31	4,46	-
Activos***	3,54	6,25	-
Bienestar****	22,12	16,96	-
Educación	2,65	3,57	-
Consumo	2,65	9,82	Significativo al 5%
Otro*****	19,47	37,50	Significativo al 1%
Observaciones	113	112	

Fuente: Cálculo basado en ELCA Ronda I.
* Bancos o entidades financieras tanto en Colombia como en el exterior.
** Inversiones en riego, estructuras permanentes y semipermanentes, conservación de suelos y reservas de agua, árboles frutales, árboles maderables, árboles comerciales y compra de tierras.
*** Compra de maquinaria y equipos, vehículos y activos para el negocio.
**** Vivienda y salud.
***** Libre inversión, recreación, pago de otras deudas y otros.

4.3. Otros determinantes

Es posible que otras características de las instituciones y los pobladores en cada municipio contribuyan también a potenciar las nuevas oportunidades o se conviertan en obstáculos para aprovecharlas. Simijaca le lleva ventaja a Susa en infraestructura, oferta social del Estado, oportunidades económicas y ciertas características de los hogares tales como el capital social.

La inversión en Simijaca desde 2008 se ha concentrado en la construcción o remodelación de obras relacionadas directamente con la producción y comercialización de los productos: plantas para el procesamiento de lácteos o productos agrícolas (75% de las veredas), carreteras (50%) y redes de acueducto (37,5%). En las veredas de Susa, se construyeron obras de infraestructura educativa, frigoríficos y plazas de mercado.

La presencia institucional es similar en ambos municipios. Existen diversas instituciones, desde entidades gubernamentales ocupadas del ambiente, hasta aquellas encargadas de la educación y capacitación de los habitantes. Están, además, las industrias lecheras que han tenido un impacto en el crecimiento y en las dinámicas territoriales, al igual que las normas y leyes que controlan y regulan los procesos productivos de la región, así como leyes que obligan a la conformación de grupos y organizaciones. Todas estas instituciones configuran y reproducen las prácticas productivas de los municipios y crean y delimitan las identidades territoriales, tal como lo analizan Bocarejo y Kisner (2010). Están las Juntas de Acción Comunal (JAC), organizaciones civiles sin ánimo de lucro que propician la participación ciudadana y constituyen un vínculo entre la población y el gobierno nacional, departamental o municipal. Si bien Susa y Simijaca tienen bajos niveles de asociatividad, se encontraron JAC en ambos municipios. Según datos de la ELCA, 4,8% de jefes de hogares de Susa y sus cónyuges y 11,3% de los de Simijaca participan en una.

Otras dos instituciones importantes son la Federación Colombiana de Ganaderos (FEDEGAN) y las Unidades Municipales de Asistencia Técnica Agropecuaria (UMATA). En la actualidad, FEDEGAN está promoviendo la aplicación de la normatividad referente al sistema del pago de la leche a los productores, a partir de asesoría jurídica y representación legal. Las UMATA proveen la asistencia técnica directa, rural, agropecuaria y ambiental, con el objetivo de aumentar la competitividad y la rentabilidad de la producción (Ley 607 de 2000[8]).

Dentro del tema institucional, se ha incluido a los llamados "técnicos", es decir, aquellas personas que promueven dinámicas de producción y que buscan cambiar e impulsar nuevos programas tecnológicos o ambientales. Por lo general, no son oriundos del municipio y muchos no viven allí; solo van a promover las ideas o dar las capacitaciones, lo que los convierte en una población flotante. La mayoría forma parte de una entidad gubernamental que promueve discursos relacionados con el ambiente, tecnologías empleadas y saberes "expertos". Dichos técnicos son de suma importancia en el estudio, pues han sido los encargados de varios planes de desarrollo en la región, y los que deciden qué tipo de cultivos, qué razas de ganado y qué tecnología deben emplear los campesinos; además, son los encargados de mediar en los problemas ambientales. Actúan por lo general con los pequeños productores, ya que los ganaderos buscan asesoría en entidades privadas.

El 27,6% de los hogares de Susa y el 29,2% de los de Simijaca han recibido asistencia técnica. El Estado es el proveedor más común, seguido por la asistencia que es contratada directamente. El papel que juegan las alcaldías es cada vez más importante y limitante. Dado que deben aprobar cualquier cambio o política, los alcaldes ejercen una fuerte influencia en la priorización de políticas y en el diseño de programas. En Simijaca, por ejemplo, los programas de la alcaldía continúan orientados hacia las zonas bajas del municipio; los pocos programas destinados hacia las zonas altas son del gobierno nacional.

Familias en Acción es un programa del gobierno nacional que, desde 1998, subsidia a las familias que tienen menores de 18 años, desplazados o indígenas. Este programa de transferencias condicionadas[9] benefició al 32% de los hogares encuestados en Susa y Simijaca, ya que ambos municipios

---

8 http://www.google.com.co/ (acceso: 10:02, 18 de julio de 2011).

9 El objetivo es combatir la extrema pobreza a través de un subsidio monetario entregado a la madre para la educación y la nutrición.

estuvieron cubiertos. Varias personas entrevistadas manifestaron no estar de acuerdo con el programa, pues consideran que ha creado una población dependiente del subsidio. Sin embargo, otros lo defienden, ya que consideran que el apoyo ha servido para la alimentación y educación de las familias más pobres.

Al comparar el porcentaje de hogares beneficiarios de otros programas del gobierno nacional se observa que, con excepción de los programas dirigidos a personas adultas mayores, programas que ofrecen ayuda a 14% de los hogares de Susa y 9% de Simijaca, este recibe un mayor número de ayudas. Empero, estas diferencias solo son estadísticamente significativas para el Servicio Nacional de Aprendizaje (SENA) y la Red Juntos (hoy programa Red Unidos). El SENA brinda formación técnica y profesional gratuita a trabajadores de todas las actividades económicas. En los municipios estudiados, como no existen centros de educación superior o técnica, esta oferta representa la única alternativa para la continuación de los estudios o la capacitación técnica. Hay una mayor participación en los programas del SENA en Simijaca, presumiblemente debido a su prosperidad económica. Por su parte, la Red Juntos pretende que las familias en extrema pobreza puedan superarla brindándoles la opción de acceder a los diferentes programas sociales que el Estado ofrece.

En general, la participación en organizaciones y acción colectiva es escasa en el territorio. Los principales resultados del análisis del capital social[10] de Susa y Simijaca constan en el cuadro 5.7. La participación de las personas en algún grupo u organización y su grado de involucramiento es mayor en Simijaca. Las personas de este municipio no solo participan y asisten más a las diferentes organizaciones, también intervienen activamente en las decisiones que se toman y hay más líderes que en Susa. Con el fin de evaluar la densidad del capital social, se comparó el número de organizaciones en las que participa cada persona. También en esto Simijaca supera a Susa. Por último, se dividieron las organizaciones en horizontales y

---

10 Las normas y redes sociales que facilitan la acción colectiva para alcanzar objetivos comunes y beneficios mutuos (Putnam 1993).

verticales. Las horizontales son redes sociales que facilitan la coordinación y cooperación en beneficio de personas del mismo nivel socioeconómico; por ende, sirven de apoyo a los hogares, lo cual puede ser fundamental en la mitigación de los choques. Las organizaciones verticales agrupan miembros de diferente estatus socioeconómico; los contactos que se crean a través de estas organizaciones suelen servir para aumentar los ingresos del hogar. Pese a que la diferencia no es estadísticamente significativa, en Simijaca las personas participan más en ambos tipos de organizaciones que en Susa. La mayor densidad de las redes sociales en Simijaca puede explicar, parcialmente, por qué este municipio ha crecido más que el de Susa.

Cuadro 5.7. Capital social en Susa y Simijaca

Variable	Susa %	Simijaca %	Diferencia
Participa	10,84	24,38	Significativo al 1%
Asiste	9,21	22,19	Significativo al 1%
Decide	7,05	16,25	Significativo al 1%
Líder	4,88	10,00	Significativo al 1%
Densidad del capital social	0,1111	0,3563	Significativo al 1%
Observaciones	369	320	
Por tipo de organización			
Vertical*	0,45	0,63	-
Horizontal**	0,45	0,50	-
Observaciones	40	78	

Fuente: Cálculo basado en ELCA Ronda I.

* Juntas de Acción Comunal, sindicatos, cooperativas de trabajo o agremiaciones de productores, movimiento o partido político, e instancias de participación apoyadas o promovidas por el Estado.

** Organizaciones de caridad, comunitarias, religiosas, étnicas, culturales o deportivas, educativas y de conservación del medio ambiente, junta de edificio o conjunto residencial, y asociación comunal de vigilancia y seguridad.

La falta de asociatividad horizontal y solidaridad entre los habitantes de Susa se refleja claramente en el caso de los tanques de enfriamiento de la leche. La Gobernación de Cundinamarca entregó dos al municipio de Susa y dos al de Simijaca con el objetivo de que se creara una asociación entre la gente de la comunidad para que pudieran aumentar y estandarizar los ingresos de la leche. Cuando se realizó la investigación, los dos tanques de Simijaca estaban funcionando, uno en la vereda el Fical (Ficaleche) y otro en Don López (Doña Leche), mientras que en el municipio de Susa funcionaba solo uno, en la vereda Matarredonda (APAMAP); el segundo había dejado de funcionar por la falta de asociatividad, motivo por el cual iba a ser asignado a la vereda de otro municipio.

Pese a que los dirigentes han creado incentivos para promover la asociatividad en los municipios, la mayoría de intentos ha fracasado; los socios se retiran y prefieren trabajar de manera independiente. Tal fue la situación en el caso de los tanques de enfriamiento. Al principio la asociación fue exitosa, pero con el tiempo los miembros se retiraron y prefirieron vender la leche a los intermediarios o a la misma asociación sin estar vinculados.

La falta de asociatividad en los dos municipios está relacionada, según los participantes en la investigación, con la diferenciación entre las zonas altas y bajas. Las personas de las zonas altas trabajan en sus terrenos, mientras que varios habitantes de las zonas urbanas y bajas trabajan como jornaleros y deben cumplir con un horario que interfiere con las reuniones de las diferentes organizaciones. En el caso de los grandes productores, como no residen en los municipios, no están insertos en las dinámicas locales y no perciben la obligación de adaptarse a ellas; sus relaciones se limitan a la interacción con sus trabajadores y con las autoridades locales, mientras que sus redes sociales y contacto institucional están concentrados en Bogotá. Por lo tanto, los productores de las zonas bajas no mantienen relaciones con los de las altas, lo cual impide que se aborden conjuntamente los problemas de la región y se genere confianza entre los dos grupos. Además, proliferan las organizaciones horizontales en las que sus miembros son homogéneos social y económicamente. Por ejemplo, las Juntas de Acción Comunal congregan personas de una misma vereda con similar productividad y nivel socioeconómico. Otro ejemplo es el de los boyacenses que se organizaron como grupo y lograron elegir un concejal.

Las mejores condiciones de Simijaca son incuestionables. Sus ingresos son más altos y, si bien parecieran más variables que los de Susa, las personas se apoyan más que en Susa en mecanismos de aseguramiento de riesgos. La presencia institucional y la cobertura de los programas sociales del gobierno nacional son similares en ambos municipios. La participación y las redes sociales son más extensas en Simijaca.

La comparación entre los dos municipios pareciera indicar que Simijaca está más inserta en los circuitos de mercados de bienes y de capital financiero. Sin embargo, es imposible establecer si las ventajas de Simijaca sobre Susa son la causa o la consecuencia de las dinámicas de crecimiento en la región.

5. Conclusiones

Susa y Simijaca experimentaron un crecimiento económico entre 1993 y 2005. Las ventajas geográficas de estos municipios y condiciones favorables en el mercado de la leche desataron dinámicas que promovieron la consolidación de la agroindustria lechera y la transición de la agricultura hacia la ganadería. La atracción de migrantes del occidente de Boyacá favoreció dicho crecimiento en Simijaca.

Las divisiones históricas entre las zonas altas y bajas, la creación de nuevas identidades territoriales entre áreas urbanas y rurales y las ventajas geográficas de Simijaca sobre Susa generaron una distribución desigual de la nueva prosperidad. Las zonas bajas de la región consolidaron su posición como ganaderas de lechería especializada al adoptar nuevas tecnologías, establecer una relación directa con la agroindustria y mejorar la raza del ganado. Las zonas altas recibieron, tangencialmente, los beneficios de tal consolidación al enfrentar incrementos en la demanda de leche y adoptar lentamente las nuevas tecnologías, lo cual impulsó su transición de la agricultura a la ganadería. Sin embargo, la inferior calidad de la leche, la lejanía de los centros de acopio, la presencia de intermediarios y la poca asociatividad se han convertido en un obstáculo para capitalizar las nuevas rentas provenientes de la agroindustria lechera.

La desigualdad en la distribución de los beneficios parece, asimismo, haber ampliado la brecha entre Susa y Simijaca. Esta posee mejores tierras y más territorio en las zonas bajas, ventajas por las cuales la agroindustria lechera se asentó en este municipio. Los impactos positivos de este crecimiento se reflejan en las mejores condiciones socioeconómicas de sus habitantes, si bien se han profundizado las diferencias entre ambos municipios.

Las personas que migran desde el occidente de Boyacá se han concentrado en Simijaca debido a la cercanía geográfica, la mayor oferta institucional y la mejor disposición a recibirlos. Su llegada parece haber contribuido al crecimiento del municipio: incrementos de la inversión, expansión urbana y dinamización del comercio urbano. Sin embargo, no ha estado exenta de costos; algunos son las disputas con la gente de Simijaca debido a la diferencia de costumbres, un aumento de la violencia en el municipio y la competencia por puestos de trabajo.

La sostenibilidad del proceso en el mediano y el largo plazo no es clara. Tres factores pueden poner en riesgo las dinámicas de crecimiento. Uno es la alta dependencia de la región de la producción de leche cruda y la agroindustria lechera, que la torna vulnerable a las fluctuaciones de los precios. Otro es que dado el gran número de hogares lecheros, la correlación de los ingresos de los habitantes aumenta, limitando así las estrategias de aseguramiento de riesgo. Un tercer factor es que la posible salida de los migrantes puede estancar o, al menos, frenar el crecimiento del municipio de Simijaca. Por último, el deterioro del capital natural debido a la sobrexplotación de los recursos de este puede constituir un obstáculo para el desarrollo futuro.

Referencias citadas

Adams, Richard. 1999. Nonfarm Income, Inequality in Land in Rural Egypt. Estados Unidos: PRMPO/MNSED, Banco Mundial.

Ángel, Marta. 1996. *Poder local, población y ordenamiento territorial en la Nueva Granada.* Bogotá: Archivo General de la Nación.

Bagachwa, Mboya S. D. y Frances Stewart. 1992. Rural Industries and Rural Linkages. En *Alternative Development Strategies in SubSaharan Africa* editado por Frances Stewart, Sanjaya Lall y Samuel Wangwe. Londres: Macmillan.

Bocarejo, Diana y Jessica Kisner. 2010. Dinámicas regionales de las prácticas productivas en Susa y Simijaca. Desigualdad y fronteras sociales. Bogotá: CEDE y Universidad del Rosario.

CONPES, Consejo Nacional de Política Económica y Social. 2006. Estrategia para el Manejo Ambiental de la Cuenca Ubaté. Colombia.

Corporación Autónoma Regional de Cundinamarca. 2007. *Plan de Ordenamiento de la Cuenca de los Ríos Ubaté y Suárez.* Bogotá: Corporación Autónoma Regional de Cundinamarca.

FEDEGAN, Federación Colombiana de Ganaderos. 2009. ¿Quiénes somos? Disponible en http://portal.fedegan.org.co/ (acceso: 9:22, 13 de septiembre de 2009).

Flórez, Alberto. 2005. *Una isla en un mar de sangre: el valle de Ubaté durante la violencia 1946-1958.* Bogotá: Pontificia Universidad Javeriana y La Carreta Editores.

Instituto de Investigación de Recursos Biológicos Alexander von Humboldt y Fundación Humedales. 2004. *Caracterización biofísica, ecológica y sociocultural del complejo de humedales del valle de Ubaté: Fúquene, Cucunubá y Palacio.* Bogotá: Instituto de Investigación de Recursos Biológicos Alexander von Humboldt y Fundación Humedales.

Putnam, Robert D. 1993. The Prosperous Community: Social Capital and Public Life. *The American Prospect* 4, 13: 11-18.

Valderrama, Pedro Antonio y Gonzalo Téllez. 2003. *Microcuenca lechera valles de Ubaté y Chiquinquirá: caracterización y mercadeo de la leche*. Bogotá: Universidad Nacional de Colombia, Facultad de Medicina Veterinaria y Zootecnia.

White, Benjamin. 1991. Economic Diversification and Agrarian Change in Rural Java, 1900-1990. En *In the Shadow of Agriculture: Non-farm Activities in the Javanese Economy, Past and Present* editado por Paul Alexander *et al.* Amsterdam: Royal Tropical Institute.

Capítulo 6. Tungurahua rural en Ecuador: el territorio de senderos que se bifurcan

Pablo Ospina Peralta (coordinador),[1] Marcela Alvarado, Wladymir Brborich, Gloria Camacho, Diego Carrión, Manuel Chiriboga, Rosario Fraga, Patric Hollenstein, Renato Landín, Ana Isabel Larrea, Carlos Larrea, Paola Maldonado, Silvia Matuk, Alejandra Santillana, Ana Lucía Torres

Abstract

The territory of Tungurahua, which includes the province of the same name in the central Ecuadorean mountains, is widely known for its commercial and productive dynamism based on small and medium family businesses. The region seems to stand out because of the presence of moderately successful and varied economic activities, especially small-scale manufacturing, handicrafts and a wide range of agricultural productive endeavors. How can we explain this territorial history, which is unique in an area (the central mountains) dominated by indigenous poverty and marked by a history of large tracts of land with single owners and notable income disparities? Rather than engaging in explanations based on "customs," "idiosyncrasy" or the "entrepreneurial spirit," this study focuses on the territory's agrarian history, the formation of social coalitions and the creation of a vigorous network of rural markets coordinated with the national market for popular products. In addition to this unique interplay of social institutions, the area presents a more equitable agrarian structure as well as early expansion of irrigation in the hands of small-and medium-scale producers, a distinctive type of interaction between vendors and producers and the noteworthy participation of women in the family-based economic structure.

1. Pregunta

Tungurahua es la provincia más pequeña y más densamente poblada del Ecuador. Durante todo el siglo XIX, fue zona de tránsito del comercio interregional entre la costa y la sierra;

---

[1] Este artículo es una versión sintética del libro del mismo nombre, publicado por la Universidad Andina Simón Bolívar, sede Ecuador, y la Corporación Editora Nacional. Es el resultado de una investigación realizada entre agosto de 2008 y diciembre de 2009 por dicha universidad con el apoyo del Programa Dinámicas Territoriales Rurales, coordinado por Rimisp y auspiciado por el IDRC (Canadá) y por el *Research Programme Consortiumon Improving "Institutions For Pro Poor Growth"* (IPPG) de la Universidad de Manchester.

esta situación decayó temporalmente a inicios del siglo XX con la construcción del ferrocarril, pero rápidamente se reorganizó mediante un sistema de ferias regionales que le permitió aprovechar su ubicación estratégica para el abastecimiento del mercado de Guayaquil en expansión. En la segunda mitad del siglo XX, se intensificó la diversificación del aparato productivo desde las actividades agrícolas (hortícolas, frutícolas y florícolas) hacia la producción artesanal de cueros, textiles y metalmecánica.

En medio de un panorama dominado, en la sierra central ecuatoriana, por haciendas tradicionales y comunidades campesinas dependientes, la provincia de Tungurahua destaca como un raro caso de histórico predominio de la pequeña y mediana propiedad agraria. Tempranamente, la provincia tuvo sistemas de riego y vialidad, así como una dinámica vinculación a los centros comerciales neurálgicos del mercado interno (Quito y Guayaquil). Desde fines del siglo XIX, Ambato, la capital de esa provincia, se convertiría en un polo de atracción regional. Así, a mediados del siglo XX articulaba una densa red de ferias agrícolas en toda la sierra central.

En este estudio, hemos compilado evidencia de que todavía en la primera década del siglo XXI, en una buena parte de la provincia se combinan un moderado crecimiento económico, una ligera reducción de la desigualdad y una mayor reducción de la pobreza. Es una combinación de resultados económicos muy rara en el Ecuador, país dominado por el estancamiento. Del análisis estadístico sobre los cambios experimentados en las parroquias de Tungurahua, se desprende que el crecimiento de los ingresos monetarios ha sido significativo en cuatro parroquias urbanas. Al mismo tiempo, en la mayoría de parroquias hay una moderada reducción de la desigualdad y de la pobreza. Es decir, el territorio vivió en el período 1995-2006 un crecimiento económico, aunque modesto, combinado con una mejora social.

El corazón de nuestra investigación es tratar de explicar las razones y condiciones que hacen posible esa combinación. ¿Qué razones explican las dinámicas de desarrollo económico de la provincia de Tungurahua caracterizadas por círculos virtuosos localizados de crecimiento económico, reducción de la pobreza y reducción de la desigualdad?

2. Caracterización

Para los propósitos de nuestra pregunta de investigación, es conveniente tener presente cinco características estructurales de la provincia. La primera es que, desde un punto de vista físico, dispone de un patrimonio ambiental muy similar al de cualquier otra provincia de la sierra ecuatoriana. No está naturalmente dotada de una ventaja especial. Un ejemplo es la limitada disponibilidad hídrica de una provincia que sufre escasez de agua (Gobierno de la Provincia de Tungurahua 2007, 10). A diferencia de la provincia, el Ecuador goza de un superávit hídrico: puede movilizar 40.000m3 de agua disponible por persona por año, es decir, 2,5 veces más que la media del mundo o el equivalente a 21.000 m3/ha, la cantidad más elevada del continente (Récalt 2008, 17). Además, la disponibilidad provincial de agua varía según una gradiente de humedad en sentido oeste-este. Históricamente los sistemas de riego tomaron agua de las partes altas del occidente (de los deshielos de los volcanes Chimborazo y Carihuairazo) para llevarla hacia las zonas medias y bajas del centro y centro-oriente de la provincia. Estas zonas del centro y el oriente son, precisamente, las que han mostrado mayor dinamismo económico y donde se ubica la mayor parte de la población, mientras que las zonas húmedas y altas del occidente son las más pobres.

En cuanto a suelos, Tungurahua tampoco está mejor dotada que otras provincias del Ecuador. A través de un procesamiento digital de los Mapas de Aptitudes Agrícolas (ORSTOM-PRONAREG 1983) realizado por Fundación Natura (1998), se pueden conocer las superficies provinciales de tierras con aptitud para la agricultura (suelos más ricos) y para pastos (suelos medianos) como porcentaje de la superficie total de la provincia. En la sierra ecuatoriana, solo Carchi, Imbabura y Chimborazo tienen suelos menos aptos para usos agropecuarios que Tungurahua. En síntesis, no estamos en presencia de una provincia con ventajas naturales para la agricultura.

Asimismo, todos los indicios apuntan a que la dinámica económica territorial no es ambientalmente sustentable. Hay muchos indicadores de deterioro del patrimonio natural. La situación del agua es la más conocida debido al inventario de recursos hídricos de la provincia, terminado en 2004. Las conclusiones del estudio hidrológico realizado por el Consejo Provincial de Tungurahua y otras instituciones en 2004 (Anexo I, Estudio Hidrológico, 43) son categóricas:

> ...ante el incremento de las demandas futuras para diferentes usos, se considera inconveniente la implementación de nuevos sistemas de riego, pues se reduciría la capacidad de servir a la población (solo se puede mejorar los sistemas de regulación y la eficiencia en el uso).

Según el Censo Agropecuario de 2000, el 63% de las unidades de producción agropecuaria disponía de riego, pero solamente el 12% de la superficie en uso agropecuario estaba regada. La "sed de agua" es uno de los principales problemas de la provincia, como lo han remarcado los planes elaborados por el Gobierno Provincial desde entonces (Gobierno Provincial de Tungurahua 2007).

La situación del uso del suelo tampoco alienta la sustentabilidad. Todos los estudios disponibles confirman que predomina la sobreutilización de suelos. Según los resultados procesados por Fundación Natura, en 1992 el 31,6% de la superficie de Tungurahua estaba sobreutilizada (Fundación Natura 1998). El resultado es el avance de la frontera agrícola sobre tierras de protección y la consecuente reducción de los páramos. Un estudio sobre la zona suroccidental de la provincia muestra que en los cantones Mocha, Tisaleo y Quero hay una progresiva reducción de las áreas de páramos: 15% estimado desde 1990 al 2005 (Delgado 2006).

La segunda característica es que Tungurahua no solo se encuentra físicamente en el centro del país, sino que es el nudo de articulación espacial de itinerarios y flujos que vinculan a todas las regiones del Ecuador. La provincia y su capital, la ciudad de Ambato, mantienen estrechas relaciones de intercambio con todo el territorio nacional. Un ejemplo contemporáneo, el de la movilidad migratoria, basta para ilustrarlo. La elección del lugar de residencia es una indicación indirecta de las conexiones más frecuentes de un territorio con los demás. En el mapa 6.1, se puede observar el destino de los emigrantes fuera de Tungurahua en 2001. La distribución es impactante: los migrantes van y vienen, literalmente, de todos los municipios del Ecuador. Juan Bernardo León (1997, 33-34) hizo un ejercicio similar para las ciudades de Quito, Guayaquil, Machala y Cuenca basado en el Censo de Población de 1990, y sus resultados son mucho más regionalizados: casi todas las personas inmigrantes en Quito provienen de la sierra; en Guayaquil casi todas provienen de la zona de influencia de la cuenca del río Guayas.

Mapa 6.1. Destino de la población emigrante de Tungurahua por cantones

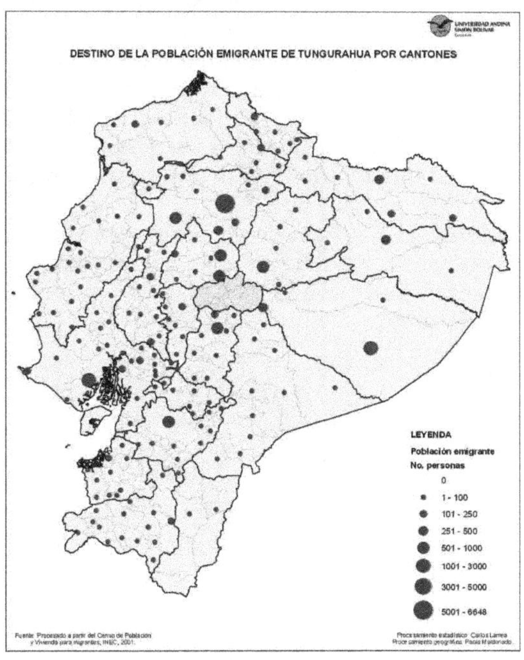

Fuente: Procesado a partir del Censo de Población y Vivienda para migrantes, INEC (2001).
Elaboración: procesamiento estadístico Carlos Larrea, procesamiento geográfico Paola Maldonado.

La tercera característica es la notable diversificación del aparato productivo de la provincia. Si algo define su dinamismo económico, es una impresionante variedad de pequeños y medianos emprendimientos de todo tipo, desde actividades agropecuarias hasta una gama muy amplia de manufacturas y artesanías. Descifrar la dinámica territorial de la provincia es, ante todo, explicar la variedad de su producción y no una actividad específica.

En medio de tal diversidad, destaca la dinámica del sector manufacturero local. Según la Encuesta de Condiciones de Vida, en 2006 Tungurahua tenía casi el doble de la población económicamente activa (PEA) ocupada en la manufactura que el promedio del Ecuador (18,7% contra 10,4%). El peso de las manufacturas en la provincia ya era importante en 1962, aunque entonces la superaban tres provincias. El hecho de que en ese tiempo la población femenina empleada en las manufacturas fuera comparativamente[2] más alta que la masculina sugiere que las pequeñas actividades artesanales independientes han tenido históricamente una importancia en el lugar.

Calculado según el producto interno bruto (PIB) provincial, el comercio supera a las actividades agropecuarias y manufactureras. Junto con el transporte, representaron casi el 38% del PIB provincial en 2007 (cuadro 6.1).

---

[2] "Comparativamente" porque no se trata de la mayoría absoluta de la PEA, sino de los porcentajes de la PEA masculina y de la PEA femenina, respectivamente. Como la PEA femenina era mucho menor, la población total masculina dedicada a las manufacturas siempre ha sido mayor que la femenina.

Cuadro 6.1. Tungurahua: valor agregado en 2007 (miles de USD)

Actividad económica	Valor agregado	Subtotal por sector	% del total provincial	%
Agricultura, ganadería, caza y silvicultura	48.618	49.426	7,95	7,8
Pesca	138			0,0
Explotación de minas y canteras	669			0,1
Industrias manufactureras (excluye refinación de petróleo)	102.976	196.057	31,53	16,6
Fabricación de productos de la refinación de petróleo	0			0,0
Suministro de electricidad y agua	16.020			2,6
Construcción	77.060			12,4
Comercio al por mayor y al por menor	124.776	376.272	60,52	20,1
Hoteles y restaurantes	9.107			1,5
Transporte, almacenamiento y comunicaciones	109.531			17,6
Intermediación financiera	15.329			2,5
Actividades inmobiliarias, empresariales y de alquiler	44.323			7,1
Administración pública y defensa; planes de seguridad social de afiliación obligatoria	36.858			5,9
Enseñanza, servicios sociales, de salud y otras actividades de servicios comunitarios, sociales y personales	35.727			5,7
Hogares privados con servicio doméstico	620			0,1
Servicios de intermediación financiera medidos indirectamente	0			0,0
Total	**621.755**	**621.755**	**100,00**	**100,0**

Fuente: Banco Central del Ecuador, www.bce.fin.ec.

La cuarta característica es la marcada heterogeneidad territorial. Las subregiones de los valles bajos, centrales y centro orientales marcan la dinámica económica territorial dominante. Para captar estas diferencias, elaboramos una tipología multivariada de parroquias que define un número de grupos homogéneos y diferentes entre sí, de acuerdo con un conjunto de variables relevantes. Se seleccionó una tipología con 5 grupos. El grupo 1 corresponde a las parroquias con una alta proporción de la PEA dedicada a la agricultura, alta proporción de agricultores mestizos, bajo crecimiento poblacional, mayor disponibilidad de tierra y una proporción relativamente mayor de asalariados agrícolas. El grupo 2 corresponde a las parroquias con un amplio predominio de la agricultura campesina indígena, mayor participación laboral de las mujeres, mayor crecimiento poblacional, baja escolaridad y baja productividad de la tierra. El grupo 3 corresponde a las parroquias con una agricultura capitalista, alta productividad y más manufacturas capitalistas (basadas en el trabajo asalariado). El grupo 4 corresponde a las parroquias con diversificación productiva en manufactura y servicios, relativamente poca agricultura y muy alta educación formal. El grupo 5 corresponde a las parroquias agrícolas mestizas, donde la concentración de la tierra es relativamente baja, las propiedades son más pequeñas, la escolaridad es baja y menor la participación laboral de las mujeres.

Mientras los grupos 3, 4 y 5 corresponden *grosso modo* a las zonas del valle central y oriental de la provincia, los grupos 1 y 2 se encuentran en las periferias, más altas y con menos infraestructura productiva (con la excepción de la parte baja de Píllaro y Patate). El grupo 2 (agricultores mestizos) tiene más tierras y más educación, mientras que en el grupo 1 (indígenas) el crecimiento poblacional y la participación femenina en la PEA son mayores, tienen menos tierra y menos educación formal. En este último grupo de parroquias, se concentran también las mayores desventajas sociales.

La quinta característica es una estructura agraria en la que estuvo prácticamente ausente la gran propiedad en las zonas bajas desde la tercera década del siglo XX. Esta estructura relativamente igualitaria parece estar sometida a fuertes presiones recientes, debido a una cierta consolidación de las propiedades más grandes y a una "pulverización" de las propiedades más pequeñas. La información de los tres censos agropecuarios muestra un crecimiento significativo de los productores, que sobrepasa el 100% entre los censos, mientras que la superficie predial apenas ha aumentado en 37%, lo cual denota un proceso de fraccionamiento de los predios. Los mayores incrementos intercensales tanto de la superficie como del número de productores ocurren en las unidades productivas menores de 20 ha. De hecho, el tamaño promedio de las unidades productivas agropecuarias (UPA) de la provincia bajó de 4,5 a 2,9 ha entre 1954 y 2000, mientras que se incrementó el tamaño medio de los predios con superficies mayores a 20 ha. Ello parece indicar una consolidación de los predios mayores que logran cierta viabilidad económica. Sin embargo, tal como lo señaló Forster (1990), los grandes predios parecen estar compartidos entre propiedades privadas y tierras comunales, localizadas sobre todo en las zonas de páramo. Aproximadamente el 50% de las tierras de las UPA de más de 100 ha está compuesto por páramos. De nuevo, la diferencia espacial clave del territorio, igual que en el caso de la diversificación productiva y de la disponibilidad hídrica, se recorta entre las zonas bajas y secas centro orientales, y las zonas altas y húmedas del occidente pobre e indígena. En las primeras, dominan las pequeñas y medianas propiedades, mientras que en las segundas se mantienen las haciendas, las comunidades indígenas y pequeñas parcelas familiares.

3. Explicaciones

Con los datos históricos señalados, completamos una breve caracterización de la dinámica territorial que gira alrededor de la ciudad de Ambato. No obstante, una explicación satisfactoria de la dinámica territorial debería abordar las razones de esas cinco características y de sus relaciones recíprocas. Específicamente, debería explicarnos por qué se ha producido una diversificación productiva tan notable, basada en pequeñas empresas muy flexibles, intensivas en mano de obra y, al mismo tiempo, por qué las zonas indígenas de las altas periferias agrícolas y pecuarias se han integrado desventajosamente a esa dinámica económica y territorial dominante. Debería explicarnos, además, por qué una región sin ventajas naturales pudo convertirse en un centro de articulación del espacio nacional ecuatoriano. También, qué vínculos existen entre el rol espacial de Ambato y la diferenciación económica entre zonas bajas diversificadas y zonas altas empobrecidas.

Hasta ahora, en la caracterización han primado los trazos descriptivos. Hace falta una explicación integradora, que es la que desarrollamos en este apartado.

3.1. Mercados y territorios

El primer componente de la explicación de la peculiar dinámica económica de Tungurahua es la red de ferias cuyo centro es la ciudad de Ambato. La demanda de productos destinados a todo el mercado nacional, que se acopian en Ambato, es un estímulo para los productores directos del *hinterland* inmediato, puesto que se reducen sus costos de transporte y de intermediación.

Aunque muchas de las personas que entrevistamos en la provincia se quejaron de la intermediación y afirmaron que quisieran vender directamente al consumidor, los productores prefieren vender en Ambato antes que en la ciudad de Guaranda (provincia de Bolívar), pues el costo de venta es menor debido a que se puede vender en pocas horas gran cantidad de producto; en Guaranda la venta puede tardar mucho más y deben "menudear". El menudeo implica mayores costos en estadía, comida, etc.[3]

El éxito de los productores agrícolas y manufactureros tungurahuenses se debe a la conexión que lograron hacer con el comercio de larga distancia. Ambato es un centro de acopio de la producción de los alrededores que luego se redistribuye en todo el país. Los datos del cuadro 6.2 ofrecen una idea de la importancia de esta función de "acopio" mayorista que cumple Ambato. La más notable diferencia entre los mercados de Ambato y Riobamba es el promedio diario de vehículos pesados que ingresan: 254 por día en Ambato y solo 19 en Riobamba. Así, no es tanto la dimensión del comercio minorista, sino la dimensión incomparablemente más grande de las actividades mayoristas en Ambato la que establece la diferencia.

---

[3] Entrevista realizada en Chibuleo San Pedro, Juan Benigno Vela, 4 de septiembre de 2009.

Cuadro 6.2. Tungurahua: dimensión de los mercados mayoristas de las ciudades de Riobamba y Ambato

	Riobamba	Ambato
Comerciantes catastrados	633	1.544***
Superficie de las plataformas de comercialización	7.200 m^2	16.000 m^2
Superficie total (incluye zonas de recreación, estacionamiento, caminos, etc.)	50.000 m^2	140.000 m^2
Promedio diario de vehículos pequeños que ingresan al mercado	1.902*	2.327**
Promedio diario de vehículos medianos que ingresan al mercado	236*	220**
Promedio diario de vehículos pesados que ingresan al mercado	19*	254**

Fuente: Administración de los mercados mayoristas de Ambato y Riobamba.
* Promedios de 2007.
** Promedios tomados desde noviembre de 2008 hasta agosto de 2009.
*** Bodegas y puestos fijos.

La función de la red de ferias de Ambato es, entonces, concentrar la producción de la región inmediata (y a veces, de lugares mucho más lejanos) y distribuir los productos en todo el país. Esta característica hunde sus raíces en el crecimiento paulatino de la función comercial de Ambato en la segunda mitad del siglo XIX, especialmente a partir de 1870, cuando se reorganizaron los días de feria y la ciudad se convirtió en la única feria semanal que se realizaba los lunes, lo que facilitó la articulación de las ferias regionales. Actualmente, cada semana se realizan cuando menos 60 ferias en 19 sitios distintos de la provincia, ya sea de alimentos, de animales menores, de flores, de frutas o de ganado. Todas las regiones del país reciben una parte de la producción acopiada en Ambato. Son especialmente relevantes las conexiones territoriales con Quito y Guayaquil.

3.2. Mercados y diversificación productiva

El segundo componente de la explicación de las dinámicas económicas de Tungurahua es el hecho de que este inmenso mercado regional no provocó una especialización productiva, sino que indujo la diversificación económica del territorio circundante, debido a dos características estructurales interrelacionadas. La primera es que se trata de un mercado especializado en productos de consumo de sectores populares y medios, cuya producción requiere bajas inversiones en equipos, personal y materias primas, es decir, las barreras de entrada a los pequeños emprendimientos son bajas. La segunda es que sectores sociales específicos, como los comerciantes y las mujeres, por su peculiar posición estructural se convierten en agentes decisivos de la diversificación.

El papel de los comerciantes en dicha diversificación, a través del sistema de confecciones a domicilio, se ilustra con el siguiente testimonio sobre la producción de artículos de cuero en Quisapincha, al oeste de Ambato:

Es que comencé a trabajar sola, me daban modelos que haga donde los señores que yo les iba a decir que me compren [un almacén en Ambato]. Ella [la dueña] me hacía de coger las chompas, con ella trabajaba, así fue mi principio. Ahí avancé a hacer mi casita que tengo y pare de contar. También me prestaron mucha confianza, me prestaban las telas, me daban a crédito. Y una se vendía y se pagaba.

> En esa maquinita trabajaba yo, [...] en mi casita, en casa de mis papases, allá traía obras yo. [Hacía] chompas de tela [...]. Cosíamos y devolvíamos [...] Aquí también había, pero el señor este que le digo era de Ambato [...] almacenes tenía [...]. Es que más antes no era pues así el negocio aquí. Aquí no había negocio [...]. Desde que vino las chompas de cuero ahí se abrió el negocio. Venía un señor de Tulcán a comprarnos las chompas y todos íbamos a dejar donde él.[4]

[4] Productora de artículos de cuero, Quisapincha, 27 de agosto de 2009.

Las confecciones de camisas en la zona de Pasa, al occidente de Ambato, muestran la misma intervención clave de los comerciantes.[5]

La información de nuestra encuesta a los comerciantes con puesto fijo en el mercado mayorista de Ambato muestra que en el rubro de alimentos dan poco crédito a los productores.[6] Normalmente solo los más grandes otorgan crédito; apenas el 5% de los encuestados (24 personas) proporcionó crédito a productores o intermediarios; de ellos, 17 fueron comerciantes "grandes", es decir, invertían más de USD 500 por feria (hay dos o tres ferias por semana dependiendo del producto). Lo mismo ocurre con el apoyo económico a familiares: solo el 10% de los encuestados dijo haber ayudado a un familiar (básicamente hermanos e hijos) a instalar nuevos negocios; la mayoría fueron comerciantes "grandes" que apoyaron a sus parientes para que se instalaran como comerciantes, no como productores agrícolas o manufactureros. Los testimonios que recogimos fuera del mercado mayorista confirman que los comerciantes que adelantan productos o dinero a los productores a domicilio son, ante todo, propietarios de "almacenes" de la ciudad, es decir, comerciantes medianos dedicados a la venta de productos no agrícolas.

Las mujeres son el otro grupo social que ha impulsado el proceso de diversificación productiva en la región. Tungurahua es la provincia con mayor presencia femenina en la población económicamente activa de la sierra y está por encima del promedio nacional (38,8% en 2001 contra

---

5 La gran cantidad de trabajadoras a domicilio en Tungurahua recuerda mucho el *verlagsystem* europeo de la época preindustrial, que sirvió para el desarrollo de sector manufacturero a cuenta de comerciantes que adelantaban dinero y materias primas a los agricultores y agricultoras que trabajaban en sus casas durante las épocas de bajo empleo agrícola, como el invierno (Braudel 1979, vol. 2,348-82). El papel de los comerciantes en el desarrollo de las manufacturas artesanales en Tungurahua está documentado también en el caso de los *jeans* de Pelileo (Martínez y North 2009, 68-72) y en el trabajo a domicilio de confección de calzado en Cevallos (Metais 2000,45-9 y 73-6). Este papel es más visible en el caso del trabajo a domicilio.

6 La encuesta se realizó en octubre de 2009 a 465 comerciantes con puesto fijo y bodegas, de un total de 1.543 comerciantes catastrados en ese mercado.

30% a nivel nacional). Aunque desde 1962 hasta 1990 estuvo sobre el promedio nacional, varias provincias de la sierra tuvieron históricamente un desempeño parecido, por ejemplo, Azuay y Cañar, donde la emigración masculina es muy alta, y Pichincha, con muchas actividades administrativas. Lo cierto es que la más alta participación femenina en la PEA de Tungurahua respecto al promedio nacional se acentuó entre 1990 y 2001. Pero al mismo tiempo, según la Encuesta de Empleo Urbano y Rural de 2006, la proporción entre los ingresos masculinos y femeninos en Tungurahua es una de las más bajas del país, lo que quiere decir, en pocas palabras, que las mujeres participan más en la generación de ingresos, pero ganan mucho menos que los hombres (cuadro 6.3).[7] ¿Cómo explicarlo? ¿Tiene esto alguna significación para la explicación de la dinámica económica provincial?

Nuestra respuesta se inspira en una célebre observación de Rosa Luxemburg:

Según la teoría marxista, los pequeños capitalistas juegan en el curso general del desarrollo capitalista el papel de exploradores del perfeccionamiento técnico. Desempeñan este papel en un doble sentido. Inician nuevos métodos de producción en ramas industriales bien cimentadas; son instrumentos en la creación de nuevas ramas de producción que todavía no han sido explotadas por los grandes capitalistas (Luxemburg 1967 [1907], 28).

---

[7] Suele ocurrir frecuentemente que el ingreso obtenido en empresas familiares sea registrado en las encuestas como ingreso del varón, aunque las mujeres lo sostengan y trabajen tanto o más que sus parejas. Por este motivo analizamos detalladamente estas preguntas en la Encuesta Nacional de Empleo Urbano y Rural. Los resultados nos hacen pensar que una parte importante de la diferencia de ingresos que aparece en el total responde a factores sustantivos y no a problemas de registro.

Cuadro 6.3. Comparación entre mujeres y hombres con respecto a la participación laboral y los ingresos, según provincias (2006)

	Proporción mujeres/ hombres en la PEA	Proporción mujeres/ hombres renta primaria*
Azuay	0,937	0,551
Bolívar	0,778	0,795
Cañar	0,927	0,598
Carchi	0,592	0,665
Cotopaxi	0,850	0,663
Chimborazo	0,888	0,776
El Oro	0,544	0,410
Esmeraldas	0,529	0,893
Guayas	0,496	0,828
Imbabura	0,739	0,748
Loja	0,739	0,714
Los Ríos	0,359	0,536
Manabí	0,350	0,869
Morona Santiago	0,785	0,687
Napo	0,774	1,107
Pastaza	0,770	1,144
Pichincha	0,777	0,662
Tungurahua	**0,879**	**0,501**
Zamora Chinchipe	0,593	0,731
Sucumbíos	0,523	0,467
Orellana	0,497	0,528

Fuente: INEC, Encuesta de Condiciones de Vida, V Ronda (2006); ENEMDUR, Encuesta Nacional de Empleo Urbano y Rural (2006) para la renta primaria. Nota: La "renta primaria" corresponde a la suma de los ingresos individuales por trabajos asalariados o por cuenta propia, tanto del trabajo principal como del secundario. Excluye los ingresos en especies, los derivados del capital, los de jubilación o pensiones, regalos o donaciones, los ingresos recibidos del exterior, el bono de desarrollo humano y los ingresos de préstamos o créditos.

Nuestro argumento es que en Tungurahua las mujeres cumplen el papel de promotoras de la diversificación productiva y la innovación económica, lo cual depende de dos circunstancias: la discriminación social y el predominio de pequeñas actividades económicas basadas en el autoempleo y en el trabajo a domicilio. Todas las evidencias indican que, en general, las actividades económicas más pequeñas, menos rentables y que recién empiezan, son manejadas por las mujeres. Esto explica que sus ingresos sean mucho menores que los de los varones.

El papel de las mujeres en gran parte de las pequeñas actividades artesanales que pululan en toda la provincia suele ser determinante en las fases iniciales o en los negocios más pequeños. Ellas representan el 89% de propietarios de pequeños negocios de producción de los famosos "chocolates de Ambato", ubicados en Huachi (Troya 2009, 56). En las cinco empresas con el mayor volumen de producción, dos propietarios son varones (Troya 2009, 63; cuadro 6.5). Cerca de la mitad de los empleados de las empresas de *jeans* en Pelileo, a comienzos de la década de 1990, eran mujeres. A inicios de la década de 1990, Luciano Martínez descubrió que 51% de las 455 empresarias artesanas en Tungurahua eran mujeres, y que la proporción creció a 56% entre propietarios de empresas pequeñas (Martínez 2000, 56 citado por Martínez y North 2009, 57, nota 10). Si bien en la información posiblemente esté subvalorado el papel de las mujeres en las actividades económicas, de todas maneras indica que el involucramiento y control de los varones aumenta conforme crece el negocio.

La situación se repite entre los comerciantes. En el mercado mayorista de Ambato, el 86% de los comerciantes de puesto fijo catastrados son mujeres. En algunas naves o productos, la participación llega al 100%; en otras, baja al 42%. Pero cuando se compara la distribución de puestos fijos y bodegas[8] entre mujeres y hombres, se abre una gran brecha: 85% de mujeres en puestos fijos frente a 51% en las bodegas. Esta distribución sugiere que mientras más capital está involucrado en la empresa familiar de comercio, más baja es la participación de la mujer como jefa del negocio.[9] La encuesta realizada a

---

[8] Los puestos fijos tienen seis metros cuadrados, mientras las bodegas, con techo y cerradas, tienen entre 36 y 144 metros cuadrados.

[9] Esto ya fue advertido por Hanssen-Bauer (1982, 196) y por R. Bromley (1975). No solo detectaron que hay más mujeres que hombres en el comercio, sino que la participación de ellas depende del tamaño de las empresas: mientras más pequeñas, más mujeres. También hay una participación desigual de mestizos e indígenas

comerciantes fijos del mercado mayorista de Ambato es contundente: mientras menor es el giro del negocio, mayor es la presencia relativa de las mujeres. Los varones, aunque siguen siendo minoritarios en términos absolutos, están concentrados en las actividades comerciales con un giro mayor a USD 500 por feria (cuadro 6.4).[10] El mismo patrón se repite en el caso del exitoso negocio de cría de cuyes y otros animales menores y en el trabajo a domicilio en las pequeñas manufacturas de calzado, cueros y textiles.

Cuadro 6.4. Tungurahua: comerciantes por monto de la inversión, según género, en el mercado mayorista de la ciudad de Ambato (2009)

	Hombre		Mujer	
Inversión en USD por feria	**%**	**Casos**	**%**	**Casos**
Menos de 100	0,0%	0	6,0%	23
De 100 a 199	9,1%	5	15,7%	60
De 200 a 299	5,5%	3	18,3%	70
De 300 a 499	12,7%	7	16,2%	62
De 500 a 599	10,9%	6	17,5%	67
De 600 a 1.000	27,3%	15	14,1%	54
1.001 o más	34,5%	19	12,3%	47
Total	**100,0%**	**55**	**100,0%**	**383**

Fuente: Encuesta realizada en el mercado mayorista de Ambato en octubre 2009.
Nota: 465 encuestas en total; no todas las personas entrevistadas respondieron a la pregunta sobre el monto de la inversión por feria.

¿Cómo formular sintéticamente la idea subyacente sobre el papel de las mujeres en la dinámica económica de Tungurahua?

según el tamaño de la empresa de comercio: los indígenas comerciantes son más pequeños (menos capitales) que los mestizos. En Plaza Pachano, Hanssen-Bauer no pudo observar ningún otro tipo de discriminación hacia las mujeres. Estas participaban igual que los hombres en sus empresas de comercio, gozando a menudo de más reconocimiento que ellos (Hanssen-Bauer 1982, 197 y ss.).

[10] En el análisis de aglomeración que realizamos, se ratifica que los comerciantes varones son los que tienen mayor capital comercial y los que entraron más tardíamente al negocio.

Su importancia en el proceso económico del territorio no proviene de que tengan una educación comparativamente mayor, aunque es muy probable que su mayor participación laboral remunerada contribuyera a mejorar los indicadores de educación inicial de la provincia desde hace varias décadas. Para los objetivos de nuestra investigación, lo esencial es que constituyen una base fundamental para la innovación, la experimentación económica y la diversificación productiva. Precisamente debido a su condición de subordinación, se les encomienda los trabajos complementarios, los pequeños negocios autónomos de experimentación y las actividades riesgosas, pero menores, donde las posibilidades reales de éxito son inciertas. Así se explica la mayor presencia de mujeres en la PEA (salvo en el caso de la agricultura) y sus menores ingresos relativos. Si el negocio prospera, aumentan las probabilidades de que los varones tomen las riendas, al menos formalmente. Aunque el funcionamiento de este mecanismo de diversificación productiva está ligado a las condiciones de subordinación de género, es posible que al promover la participación laboral autónoma de las mujeres contribuya también, a largo plazo y de modo subyacente, a erosionarlas.

3.3. Estructura de la red comercial: comerciantes y productores

El tercer componente de la explicación es la histórica y estrecha simbiosis entre comerciantes y productores. Las mismas familias se dedicaban, simultáneamente, a la producción y al comercio. La cercanía y extensión de la red de ferias facilitó el acceso directo de los productores al comercio y, aunque en la actualidad esa simbiosis se ha debilitado, la extensa red de ferias de Tungurahua no ha sido monopolizada por los grandes comerciantes de origen terrateniente.[11] Esto refuerza sus efectos redistribuidores: no solo la producción está fragmentada entre muchos productores, también lo está el comercio entre muchos comerciantes.

En numerosos estudios previos, se ha mencionado que al menos hasta la década de 1980 el lazo que unía a comerciantes

---

[11] Las redes comerciales de los muy grandes comerciantes se han diversificado por otros canales: la importación y la orientación a un mercado de clases medias y altas, como ocurre con las redes de supermercados Supermaxi. Ese mercado no es insignificante: en Ambato se instaló un "*Mall* de los Andes", que recibe 4,8 millones de personas al año (Sánchez 2009, 91).

con productores era muy estrecho. A esta conclusión llegan los estudios sobre el mercado de Ambato de Alba Luz Moya (1987 y 1988), así como el de Luciano Martínez y Liisa North (2009) sobre Pelileo. En la detallada investigación sobre el comercio de cebolla en el mercado Plaza Pachano, Jon Hanssen-Bauer (1982, 4) sostiene que los sistemas de mercados con una gran cantidad de intermediarios se adaptan bien a situaciones de escasez de los medios de transporte y capital económico, por un lado, y a la abundancia de fuerza de trabajo, con una estructura productiva en la que predominan los pequeños productores, por otro. Mientras en el mercado indígena de Plaza Pachano los grandes se dedican más tiempo al comercio, los pequeños mantienen otras actividades como la agricultura (70% del total de comerciantes) (Hanssen-Bauer 1982, 234). Los "revendones" (pequeños comerciantes itinerantes) comúnmente invierten el capital acumulado en la agricultura (compra de tierras, modernización de la producción) (Hanssen-Bauer 1982, 267-269).

Los datos que recogimos en el mercado mayorista de Ambato sugieren que tal ventaja o simbiosis se ha ido perdiendo. Las comerciantes de puesto fijo,[12] es decir, quienes tienen un lugar permanente en los mercados cerrados construidos a partir de los años 1990, eran minoristas en los mercados tradicionales ubicados en las plazas y calles de la ciudad. Aunque el 93% de las encuestadas en ese mercado mayorista afirmó no hacer ninguna otra actividad además del comercio, el 27% dijo poseer terrenos para la producción agropecuaria que venden en el propio mercado (58% contra 41% que la destinaba al consumo familiar). Así, pues, la relación con la agricultura es todavía visible, aunque débil. En efecto, mientras el 43% de los padres de las actuales comerciantes se dedicaba a la agricultura y el 28% de sus madres se dedicaba al comercio, en la actualidad solo el 20% de sus cónyuges son agricultores. En síntesis, la especialización familiar se ha reforzado en una generación.

El análisis por tipo de producto confirma que las comerciantes mantienen pocas relaciones familiares directas con los productores agropecuarios. Este distanciamiento parece ser el resultado de una especialización "natural" inducida en el

[12] Cuando realizamos la investigación había 97 bodegas, ocupadas principalmente por comerciantes grandes y especializados; 1.447 puestos fijos de comerciantes más pequeños pero también especializados; y 500 "revendonas" (vendedoras informales) en los días pico (domingo y lunes).

comercio por la dinámica propia de la actividad, acrecentada por la especialización "inducida" por la construcción del mercado cerrado. La impresión general es que conforme aumentaba su éxito, se especializaban y se alejaban de la producción directa. El principal efecto de la reubicación en mercados cerrados en las décadas de 1990 y 2000 parece ser la acentuación de la especialización de los comerciantes. Un elemento clave de esa especialización es la división entre "mayoristas" y "minoristas". Los mercados mayoristas teóricamente no permiten el "menudeo" (venta al detal) propio de los pequeños productores agropecuarios. Además, los comerciantes de puestos fijos deben permanecer todo el tiempo en el mercado. En el mercado mayorista de Ambato, ningún puesto fijo puede ser abandonado por mucho tiempo (no hay un reglamento formal al respecto), porque se corre el riesgo de perderlo. Además, las asociaciones de comerciantes vigilan que las adjudicatarias de cada puesto fijo sean efectivamente las que lo usan y realizan las compras personalmente: no se permiten "arriendos" ni "subarriendos".

Adicionalmente, la mayoría de comerciantes de puesto fijo de dicho mercado proviene de las zonas económicamente más prósperas de la provincia. Según nuestra encuesta, el 91% nació en Tungurahua, el 61% es de Ambato (35% del área urbana), el 11,2% de Pelileo y el 11% de Píllaro. Es decir que nacieron en zonas agrícolas donde hace treinta o cuarenta años se producía fruta.

En síntesis, la histórica y estrecha vinculación entre el pequeño y mediano comercio con la pequeña y mediana producción local dinamizó las actividades productivas en la provincia y reforzó la redistribución económica. El crecimiento de las actividades comerciales y productivas, así como ciertas políticas públicas que favorecen la especialización de unos y otros, parecen estar aumentando las distancias entre productores y comerciantes. Tal distanciamiento pudiera perjudicar tanto la dinámica económica territorial como su histórica flexibilidad, tan dependiente del pequeño tamaño de los emprendimientos y de la multiactividad de los hogares y los territorios. Si estas históricas características de las redes comerciales provinciales contribuyeron a la equidad relativa y a la flexibilidad productiva, otras de sus características están teniendo efectos opuestos: contribuyen a la diferenciación social entre zonas, grupos sociales y hogares.

3.4. Estructura de las cadenas comerciales: comerciantes y zonas productoras

El cuarto componente de la explicación de la dinámica económica tungurahuense es el papel decisivo que juegan las diferencias en la estructura de las cadenas comerciales, o las diferencias en la configuración de los actores que relacionan la producción con la distribución. Este factor es decisivo en la distinción entre zonas económicamente diversificadas y zonas excluidas y empobrecidas. Dicha estructura, a su vez, depende de factores como la distribución de activos (productivos y educacionales), la discriminación étnica y la consiguiente configuración de las relaciones de poder en el mercado.[13]

El primer factor de poder a considerar es la escala y costo de la producción. Quienes tienen más tierra, más inversión, más infraestructura, más cercanía al mercado y mejores suelos, disponen de un margen mayor para la negociación. Dicha escala es especialmente importante porque permite una disminución de los costos de transporte. El mejor ejemplo en el mercado mayorista de Ambato es el de los grandes productores de papa, que establecen arreglos directos con los propietarios de las grandes bodegas. Los comerciantes envían sus camiones y camionetas a retirar la mercancía directamente en las fincas, independientemente de la abundancia o escasez del producto.

Los productores pequeños tienen, en cambio, un grave problema de escala, por lo que los costos de transporte de su producto aumentan. Este problema se agrava con un factor adicional: no tener vehículo propio y, por lo tanto, depender de los transportistas y del comerciante.

Las estructuras de intermediación varían según el carácter y recursos de los actores que intervienen. El aspecto esencial es que las redes comerciales que vinculan a medianos y grandes productores con medianos y grandes comerciantes son más "duras", están basadas en lazos fuertes, permanentes, mutuamente beneficiosos, cimentados en la confianza y en la colaboración. Al contrario, los pequeños productores y pequeños comerciantes se relacionan de manera más eventual, la confianza es menor, configuran relaciones más "blandas" o lazos débiles, y menos beneficiosas mutuamente (gráfico 6.1).

---

13 El estudio de las estructuras sociales y de poder en la economía y el mercado es antiguo; remitimos solo al trabajo de Pierre Bourdieu (2001).

Gráfico 6.1. Tungurahua: los cuatro tipos de relaciones comerciales en las naves de la papa

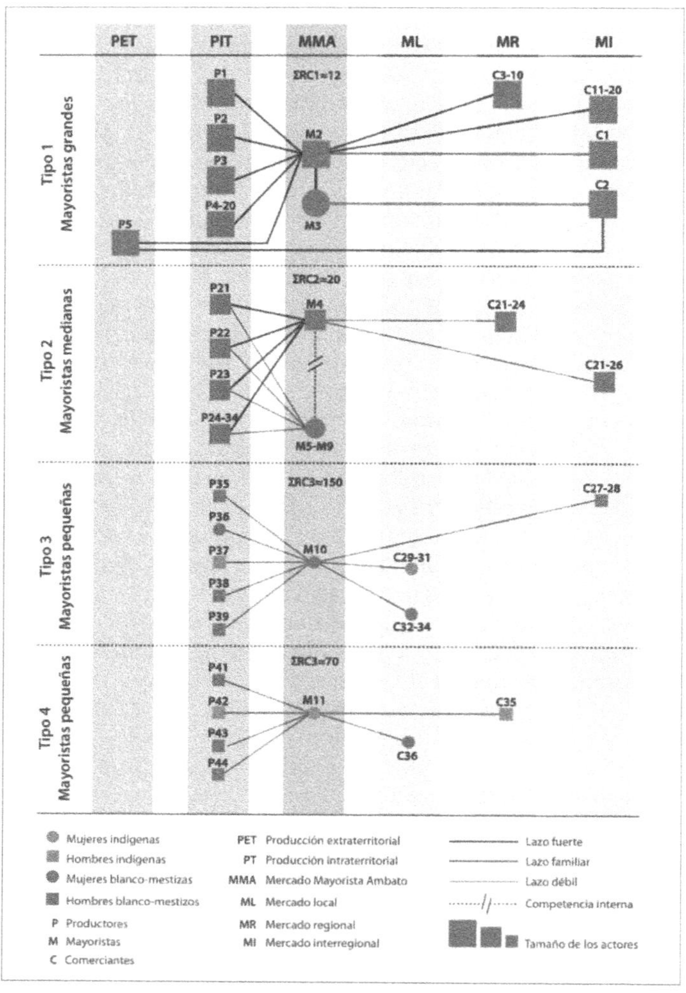

Fuente: Elaborado por Patric Hollenstein a partir de los datos recogidos durante el trabajo de campo.

Los productores medianos y pequeños pueden tener varios intermediarios que se interponen entre los comerciantes de puesto fijo y ellos. Estos productores pequeños se relacionan con los comerciantes pequeños, desconocidos, diferentes, y lo hacen de manera intermitente; en marcado contraste con los productores grandes y medianos que se relacionan directamente con el mercado y los comerciantes, usan sus propios medios de transporte y mantienen relaciones con un solo comerciante grande, generalmente, propietario de bodegas. El comerciante C1a (gráfico 6.1), que semanalmente vende alrededor de 3.000 quintales de papa, mantiene relaciones constantes con una veintena de productores, por lo general, grandes y medianos, blancomestizos, a quienes conoce por su nombre. Estos productores llevan su producto en sus propios vehículos al mercado mayorista, algunos fletan camiones. El punto clave de la relación es el volumen de la producción y el tipo de papa (gruesa y más cara). Ocasionalmente, algunos pequeños productores indígenas lo abastecen también. Sus mercados se extienden a Guayaquil y a Quito, donde el productor tiene un hermano en el mercado mayorista con dos puestos. Vende también una parte de su producto, usualmente el de más alto precio, a otro comerciante grande, C2a, una mujer, que vende regularmente a su esposo en la Terminal de Transferencia de Víveres de Guayaquil. Algunas veces, el producto proveniente de otras provincias de la sierra (en este caso, la norteña provincia del Carchi) viaja directamente a Guayaquil sin necesidad de pasar por Ambato.

En cambio, las pequeñas comerciantes mestizas comercializan 50 quintales de papa de bajo precio por feria, compran a una variedad de productores cuyos nombres no conocen, que cambian de semana en semana, y la distribuyen a comerciantes de Quito, Ambato y la costa, cuyos nombres tampoco conocen (gráfico 6.1). La irregularidad de la relación comercial es fundamental y depende mucho del volumen de las transacciones: los pequeños productores no pueden asegurar constantemente la cantidad de producto que los comerciantes requieren. Poca cantidad y bajo precio del producto siempre se combinan con inestabilidad de la relación comercial. Los pequeños comerciantes indígenas presentan una situación similar, pero con la peculiaridad de que, usualmente, mantienen relaciones de familiaridad con los productores. Los efectos del reducido tamaño de las transacciones se traducen en una estrategia de supervivencia, exclusivamente.

¿Qué efectos tienen estos tipos de relación comercial en la diferenciación espacial dentro del territorio tungurahuense? Un análisis cualitativo de las conexiones mercantiles en la zona occidental de Tungurahua muestra cómo operan estos mecanismos de poder en el mercado y cómo unas zonas se vuelven "ganadoras" y otras "perdedoras" en un mismo territorio marcado por la misma red de ferias.

Los indígenas de las zonas altas occidentales son los más excluidos de la conexión mercantil directa y esas zonas son las que más tardíamente tuvieron acceso a vías de comunicación. Sus propiedades son más pequeñas y sus suelos más pobres. Tienen una ventaja: el agua. No son áreas que necesitan infraestructura de riego, porque son lo suficientemente húmedas como para proporcionar agua al resto de la provincia. La condición étnica crea una barrera difícil de franquear tanto para productores como para comerciantes indígenas, aunque parece ser que antes era peor.[14]

> Nosotros, cuando llegábamos con el producto, nos arranchaban [...] ellos pagaban lo que querían, y como en la plaza no es un solo precio, a veces baja, a veces sube, entonces cuando rebajaba la plaza, devolvían. Uh, tantas cosas, así pasábamos [...] por eso a lo mejor [hago el comercio directamente] [...] iba así más bien por otras plazas más lejos. Entonces eso hemos aprendido un poquito de hacer el negocio. En la plaza, los intermediarios lo mismo, no daban la plata completa, llevaban a la fuerza [...][15]

En Quero, en cambio, zona mestiza, se privilegia la venta a los comerciantes grandes que van a las fincas. La relación es permanente y basada en redes de confianza, especialmente

[14] La descripción etnográfica de lo que Hugo Burgos llamaba "intercambio colonialista" entre "revendonas mestizas" y productores indígenas a fines de los años 1960 en Riobamba es pavorosa (Burgos 1997 [1970] cap. 6, 187-245).

[15] Entrevista realizada en Chibuleo San Pedro, Juan Benigno Vela, 4 de septiembre de 2009.

entre comerciantes y productores grandes o medianos. El productor facilita crédito al comerciante, y viceversa. La relación es de amistad, incluso de familiaridad, porque comparten espacios sociales como fiestas y encuentros deportivos. El intermediario es como un prioste de las comunidades de altura, apoya los equipos de fútbol, entrega trago, paga la banda de música. Todo ello incide en los procesos de negociación comercial. Este es un testimonio de un productor mestizo acomodado de la zona.[16]

> Yo entrego ahora verá a... un señor de la ciudad mismo es él. Entonces lo ventajoso es cuando está caro la papa póngase estése a 15 dólares la papa, a usted le arranchan. Pero ponga precio de ahorita, nadie le va a parar bola por una papa, si es que es buena, buena y da barata le llevan, ¿no? Entonces yo con este señor lo ventajoso para uno es que en tiempo de barato, él sale a llevar donde está la papa, en el puesto de la sementera, ahí yo cavo y le arrumo a donde que llega el carro [...]. Por ejemplo, a veces he tenido necesidades, no he estado cosechando y no he tenido plata yo, yo le he dicho a él: vea don Ernesto hágame un favor, présteme unos 1.000 dólares, para que me descuente, ya le voy a cavar después de un mes, bueno, dice, él presta [...]
> [...] Él carga de todos, de mi suegro, de mis dos cuñados, de parte de los hermanos de mi esposa, cargan de mis cuñados, de mi hermana [...]. Él hace cuenta que carga más o menos entre unos 2.500 a 3.000 quintales semanales solo de los de nosotros de los conocidos ya, nada más [...].
> De repente sabe haber, por ejemplo, de repente un matrimonio, bodas por acá, ahí saben ir a agarrar a tomar por ahí, sí, sí, bien llevado es... el fútbol cuando juegan los intercantonales Quero con Pelileo, ahí, él es de Pelileo, ahí sabemos encontrar. Es bien llevado, no solo es los negocios ya digo, los matrimonios, las fiestas por acá, a él siempre le invitan, [...], en época de fiestas le piden que dé una banda así, entonces él da y le invitan para que venga a la fiesta, él sabe venir viene trayendo trago, así...

---

16 Productor de papa. Entrevista realizada en Quero, 18 de agosto de 2009; el mismo comerciante compra en Tisaleo y Píllaro.

La naturaleza de las conexiones mercantiles resulta, pues, muy importante para explicar el éxito del productor, aunque siempre hay que combinarla con factores como la calidad y cantidad de tierras y otros activos disponibles. La discriminación contra la gente indígena cuenta, ya que traba el funcionamiento de las redes comerciales. Los indígenas no solo tienen enormes dificultades para acceder directamente a la comercialización, sino que cuando llegan a los mercados se enfrentan a bloqueos. Por ejemplo, tienen dificultades para conseguir los puestos fijos del mercado mayorista de Ambato. Solo son numerosos en la nave de legumbres y hortalizas (zanahoria, cebollas, ajo), y algo en papas y productos del valle (productos de la zona central de la provincia). Es en esas naves y redes donde parece haber más relación entre comerciantes y productores, aunque muchos parecen pilahuines y chibuleos que no dicen tener relación familiar directa con los productores. Se trata del comercio de escala más modesta.

De hecho, la mayoría de las indígenas vende al por menor en gradas, nichos y calles, sin tener acceso a los puestos o bodegas de ese mercado mayorista. Afuera del mercado, grupos de indígenas venden al por menor. Los días lunes ese mercado se convierte, como a lo largo del siglo XX, en una gran feria minorista donde se incluye la venta de ropa. Los comerciantes con puesto fijo y los administradores municipales se oponen a los mercaderes ambulantes, que generalmente son mujeres indígenas.

3.5. Instituciones

El quinto componente de la explicación es que los efectos redistribuidores de la red de mercados de la región dependieron de las pautas de intervención de las organizaciones y del funcionamiento de las instituciones locales. La acción estatal fue moderadamente relevante en tres aspectos: la extensión de los servicios de educación inicial; la extensión de ciertos servicios de infraestructura productiva, fundamentalmente electricidad y vialidad; y una serie de políticas económicas para proteger el mercado interno y en las que se apoyaron ciertas actividades productivas agrícolas y manufactureras.

El papel de las organizaciones civiles fue fundamental en la configuración de las condiciones que dieron nacimiento a las reglas y normas de funcionamiento de los mercados de Tungurahua. Principalmente dos factores ampliaron las capacidades de negociación de los pequeños y medianos productores frente a los comerciantes: una estructura de tenencia de la tierra relativamente equitativa desde antes de la reforma agraria de la década de 1960, y la temprana extensión de la infraestructura de riego ejecutada por productores y comerciantes desde fines del siglo XIX.

Las instituciones cuentan en el proceso de crecimiento económico, en la prefiguración de las modalidades dominantes, en la regulación del ritmo y en las características más o menos redistributivas y sustentables de los resultados. Esta conclusión es aceptada en la mayoría de estudios sobre el desarrollo, independientemente de las posiciones ideológicas. Es reconocida en trabajos sobre la economía institucional de corte neoclásico (por ejemplo, los de Douglass North 1990). En la influyente formulación de J. Berdegué y A. Schetjman (2007, 66-68 y 77-83), los aspectos institucionales del "desarrollo territorial rural" son considerados cruciales, especialmente para garantizar la equidad y redistribución durante el proceso de "transformación productiva". La "transformación productiva" permite el crecimiento económico, mientras que las "instituciones" favorecen la equidad. Un ejemplo de aplicación del análisis institucional, pero desde la perspectiva de los sistemas mundiales, es el de José Itzigsohn (2001), que compara los casos de Costa Rica y República Dominicana en los siglos XIX y XX. Dos países con posiciones y trayectorias similares en la economía mundial, con modelos económicos parecidos, siguieron vías muy distintas de desarrollo debido a las diferencias en cuanto a las características de los Estados. En Costa Rica se estableció un Estado reformista y de bienestar, mientras que en República Dominicana se instauró un Estado represivo que alentó el trabajo barato.[17]

[17] La existencia de una economía agraria basada en pequeños y medianos productores de café es generalmente considerada la condición estructural de base para el surgimiento del Estado reformista en Costa Rica (Williams 1994).

La distinción entre "organizaciones" e "instituciones" es especialmente importante para esta investigación. La primera hace referencia a los actores sociales organizados, sea dentro de la sociedad civil o en las estructuras estatales. Las instituciones, en cambio, refieren fundamentalmente a las reglas de juego, a las pautas que regulan las acciones de los actores. Pueden ser formales (leyes, códigos, reglamentos) o informales (costumbres, arreglos de interacción social más o menos consensuados o más o menos impuestos). Por último, estas reglas influencian el comportamiento social por la vía de las restricciones y los incentivos (North 1990).

Desde un punto de vista teórico, la tesis esbozada en este trabajo es que las reglas informales de funcionamiento de las ferias semanales fueron más importantes en la configuración de las dinámicas económicas del territorio de Tungurahua, que la acción deliberada y organizada de las instituciones del Estado. No obstante, ambas intervenciones, la formal y la informal, son relevantes para explicar los efectos redistributivos de la dinámica económica territorial.

La acción estatal fue moderadamente relevante en tres aspectos. Primero, la extensión de los servicios de educación inicial en el momento del despegue económico del territorio, lo cual favoreció la inserción mercantil de muchos sectores sociales empobrecidos. Los indígenas tuvieron menos acceso a la educación primaria y, por lo tanto, las ventajas de esos servicios no los alcanzaron. Segundo, la extensión de ciertos servicios de infraestructura productiva, fundamentalmente electricidad y vialidad. Esto permitió integrar gran parte del territorio a la red de ferias desde épocas tempranas, una vez que el ferrocarril dejó de ser la base de los intercambios interregionales en el Ecuador. La demanda social y la colaboración desde abajo fueron el complemento necesario de la acción estatal desde arriba. Algunas zonas altas del oeste y este de la provincia, precisamente las habitadas por pueblos y comunidades indígenas, estuvieron al margen de esta acción estatal y de sus efectos redistributivos. Tercero, una serie de políticas económicas proteccionistas del mercado interno impulsaron ciertas actividades productivas agrícolas (frutales) y manufactureras (textiles, productos de cuero, zapatos);

estas actividades estaban ya consolidadas en el tercer cuarto del siglo XX. La tesis de este estudio es que esas tres políticas gubernamentales deliberadas, sostenidas y exigidas por una demanda social fueron complementos esenciales para la consolidación de las dinámicas económicas territoriales de Tungurahua.

En efecto, la infraestructura vial, los servicios de electricidad y la educación inicial en Tungurahua son mejores que los de las provincias vecinas. Un análisis integrado de seis indicadores educativos de la provincia, entre 1962 y 2001, lo confirma. Estos indicadores pueden dividirse en dos grupos de acuerdo con la estructura económica del territorio. El primer grupo, que se denominará "de desarrollo inicial", está constituido por indicadores vinculados a la cobertura de la educación básica: alfabetismo, escolaridad y tasa de asistencia a nivel primario. El segundo grupo, que corresponde a indicadores "de desarrollo diversificado", se refiere a la instrucción secundaria y superior. El análisis permite concluir que los indicadores de desarrollo inicial tienden a aumentar rápidamente en las primeras etapas del desarrollo educativo; posteriormente, cuando la cobertura de la instrucción primaria tiende a generalizarse y baja el analfabetismo, su evolución es lenta. El segundo grupo comienza a crecer significativamente solo cuando la educación primaria ha adquirido un desarrollo mínimo y, posteriormente, refleja el progreso educativo en etapas más avanzadas del proceso de desarrollo.

Así, entre 1962 y 1982 Tungurahua tuvo ventajas educativas, ante todo, en los indicadores iniciales. Entre 1982 y 2001, esas ventajas fueron menos relevantes, mientras que los indicadores de desarrollo diversificado se tornaron relevantes. El resultado agregado final es que la provincia mantiene su ventaja educativa. En 1962, la diferencia entre la tasa de asistencia a las escuelas primarias de Tungurahua y la del resto de provincias de la sierra era significativa. En 2001, como todas las provincias habían logrado tal nivel de cobertura para la educación primaria, ese indicador dejó de reflejar una ventaja sensible. La tasa de asistencia a la educación superior muestra la evolución inversa: en 1962 era muy baja para todas las provincias (con excepción de Pichincha). Al contrario, en

2006, la diferencia entre provincias fue notoria en este indicador de desarrollo diversificado. En síntesis, la situación de la educación en Tungurahua ha sido la más ventajosa en la sierra desde 1962.

Una situación similar ocurre en la disponibilidad de electricidad en el hogar. En el Censo de 1962, solo el 49% de los hogares de Tungurahua tenía electricidad, aunque era la segunda provincia mejor servida de la sierra; la diferencia con la peor servida (Bolívar) fue de casi 40 puntos. En 2001, el 94% de los hogares de Tungurahua tuvo electricidad y se acortó la diferencia con la provincia de Bolívar (menos de 15 puntos). En el caso de la vialidad, Tungurahua ya tenía caminos en la primera mitad del siglo XX, pero a inicios del siglo XXI tiene mucho mejores vías de comunicación, lo cual reduce los costos de transporte. La mejora sensible de la vialidad fue, precisamente, una de las políticas más populares del gobierno provincial que estuvo en ejercicio entre 2000 y 2010. El estudio de Maruyama, Elías y Torero (2008) basado en la información contemporánea sobre la densidad de la red vial en Tungurahua y los costos de transporte a los mercados locales más cercanos, confirma que son los menores de toda la sierra en el transporte de alimentos hasta los mercados más cercanos. Solamente en la cuenca baja del Guayas (costa ecuatoriana) hay una red comparable. Todo esto tiende a confirmar el papel central del comercio liderado por las ferias de Ambato y articulado por otras ferias cercanas.

La intervención pública fue fundamental en los campos de la educación, la vialidad y la electricidad, por el monto de las inversiones. Sin embargo, hay un caso en el cual la intervención comunitaria, de organizaciones sociales vecinales, fue más decisiva que la gubernamental. La revisión de la historia económica de Tungurahua entre 1850 y 1950 revela que la acción de los actores no estatales fue muy importante en la construcción social e histórica de las reglas de funcionamiento de la red de ferias y de la actividad comercial. Sus efectos se desplegaron principalmente en dos aspectos de la historia y la configuración territorial de la región. Uno es la estructura relativamente equitativa de tenencia de la tierra. El crecimiento de las actividades comerciales en Ambato, a las cuales se integraron tempranamente los pequeños productores, fue la base para que la Ley de Desamortización de Tierras Comunales de 1870 y las leyes de Reforma Agraria de 1964 y 1973 reforzaran la tendencia a la parcelación de las grandes propiedades y a la consolidación de la pequeña y mediana propiedad, sobre todo en las zonas bajas del centro y el oriente. Así, la redistribución de la tierra operó por la vía del mercado (los campesinos pudieron comprarla) y fue ratificada por medio de rebeliones campesinas violentas que evitaron la consolidación de las tendencias concentradoras que ocurrió en otras regiones.[18] El segundo aspecto es la temprana ampliación de la infraestructura de riego. Los estudios disponibles muestran que no se trató ni se trata de iniciativas basadas en el financiamiento estatal. Las evidencias sugieren que hubo tres incentivos fundamentales para la construcción de canales de riego: el crecimiento de la producción de cereales destinada a la costa; la producción de frutas de clima templado destinada a Quito, y la intervención del capital mercantil local interesado en la compra-venta de tierras que se valorizaron con el riego. Gracias al riego, los pequeños productores pudieron aumentar la productividad y tuvieron más productos para la venta. Por lo tanto, se convirtieron en un oferente más atractivo para los comerciantes.[19] El resultado neto de estos dos procesos (redistribución de la tierra y ampliación del riego) fue el fortalecimiento del poder relativo de los pequeños productores, quienes pudieron intervenir en el comercio y negociar más favorablemente en el mercado. La tendencia redistributiva se reforzó.

Ninguna organización formal conocida intervino, directamente y de manera relevante, en los procesos de negociación que ocurrieron en el mercado o la red de ferias de Tungurahua. Las juntas de agua potable o de riego, sin duda las organizaciones más densas y fuertes del área rural

18 Es nuestra interpretación del trabajo de Hernán Ibarra (1987) sobre la estructura económica de la sierra central entre 1850 y 1950 (Ospina *et al.* 2009).

19 Es la interpretación que hacemos en Ospina et al. (2009) tanto del trabajo de Ibarra como del de Núñez y Vega (1992) y de Ruf (2006).

en la provincia,[20] no han intervenido en la comercialización. Tampoco el Estado lo ha hecho, ni siquiera cuando pretendió regularla durante la construcción de los mercados cerrados a mediados de la década de 1990. Los comerciantes ambulantes se trasladaron de las calles a esos mercados, pero sin que se instauraran reglas que modificaran radicalmente el funcionamiento de las redes de poder y de comercialización vigentes en ese momento. Siguieron siendo los propios comerciantes los que negociaron sus formas de participación, sus modalidades de relación con los productores y las reglas de funcionamiento del mercado. La investigación de las redes comerciales existentes en el mercado mayorista de Ambato sugiere que factores como la escala de la producción y la disponibilidad de activos, por ejemplo, vehículos propios, son fundamentales en la creación de redes de confianza y de lazos fuertes entre comerciantes y productores.

En síntesis, todo indica que el modo específico de funcionamiento de los mercados en Ambato es el producto no previsto de las acciones de múltiples actores y organizaciones que luchaban por reivindicaciones o demandas parciales, a veces alejadas del tema específicamente comercial. Tal situación recuerda la célebre sentencia de Friedrich Engels en su carta a J. Bloch el 21 de septiembre de 1890:

> [...] la historia se hace de tal modo que el resultado final proviene siempre de conflictos entre un gran número de voluntades individuales, cada una de las cuales está hecha a su vez por un cúmulo de condiciones particulares de existencia. Hay, pues, innumerables fuerzas que se entrecruzan, una serie infinita de paralelogramos de fuerza que dan origen a una resultante: el hecho histórico. A su vez, este puede considerarse como producto de una fuerza que, tomada en su conjunto, trabaja inconsciente e involuntariamente. Pues el deseo de cada individuo es obstaculizado por el de

[20] Existen 237 sistemas de riego en Tungurahua (3 estatales y 234 privados) y 167 sistemas de administración del agua potable a nivel rural, generalmente manejados por juntas parroquiales o comunidades (Gobierno de la Provincia de Tungurahua 2007).

otro, de lo que resulta algo que nadie quería (Marx y Engels 1971, 453, traducción nuestra).

El aspecto decisivo para que en Tungurahua existieran instituciones de mercado menos desfavorables para los pobres ha sido el poder relativo de los actores sociales que han intervenido en la negociación. Así, el mayor poder relativo de los pequeños productores, los pequeños comerciantes y los pequeños emprendimientos artesanales determinó que el funcionamiento del mercado fuera relativamente más favorable para ellos. Por esa misma razón, las zonas altas y las comunidades indígenas han sido las menos favorecidas. La desigualdad de acceso al mercado replica la desigualdad estructural, tanto social como territorial, de los actores productivos de Tungurahua.

Referencias citadas

Berdegué, Julio y Alexander Schejtman. 2007. *Desarrollo territorial rural. En Territorios rurales. Movimientos sociales y desarrollo territorial rural en América Latina* editado por José Bengoa. Santiago de Chile: Catalonia y Rimisp.

Bourdieu, Pierre. 2001. *Las estructuras sociales de la economía.* Horacio Pons (trad.). Buenos Aires: Ediciones Manantial.

Braudel, Fernand. 1979. Civilisation matérielle, économie et capitalisme. XVème-XVIIIème siècle. Vol. 2. *Les jeux de l'échange.* París: Armand Colin.

Bromley, Raymond. 1975. Periodic and Daily Markets in Highland Ecuador. Tesis para obtener el Ph D. de la Universidad de Cambridge.

Burgos Guevara, Hugo. 1997 [1970]. *Relaciones interétnicas en Riobamba. Dominio y dependencia en una región indígena ecuatoriana.* 2da. ed. Quito: Corporación Editora Nacional.

Delgado Aguilar, Jeaneth. 2006. Informe de la realización del modelo predictivo al 2015. s.l. Proyecto Plantel.

Forster, Nancy R. 1990. The Struggle for Land and Livelihood: Peasant Differentiation Andsurvival during the Agrarian Transition in Tungurahua, Ecuador. Tesis para obtener el título de PhD por la Universidad de Wisconsin, Madison.

Fundación Natura. 1998. Ecuador: Informe Ambiental. Indicadores para el seguimiento de la situación del medio ambiente en el Ecuador. Quito: Fundación Natura y Secretaría Técnica del Frente Social.

Gobierno de la Provincia de Tungurahua. 2007. Una provincia prendida en el presente. Ambato, Ecuador: Gobierno de la Provincia de Tungurahua, Unidad Técnica de Apoyo (octubre).

Hanssen-Bauer, Jon. 1982. Plaza Pachano. Market Integration, Intermediaries and Rural Differentiation in Tungurahua, Ecuador. Tesis para obtener el título de Maestría en Antropología Social de la Universidad de Oslo. Oslo Occasional Papers in *Social Anthropology* núm 5, Universidad de Oslo.

Honorable Consejo Provincial de Tungurahua *et al.* 2004. *Inventario y diagnóstico del recurso hídrico. Provincia de Tungurahua*. Ambato: HCPT-CNRH-PROMACH-IEDECA-CESA (abril).

Ibarra, Hernán. 1987. Tierra, mercado y capital comercial en la sierra central. El caso de Tungurahua (1850-1930). Tesis para obtener el título de Maestría de la Facultad Latinoamericana de Ciencias Sociales, FLACSO, sede Ecuador.

INEC, Instituto Nacional de Estadística y Censos. Censos de Población, 1990 y 2001. Quito: INEC.

.... *Censo Agropecuario de 2000.* Quito: INEC.

Itzigsohn, José 2001. World Systems and Institutional Analysis – Tensions and Complementarities. The Cases of Costa Rica and the Dominican Republic. *Review Fernand Braudel Center* 25, 3: 439-468.

León, Juan Bernardo (editor científico). 1997. *Ecuador, espacio y sociedad. Atlas de la diversidad socioeconómica.* Quito: PUCE, ORSTOM, INEC.

Luxemburg, Rosa. 1967 [1907]. *Reforma o revolución.* R. Cáceres (trad.). México: Grijalbo. Colección 70.

Martínez, Luciano y Liisa North. 2009. *"Vamos Dando la Vuelta". Iniciativas endógenas de desarrollo local en la sierra ecuatoriana*. Quito: FLACSO, sede Ecuador.

Maruyama, Eduardo, Maribel Elías y Máximo Torero. 2008. Tipología de microrregiones de las áreas rurales de Ecuador. Lima. Informe preliminar para IFRI.

Marx, Karl y Friedrich Engels. 1971. *Correspondance*. Moscú: Editions du Progrès.

Metais, Sarah (coord.). 2000. *Diagnóstico socioeconómico y técnico de los sistemas agrarios de la cuenca del río Ambato*. s.l.: CICDA/PROMACH.

Ministerio de Agricultura y Ganadería. 2005. *Oferta tecnológica para cadenas agroalimentarias. Proyectos IQ-CV-083*. Quito: MAG, PROMSA.

Moya, Alba. 1987. Ambato-ciudad mercado. En Serge Allou *et al. Geografía básica del Ecuador*. Tomo III. *Geografía urbana. El espacio urbano en el Ecuador. Red urbana, región y crecimiento*. Quito: CEDIG, ORSTOM, IGM, IPGH.

.... 1988. *Alimentos y mercados, el papel de Tungurahua*. Quito: CEDIME.

North, Douglass. 1990. *Institutions, Institutional Change and Economic Performance*. Cambridge: Cambridge University Press.

Núñez, Pablo y Juan Vega Urcelay. 1992. Análisis histórico de la problemática del riego en la provincia de Tungurahua. Tesis para obtener el título de Licenciatura en Ciencias Históricas de la Pontificia Universidad Católica del Ecuador (PUCE), Quito.

ORSTOM-PRONAREG. 1983-1986. *Mapas de Aptitudes Agrícolas 1976-1982. Escala1: 200.000*. Quito: PRONAREG-ORSTOM.

Ospina, Pablo *et al.* 2009. Tungurahua: una vía alternativa de modernización económica. Santiago de Chile: Rimisp, Programa Dinámicas Territoriales Rurales, documento de trabajo núm. 35.

Récalt, Christine. 2008. Entre partage et exclusion: les politiques de l'eau en Équateur depuistrente ans. L'exemple de Píllaro (Tungurahua). París: IRD.

Ruf, Thierry. 2006. Recursos compartidos y derechos dinámicos: la lucha histórica por el agua en la provincia de Tungurahua, Ecuador. En *Agua y derecho: políticas hídricas, derechos consuetudinarios e identidades locales,* editado por Rutgerd Boelens, David Getches y Armando Guevara Gil. Lima: Instituto de Estudios Peruanos, WALIR, Agua y sociedad, sección Walir 1.

Sánchez, Leisa. 2009. Las 15 empresas top del Ecuador. *Gestión, economía y sociedad* núm. 180. Quito (junio).

Troya, Ximena. 2009. Análisis de una experiencia de desarrollo local a partir de un producto con identidad territorial (Caso de productores de chocolate de Ambato). Tesis presentada para obtener el título de Maestría en Desarrollo Local y Territorio por la Facultad Latinoamericana de Ciencias Sociales, FLACSO, sede Ecuador.

Williams, Robert. 1994. *States and Social Evolution. Coffe and the Rise of National Governments in Central America.* Chapel Hill y Londres: The University of North Carolina Press.

Capítulo 7. Café y maíz en Loja, Ecuador. ¿Un crecimiento sustentable o pasajero?

Pablo Ospina Peralta (coordinador), Diego Andrade, Sinda Castro, Manuel Chiriboga, Patric Hollenstein, Carlos Larrea, Ana Isabel Larrea, José Poma, Bruno Portillo, Lorena Rodríguez

Abstract

This article examines two territorial economic dynamics based on rural agricultural products: the maize grown in Pindal and the coffee cultivated in the municipalities around Cariamanga. Both dynamics are characterized by a connection to growing markets and notable technological change. Maize production has expanded as a result of a strong increase in productivity due to the use of chemicals and hybrid seeds, while coffee production grew as a result of a focus on organic and niche markets. The results of these two processes are different. The dynamic associated with maize has resulted in greater economic growth with poverty reduction as well as concentration of income, environmental deterioration, increased external dependency and the reinforcement of patriarchal relationships. The economic dynamic linked to coffee, by contrast, has implied very moderate economic growth with slight poverty reduction but greater equality in regard to income distribution, greater opportunities for environmental sustainability and the reinforcement of women's autonomy. The purpose of this study is to explain these divergent results based on the contexts in which they were developed, the stakeholders and social coalitions that promoted them and the types of markets targeted for the products.

Mientras el crecimiento económico del Ecuador ha sido modesto y ha aumentado la desigualdad social desde la década de 1990, en varios territorios pequeños se ha logrado combinar crecimiento económico, reducción de la pobreza y mejora en la equidad social (Larrea *et al.* 2011). Algunos son casos aislados en parroquias urbanas; otros son conjuntos más o menos concentrados de parroquias rurales cuya dinámica territorial amerita ser investigada.

Uno de esos territorios corresponde a ciertas zonas de la provincia de Loja, ubicada en la sierra sur del Ecuador, frontera con el Perú. Entre 1962 y 2001, la población de esa provincia aumentó de 284.000 a 405.000 habitantes, lo que representa una de las más bajas tasas de crecimiento poblacional del país, crecimiento que ha sido más modesto aun desde 1990 debido a una nueva ola migratoria, esta vez, de carácter internacional. Los hombres y las mujeres que salieron masivamente hacia Europa, principalmente a España, sobre todo a raíz de la crisis nacional de fines del siglo XX, envían remesas a sus familiares.

Estos resultados estadísticos positivos ocurren en territorios que durante toda la etapa republicana, desde 1830 hasta 1950, estuvieron aislados, física y económicamente, de las dinámicas nacionales. Las permanentes tensiones militares en la frontera con el Perú contribuyeron al aislamiento que se extendió hasta que la red vial conectó la provincia con el resto del país en la década de 1970.

Como resultado de ese aislamiento, desde inicios del período republicano se consolidó una oligarquía terrateniente poco articulada a los mercados externos, que controló todas las esferas del poder local (Fauroux 1988), basándose en el control monopólico de la tierra: cerca del 60% de la superficie registrada hacia mediados del siglo XX correspondía a 120 latifundios que representaban el 0,3% de las unidades de producción agropecuaria, según el censo agropecuario de 1954. El sistema hacendario empezó a disolverse desde 1950, principalmente después de una de las más duras sequías conocidas en el país, ocurrida entre 1967 y 1970, que coincidió con la reforma agraria. Comenzó desde entonces una lenta y desigual modernización agraria acompañada de intensos procesos migratorios. La modernización se concentró en los pequeños valles con riego en tres cantones: Loja, Catamayo y Macará, donde se intensificó la producción de caña, arroz y hortalizas, mientras los campesinos situados en zonas de secano optaron por la migración o por una riesgosa producción estacional de café, maíz, maní, fréjol, caprinos y vacunos.

¿Qué factores pueden haber influenciado para que en ese contexto desfavorable se produjera recientemente, en algunos lugares de la provincia, una combinación de un moderado crecimiento económico junto con la reducción de la pobreza y de la desigualdad? Responder a esta pregunta es el objetivo principal de este artículo.

1. Los territorios

Los territorios sobre los que concentramos la atención están dentro de tres "círculos concéntricos". El primero y más grande es el de los "Andes bajos", que atraviesa la frontera con el Perú; sus ejes de articulación, durante la Colonia, fueron la minería de oro en Zamora y Zaruma, la explotación de la cascarilla[1] y su exportación a través del puerto de Piura, departamento de Paita, en el Perú. Esta gran área, que incluye proyectos de integración binacional, es conocida en el Ecuador como la "región sur". El segundo círculo es más pequeño: incluye la provincia de Loja, una gran parte de la provincia amazónica de Zamora y las partes orientales de la provincia costera de El Oro (cantones de Zaruma, Portovelo, Piñas y Las Lajas) y corresponde a la región hegemonizada por la oligarquía terrateniente lojana hasta mediados del siglo XX. Dentro del tercero, consta un conjunto de pequeños territorios en los cuales han aumentado las articulaciones espaciales internas, así como los vínculos de cada territorio con la costa ecuatoriana, a la vez que ha disminuido la dependencia que mantenían con la ciudad de Loja, tal como muestra Pietri-Levy (1995, 117-118 y 120).

> El dinamismo económico de la ciudad de Loja y de la provincia en su conjunto es extremadamente débil, y esta debilidad se refleja en la hipertrofia de todos los niveles del sector comercial [...]. La evolución reciente y el dinamismo económico de los otros diversos centros urbanos dependen esencialmente de su localización, puesto que sus funciones son ante todo comerciales [...] Cariamanga es el polo económico del sur de la provincia; la única ciudad capaz de contener, en un espacio dado, la influencia directa de Loja [...] La función comercial de Cariamanga es antigua. Punto

---

1 Corteza del árbol de la quina de la cual se obtenía la quinina para combatir la fiebre amarilla desde el siglo XVIII.

de concentración de los productos de la ganadería y de la agricultura de una amplia parte de la provincia, Cariamanga trata con Cuenca o Guayaquil y con el Perú [...] Catacocha, del otro lado del valle del río Catamayo, en el camino de acceso al oeste de la provincia, no ha alcanzado nunca la importancia comercial de Cariamanga. El comercio de la parte occidental de la provincia de Loja se ha organizado en torno a Celica y, más recientemente, también a Alamor.

Son los territorios dentro del tercer círculo los que se han fortalecido desde el último tercio del siglo XX mientras se debilitaban los otros dos. Nuestro estudio se concentró en dos de esos territorios del tercer círculo donde existen dinámicas de crecimiento ligadas al sector agropecuario: la zona maicera de Pindal y la zona cafetalera alrededor de Cariamanga (mapa 7.1).

Mapa 7.1. Subregiones de la provincia de Loja

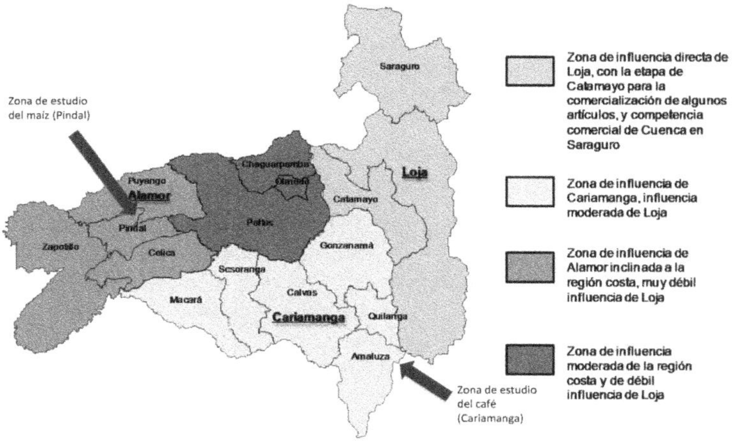

Fuente: Adaptado de Pietry-Levy (1995).

2. Los territorios del maíz y del café

Cuatro motivos nos impulsaron a seleccionar el territorio del maíz en Pindal-Alamor y el del café en la región de Cariamanga. En primer lugar, identificamos dinámicas que son cada vez más determinantes para las economías locales y cada vez más autónomas respecto al centro de la provincia. En segundo lugar, son casos relacionados con actividades agropecuarias, que son las dominantes en la Loja rural. En tercer lugar, son zonas con poco o ningún riego, que es la situación de la mayoría de las economías agropecuarias de la provincia (Maldonado, Vivar y Vélez 2005). Finalmente, pudimos contrastar dos casos muy diferentes, tanto por sus historias agrarias como por el control sobre sus dinámicas económicas. El maíz nació en regiones donde la pequeña y mediana propiedad independiente tenían una larga historia y donde se instaló una dinámica económica controlada principalmente por intereses empresariales externos, mientras que el café nació en regiones donde había predominado el latifundio y donde los actores locales han logrado un mayor control sobre la dinámica económica.

Los niveles de pobreza son muy altos en ambas zonas (cuadro 7.1). En Cariamanga y Alamor,[2] donde se concentran las dinámicas comerciales del café y el maíz respectivamente, los niveles de desigualdad son bajos para los estándares ecuatorianos y ha crecido el consumo medio por habitante. En la zona maicera, han aumentado el consumo y la desigualdad, pero se ha reducido la pobreza. En la zona cafetalera, la tendencia es similar, aunque menos clara: son muy moderados tanto el aumento de la desigualdad y del consumo como la reducción de la pobreza.[3]

---

[2] En Alamor acopian maíz y, sobre todo, café. Si bien la mayoría del maíz se comercializa en Pindal, en Alamor se venden los insumos agropecuarios y allí se encuentra la sucursal del Banco de Loja, que inició la concesión de créditos para la producción de maíz amarillo en la zona.

[3] Para el análisis estadístico, usamos información combinada del Censo de 2001 con la Encuesta de Condiciones de Vida de 2006. El crecimiento de los mercados de café y maíz ocurrió a partir de 2003-2004. Por lo tanto, las cifras sobre crecimiento, reducción de pobreza y reducción de desigualdad reflejan

Cuadro 7.1. Cambios en el consumo, la pobreza y la desigualdad en las parroquias de la provincia de Loja entre 1990-95 y 2001-06

Parroquia	Municipio	Pobreza 1990	Pobreza 2001	Consumo medio 1990	Consumo medio 2001	Gini 1990	Gini 2001
Loja (urb.)	Loja	0,41	0,246	102,01	145,78	0,448322	0,395193
Catamayo (La Toma) (urb.)	Catamayo	0,599	0,471	70,49	84,18	0,465763	0,343816
Cariamanga (urb.)	Calvas	0,642	0,478	68,97	93,47	0,382788	0,375102
Santa Teresita	Espíndola	0,916	0,781	35,48	47,83	0,334869	0,3980322
27 de abril	Espíndola	0,852	0,749	42,97	48,27	0,365606	0,440705
El Ingenio	Espíndola	0,851	0,854	44,18	38,45	0,425887	0,481808
El Airo	Espíndola	0,906	0,809	36,68	46,49	0,320938	0,353060
Alamor	Puyango	0,66	0,534	67,59	78,75	0,364039	0,376966
Pindal	Pindal	0,717	0,625	60,04	67,66	0,332838	0,386577
Chaquinal	Pindal	0,814	0,758	50,55	51,5	0,304812	0,341191
12 de Diciembre	Pindal	0,817	0,782	50,09	47,4	0,316192	0,410669
Quilanga	Quilanga	0,708	0,723	68,76	58,26	0,496661	0,462477
Fundochamba	Quilanga	0,836	0,634	46,46	63,78	0,367799	0,429744
San Antonio de las Aradas	Quilanga	0,831	0,803	48,09	45,92	0,446656	0,456371

Fuentes: INEC (1990, 1995, 2001, 2006). Elaboración: Carlos Larrea y Ana Isabel Larrea.
Nota: Zona cafetalera del estudio de caso; zona maicera del estudio de caso.

En 2001 seguían siendo muy altos los niveles de emigración en los municipios maiceros y cafetaleros bajo estudio. Los cuatro cantones cafetaleros de la zona que estudiaremos (Calvas, Sozoranga, Espíndola y Quilanga) tienen la mayor emigración internacional de la provincia y están entre los diez primeros del Ecuador. Entre 2007 y 2010, las remesas que ingresaron a la provincia de Loja cayeron de USD 353.2 millones a USD 197.8 millones, y luego a USD 131.9 millones para finalmente llegar a USD 107.4 en el último año, con lo que

limitadamente los procesos posteriores; deben ser consideradas como "indicios" de dinámicas económicas incluyentes.

se mantuvo como la quinta provincia receptora de remesas en el país (Banco Central del Ecuador 2009a, 2009a y 2010). Montos tan importantes, aunque declinantes en el periodo de estudio, la mayoría dedicados al consumo, han dinamizado el comercio y los servicios, además de la construcción, sobre todo en los territorios articulados a la capital provincial y a Cariamanga, en la zona cafetalera. Los territorios en torno a Macará, Pindal y Alamor, dedicados al maíz, café y arroz, están menos influidos por las remesas.

Las remesas enviadas por hombres y mujeres se destinan a la manutención del hogar y a la construcción o adquisición de viviendas o terrenos (INEC 2006; Jokisch 2001 y 2004). Son las mujeres quienes controlan el dinero enviado por los migrantes, ya que en la provincia tres veces más mujeres que hombres reciben remesas del exterior (INEC 2006).

Considerando la importancia de las remesas, nos preguntamos hasta qué punto las dinámicas económicas y sus resultados dependen de esos ingresos. ¿Hasta qué punto es cierto que no juegan un papel directo en la producción, sino que se concentran casi exclusivamente en el consumo y la dinamización del comercio y la construcción local? ¿Juegan las remesas un papel importante en el cambio de las relaciones de género en los territorios al aumentar el dinero en manos de las mujeres? El hecho de que la zona cafetalera tenga gran cantidad de migrantes internacionales mientras que la maicera no los tenga servirá para contrastarlas y responder estas preguntas.

3. El café

La producción de café en Loja es antigua. Entre 2000 y 2009, hubo una notable caída de la superficie sembrada y de la producción. Mientras en 2000 había 29.500 ha sembradas, de las cuales casi 10.000 ha se ubicaban en el cantón Puyango, cuya capital es Alamor, en 2009 se calculó en solo 18.220 ha la superficie provincial de café (INEC 2000; MAGAP 2009).

El cultivo de café fue afectado por la crisis del mercado internacional que ocurrió entre 1999 y 2002, y por la caída estrepitosa de los precios internacionales y locales entre 2001 y 2004 (ETG 2009). Este periodo coincidió con el de mayor éxodo de ecuatorianos y ecuatorianas al extranjero. Mucha gente lojana, particularmente de las zonas cafetaleras, emigró o abandonó los cafetales.[4]

Desde dicha crisis, han cambiado algunos patrones históricos de comportamiento de los precios del café. Hasta inicios de este siglo, lo determinante fue la producción de gran escala, que privilegió la cantidad y el precio,[5] mientras que actualmente el café se cotiza como un producto de "nicho", una "especialidad" cuyo precio depende de la calidad, el sabor, el aroma, su carácter orgánico y otros factores propios de un consumo diferenciado. Es por ello que las tasas de crecimiento de los cafés certificados y orgánicos empiezan a ser mayores que la del convencional. El mercado actual del café se parece más al del vino que al de la soja (CEPAL 2002, 5-9 y 28-30; Pérezgrovas y Celis Callejas 2002, 5-8; Daviron y Ponte 2005).

En síntesis, con el desplome de precios cayeron la producción y la superficie cultivada de café, que fue importante en la zona; pero cuando la demanda internacional y los precios aumentaron, renacieron los territorios cafetaleros. Los precios que actualmente se pagan al productor en el Ecuador figuran entre los más altos del mundo (ETG 2009).

3.1. Condiciones locales del renacimiento

Lo importante para comprender la dinámica territorial no es tanto el aumento de la demanda y los precios del café, sino cómo los productores "crearon" esa nueva oportunidad vinculada al reflote de los precios. Varios actores locales aliados con algunas organizaciones no gubernamentales (ONG) buscaron activamente insertarse en los nuevos mercados orgánicos.

---

[4] La información cualitativa que recogimos en las zonas cafetaleras de Espíndola y Quilanga sugiere que no solo se abandonaron las peores tierras cultivadas con café, sino que además se descuidaron cafetales ubicados en las mejores zonas, las del "café de altura", altamente valorado en el mercado.

[5] Hasta fines de la década de 1980, el mercado era regulado por acuerdos entre gobiernos; desde entonces, lo regulan, cada vez más, las empresas transnacionales.

Durante toda la década de 1990, en las regiones cafetaleras de Espíndola y Quilanga (al sureste de Gonzanamá), en la zona mixta ganadera y cafetalera al noreste, y en Sozoranga y Calvas al oeste (mapa 7.1), trabajaron varias ONG junto con la cooperación internacional para conservar los bosques. La iniciativa más importante y extendida fue la del proyecto de la Organización de las Naciones Unidas para la Agricultura y la Alimentación (FAO), denominado Desarrollo Forestal Campesino (DFC), financiado por el Gobierno de los Países Bajos, cuyo objetivo era promover el manejo de sistemas agroforestales. Su mayor impacto fue la capacitación a "promotores forestales" locales, quienes provenían de organizaciones comunitarias de base constituidas por las comunas campesinas tradicionales lojanas y las organizaciones formadas por la Iglesia Católica, que tuvieron mucha importancia en la zona en décadas anteriores. Fueron estas experiencias organizativas de los campesinos la clave del éxito de la iniciativa de la cooperación internacional.[6] En Espíndola, la estructura agraria está conformada por comunas tradicionales y pequeños productores independientes, desde que desaparecieron las 11 haciendas de entre 800 y 4.200 ha, cuyos propietarios fueron miembros de reconocidas familias oligárquicas asentadas en la ciudad de Loja (Pastre y Waroquiers 2003). En Quilanga, existen pequeños y medianos propietarios con suelos de buena calidad; en Gonzanamá, propietarios más grandes dedicados al café y la ganadería.

La organización local clave fue la Unión Cantonal de Organizaciones Campesinas y Populares de Espíndola (UCOCPE), filial de la organización campesina provincial Federación Unitaria Provincial de Organizaciones Campesinas y Populares del Sur (FUPOCPS).[7] La UCOCPE, junto con el personal técnico del proyecto DFC, diseñaron, en 1996, un proyecto de tres años con un fondo de USD 300.000, para apoyar a los cafetaleros, que fue financiado por el Fondo de

---

6 Entrevista realizada en Espíndola, 2 de abril de 2010.

7 La FUPOCPS es filial de la Federación Nacional de Organizaciones Campesinas, Indígenas y Negras del Ecuador (FENOCIN), una de las más grandes y antiguas organizaciones campesinas del país. Desde 1975, está liderada por militantes del Partido Socialista.

Contravalor Ecuatoriano-Canadiense (FECD) creado mediante el canje de deuda externa. El Fondo apoyaba a varias organizaciones cafetaleras en Loja con la intermediación de algunas ONG. En Puyango sostenía proyectos apoyados por *Vredeseilanden Country Office en Ecuador* (VECO), una ONG belga, mientras en Palanda lo hacía a través de la ONG lojana Fundación de Apoyo Comunitario y Social del Ecuador (FACES). En Espíndola, entregó la administración del proyecto de café a la ONG lojana Fundatierra,[8] que lo extendió hacia Quilanga. Así se consolidó una alianza entre organizaciones campesinas y técnicos de las ONG, con la hegemonía de los segundos, que ha logrado mantenerse.

El trabajo unificado de VECO, FACES y Fundatierra, así como de las organizaciones que promovieron (Asociación Agro-Artesanal de Productores de Café de Altura de Puyango -PROCAP-; Asociación de Productores Ecológicos de Palanda y Chinchipe -APECAP-; y Asociación de Productores de Café de Altura de Espíndola y Quilanga -PROCAFEQ-; localizadas en Puyango, Palanda y Espíndola-Quilanga, respectivamente), fue la columna vertebral de la organización Federación Regional de Asociaciones de Pequeños Cafetaleros Ecológicos del Sur (FAPECAFES), que tiene actualmente alrededor de 1.800 socios y exporta 9.000 quintales de café, con un valor superior a los USD 1.700.000.[9]

La nueva coalición cafetalera, integrada por la cooperación internacional, los cafetaleros, organizaciones campesinas locales, técnicos lojanos de ONG y compradores orgánicos europeos, empezó a operar cuando los precios internacionales del café caían en picada, los dirigentes migraban a España y los cafetales se convertían en potreros para el ganado. En medio de esta desfavorable situación, los campesinos escucharon la prédica sobre el cambio tecnológico y se involucraron

---

8 Aunque muchos miembros de la UCOCPE participaron y todavía participan en el proyecto de apoyo cafetalero, la organización no interviene ni en la administración ni en la dirección.

9 En Ecuador, la exportación de café está concentrada en pocas empresas. La empresa Café CA, que no actúa en Loja, exportó 85 de los 125 millones de dólares vendidos en 2008, según la Asociación Nacional de Exportadores de Café, ANECAFE (citado en ETG 2009).

activamente en la búsqueda de alternativas para conseguir mejores precios en el mercado internacional orgánico.

Un factor que favoreció y amplió la coalición social en la zona de Cariamanga fueron las remesas internacionales, puesto que una parte de ellas se destina al proceso productivo del café, algo que no aparece en los estudios disponibles, porque esta relación es indirecta. En efecto, empezó con el surgimiento de las redes de economía solidaria, de cajas de ahorro rural y de cooperativas de ahorro y crédito locales. Si bien en la provincia de Loja y en la zona cafetalera bajo estudio han existido, desde hace décadas, cooperativas tradicionales ubicadas en los centros urbanos, especializadas en promover el crédito comercial y de consumo, desde 2005 surgieron algunas cajas de ahorro alternativas vinculadas a organizaciones de productores y a la Red de Entidades Financieras Equitativas del Sur del Ecuador (REFSE), promovidas y apoyadas técnicamente por una ONG ecuatoriana ligada a la Iglesia Católica, el Fondo Ecuatoriano *Populorum Progressio* (FEPP).[10] Varios observadores y dirigentes locales llamaron la atención sobre el hecho de que las cajas de ahorro situadas en áreas cafetaleras lograron crecer y consolidarse, mientras decayeron otras ubicadas en zonas deprimidas.

Cuando realizábamos el trabajo de campo, esa coalición estaba a punto de volverse plenamente formal. PROCAFEQ estaba concertando un acuerdo con tres cooperativas de la zona -Quilanga, San José y Gonzanamá- para la provisión de crédito a los caficultores. De esta manera, al menos USD 120.000 del ahorro local se destinarán, anualmente, a financiar los préstamos y adelantos que PROCAFEQ hará como capital de operaciones del sistema de comercialización asociativo. Los habitantes de la localidad financiarían de esta manera, con sus ahorros, el 25% del capital actual de operación de la organización más grande de comercialización asociativa de la zona.[11]

Además, los créditos entregados por las cooperativas locales, que son manejados principalmente por las mujeres,

---

[10] Entrevista realizada en El Airo, 7 de abril de 2010.

[11] Entrevista realizada en Amaluza, 2 abril de 2010; y otra en Quilanga, 13 de abril de 2010.

aunque no estén ligados de forma directa a la producción, debilitan el poder de los intermediarios y comerciantes de Cariamanga, cuyos créditos han sido tradicionalmente fundamentales para la reproducción de las familias durante las épocas de penuria.[12] Ahora los hogares, en especial las mujeres, pueden acceder con rapidez al crédito sin depender de los comerciantes.

El surgimiento de esta nueva coalición también restó importancia a la tradicional coalición asentada en la ciudad de Cariamanga, alrededor de la cual ha estado organizada la producción de café de altura, y donde se encuentran las principales entidades financieras y la mayoría de comerciantes de granos y de café. Aunque el peso de la nueva coalición todavía no es dominante en el territorio respecto a la comercialización del café, tiende a eludir la relación con Cariamanga. PROCAFEQ y FAPECAFES han privilegiado la relación con Catamayo (La Toma), donde se instaló el centro de acopio, procesamiento e industrialización del café para exportación,[13] y donde se concentra todo el café de la red de comercialización de la región sur del Ecuador. A la ciudad de Catamayo le beneficia su ubicación estratégica, pues allí confluyen productos de la sierra y la costa sur; también el hecho de que allí funciona un importante ingenio azucarero. Están las instalaciones del aeropuerto de Loja y se ha convertido en una feria agrícola de importancia regional (Vélez Burneo 2009).

3.2. Consolidación de la nueva coalición

Esta nueva coalición, sin embargo, está enfrentando algunos problemas cuya principal manifestación es el lento crecimiento de la curva de asociados y de producción acopiada (cuadro 7.2). Según la encuesta de comercialización de café que realizamos sobre la cosecha de 2009, solo el 41,3% de los hogares entrevistados ha ingresado en la nueva modalidad tecnológica, que se distingue porque los productores deben

---

12 Testimonio obtenido en El Airo, 2 de junio de 2010.

13 Una pequeña parte se vende en el mercado local, bajo el sello "Café Victoria".

lavar el café. Asimismo, la participación en organizaciones de productores que buscan vender asociativamente es la siguiente: el 28% de entrevistados pertenece a PROCAFEQ; el 3,1% a El Colmenar (en la parroquia San Antonio de las Aradas), y el 7,6% a la Asociación de Productores Orgánicos de Café de Altura y Comercialización de Productos Agropecuarios de la parroquia El Airo (APROCAIRO). Estos dos criterios indicarían que alrededor del 40% de las familias cafetaleras de la zona ha ingresado a la nueva coalición en siete años, con lo cual no logra dominar plenamente en el territorio.

Cuadro 7.2. Loja. Acopio aproximado de café de los socios de PROCAFEQ: 2008-2009

2008			
Cantón	**Volumen (q)**	**Socios**	**Promedio (q por socio)**
Calvas	53,0	9	5,9
Espíndola	480,1	68	7,1
Gonzanamá	117,6	12	9,8
Quilanga	1.665,3	120	13,9
Sozoranga	2,4	1	2,4
Total general	**2.318,3**	**210,0**	**11,0**
2009			
Cantón	**Volumen (q)**	**Socios**	**Promedio (q por socio)**
Calvas	63,4	3	21,1
Espíndola	407,8	54	7,6
Gonzanamá	111,3	11	10,1
Quilanga	1.446,1	98	14,8
Sozoranga	7,0	1	7,0
Total general	**2.035,6**	**167**	**12,2**

Fuente: Registros de PROCAFEQ.

La encuesta de comercialización de café da luces sobre los motivos por los que los productores no se involucran masivamente en la nueva modalidad de producción. Calculando por hectárea, los productores que lavan el café obtienen 37% más de ingresos que los que no lo lavan (cuadro 7.3). Aproximadamente la mitad de ese ingreso adicional puede atribuirse al aumento de productividad por hectárea, y la otra mitad, a la mejora de precios. Es muy probable que el aumento de la superficie cosechada, junto con las mejoras técnicas incorporadas en finca, motiven a quienes han ingresado a la nueva modalidad, pero los bajos ingresos adicionales conseguidos explican por qué la nueva coalición avanza lentamente. Una de las razones por las cuales no se ha producido un crecimiento económico mayor es la baja productividad por hectárea en toda la zona.

Cuadro 7.3. Loja: productores que lavan el café y productores que no lo lavan (2009)

	Productores incluidos en la nueva modalidad (lavan café)	Productores no incluidos en la modalidad (no lavan café)	Diferencia %
% Productores	41,3 %	58,7 %	
Ingreso bruto por hectárea USD (promedio)	863,7	627	37
Promedio de hectáreas cosechadas de café	2,00	1,13	77
Productividad anual promedio por ha (total)	9,41	7,99	17,8
Precio USD por quintal (2009) (testimonios en la zona)	160	110	45,4

Fuente: Encuesta de comercialización de café, cosecha de 2009.

Otro limitante para ingresar a la nueva coalición es el cambio tecnológico. Lavar el café o "beneficiarlo" es un trabajo adicional del nuevo sistema; hay que despulparlo, quitarle el mucílago usando mucha agua, secarlo y seleccionarlo para almacenarlo sin humedad, basura o malos olores. Además, requiere una buena organización del trabajo. Según los técnicos de PROCAFEQ, las tareas de "beneficio" de 50 quintales requieren cinco jornales por cosecha y otros cinco de transporte al centro de beneficio. Sobre todo, exigen coordinar los tiempos de la cosecha para hacer el despulpado el mismo día del desmatado y tener confianza en los trabajadores que seleccionan las pepas de café durante el secado. La certificación orgánica exige otros trabajos adicionales como la producción de abonos y su traslado a las fincas, un cuidado especial de la sombra y, en general, más tiempo de cuidado en la finca. Sin embargo, el mayor desafío es la organización de la cosecha. Calculan los técnicos de PROCAFEQ que el café "tecnificado" requiere 160 jornales por ha para 50 quintales, cantidad que ningún productor ha logrado en la zona. Por lo tanto, para tener una cosecha relativamente alta (de 25 o 30 quintales por ha) se requerirían alrededor de 100 jornales, mientras que el sistema tradicional requiere 40 para un rendimiento de 10 quintales. La razón es que para poder lavar el café, los frutos deben seleccionarse en la mata durante la cosecha (el llamado "pepiteo"), mientras que en el sistema convencional el dueño del café recoge toda la producción de la rama de cada planta en un solo viaje. Ese incremento notable de mano de obra exige mayor coordinación y más entrenamiento de quienes trabajan: hay que asegurarse de que reconozcan las pepas; que no llenen el costal con producto inadecuado solo para aumentar el peso, pues cobran a destajo; que escojan adecuadamente la planta en el momento justo de la cosecha. En pocas palabras, necesitan personas de confianza o pagar más a los trabajadores o una combinación de ambas opciones. En cualquier caso, es crucial la participación de las mujeres, especialmente en las tareas cercanas al hogar o ligadas a la contratación de mano de obra conocida (vecinos o familiares).

La rentabilidad que obtiene el propietario cuando produce café orgánico es menor, porque el 60% del costo de producción se invierte en el pago de mano de obra. La productividad requerida para cubrir tales costos es difícil de conseguir, motivo por el cual las ganancias se distribuyen entre muchos actores y queda menos para los propietarios. Debido al gran requerimiento de mano de obra, los principales gastos se quedan en manos de jornaleros de la zona; la mayoría son parientes, amigos o vecinos; pocos son extraños que provienen de otros municipios o del Perú.

Por último, la participación en una organización para la intermediación comercial exige más involucramiento de cada agricultor y más inversión en viajes, reuniones, gestiones y debates. Ocuparse de la organización es un costo, no solo un beneficio. Además, los costos técnicos son excesivamente altos debido al peso que tienen las ONG y los técnicos en este sistema.

En síntesis, el aumento de los precios internacionales del café fue el punto de partida de una dinámica económica más favorable para los campesinos lojanos. El patrimonio ambiental disponible es vital, pues favorece solo a los productores ubicados en las zonas aptas para el café de altura (las más húmedas y altas del occidente de la provincia). El factor social decisivo para potenciar los beneficios y redistribuirlos más es la formación de una coalición nueva conformada por caficultores, ONG, organizaciones campesinas, compradores de café orgánico en Europa y cooperativas de ahorro y crédito rural, que establecen un vínculo directo con el mercado internacional del café orgánico. Esta coalición hubiera sido imposible sin la presencia de varios factores: la acumulación de capital social producto de la experiencia previa de los campesinos que fueron parte de las organizaciones que lucharon por la tierra; de la Iglesia Católica comprometida con los pobres, y de un conjunto de proyectos sostenidos por la cooperación internacional.

El mercado orgánico obliga a introducir cambios tecnológicos en la producción y "beneficio" del café, lo que exige un uso mucho más intensivo de mano de obra que, a su vez, reduce la rentabilidad de los propietarios, pero favorece la distribución local de los beneficios económicos a través del pago de jornales. Adicionalmente, existe la posibilidad de que se potencien programas de protección ambiental en la zona, porque el sistema está basado en el uso de tecnologías ambientalmente más sanas, y promueve la diversidad agrícola y forestal al requerir la combinación de cultivos y sombra para el café.

La dinámica territorial de la zona cafetalera depende del exterior, pero la coalición social ha acrecentado el poder y control local sobre las redes de intermediación y también sobre los insumos productivos requeridos para el cultivo (uso de mano de obra local, de abonos orgánicos locales, de energía y cultivos variados adaptados a la zona). A través de esta dinámica, se ha incrementado la autonomía de las mujeres en el territorio, puesto que se les han abierto más oportunidades de trabajo remunerado, han aumentado sus responsabilidades en la supervisión y la gestión de la mano de obra, así como su participación decisiva en las cajas de ahorro y las cooperativas de ahorro y crédito.

4. El maíz

El 94% del maíz amarillo nacional es acopiado por la industria de alimentos balanceados, pues este producto representa el 68% de su materia prima. A su vez, el 74% de los alimentos balanceados se usa para la producción industrial de carne de pollo y huevos, el 13% para camarones y peces, el 9% para cerdos, y el 4% restante para bovinos y otros animales.[14] El motor inicial de la dinámica territorial de Pindal es el crecimiento de la industria de carne, que se produjo a partir de los años 1970 en el Ecuador, aunque el *boom* ocurrió desde 2001: en menos de una década, se ha duplicado la producción nacional de pollos y huevos. El aumento de la producción nacional del grano también fue posible porque una política pública estableció protecciones comerciales a la producción ecuatoriana. Sin la prohibición de importaciones, el crecimiento de la demanda habría incrementado las compras al extranjero. Fue así como la producción lojana de maíz duro y sus rendimientos por hectárea aumentaron sustancialmente.

El crecimiento de la producción nacional, desde 2001, responde mucho más a un aumento de la productividad que de la superficie cosechada, la cual más bien disminuyó (Campana 2008, 115-116). La tendencia es que se mantengan solo los productores con mayor renta diferencial: mejores suelos y condiciones climáticas, escala apropiada o acceso a capital. En la provincia de Loja, gran parte de la producción de maíz amarillo proviene de los cantones Puyango, Celica y Pindal; este último es el que más aporta a la cosecha anual provincial.[15] En Pindal y la zona seca de Loja, el clima reduce los

---

14 AFABA, www.afaba.com.ec.

15 Según la encuesta del MAGAP, en 2009 Pindal produjo el 46% de la cosecha total de maíz de la provincia con el 34% de la superficie sembrada, es decir, tiene una productividad promedio mayor que el resto de Loja.

costos y el tiempo de secado del maíz, así la producción local tiene una ventaja comparativa (o renta diferencial) decisiva.

En el cantón Pindal, la PEA agropecuaria está compuesta por 2.695 personas (Municipio de Pindal 2010) y había 2.000 maiceros en 2006 (SNV 2006, 25). La producción cantonal anual de 2009 fluctuó entre 800.000 quintales y 1.100.000 quintales según los productores, mientras la encuesta del MAGAP (2009) y nuestra encuesta sobre comercialización del maíz la sitúan entre 700.000 y 900.000 quintales. Con respecto a la superficie sembrada, los cálculos oscilan entre 9.000 ha (MAGAP 2009) y 12.000 ha de nuestra encuesta y las estimaciones de la fundación Naturaleza y Cultura Internacional (NCI) basadas en fotografía aérea.

4.1. El contexto local: Pindal

La diferencia entre Pindal y otras regiones de Loja era marcada antes de la llegada del maíz:

> En Pindal hubo campesinos que trabajaban su propia tierra y tenían más que suficiente comida. Mi padre tenía una finca por Pueblo Nuevo. Nunca faltaba comida, había de todo en mi infancia. En Espíndola, en cambio, había una grandísima pobreza, había grandes haciendas de los Eguiguren, de los Valdivieso. Mi padre era comunero de la comuna de Milagros que abarcaba un territorio muy grande.[16]

Los datos del Censo Agropecuario de 2000 sobre la estructura de tenencia de la tierra confirman que en Pindal la distribución de la tierra seguía siendo más equitativa que en el resto de la provincia, con un coeficiente de Gini de 0,56. La autosubsistencia alimentaria exigía que la producción agrícola fuera diversificada; incluía maíz criollo, sarandaja, fréjol, yuca, guineo y café, así como la crianza de animales menores como cabras, borregos, gallinas y pavos. Era una agricultura autosustentable, ya que dependía poco de flujos energéticos externos, salvo la úrea, el nitrógeno artificial y unos pocos herbicidas

---

16 Entrevista realizada en Alamor, 14 de mayo de 2010.

que se aplicaron desde la década de 1980.[17] La sequía de 1967 y 1968 quebró el equilibrio entre la economía campesina de autosubsistencia y el intercambio mercantil en los centros regionales. Se produjo un movimiento migratorio estacional de varones, que se desplazaron hacia la costa, principalmente a la provincia de El Oro; los campesinos pindaleños encontraron trabajo como jornaleros en la agroindustria bananera, que se expandió a partir de la década de 1960. La migración rompió el aislamiento de la zona (Martínez 2002), reforzó la tendencia al incremento de la ganadería (menos exigente en mano de obra), provocó la concentración de la propiedad de la tierra y debilitó la organización comunal.

En ese contexto llegaron los agentes de las empresas agroindustriales a comprar maíz. El resultado de la interacción es que ahora el sujeto de la producción del grano son los pequeños y medianos agricultores, que antes lo producían en otras condiciones tecnológicas. La expansión productiva ocurrió, primero, en las fincas ganaderas medianas y grandes, cuyas tierras fueron arrendadas en efectivo y con la condición de que dejaran el rastrojo para la alimentación de los animales. Luego ocupó las fincas cafetaleras de la parte alta del cerro de Milagros, donde se tumbaron los cafetales para sembrar maíz. Finalmente, el maíz híbrido se sembró en las pequeñas y medianas propiedades agrícolas sustituyendo al maíz tradicional y a los cultivos de subsistencia.

4.2. ¿Nuevas coaliciones?

Nuevos actores, la mayoría de fuera del territorio, promocionaron un paquete tecnológico de semillas híbridas e insumos químicos. Fabricantes y vendedores de agroquímicos, bancos y cooperativas de ahorro y crédito facilitaron, a partir de 2002, el acceso de los maiceros a dichos paquetes. Además, la mayor demanda del grano, así como la sensible mejora de la red vial cantonal atrajeron a comerciantes extrarregionales que disputaron el poder con los comerciantes locales.

---

17 Entrevista realizada en Las Peñas, 10 de mayo de 2010.

La empresa AGRIPAC fue la primera en distribuir el paquete acompañándolo de capacitación para aplicarlo. En 1996, colocó exitosamente las semillas Brasilia y Pacific en el mercado local, con las cuales aumentó el rendimiento considerablemente.[18] A finales de la década de 1990, los productores pioneros cosecharon alrededor de 100 quintales por ha, más del doble de lo que producían antes (SNV 2006, 21). Es muy probable que gracias a estos logros la superficie de maíz se extendiera aun más, lo que atrajo más actores externos a Pindal. A partir de 2002, se constituyó una coalición tripartita, entre el Banco de Loja, la empresa PRONACA (Procesadora Nacional de Alimentos), una de las principales productoras de alimentos balanceados y de carne del país, y actores locales.

En síntesis, la característica central de esta dinámica es que la iniciativa vino de fuera del territorio de Pindal; pudo instalarse por el poder de los grupos ligados a las empresas y por la debilidad organizativa local. A diferencia de Espíndola, en Pindal no hubo organizaciones campesinas con reivindicaciones de carácter político y que tuvieran agendas amplias, como la UCOCPE; no tuvieron que luchar contra los hacendados para acceder a la tierra ni para demandar la propiedad ante el Estado. Hizo falta un "sustrato político" para consolidar, a largo plazo, una organización de los productores con perspectivas más amplias. La consecuencia es que las organizaciones campesinas existentes en la actualidad se interesan exclusivamente en la comercialización.[19]

En efecto, las experiencias organizativas locales surgieron como respuesta a la nueva dinámica del maíz híbrido para crear canales propios de comercialización. En 2010, la más importante organización maicera del cantón es la Corporación de Productores Agropecuarios de Pindal, CORPAP, que nació con el proyecto "Desarrollo Integral", financiado por el FECD, en 2003. Esta Corporación representa a unas 30 organizaciones que agrupan a 650 socios. Para fortalecer o profesionalizar la

---

[18] Entrevista a ex empleado de AGRIPAC, realizada en Quito, 10 de agosto de 2010.

[19] Entrevistas realizadas en Alamor, 14 de mayo de 2010; y al gerente del CNC, realizada en Pindal, 8 de septiembre de 2010.

comercialización del maíz, se creó en 2007, con el apoyo del FEPP,[20] el Centro de Negocios Campesino, CNC (a raíz de un convenio de comercialización entre la CORPAP y la Asociación de Avicultores de El Oro), que se encarga de comprar los insumos agroquímicos en grandes cantidades. De esta manera, la organización local de maiceros se ha insertado en la dinámica creada por otros actores.

4.3. Estructuras de intermediación

La estructura tradicional de la comercialización del maíz se transformó cuando los nuevos actores pusieron en marcha la nueva dinámica. Actualmente, es más abierta, menos concentrada, con más competencia entre compradores, lo cual potencialmente favorece a los hogares campesinos, pues ha aumentado su poder de negociación. Hasta 2002, la comercialización estaba controlada por los comerciantes locales de Pindal y Alamor (SNV 2006, 20). El aumento de la demanda y del precio del maíz amarillo atrajo a nuevos comerciantes y motivó a los acopiadores industriales y artesanales a abrir canales directos de distribución, situación que debilitó el oligopsonio de los comerciantes locales. Un canal nuevo es el manejado por comerciantes o transportistas afuereños, que proveen a los fabricantes de alimentos balanceados y a la industria cárnica de diferentes ciudades del país. Un tercer canal es el establecido mediante convenios de compra y venta entre los maiceros, coordinados por la CORPAP, y PRONACA.

Nuestra encuesta sobre la comercialización de maíz nos permite caracterizar los primeros eslabones de esos tres canales de venta.[21] El 50,04% de la producción (85.666 quintales) fue vendido a comerciantes locales en Pindal, y el 7,25% (12.415 quintales), a comerciantes locales de Alamor. La concentración en este canal es muy grande, pues el 45% de la cosecha de 2009 fue controlada por diez comerciantes locales. Así, en 2009, estos comerciantes todavía controlaban una parte importante del

---

20 Entrevista realizada en Pindal, 3 de septiembre de 2010.

21 Hicimos 419 entrevistas: 396 a hogares maiceros (20% de la población total) y a 23 comerciantes de Pindal, Alamor, Balsas y Guayaquil, con lo cual dimos seguimiento a 650 relaciones comerciales, a través de las que fluyen 171.179 quintales de maíz amarillo (entre 14 y 24% de la producción anual de Pindal).

mercado, pero sustancialmente menos de lo que controlaban antes. Pindal fue su principal centro de intermediación, mientras Alamor fue clave en la oferta de servicios (Banco de Loja) y venta de insumos químicos (AGRIPAC). El pueblo de Balsas, donde se encuentra la mayor producción de pollos de la provincia de El Oro, vecina de Loja, fue el destino más importante de esta red comercial que representa el 41,7% del maíz acopiado.

El canal que más ha crecido es el de los comerciantes externos, que llegan a Pindal durante la cosecha alentados por el alto precio. En 2009, compraron el 33% de la cosecha a un precio promedio USD 0,30 por quintal, levemente más alto que el pagado por los comerciantes locales. Llegan hasta la finca de unos pocos productores que se encargan de concentrar toda la cosecha de maíz, aprovechando que sus fincas tienen fácil acceso vial, están más cerca que las otras al centro barrial y tienen bodegas para guardar el producto. Es así como ha surgido otra figura: los maiceros-comerciantes barriales, a quienes a veces los comerciantes extrarregionales les adelantan el dinero; estos maiceros-comerciantes son los que compran la cosecha a sus vecinos y familiares. Este eslabón adicional ha implicado que algunos hayan acumulado tal poder con esa intermediación, que se diferencian de otros comerciantes pindaleños solo por el hecho de que también son productores locales. La mayoría de productores sabe muy poco sobre los comerciantes extrarregionales ya que el contacto es efímero. Quienes conocen sus nombres y teléfonos son los maiceros-comerciantes barriales. Nuevamente, Balsas concentró el 21,43% de la cosecha manejada por este canal, en 2009. Otras ciudades de la provincia de El Oro, como Piñas, donde es importante la producción de pollos, son otros destinos finales del maíz amarillo comercializado por este canal.

Los convenios entre la empresa PRONACA y CORPAP representan el tercer canal de venta. La empresa compra no solo a la CORPAP, sino también a otros comerciantes locales, de los cuales solo uno es “proveedor calificado”; el resto son los comerciantes tradicionales que eventualmente cubren la demanda de la empresa. A través de este canal, se compró el 8% de la cosecha de 2009. Aunque el precio de venta fue mayor, los productores asumieron los costos de transporte hasta la ciudad de Durán, localizada en la provincia del Guayas, por lo que su ventaja competitiva no es tan grande. Si bien PRONACA fue la empresa que promovió el paquete tecnológico y facilitó la expansión del cultivo de maíz amarillo, no se está beneficiando directamente de la producción de la zona. Su beneficio es indirecto: se da al haber aumentado la producción de maíz en el país y, con ello, contribuir a mediano plazo a controlar el alza de precios.[22] Son los comerciantes y el complejo agroindustrial de Balsas los que están aprovechando el cambio de la dinámica productiva de Pindal. Si esta tendencia se reforzara, Balsas podría convertirse en la "ciudad intermedia" de la que dependería Pindal, quizá sustituyendo a Alamor. Ahora mismo los productores de Pindal que tienen conflictos con los comerciantes locales optan por vincularse con Balsas. Los otros grandes beneficiarios son los importadores y proveedores de insumos químicos.

En general, dudamos de que existan coaliciones locales estables en la zona maicera para conducir la dinámica económica territorial. Lo que existe es una coalición formada por una empresa agroindustrial, los proveedores de insumos, el Banco de Loja y los campesinos maiceros, a través de la cual se adoptó el paquete tecnológico de la Revolución Verde, que se disgregó después de haber impulsado el cambio tecnológico inicial. No se construyeron relaciones estables, porque enseguida se sumaron los comerciantes tradicionales de Pindal y los de Balsas que están vinculados a los productores de pollos de la región costera, y porque el Banco de Loja comenzó a sentir la competencia de las cooperativas de ahorro y crédito locales y de la cooperativa de ahorro y crédito del FEPP (CODESARROLLO). El nuevo paquete tecnológico, que está en la base de la dinámica, fue difundido masivamente entre los productores y se mantiene inalterado, pero existe competencia entre los actores centrales que dependen de la producción del maíz amarillo, por lo que las coaliciones sociales han sido fluctuantes e inestables. Aunque los campesinos de Pindal

---

22 En las entrevistas a dos técnicos de PRONACA, una realizada en Quito, el 19 de julio de 2010, y la otra, en Pindal, el 8 de septiembre de 2010, ellos se quejan sobre esta situación.

se independizaron de los intermediarios locales, el paquete tecnológico los ha vuelto más vulnerables, por los costos ambientales y los riesgos financieros que implica.

4.4. Consolidación de la dinámica entre los campesinos

La nueva dinámica territorial centrada en el maíz se basó en una transformación tecnológica radical, lo que contrasta con la dinámica del café, cuyo ingreso al nuevo sistema productivo ha sido más lento y desigual. La mayoría de campesinos maiceros adoptó el paquete tecnológico en pocos años, porque lograron un notable aumento de la productividad y tuvieron facilidades para conseguir los insumos, así como crédito para comprarlos. Según nuestra encuesta, en 2009 la productividad promedio del maíz en Pindal fue de 69,4 quintales por hectárea, frente a los 40 quintales por hectárea del cultivo "tradicional". Apenas el 10% de maiceros no aplica el paquete tecnológico. Según datos oficiales, la productividad de la provincia de Loja creció en la década de 2000 a un ritmo mucho mayor que el de las otras provincias maiceras del Ecuador (INEC y MAGAP 2004-2008).

Solo inicialmente, tal aumento de la productividad repercutió en un aumento de la rentabilidad, porque el punto débil del paquete son los altos costos de producción. Según el MAGAP, en 2009 el costo de producción de una hectárea de maíz "tecnificado" fue de USD 1.089, mientras que el del tradicional fue de USD 690. Por lo tanto, a un precio promedio al productor de USD 10,20 por quintal se necesita producir más de 107 quintales por hectárea para cubrir los costos. Solo el 3% de los productores de Pindal superó esa marca.[23] En 2009, se abrieron las importaciones de maíz, con lo cual cayeron los precios en plena cosecha,[24] situación que se sumó a los problemas de producción de 2008: exceso de humedad y

[23] Los datos de productividad de nuestra encuesta difieren de los del MAGAP, según el cual la productividad promedio de Pindal fue de 107 quintales por hectárea. En realidad, tanto nuestra encuesta como informaciones cualitativas sugieren que, en 2009, una gran parte de los productores no cubrió sus costos de producción.

[24] El precio bajó a USD 10 a pesar de que el precio oficial era USD 12,60.

cosecha baja. Luego de dos años de muy baja rentabilidad, ha aumentado el número de maiceros de Pindal que empiezan a desconfiar del paquete tecnológico y que tratan de reducir los costos para, eventualmente, abandonarlo.

Por esta situación excepcional del año 2009, solo podemos hacer suposiciones en cuanto a la rentabilidad. Los datos de nuestra encuesta indican que en Pindal, en 2009, la venta total de una cosecha "normal" de maíz fue de USD 8.000.000 a un precio aproximado de USD 10 por quintal. Si el 35% del costo de una hectárea "tecnificada" corresponde a mano de obra, en gran parte, familiar, en los años de auge las familias campesinas se habrían repartido entre el 15 y el 30% del giro total del negocio en forma de utilidades y salario. A precios de 2009, representan entre USD 1.000.000 y USD 2.500.000, que repartidos entre 1.800 maiceros dan un ingreso familiar neto de entre USD 500 y USD 1.400 anuales, un monto mayor de lo que se obtiene en el café.

No obstante, la distribución es mucho más desigual que la del café. El 30% del costo fijo de una hectárea de maíz "tecnificado" corresponde a la compra de insumos, y el 25% se paga al banco por el crédito y al hacendado ganadero por la renta de la tierra. Por lo tanto, las diez empresas proveedoras de insumos, las cuatro instituciones financieras y los ganaderos reciben como ingreso bruto aproximadamente el doble del ingreso neto de las 1.800 familias campesinas de Pindal; todo ello, sin asumir riesgos, pues cualquier cambio en el precio o en el volumen de la cosecha es asumido por los productores.

Un último factor que explicaría la rapidez con la que se difundió el paquete tecnológico del maíz es que implica solo un 30% de jornales adicionales con respecto al cultivo tradicional. El MAGAP calcula que una hectárea de maíz "tradicional" necesita 28 jornales, mientras que una de maíz "tecnificado" necesita 38. En el cuadro 7.4, presentamos cálculos realizados según varias fuentes, donde se pueden observar las implicaciones del cambio desde el sistema tradicional al "tecnificado".

Cuadro 7.4. Loja: promedio de mano de obra por hectárea de maíz amarillo en Pindal

Actividades	Orgánico*	Semilla criolla**	Semilla certificada***
	Jornales		
Preparación	5	5	7
Siembra	5	4	6
Deshierbes, fumigaciones	11	9	8
Fertilizaciones	4	3	5
Cosecha / acarreo	9	17	18
Tumbada y recogida	*5*	*10*	*11*
Desgranado	*3*	*5*	*5*
Ensacado y carga	*1*	*2*	*2*
Mano de obra total	34	38	44
Quintales (48 kg) por ha	42	67	103

Fuentes:
* MAGAP, Regt 2000 citado por Martínez (2002, 41), cuaderno de campo.
** FIE, MAGAP, PRONACA-PREDESUR.
*** Banco de Loja, FIE, MAGAP, PRONACA-PREDESUR.
Notas:
* Maíz sin uso de agroquímicos a excepción de urea.
** Convencional con semilla criolla.
*** Semilla certificada con uso recomendado de agroquímicos.

Recientemente se calculó que, en la provincia de Loja, el *cluster* del maíz de 2.400 ha ocupaba 2.940 personas, mientras que el del café, usando 2.870 ha, generaba empleo para 11.000 personas (CEDET y ADE 2009, 30 y 31). Así, pues, la presión para la contratación de trabajadores es menor en el cultivo de maíz y, en consecuencia, una parte importante del ingreso se queda en la propia familia del productor. Tampoco es una condición que las mujeres participen directa, permanente y obligatoriamente como en el café. Ellas pueden dedicarse a las tareas reproductivas, a la preparación de la comida para los trabajadores y para los varones de la casa, pero tampoco tienen trabajo remunerado durante las cosechas. El modelo "tecnificado" de producción del maíz se adapta mejor a una sociedad patriarcal, en la cual las mujeres se dedican principalmente a las tareas reproductivas. Por lo tanto, a diferencia de lo que ocurre con el café, la dinámica y el nuevo paquete tecnológico del maíz refuerzan las relaciones patriarcales de género.

El nuevo sistema productivo del maíz está muy lejos de la sustentabilidad. El uso intensivo de químicos tiene efectos negativos sobre los suelos, el agua y la salud de los trabajadores e impone una rígida división sexual del trabajo. Aumenta la vulnerabilidad de los campesinos, porque dependen de la importación constante de insumos químicos, del financiamiento vía créditos y de un mercado inestable y volátil. Hay, además, indicios de que ha disminuido el tiempo destinado a la producción de alimentos en la finca, una actividad principalmente de las mujeres.

En síntesis, la reciente expansión de la producción de maíz duro en Pindal y Alamor obedece al crecimiento de la industria cárnica en el Ecuador durante la primera década del siglo XXI, que impulsó la demanda de alimentos balanceados. Se basa en la desigual interacción de los campesinos de un territorio con un poderoso complejo agroindustrial conformado por empresas nacionales e importadoras de insumos. Los resultados de esa interacción son:

1. Los hogares rurales campesinos reemplazaron los sistemas productivos tradicionales, autosustentables y diversificados, por un modelo agrícola típico de la Revolución Verde.
2. En Pindal y Alamor, dos pequeños pueblos del territorio estudiado, se ha asentado un conjunto de servicios y empresas vinculado con la producción intensiva del maíz amarillo. Surgió a su alrededor un *cluster* que transformó la economía urbana y las conexiones espaciales de Pindal y de Alamor.
3. Impulsado por la nueva modalidad tecnológica se diversificó el sistema de comercialización; surgieron organizaciones campesinas para promover el comercio asociativo del maíz junto con nuevos comerciantes extrarregionales y redes de acopiadores industriales ligados a PRONACA. Esta diversificación debilitó el sistema tradicional basado en los comerciantes e intermediarios locales.

5. Los nudos críticos de las dinámicas territoriales del café y el maíz

La estructura de tenencia de la tierra es relativamente igualitaria en ambas zonas, aunque por diferentes causas. Los productores campesinos se vincularon más rápida y decididamente a la dinámica maicera que a la cafetalera. La dinámica del maíz ha generado más crecimiento económico, menos redistribución, más especialización productiva, la pérdida del control local sobre la economía y deterioro ambiental. La dinámica del café ha generado menos ingresos monetarios y más redistribución de los mismos, mayor control local del proceso económico, más diversificación productiva y más sustentabilidad ambiental.

Existen dos grandes restricciones a las opciones económicas disponibles en ambas zonas: la debilidad de los mercados y la escasez de mano de obra.

La población de ambas zonas ha establecido débiles vínculos mercantiles con otras regiones, se ha especializado en pocas actividades agropecuarias (café, maíz y ganadería) y migra temporal y definitivamente. Esas débiles conexiones mercantiles son la consecuencia del histórico aislamiento de la provincia de Loja desde el nacimiento de la República del Ecuador. El motor de las nuevas dinámicas económicas territoriales proviene, en última instancia, de la ruptura de ese aislamiento. El aumento de los precios, locales y nacionales, del café y del maíz estimuló a los campesinos, mientras que las coaliciones de actores que se conformaron en cada territorio los conectaron con los nuevos mercados. Fue así como se instaló una nueva dinámica económica territorial.

Mientras la producción del maíz dependió de una iniciativa externa, en la del café fue una coalición conformada por actores externos y del propio territorio la que buscó, activamente, nuevos mercados orgánicos y canales directos durante la crisis internacional del mercado cafetalero. En el café, la nueva dinámica se basó en la creación de un circuito de comercialización que articuló, directamente, a los caficultores con el nuevo y reciente mercado internacional del café orgánico. En el caso del maíz, hubo una expansión de la demanda nacional de alimentos balanceados centrada en grandes y medianas empresas de la costa, se debilitaron los canales y actores tradicionales de la comercialización y la coalición fue menos estable que la del café y más dependiente de empresarios privados que compiten entre sí.

Ambas dinámicas impulsaron la restructuración de los sistemas productivos tradicionales. El cambio fue radical y abrupto en el caso del maíz, y lento en el caso del café. El nuevo sistema de producción del maíz es muy dependiente de insumos externos y de créditos, produce deterioro ambiental y quienes han concentrado más ingresos han sido los proveedores de insumos. Con la producción orgánica de café no ha habido ni alzas exponenciales de la productividad ni una mejora sustancial de los ingresos de los productores, como sí ocurrió con el maíz. No obstante, los productores cafetaleros mantienen mayor control de la coalición de comercialización que impulsa la reconversión y promueve un mayor uso de insumos y créditos locales, aunque la cooperación internacional, los grupos de compradores orgánicos europeos y un importante grupo de técnicos lojanos (y locales) tienen gran peso en la orientación práctica y política de la coalición. El modelo tecnológico del café tiene muy favorables condiciones ambientales, lo cual permite articular esta producción a las políticas nacionales y locales de protección de zonas de bosque andino, de nacimiento de vertientes y de conservación de agua y biodiversidad.

El cambio tecnológico y social propuesto para el maíz tuvo una acogida mucho más rápida y generalizada que el propuesto para el café, porque demanda menos mano de obra, cuya escasez es la segunda gran restricción estructural de la zona. Tal escasez crónica, que depende de los ciclos de producción agropecuaria y del ciclo familiar, se agrava con la disminución paulatina de la tasa de natalidad y con el éxodo que sufre la provincia desde 1968.

Mientras cada hectárea de maíz genera un empleo, la de café genera cuatro. La producción de maíz compite menos con el uso del tiempo que demandan las economías familiar y comunal, así como con el trabajo ocasional extraterritorial. La mayor competencia ocurre en el uso del suelo para cultivos de subsistencia (que mantienen parcialmente las mujeres) o para maíz duro. Sin embargo, la tierra no es una restricción importante, porque se ha producido una sinergia entre grandes y medianos propietarios de pastizales y pequeños productores de maíz: los campesinos maiceros "compran" el trabajo necesario en la forma de agroquímicos en las tiendas de Pindal y Alamor. Al contrario, el café necesita gran cantidad de mano de obra durante los períodos de cosecha, que se intensifica con el nuevo paquete tecnológico. El resultado es que mientras el 60% del gasto total calculado para una finca cafetalera se invierte en trabajadores, generalmente locales, en una finca maicera el 57% de ese gasto se invierte en insumos externos y en el pago tanto del arriendo de la tierra como del costo del crédito bancario. El dinero circulante, menor en el caso del café, se distribuye no solo entre los propietarios, sino también entre trabajadores con poca tierra, sin tierra, jóvenes y mujeres. Como el requerimiento de mano de obra en el café es fundamentalmente estacional y su productividad es todavía muy baja, no constituye un freno a la migración que sigue desangrando a la zona.

Las demandas de mano de obra en el maíz y la mayor intensidad de ese uso en el café también tienen efectos sobre las relaciones de género. El cultivo de maíz amarillo en Pindal no depende del trabajo de las mujeres, con lo cual las relaciones inequitativas de género y la nueva dinámica económica se refuerzan mutuamente. Al contrario, la demanda de trabajo es tan grande en el cultivo de café, que las mujeres deben involucrarse directamente en este motor de la economía territorial. A esto se suma el hecho de que en las regiones cafetaleras los montos de las remesas de mujeres y hombres que residen en el exterior son mayores que en la zona maicera, y el manejo usualmente está en manos de las mujeres. Ellas depositan este dinero en las cooperativas locales de ahorro y crédito en cuyo funcionamiento participan. El resultado es que se refuerzan las externalidades positivas, ambientales y sociales, de la dinámica económica del café.

Las dinámicas territoriales en ambas zonas muestran la tensión que existe entre especialización y diversificación. La escasez de mano de obra, que limita la especialización productiva, se compensa con mayor productividad y mayor inversión de recursos, tierra y trabajo, en las actividades más rentables, mientras que la diversificación económica y productiva, que también exige mano de obra y mercados, ofrecería, a mediano plazo, la posibilidad de que los campesinos puedan controlar el riesgo y la vulnerabilidad de su precaria situación.

Ambas dinámicas son todavía muy recientes y su articulación al mercado depende fundamentalmente de un solo producto. No se ha producido todavía una diversificación productiva ni una sinergia económica estable entre ciudades intermedias del territorio, lo cual daría mayor estabilidad a un proceso de crecimiento económico redistributivo, como ocurrió en el caso de la provincia de Tungurahua.[25] El maíz suma a esa vulnerabilidad de mercado el escaso control local sobre la red de intermediación y crédito, sobre la dinámica de cambio tecnológico y sobre los impactos ambientales del paquete adoptado, lo cual está provocando descontento entre las organizaciones campesinas y entre las familias maiceras.

El mayor involucramiento de las mujeres en la producción de las zonas cafetaleras ofrece más oportunidades que en el caso del maíz de que se produzca una diversificación económica familiar y territorial, puesto que se aprovecha esa reserva de conocimientos y trabajo y se abre la posibilidad de avanzar hacia la autonomía económica de las mujeres. No obstante, ambas zonas enfrentan el problema crucial de la debilidad de las redes de interconexión mercantil para productos y servicios adicionales. En la zona cafetalera, los esfuerzos han sido más consistentes, porque el motor de la dinámica está más estrechamente ligado al poder de las coaliciones locales, que buscan otras alternativas, como el turismo comunitario, la producción de plantas medicinales y de algunos frutales. Al contrario, en la zona maicera las coaliciones que controlan la dinámica se han especializado en mejorar la rentabilidad del producto principal; solo la crisis reciente abrió grietas en el modelo dominante por el lado de los grupos campesinos.

---

25 Ver al respecto Ospina *et al.* 2001 y capítulo 6 de este libro.

Referencias citadas

Banco Central del Ecuador. 2009a. *Evolución de las remesas, evolución anual 2009*. Quito: BCE.

……. . 2009b. *Evolución de las remesas, Región Austro, evolución anual 2009*. Quito: BCE.

……. . 2010. *Evolución de las remesas, evolución anual 2010*. Quito: BCE.

CEDET y ADE. 2009. Identificación y priorización de *clusters* en la provincia de Loja. Quito: Informe de consultoría para el Ministerio de Coordinación de la Producción, Empleo y Competitividad (MIPRO).

Campana, Florencia. 2008. Explotación campesina y formas de agricultura de contrato: la producción del maíz. En Blanca Rubio, Florencia Campana y Fernando Larrea. *Formas de explotación y condiciones de reproducción de las economías campesinas en el Ecuador*. Quito: Ediciones La Tierra, FENOCIN y HEIFER.

CEPAL, Comisión Económica para América Latina. 2002. *Centroamérica: el impacto de la caída de los precios del café en 2001*. http://www.GrupoChorlavi.org/cafe (acceso: 31 de enero de 2011).

Consejo Provincial de Loja. 2007. *Plan participativo de desarrollo de la provincia de Loja*. Loja: HCPL.

Daviron, Benoit y Stefano Ponte. 2005. *La paradoja del café. Mercados globales, comercio de bienes primarios y la esquiva promesa del desarrollo*. Nueva York: Legis.

ETG, Economic Transformation Group Inc. 2009 (diciembre). Diagnóstico del Cluster de Café. Versión 1.0, preparado para el Programa Desarrollo Competitivo Local "Loja en Acción". Loja: BID, ETG, GPL, borrador para discusión en formato Power Point.

Fauroux, Emmanuel. 1988. Las transformaciones de los sistemas de producción en el mundo rural ecuatoriano de 1960 a 1980. En *Transformaciones agrarias en el Ecuador*. Tomo V. *Geografía agraria*. Vol. 1. *Geografía básica del Ecuador*. Quito: IPGH, ORSTOM, IGM, CEDIG.

INEC, Instituto Nacional de Estadística y Censos. 1990. *Censo de Población y Vivienda 1990*. Quito: INEC.

INEC, Instituto Nacional de Estadística y Censos. 1995. Encuesta de Condiciones de Vida, 1995. Quito: INEC, bases de datos.

.... 2000. Censo Agropecuario Nacional, año 2000. Quito: INEC, bases de datos.

.... 2001. *Censo de Población y Vivienda 2001*. Quito: INEC.

.... 2006. Encuesta de Condiciones de Vida, Quinta Ronda, 2006. Quito: INEC, bases de datos.

INEC y MAGAP, Ministerio de Agricultura, Ganadería, Acuacultura y Pesca. 2004-2008. Encuesta de superficie y producción agropecuaria, ESPAC. Quito: INEC, bases de datos.

Jokisch, Brad. 2001. *Migración y familia, una mirada desde el género*. Quito: FLACSO.

.... 2004. El proceso migratorio en Loja. *Cartillas sobre migración* núm. 6 (junio). www.migrantesecuador.org (acceso: 31 de enero de 2011).

Larrea, Carlos *et al.* 2011. Mapas de pobreza, consumo por habitante y desigualdad social en el Ecuador (1995-2006). En *El territorio de senderos que se bifurcan. Tungurahua, economía, sociedad y desarrollo* coordinado por Pablo Ospina. Quito: Corporación Editora Nacional y Universidad Andina Simón Bolívar, sede Ecuador, Biblioteca de Ciencias Sociales 68.

MAGAP, Ministerio de Agricultura, Ganadería, Acuacultura y Pesca. 2009. Encuesta de producción de maíz, invierno 2009. Quito: MAGAP, bases de datos.

Maldonado, Numa, Francisco Vivar y Jacinto Vélez. 2005. *Escenario natural de la cultura de Loja (esbozo de geografía física y humana)*. Loja: Casa de la Cultura Ecuatoriana Benjamín Carrión Núcleo de Loja y Consejo Nacional de la Cultura, FONCULTURA.

Martínez, Alexandra. 2002. *La vida cotidiana en Pindal. Lecciones de un proyecto de conservación de recursos naturales en el Ecuador*. Quito: Servicio Holandés de Cooperación al Desarrollo (SNV) y Proyecto Bosque Seco.

Municipio de Pindal. 2010. Plan de desarrollo general cantonal de Pindal 2009-2014. Pindal, Ecuador: Municipio de Pindal.

Ospina, Pablo *et al.* 2011. *El territorio de senderos que se bifurcan. Tungurahua, economía, sociedad y desarrollo*. Quito: Corporación Editora Nacional y Universidad Andina Simón Bolívar, sede Ecuador. Biblioteca de Ciencias Sociales 68.

Pastre, Olivier y Carl Waroquiers. 2003 (febrero). Un diagnóstico agrario del cantón Espíndola. Crisis del minifundio en los Andes Ecuatorianos. Loja: Universidad Nacional de Loja, Unión Cantonal de Organizaciones Campesinas y Populares de Espíndola, Institut National Agronomique Paris-Grignon e Institut de Recherche pour le Développement.

Pérezgrovas Garza, Víctor y Fernando Celis Callejas. 2002. La crisis del café: causas, consecuencias y estrategias de respuesta. Conferencia Electrónica del Grupo Chorlaví "La Crisis del Café: Causas, Consecuencias y Estrategias de Respuesta", del 15 de abril al 3 de mayo. http://www.GrupoChorlavi.org/cafe (acceso: 31 de enero de 2011).

Pietri-Lévy, Anne Lise. 1995. *Loja, una provincia del Ecuador*. Quito: Banco Central de Ecuador.

SENPLADES, Secretaría Nacional de Planificación y Desarrollo. 2010 (enero). *Agenda Zonal 7 Sur*. Loja: SENPLADES.

SNV, Servicio Holandés de Cooperación al Desarrollo. 2006. *Análisis participativo de la cadena de maíz duro en Pindal-Loja*. Loja: SNV.

Vélez Burneo, Pablo. 2009. Desarrollo del cantón Catamayo: desde lo local a lo regional. Tesis de la Maestría en Ciencias Sociales con mención en Desarrollo Local y Territorial. Quito: Facultad Latinoamericana de Ciencias Sociales, FLACSO.

Capítulo 8. Desarrollo territorial en Cariri, en el noreste semiárido de Brasil: más allá de las transferencias de ingresos

Arilson Favareto, Ricardo Abramovay, Maria do Carmo D'Oliveira, João Fábio Diniz[1]

Abstract

During the first decade of the 21st century, Brazil experienced sustained and generalized economic growth accompanied by a significant decrease in inequality and poverty. The previous decade had seen limited economic growth and an increase in income inequality. Several municipalities in Cariri, a region in the state of Paraíba in the semi-arid northeastern sector of Brazil, presented positive numbers. It would seem that the phenomenon was due to a crisis in the traditional activities of the local elite and an increase in the income of the poorest members of society as a result of government transfers. This case also suggests that despite the government's efforts to create new production conditions by supporting the milk market in Cariri, traditional local structures limited the reach and dynamism of these initiatives. Rural regions continue to be dominated by agriculture and livestock activities and precarious markets. While the semi-arid region is experiencing a change, this new cycle will only be sustainable and break with the dependency of income transfers if new public policies are introduced.

¿Qué razones explican las manifestaciones tan diferentes de los procesos de desarrollo en el ámbito territorial? ¿Por qué los esfuerzos para promover el desarrollo en las regiones interiores originan resultados tan heterogéneos en diferentes lugares? Dejando de lado a quienes desconocen que existe una diferenciación espacial relevante en los procesos de desarrollo, hay al menos dos maneras de responder a estas preguntas. La

---

[1] Los autores y la autora agradecen los comentarios de Julio A. Berdegué, Félix Modrego y Ghislaine Duque. También agradecen a Beatriz Saes por su trabajo con los datos secundarios utilizados, y a las organizaciones de la región de Cariri por su apoyo que fue fundamental durante el trabajo de campo. Finalmente agradecemos el excelente trabajo de traducción portugués-español de Daniela Miranda.

primera es la que se ofrece en el informe *Reshaping Economic Geography* (Banco Mundial 2009), donde se postula que el equilibrio, en el largo plazo, depende de la eliminación de los obstáculos que impiden integrarse plenamente a los mercados y formar economías de aglomeración. Las diferenciaciones espaciales serían "accidentes" de la geografía económica, pero con una convergencia en términos del estilo y de los resultados en los procesos de desarrollo. En la segunda, se asume que "los territorios importan", y emerge de las investigaciones efectuadas desde hace más de 30 años bajo el enfoque territorial del desarrollo. La idea central es que las estructuras locales reúnen un conjunto de características que, en última instancia, posibilitan o limitan que la unidad espacial se sume, de una manera particular, a las dinámicas generales del desarrollo. El éxito o fracaso de los territorios dependería, por lo tanto, de su historia y su morfología, de sus estructuras sociales y de sus condiciones naturales.

En la primera década del siglo XXI, una de las características que marcaron la experiencia brasileña fue haber conseguido un crecimiento económico sostenido y generalizado a lo largo del territorio nacional, que ha estado acompañado de una significativa reducción de la desigualdad y la pobreza: desde 2004 hasta 2010, más de 19 millones de personas salieron de la línea de pobreza, y 32 millones ascendieron de las clases D y E a las clases A, B y C. Al contrario, la década anterior estuvo marcada por un magro crecimiento económico y un aumento de la desigualdad de los ingresos, si bien hubo una fuerte reducción de la pobreza. No obstante, aproximadamente uno de cada cinco municipios brasileños alcanzó cifras positivas en estos tres indicadores, simultáneamente. Y una de las regiones donde hubo mayor concentración de este tipo de municipios fue Cariri, en el estado de Paraíba, ubicado en el noreste semiárido de Brasil. Aun después de una década vale la pena preguntarse por las razones de este aparente éxito, porque ayudan a comprender bajo qué condiciones las regiones estancadas lograrían alterar y mejorar su trayectoria y estilo de desarrollo.

El análisis de esa región es el objeto de este artículo que forma parte de un programa de investigaciones coordinado por Rimisp –Centro Latinoamericano para el Desarrollo Rural–, llevado a cabo en once países de América Latina. La hipótesis general del programa es que el desempeño de los indicadores de desarrollo de un determinado territorio depende de cómo se comportan las coaliciones de actores sociales locales, de los activos que movilizan en sus estrategias, y de las instituciones que crean para conducir y regular la vida social y económica local.

En aparente contradicción con ese planteamiento, se pretende demostrar que en el Cariri Paraibano la convergencia en los indicadores analizados fue el resultado de dos procesos cuyo origen es exógeno a la región. Por un lado, hubo una crisis aguda de los sistemas de producción tradicionales basados en el binomio algodón-pecuario, explotados por grandes terratenientes. La crisis fue motivada por la competencia con las fibras sintéticas y otras regiones productoras, a causa de una plaga que prácticamente terminó con los cultivos de algodón en el noreste brasileño, y por fallas en los mecanismos de apoyo del Estado que, hasta entonces, siempre habían permitido una recomposición del poder de las élites locales. Por otro lado, se creó una serie de programas y políticas gubernamentales estatales, principalmente nacionales, a través de los cuales se transfirieron recursos a las regiones interiores, con lo cual se elevaron las condiciones de vida de su población. El resultado de la combinación de estas dos tendencias fue el crecimiento de los ingresos familiares y la disminución tanto de la pobreza como de la desigualdad del ingreso.

Si bien cambiaron las estructuras económicas tradicionales de dominación, con lo cual terminó la dependencia que los agricultores pobres mantenían con los antiguos hacendados para acceder a oportunidades de trabajo y a servicios, no se puede decir que esté en curso una dinamización de la vida económica y social local inequívocamente prometedora. En primer lugar, tal mejora de los indicadores ocurrió a partir de una base muy baja. En segundo lugar, las actividades económicas ascendentes –el comercio de bienes de consumo popular y un incipiente mercado de la leche impulsado por las compras gubernamentales– todavía son muy pequeñas y dependientes del Estado. Y es aquí cuando el peso de la historia es un elemento que define la trayectoria reciente de la región, disipando la aparente contradicción entre los elementos endógenos y exógenos en la determinación de los estilos de desarrollo. La estructura agraria fuertemente concentrada en Cariri bloqueó, tempranamente, la posibilidad de que los sectores más pobres de la población local pudiesen acumular capitales (Bourdieu 1990 y 2003) y adquirir las habilidades sociales (Fligstein 2001a) para desarrollar nuevas actividades, más allá de suministrar mano de obra barata para la producción de algodón y la ganadería.

Manteniendo coherencia con dicha estructura económica, la estructura social se erigió de tal forma que al concentrarse todo el poder en las élites agrarias se restringió la base de apoyo de la coalición política dominante y las formas de organización local. Así, se conservaron las características de una sociedad de acceso restringido (North 2009). Esta estructura productiva de Cariri, altamente concentrada y con un bajo grado de diversificación, no solo fue vulnerable a las crisis, como la de la actividad algodonera, sino que impidió que se conformaran bases locales de acumulación de los diferentes capitales (económico, cultural y social) capaces de sustentar una reestructuración productiva ante la crisis o las oportunidades que se abren hoy (tal es el caso de las transferencias masivas), o las posibilidades de implementar nuevos usos sociales de recursos naturales, como la producción de energía solar o eólica, o la valorización de la biodiversidad local.

A continuación, se analiza la historia de la región y se explica el buen desempeño en los indicadores señalados, pero también, y sobre todo, cuáles son las barreras que impiden que ese cambio sea duradero y profundo. Con ello se pone al menos una pizca de sal a la afirmación de que como se logró una disminución de la pobreza y de la desigualdad de ingreso en la primera década de 2000, bastaría seguir haciendo lo mismo. Más bien el caso analizado arroja una fuerte duda sobre la capacidad de las regiones interiores para dinamizar la estructura productiva local solamente a partir de la inyección de recursos externos y sin cambiar la base de los incentivos de su organización económica y social. Si bien es verdad, como muestra Davezies (2008), que hay una creciente disociación entre las regiones productoras y las regiones consumidoras en el mundo contemporáneo, no se puede decir que a las áreas rurales o interiores les esté reservado solo el segundo destino. Aún hay mucho espacio para alterar las bases económicas de estos territorios, de tal forma que las familias más pobres puedan aprovechar los nuevos potenciales y las nuevas formas de inserción productiva.

El artículo está organizado en tres secciones. En la primera, se reconstruyen sintéticamente los procesos de evolución histórica y de formación de las estructuras sociales regionales hasta la crisis de las actividades tradicionales, destacando su impacto en los indicadores analizados. En la segunda, se discuten los aspectos relativos al estilo de desarrollo territorial que, después de la crisis, se van configurando en Cariri. En la tercera sección, se analizan los obstáculos a los que se enfrenta este estilo de desarrollo territorial para cumplir los requisitos contenidos en la idea de sustentabilidad. En las conclusiones, se destacan algunas implicaciones que esto acarrea para las políticas públicas que pretenden impulsar el desarrollo de las regiones rurales brasileñas, destacando el caso del noreste semiárido.

1. Evolución histórica del territorio

Se escogió Cariri en la región semiárida del estado de Paraíba, en el noreste de Brasil, como caso de estudio por varias razones. En primer lugar, el noreste es una región donde históricamente se ha concentrado la pobreza rural en Brasil. En segundo lugar, Paraíba es un estado donde proporcionalmente está la mayor cantidad de municipios en los que se redujeron la pobreza y la desigualdad, y hubo un aumento en los ingresos de sus habitantes durante la década de 1990, periodo en el cual la norma en Brasil fue el estancamiento económico acompañado de un aumento de la desigualdad, aunque con reducción de pobreza. En tercer lugar, dentro de varias regiones de ese estado brasileño, en Cariri mejoró significativamente el producto interno bruto en comparación con otras áreas de Paraíba. Esta es, también, una de las áreas con mayor concentración de los municipios que mejoraron visiblemente su posición relativa en el ranking más reciente de desarrollo humano publicado en el país.[2]

1.1. La configuración territorial

El Cariri Paraibano, localizado en el noreste semiárido, está formado por 29 municipios. Se encuentra en una región del bioma caatinga,[3] de clima semiárido, y presenta los menores índices pluviométricos de Brasil. Tiene un área de 7.075 km2. En Cariri residen 120.000 habitantes en las urbes y 47.429 habitantes en las zonas rurales, de acuerdo con las estadísticas oficiales brasileñas (IBGE 2010), según las cuales son los municipios los que establecen los límites entre las áreas urbana y rural; si se adoptara el criterio de la Organización para la Cooperación y el Desarrollo Económicos (OCDE), la población rural sería de un 100%, porque se trata de un territorio con una muy baja densidad poblacional. Todos los municipios de este territorio son pequeños para el patrón brasileño. El mayor de ellos, Monteiro, tenía en el año 2000 aproximadamente 27.000 habitantes. Según los datos del nuevo censo demográfico (IBGE 2010) la población local se encuentra estancada, lo que indica que, descontando la tasa de fecundidad local, aún hay emigración de personas, pero en proporción muchísimo menor a lo que ocurría en el pasado, cuando Cariri era un área de fuerte éxodo rural (IBGE 2010). En el mapa 8.1, se muestra la localización de este territorio.

---

[2] Índice FIRJAN de Desarrollo Municipal. http://www.firjan.org.br/data/pages (acceso: mayo de 2009). También contribuyó en la elección el hecho de que las organizaciones locales mostraron interés en participar en el estudio y en estudiar minuciosamente los resultados para, a la luz de esto, reflexionar sobre las iniciativas de promoción de desarrollo en curso.

[3] *Caatinga*: arbustos espinosos y cactáceos del interior del noreste de Brasil o Sertão. [N. del T.].

Mapa 8.1. Distribución espacial de los municipios donde, simultáneamente, aumentó el ingreso y disminuyeron la pobreza y la desigualdad (1991-2000)

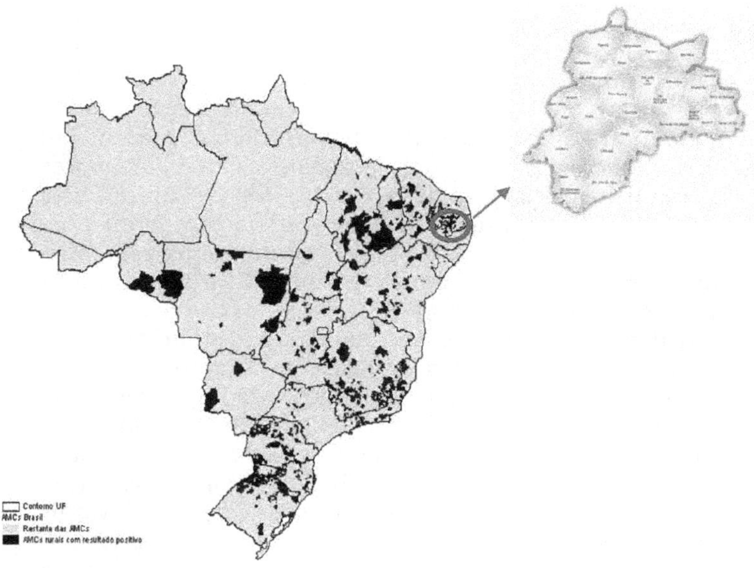

Fuentes: IBGE (2000); IPEA (2008).

El núcleo de la formación histórica de la región fue el municipio de San Juan de Cariri, que se originó, en 1669, con la donación de grandes extensiones de tierra que hizo la corona portuguesa a beneficiarios escogidos por ella. Antes de eso, la zona estuvo habitada por indios cariri. San Juan fue elevado a categoría de villa[4] en 1800, momento en el cual era el principal centro de una vasta área que prácticamente cubría un tercio de lo que hoy es el Estado de Paraíba, integrada, además de Cariri, por Planalto da Borborema, área de transición entre las tierras bajas del

[4] Aglomerado poblacional entre una aldea y una ciudad.

litoral -donde predominó el cultivo de caña de azúcar- y las tierras altas del Sertão,[5] donde se concentraba una creciente actividad pecuaria.

En esta misma época, una villa vecina a San Juan de Cariri, situada ya en el Planalto da Borborema, comenzaba a destacarse por su localización privilegiada. En un poblado fundado a fines del siglo XVII, se formó una aldea, y en torno a ella, surgió una feria cuya importancia fue aumentando a medida que crecía también la actividad económica y la necesidad de mayores y más frecuentes comunicaciones entre el sector interior y el litoral. Esta localidad fue elevada a categoría de parroquia en 1769 y a categoría de villa en 1790. Gradualmente, esta villa, que sería rebautizada como Campina Grande, ganó importancia, destacándose por sus vínculos con San Juan de Cariri, que se mantuvo como un pequeño municipio (poco más de 4.000 habitantes actualmente). Campina Grande se convirtió en una de las ciudades más importantes del interior del noreste. Actualmente tiene 386.000 habitantes, un importante parque tecnológico y una de las principales universidades de esta región de Brasil. En ella se instalaron las principales industrias del estado y se formaron varios liderazgos políticos de Paraíba, siempre ligados a las dos actividades económicas principales que perdurarían hasta fines del siglo XX, el algodón y la actividad ganadera, desarrolladas en grandes propiedades. Campina Grande se convirtió en la capital económica de Paraíba rivalizando con João Pessoa, capital política del estado, situada en el litoral y dedicada a la caña de azúcar.

Campina Grande se transformó en el polo regional de las economías tanto de Cariri como de todo el sector semiárido paraibano. Hacia allá se exportaban los bienes primarios para su manufacturación y comercialización. Hacia allá también se canalizaban los excedentes obtenidos del comercio, bajo la forma de consumo de bienes manufacturados y servicios. Hacia allá se dirigían las inversiones de las élites locales

---

[5] *Sertão*: campos interiores de un continente, lejanos a la costa. Se conoce así a la región interior del noreste brasileño. [N. del T.].

interesadas en diversificar su cartera de actividades. Hacia allá eran enviados quienes necesitaban acceder a servicios públicos: allá estudiaban los hijos de la élite y de la pequeña clase media local.

Hasta la década de 1970, la actividad económica de las áreas rurales de la región semiárida, incluida Cariri, se reducía a la convivencia conflictiva entre las grandes haciendas ganaderas y los pequeños agricultores. Con el objetivo de formar pastizales y garantizar la mantención de la hacienda, los hacendados contrataban pobladores y minifundistas para que plantaran fibras y alimentos. Esto representaba prácticamente la única fuente de empleo, de generación de ingresos y alimentos para pequeños propietarios y trabajadores sin tierra. Para tener una idea del grado de concentración de la tierra, según los datos del Censo Agropecuario Brasileño de 2006 (IBGE 2006), después de la formación de varios asentamientos de reforma agraria, el 10% de los propietarios de las mayores extensiones aún mantenían el 55% de las tierras en la región, mientras que el 30% de los propietarios de pequeñas parcelas controlaban el 1%. A esta fuerte rigidez de las estructuras económicas locales correspondieron las estructuras sociales que se crearon (Bourdieu 2003), teniendo como base la polaridad entre los *sertanejos* y los *coroneles*.[6]

El *habitus* de los campesinos del interior que marca el comportamiento social de las familias se puede resumir en: a) la lógica de resistencia permanente en un sistema de reproducción social que bloquea sus posibilidades de emancipación económica a través de la producción de excedentes o del acceso a las redes de trabajo; b) la dependencia del poder de los hacendados y los *coroneles* que controlaban el mercado del trabajo y todas las demás instancias de la vida social local; c) los lazos familiares como principal estrategia de superación de las dificultades recurrentes en un medio tan precario. Desde el ángulo de la vida material, ese comportamiento se torna posible debido a la convivencia conflictiva entre los pequeños

[6] *Sertanejo*: campesino de los campos interiores. *Coronel*: jefe político o latifundista del interior. [N. del T.].

propietarios, que siempre habían garantizado el sustento básico de las familias de campesinos, y los latifundios que absorbían el excedente del trabajo de los agricultores cuya única posibilidad de empleo era este, de carácter temporal y precario.

En el otro polo de la dominación, la figura de los hacendados, los viejos *coroneles*, personifica aquel control absoluto de la vida social y económica local. De ellos dependió históricamente el acceso a cualquier ingreso monetario, por el control que ejercían sobre el mercado del trabajo y de los productos alimentarios. De ellos dependía el acceso a servicios básicos, como la provisión de medios para acceder a hospitales o atención médica. Y de ellos dependía, aun, el acceso al sistema político formal, los servicios notariales para votar e incluso la administración de los conflictos locales en una especie de personificación de la ley y del poder.

Esta configuración social está perfectamente retratada en obras clásicas del pensamiento social brasileño como los libros *Coronelismo: en xada e voto*, de Vitor Nunes Leal, o en un registro diferente más antiguo pero igualmente crucial para su comprensión, *Os sertões*, de Euclides de Cunha. Una configuración social típica de aquello a lo que Douglass North (2009), en su libro más reciente, llamó el orden de acceso limitado, y que anteriormente Max Weber (1915/1998) había llamado sociedades cerradas: aquellas en las cuales la libre asociación no es la forma predominante de organización de la vida económica, con lo cual se bloquean los circuitos de competencia y acumulación necesarios para el dinamismo que marca a las sociedades más ricas y menos desiguales, aquellas que North llama estados de acceso abierto, en las cuales los procesos de dominación social son despersonalizados y la competencia, en el plano de la política y de la economía, abre camino a innovaciones que resultan en mejoras significativas del nivel de vida de las personas.

Esto conduce, finalmente, al tema de las coaliciones políticas. En las sociedades como la de Cariri, donde es limitado el acceso a los recursos naturales, al mercado del trabajo y a las oportunidades de participación en la vida social, el monopolio de la violencia no lo tiene el estado. Al contrario, la violencia se dispersa en las formas económicas y simbólicas, y todo el desafío para las élites locales consiste en encontrar las maneras de explotar las oportunidades que les permitan aprovechar los beneficios que ofrecen dichas formas de violencia. El principal medio es que la posibilidad de formar organizaciones se restrinja a un pequeño número de individuos: las propias élites (North 2009). De ahí la profunda dependencia y promiscuidad entre organizaciones privadas y públicas, característica de las sociedades de acceso cerrado y típicas del *coronelismo* en los *sertões* del Brasil. Algo que permite entender las razones que provocaron el fracaso de todas las iniciativas dirigidas a dinamizar la vida económica del interior del noreste en la segunda mitad del siglo XX -por ejemplo, aquellas recomendadas por Celso Furtado a fines de los años 1950, que llevarían a la creación de la Superintendencia para el Desarrollo del Noreste (SUDENE) y sus grandes inversiones en las décadas siguientes- es que en vez de apostar a la diversificación económica y la formación de un mercado consumidor local, como inicialmente se postulaba, el perfil de las inversiones acabó concentrándose en ayudas a las élites tradicionales que así compensaron su baja competitividad, y en la formación de polos dinámicos en determinadas regiones, pero que terminaron siendo enclaves sin la capacidad de extrapolar sus efectos positivos a la economía regional (Cohn 1993).

1.2. Crisis y reestructuración parcial de la configuración territorial

Algo cambió desde la primera década del presente siglo. Dos movimientos de origen exógeno a la región de Cariri lo explican y permiten entender la crisis y la consecuente reestructuración del campo de fuerzas que marca la configuración territorial (Favareto y Abramovay 2009).

El primer movimiento se remonta a unos años atrás. Durante la década de 1970, hubo una crisis del sistema agrario regional, principalmente debido a que las fibras naturales que sostenían la economía local perdieron competitividad frente a las fibras sintéticas introducidas en el mercado mundial y a las nuevas regiones productoras; también debido a los bajos niveles de productividad, derivados tanto del precario desarrollo tecnológico local como de las restricciones ambientales. La crisis se agudizó desde finales de la década de 1980 por la ausencia de políticas agrícolas, en particular, los subsidios y la fijación de precios. Fue así como las unidades de producción familiares se volvieron prácticamente de subsistencia, condicionadas por las difíciles condiciones climáticas. A esto se agregó otro problema: sin la política de precios mínimos, el ingreso del productor disminuyó, incluso en los años lluviosos, por la baja de los precios. Además, los grandes propietarios restringieron sus inversiones por la falta de ingresos generados por el algodón y el sisal y, principalmente, por la disminución de los subsidios de la SUDENE y del Banco del Noreste. Es decir, la crisis de los sistemas productivos locales se sumó a la crisis de los instrumentos del Estado que siempre compensaban el bajo nivel de dinamismo y la frágil competitividad de la economía local. En este mismo periodo, la propagación descontrolada de la plaga de un gorgojo prácticamente arrasó los cultivos de algodón.

Los datos del gráfico 8.1 ilustran el declive de la actividad agropecuaria que, históricamente, fue el motor de la economía regional. Su participación en la conformación del PIB de la región fue de apenas el 17%, mientras que a la administración pública le correspondió el 46%. Se trata de una situación generalizada en todos los municipios; en algunos, la participación de la administración pública superó el 50% (59% en San Juan de Tigre, 58% en Amparo, 56% en San Andrés y San José de los Corderos, 54% en Alcantil); el porcentaje más bajo fue del 29% en Caturité. Por otro lado, la participación de la agricultura superó el 30% solo en Congo (36%), mientras que en la mayoría de casos giró en torno al promedio regional.

Gráfico 8.1. Cariri 2006. Participación de las actividades en el Producto Interno Bruto

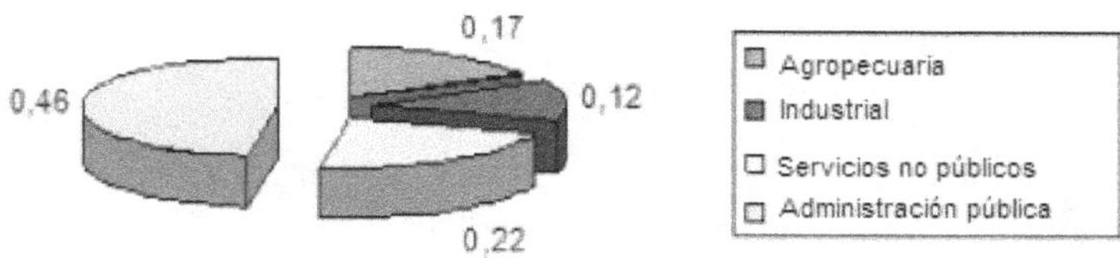

Fuente: IBGE (2006).

El segundo movimiento que recompuso la configuración territorial fue el masivo proceso de transferencias de ingresos a numerosos municipios del interior de Brasil, entre ellos, los del Cariri Paraibano. La generalización de la pensión rural a partir de 1988 y el cambio que se produjo desde que se instauró un salario mínimo jugaron un papel importante en la compensación de la pérdida de ingresos del sector agropecuario (Abramovay y Morelo 2010). Según el IPEA (2008), en el semiárido nordestino la participación del sector agropecuario disminuyó entre 1988 y 1998 de 6 billones a 3,5 billones de reales, mientras que el gasto público en pensiones rurales pasó de 2 billones a 4,1 billones de reales. En los años 1990, se instauraron programas sociales de cierta escala, que se ampliaron enormemente en la década siguiente. Por último, también en los años 1990, con la descentralización de algunas políticas de amplia cobertura como las de educación y salud, hubo mayor transferencia de fondos públicos y de contratación de personal en los municipios (cuadro 1).

Cuadro 8.1. Cariri 1991-2000. Ingresos por transferencias gubernamentales

Municipio	Ingresos de transferencias públicas 1991 (%)	Ingresos de transferencias públicas 2000 (%)	Familias con más del 50% de los ingresos de transferencias públicas 1991 (%)	Familias con más del 50% de los ingresos de transferencias públicas 2000 (%)	Ingresos del trabajo asalariado 1991 (%)	Ingresos del trabajo asalariado 2000 (%)
Alcantil	11,92	26,92	8,83	27,15	77,18	50,51
Amparo	12,14	24,97	10,75	25,34	70,28	59,71
Assunção	14,24	23,49	12,09	23,26	74,03	51,48
Barra de Santana	12,29	28,29	11,18	28,82	75,21	46,38
Barra de São Miguel	12,20	25,56	10,05	24,38	76,47	57,08
Boqueirão	14,21	22,82	11,39	23,36	78,94	59,90
Cabaceiras	13,67	24,75	11,18	24,36	71,56	56,58
Camalaú	16,48	26,05	15,42	28,19	70,11	60,77
Caraúbas	16,85	29,28	14,36	28,89	73,27	50,44
Caturité	10,90	24,25	9,09	23,70	78,14	54,89
Congo	16,42	25,65	14,97	25,83	64,69	59,10
Coxixola	29,77	28,79	31,92	29,43	59,99	51,03
Gurjão	14,10	25,68	11,26	25,72	78,28	61,41
Livramento	18,85	28,83	19,72	29,44	72,85	43,91
Monteiro	16,72	23,87	15,83	23,92	72,93	59,04

Municipio	Ingresos de transferencias públicas 1991 (%)	Ingresos de transferencias públicas 2000 (%)	Familias con más del 50% de los ingresos de transferencias públicas 1991 (%)	Familias con más del 50% de los ingresos de transferencias públicas 2000 (%)	Ingresos del trabajo asalariado 1991 (%)	Ingresos del trabajo asalariado 2000 (%)
OuroVelho	16,49	23,66	14,84	23,32	73,43	57,18
Parari	21,80	27,23	22,35	28,40	67,64	51,84
Prata	18,69	25,98	18,96	26,01	61,89	51,99
Riacho de Santo Antônio	10,95	17,86	9,21	16,34	78,55	61,15
Santo André	13,41	27,49	11,24	28,55	70,82	59,07
São Domingos do Cariri	18,55	25,64	17,15	25,21	70,65	51,91
São João do Cariri	19,91	26,90	18,48	27,40	70,78	58,76
São João do Tigre	14,98	24,46	14,39	26,78	74,99	60,96
São José dos Cordeiros	14,25	27,36	13,18	30,56	67,94	52,57
São Sebastião do Umbuzeiro	16,75	27,36	15,37	28,16	73,23	58,80
Serra Branca	17,44	28,23	14,41	27,91	61,20	55,49
Sumé	18,35	27,41	17,17	27,69	69,82	60,54
Taperoá	15,68	27,16	15,81	27,80	71,76	47,87
Zabelê	16,26	27,93	14,71	28,70	73,06	62,39

Fuente: PNUD (2010).

En 1991, el promedio de dichas transferencias gubernamentales a los municipios representó el 16% de los ingresos, mientras en el año 2000 ese valor saltó a 26% (cuadro 8.1). Asimismo, el porcentaje de personas cuyos ingresos estuvieron conformados en más del 50% por transferencias gubernamentales saltó de 15% a un promedio de 25%. Por último, hubo también una significativa disminución de los ingresos provenientes del trabajo asalariado en los ingresos totales de los habitantes de los municipios: cayeron del 72% a menos del 56%. Por lo tanto, la participación de las transferencias en el ingreso total fue mucho más importante desde inicios del siglo XXI. No es casual la concentración de personas empleadas formalmente en la administración pública de los municipios del Cariri Paraibano en 1990, 2000 e incluso en 2010. Si bien los sectores comerciales y de servicios generan empleos formales, su importancia es menor que la de la administración pública (cuadro 8.2).

Cuadro 8. 2. Cariri: participación por sectores sobre el total de empleos formales por sectores (%)

	Extracción mineral	Industria	Servicios industriales	Construcción civil	Comercio	Servicios	Administración pública	Agropecuaria	Otros
1990	0,31	1,14	0,37	0	3,92	12,15	78,56	0,49	3,05
2000	0,07	1,56	0,59	1,93	4,93	10,19	79,85	0,87	0
2008	0,02	3,37	0,92	0,78	8,66	9,73	75,36	1,16	0

Fuente: Ministerio del Trabajo, MTE (2010).

En síntesis, los dos principales cambios que experimentó la región de Cariri fueron la crisis del sector agropecuario tradicional y la fuerte entrada de ingresos al territorio a través de programas públicos de transferencia, vía políticas sociales o vía servicios públicos. Como consecuencia, el incremento de nuevas actividades económicas fue incipiente; se destacan el comercio a pequeña escala y la producción de leche.

2. Estilo de desarrollo de Cariri en el umbral del siglo XXI

¿Cuáles fueron los impactos en la economía local del Cariri Paraibano luego del declive de las actividades agropecuarias tradicionales y el fuerte aumento de la participación de las transferencias en los ingresos locales?

Durante la década de 1990, aumentaron los ingresos y hubo una inflexión en las condiciones sociales de pobreza y desigualdad. El desempeño de la región es aun más sorprendente cuando se lo contrasta con el resto del país, que en aquella década no contó con un contexto favorable para el desarrollo socioeconómico (cuadro 8.3).

Cuadro 8.3. Cariri y noreste, 1991-2000. Distribución de las *Áreas Mínimas Comparáveis* en las categorías de definición de tipologías de desempeño

Categoría	Cariri Paraibano		Noreste		Brasil	
	AMC	%	AMC	%	AMC	%
Mejora significativa en ingresos, pobreza y desigualdad	10	59,0	249	17,1	892	20,9
Mejora significativa en ingresos y pobreza	1	5,8	315	21,7	895	21,0
Mejora significativa en ingresos y desigualdad	0	0		0,0	11	0,3
Mejora significativa solo en ingresos	0	0	70	4,8	269	6,3
Mejora significativa en pobreza y desigualdad	3	17,6	245	16,9	750	17,6
Mejora significativa solo en pobreza	1	5,8	55	3,8	88	2,1
Mejora significativa solo en desigualdad	1	5,8	216	14,9	669	15,7
Nada mejora significativamente	1	5,8	302	20,8	693	16,2
Total	**17**	**100**	**1.452**	**100**	**4.267**	**100**

Fuente: Censos demográficos IBGE (1991, 2000).

En más de la mitad de los municipios del Cariri Paraibano mejoró significativamente el ingreso y disminuyeron tanto la pobreza como la desigualdad. La proporción de municipios que tuvieron un desempeño positivo, medido a través de los tres indicadores mencionados, es tres veces mayor que a nivel de todos los municipios del Brasil (Favareto y Abramovay 2009). Si se compara solo con los municipios del noreste, la diferencia es aun más grande: Cariri presentó una tendencia positiva en un escenario regional nada favorable. Incluso considerando solo las regiones rurales, sigue siendo notorio el desempeño de Cariri.[7]

Más allá de los indicadores relacionados con los ingresos, se puede observar que en el Índice de Desarrollo Humano (IDH) los indicadores de educación presentan un desempeño mejor que los de longevidad e ingresos, aunque estos últimos también han mejorado levemente en casi todos los municipios (cuadro 8.4).

Otra consideración importante es que, en 1991, todos los datos del IDH para Cariri fueron considerablemente inferiores al promedio de Brasil (0,706), escenario que no cambió en 2000, pues los valores de Brasil para educación (0,83), longevidad (0,71) e ingreso (0,72) siguieron siendo muy superiores a los de Cariri. Con respecto a importantes indicadores individuales, como la educación, en 1991 casi el 45% de la población de Cariri era analfabeta. Aunque en el año 2000 ese indicador disminuyó a 32,87%, dichos porcentajes fueron superiores al promedio nacional (20%). En materia de salud, el panorama no fue mucho más favorable. La mortalidad infantil a inicios de los años 1990 fue mucho más alta (70%) que en el resto del país (44,68%); entre 1991 y 2000 se redujo un 32% en Cariri, que fue la variación para todo el país.

---

7 Estos datos, sin embargo, deben ser mirados con prudencia. Como el piso inicial era muy bajo, a pesar de la mejora, la situación está lejos de ser satisfactoria. Además, los efectos del Plan Collor, de 1991, pueden haber distorsionado algunos indicadores.

Cuadro 8.4. Cariri 1991-2000. Indicadores de Desarrollo Humano

Municipio	IDH Municipio Educación 1991	IDH Municipio Educación 2000	IDH Municipio Longevidad 1991	IDH Municipio Longevidad 2000	IDH Municipio Ingresos 1991	IDH Municipio Ingresos 2000
Alcantil	0,46	0,72	0,60	0,62	0,46	0,48
Amparo	0,51	0,70	0,57	0,62	0,39	0,50
Assunção	0,55	0,72	0,53	0,61	0,42	0,51
Barra de Santana	0,47	0,65	0,54	0,62	0,47	0,46
Barra de São Miguel	0,52	0,72	0,48	0,59	0,49	0,52
Boqueirão	0,55	0,71	0,54	0,59	0,51	0,53
Cabaceiras	0,68	0,82	0,57	0,68	0,49	0,54
Camalaú	0,54	0,64	0,57	0,62	0,43	0,49
Caraúbas	0,51	0,73	0,54	0,63	0,46	0,51
Caturité	0,55	0,74	0,51	0,60	0,46	0,51
Congo	0,52	0,69	0,65	0,69	0,43	0,51
Coxixola	0,61	0,75	0,57	0,64	0,44	0,52
Gurjão	0,59	0,76	0,60	0,62	0,46	0,54
Livramento	0,58	0,72	0,47	0,58	0,37	0,46
Monteiro	0,52	0,68	0,54	0,57	0,48	0,56
Ouro Velho	0,58	0,74	0,52	0,62	0,44	0,54
Parari	0,61	0,77	0,52	0,62	0,39	0,50
Prata	0,60	0,69	0,48	0,60	0,43	0,53
Riacho de Santo Antônio	0,41	0,67	0,48	0,59	0,47	0,51
Santo André	0,57	0,74	0,54	0,60	0,45	0,53
São Domingos do Cariri	0,58	0,74	0,60	0,76	0,46	0,53
São João do Cariri	0,64	0,79	0,57	0,68	0,47	0,55
São João do Tigre	0,44	0,59	0,47	0,52	0,37	0,48
São José dos Cordeiros	0,57	0,72	0,62	0,68	0,40	0,50
São Sebastião do Umbuzeiro	0,51	0,66	0,48	0,54	0,44	0,52
Serra Branca	0,65	0,77	0,57	0,66	0,50	0,56
Sumé	0,59	0,74	0,65	0,69	0,48	0,54
Taperoá	0,56	0,70	0,47	0,54	0,42	0,49
Zabelê	0,49	0,67	0,48	0,60	0,43	0,52

Fuente: PNUD (2010).

Con respecto a la dimensión ambiental, ha habido avances, especialmente en las condiciones de acceso a los recursos hídricos. Pero en cuanto a la conservación de la cubierta forestal y a la pérdida de suelos por erosión, los resultados están lejos de ser positivos. Aunque no existen indicadores cuantitativos disponibles para las variables ambientales, todo indica que los problemas tienden a agravarse. En todos los estudios sobre el cambio climático en Brasil, se señala que el bioma semiárido tiende a ser el más afectado por el calentamiento y los cambios en el metabolismo de los ecosistemas asociados (Nobre, Massambani y Liu 1992).

Además, el Cariri Paraibano es la región con el menor índice de pluviosidad del país. Según las predicciones más optimistas, las tasas seguirán siendo las mismas en los próximos años, con concentración de lluvias en determinados periodos. Según las más pesimistas, habrá una disminución de las precipitaciones, con lo cual aumentará la escasez de agua. Más que la cantidad de agua almacenada en la región, el gran problema es la distribución para el consumo de la población. La principal obra de la región es el Proyecto de Transposición de las Aguas del río San Francisco, del que todavía se desconocen los resultados. Otras obras están teniendo éxito, como el programa Un Millón de Cisternas. A todo esto se suma la obstrucción de los pequeños canales debida a los procesos de erosión.

Con respecto a la cobertura forestal, el gran problema sigue siendo la quema de la *caatinga*, actividad arraigada, heredada de generaciones pasadas y que reporta un beneficio efímero; en los primeros dos o tres años, las cenizas, ricas en sodio y potasio, elevan la productividad de la tierra, después de lo cual no se debe plantar o sembrar en esos terrenos, por lo menos durante cinco años. Los medianos y grandes productores enfrentan menos problemas, ya que pueden hacer una rotación dentro de sus propiedades; sin embargo, muchos practican también la crianza de cabras, ovejas y ganado usando la tierra en reposo, para el pastoreo, lo que puede contribuir a la extinción o disminución del revestimiento vegetal. Como la mayoría de pequeños productores no puede practicar la rotación de tierras, obtiene una cosecha pobre y se deteriora el suelo. Así, estos propietarios, a menudo, abandonan sus actividades o incluso abandonan el lugar cuando comienza el proceso de erosión.

Otro factor muy perjudicial para la vegetación del Cariri Paraibano fue la peste que asoló a la *palma forrageira* -planta típica de la región y ampliamente utilizada en la alimentación animal-, la cochinilla. Se calcula que se han perdido alrededor de 200.000 ha de esta palma en la región, lo que constituye un desastre ambiental. El uso de la vegetación como leña, históricamente otro problema que provoca la pérdida continua del bosque, ha disminuido debido al incremento en el consumo de gas envasado.

La degradación de los suelos está directamente relacionada con la destrucción de la cubierta vegetal. Existe una gran diferencia entre este deterioro en las zonas donde hay *caatinga* y aquellas donde fue eliminada mediante la quema. En las primeras, se calcula que la pérdida anual de suelos es de 5 toneladas por hectárea, mientras que en las zonas donde no hay *caatinga* llega a 65 toneladas por hectárea. El gran riesgo de esta pérdida es que se inicia la erosión y la remoción de la capa fértil del suelo. La erosión puede ser tan violenta que logra abrir grandes zanjas en la tierra. Una vez que aparece este proceso, si no se realizan acciones de recuperación, comienza la desertificación y la sedimentación de las reservas de agua.

No se puede hablar del estilo de desarrollo del territorio sin mencionar, aunque sea brevemente, la situación de las mujeres en este nuevo contexto, ya que es una dimensión importante de las desigualdades intraterritoriales. Entre los programas sociales, se destaca *Bolsa Familia* por el significativo número de mujeres que, por orden del gobierno, son las titulares de la tarjeta de retiro de dinero ofrecida a las personas beneficiarias. Esto implica, en la práctica, que ellas puedan participar en el programa, realizar las acciones que se requieren para mantener el abastecimiento de la casa y efectuar las operaciones bancarias correspondientes. De esta forma, se abre la posibilidad de que las mujeres salgan de la esfera doméstica y, poco a poco, asuman un rol más activo en la economía de la casa y en la sociedad local.

Las acciones relacionadas con la obtención de agua van en el mismo sentido. Debido a la carencia de este recurso, son las mujeres las que hacen largas filas y difíciles caminatas hacia los pozos y las represas, con el fin de obtener el mínimo necesario para las actividades diarias y el consumo doméstico. Con la ejecución de algunos programas de acceso a los recursos hídricos, numerosas familias rurales obtienen más fácilmente el agua. Además, las mujeres han liberado tiempo que pueden invertirlo en otras actividades. Un ejemplo de ambas situaciones -la escasez de agua y una mayor participación de las mujeres- son las ayudas ofrecidas por el Programa *Garantia Safra* (Programa de Seguridad de Ingresos en Épocas de Sequía). En una evaluación de este programa, Kawamura *et al.* (2010) muestran que los recursos llegan a un número significativo de mujeres en la región, lo que refleja una mayor participación de ellas en actividades productivas y en la gestión financiera de las instalaciones.

Lo que todos estos datos parecen demostrar es que, a pesar de la mejora de los indicadores, tanto económicos como sociales, no ha habido un profundo cambio del panorama de la región. Cariri sigue siendo una región pobre, con agudos problemas de asimetría, mayores que el promedio nacional, y con graves daños ambientales. Hasta el momento, no se puede decir que el Cariri Paraibano haya encontrado un patrón de desarrollo que pueda tomarse como ejemplo y servir de modelo a otras regiones. Pero el proceso en curso apunta a una expansión de las libertades individuales, lo cual constituye un cambio innegable y efectivo, aunque gradual.

2.1. Dinámicas territoriales, estructuras sociales e instituciones

La situación de Cariri revela que existe una coherencia entre las dinámicas territoriales, las estructuras sociales de larga data y el establecimiento de instituciones que dan forma a las decisiones de los actores locales, y que se consolidan al menos en cinco casos empíricos: la estructura agraria y de acceso a los recursos naturales; el grado de concentración y diversificación de la estructura productiva; la relación con los centros urbanos cercanos; la historia de constitución y acceso a los mercados; y, por último, las coaliciones sociales, especialmente las habilidades sociales movilizadas por estas coaliciones, su composición y su estilo de trabajo sobre los conflictos sociales, económicos y ambientales.

Los derechos de propiedad sobre el uso de los recursos naturales cuando se inició la actividad económica local (North 1981) jugaron un papel decisivo en la conformación de una estructura social típica de las sociedades con acceso restringido (North 2009). Estas están marcadas por una gran rigidez y una acentuada asimetría, expresada en una estructura agraria y de acceso a los recursos naturales con una fuerte concentración de la propiedad de la tierra y el consecuente bloqueo de la movilidad social de la población más pobre.

Concomitantemente, las relaciones entre las áreas rurales y urbanas, proveedoras de servicios, se han establecido a expensas de los pequeños pueblos de la región, centrándose en los vínculos con un gran centro cercano a la zona: la ciudad de Campina Grande. De esta forma, los excedentes económicos y la oferta educativa y profesional se dirigen hacia afuera de Cariri, lo cual genera una situación en la que, para usar los términos de Jacobs (2000), en la relación entre la ciudad y la región rural la primera esteriliza a la segunda en lugar de fecundarla con las oportunidades que tienden a concentrarse en zonas urbanas. En esta división territorial del trabajo, las zonas rurales se han consolidado como exportadoras de productos primarios con bajo valor agregado y sin fuertes vínculos con mercados dinámicos y prometedores. Como resultado, se ha formado una estructura productiva rígida y especializada en actividades poco dinámicas -ganado y fibras- con baja capacidad de innovación y de generación de efectos complementarios con otros sectores.

Este escenario no favoreció la aparición de coaliciones amplias e innovadoras. Al contrario, todo contribuyó a que las élites locales se reservaran los capitales y las habilidades sociales necesarias para la conducción de la vida política y económica local. La identidad territorial local reforzó la imagen de región pobre y marcada por restricciones, de resistencia a las condiciones ambientales adversas, y de vocación por la producción de fibras y ganado.

En resumen, la trayectoria territorial de la región de Cariri ha estado marcada por una rígida y concentrada estructura de la propiedad de la tierra; no se han creado vínculos con mercados dinámicos ni se han formado ciudades intermedias en el territorio. Así, en lugar de un proceso fuertemente endógeno y conducido por las fuerzas sociales del territorio, dos fuerzas exógenas han propiciado el cambio de rumbo: 1) la crisis del sector de producción de fibras causada por la competencia con las fibras sintéticas y otras regiones productoras, junto con las falencias del modelo de las ayudas estatales a los productores locales y su baja competitividad; 2) la introducción de políticas y programas a través de los cuales se transfirieron significativos ingresos que privilegiaron a los sectores más pobres de la economía local.

Este cambio de dirección podría provocar otra dinámica en el territorio si se promoviera la diversificación del tejido económico local, la formación de ciudades intermedias y una mejor distribución de la propiedad de la tierra. Sin embargo, no es esto lo que el conjunto de indicadores económicos, sociales y ambientales sugiere. Lo que se podría estar configurando es una economía especializada con predominio de un sector productivo -en el caso de Cariri, la actividad de producción de leche- y no un cambio sustancial en la concentración del poder económico.

Se trata, por cierto, de procesos aún muy recientes, que no permiten afirmar cuál de las dinámicas se impondrá. Sin embargo, se puede identificar cuáles son los obstáculos que impiden que los cambios impulsados por los procesos exógenos sean más profundos analizando los dos escenarios de acción (Ostrom 2005) donde se están materializando las coaliciones y los proyectos para el futuro del territorio. Uno de estos ámbitos está conformado por las articulaciones territoriales orientadas a promover el desarrollo regional. Otro es el mercado de la leche, la principal actividad económica, productiva y ascendente del territorio.

3. Los límites de la transición al desarrollo territorial sustentable

En el nuevo contexto, el mercado de la leche y la producción ovino-caprina constituyen la principal fuerza económica en ascenso. Sobre esta descansan las expectativas de que reemplazará al anterior binomio algodón-pecuario. Esto genera una conclusión y tres preguntas. Se trata de un nuevo mercado para los estándares regionales, pero que no está sintonizado con las nuevas ventajas comparativas de las zonas rurales. Siendo el mercado una de las instituciones locales que orienta el comportamiento de los agentes, ¿estará en marcha un cambio sustantivo que responda a la ruptura de las estructuras de dominación provocada por los procesos recientes? ¿Es este mercado lo suficientemente amplio como para incluir a los agricultores pobres de la región y para dinamizar, a largo plazo, la economía local? ¿Es este mercado una de las instituciones locales que guía el comportamiento de los agentes y que provoca un cambio de fondo en las estructuras de dominación?

Durante muchos años, la producción caprina fue, a la vez, una de las actividades más tradicionales de los agricultores pobres del noreste y uno de los productos menos valorizados de la economía local. El consumo de leche de cabra era un hábito estigmatizado y asociado con la falta de alimentos y con la pobreza. Esto comenzó a cambiar desde finales de la década de 1990, en un proceso que se mantuvo sobre tres pilares: las acciones de promoción de este sector bajo el *Pacto Novo Cariri*; las inversiones del Proyecto Dom Helder Câmara (PDHC) junto a comunidades de agricultores pobres; y los programas de inversión pública en infraestructura productiva y de adquisición y distribución de leche.

El *Pacto Novo Cariri* es una iniciativa del Servicio Brasileño de Apoyo a la Pequeña Empresa (SEBRAE), en asociación con las prefecturas de la región. Durante algunos años, se realizaron consultas a la sociedad civil local, de lo cual surgió un Programa para el Desarrollo Integral y Sostenible, "el Procariri". Los ocho proyectos que lo conformaban involucraban los agronegocios, la tríada turismo, artesanía y cultura, y una lista de siete diferentes agentes institucionales encargados de la ejecución. Sin embargo, se destacan la caprinocultura, así como una asociación entre SEBRAE y las prefecturas municipales. Bajo esta iniciativa se invirtió en capacitación con el objetivo de mejorar: el manejo del rebaño y la producción de leche; la organización asociativa y cooperativa; la alimentación y sanidad animal; y la calidad del rebaño.

El PDHC es una iniciativa del Gobierno Federal encaminada a mejorar los sistemas de producción y la integración social de las comunidades agrícolas pobres de la región semiárida del noreste. A través de este programa, se les anima a adoptar prácticas más sostenibles. Una de sus bases está en Cariri. Mientras el énfasis del *Pacto Novo Cariri* es el mejoramiento genético de los rebaños introduciendo razas exógenas, el PDHC estimula la mejora de las razas locales y la recuperación de especies nativas para el pastoreo y forraje. Se trata de un conjunto de acciones menos orientadas a la competitividad económica y más a la seguridad alimentaria de las familias de agricultores.

Los programas de compras públicas y adquisición y distribución de alimentos locales completan este conjunto de iniciativas locales, que posibilitó la apertura del nuevo mercado de leche y caprinos. Inicialmente, el gobierno del estado, posteriormente reforzado por el Gobierno Federal, estableció cuotas a cada productor (17 litros diarios en 2009), con el fin de favorecer la compra a productores familiares y distribuir gratuitamente la leche en los programas de alimentación escolar pública y de seguridad alimentaria.

Las asociaciones de una veintena de diferentes municipios entregan su producción a ocho plantas procesadoras de leche, donde casi toda la producción se destina a los programas gubernamentales de adquisición y distribución de alimentos. Diariamente se procesan, en promedio, 11.000 litros de leche producidos por unos 300 agricultores. Si bien el mercado para otros productos derivados de la producción de caprinos, como las carnes o el cuero de cabra, no es importante, la actividad beneficia a otros cientos de familias que venden animales. En la feria de Sumé, la principal de la región, se comercializan unas 1.500 cabezas de ganado caprino semanalmente.

Para conocer los límites y las formas de acceso a este mercado, es importante entender por qué el número de agricultores es pequeño y qué condiciona su entrada. Además de los prejuicios contra la crianza de caprinos (el bovino siempre fue asociado al productor más estructurado y organizado y el caprino al más pobre y desorganizado), el aspecto más importante es que para entrar en el negocio era necesario que los productores se unieran a las asociaciones locales, responsables de entregar el producto a los centros de tratamiento de leche. En este punto, hubo una diferencia significativa: dado que los agricultores de la región no tienen el hábito de participar en este tipo de asociación, lo que sucedió fue que los vínculos personales con los representantes de las asociaciones fueron los decisivos. Quienes se afiliaron a las asociaciones de productores accedieron mucho más fácilmente al financiamiento del Programa Nacional de Fortalecimiento de la Agricultura Familiar (PRONAF), ya que estas organizaciones certifican que se trata de agricultores familiares, un requisito indispensable para obtener dicho financiamiento. Pero como fueron las asociaciones las que aconsejaron a algunos, no a todos los productores, que buscaran financiamiento, y como había riesgos, sus líderes seleccionaron a los productores con mayores posibilidades de tener éxito en los negocios. Así, fueron elegidos los que demostraron ser receptivos al tipo de capacitación necesaria para la actividad y los que contaban con más miembros en la familia que se pudieran incorporar como mano de obra.

Si bien la adopción del sistema de cuotas impidió, por un lado, la entrada de los grandes productores al mercado, por otro limitó la producción de algunos que estaban logrando superar el límite diario establecido. Esto no habría sido un problema si junto al programa gubernamental de compras se hubiera organizado la otra dimensión del mercado de caprinos o de la leche bajo el control del sector privado. La entrada de la empresa privada permitiría aprovechar el creciente mercado de la leche, ya que algunos de sus subproductos tienen un potencial para operar a gran escala, tales como el yogur, el queso y la leche en polvo. De esta manera, la situación productiva actual se podría combinar con el potencial de expansión que tiene la leche de cabra, con el objetivo de garantizar que los productores a pequeña escala, vinculados al gobierno, se apropien de los ingresos; también que todos aquellos cuya producción está creciendo puedan aprovechar las nuevas relaciones con la empresa privada; además, muchos otros podrían participar en el negocio aprovechando la estructura comercial montada. Pero estas posibilidades "golpean" las antiguas disposiciones de las estructuras sociales y los comportamientos individuales típicos de la formación local, que tienden a refractar la formación de mercados más dinámicos. La falta de inversión privada en un mercado que parece tan prometedor revela una marcada característica de la estructura de la sociedad local: la fuerte dependencia de las actividades económicas con respecto al Estado.

Otra alternativa que podría ampliar las oportunidades es el aprovechamiento de los otros dos productos caprinos: la carne y la piel de los animales. Algunos compradores extranjeros lucran justamente con estos dos productos. Hace unos años, el Ministerio de Desarrollo Agrario financió la construcción de un moderno matadero en la región, que todavía no está funcionando, porque se necesitaría un rebaño de calidad y cantidad para poder mantener una faena continua, lo que significa animales jóvenes y saludables, preparados especialmente para este propósito, y no los que se comercializan en la feria de Sumé. También se necesita un programa de capacitación a los productores, semejante al de la fase de establecimiento del mercado de la leche de cabra, de modo que las posibilidades del comercio de carne, con la iniciativa del sector privado, tuviesen éxito.

Toda esta situación muestra que las tres iniciativas para aprovechar el potencial de la caprinocultura (el PDHC, el *Pacto Novo Cariri* y los programas de compras del sector público) no convergen para dar forma a un mercado dinámico. Mientras que la apuesta del PDHC es claramente a favor de los pobres (tecnologías alternativas de bajo costo, montaje de estructuras públicas), el *Pacto Novo* supuestamente apuesta al mercado pero con un impacto relativamente bajo (tecnologías para aumentar la productividad, prioridad al diálogo con las prefecturas municipales), y los programas de compras públicas actúan en la compra y distribución de leche a un mercado cautivo. No se forma una estructura de incentivos destinados a la expansión de este mercado y a alentar el ingreso de nuevos actores. En una clara demostración de que los viejos comportamientos se repiten en el nuevo contexto, muchos líderes locales sostienen que no hay inversión privada en estas actividades porque se trata de un mercado en formación y que, según ellos, "cuando hay un riesgo es el Estado el que tiene que invertir".

Lo que explica tal situación es el *habitus*, principalmente de hacendados y *coroneles* en el noreste; la dependencia del Estado y la apropiación de los incentivos e inversiones de él derivados siempre fue la tónica de la vida económica local. Simplemente no forma parte del repertorio social la idea de que los beneficios de la inversión pública deben ser universales y que la constitución de organizaciones debe estar abierta a todos los individuos; tampoco la idea de que uno de los rasgos del orden social competitivo es el riesgo. Las estructuras sociales del mercado de la leche alteran, por lo tanto, al conjunto de características de los mercados locales más tradicionales, de acuerdo con las cuatro categorías básicas que constituyen las estructuras sociales de los mercados, acuñadas por Neil Fligstein (2001b): los derechos de propiedad, las reglas de intercambio, las concepciones de control y las formas de gobernanza. Los derechos de propiedad determinan quién puede participar en un mercado y sus beneficios. Las reglas de intercambio definen en qué términos se dan las relaciones en el mercado, especialmente las relativas a los beneficios, y sobre qué condiciones. Las concepciones de control se refieren a la forma en que los agentes disponen de los recursos. Las formas de gobernanza tratan la estabilización de las relaciones entre los actores.

Los derechos de propiedad han sido parcialmente modificados, porque los agricultores captan parte de los ingresos a través de los incentivos de los programas públicos. Sin embargo, estos incentivos no son suficientes como para incluir a los productores más pequeños de Cariri. A pesar de esto, la situación permitió que más productores pudieran beneficiarse de la actividad, sobre todo porque se ha superado el estigma que marcó, anteriormente, la producción y el consumo de leche de cabra. En este sentido, hubo algún cambio en las concepciones específicamente relacionadas con la cría de ganado caprino, ya que productores que no habían considerado esta actividad entre las posibilidades de acción económica trataron de involucrarse. Además, es una actividad que permite un uso más adecuado de los recursos naturales, ya que la crianza puede darse de forma intensiva en un área, lo cual reduce la presión para ampliar las áreas de pastoreo con la consiguiente reducción de la cubierta forestal. Una vez más hay que destacar que esta situación, aunque importante, se limita a la minoría que pudo permanecer en el comercio de la leche.

En cuanto a las formas de gobernanza, a pesar de que la participación en el mercado de leche es una nueva alternativa para los agricultores familiares, no se puede decir que haya alterado su situación significativamente; la organización productiva de los pequeños agricultores locales no se transformó de un modo sustancial, porque han predominado las formas de dominación seculares, presentes en las prácticas competitivas del mercado privado. Asimismo, poco se han modificado las reglas de intercambio, a pesar del volumen de leche transferida al programa del gobierno y del número de pequeños productores beneficiados con el aumento de los ingresos. Esto se debe a que las formas tradicionales de intercambio, que son independientes de la participación gubernamental, siguen limitando el alcance de las actividades relacionadas con la producción caprina.

Es interesante señalar que la crianza de ganado pequeño en algunos lugares siempre se ha relacionado con las mujeres. Esto porque hay una diferenciación histórica que asocia los huertos, donde viven las crías de ganado pequeño, a las mujeres, y los cultivos, a los hombres. Por lo tanto, el avance reciente en la cría de caprinos podría favorecer sobre todo a las mujeres. Sin embargo, en ninguno de los lugares visitados verificamos que ellas comercialicen la leche, aunque sí están a cargo del ordeño de las cabras. A veces se reparten esta actividad con los hombres, pero queda exclusivamente a su cargo cuando ellos están ausentes o dedicados a otra ocupación.

4. Conclusiones: implicaciones para las políticas públicas

La estructura agraria altamente concentrada de Cariri impidió, desde muy temprano, que los sectores más pobres de la población local desarrollaran nuevas actividades diferentes al suministro de mano de obra barata para la producción de algodón y la actividad pecuaria. En concordancia con esta estructura económica, la estructura social se erigió de tal manera que las élites agrarias concentraran todo el poder, restringiendo la base de apoyo de la coalición política dominante y las formas de organización de la sociedad local. Estas élites no necesitaron valorar los atributos del territorio, pues siempre se basaron en la explotación de la tierra y del trabajo, y controlaron el destino de los excedentes. En las relaciones con los centros urbanos, priorizan los vínculos con Campina Grande, un municipio situado en los alrededores de Cariri, pero sin estimular una dependencia mutua, sino que reservaron a la región el papel de exportador y al centro urbano próximo el de proveedor de bienes y servicios. Esa estructura productiva de Cariri, muy concentrada y con bajo grado de diversificación, fue no solo vulnerable a la crisis que afectó la actividad del algodón, tampoco generó bases locales de acumulación de diferentes capitales (económico, cultural y social) ni las habilidades sociales para sostener una reestructuración productiva frente a las oportunidades que se abren con las fuertes transferencias de ingresos en el reciente periodo.

En este contexto territorial, las transferencias de ingresos tuvieron un efecto muy positivo no solo desde el punto de vista social, sino también político: son solo una dimensión de un proceso más amplio de democratización y de reducción de las desigualdades en el acceso a la educación, la salud y probablemente también la justicia, el sistema bancario y el mercado. Sin embargo, nuestro análisis muestra que incluso habiendo un esfuerzo importante del gobierno para crear nuevas condiciones productivas, por ejemplo, el apoyo a la creación del mercado de leche en el Cariri Paraibano, las históricas estructuras locales limitan el alcance y el impulso de estas iniciativas. Por otro lado, los principales polos industriales del noreste ejercen poca influencia sobre las zonas rurales, incluso en la atracción de mano de obra. Así, las iniciativas económicas típicas de las regiones rurales siguen marcadas por la continuidad de lo que se hacía antes de estos procesos de mejoría: actividades agropecuarias de pequeña escala y un mercado poco dinámico.

Para cambiar esta condición, no basta con crear nuevas instituciones o introducir nuevas políticas, porque como subrayan Amable y Palombarini (2003), las instituciones no son solo reglas que se aplican, indistintamente, sobre los agentes económicos; su actuación varía de acuerdo con su grado de adhesión a las estructuras sociales de las regiones o contextos en los que se ponen en práctica. Y como destaca Elinor Ostrom (2005), las instituciones están siempre combinadas (*nested*) con otras instituciones, y esta combinación afecta los resultados y las condiciones en que funcionan. Es poco probable que la gran mayoría de las zonas rurales en el noreste sea capaz de atraer capital de riesgo, portador de la innovación. En el noreste rural no ocurre lo que está sucediendo en la Amazonía, donde hay un gran interés en las actividades forestales comunitarias.

Es cierto que la situación del noreste brasileño en general y del semiárido en particular ha experimentado un claro e innegable cambio. Pero este nuevo ciclo solo será sostenible y romperá la dependencia de las transferencias gubernamentales de ingresos si se instituye un nuevo ciclo de políticas públicas. La preocupación principal tiene que estar orientada a los agentes locales, a la valorización de sus activos, a la transformación ambiental y su relación con el territorio, teniendo muy presente la amenaza que representa el cambio climático para las regiones semiáridas brasileñas.

Referencias citadas

Abramovay, Ricardo y Tiago F. Morelo. 2010. A democracia na raíz das novas dinámicas rurais brasileiras. Ponencia presentada en la Conferencia Internacional Dynamics of Rural Transformation in Emerging Economies, realizada en Nueva Dehli, organizada por IDRC, RIMISP y los gobiernos de Brasil, India, Sudáfrica y China.

Amable, Bruno y Stefano Palombarini. 2003. *L'économien'est pas une science morale.* París: Raisonsd'Agir.

Banco Mundial. 2009. *Reshaping Economic Geography.* Washington DC: Banco Mundial.

Bourdieu, Pierre. 1990. Droit et passe-droit: le champ des pouvoirs territoriaux et la mise en ouvre des règlements. *Actes de la recherche en sciences sociales* núm. 81-82, (París, marzo): 86-96.

……. . 2003. *Algérie 60: Structures économiques et structures temporelles.* París: Ed. De Minuit.

Cohn, Amelia. 1993. *Crise e planejamento regional.* São Paulo: Editorial Perspectiva.

Davezies, Laurent. 2008. *La République et ses territoires. La circulation invisible des richesses.* París: Seuil.

Favareto, Arilson y Ricardo Abramovay. 2009. O surpreendente desempenho do Brasil rural nos anos noventa. Santiago de Chile: Rimisp, Programa Dinámicas Territoriales Rurales, documento de trabajo núm. 32. Disponible en www.rimisp.org/dtr/documentos.

Fligstein, Neil. 2001a. Social skills. Disponible en http://www.irle.berkeley.edu/culture/papers/Fligstein01_01.pdf

Fligstein, Neil. 2001b. *The architecture of the markets.* Princeton University Press.

IBGE, Instituto Brasileño de Geografía y Estadística. 2006. Censo agropecuário. www.ibge.gov.br (acceso: mayo de 2009).

……. . 2010. Resultados Preliminares do Censo Demográfico de 2010. www.ibge.gov.br (acceso: mayo de 2010).

IPEA, Instituto de Pesquisa Econômica Aplicada. 2008. Base de datos Ipeadata regional. Disponible en: http://www.ipeadata.gov.br/ (acceso: mayo de 2010).

Jacobs, Jane. 2000. *Morte e vida das grandes cidades*. São Paulo: Martins Fontes.

Kawamura, Yumi *et al.* 2010. O Programa Garantia Safra - estudo sobre a dinâmica institucional e seus resultados. Relatório de Pesquisa. SAF-MDA/GTZ. São Paulo / Brasilia.

MTE, Ministério do Trabalho e Emprego. 2010. Informações sobre emprego da base de datos RAIS/CAGED. www.mte.gov.br (acceso: mayo de 2010).

Nobre, Carlos A., Oswaldo Massambani y William T-H. Liu. 1992. Variabilidade climática na região Semi-árida do Brasil e monitoramento de secas através de satélite. En *Anales de La Conferência Internacional sobre Impactos de Variações Climáticas e Desenvolvimento Sustentável em Regiões Semi-áridas* organizada por ICID y realizada en Fortaleza, Ceará, Brasil, del 27 de enero al 1 de febrero: 3159-3195.

North, Douglass. 1981. *Structure and Change in Economic History*. Nueva York / Londres: W.W. Norton & Company.

.... 2009. *Violence and Social Order*. Princeton: Princeton University Press.

Ostrom, Elinor. 2005. *Understanding institutional diversity*. Princeton: Princeton University Press.

PNUD, Programa de Naciones Unidas para el Desarrollo. 2010. *Atlas do desenvolvimento humano*. www.pnud.org.br (acceso: mayo de 2010).

Sen, Amartya. 1998. *Desenvolvimento como liberdade*. São Paulo: Cia. das Letras.

Weber, Max (1915/1998). *Economia e sociedade*. vol. 2. Brasilia: Ed. UnB.

Capítulo 9. Límites de la articulación a mercados dinámicos en la sierra de Jauja en Perú

Javier Escobal, Carmen Ponce, Raúl Hernández Asensio[1]

Abstract

Historically, the Mantaro Valley has been described as one of the most modern rural economies in the Peruvian mountains, particularly the territory of Jauja. Over the past two decades, Jauja has been characterized by a dynamic of heterogeneous growth that exacerbated socio-economic inequities and environmental vulnerability. The expansion that many had forecasted for this territory based on its connection to Lima through the main highway, fertile soils, the dominance of small property and fluid job and real estate markets has not occurred. It was expected that these advantages would allow producers to take advantage of the Lima market. However, the appearance of other territories that have competed with Jauja for the capital's business, the lack of an intermediate city, the weakness of the territory's social coalitions and increasing environmental vulnerability kept it from taking off during the 1990s, when the Peruvian economy began its most recent cycle of expansion.

Introducción

En los estudios sobre economía campesina, el territorio rural de Jauja, ubicado en el centro-norte del valle del río Mantaro, ha sido considerado el espacio de la sierra rural de Perú que más articulado está a mercados dinámicos. Por lo tanto, constituye un espacio privilegiado para estudiar la viabilidad y los límites de un modelo de crecimiento basado en la iniciativa individual y en políticas neutras (de reducción de los costos de transporte y de transacción para favorecer

[1] La investigación contó con la valiosa asistencia de Sara Benites.

la libre competencia), en un territorio donde las coaliciones sociales no son lo suficientemente fuertes como para regular el acceso a los recursos naturales y su uso.

El propósito de la investigación en la cual se basa este artículo fue entender por qué la dinámica de crecimiento de Jauja, desde la década de 1980, ha exacerbado las inequidades socioeconómicas y la vulnerabilidad ambiental del territorio. No ha ocurrido el crecimiento que muchas personas pronosticaron para este territorio considerando que está articulado a Lima a través de la carretera central y del ferrocarril; que sus suelos son fértiles; que la pequeña propiedad es la dominante y los mercados de trabajo y de tierras son fluidos. Se esperaba que con estas ventajas los productores pudieran aprovechar la expansión del mercado de Lima. Sin embargo, Jauja tiene menor dinamismo que el promedio nacional y un importante contingente de su población emigra hacia Lima, Huancayo y otras ciudades emergentes de la selva.

En la investigación, exploramos los siguientes aspectos:

- Cómo se configuran las dinámicas en el territorio y cuáles han sido los cambios en los capitales natural, social, político, económico y cultural desde la década de 1980.
- A través de qué instituciones del territorio los pequeños productores mejoran su relación con los mercados y qué capitales son importantes para promover una inserción más exitosa en esos mercados.
- Qué rol juega la política pública en la generación de ingresos sostenibles, diversificados e incluyentes.
- Qué diferencia a los hogares que logran conectarse con la agroindustria y la exportación, de aquellos que solo venden en el mercado local.

En la estrategia metodológica que utilizamos en este estudio, tratamos de integrar instrumentos cualitativos y cuantitativos con el objetivo de lograr una lectura integral de la interacción entre actores e instituciones y entre lo individual (el hogar y sus estrategias) y lo colectivo. Cinco fueron las etapas de dicha estrategia:

1. Delimitar el territorio y caracterizar los espacios.

2. Sistematizar la información primaria y secundaria para dar cuenta de las dinámicas globales del territorio.
3. Identificar redes de organizaciones e instituciones y a los actores extraterritoriales.
4. Realizar una encuesta de hogares.
5. Identificar dinámicas heterogéneas en el territorio integrando la información de la encuesta a hogares con la información cualitativa recogida en grupos focales y entrevistas, para construir narrativas que expliquen por qué habría ocurrido un crecimiento no inclusivo y con gran vulnerabilidad ambiental en el territorio.

En la primera sección, delimitamos el territorio, presentamos sus principales características y la dinámica socioeconómica y ambiental, así como la trama de actores e instituciones. La segunda sección está dedicada a la historia de la expansión del territorio, a inicios de la década de 1980, basada en la producción de papa, y la crisis económica actual. En la tercera sección, exploramos un conjunto de "islas" de dinamismo dentro del territorio. En la última sección, sintetizamos los hallazgos que actualmente explican las enormes dificultades para impulsar un crecimiento sostenible e inclusivo en el territorio.

1. Los elementos clave del territorio

El territorio de Jauja se ubica en la parte centro-norte del valle del río Mantaro, en la sierra central del Perú (mapa 9.1). La extensión aproximada es de 2.000 km2 y su población está cerca de los 90.000 habitantes. El estudio abarca 32 de los 34 distritos de la provincia de Jauja en el departamento de Junín.[2]

[2] No incluimos los distritos de Monobamba, ubicado en la región de selva, y Canchayllo, donde funciona la Sociedad Agrícola Interés Social (SAIS) Tupac Amaru, empresa comunal dedicada a la ganadería, que opera en espacios más allá de la cuenca y mantiene autonomía en la gestión de su territorio.

Mapa 9.1. Ubicación geográfica del territorio de Jauja en la cuenca del río Mantaro

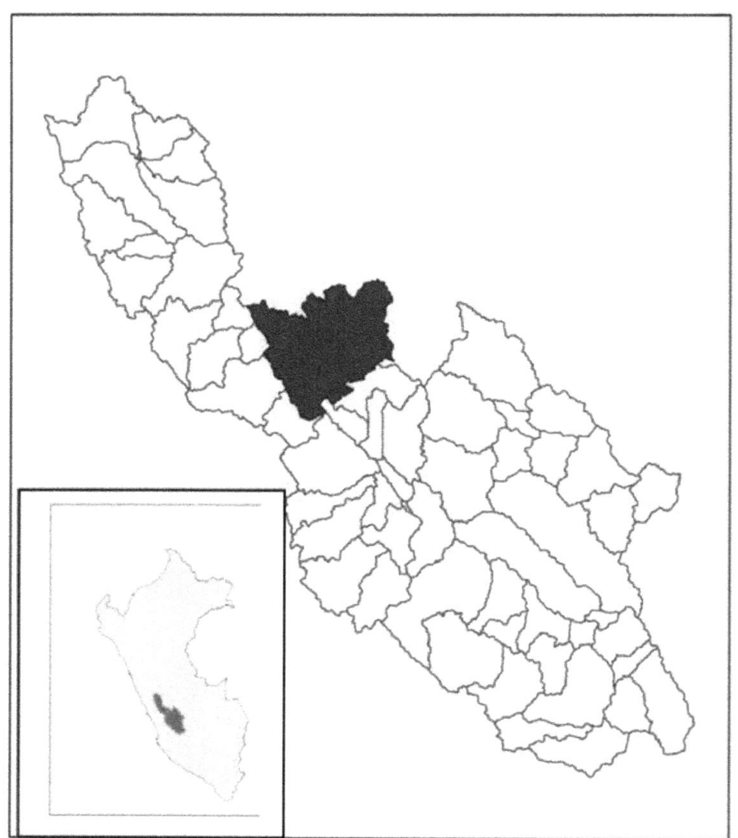

Fuente: Elaboración propia.

Los habitantes de Jauja se autodenominan *wanka-xauxas*,[3] nombre que proviene de una cultura prehispánica. No obstante, lo *wanka* es una identidad construida en el siglo XX a partir de la reelaboración local de elementos andinos y occidentales. Desde la época de la colonia, el valle del Mantaro ha sido el escenario de un proceso de mestizaje diferente del de otras zonas de los Andes.[4] Allí se desarrolló una identidad étnica esencialmente mestiza y construida como estrategia para negociar la inserción de los habitantes de ese valle en la modernidad. Donde mejor se observan estas particularidades es en la música; el Mantaro es uno de los centros de la música popular andina; esta es una referencia a la hora de articular discursos sobre las identidades colectivas.

El territorio estudiado tiene una fuerte personalidad, incluso dentro del valle del Mantaro. Jauja fue la primera capital del Perú, fundada por los españoles en 1534, hecho que hasta hoy constituye parte importante de su identidad. Jauja se sigue considerando una ciudad "española" a diferencia de otras localidades del valle, como Huancayo, consideradas "pueblos de indios". Estas diferencias se reflejan en las tradiciones, el carácter, las preferencias musicales, y maneras de encarar la vida, por ejemplo, más festiva en Jauja y más orientada a lo económico en Huancayo (su tradicional rival).

Las características que distinguen al territorio de Jauja son:

1. Su fuerte sentido de identidad territorial y esencialmente mestiza.
2. Su cercanía a Lima y Huancayo, el mercado regional más importante de la sierra central.
3. El predominio de la pequeña agricultura comercial basada en la propiedad individual.

---

[3] Esta distinción (*xauxa*) es importante en la medida que otros territorios del Valle del Mantaro comparten la autoadscripción a la identidad *wanka*. Cabe resaltar que la identidad *wanka-xauxa* es particularmente fuerte.

[4] El Mantaro es clave en los estudios sobre el mestizaje y la génesis de la moderna cultura popular andina. Ha promovido uno de los debates más enriquecedores sobre la aportación de las poblaciones campesinas altoandinas a la construcción de la nacionalidad peruana. (Bonilla 1978 y 1987; Manrique 1981; Mallon 1994y 2003; Arguedas 1953, 1957 y 1969).

4. Un fluido mercado de tierras para uso agrícola, inusual en otros territorios rurales de la sierra peruana.
5. Una población articulada a mercados laborales relativamente fluidos dentro y fuera del territorio.
6. Una economía orientada prioritariamente a las actividades agrícolas con un cierto grado de diversificación.
7. Una gran fragmentación política y administrativa que dificulta la alta inversión pública y el manejo territorial.

Sobresale la preeminencia tanto de instituciones y actores sociales que regulan el uso de los recursos naturales, como de coaliciones sociales que plantean discursos sobre desarrollo local y ejecutan proyectos territoriales de largo plazo. Resalta la debilidad de dos instituciones que en otros espacios rurales de la sierra peruana tienen un rol protagónico: las comunidades campesinas y los gobiernos locales. Hay en este momento 87 comunidades campesinas y 31 municipalidades distritales.[5]

1.1. Actores e instituciones

La gran fragmentación del territorio de Jauja en pequeños municipios distritales limita la capacidad que cada uno tiene para cubrir los costos fijos necesarios para actuar como contrapartida de los proyectos liderados por el gobierno regional, el provincial o por las ONG. El presupuesto municipal per cápita así como el porcentaje de ejecución presupuestal fueron sustantivamente menores que los de otros dos territorios de la sierra peruana estudiados en este libro: Valle Sur-Ocongate y Cuatro Lagunas (gráfico 9.1). Si bien la municipalidad provincial ha tenido un rol gravitante en las iniciativas distritales de asociación para la gestión territorial, así como para mejorar la gestión ambiental en Jauja, tales iniciativas no han tenido mayor eco en las municipalidades distritales. La debilidad de estas municipalidades se debe a tres factores: los bajos presupuestos, la falta de personal capacitado para la gestión de los recursos, y un enfoque de la gestión municipal que privilegia las obras físicas.

---

5 La población promedio de la mayoría de distritos es de 2.700 habitantes por distrito y la extensión de aquellos es de unas pocas decenas de kilómetros. La ciudad capital, Jauja, bordea los 29.000 habitantes.

Gráfico 9.1. Comparación de la asignación y porcentaje de ejecución presupuestal de Jauja con los de Cuatro Lagunas y Ocongate en 2008 (soles)

Presupuesto per cápita

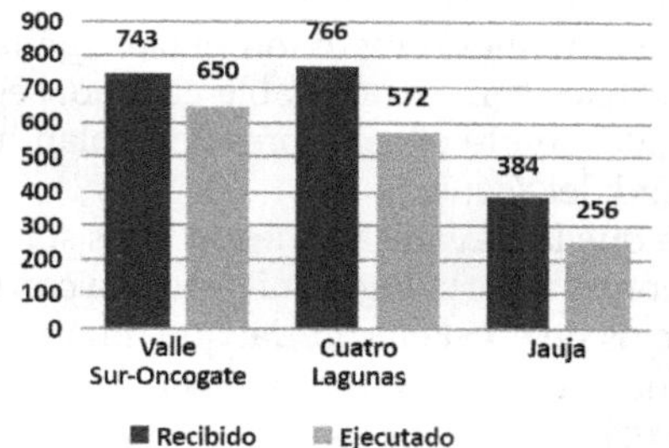

Porcentajes de ejecución del presupuesto

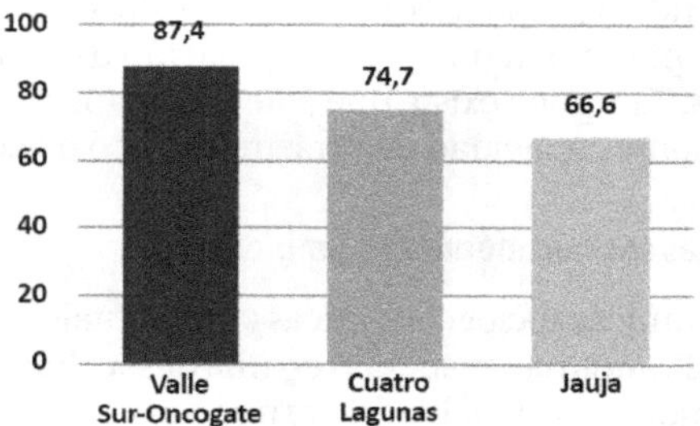

Fuente: Ministerio de Economía y Finanzas (http://ofi.mef.gob.pe/transparencia).

Revertir esta fragmentación es virtualmente imposible. Muchos pueblos fueron creados durante la época colonial y convertidos en distritos en los primeros tiempos de la República. Otros nacieron de la desagregación de distritos mayores durante las décadas de 1960 y 1970, cuando se intensificó la lucha por el control de los recursos entre las comunidades y los hacendados. En este contexto, una estrategia clave para lograr financiamiento sustantivo y planeamiento a nivel de cuenca es la asociación de municipalidades. La creación de la mancomunidad del Yacus promovida por la municipalidad provincial de Jauja y un conjunto de actores e instituciones importantes en el territorio, como el Colectivo Integrado de Proyectos (CIP-Yacus),[6] es una experiencia notable en esa línea.

Otra limitación importante es la falta de planeamiento a largo plazo. Aunque la Ley obliga a que las municipalidades distritales tengan planes a mediano plazo, apenas tres de los 31 planes distritales son de razonable calidad, según los testimonios recogidos; entre ellos, sobresale el plan maestro de la mancomunidad del Yacus.

Debido a que las organizaciones sociales son débiles y a la falta de coaliciones, no se plantean ni negocian con los gobiernos locales proyectos de escala territorial que dinamicen Jauja. Las pocas ONG que operan en el territorio concentran su trabajo en proyectos puntuales y esporádicos. En las entrevistas que realizamos durante la investigación, se destacó el CIP-Yacus (que, entre otras acciones, apoyó la conformación de la Mancomunidad del Yacus).

Además, Jauja es un territorio en el que la institucionalidad tradicional andina está fuertemente erosionada. Las comunidades campesinas participan poco en la regulación de las actividades económicas. Tampoco existe una élite en la cabecera provincial con la suficiente capacidad de arrastre político o económico.

1.2. Dinámicas socioeconómicas y ambientales

Las dinámicas socioeconómicas y ambientales ocurridas en los últimos 25 años han resultado en una desaceleración económica, una menor desigualdad interna y un creciente deterioro de la base de recursos naturales del territorio.[7]

La evidencia sobre las dinámicas socioeconómicas es mixta. Por un lado, hay mejoras importantes en la satisfacción de

---

[6] Está conformado por seis ONG: Centro Ecuménico de Promoción y Acción Social (CEDEPAS); Fomento de la Vida (FOVIDA); Instituto de Fomento de una Educación de Calidad (EDUCA); Instituto Regional de Investigación de Ecología Andina (IRINEA); Centro de Promoción de la Mujer (CEPROM); y Universidad Nacional del Centro del Perú (UNCP).

[7] Para evaluar los cambios socioeconómicos ocurridos en el territorio, combinamos información de estadísticas oficiales con la de una muestra representativa de hogares del territorio, la cual cubrió los mismos centros poblados del estudio de Cotlear (1989). Prestamos atención especial a los instrumentos de recolección de información para asegurarnos que fuesen comparables.

necesidades básicas de la población como electrificación, agua, desagüe, oferta de servicios de salud y educación, caminos rurales (cuadro 9.1 y gráfico 9.2); sin embargo, el ingreso per cápita no muestra mejoras, a diferencia del promedio nacional, hecho que coincide con los testimonios recogidos durante el trabajo de campo. La pobreza se incrementó del 49 al 64%, el crecimiento demográfico se estancó y aumentó la emigración de la población jaujina a Lima, Huancayo y, en menor medida, a Satipo y Chanchamayo, ambos espacios emergentes de la selva central.

Cuadro 9.1. Evolución de los indicadores de calidad de vida en Jauja

	1981	1993	2007
Hogares por número de Necesidades Básicas Insatisfechas (NBI)			
Sin NBI	12,5	25,6	53,6
Con una NBI	48,2	46,8	40,3
Con 2 o más NBI	39,3	27,5	7,2
Total de hogares	100%	100%	100%
Hogares por tipo de Necesidad Básica Insatisfecha (NBI)			
Hogares en viviendas con características físicas inadecuadas	0,8	1,0	1,6
Hogares en viviendas con hacinamiento	13,1	10,7	8,7
Hogares en viviendas sin desagüe de ningún tipo	81,1	65,1	39,1
Hogares con niños que no asisten a la escuela	3,9	5,6	1,9
Hogares con alta dependencia económica	36,0	24,5	4,1

Fuente: INEI, Censos Nacionales de 1981, 1993 y 2005.
Nota: Las definiciones utilizadas son las oficiales del INEI: (i) Hogares en viviendas con características físicas inadecuadas son hogares que residen en viviendas cuyo material predominante en las paredes exteriores es de estera, hogares cuyas viviendas tuvieran piso de tierra y paredes exteriores de quincha, piedra con barro, madera u otros materiales y hogares que habitan en viviendas improvisadas (de cartón, lata, ladrillos y adobes superpuestos, etc.); (ii) Hogares en viviendas con hacinamiento son aquellos donde residen más de 3 personas por habitación (sin incluir baño, cocina o pasadizo); (iii) Hogares en viviendas sin desagüe de ningún tipo (sin servicio higiénico por red de tubería ni pozo ciego); (iv) hogares con niños de 6 a 11 años de edad que no asisten a la escuela; (v) Hogares con alta dependencia económica son aquellos donde hay más de tres personas dependientes por miembro ocupado (incluye a los trabajadores familiares no remunerados y cuyo jefe de hogar tiene educación primaria incompleta o menos.

Gráfico 9.2. Comparación entre los servicios básicos de Jauja y Pomacanchi (Cuzco)

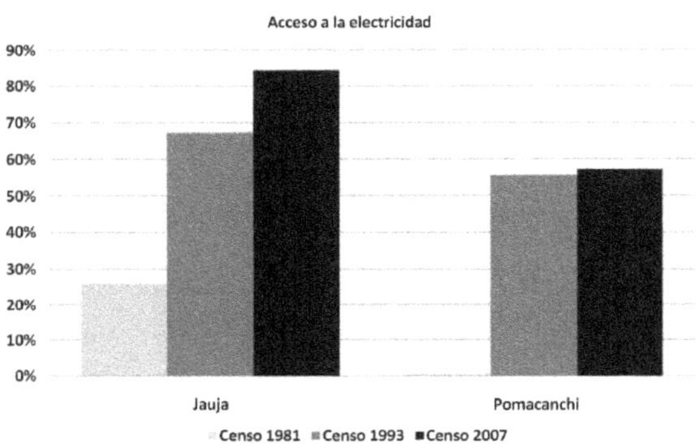

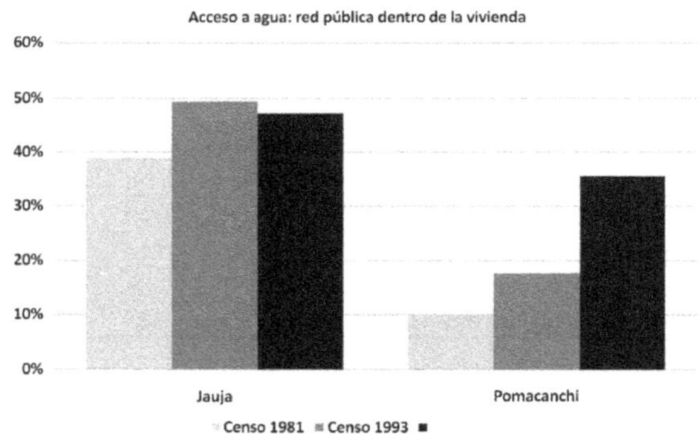

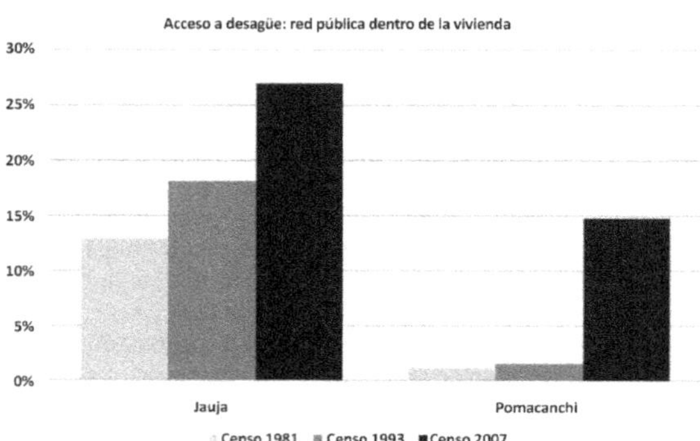

Fuente: Elaboración propia con base en los censos de población.

Resaltan tres cambios en las estrategias de generación de ingresos del hogar. El primero es el incremento de las fuentes de ingresos provenientes de remesas, lo cual permite mantener a flote los ingresos de la población jaujina a pesar de la desaceleración económica del territorio. El segundo es la reducción del peso relativo de la agricultura en el ingreso familiar, lo cual contrasta con la recuperación de la demanda de la ciudad capital, principal mercado de productos agrícolas de Jauja en la última década. Un tercer cambio es la incipiente consolidación de la actividad ganadera en el territorio, especialmente la asociada al vacuno lechero mejorado; según los testimonios de la población, esta constituye la mayor esperanza de dinamización del territorio.

Asimismo, se encuentra una tendencia a la reducción de la desigualdad dentro del territorio sustentada por la mayoría de indicadores, aunque algunos indicadores sensibles a movimientos en los extremos de la distribución muestran cierto incremento (P95/P05, P90/P10, P75/P25) (cuadro 9.2). Esta reducción es consistente con los resultados obtenidos a nivel nacional que indican una reducción de la desigualdad junto con una polarización espacial en la distribución del ingreso a favor de las grandes ciudades y algunas intermedias, y en detrimento de áreas rurales como las que predominan en Jauja (Escobal y Ponce 2011).

Desde la década de 1980, ha ido aumentando la vulnerabilidad ambiental en Jauja debido sobre todo a la intensificación de la actividad agrícola basada en el uso de agroquímicos, ya la actividad minera.[8] Exacerbada por el cambio climático, tal vulnerabilidad está produciendo un importante deterioro de la tierra y una mayor incertidumbre con respecto a los flujos de agua (Escobal y Ponce 2010).

---

[8] A la empresa minera *Doe Run*, que opera en la ciudad de La Oroya ubicada cerca del territorio de Jauja, se le acusa de haber contaminado el río Mantaro. Esa ciudad fue catalogada, en 2007, como una de las 10 ciudades más contaminadas del mundo por el *Blacksmith Institute* (BI). En el informe de este Instituto se indica que el 90% de la población infantil de La Oroya presenta altos niveles de plomo y dióxido de sulfuro en la sangre; además se constataron otros problemas respiratorios y altas tasas de muertes prematuras (UNICEF 2008).

Cuadro 9.2. Cambios en los indicadores de desigualdad del ingreso per cápita en Jauja entre 1982 y 2009

Indicadores de desigualdad	1982-1983	2009
Desviación media relativa	0,44	0,38
Coeficiente de variación	2,77	1,24
Desviación Estándar de logs	0,96	1,01
Coeficiente de Gini	0,59	0,51
Entropía de Theil	0,89	0,48
Theil - Desviación media de logs	0,63	0,49
P95/P05	21,86	24,21
P90/P10	9,81	12,29
P75/P25	3,36	3,62
N	254	208

Fuente: tomado de Escobal y Ponce (2010).
Nota: Los indicadores de desigualdad han sido calculados utilizando como base las encuestas que hicieran Cotlear y Figueroa en 1982-1983 en la subcuenca de Yanamarca y las encuestas recogidas en el marco del Programa de DTR el año 2009 en los mismos centros poblados visitados por Cotlear y Figueroa.

El agua disponible dentro del territorio varía de un espacio a otro; la zona más favorecida es la subcuenca del Yacus ubicada en la margen izquierda del Mantaro. Los conflictos latentes por el acceso y uso se han exacerbado con la expectativa que genera la actividad ganadera en la actualidad. Debido a los bajos niveles de cohesión social, las expectativas de consolidar arreglos institucionales para regular el acceso y uso sostenible del agua son poco auspiciosas. Recientemente, la municipalidad provincial junto con algunos actores del territorio ha tratado de generar inversiones que permitan mejorar la captación y distribución del agua en todo el territorio. Asimismo, la comisión ambiental de esa municipalidad ha realizado campañas que promueven la reforestación, respaldándose en la exitosa experiencia de Tingopaccha que presentamos en la sección 2.4.

2. Del *boom* de la papa a la desaceleración económica

La historia del territorio de Jauja, desde la década de 1980, representa un caso paradigmático de la potencialidad y los riesgos que enfrenta la pequeña agricultura comercial. En la primera década, se observa el potencial de una economía agrícola articulada a mercados dinámicos, mientras que en las dos siguientes se hacen evidentes los riesgos de esa articulación cuando las condiciones de los mercados dejan de ser favorables y la institucionalidad no permite remontar los cambios.

A inicios de la década de 1980, el territorio vivía una fase de expansión económica basada en la producción de papa que se vendía en Lima y en Huancayo, la principal ciudad de la región. Sin embargo, en parte debido a la cercanía a esas dos ciudades, en la ciudad de Jauja no se generaron actividades complementarias como el transporte o la transformación del producto agrícola, por lo que no se logró capitalizar las ventajas económicas del *boom* de la papa.

La expansión papera se basó en el emprendimiento individual y en el cambio tecnológico emprendido, basado en el uso intensivo de los recursos naturales y de agroquímicos baratos. Como ocurrió en el resto del país, los productores de papa del territorio no se movilizaron para conseguir precios más altos, algo común entre los pequeños y medianos productores de la costa ligados a productos menos perecibles y destinados a la agroindustria, como el arroz, el maíz amarillo duro, donde el Estado ha tenido mayor injerencia (Trivelli, Escobal y Revesz 2006).

En esa primera etapa, se consolidó un modelo de gestión de los recursos naturales en el cual los pequeños productores tomaron las decisiones con gran autonomía. Al contrario de otras zonas de la sierra, la reforma agraria en Jauja no reactivó a las comunidades campesinas, cuya capacidad para incidir en la toma de decisiones y de poner límites al uso de los recursos sigue siendo muy restringida. Asimismo, por la ausencia de una élite económica involucrada en la acción política hubo pocas posibilidades de construir un proyecto territorial que vinculara a los productores de Jauja con otros sectores económicos dentro del territorio y, junto a ello, posibilitara una mayor capitalización del agro de ese territorio.

A fines de la década de 1980, sobrevino la crisis económica nacional que sacó a la luz la vulnerabilidad ambiental e institucional del territorio. Desde mediados de la década de 1990, pero sobre todo en la primera década del nuevo siglo, Lima se recuperó de la crisis y la economía nacional comenzó a crecer sostenidamente pero Jauja no logró engancharse en los mismos términos en los que lo hiciera dos décadas atrás.

El principal factor externo que afectó la competitividad de la oferta agrícola, particularmente de la papa de Jauja, fue el cambio del precio relativo de este producto respecto a los fertilizantes y otros productos como la leche. El segundo factor fue la aparición de otras fuentes que abastecen de papa a Lima. Entre los factores internos, resalta el creciente deterioro de los suelos y del agua. Estos aspectos, junto a las dificultades para establecer alianzas entre los productores, de tal manera que puedan comprar insumos y vender sus productos en mejores condiciones, así como el hecho de que los gobiernos locales no hayan implementado inversiones sustantivas, han impedido que el territorio de Jauja supere las nuevas dificultades y sus productores mejoren la competitividad en los mercados de Lima y Huancayo.

2.1. Cambio de los precios relativos y de las condiciones externas

Luego de la crisis y la liberalización de los precios de fines de los años 1980 e inicios de los años 1990, la rentabilidad de la papa comenzó a declinar, mientras aumentaban sostenidamente los precios de la urea, el principal fertilizante de este cultivo. Adicionalmente, un conjunto de cambios, también externos al territorio, acentuaron el impacto desventajoso de los precios. Un primer cambio es la aparición de nuevos puntos de abastecimiento de papa para el mercado de Lima, que compiten con Jauja debido a sus ventajas por estacionalidad de la producción, como Ayacucho, Huánuco, Apurímac o, por cercanía relativa, como Ica y La Libertad. A esto se suma el hecho de que la carretera principal, que es la vía más rápida para conectarse con Lima, se ha congestionado y, de tanto en tanto, se cierra por los paros y manifestaciones que la usan como punto de protesta. Además, el ferrocarril central ya no se utiliza para transportar todo tipo de carga, sino solo minerales. Un segundo cambio es que el arroz ha ganado presencia en el mercado en desmedro de la papa, luego de un largo periodo de subsidios al precio que lograron consolidarlo como parte de la dieta de la población peruana.

Con la crisis, que pulverizó los ingresos de la población a nivel nacional, la tasa de pobreza se incrementó sustantivamente en los principales mercados de Jauja: Huancayo, Lima Metropolitana y Callao durante la década de 1990 (cuadro 9.3). Las tasas de pobreza fueron similares en Jauja y sus principales mercados al inicio del período estudiado, así como el empobrecimiento durante la crisis, pero la trayectoria de los años posteriores fue sustantivamente distinta. Mientras Lima y Callao se recuperaron, Jauja se empobreció incluso más que Huancayo.

Cuadro 9.3. Tasa de pobreza en los mercados más importantes de Jauja (porcentajes)

Provincia	1981	1993	2005
Lima	32	48	31
Callao	35	52	32
Huancayo	29	50	55
Jauja	33	49	68

Fuente: Escobal y Ponce (2008).

Jauja es un territorio con un peso político muy escaso en el ámbito nacional y limitado en el ámbito regional, donde el poder político es controlado por Huancayo. Esta debilidad es un factor clave para entender el progresivo deterioro de las condiciones de competitividad del territorio y la aparente incapacidad para sacar ventaja de una situación inicial favorable.

2.2. Cambios de la tecnología productiva

En la década de 1980, los estudios de Figueroa (1985) y Cotlear (1989) identificaban a esta zona como el ejemplo de región moderna de pequeña agricultura en la sierra peruana. Estos estudios mostraban que a través del cambio tecnológico orientado a la intensificación de la actividad agrícola, y de una producción destinada a la venta, esas economías familiares tenían niveles de monetización bastante más altos que en las zonas de economía campesina tradicional, como la de Pomacanchi en Cuatro Lagunas.

Esos niveles de monetización han seguido creciendo durante el periodo que analizamos, pero ha disminuido la producción de papa en la subcuenca de Yanamarca, de un promedio de 11.600 kg a 7.300 kg por productor. Tal reducción, que aparece en las estadísticas que recogimos y en los testimonios de los productores entrevistados, se explica en buena parte por una reducción de las áreas dedicadas al cultivo en las zonas con una productividad marginal y con menor acceso al agua. Tal como ocurrió en 1981-1982, casi el 70% de la producción se sigue destinando a la venta, lo cual confirma que los productores agrícolas están muy integrados a la dinámica de mercado. Asimismo, ha habido un leve incremento de la producción de papa-semilla (del 7 al 15%) y una reducción de la cantidad producida de papa para autoconsumo (del 21 al 14%).

La dotación de activos productivos en la subcuenca de Yanamarca, una de las que menor disponibilidad de agua tiene en el territorio, se ha reducido significativamente. El promedio de tierras trabajadas (propias o alquiladas) ha disminuido de 3 ha a 1 ha, entre 1983 y 2009; la extensión de las tierras propias se ha reducido de 2,3 ha a 0,7 ha; y el valor promedio de *stock* pecuario se ha reducido en 18% (cuadro 9.4). En contraste, ha habido mejoras importantes del capital humano de la población de Jauja. Por ejemplo, el tiempo promedio de educación formal del jefe de hogar ahora es de 8 años. En términos generales, la población con educación secundaria completa hoy representa casi la mitad de la población.[9]

[9] El acceso a la educación formal ha mejorado en todo el país.

Cuadro 9.4. Yanamarca. Dotación de activos productivos

	Yanamarca	
	Cotlear 1982-1983	DTR 2008-2009
Tamaño del hogar	6	4
Años de educación del jefe de hogar	7	8
Tamaño promedio de tierra (has.)	3,0	1,1
Tamaño promedio de tierra propia (has.)	2,3	0,7
Tamaño promedio de tierra de papa (has.)	1,3	0,6
Valor promedio de *stock* pecuario a precios de 2009	5.795	4.753
Valor promedio de la tierra a precios de 2009	23.090	8.928
Valor promedio de la tierra de papa a precios de 2009	9.739	5.094

Fuente: Encuesta usada en Cotlear (1989) y Encuesta DTR (2009).
Nota: Las cifras están en soles de 2009.

Algunos cambios ocurridos en el territorio entre inicios de la década de 1980 y 2009 están relacionados con la tecnología productiva. Ha habido una reducción significativa del número de miembros del hogar y una variación del porcentaje de hogares que contrata trabajadores y del que utiliza *ayni*.[10] Esto iría de la mano de una mayor mecanización y de un incremento en la utilización de asistencia técnica de parte de los productores. Además, ha caído el acceso a crédito, formal e informal, lo que podría explicarse por un conjunto de factores: se redujo el acceso a crédito público subsidiado, el territorio se empobreció, y se debilitó la articulación con facilitadores e intermediarios y el acceso a crédito informal debido al limitado capital social (del tipo *bridging*). A inicios de la década de 1980, ya se usaban masivamente pesticidas y fertilizantes, lo cual contribuyó al deterioro de los suelos de uso agrícola. Finalmente, la disponibilidad de riego para la producción de papa es similar, en términos relativos, a la cantidad de parcelas de papa: antes, de 3,4 parcelas de papa que se tenía en promedio, solo 0,3 estaba bajo riego. No obstante, como otros cultivos

[10] Sistema de trabajo sustentado en la solidaridad y reciprocidad entre miembros de un grupo familiar o de una comunidad.

emergentes requieren riego, en general los más rentables como el forraje y las alcachofas, se estaría exacerbando la tensión por el uso del agua entre las zonas altas y bajas.

2.3. Cambios en las estrategias de generación de ingresos

Como mencionamos, el *boom* de la papa no se tradujo en procesos de acumulación / capitalización a favor de grupos específicos o élites del territorio. Al contrario, los mayoristas de Lima fueron quienes se apropiaron de buena parte de las ganancias. Por la precariedad de las relaciones contractuales en este circuito de comercialización y la escasa capacidad para generar capital social y capital financiero, la población jaujina no pudo adaptarse a las nuevas circunstancias ni apostara nuevos cultivos, crianzas o actividades productivas más rentables en el nuevo entorno económico. El motor de crecimiento papero no fue reemplazado, sino que la población transitó hacia la diversificación de actividades fuera de la agricultura incluyendo la actividad lechera y la generación de ingresos no agropecuarios. En otros casos, el cambio es más radical aun, pues una parte de la población migra a ciudades fuera del territorio como Lima Metropolitana o Huancayo, o a espacios emergentes de la selva central. La pérdida de la importancia relativa del ingreso agrícola es compensada con un incremento del rubro de transferencias concentrado en fondos de jubilación y pensiones y en remesas (gráficos 9.3a, b y c), lo cual ha sido posible porque el 37% de los hogares tiene vinculaciones económicas fuera del territorio. El cambio es particularmente importante en la subcuenca de Yanamarca, donde el 40% de los hogares tiene alguna vinculación económica externa al territorio y más del 10% de los ingresos familiares promedio proviene de transferencias y remesas.

Gráfico 9.3a. Estructura de los ingresos de Jauja

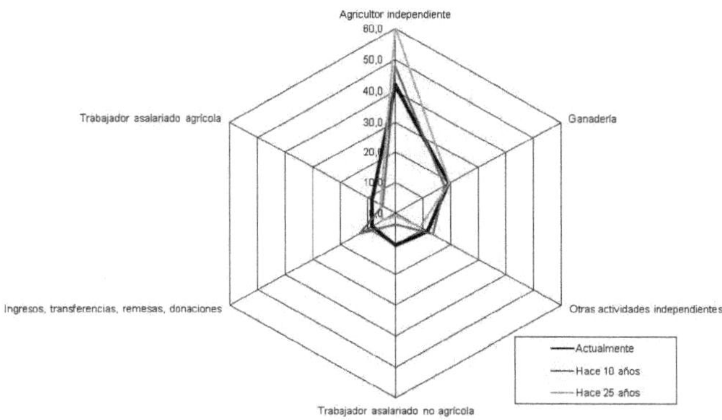

Fuente: Encuesta DTR (2009).

Gráfico 9.3b. Estructura de los ingresos de Yacus

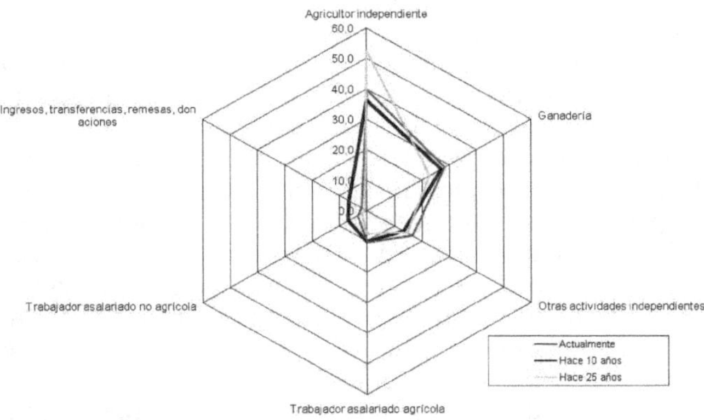

Fuente: Encuesta DTR (2009).

Gráfico 9.3c. Estructura de los ingresos de Yanamarca

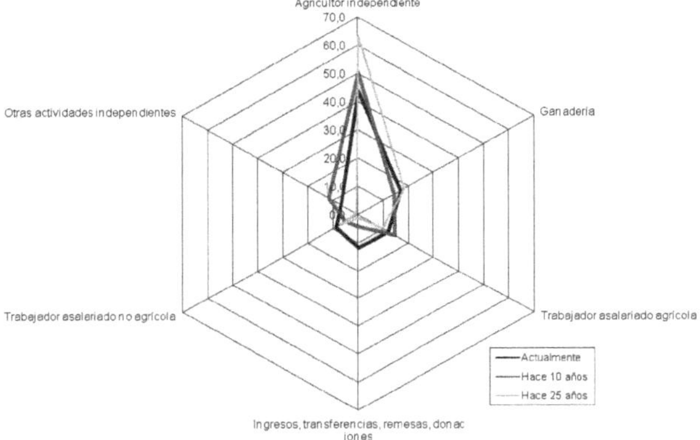

Fuente: Encuesta DTR (2009).

Ya que existe una importante migración desde Jauja, indagamos en las entrevistas y grupos focales para conocer de emigrantes que mantienen vínculos económicos, no solo el envío de remesas, con sus familiares o amistades de Jauja. Nuestra intención fue identificar si existían redes de capital social que mejoraran tanto las condiciones de venta de los productos en el mercado mayorista como de compra de los insumos. Según los testimonios recogidos, la emigración no forma parte de estrategias familiares transterritoriales; es, más bien, una estrategia individual que, en la gran mayoría de casos, no genera externalidades positivas para la población residente en Jauja.

Otro ejemplo de las limitaciones para generar capital social (del tipo *bridging*) está relacionado con las estrategias de comercialización de los productores jaujinos, motivo por el cual indagamos al respecto en las entrevistas y grupos focales. En la gran mayoría de casos, incluso el de una comunidad campesina que tuvo una gran trayectoria económica asociativa en el pasado, los productores reportaron hacer tratos individuales con los mayoristas de Lima o con los acopiadores que llegan a Jauja.

2.4. La vulnerabilidad ambiental

Tras décadas de intensificación de la actividad agrícola de la zona se ha producido un deterioro de la productividad de la tierra, lo que acentúa los problemas derivados de la microparcelación. Adicionalmente, el agua se ha vuelto uno de los activos más importantes para engancharse en actividades más rentables como la producción de leche o de cultivos destinados a los mercados de exportación. Con el cambio climático, se han exacerbado los conflictos por derechos de acceso y uso, pues el flujo de agua se ha vuelto menos predecible. Por lo tanto, ahora, más que hace diez años, se requiere fortalecer aquellas instituciones del territorio que regulan el acceso y uso de ese recurso.

A través de nuestro estudio, identificamos algunos espacios institucionales, ya sea comunales o de los gobiernos locales, en los cuales se han encontrado estrategias efectivas para revertir el deterioro ambiental. Un caso es el de la comunidad de Tingopaccha ubicada en la parte alta de Yanamarca, que emprendió labores de reforestación en la segunda mitad de la década de 1990. Esta experiencia se convirtió en un modelo a seguir en otras zonas del territorio, en tanto se le atribuye haber aumentado la disponibilidad de agua en la zona y mejorado la temperatura local. En la actualidad, un grupo de comuneros está explorando el potencial económico de la exportación de hongos comestibles disponibles a los pies de estos árboles. Otro caso es la movilización de referentes culturales para generar conciencia ambiental e inducir a la población a reforestar en vez de talar; esto se ha hecho a través de la iniciativa denominada *Sacha Talpuy* (plantamontes) liderada por la municipalidad provincial.

Como mencionamos antes, un avance significativo en el desarrollo institucional para la gestión territorial es la creación de la mancomunidad de municipios distritales del Yacus, primera experiencia de este tipo en el territorio de Jauja y que sirvió de marco para impulsar estudios de zonificación económica y ecológica.

3. Islas de dinamismo en el territorio

A pesar de que la producción de papa para el consumo se ha reducido en Jauja, continúa siendo el cultivo dominante del territorio, seguido del cultivo de maíz. Sin embargo, otros productos están generando oportunidades de obtención de ingresos a un segmento de productores del territorio. Entre las actividades económicas con cierto dinamismo, destacan la producción de nuevas variedades de papa para *chips* destinada al mercado industrial, la papa semilla, la producción de alcachofa para el mercado internacional y, más recientemente, la incorporación de la pequeña producción láctea al sistema nacional.

En algunos casos, los pequeños y medianos productores abandonaron las tierras marginales dedicadas al cultivo de la papa e incrementaron la producción de pastos cultivados para la alimentación del ganado lechero. Aquellos que tenían una mayor base de recursos incursionaron, con la ayuda de algunas ONG, en la producción agrícola bajo contrato con la agroindustria de la papa ubicada en Lima o con las empresas exportadoras de alcachofa situadas en el valle del Mantaro. Algunos pequeños productores ubicados en las partes altas de la cuenca del Yacus también habrían logrado articularse a mercados dinámicos aprovechando la expansión del mercado de papas nativas en Lima. La mayoría de pequeños productores, ante la baja rentabilidad de la papa fresca para consumo directo, ha complementado sus ingresos articulándose al circuito lácteo de la empresa Gloria SA que abastece el mercado de Lima; lo han hecho bajo condiciones desventajosas dado el poder monopsónico de esta empresa; se han podido articular gracias a una mejora sustantiva de la infraestructura vial del territorio.

Cada una de las experiencias de articulación de pequeños y medianos productores a mercados dinámicos ocurre debido a la confluencia de al menos tres factores: a) la mejora en la dotación de infraestructura pública, principalmente caminos; b) la existencia de una demanda creciente desde Lima por el producto; c) un actor externo que logró agrupar u ordenar la oferta de los pequeños productores. Para las iniciativas más exitosas y sostenibles, se añade un cuarto factor: la existencia de activos específicos que dan sostenibilidad a la relación contractual entre los pequeños productores y los demás actores que participan en la cadena de intermediación.

3.1. Papa Capiro y papa nativa: los límites de los mercados de nicho

Con la producción para la industria de *chips* de papa, se ha consolidado un nicho de mercado que apareció en el territorio durante la década de 1990 cuando se expandió la demanda de esos *chips* en el mercado nacional, particularmente en Lima. Entonces hubo poca oferta de variedades de papa adecuadas para el proceso de fritura.

Según Bernet *et al.* (2002), Snacks América Latina Perú SRL, que forma parte de la transnacional Frito Lay (Pepsi Co.), junto con la empresa nacional Karinto SA, rescataron la variedad de papa Diacol Capiro que fue introducida en la década de 1970 por el Centro Internacional de la Papa con sede en Colombia. Según Frito Lay, esta variedad permite reducir sus costos de almacenaje en la sierra y combinar la papa producida en la costa con la producida en el valle del Mantaro para abastecer el mercado de *chips*. Aunque esa transnacional considera que la producción en pequeñas unidades agropecuarias genera altos costos de supervisión y heterogeneidad en la calidad de la papa, estos problemas son compensados con la posibilidad de producir esta variedad en aquellas épocas del año en las cuales se reduce la oferta de otros lugares. Esto les permite mantener un abastecimiento continuo sin incurrir en grandes costos de refrigeración y almacenamiento.

Con el apoyo de la ONG FOVIDA, los pequeños productores han consolidado la oferta y atendido la demanda de la agroindustria. FOVIDA comenzó a construir su reputación como socio confiable de Frito Lay primero en la costa central, un área donde la escala de la producción era mayor y mejor la dotación de infraestructura, de tal manera que los costos de transporte y de transacción eran más bajos. En 1998, Frito Lay empezó a comprar papas bajo dos modalidades: a) directamente a un productor que tuviese una explotación con una extensión no menor a 5 ha; b) aceptando a productores más pequeños organizados bajo el paraguas de esa ONG.

¿Cuán provechosa ha resultado la incursión de los pequeños productores en el mercado de papa Capiro con la ayuda de FOVIDA? Escobal y Torero (2006) muestran que el ingreso neto promedio por hectárea ha sido mucho más alto para los que pudieron conectarse con los mercados dinámicos, que para productores similares que continuaron conectados a mercados tradicionales. Siguiendo a Johnson, Suárez y Lundy (2002), las tareas realizadas por esta ONG, como intermediaria entre la industria y los pequeños productores, se pueden resumir en tres puntos: a) uso de redes de información; b) construcción de confianza; y c) construcción de habilidades para la acción colectiva. Veamos.

Respecto al primer punto, FOVIDA ha utilizado la red de productores que construyó en la costa, antes de iniciar su trabajo en la sierra, para identificar a los proveedores de semilla de la variedad Capiro localizados en la sierra. Además, su conocimiento de los mercados de insumos ha permitido reducir los costos de transacción de los pequeños productores. También ha proporcionado asistencia técnica y financiera y, aunque no concede crédito, ha utilizado su influencia para que varios grupos de pequeños productores accedan al crédito. FOVIDA ha construido "capital social" en la forma de confianza reduciendo los costos de supervisión que Frito Lay hubiese tenido que asumir para monitorear la conformidad del contrato, y respondiendo rápidamente a las emergencias de tal manera que la calidad de la papa que llega a la planta de procesamiento cumpla con el estándar. Es así como ha consolidado la confianza de la industria en la comercialización y como resultado ha aumentado su participación como proveedor, con lo cual se han fortalecido aun más los lazos entre la empresa y la ONG. Con respecto al tercer punto, la acción colectiva, FOVIDA trató de organizar a los pequeños productores para obtener economías de escala en los mercados de insumos y de productos: comercialización conjunta; compra conjunta de insumos; búsqueda de financiamiento colectivo; compra colectiva de servicios complementarios.

Sin embargo, esta "ventana de oportunidad" debe fortalecerse permanentemente, pues los cambios del entorno pueden erosionar las ventajas obtenidas en este nicho. Desde el punto de vista de la agroindustria, uno de los mayores problemas es la ausencia de economías de escala. La mayoría de los productores comerciales tiene parcelas menores de 5 ha, pero lo que se requiere son extensiones mayores para poder absorber los costos fijos cuando se incursiona en el mercado de papa para hojuelas, por ejemplo, los costos del entrenamiento inicial, el pago por análisis de suelo, la utilización de una cantidad fija de su producto para las pruebas de calidad. Muchos productores no pueden acceder a este mercado por el volumen de esos costos fijos. Aunque la acción de FOVIDA permitió superar varios escollos, la calidad heterogénea de la papa enviada por los pequeños productores crea problemas a la industria, motivo por el cual está seleccionando aquellos cuyo producto puede monitorear fácilmente.

Un segundo caso que nos interesa destacar es el de la articulación de los pequeños productores campesinos situados en las partes altas de la cuenca del Yacus que se han articulado al mercado de *chips* de papa nativas. Esta variedad se cultiva entre los 3.300 y los 4.300 metros sobre el nivel del mar, es decir, en las zonas altoandinas donde se ubican, exclusivamente, los pequeños agricultores cuyo cultivo principal es la papa. Debido a esa ubicación y el microclima, la papa nativa tiene propiedades nutritivas y un sabor únicos, que incrementan su demanda en el mercado.

Los productores de la parte alta de la subcuenca de Yanamarca han aprovechado varias innovaciones institucionales recientes (Ordinola *et al.* 2009) que se originan fuera del territorio, entre las que se destacan: CAPAC-PERU, institución sin fines de lucro constituida por actores de la cadena de la papa, que presta servicios de información de mercados y de normas técnicas; la creación de "Papas-Andinas"; la comercialización de papa nativa seleccionada bajo la marca "T'ikapapa"; el establecimiento del "Día Nacional de la Papa"; la Ley de Comercio Mayorista de Papa y el Registro Nacional de Variedades; y la aparición de nuevas marcas de *snacks* de papas nativas ("Lay's Andinas", "Inca's Gold", "Natu Krunch",

"Nips", "Mr. Chips"). La red creada entre todos los actores involucrados en la cadena es uno de los activos importantes que son aprovechados en el territorio. Todas estas innovaciones han posicionado a la papa nativa en el mercado y abierto un nicho interesante; su precio es entre tres y cuatro veces más alto de lo que se pagaba hasta hace pocos años.

El interés de la Fundación Kellogg por fortalecer espacios productivos dentro de la mancomunidad del Yacus ha activado una iniciativa reciente, a partir de la cual Frito Lay comercializa *chips* de papa nativa producida en el territorio, bajo la marca "Lay's Andinas". Este es un ejemplo de la vinculación con actores extraterritoriales liderado por CIP-Yacus que empieza a dar algunos frutos. Frente a ello, algunos productores medianos quieren ingresar a este mercado pese a que cultivan en zonas de menor altitud, lo cual está provocando presiones para redefinir la "papa nativa". Este es un campo de acción en el que convergen los actores del territorio para consolidar sus derechos o, en el caso de los medianos, para abrir nuevas oportunidades comerciales. Asimismo, el activo específico, que ha dado un margen de negociación al pequeño productor, corre el riesgo de ser erosionado. Es una batalla que se pelea fuera del territorio y en la cual los pequeños productores de la parte alta de la cuenca del Yacus tienen poco o ningún margen de acción para defender este nicho de mercado.

Además de las papas Capiro y nativa, algunos otros productos destinados al mercado de exportación, fundamentalmente la alcachofa, mostraron cierto dinamismo en el territorio, pero lo han perdido recientemente. Si bien los productores de Jauja tienen experiencia en la producción de alcachofas con espinas, para cultivar la variedad sin espinas tuvieron que introducir un manejo tecnificado, lo cual fue posible solo para los productores con mayor nivel de instrucción y con una escala mínima para obtener el capital de trabajo requerido.

Al principio ingresaron a esta actividad numerosos productores ubicados en la parte baja de la cuenca, quienes vendían su producto a la empresa Agro Mantaro ubicada fuera del territorio. Sin embargo, debido a la gran volatilidad del precio de compra, la mayor parte de los productores han abandonado esta actividad.

3.2. El incipiente dinamismo lácteo

La expansión de la compra de leche fresca es un caso reciente que podría abarcar amplios sectores de pequeños productores del territorio. Tal como sostienen Laporte, Faure y Le Gal (2008), desde inicios de la década de 2000 se reactivó el mercado de lácteos en todo el valle del Mantaro, tanto por el ingreso de la empresa Gloria SA como por la expansión de la demanda del Programa Nacional de Asistencia Alimentaria (PRONAA) para atender los programas sociales en la región, en particular, el programa Vaso de Leche. Con la mejora de la infraestructura vial, los centros poblados del territorio están conectados a través de vías, al menos afirmadas, a las que se mantiene regularmente. Por lo tanto, esa empresa podría ampliar su red de recolección de leche en todo el territorio si se lo propusiera.

El territorio ha sido históricamente agrícola. Las limitadas actividades ganaderas estaban enfocadas al consumo familiar o la elaboración de productos artesanales comercializados en el ámbito local. Desde finales de la década de 1990, esto ha cambiado en los pueblos de la margen derecha del río Mantaro y de la parte alta del Yacus. El alcalde de Molinos, una de las personas entrevistadas, resume esta evolución señalando que en la década de 1970 apenas tres o cuatro familias tenían más de dos animales, mientras que ahora "todo es ganado, por lo menos el 90% de las familias vive de la producción de vacuno". Más allá de la exactitud de las cifras, su testimonio muestra el importante impacto en las estrategias de vida de la población. La ganadería se considera una actividad más segura, ya que los precios de venta de la leche oscilan menos que los de la papa y otros productos agrícolas de la zona. Existe, además, un margen importante de crecimiento porque los grandes clientes presionan para que la producción se incremente. Adicionalmente, la competencia entre la empresa Gloria y el PRONAA ha elevado el precio de la leche en el mercado local.

La comercialización se realiza de dos maneras: venta directa a los camiones de las empresas lecheras que recorren diariamente casi todas las zonas productoras; venta a los acopiadores individuales que revenden a las empresas lecheras.

Si bien estos compradores o "porongueros" suelen pagar un precio algo más alto, los productores prefieren asociarse con la empresa Gloria, cuando es posible, pues la consideran un cliente más seguro. Por este motivo, los "porongueros" se concentran en las zonas de gran producción, como Apata y El Mantaro, donde los productores prefieren diversificar sus estrategias de venta, o bien en las zonas más alejadas, donde no es rentable la entrada de los grandes camiones acopiadores.

El aumento de los ingresos asociados al crecimiento de la ganadería es un tema recurrente de conversación en todo el valle. El potencial genético de la zona ha mejorado con el uso de la inseminación artificial (Reynaga 2003). Las poblaciones en donde la transición no se ha realizado, fundamentalmente por la falta de agua para cultivar pastos, sienten envidia de las poblaciones asentadas en la margen derecha, donde el proceso está en marcha. Por todo el territorio se realizan obras de irrigación con el fin de aumentar la extensión de los terrenos para el pastoreo de animales.

Algunas dificultades enfrenta, sin embargo, la producción ganadera. Una es que debido a las temperaturas extremas y a la variabilidad climática, los productores tienen que comprar pastos cultivados con lo cual se reduce la rentabilidad del negocio lácteo. Sin duda, la escasez de agua es el principal problema que enfrenta la expansión de este nicho de mercado. Durante los meses de estiaje, de abril a octubre, aparecen importantes conflictos entre los distintos usuarios del agua, que no logran resolverse porque el manejo sigue las lógicas locales que son incompatibles con la institucionalidad formal a nivel regional o nacional. Mientras los comités de riego la consideran patrimonio de las comunidades, para las instancias reconocidas por el Estado el agua es patrimonio de la nación, por lo tanto, su uso debe ser compartido y debe estar sujeto a tarifas y a regulación.

La relación entre los pequeños productores y los mercados dinámicos ha estado mediada, en la mayoría de casos, por alguna ONG. Cuando dominan los mercados poco dinámicos (*thin markets*), las ONG han tratado de reducir los altos costos de comercialización y de transacción que enfrentan los pequeños productores cuando se articulan con la agroindustria, así como la alta incertidumbre y los costos de supervisión que esta enfrenta. Dichas ONG proporcionan la información necesaria para acceder al mercado valiéndose de sus redes de contactos; también logran reducir los costos de transacción durante la negociación de los contratos construyendo lazos de confianza con las dos partes que intervienen en dicha transacción. Sin embargo, las ONG no han logrado promover la acción colectiva de los productores pequeños y dispersos.

En ese contexto, la oportunidad de acceder a los mercados dinámicos podría diluirse a medida que se erosionen los activos específicos de los pequeños productores, que son los que impulsan a la agroindustria a establecer relaciones contractuales. Esto puede ocurrir por la aparición de nuevas fuentes de abastecimiento o por actos deliberados de la agroindustria. La debilidad de las coaliciones y del capital social en el territorio dificulta construir, fortalecer y, sobre todo, defender estos activos específicos.

4. Reflexiones finales y dilemas de política pública

¿Por qué el territorio de Jauja no despegó a pesar de que hasta la década de1980 se lo consideró el espacio más dinámico de la sierra rural del Perú?

Históricamente, en Jauja ha predominado la pequeña agricultura comercial, la cual ha tenido mayor dinamismo que en otros lugares de la sierra donde predomina la comunidad campesina. Gracias a su ubicación estratégica, la agricultura ha estado vinculada a grandes mercados, principalmente al de Lima, el más importante del país, lo que le ha abierto oportunidades, pero también vulnerabilidades debido a su dependencia del ciclo económico nacional. La situación privilegiada de Jauja a fines de la década de 1970 e inicios de la siguiente se debió a sus recursos naturales, su conexión con Lima y sus fluidos mercados de trabajo y de tierra. Además, el hecho de que en esta sociedad mestiza de la sierra peruana haya predominado la pequeña propiedad, no el latifundio ni las comunidades campesinas, podía haber llevado a pensar que era posible un crecimiento inclusivo, ya que los pequeños propietarios han estado menos expuestos a los conflictos en torno a la propiedad de la tierra.

A pesar de esas condiciones relativamente favorables, Jauja no ha logrado despegar en los últimos quince años, cuando el Perú crecía a tasas anuales promedio superiores al 5% y se dinamizaba la demanda de Lima y del mercado de exportación. Aunque las tasas de pobreza de Jauja están por debajo del promedio rural nacional, en el periodo intercensal (1993-2005) la economía y la población crecieron menos que el promedio nacional, mientras que la pobreza no solo superó ese promedio, sino que aumentó del 49 al 64%. Tal como ocurre en la mayoría de las provincias del país, el Gini mostró una ligera reducción, pero otros indicadores de desigualdad indican que ha habido una polarización entre los grupos más ricos y los más pobres, que estaría reflejando un aumento de la desigualdad intraterritorial.[11] Detrás está la reducción de la población del territorio a un ritmo del 1% anual, mientras la población nacional ha crecido a un ritmo de 1,6%. La fuerte emigración hacia ciudades con mayor dinamismo y el lento proceso de envejecimiento de su población reflejan la situación de un territorio que está enfrentando retos, cada vez más fuertes, para generar un desarrollo sostenido e inclusivo. El proceso migratorio está ligado, además, al límite al que habría llegado el continuo fraccionamiento de los terrenos vía herencia.

A la par, ha mejorado sustantivamente el acceso a bienes y servicios que satisfacen las necesidades básicas. El acceso a electricidad, agua y alcantarillado mejoró significativamente; la mitad de la población tiene educación secundaria completa o más. Sin embargo, todas estas mejoras han sido insuficientes para encaminar al territorio por una senda de crecimiento sostenido.

Nuestra investigación identifica cuatro factores clave que impidieron al territorio analizado despegar a partir de la

---

[11] La desigualdad a nivel nacional entre 1993 y2007 se expresa en una polarización espacial de la distribución del ingreso, que habría favorecido a las grandes ciudades y algunas intermedias en detrimento de las áreas más rurales como las que predominan en Jauja (Escobal y Ponce 2011).

década de 1990: la aparición de otros territorios que compiten con Jauja; la falta de una ciudad intermedia; la debilidad de las coaliciones sociales; y una creciente vulnerabilidad ambiental.

La competitividad de Jauja en el mercado de Lima se ha reducido debido a varios cambios. Desde finales de la década de 1980, el ferrocarril dejó de transportar productos desde la sierra central, hecho que sumado a la saturación de la carretera central que conecta al territorio con Lima ha elevado los fletes. Han disminuido las ventajas comparativas para la producción de papa que tuvo Jauja hasta finales de la década de 1980, porque otras regiones mejoraron su articulación con el mercado limeño, introdujeron nuevas variedades y mejoraron el manejo del agua; tal es el caso de dos valles costeños -Ica y La Libertad que producen la papa blanca- y de Huánuco, que produce las papas andinas. Con la creciente vulnerabilidad climática que experimenta el territorio de Jauja y con el cambio de los precios relativos a favor de la producción láctea, muchos productores han reducido el área cultivada con papa o han abandonado este cultivo cuando ocupaba suelos relativamente marginales.

Sin una ciudad intermedia en el territorio con la escala suficiente como para generar una demanda creciente al medio rural circundante y promover una mayor diversificación económica del territorio, es difícil que los encadenamientos generados por alguna de las actividades dinámicas sean aprovechados por la población y negocios locales. Jauja, la principal ciudad del territorio con algo menos de 30.000 habitantes, no reúne los principales factores que caracterizan a una ciudad intermedia según Baigorri (2001): buena red de comunicaciones interior y exterior; nivel de instrucción y de capacidad de investigación superior a la media; diversidad significativa de oportunidades de empleo; núcleo urbano central eficiente; involucramiento activo de las instituciones públicas en la vida de la ciudad. Jauja no tiene la escala para contribuir al desarrollo de su entorno territorial inmediato y para desarrollar sinergias con dicho entorno. No se ha podido consolidar como ciudad intermedia, en parte, por su cercanía a Lima y a Huancayo, eje de la región desde el siglo XX.

Otras experiencias sugieren que aunque existan barreras que frenan la entrada de negocios directamente vinculados a los mercados dinámicos, si se materializaran encadenamientos importantes en el territorio, un grupo importante de productores podría aprovechar el dinamismo impulsado por el motor de crecimiento. Lamentablemente, esto no ocurre en Jauja. Los emprendimientos de los productores para articularse a los mercados dinámicos en el territorio, tales como las alcachofas para la exportación, la papa Capiro y la papa nativa para la industria de *chips,* son nichos a los que solo unos pocos productores han podido acceder, pero no se han constituido en motores de crecimiento a escala territorial. El bajo nivel educativo, la pequeña escala productiva y la falta de suficientes recursos financieros impiden el ingreso de muchos pequeños productores a estos mercados. Por otro lado, el crecimiento experimentado en esos nichos no ha sido más inclusivo, porque no se han desarrollado actividades complementarias o conexas, ligadas a los mercados dinámicos, por ejemplo, servicios de transporte o reparación de equipo y maquinaria. La escala pequeña de las islas de dinamismo no genera encadenamientos que impulsen el crecimiento de la ciudad.

Según uno de nuestros entrevistados, el terrorismo, al incursionar en algunas partes altas del territorio durante la década de 1980, habría contribuido a debilitar la acción colectiva a favor de un desarrollo sostenible e inclusivo. Con las coaliciones sociales débiles no es posible regular mejor los recursos naturales del territorio ni enfrentar la gran fragmentación política y administrativa. Esto se hace evidente en un dicho usado por la población del vecino Huancayo: "Mientras Jauja danza, Huancayo avanza". Iniciativas del gobierno provincial, como el *Sacha Talpuy* (plantamontes) muestran gran creatividad para articular cultura y costumbres jaujinas para hacer un espacio de acción colectiva en el tema ambiental, pero todavía no se logra darle sostenibilidad a iniciativas similares en el planeamiento territorial. El presupuesto público local es tan reducido que muy poco pueden invertir en actividades de planificación territorial, como los mapas de zonificación económica y ecológica. Asimismo, la alternancia de dos liderazgos en disputa en el gobierno provincial ha limitado las posibilidades de implementar un proyecto territorial de largo plazo.[12]

Finalmente, se encontró en el territorio una creciente vulnerabilidad socioambiental. Desde la década de 1990, hay mayor presión sobre la base de recursos naturales del territorio, principalmente el agua, que es fundamental para las actividades más rentables como la ganadería y las alcachofas para exportación. La primera necesita cultivar pastos para alimentar el ganado, mientras que la segunda requiere riego tecnificado. En un territorio donde la agricultura ha sido de secano, y donde la regulación del uso y acceso al agua está poco institucionalizada, la mayor demanda para riego genera conflictos. Adicionalmente, el agua para consumo de la ciudad de Jauja proviene de Qeros, comunidad que está exigiendo a Jauja que pague un derecho de uso. Por último, cada vez es más impredecible el flujo hídrico debido al cambio climático, lo cual impone retos adicionales a la incipiente institucionalidad relacionada con la gestión del agua.

Si bien los agricultores del territorio tratan de adaptarse a las nuevas condiciones que el cambio climático les impone, así como de aprovechar las oportunidades que ofrecen las instituciones que trabajan en dicho territorio, no es de extrañar que ante una debilidad de las instituciones locales y regionales, quienes tienen mayor capacidad y son menos pobres hayan decidido dedicarse a actividades no agrícolas más rentables o, incluso, abandonar temporal o permanentemente el territorio para financiar su supervivencia.

4.1. Implicaciones de política

Jauja es un ejemplo de que contar con una base de recursos naturales favorable y una articulación privilegiada con mercados dinámicos no es suficiente para lograr un crecimiento sostenible e inclusivo de un territorio. Debido a la debilidad institucional y a la dificultad de su población para construir y fortalecer capital social, este territorio no pudo

---

12 Dos alcaldes que se han sucedido en el gobierno provincial han representado visiones distintas del desarrollo de Jauja: Luis Balbín, abogado y propietario de varios inmuebles en Jauja y Lima, y Teódulo Castro, industrial y comerciante local.

capitalizar las ventajas competitivas, que había acumulado en la década de 1980, para enfrentar y superar la crisis económica de inicios de la siguiente década. El resultado actual es que han aumentado las inequidades socioeconómicas y se ha acentuado la vulnerabilidad ambiental.

Lo ocurrido en Jauja alerta sobre las limitaciones que podrían tener aquellos procesos encaminados a reducir o eliminar la concentración de la tierra, con el objetivo de llegar a un desarrollo inclusivo. Para lograrlo, deberían ir acompañados de políticas a través de las cuales se incentive el capital social y se fortalezca la institucionalidad del territorio. A pesar de que en Jauja ha predominado históricamente la pequeña propiedad y con ello la experiencia en desarrollar emprendimientos individuales, no se logró aprovechar las economías de escala debido a la falta de incentivos para la cooperación en la producción y comercialización. En ausencia de una organización fuerte, los productores han tenido poco poder de negociación con los comerciantes y la agroindustria, lo cual ha reducido la rentabilidad de muchos emprendimientos. En Jauja también son evidentes los límites de las estrategias de nicho; solo quienes son más educados, tienen mayor escala productiva o mayores recursos financieros han logrado acceder a aquel tipo de mercados.

Fortalecer el capital social en un territorio no es una tarea sencilla ni de corto plazo. Una posibilidad es crear fondos concursables que fomenten la asociación entre los pequeños productores para la producción y la comercialización. Estos fondos también pueden coadyuvar al fortalecimiento de la institucionalidad local y al trabajo conjunto entre municipalidades distritales en torno a acciones de beneficio mutuo, y en este proceso, promover el surgimiento de coaliciones territoriales para la construcción de un proyecto común.

También es evidente la necesidad de aumentar la capacidad institucional para resolver los conflictos latentes o manifiestos en torno al uso del agua, construir una institucionalidad para manejar esos conflictos entre las partes altas y bajas de las microcuencas, así como crear espacios donde se diriman las discrepancias entre las prácticas locales de manejo del agua y la normatividad nacional.

Referencias citadas

Arguedas, José María. 1953. Folklore del valle del Mantaro. Provincias de Juan y Concepción. *Folklore Americano* vol. 1, núm. 1: 101-293.

……. . 1957. Evolución de las comunidades indígenas. El valle del Mantaro y la ciudad de Huancayo, un caso de fusión de culturas no comprometidas por la acción de las instituciones de origen colonial. *Revista del Museo Nacional* vol. 26: 78-151.

……. . 1969. La difusión de la música folklórica andina. *Ciencias Antropológicas*, num. 1: 17-33.

Baigorri, Artemio. 2001. De la ciudad intermediaria a la mesópolis. En *Hacia la urbe global.* Capítulo 7. Mérida: Editora Regional de Extremadura.

Bernet, Thomas *et al.* 2002. El reto de vincular a los pequeños productores de papa en la agroindustria. *Revista Latinoamericana de la Papa* vol. 13: 1-23.

Bonilla, Heraclio. 1978. The War of the Pacific and the National and Colonial Problem in Peru. *Past and Present* 81: 92-118.

……. . 1987. The Indian Peasantry and Peru during the War with Chile. En *Resistance, Rebellion and Consciousness in the Andean Peasant World, 18th and 20th Centuries* editado por Steve Stern. Madison: University of Wisconsin Press.

Cotlear, Daniel. 1989. *Desarrollo campesino en los Andes.* Lima: Instituto de Estudios Peruanos.

Escobal, Javier. 2010. Una mirada de largo plazo a la economía campesina en los Andes. Lima: Consorcio de Investigación Económica y Social (CIES). Disponible en: http://www.cies.org.pe/files/documents/investigaciones/desarrollo-rural/una-mirada-de-largo-plazo/una-mirada-de-largo-plazo-a-la-economia-campesina-en-los-andes.pdf

Escobal, Javier y Máximo Torero. 2006. Access to Dynamic Markets for Small Commercial Farmers: The Case of Potato Production in the Peruvian Andes. Washington DC: IFPRI Discussion Paper Series 99.

Escobal, Javier y Carmen Ponce. 2008. Dinámicas provinciales de pobreza en el Perú 1993- 2005. Santiago de Chile: Rimisp, Programa Dinámicas Territoriales Rurales, documento de trabajo núm. 11.

……. . 2010. Adaptación al cambio climático en contextos de Desarrollo Territorial Rural: la experiencia de Jauja. En Cambio Climático en la Cuenca del Río Mantaro. Balance de 7 años de estudio. Lima: Instituto Geofísico del Perú.

……. . 2011. Perú: dinámicas provinciales de pobreza en el Perú 1993-2007. Santiago de Chile: Rimisp, Proyecto Dinámicas Territoriales Rurales, documento de trabajo.

Figueroa, Adolfo. 1985. Productividad y aprendizaje en el medio rural. Lima: Informe ECIEL, Pontificia Universidad Católica del Perú.

Johnson, Nancy, Ruth Suárez y Mark Lundy. 2002. The Importance of Social Capital in Colombian Rural Agro-Enterprises. Artículo presentado en CAPRI Workshop on Methods for Studying Collective Action realizado en Nyeri, Kenya del 25 de febrero al 1 de marzo. Disponible en: http://www.capri.cgiar.org/pdf/ca_johnson.pdf

Laporte, Magali, Guy Faure y Pierre-Yves Le Gal. 2008. Diversidad de las explotaciones agrícolas en los sistemas irrigados del valle del Mantaro y acceso de los productores al mercado. Lima: Informe de la misión del Banco Mundial de apoyo al PSI.

Mallon, Florencia E. 1983. *The Defense of Community in Peru's Central Highlands. Peasant Struggle and Capitalist Transition, 1860-1940*. Nueva Jersey: Princeton University Press.

……. . 1994. De un ciudadano a otro. Resistencia nacional, formación del Estado y visiones campesinas sobre la Nación en Junín. *Revista Andina* vol. 12, núm. 1: 7-54.

……. . 2003. *Campesino y nación: la construcción de Méjico y Perú contemporáneos*. México: Ciesas, El Colegio de San Luis, El Colegio de Michoacán [primera edición en inglés de 1995].

Manrique, Nelson. 1981. *Las guerrillas indígenas en la guerra con Chile*. Lima: Centro de Investigación y Capacitación.

Ordinola, Miguel *et al.* 2009. Generando Innovaciones para el Desarrollo Competitivo de la Papa en el Perú. Lima: Centro Internacional de la Papa.

Reynaga, Alfonso. 2003. Diagnóstico Situacional de la Ganadería en el Departamento de Junín. Junín: Dirección Regional de Agricultura de Junín.

Trivelli, Carolina, Javier Escobal y Bruno Revesz. 2006. *Pequeña Agricultura Comercial: Dinámica y Retos en el Perú.* Lima: CIES, CIPCA, GRADE, IEP.

UNICEF. 2008. *Estado de la niñez en el Perú.* Lima: Fondo de las Naciones Unidas para la Infancia.

Capítulo 10. Crecimiento económico, cohesión social y trayectorias divergentes. Valle Sur-Ocongate en Perú

Raúl Hernández Asensio, Carolina Trivelli[1]

Abstract

The Ocongate-Southern Valley is a territory that is characteristic of the Peruvian Andes: there is a high poverty rate and a lack of security in regard to economic activities, daily life and the provision of services. However, since the beginning of the 21st century, we have found that this territory presents an incipient process of poverty reduction based on improved links to dynamic markets, increased social and symbolic capital of the local population, and an emerging diversification of income sources.

These transformations are based on a democratization of political power at the local level. A younger generation of mayors from rural backgrounds is promoting more inclusive policies while garnering support from and strengthening the local identity. There has been a slight increase in inequality that has not yet led to social tension or resentment. On the contrary, one of the most notable characteristics of the territory is the high level of optimism that exists among the population.

---

[1] Trabajar en un territorio supone combinar la mirada desde afuera con la mirada de los propios actores. El equipo del IEP contó con el apoyo de gran número de socios a quienes queremos agradecer. En Cuzco: a César Sotomayor, Rosario Valer y Marina Díaz, quienes dirigieron la oficina del Proyecto Corredor Puno-Cuzco, del Ministerio de Agricultura, así como al personal que allí trabaja; al personal del Centro Regional para la Salvaguarda del Patrimonio Inmaterial de América Latina (CRESPIAL) dirigido por Jaime Urrutia; a quienes integran el área de desarrollo local del Centro Guamán Poma de Ayala, Ángel Paullo, Ruffo Vega y Yovana Castillo; y a Ramón Pajuelo y Beatriz Pérez Galán. En Andahuaylillas a César Aguirre, Magda Mateos, Baby Mendoza y Nahuel Muñoz, de la Asociación Jesús Obrero, al Centro Bartolomé de las Casas y a sus dos directores, Marco Zeisser y Valerio Paucarmayta. A las asistentes y los asistentes de campo: Alain Elvis Alanoca Aragón, Patricia Olivera Paredes, César Oré Rocca, Jorge Fidel Quiroga Arévalo, Juan Gualberto Quispe Huallpa, Miriam Rodríguez Centeno, John Salas y Rosaura Villafuerte Fernández. Ludwig Huber, investigador del Instituto de Estudios Peruanos (IEP) participó en diversas etapas del trabajo de campo y en las discusiones sobre identidad cultural y desarrollo territorial. Jimena Montenegro y Raphael Saldaña colaboraron en la elaboración de la encuesta a hogares y María Cristina Gutiérrez en las entrevistas a emprendedores locales; los mapas fueron elaborados por Óscar Madelengoitia.

Valle Sur-Ocongate es un territorio dinámico y relativamente exitoso de la sierra sur del Perú. Es un típico espacio rural andino, con población campesina y quechua hablante mayoritaria, en el que en los últimos años se registran procesos interesantes de modernización y reducción de la pobreza rural.

El territorio se sitúa al sur de la ciudad de Cuzco.[2] Corresponde a la parte andina de la provincia de Quispicanchi y está integrado por los distritos de Saylla, Lucre, Oropesa, Andahuaylillas, Huaro, Urcos, Quiquijana, Ccatcca y Ocongate.[3] En total, son 2.167 km^2 y casi 71.000 habitantes (37% es población urbana).[4]

La pobreza rural en el Perú es muy alta, especialmente en la sierra. En 2009, tras nueve años de crecimiento alcanzó el 66%. En nuestro territorio, los niveles de pobreza son aun mayores: el 75% en 1993 y el 72% en 2005. Sin embargo, a diferencia de lo que ocurre en casi todo el país, la percepción de la población sobre su situación económica es optimista. El 56% piensa que ahora vive mejor o mucho mejor que hace diez años, mientras que solo el 12% señala que vive peor o mucho peor. Esta percepción está arraigada incluso entre la población más pobre del territorio (46% frente a 15%).[5]

Esos datos nos obligan a plantearnos varias preguntas. ¿Qué factores están detrás de esta evolución positiva? ¿Qué

---

2 La denominación del territorio plantea problemas. El término Valle Sur tradicionalmente designaba la región situada al sur de la capital siguiendo las cuencas del Huatanay y el Vilcanota hasta llegar a las provincias altas. Recientemente el concepto ha cambiado de significado, se restringe a la cuenca del Huatanay. El término Valle Sur-Ocongate puede sonar artificial, pero sirve para enfatizar los procesos sociales y económicos que afectan, de manera general, a los distritos estudiados.

3 La división administrativa peruana comprende regiones, provincias y distritos. Al frente de los distritos, se encuentran los alcaldes distritales, y al frente de las provincias, los alcaldes provinciales. Estos últimos cumplen también funciones de alcaldes distritales en los distritos capital de provincia.

4 En los distritos más cercanos a Cuzco hay más población urbana (entre 40 y 90%) que rural, mientras que en los distritos altoandinos hay mayoritariamente población rural (más de 80%), de acuerdo con el censo de 2007.

5 La información proviene de la encuesta aplicada por Cuanto SA, por encargo del IEP, en agosto de 2010. Se llevó a cabo en zonas rurales y urbanas del distrito de Oropesa, un distrito situado en el valle de Huatanay y bien conectado a Cuzco y en Ocongate, un distrito altoandino, la mayoría de cuya población es quechua hablante.

elementos explican la incipiente reducción de la pobreza, considerando que no todos los territorios de la sierra peruana evolucionan de la misma manera? (Escobal y Ponce 2008; Escobal, Ponce y Hernández Asensio 2011a; Escobal, Ponce y Hernández Asensio 2011b). ¿Qué permite que las reducciones relativamente modestas de los niveles de pobreza sean percibidas como cambios muy positivos en la situación de los más pobres?

En este artículo, discutimos estas y otras cuestiones a partir de los resultados de un extenso trabajo de campo, que incluye una encuesta de hogares representativa del territorio, más de 50 entrevistas en profundidad a actores diversos, varios grupos focales con poblaciones de las zonas altas y bajas, y la realización de actividades complementarias que nos permitieron conocer e interactuar con los actores del territorio (elaboración de un mapa colaborativo con actores locales, promoción de debates, concursos de emprendimientos, etc.).

En el estudio, hacemos énfasis en la creciente articulación de los pobladores de Valle Sur-Ocongate con mercados comerciales dinámicos, especialmente de la ciudad de Cuzco. Analizamos el impacto de esa articulación en dos niveles. El primero está relacionado con la diversificación de las estrategias de vida de las poblaciones del territorio: aparecen nuevas fuentes de ingresos y la estructura de ingresos de los hogares se diversifica, a la vez que se consolidan las actividades tradicionales agropecuarias. El resultado es lo que denominamos "trayectorias divergentes", que se perciben tanto entre unas localidades y otras, como dentro de una misma localidad. El segundo nivel remite al propio territorio. La mejora de las vías de comunicación provoca cambios en las dinámicas sociales y económicas. La jerarquía de localidades se transforma. La zona más cercana a Cuzco entra en la órbita de atracción de la capital. Cada vez más se convierte en una zona periurbana. Urcos, la principal ciudad del sur de Cuzco, pierde relevancia como eje articulador, al tiempo que cobran más importancia las capitales distritales situadas junto a las nuevas carreteras.

El caso de Valle Sur-Ocongate presenta evidencia abundante sobre estas transformaciones y ofrece la posibilidad de debatir sobre temas centrales relacionados con el desarrollo rural en América Latina: ¿en qué medida la estructura de propiedad agraria condiciona las estrategias de reducción de la pobreza? ¿Qué papel juegan las ciudades intermedias en el desarrollo rural? ¿Qué interacciones se producen entre actores de dentro y fuera del territorio? ¿Hasta qué punto es sostenible el actual proceso de reducción de la pobreza basado en un incremento de la producción agropecuaria asociado al crecimiento de los mercados extraterritoriales?

1. Valle Sur-Ocongate en la actualidad

Valle Sur-Ocongate es una zona montañosa localizada entre los 3.000 y los 5.000 metros sobre el nivel medio del mar. Disfruta de un clima suave, con un régimen pluvial de alrededor de los 750 mm anuales. Las precipitaciones se concentran entre los meses de diciembre y marzo. El resto del año es seco. Existe una marcada diferencia entre la zona más cercana a Cuzco, mejor conectada, más urbana y mestiza, y las cuencas del Vilcanota y el Mapacho, menos articuladas (Hernández Asensio y Trivelli 2009). El principal centro poblado es Urcos, la capital provincial, una ciudad tradicional que crece como punto de paso en el camino entre Cuzco y Sicuani. Su importancia como referente territorial disminuye en los últimos años, conforme mejoran las comunicaciones directas entre los distritos del interior y la capital regional. Las actividades predominantes dentro del territorio son la agricultura y la ganadería. Valle Sur-Ocongate produce 12% del maíz y la papa de la región. Estos dos rubros representan el 74% del valor bruto de la producción agrícola del territorio. En las zonas más cercanas a Cuzco, existe también un importante sector servicios (mapa 10.1).

Mapa 10.1. Valle Sur-Ocongate. Diferencias dentro del territorio en idioma y educación

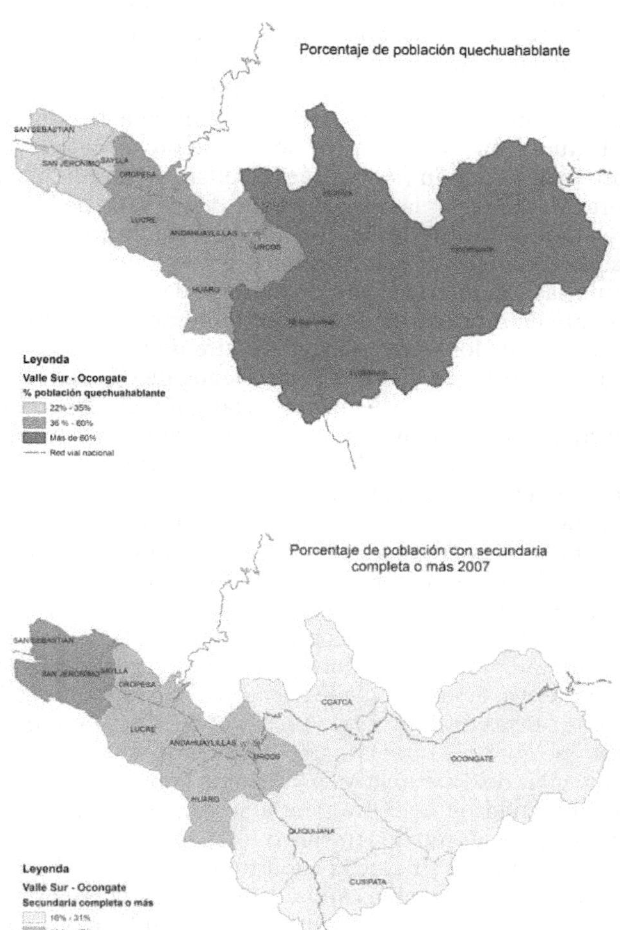

Fuente: Instituto Nacional de Estadística e Informática, Censo de 2007.

Un elemento para entender las dinámicas del territorio es su posición estratégica respecto a un conjunto de ciudades intermedias que funcionan como mercado para los productos locales: Cuzco, Puerto Maldonado y Sicuani. Cuzco, la capital y la ciudad más importante de la región, es un centro urbano con más de 300.000 habitantes y gran dinamismo económico, gracias sobre todo al turismo. Cuenta con un activo mundo intelectual y una "inteligencia" local que proyecta sus ideas sobre toda la región (Hernández Asensio y Trivelli 2011a). Puerto Maldonado y la selva de Madre de Dios son percibidas como tierras de oportunidades, donde es relativamente fácil encontrar empleo y "hacer un buen dinero". Las exenciones tributarias y la diferencia de precios entre sierra y selva son la fuente de innumerables emprendimientos más o menos legales. Pasar dos o tres años en Madre de Dios es casi un ritual de tránsito en distritos como Ocongate y Ccatcca.

Sicuani, el tercer vértice del triángulo, es una ciudad intermedia situada en la parte alta del valle del Vilcanota. Juega un papel central en la distribución de productos y en la intermediación comercial entre la zona fronteriza de Bolivia y las zonas productoras del valle de Vilcanota. Los comerciantes sicuaneños controlan, más que los cuzqueños, las ferias dominicales de toda la región. Son ellos quienes abastecen a la gente campesina de abarrotes y bienes de consumo, y quienes se hacen cargo de la mayor parte de las cosechas.

Los datos de pobreza del territorio son el punto de partida de nuestro estudio.[6] Las fechas clave corresponden a los últimos censos de población (1993 y 2005). Comparando los datos, encontramos que los ingresos familiares aumentan tanto en los valles del Huatanay y de Vilcanota como en la zona altoandina (cuadro 10.1). Otro cambio se refiere a la dotación de servicios y bienes públicos (gráfico 10.1). En las tres subzonas mejora significativamente la cobertura de servicios básicos. El proceso se inicia en los años 1970, se acelera en los años 1980 y, sobre todo, en la década de 1990. También mejora la cobertura de salud y educación. Esos datos, aunque positivos,

---

6 Agradecemos a Javier Escobal y el equipo de GRADE, quienes elaboraron estos datos. La metodología se discute en Escobal y Ponce 2008.

deben ser matizados. La tasa de pobreza sigue siendo muy alta (72% en 2005). Los mejores resultados corresponden a las zonas más alejadas de Cuzco. En el valle del Vilcanota, la pobreza pasa del 73% a inicios de los años 1990 al 71% en 2005. En la zona altoandina, la caída es más pronunciada: del 85 al 76%. Este territorio sigue siendo extremadamente pobre.

Cuadro 10.1. Valle Sur-Ocongate. Cambios en los niveles de pobreza y de ingresos en el territorio: 1993-2005

Pobreza (%)			Ingresos (soles GPC)		
	Año 1993	Año 2005		Año 1993	Año 2005
Valle Huatanay	58	63	**Valle Huatanay**	82,3	182,6
Valle Vilcanota	74	71	**Valle Vilcanota**	66,7	155,3
Zona alto andina	85	76	**Zona alto andina**	52,5	138,4
Total	**75**	**72**	**Total**	**64,2**	**152,5**

Fuente: Equipo GRADE del programa Desarrollo Territorial Rural.

Gráfico 10.1. Valle Sur-Ocongate: cambios en la dotación de servicios y bienes públicos en el territorio: 1981, 1993 y 2007

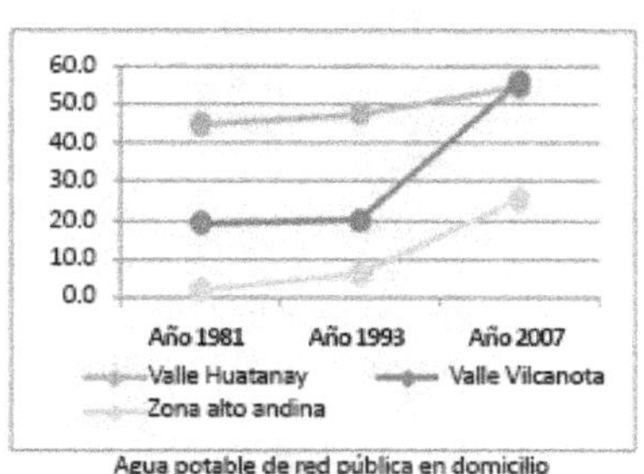

Agua potable de red pública en domicilio
(% de viviendas)

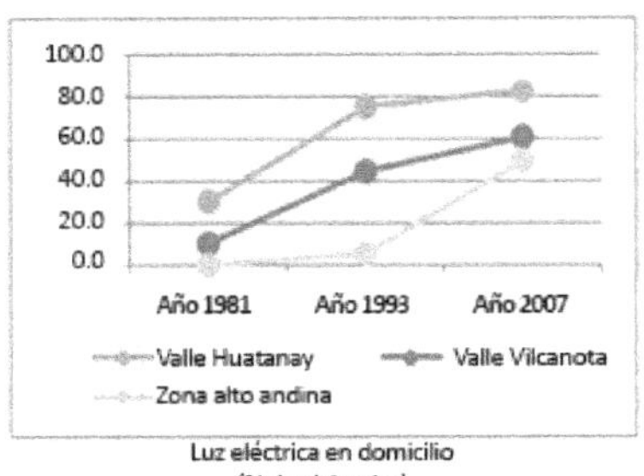

Luz eléctrica en domicilio
(% de viviendas)

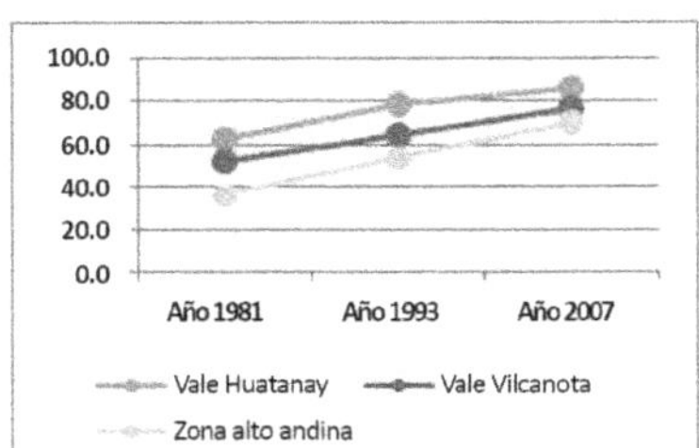

Fuente: Instituto Nacional de Estadística e Informática, Censos nacionales 1981, 1993 y 2007.

Sostenemos que detrás de esta incipiente reducción de la pobreza están dos procesos que afectan a todo el sur de Cuzco, aunque de manera desigual: la articulación del territorio con mercados dinámicos y el empoderamiento de la población local, cuyo peso en las decisiones y la orientación del gasto público ha aumentado. La combinación de estos dos factores permite incrementar la producción agropecuaria local y diversificar las actividades económicas del territorio (recuadro 10.1).

Recuadro 10.1. Optimismo en Valle Sur-Ocongate

Uno de los hallazgos más interesantes de la investigación es la percepción positiva de la población de Valle Sur-Ocongate sobre la mejora de su nivel de vida en la primera década de 2000. Esto es notable por dos razones:

- Contrasta con la percepción mayoritaria en Perú recogida en las encuestas. A pesar del crecimiento económico sostenido en dicha década, hay una percepción negativa de la evolución de las economías domésticas y un alto grado de insatisfacción (es lo que Torres 2010 denomina "paradoja del crecimiento infeliz").
- Sorprende frente a los cálculos de pobreza para la zona: más del 70% de la población se mantiene en situación de pobreza monetaria.
- Contrasta con un discurso muy extendido en Cuzco, tanto en el ámbito político como entre profesionales del desarrollo: el descontento latente en la población campesina por el presunto deterioro de su nivel de vida.

Es un hallazgo que debe ser discutido. En el caso de Valle Sur-Ocongate, la percepción de mejoría es común a los dos distritos incluidos en la encuesta, si bien es mayor en Oropesa, la localidad más cercana a Cuzco y mejor articulada al mercado. Quienes piensan que su situación ha mejorado en los últimos diez años son mayoría tanto entre la población pobre, como entre la población no pobre. Nuestra hipótesis es que este optimismo se explica por un conjunto de cambios que permiten un acceso a nuevos espacios de mercado, de expresión de opiniones y de participación política de los sectores tradicionalmente marginados. La manera en que se producen estos cambios determina que gran parte de la población perciba una mejoría (aunque sea leve) en su nivel de vida.

Evolución de la situación personal

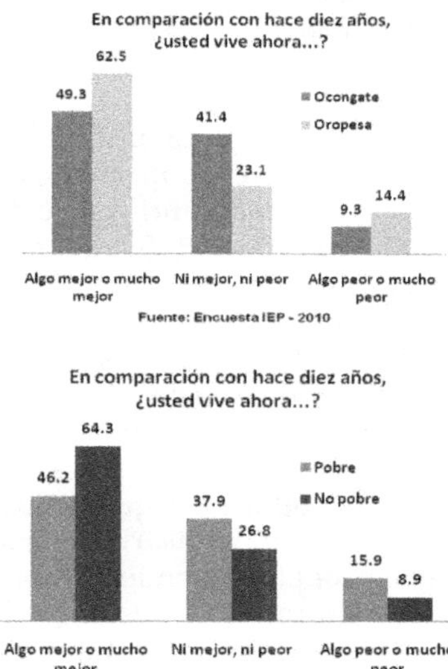

Fuente: Encuesta IEP (2010).

2. Dinamización económica

Valle Sur-Ocongate es un territorio predominantemente agropecuario. La papa, el maíz y la ganadería son los principales productos locales. Hasta la década de 1970, la mayoría de la producción se destinaba al autoconsumo. En la actualidad, sin embargo, casi todas las familias comercializan una parte importante de la producción, sobre todo en las zonas más cercanas a Cuzco. Esta mayor vinculación explica en gran medida el incremento de los ingresos monetarios que aparece en los datos estadísticos.

La mejor articulación con los mercados se relaciona con el incremento y mejora de la producción local. También con los avances de las comunicaciones viales, que reducen los costos de traslado de personas y mercancías, y con la diversificación de las instancias de comercialización dentro y fuera del territorio. Reglas de intercambio más justas permiten a los actores del territorio obtener más beneficios.

El principal mercado es la capital regional. Una parte menor de la producción se vende en Puerto Maldonado, Sicunai y dentro del mismo territorio, para consumo de la población local. Cuzco es un centro urbano dinámico, que mantiene relaciones muy fluidas con el entorno rural. Ofrece oportunidades de trabajo y permite estrategias de ida y vuelta para los habitantes del territorio (doble residencia, desplazamiento laboral diario, etc.).

La demanda de productos agropecuarios de Cuzco crece y se diversifica. Con el auge del turismo surge un mercado potencial para productos más sofisticados, en algunos casos altamente valorados (por ejemplo, el maíz del Valle Sagrado). Valle Sur-Ocongate es uno de los territorios favorecidos por este auge. Algunos productos se venden en los mercados mayoristas de Cuzco, otros a distribuidores o directamente al por menor. Este es el caso del pan de Oropesa, uno de los pocos bienes elaborados que produce el territorio. En Oropesa, funciona más de medio centenar de hornos que ocupan a una parte importante de la población del distrito. El pan de Oropesa tiene fama a nivel nacional y se vende como pan popular en mercados de Cuzco y otras ciudades de la sierra peruana, ya que puede conservarse varios días antes de su consumo.

El sur de Cuzco se articula en torno a dos ejes viales: la carretera Panamericana, que atraviesa de norte a sur el departamento de Cuzco uniendo el territorio con Puno y Bolivia, y la carretera Interoceánica, que lo comunica con la selva de Madre de Dios. En ambos casos, se trata de infraestructuras construidas en las primeras décadas del siglo XX, concebidas como herramientas para propiciar el intercambio de productos entre zonas de especialización diversa. Hasta los años 1980, estas expectativas solo se cumplen parcialmente, ya que al ser las vías de tierra, los costos de traslado siguen siendo altos. El cambio se inicia en la década de 1970, cuando se asfalta la Panamericana que atraviesa los valles del Huatanay y el Vilcanota. Su trazado incluye localidades como Saylla, Oropesa, Andahuaylillas, Huaro, Urcos y Quiquijana. Es una vía de tránsito muy fluido con diferentes modalidades de transporte público: vehículos colectivos, camionetas rurales denominadas "combi" o "cúster" y ómnibus. A todas horas es posible encontrar transporte desde o hacia Cuzco, a un precio muy asequible, lo que permite una alta movilidad cotidiana de la población. El 69% de habitantes del territorio afirma haber acudido a Cuzco al menos una vez en los últimos treinta días.[7]

El asfaltado de la carretera Interoceánica es más reciente. Tuvo lugar hace pocos años, en el marco de un amplio programa de conexión vial entre Perú y Brasil. Esta carretera permite articular los distritos de Ocongate y Ccatcca con la capital regional. También hace posible mejorar la calidad de los servicios de la zona altoandina. En las escuelas de las comunidades rurales, permite terminar con la vieja costumbre de prestar servicio únicamente tres días a la semana, aduciendo problemas de desplazamiento de los profesores. Lo mismo ocurre con el servicio de salud. Los pobladores de las áreas rurales ya no están obligados a acudir a la posta rural más cercana. Por un costo módico, pueden ir a los centros de salud mejor preparados de las capitales de distrito, Urcos o Cuzco.[8]

La mejora de las vías de comunicación tiene también un impacto profundo en los patrones de poblamiento. Un ejemplo

---

[7] La información proviene de la encuesta que realizamos en 2010.

[8] Según la encuesta que aplicamos en 2010, el 5% de la población del distrito señala que acude a Cuzco para atenderse en caso de emergencia: el 66% en Oropesa y el 39% en Ocongate.

es la localidad de Kcauri Ccatcca. Su origen está relacionado con la feria dominical que, desde los años 1970, se realiza a la vera de la carretera. De ser un lugar de paso, se ha transformado en el centro urbano más importante del distrito, superando a la propia capital, Ccatcca. Lo mismo ocurre en los valles del Huatanay y del Vilcanota. Ttío absorbe durante la década de 1990 la población dispersa de las zonas altas de Quiquijana, hasta superar el número de habitantes de la capital distrital.

Las nuevas carreteras facilitan el intercambio de ideas, bienes y servicios. Permiten a los distritos del sur de Cuzco aprovechar su posición estratégica como cruce de caminos e impulsan por todo el territorio nuevas ferias locales. Encontramos tres situaciones diferentes. La primera corresponde a las ferias que aparecen o se potencian de manera más o menos espontánea, sin que exista una intervención directa de las autoridades, que a lo sumo se limitan a facilitar el proceso. Este es el caso de la feria de Kcauri en el distrito de Ccatcca. El segundo grupo son las ferias que aparecen o ganan importancia en relación con eventos específicos, como el pago de las transferencias del programa Juntos. Esto ocurre, por ejemplo, en Ccatcca y Ocongate. El tercer caso son las ferias que responden a un esfuerzo consciente de las autoridades locales para proporcionar a los pobladores espacios de intercambio más protegidos, en los que las transacciones se realicen en condiciones más favorables para el productor local.

Hasta los años 1990, la mayor parte de la producción agropecuaria de Valle Sur-Ocongate se comercializaba en las grandes ferias ganaderas del valle del Vilcanota. Se trata de espacios con normas de funcionamiento hostiles para los campesinos altoandinos: uso preferente del castellano, compra de animales "al ojo" (sin pesarlos en balanza) y sin subasta, escaso poder de los jueces de pesos y medidas, etc. Para revertir esta situación, las autoridades locales, con el apoyo de las ONG e instituciones del Estado, promueven ferias alternativas. La venta de animales "a martillo" o por subasta es el eje de estos cambios. Un ejemplo es el "Festival del Toro Engordado" que se celebra en Quiquijana desde 2003 y que se ha convertido en un referente regional. Se realiza cada tres meses en la capital o, por turnos, en otra comunidad importante del distrito, y convoca a productores ganaderos de toda la zona media del Vilcanota: Cusipata, Huaro,

Ocongate, Ccatcca. Además de ganado vacuno, también se venden alpacas y ovejas. Otros productores aprovechan para llevar sus artesanías o alimentos andinos "de diseño", como el *charqui* de alpaca. Para convocar a los ganaderos, se realizan concursos antes de las subastas, que premian a los mejores animales y contribuyen a generar un ambiente festivo. La presencia del alcalde y otras autoridades imprime la adecuada solemnidad y avala la importancia del evento.

Estas ferias alternativas se desarrollan en un ambiente extremadamente controlado. Las autoridades locales supervisan los productos que se ofrecen y las condiciones de venta.[9] Si bien no llegan a eclipsar a las ferias tradicionales, son una muy buena alternativa para el productor individual que posee pocos animales y no puede negociar al por mayor. Las nuevas ferias tienen sentido en un contexto en el que aún perviven estigmas hacia la población rural, que suelen ser utilizados para obtener ventajas en las negociaciones comerciales.[10] En ellas, los productores altoandinos obtienen un mayor margen de ganancia y, lo que es igualmente importante, una relación menos traumática con el mercado.

La dinamización de la producción agrícola y ganadera tiene un importante efecto de encadenamiento dentro del territorio, ya que genera una demanda mayor de bienes y servicios asociados a la producción y comercialización: insumos, atención fitosanitaria, transporte, etc. El resultado es un incremento de los negocios en las cabeceras distritales y, en consonancia, una mayor diversidad de fuentes de ingresos para la población local.

---

9 Una clave del éxito de las ferias es la restricción de la oferta. Por lo general, solo los animales que han sido "certificados" por la autoridad local, como pertenecientes a un pequeño productor, no intermediario, pueden acceder a la tablada de venta. Si bien a mediano plazo, eso puede constituir un cuello de botella que limite el crecimiento de las ferias, actualmente debido al aumento exponencial de la demanda de animales supone una ventaja para productores de bajos recursos, ya que pueden obtener mayores márgenes de beneficio sin necesidad de negociar al por mayor.

10 Un personaje muy común es el "regatero", que habla castellano y quechua y viaja a las comunidades a comprar ganado para revender en las ferias. Para convencer a los campesinos, suele utilizar un discurso que ataca su confianza con argumentos que se resumen en la frase "si eres indio, allá te estafan". En ocasiones, los regateros se sitúan en la entrada de las ferias y en connivencia con otras personas presuntamente interesadas en comprar y que ofrecen precios ridículamente bajos, presionan a los campesinos para que los acepten como intermediarios.

3. El papel de los gobiernos locales

Los gobiernos locales son un actor clave en la dinamización de Valle Sur-Ocongate. Impulsan nuevos mecanismos de intercambio más favorables para la población local y contribuyen a visibilizar las potencialidades del territorio. Este protagonismo es el resultado de la progresiva apropiación por parte de los actores locales de los procesos de toma de decisiones en el ámbito público. Durante los años 1970, Valle Sur-Ocongate atraviesa un periodo crítico de cambio. Dos proyectos de reforma agraria compiten entre sí. Por un lado, el promocionado por el gobierno militar, que pretende sustituir las haciendas por empresas cooperativas administradas por funcionarios especializados, de las que los campesinos serían socios. Por otro, el proyecto impulsado por los propios campesinos, que apuesta por la comunidad como institución gestora de los recursos productivos. Este proyecto será el que se imponga gracias a la movilización campesina y al progresivo desentendimiento estatal de la suerte de las cooperativas.

La reforma agraria permite a la población rural recuperar el control de los dos recursos claves para la economía del territorio: la tierra y el agua. Actualmente existen más de 80 comunidades campesinas de distinto tamaño, número de comuneros, dotación de recursos y solidez institucional. Su principal función es asegurar el acceso de sus asociados al agua y a la tierra. Las comunidades tienden a ser más fuertes allí donde este acceso está (o ha estado históricamente) amenazado.

La reforma agraria también abre la puerta para que la población rural intervenga en la política local. La constitución de 1979 otorga, por vez primera, el derecho a voto a la población analfabeta. Un año después, los alcaldes pasan a elegirse por sufragio universal. La "competencia práctica" de la población rural aumenta exponencialmente.[11] Un factor importante es la presencia de comuneros que, tras completar su educación superior, regresan a trabajar en sus comunidades y se convierten en enlaces con el mundo urbano. El resultado es que en los últimos

[11] El concepto de "competencia práctica", originalmente acuñado por Pierre Bourdieu, es utilizado por Harvey (1993) en su estudio sobre la dinámica de las relaciones de género en Ocongate. Se refiere específicamente a la "capacidad para hablar y ser escuchado", es decir, para actuar exitosamente en la interacción social.

años una nueva generación de alcaldes de origen campesino sustituye a los antiguos hacendados y sus sucesores *mistis* urbanos. Son los casos, entre otros, de Domingo Huitoccollo, alcalde de Urcos hasta diciembre de 2010, y su sucesor, Cipriano Mandura.

Domingo Huitoccollo ilustra los nuevos liderazgos que encontramos en Valle Sur-Ocongate. Tras su paso por la Universidad Nacional San Antonio Abad de Cuzco regresa a su comunidad de origen, Ccallatiacc, para trabajar en una ONG. Las habilidades adquiridas durante su formación profesional lo convierten en un referente para su base de apoyo: las comunidades de la microcuenca del Añilmayo, afluente del Vilcanota. El prestigio obtenido le permite alcanzar la alcaldía distrital de Quiquijana en el año 2002. Una vez en el cargo, establece una sólida alianza con varias ONG y con determinadas instituciones públicas, que consolida su imagen de gestor eficiente y "conseguidor". En 2006 resulta elegido alcalde provincial (Hernández Asensio 2008).

La historia del alcalde Huitoccollo contiene varias claves. Es la historia de un comunero que circula entre los ambientes urbano y rural. Su papel de líder se apoya en una doble legitimidad, moderna y tradicional. Su discurso empata el desarrollismo agrario de las ONG e instituciones estatales, con reivindicaciones culturales muy explícitas. El resultado es un "indigenismo modernizante", que no apuesta por el repliegue identitario, sino por equiparar las oportunidades y las condiciones de vida de la población indígena y no indígena (foto 10.1). El cambio de perfil de las autoridades está acompañado de un aumento de los recursos de las municipalidades.[12] Desde hace algunos años, los municipios de Valle Sur-Ocongate reciben cuantiosas sumas por canon y sobre canon.[13] Son municipa-

---

[12] El financiamiento del gasto corriente de las municipalidades a través del Fondo de Financiamiento Municipal (FONCOMUN) ha crecido en promedio 15% al año entre 2003 y 2008; además han crecido considerablemente los recursos provenientes del canon y sobre canon, impuestos pagados por las empresas mineras como contrapartida por la explotación de recursos minerales (Trivelli, Escobal y Revesz 2009).

[13] Las municipalidades rurales se financian casi totalmente con transferencias del gobierno central. El FONCOMUN redistribuye los ingresos del Estado de acuerdo con un baremo que considera población, pobreza, número de centros poblados de cada distrito y su dispersión. La otra fuente de financiamiento son las transferencias por canon y sobre canon relacionadas con actividades extractivas de recursos no renovables. Los recursos recibidos por canon y sobre canon deben ser casi exclusivamente utilizados en gastos de inversión.

lidades bien dotadas en comparación con las de otras partes del país. Su presupuesto es superior al que encontramos en los otros dos territorios estudiados en Perú (Escobal, Ponce y Hernández Asensio 2011a; Escobal, Ponce y Hernández Asensio 2011b). También es el territorio con el más alto porcentaje de ejecución, lo cual indica que las municipalidades tienen una buena capacidad de gasto (cuadro 10.2 y gráfico 10.2).

Foto 10.1. La doble legitimidad de las nuevas autoridades locales en Valle Sur-Ocongate. Izquierda: Alcalde y regidores de Quiquijana durante la celebración de las Fiestas Patrias del 28 de julio. Están vestidos al estilo occidental y con los atributos criollos del poder (franja transversal que en este caso es multicolor para representar el Tawantinsuyu o imperio inca). Derecha: Alcalde y regidores de Ccatcca durante la celebración del Pachamama Raymi, el 21 de julio. Visten atuendo tradicional con emblemas tradicionales del poder (vara).

Cuadro 10.2. Presupuestos de las municipalidades en los tres territorios analizados. Año 2008 (1 USD = 2,8 soles)

Territorio	N° distritos	Presupuesto total (soles)	Promedio distrito (soles)	Máximo distrito (soles)
Jauja	31	30.580.010	986.452	Acolla 3.737.969
Valle Sur-Oncogate	8	43.528.669	5.441.083	Oncogate 10.634.244
Cuatro Lagunas	6	16.253.135	2.708.855	Pomacanchi 6.820.423

Fuente: Red Nacional de Municipalidades Rurales (REMURPE). Elaboración propia.

Gráfico 10.2. Presupuesto per cápita (en soles) y porcentajes de ejecución presupuestaria en tres territorios del Perú en 2008

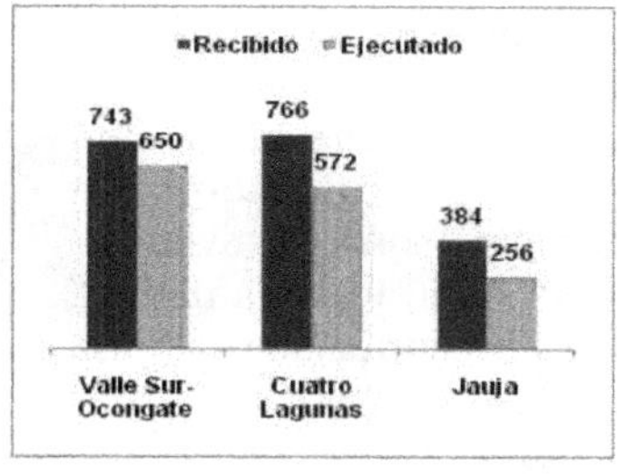

Presupuesto per cápita en cada uno de los tres territorios analizados en Perú (en soles). Año 2008

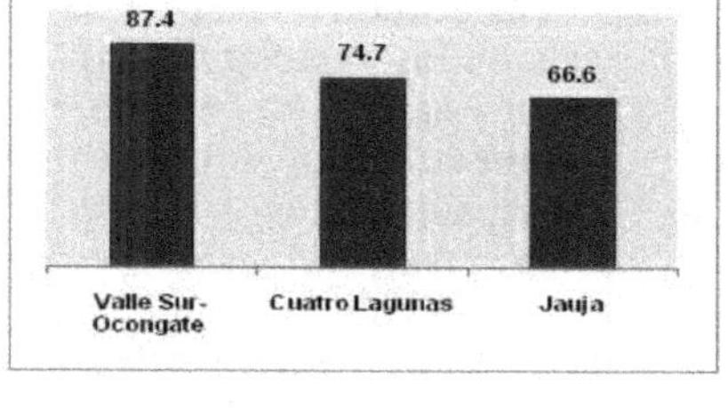

Porcentajes de ejecución presupuestaria en cada uno de los tres territorios analizados Año 2008

Fuente: Red Nacional de Municipalidades Rurales (REMURPE). Elaboración propia.

El aumento de presupuesto municipal tiene varias consecuencias. Una muy inmediata es la multiplicación de obras públicas. Pequeñas obras de infraestructura, canales de riego, aulas escolares y saneamiento urbano se han emprendido recientemente, tanto en las cabeceras distritales como en las comunidades rurales. Estas intervenciones contribuyen a mejorar la prestación de servicios y ofrecen empleo directo a la población local. Como en otras zonas con altas tasas de pobreza, cumplen una función social y política, que va más allá de sus objetivos explícitos. Permiten a los alcaldes aumentar su prestigio y contribuyen a dinamizar la economía local. Pueden considerarse un mecanismo de transferencia indirecta de recursos por parte del Estado a las poblaciones menos favorecidas.

Pero no solo se trata de obras públicas. El incremento de los recursos permite también modernizar la gestión municipal. En 2004, solo Urcos contaba con acceso a Internet. Desde 2008, todas las municipalidades del territorio tienen este servicio. Cuentan también con mayores recursos humanos. El número de empleados de las municipalidades del territorio pasa de

199 en 2004, a 443 en 2008. Son profesionales más capacitados, en muchos casos con experiencia previa en el Estado o en las ONG. Este cambio es importante en el valle del Vilcanota y sobre todo en la zona altoandina.

El aumento del presupuesto permite un cambio de énfasis en los gastos municipales. Hasta 2004, el presupuesto había estado concentrado en rubros como "administración y planeamiento" y "previsión y asistencia social". Ahora, los principales rubros de la inversión municipal son las actividades productivas, "educación y cultura" y "salud y saneamiento". Estos tres rubros suman el 44% de un presupuesto que pasa de 15.9 a 43.5 millones de soles entre 2004 y 2008 (de USD 5.7 millones a 15.5 millones, aproximadamente).

Un elemento importante de este cambio de orientación son las Oficinas de Desarrollo Económico Local (ODEL). Todas las municipalidades del sur de Cuzco cuentan con ODEL, algo poco común en el contexto peruano. Estas oficinas reflejan el nuevo enfoque de las políticas municipales y contribuyen a afianzarlo. Son espacios para la implementación de proyectos productivos (que en el territorio están relacionados con temas agropecuarios, sobre todo).[14] Contribuyen a formar y dar empleo a profesionales del territorio facilitando su arraigo y evitando la fuga de capital humano. Una ODEL típica tiene de cinco a ocho trabajadores, profesionales en su mayoría, que gestionan programas de agricultura, ganadería, pequeña industria doméstica y comercialización de productos locales (cuadro 10.3). Sus interlocutores son las comunidades campesinas y, cada vez más, los comités especializados formados dentro de estas comunidades para organizar las actividades productivas (Escobal, Ponce y Hernández Asensio 2011a).

---

[14] Sobre la creación y rol de las ODEL consultar: Trivelli, Escobal y Revesz (2009); Trivelli *et al.* (2010).

Cuadro 10.3. Mejoras de personal y de dotación técnica de las municipalidades

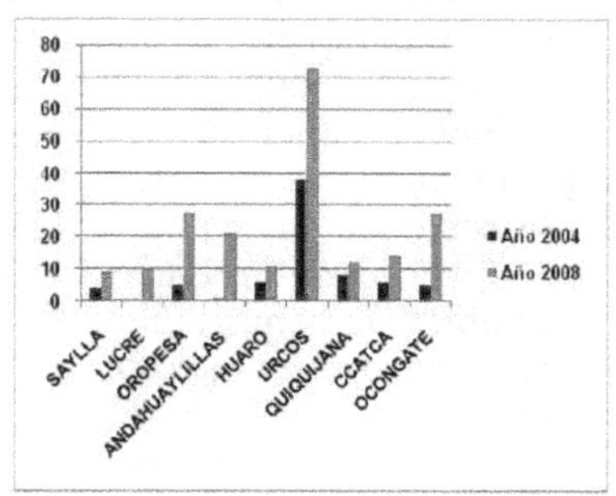

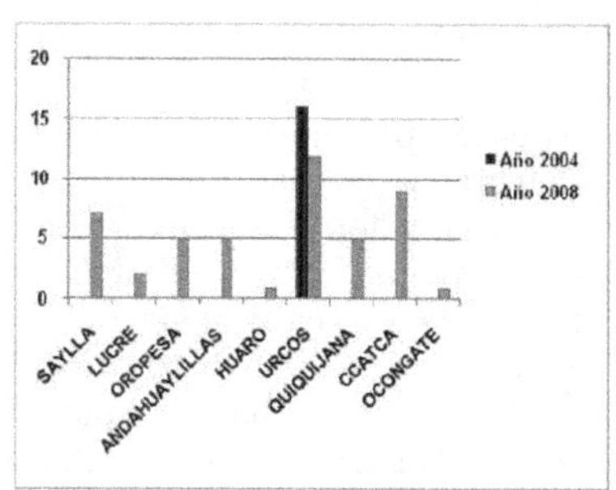

Número de computadoras

Zona	Año 2004	Año 2008
Valle del Huatanay	9	46
Valle del Vilcanota	53	117
Zona altoandina	11	41

Numero de computadoras con conexión a internet

Zona	Año 2004	Año 2008
Valle del Huatanay	0	14
Valle del Vilcanota	16	23
Zona altoandina	0	10

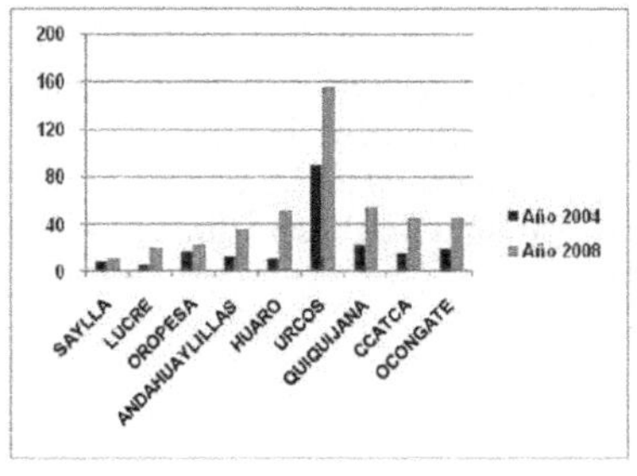

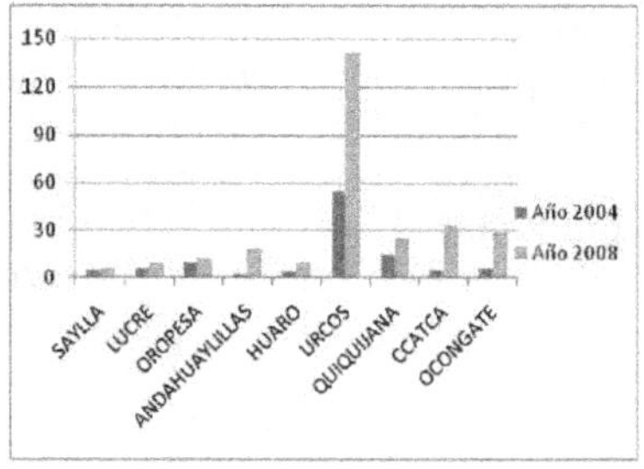

Personal de las municipalidades

Zona	Año 2004	Año 2008
Valle Huatanay	30	54
Valle Vilcanota	135	297
Zona altoandina	34	92

Personal cualificado (profesionales y técnicos)

Zona	Año 2004	Año 2008
Valle Huatanay	21	27
Valle Vilcanota	76	194
Zona altoandina	11	62

Fuente: Información proporcionada por la Red Nacional de Municipalidades (años 2004 y 2008).

Las municipalidades distritales se han convertido en actores centrales dentro del territorio. Los alcaldes apuestan por una nueva agenda rural, cuentan con recursos que no tuvieron sus predecesores y son más cercanos y empáticos con los pobladores rurales (Trivelli, Escobal y Revesz 2009). No están tan preocupados de tejer alianzas políticas fuera de su distrito o participar en proyectos políticos supraterritoriales, ya que no dependen de partidos políticos nacionales para ser elegidos.[15] Los gobiernos locales contribuyen también a fortalecer el capital simbólico de la población campesina revalorizando las costumbres y las formas de representación tradicionales mediante el uso de símbolos de reminiscencia prehispánica en la iconografía oficial, la participación de las autoridades en ceremonias de afirmación cultural, y el uso oficial de vestimentas y atributos tradicionales del poder (foto 10.1).

Esta revalorización de la identidad local es uno de los vectores que explica por qué la percepción de mejora subjetiva es superior a la reducción objetiva de la pobreza. En el sur de Cuzco, encontramos un discurso incluyente y de reafirmación identitaria en la esfera política que recoge, apoya y a la vez retroalimenta estrategias individuales y comunitarias de desarrollo (recuadro 10.2). Existen, no obstante, tres elementos que pueden comprometer a mediano plazo la evolución del territorio: el incremento de las diferencias sociales, los escasos incentivos para superar los límites distritales en la acción política, y el declive de Urcos como centro articulador de las actividades económicas del territorio.

---

[15] El lado negativo de esta forma de hacer política es que limita la capacidad de los alcaldes distritales para articular proyectos mayores en alianza con otros alcaldes o instancias del poder central, así como las posibilidades de articular proyectos a largo plazo.

Recuadro 10.2. Narrativas de identidad en Valle Sur- Ocongate

En Valle Sur-Ocongate conviven varias narrativas sobre la identidad, cuyo sustrato es la cultura campesina andina. Sin embargo, la misma diversidad de esta cultura permite construir diferentes discursos. En los pueblos cabeza de distrito, especialmente en la zona cercana a Cuzco, se enfatizan los componentes mestizos y católicos de la cultura andina. En las zonas altoandina y en el valle del Vilcanota, al contrario, resalta la importancia de la noción de "campesino", que en los Andes peruanos mezcla componentes culturales y de clase. En los últimos años, aparece también un discurso de reivindicación indigenista, que enfatiza la noción de "cultura quechua", como elemento de continuidad desde la época prehispánica.
Esta diversidad de narrativas sobre la identidad se refleja en la autoidentificación de la población. En Oropesa predomina la autoadscripción mestiza. En Ocongate, los términos más relevantes son campesino y quechua. En este distrito, las identidades regionales y locales son más relevantes, mientras que en Oropesa la mayor parte de la población dice sentirse peruana por encima de todo.
El idioma quechua es uno de los pilares de estas identidades. Es un idioma vivo, que está presente en todos los ámbitos de la vida cotidiana: la intimidad doméstica, las relaciones comerciales y las interacciones con el Estado.

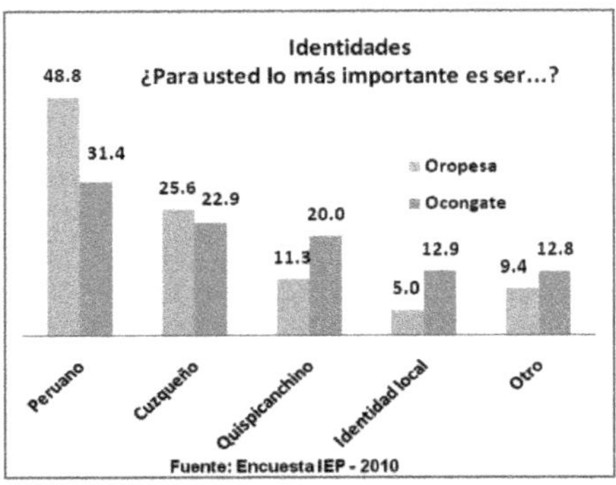

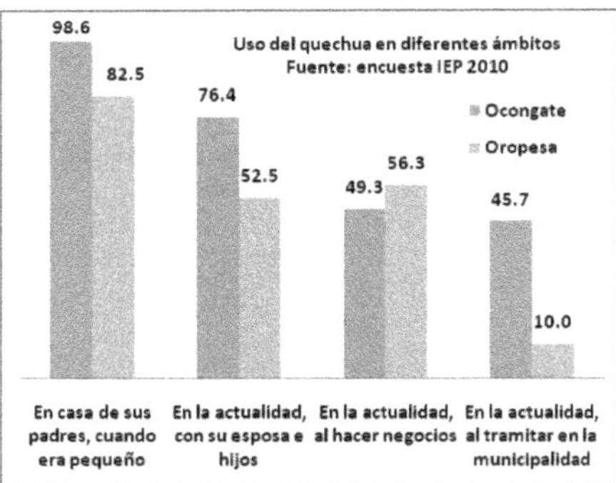

Fuente: Encuesta IEP (2010).

Los porcentajes son el resultado de la suma de las respuestas "solo en quechua", "más en quechua que en castellano" e "igual en quechua y castellano".

4. Diversificación de ingresos y trayectorias divergentes

En localidades como Ocongate y Oropesa, la economía doméstica se ha diversificado notablemente en los últimos años.[16] Es habitual encontrar familias que combinan actividades primarias con negocios, pequeñas tiendas o restaurantes. Con la apertura de la carretera Interoceánica, una parte de la población local se involucra en el transporte de pasajeros y mercancías hacia Cuzco y la selva de Madre de Dios. Lo habitual es que cada familia cuente con dos o tres actividades generadoras de ingresos. Las más mencionadas son las actividades agropecuarias y la venta de mano de obra (gráfico 10.3).

Gráfico 10.3. Composición porcentual de los ingresos por distrito

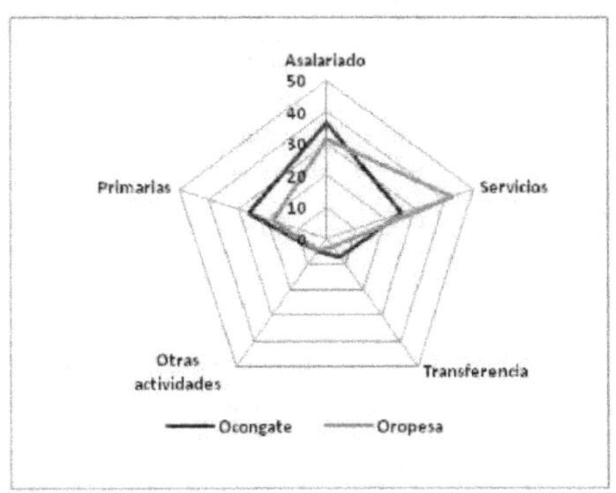

Distrito	Ocongate	Oropesa
Act. primarias	26,2	18,3
Asalariado	36,2	31,3
Servicios	25,3	42,7
Transferencias	7,5	3,1
Otras	4,8	4,6

Fuente: Encuesta IEP (2010).

16 Esta sección se basa en los datos de la encuesta realizada por el IEP en Oropesa y Ocongate en agosto de 2010.

Gráfico 10.4. Composición del ingreso por periodos y distritos (%)

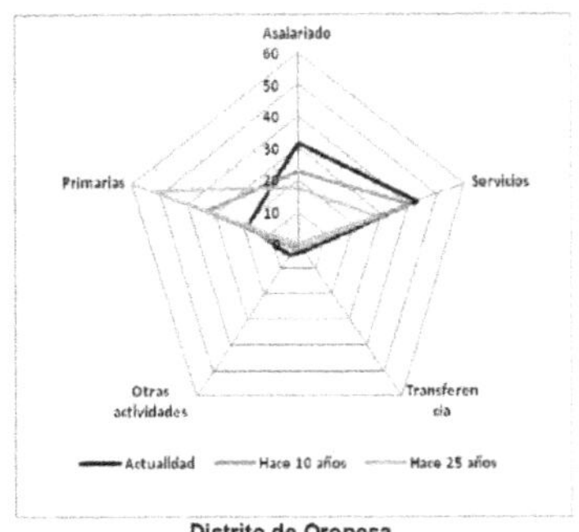

Distrito de Oropesa
Evolución de la estructura de ingresos de los hogares

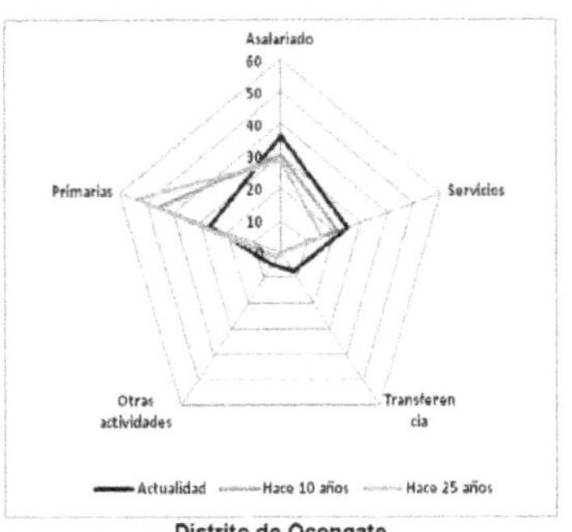

Distrito de Ocongate
Evolución de la estructura de ingresos de los hogares

Periodo	Actualidad	Hace 10 años	Hace 25 años
Act. primarias	18,1	33,4	53,1
Asalariado	31,3	22,7	17,3
Servicios	42,7	40,2	28,0
Transferencias	3,1	1,5	1,3
Otras	4,6	2,2	0,3

Periodo	Actualidad	Hace 10 años	Hace 25 años
Act. primarias	26,6	46,1	53,7
Asalariado	36,2	30,2	28,5
Servicios	25,3	21,4	15,4
Transferencias	7,4	0,0	0,0
Otras	4,8	2,4	2,3

Fuente: Encuesta IEP (2010).

Las trayectorias divergentes en la estructura de ingresos de los hogares aparecen al comparar los resultados agregados de los dos distritos en los que se realizó la encuesta de hogares. En Oropesa, localidad más cercana a Cuzco y bien articulada al mercado urbano al menos desde los años 1980, el principal rubro de ingresos es el sector servicios (42,7%). En cambio, en Ocongate, un distrito más alejado y rural, los ingresos provienen sobre todo del trabajo asalariado (36,2%) y de las actividades primarias (26,2%).[17]

Al analizar esos datos de manera diacrónica, se observa la magnitud del cambio ocurrido en apenas tres décadas. Tanto en Oropesa como en Ocongatelas, actividades primarias pierden importancia en relación con lo que se daba hace 10 y

[17] Trabajo asalariado en este contexto significa sobre todo empleo como mano de obra no cualificada en obras públicas promovidas por las municipalidades.

25 años (gráfico 10.4). La reducción es más fuerte en Oropesa (del 53 al 18%) que en Ocongate (del 54 al 27%).

En los dos distritos aumentan los aportes del trabajo asalariado y del sector servicios. Es interesante notar que el salto del sector servicios se produce en el periodo comprendido entre hace 25 y 10 años, es decir, aproximadamente entre los años 1985 y 2000, época en la que comienzan a instalarse tiendas, restaurantes y otros servicios que antes eran casi inexistentes en las cabeceras de distrito. Por el contrario, en el intervalo más reciente, el rubro que más crece es el trabajo asalariado. De significar el 23% de los ingresos de los hogares en Oropesa, pasa en la actualidad a representar el 31%, mientras que en Ocongate pasa del 30 al 36%. En esta localidad también cobran mayor importancia las transferencias, que alcanzan el 7% de los ingresos familiares.

Los datos muestran también que, si bien no son una actividad particularmente importante en la dinámica territorial, se incrementan los ingresos derivados de emprendimientos basados en activos culturales.[18] Casi un tercio de los hogares encuestados desarrolla algún emprendimiento basado en activos culturales. Estos emprendimientos complementan los ingresos del hogar a la vez que permiten a las familias aprovechar en el mercado recursos / activos que ya poseían pero no eran puestos en valor. Usando recursos existentes en el hogar (conocimientos, mano de obra familiar, etc.), generan ingresos que complementan los ingresos estacionales derivados de la producción agropecuaria. Son pequeñas empresas de capital local que se insertan en una compleja red social de intercambios. Si bien no son especialmente rentables (con la excepción de algunos negocios gastronómicos) resultan muy sostenibles porque atienden demandas de la gente que vive en el territorio o en territorios colindantes.[19]

Los cambios en la estructura de ingresos de los hogares se relacionan también con las políticas públicas. El incremento

---

18 Durante la investigación recogimos información de más de 180 de estos negocios; los detalles aparecen en www.mapavallesurocongate.com.

19 Casos especialmente interesantes son las bandas de música, los proveedores de servicios de medicina andina tradicional y los negocios de gastronomía.

del presupuesto de las municipalidades se traduce en gran número de obras que emplean mano de obra local y se convierten en una fuente de ingresos relevante para las familias menos favorecidas. En Ocongate ocurre lo mismo con el asfaltado de la carretera Interoceánica. El programa Juntos, por su parte, permite a las madres de familia recibir un pequeño ingreso mensual a cambio de cumplir una serie de criterios referidos a salud y educación infantil.[20]

Ni Oropesa ni Ocongate son distritos homogéneos. Existe una importante heterogeneidad en la estructura de ingresos de los hogares. Los hogares pobres dependen, sobre todo, del trabajo asalariado (44% del ingreso en Ocongate y 39% en Oropesa) y, en menor medida, de las actividades primarias (23 y 28%). En cambio, el principal rubro de ingresos de los hogares no pobres corresponde al sector servicios: 53% en Oropesa y 36% en Ocongate (cuadro 10.4).[21]

Cuadro 10.4. Composición de los ingresos por distrito y condición de pobreza en 2010, distritos de Oropesa y Ocongate (%)

Distrito de Oropesa Estructura de ingresos de los hogares			Distrito de Ocongate Estructura de ingresos de los hogares		
Condición	**Pobre**	**No Pobre**	**Condición**	**Pobre**	**No Pobre**
Act. primarias	28,4	12,9	**Act. primarias**	23,4	29,6
Asalariado	39,4	27,0	**Asalariado**	44,6	26,2
Servicios	22,9	53,4	**Servicios**	16,2	36,1
Transferencias	6,2	1,3	**Transferencias**	10,7	3,7
Otras	3,1	5,4	**Otras**	5,1	4,4

Fuente: Encuesta IEP (2010).

[20] "Juntos" es un programa de transferencias monetarias condicionadas que atiende a familias con hijos e hijas entre 0 y 14 años cuya situación es de pobreza extrema y que viven en distritos pertenecientes al quintil inferior del mapa de pobreza del Perú.

[21] Hemos calculado la pobreza basándonos en un conjunto de variables que están estrechamente ligadas a dicha condición. Hemos probado la consistencia de nuestro predictor de pobreza en varias encuestas anteriores.

Esta heterogeneidad es aun más clara al analizar la evolución en el tiempo de los ingresos de los hogares según su situación socioeconómica. Tanto los hogares que ahora están en el tercil superior como los que están en el tercil inferior de ingresos dependían de actividades primarias hace un cuarto de siglo (50 y 55% de los ingresos, respectivamente). Las diferencias a partir de ese momento son dos. Por un lado, los hogares que ahora están en el tercil superior comienzan a disminuir su dependencia de las actividades primarias antes que los hogares del actual tercil inferior. Hace diez años estas actividades suponían el 33% de los ingresos de los hogares que ahora están en el tercil superior, pero en los del tercil inferior representaban todavía el 50 % de los ingresos.

Por el otro lado, la diversificación se produce de manera diferente. En los hogares del tercil superior el sector servicios juega en la actualidad el mismo papel que tenían las actividades primarias hace un cuarto de siglo (51% de los ingresos en la actualidad). Probablemente se trata de hogares que supieron aprovechar los cambios de las dinámicas del territorio desde los años 1990, para instalarse en las capitales de distrito y abrir negocios. En los hogares del tercil inferior, el rubro más importante sigue siendo la agricultura, pese a que ha perdido importancia (55% hace un cuarto de siglo, 51% hace diez años y 33% en la actualidad). Casi a la par se encuentra el trabajo asalariado, que supone el 34% de los ingresos en la actualidad (gráfico 10.5).

Estos datos corresponden fundamentalmente a las zonas más urbanas de los distritos. Muestran una creciente diferenciación dentro del territorio, entre unos hogares y otros. La actividad agropecuaria continúa siendo el motor del territorio, pero ahora dentro de un contexto más complejo. La mayor demanda de productos agropecuarios proveniente de los mercados urbanos genera encadenamientos que permiten la aparición de nuevas actividades en las cabeceras distritales: comercios de insumos agrícolas, transporte, servicios asociados a las ferias, etc. Las obras públicas contribuyen también a este dinamismo. La población de Valle Sur-Ocongate se mueve en un circuito amplio, que incluye la ciudad de Cuzco y otras localidades. El 69% de los entrevistados señala haber visitado la capital regional en los pasados treinta días. El 11% ha viajado Sicuani en el último año y el 10% a Puerto Maldonado.

Gráfico 10.5. Composición de los ingresos por periodo y rango de ingresos familiares (% del agregado de los dos distritos)

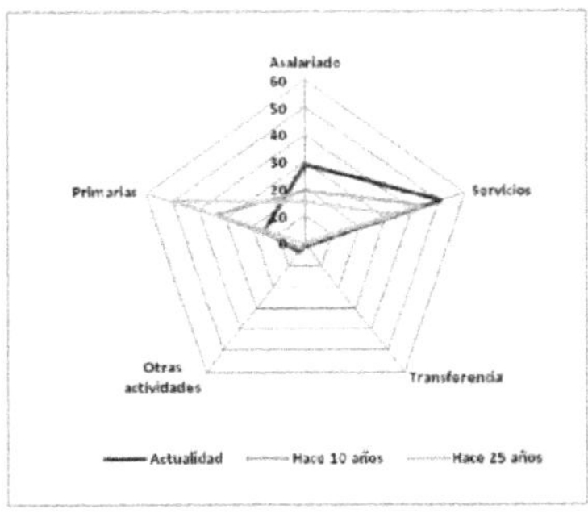

Tercil 3 (mayores ingresos)
Evolución de la estructura de ingresos de los hogares

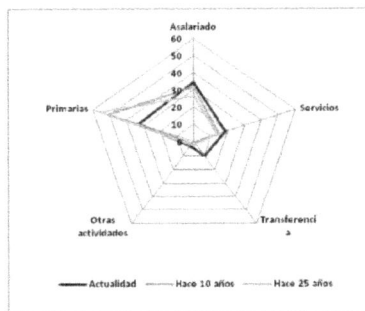

Tercil 1 (menores ingresos)
Evolución de la estructura de ingresos de los hogares

Periodo	Actualidad	Hace 10 años	Hace 25 años
Act. primarias	15,4	33,8	50,7
Asalariado	28,7	19,5	15,4
Servicios	51,0	44,6	33,9
Transferencias	0,9	0,0	0,0
Otras	3,9	2,1	0,0

Periodo	Actualidad	Hace 10 años	Hace 25 años
Act. primarias	33,0	50,9	55,2
Asalariado	34,6	31,4	26,6
Servicios	18,5	14,9	13,6
Transferencias	10,4	1,2	2,2
Otras	3,5	1,5	2,4

Fuente: Encuesta IEP (2010).

Las trayectorias divergentes de los hogares pueden ser un riesgo a mediano plazo para la cohesión social del territorio. La precariedad se percibe en varios niveles. A nivel familiar, aún no se puede hablar, salvo en casos concretos, de hogares que hayan dado un salto cualitativo, que les haya permitido dejar atrás definitivamente la pobreza. Pese al aumento de los ingresos, las economías domésticas de Valle Sur-Ocongate siguen siendo muy vulnerables ante choques externos o cambios en la estructura de precios del mercado, ya que las redes de seguridad, particulares o colectivas, son extremadamente débiles.

La vulnerabilidad también se percibe a nivel colectivo y tiene que ver con la estructura de propiedad rural. La estructura de la propiedad rural del sur de Cuzco es relativamente equitativa si se la compara con la de América Latina, en general, e inclusive con la de Perú. La reforma agraria de los años 1970 propicia que la mayor parte de los pobladores acceda a la tierra bajo un régimen que combina la propiedad legal comunitaria y la explotación familiar. Esta distribución igualitaria y de pequeña escala tiene un impacto positivo en las dinámicas del territorio, ya que permite: 1) una participación bastante homogénea en el crecimiento de la demanda extraterritorial de productos tradicionales agropecuarios; 2) el fortalecimiento y consolidación de instituciones basadas en el capital social, como las comunidades campesinas. Además, limita la diferenciación social, tanto en la práctica (dificulta los procesos de acumulación de activos) como en el ámbito discursivo (sanciona socialmente los intentos de acumular riqueza).

Sin embargo, el predominio de la pequeña propiedad agropecuaria tiene también una cara negativa. A mediano plazo, impone un límite para el actual modelo de reducción de la pobreza basado en la mejora de la producción agropecuaria y en una mayor vinculación con mercados dinámicos. A menos que se impulsara una política de desarrollo de la pequeña agricultura familiar, la escala y tecnología de producción actual pueden frenar el desarrollo y desincentivar la innovación. Las estructuras comunitarias dificultan la capacidad de las familias más emprendedoras para aprovechar las coyunturas favorables del mercado. Un ejemplo paradigmático es la presión que ejerce sobre los recursos hídricos el auge de la ganadería. En un contexto en el que los discursos comunitarios siguen siendo hegemónicos, es prácticamente imposible proponer mecanismos de mercado para acceder a esos recursos. Lo más común es restringir el número de animales que cada comunero puede tener. Esta respuesta refuerza la cohesión social, pero limita la capacidad de los miembros más dinámicos de las comunidades para desarrollar sus propias estrategias de negocios. Asegura una cierta mejoría (sobre todo subjetiva) para la mayoría de la población, pero impide a las familias dar el salto que las saque de la pobreza.

El dilema entre cohesión y crecimiento no es exclusivo del sur de Cuzco. Con mayor o menor intensidad lo encontramos también en otros lugares de la sierra peruana. Es el resultado de la propia historia de estos territorios. La situación actual de control casi total de los activos es el resultado de una historia de luchas sociales y políticas que está muy arraigada en las memorias individuales y colectivas (y muy presente también en muchas de las historias de vida). Alrededor de esa historia, se ha construido un sentido común defensivo que exacerba la sensibilidad frente a cualquier iniciativa de cambio. En el fondo, palpita el temor de un retorno al pasado, a la situación extremadamente desigual que existía antes de la reforma agraria, cuando a la pobreza se unían la arbitrariedad y las humillaciones cotidianas. En años recientes, algunos sectores progresistas dentro de las propias comunidades tratan de agrietar este discurso. Pero por el momento, los reflejos defensivos restringen la capacidad del territorio para aprovechar completamente la oportunidad derivada del crecimiento del mercado cuzqueño (w).

Recuadro 10.3. Emprendimientos basados en activos culturales en Valle Sur-Ocongate

Un elemento destacado en el sur de Cuzco es el auge de los emprendimientos basados en la valorización de activos culturales. Se trata de negocios cuyo eje consiste en añadir valor a productos y servicios singulares de la cultura local, tales como negocios de medicina tradicional, servicios místico-religiosos asociados a la religión andina, bandas de música, etc. Su viabilidad se sustenta en el auge del turismo cuzqueño y la revalorización de la cultura local por parte de las clases medias locales (Hernández Asensio y Trivelli 2011b).La mayoría de estos negocios complementa otras actividades productivas o tradicionales de la familia, generando ingresos y ocupando recursos que antes parecían no tener valor. Relevar información sobre estos negocios supone un reto metodológico. Fue la parte más innovadora de trabajo de campo realizado en Valle Sur-Ocongate. En 2008 se llevaron a cabo dos "Concursos de Emprendimientos con Identidad Cultural" en Ocongate y Oropesa. La organización estuvo a cargo del Proyecto Corredor Puno-Cuzco de Agrorural (del Ministerio de Agricultura) con asesoría de Rimisp y el IEP. También participaron las autoridades locales. El objetivo fue doble: generar información sobre el tipo de negocios basados en activos culturales del territorio; y propiciar la toma de conciencia entre los actores locales sobre las particularidades de este tipo de emprendimientos. Hubo más de cincuenta participantes, incluyendo negocios individuales y colectivos. Los ganadores fueron elegidos en una ceremonia pública en las plazas de armas de las dos localidades.

Emprendimiento de turismo vivencial (representación de la venta de artesanía a turistas). Concurso Ocongate 2009. Fotografía: Rafael Nova Arizmendi.

Negocio de servicios mágico-religiosos asociados a la ganadería. Concurso Ocongate 2009. Fotografía: Rafael Nova Arizmendi.

Los concursos permitieron recoger información que muestra la diversidad de este tipo de emprendimientos; no se refieren a servicios para turistas solamente, sino sobre todo a una oferta de productos y servicios para la sociedad local (bandas de música, medicina andina, negocios de gastronomía y recreación). Para mostrar esta diversidad sin perder sus peculiaridades, dimos otro paso: sistematizar esta información e incorporar nuevos datos. Para ello, en 2009 y 2010 elaboramos un "Mapa de Emprendimientos con Identidad Cultural Valle Sur-Ocongate", en el cual participaron el IEP y un consorcio de cinco instituciones locales con financiamiento de Rimisp y la Fundación Ford (Hernández Asensio 2010). Se trata de una página web interactiva, con un entorno que conjuga un diseño atractivo para la persona que la visita en busca información sobre el territorio y un manejo fácil para usuarios y usuarias locales. El mapa es una herramienta de investigación y una estrategia de incidencia. La gestión fue transferida en agosto de 2010 a los actores locales que participaron en la elaboración.
Fuente: Encuesta IEP (2010).

5. Articulación territorial y declive de Urcos

Los cambios ocurridos en los últimos años en Valle Sur-Ocongate apuntan a una democratización del poder político y a una mayor inserción en los mercados. La proliferación de programas de apoyo a la pequeña producción agrícola y ganadera, auspiciados por instituciones públicas y privadas, sobre todo por las municipalidades distritales, el potenciamiento de las ferias locales, el abaratamiento de los costos de desplazamiento de personas y mercancías, que favorece relaciones más fluidas entre los ámbitos urbano y rural, el uso preferente del quechua en el ámbito público, y la revalorización de la cultura y la identidad locales son procesos que tienen la virtud de involucrar, directa o indirectamente, a gran parte de la población del territorio. Probablemente, esa amplia base que tienen los procesos de cambio sea una de las razones que explica el optimismo de la población. La pobreza sigue siendo abrumadora, pero existe una mejora (más subjetiva que objetiva) que beneficia a gran parte de la población. En general, se percibe que los cambios ocurridos abren oportunidades a todas (o casi todas) las personas que pueblan el territorio.

Sin embargo, estos cambios están lejos de haberse consolidado. A pesar de los esfuerzos, aún no existe un liderazgo con una visión territorial amplia. El predominio de alcaldes procedentes de comunidades campesinas y con una agenda rural se debe a las características del sistema electoral peruano: la lista más votada gana sin que sea necesario un porcentaje mínimo de votación. Sin partidos políticos fuertes y con una gran fragmentación de listas, es posible ganar con el apoyo de un pequeño pero cohesionado grupo de partidarios: una comunidad o un conjunto de comunidades vinculadas entre sí. La mayoría de los alcaldes gana con una diferencia mínima sobre sus rivales. La habilidad política hace posible que se mantengan en su puesto, pero casi nunca logran reelegirse. Lo habitual es que cada cuatro años cambie el gobierno.

Esta rotación de autoridades casi nunca se traduce en cambios radicales. Los nuevos alcaldes suelen ser de una extracción social similar y defienden programas parecidos. Cipriano Mandura, el alcalde de Urcos elegido en octubre de 2010, tiene una trayectoria muy parecida a la de su predecesor (Domingo Huitoccollo): estudió en Cuzco, se formó profesionalmente en el mundo de las ONG y antes de ser elegido fue líder comunal y alcalde distrital. El personal clave de las oficinas de desarrollo, si bien no se mantiene en los mismos puestos, rota entre municipalidades, lo que da una cierta continuidad a los enfoques de política.

Aun así, los costos son grandes: costos de aprendizaje de las nuevas autoridades, cambios secundarios en las estrategias de desarrollo, preferencia por promocionar una feria en lugar de otra, cambios en las redes de contactos, etc. Esto supone que los avances logrados recientemente en el control local de los mecanismos de comercialización sean aún precarios. Las ferias y *raymis* dependen todavía del apoyo público y se mantiene una inercia que lleva a muchos productores a considerar las ferias tradicionales, sobre todo la de Combapata, como la primera opción para vender sus productos. De ahí la importancia del apoyo municipal para mantener incentivos, premios, concursos, que promuevan la asistencia y permitan su consolidación. Las ferias y *raymis* son además relevantes, porque son espacios de interacción para la gente del territorio. Contrariamente a lo que se puede pensar, no son celebraciones pensadas para atraer turistas. Si bien cuentan con espacios de mercado y de actividades culturales, el público es local (foto 10.2).

Foto 10.2. Celebración del Qocha Raymi en la laguna de Urcos. La mayoría de asistentes son gente del territorio. Tomada por Rafael Nova Arizmendi.

La dificultad para articular políticas de nivel territorial se acrecienta por la dinámica de cambio derivada de la nueva red vial. El asfaltado de las carreteras facilita a la gente de Valle Sur-Ocongate el acceso a los mercados y la provisión de servicios, sin embargo, no está claro que, a mediano plazo, todas las consecuencias sean positivas. Un riesgo es la conversión de las zonas más cercanas a Cuzco en área periférica urbana. La localidad de Oropesa, un centro tradicional de producción de pan que abastece a Cuzco y otras localidades cercanas, es un buen ejemplo. Con la mejora de las comunicaciones se han establecido en las cercanías varias empresas de granos, por lo que la actividad agrícola local deja de ser rentable. Muchos propietarios venden sus tierras a instituciones y gremios de Cuzco, que las adquieren para proyectos urbanísticos diversos, sobre todo para urbanizaciones de segunda residencia. Este proceso, todavía incipiente, no ha modificado aún la fisonomía del distrito. Pero es posible que en un lapso no demasiado largo, la expansión de la ciudad suponga la entrada en el territorio de nuevos actores, con el consiguiente riesgo para los equilibrios de poder trabajosamente construidos en estos años.

La mejora de la conectividad con Cuzco puede suponer un menor control sobre las condiciones de intercambio de bienes y servicios. La desestructuración de los circuitos de intercambio tradicionales puede derivar en la obsolescencia de muchas de las ferias locales. Tampoco está claro que los habitantes del territorio vayan a ser los principales beneficiados de las oportunidades de negocios asociadas a la mejora de las comunicaciones. La disminución de los tiempos de traslado actúa en los dos sentidos: facilita el acceso de los productores locales a mercados mayores, pero también hace posible la instalación de actores extraterritoriales en los distritos del sur de Cuzco. Estos actores extraterritoriales suelen estar mejor conectados y disponer de mayores recursos para hacer prosperar sus iniciativas: conexiones comerciales, acceso a crédito, experiencia en el manejo de negocios, etc.

Un ejemplo son los negocios de insumos agrícolas instalados en Ocongate. Más de 10 emprendimientos han abierto recientemente para vender herramientas, abonos, pesticidas, que tradicionalmente se adquirían en Urcos. La baja demanda local hacía que los costos de transporte e instalación fueran demasiado altos en los distritos. La nueva carretera Interoceánica y el aumento de la demanda resultado del auge ganadero, cambian la situación: ahora sí es rentable abrir tiendas de insumos en poblaciones pequeñas. Pero no son los pobladores locales quienes aprovechan la oportunidad. La mayoría de los negocios está dirigida por personas provenientes de Sicuani, que mantienen una estrategia de doble residencia. El balance parece ser negativo para el territorio: muchos de los nuevos empleos son cubiertos por inmigrantes de otras localidades y gran parte de los beneficios de los negocios se reinvierten fuera del territorio.

Los reacomodos provocados por la carretera se perciben sobre todo en la capital provincial, Urcos (Hernández Asensio y Trivelli 2011b). Este es el único distrito del sur de Cuzco que pierde población en la última década, a tal punto que su pirámide poblacional empieza a parecer un rombo. Urcos también pierde importancia como centro comercial. Con el abaratamiento del costo de los transportes pierde importancia la ventaja comparativa derivada de su situación estratégica como cruce de caminos. En la actualidad, solo el 0,3% de la población compra sus alimentos en Urcos y solo el 1,3% se provee de herramientas para la actividad agrícola en la capital provincial.

Urcos también deja de ser una referencia para la prestación de servicios. Únicamente 1,7% de la población ha acudido en el último año a atenderse en el centro médico de la localidad y apenas el 3,7% ha cursado allí sus estudios de secundaria (gráfico 10.6). Solo en el plano de los servicios financieros, la capital parece haber mantenido su papel central, al menos para los distritos de la parte alta (26% de la población de Ocongate señala haber realizado al menos una transacción financiera en Urcos).

Gráfico 10.6. Dinámicas de movilidad (%)

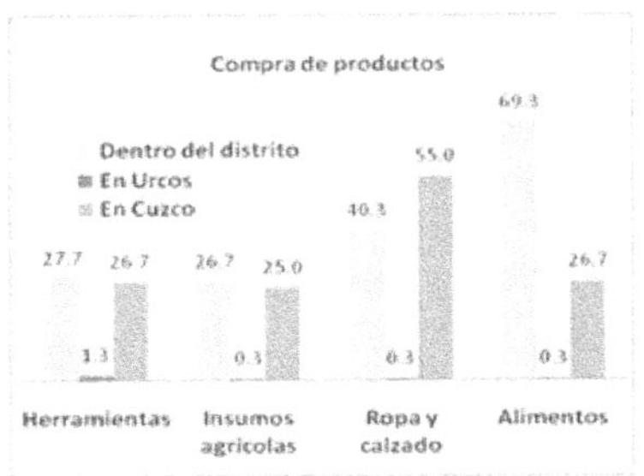

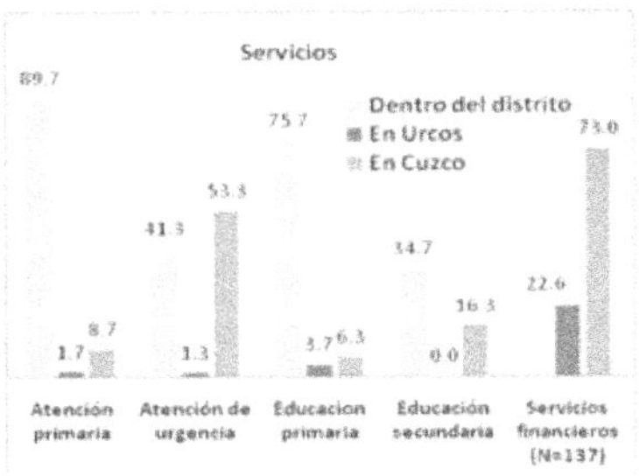

Fuente: Encuesta Cuanto - IEP.

La pérdida de centralidad de Urcos, capital provincial de Quispincanchi, puede poner en riesgo la cohesión del territorio. El incremento de la conectividad potencia la articulación y permite aumentar el flujo de personas y mercancías, pero incentiva también tendencias centrífugas, al facilitar la conexión directa con la capital regional. Al analizar los datos de movilidad de Oropesa, se observa que Cuzco es el principal referente para la provisión de insumos y servicios. El 94% de los entrevistados compra calzado y ropa en la capital, y el 38% se provee allí de alimentos. A mediano plazo, es posible que esta tendencia se extienda a otras localidades de Valle Sur-Ocongate, debilitando al territorio como tal.

6. Conclusiones

Valle Sur-Ocongate es un territorio con una historia de éxito relativo. En las últimas décadas, aumenta la cobertura de servicios básicos para los hogares, educación y salud. También disminuye la pobreza monetaria, aunque sigue siendo muy alta. Detrás de estos cambios hay un proceso con un largo recorrido. Algunos elementos a considerar son el incremento del capital político y social de los sectores campesinos, el fortalecimiento de los lazos con mercados dinámicos en crecimiento, los nuevos acuerdos institucionales para la comercialización de los productos locales, y la diversificación de las economías domésticas.

La reforma agraria de los años 1970 permite que las comunidades campesinas tengan mayor control sobre la tierra y el agua. Es el inicio de un fortalecimiento progresivo de la población rural, que cada vez se involucra más en la toma de decisiones dentro del territorio. Nuevos alcaldes de origen rural cambian la agenda municipal, contratan personal técnico y apuestan por fomentar las actividades productivas, especialmente agropecuarias. En torno a ellos, se articula una nueva coalición que incluye a personal técnico de las ONG y agencias estatales. Esta coalición está respaldada por un discurso en el que se reivindica positivamente la identidad del territorio. Su legitimidad y amplia base explican, al menos en parte, la evolución del territorio, diferente de otras zonas de la sierra que también fueron afectadas por la reforma agraria de los años 1970.

Este es un proceso positivo, aunque no homogéneo. En el nivel macro, se observan diferencias entre las partes del territorio mejor conectadas con Cuzco, que tratan de insertarse en la economía urbana a través de productos como el pan de Oropesa, y las zonas más alejadas, donde los cambios se sustentan, sobre todo, en la diversificación de la economía local dentro de un esquema en el que la actividad agropecuaria sigue siendo el motor principal. En el ámbito micro, se diversifican las economías domésticas y disminuye el peso de las actividades agropecuarias en los ingresos familiares. Como consecuencia, podemos hablar de trayectorias divergentes en dos sentidos: 1) en las zonas urbanas, entre quienes siguen dependiendo mayoritariamente de los ingresos agropecuarios (cada vez menos importantes), y quienes dependen de otras actividades; 2) en las zonas rurales, entre productores exitosos, que logran conectarse con las dinámicas emergentes del territorio, y productores menos exitosos, que no las aprovechan.

Este incremento de las diferencias no se traduce en un nivel alto de tensión social. Al menos, no todavía. En el territorio, existe la percepción de que ha habido una mejora colectiva, lo que amortigua el potencial impacto negativo de la creciente diferenciación social. Una pieza importante de esta relativa paz social son las municipalidades distritales del territorio, que articulan un discurso cohesionador y una oferta amplia de programas de apoyo a la población rural. Una pregunta clave es en qué medida podrán seguir cumpliendo este papel en los próximos años, al paso que se incrementan las trayectorias divergentes de los pobladores del territorio. La fragilidad política de los gobiernos locales (movimientos de base microlocal, aislados políticamente, con bajo índice de reelección) es un factor que puede pesar negativamente.

En el plano más amplio de la teoría del desarrollo comparado, los resultados de este estudio apuntan a tres grandes cuestiones: el impacto de la estructura agraria en el desarrollo rural, el papel de las coaliciones sociales como dinamizadoras de los territorios rurales, y la función de las ciudades intermedias en un contexto en el que la masiva intervención estatal, a través de las infraestructuras viales, reduce las distancias entre pueblos y ciudades.

En el sur de Cuzco, la reforma agraria de los años 1970 propicia una distribución de la tierra relativamente igualitaria. Es un episodio clave de la historia reciente, que impacta de manera profunda en las percepciones de la población local. La reforma agraria es vista como un logro colectivo, que fundamenta la propia identidad; constituye el punto de partida de las narrativas sobre la historia reciente del territorio. No obstante, la distribución igualitaria de activos tiene efectos positivos y negativos sobre las dinámicas territoriales. Por un lado, hace posible que la mayoría de los habitantes del territorio posean un piso de activos que les permita no quedar fuera de las nuevas oportunidades que se presentan. Sin embargo, supone también un problema de escala para el crecimiento. Los ingresos crecen, pero no se produce una reducción significativa de la pobreza. Son muy pocos los hogares que incrementan la rentabilidad de su producción lo suficiente como para dar un salto cualitativo de nivel de vida.

La importancia de las coaliciones para el desarrollo territorial es el segundo tema que emerge del caso de Valle Sur-Ocongate. La reforma agraria cambia la estructura local de poder del sur de Cuzco y permite el surgimiento de una nueva coalición dominante en el territorio, integrada por las comunidades campesinas, las ONG y las instituciones del Estado que trabajan el tema agrario. En los últimos años, se unen también las autoridades locales de origen campesino. Esta coalición tiene gran legitimidad en el territorio, pero muestra fuertes limitaciones para actuar como motor del desarrollo. Su capacidad para liderar procesos territoriales está condicionada por dos problemas: un problema de escala, derivado de la forma de construir el poder político en el territorio, que incentiva el trabajo en el ámbito microlocal y desincentiva la participación de las autoridades en proyectos amplios; y un problema más profundo relacionado con la centralidad del discurso comunitario, que desincentiva la innovación y la iniciativa individuales. El resultado es que en Valle Sur-Ocongate las coaliciones funcionan sobre todo como red de seguridad. Permiten que algo de mejora llegue a casi todos los pobladores, pero su capacidad para impulsar iniciativas de desarrollo de escala territorial es muy limitada.

Finalmente, el estudio confirma que, como se ha señalado muchas veces en la literatura, la relación urbano-rural es un elemento clave para explicar la reducción de la pobreza rural. Los centros urbanos son los principales mercados de referencia y resultan funcionales para las estrategias de vida de los actores del territorio de múltiples maneras. En algunos casos, sirven para consolidar carreras profesionales y mejorar la dotación de capital simbólico y social. En otros, hacen posible estrategias de ida y vuelta, que permiten diversificar los ingresos de la población rural y disminuir la vulnerabilidad de los hogares frente a los choques externos. Sin embargo, el caso de Valle Sur-Ocongate muestra que esta articulación urbano-rural no necesariamente depende de que exista una ciudad intermedia dentro del territorio. Hay otras modalidades de articulación urbano-rural que igualmente pueden traducirse en reducción de la pobreza rural. Urcos, la principal ciudad de Valle Sur-Ocongate, pierde población e importancia como referente social y económico. Al mismo tiempo, crece la importancia de las capitales de distrito, que se convierten en la primera opción para las compras cotidianas y para la provisión de los servicios de primer nivel, y Cuzco se consolida como referente urbano, para la provisión de productos especializados y servicios complejos (intervenciones médicas de emergencia y educación universitaria).

Valle Sur-Ocongate avanza hacia un modelo que combina lo micro (dimensión distrital) y lo macro (dimensión regional) en detrimento de lo meso (dimensión provincial). Por el momento, este modelo permite estrategias de vida más fluidas y mayores oportunidades para los habitantes del territorio. Sin embargo, a mediano plazo, puede amenazar la supervivencia del territorio como tal. Valle Sur-Ocongate podría pasar a formar parte de la amplia zona de influencia de Cuzco y perder lo que ha avanzado en cohesión social.

Referencias citadas

Escobal, Javier y Carmen Ponce. 2008. Dinámicas provinciales de pobreza en el Perú, 1993-2005. Lima: Rimisp, Programa Dinámicas Territoriales Rurales, documento de trabajo núm.11, informe de la primera etapa.

Escobal, Javier, Carmen Ponce y Raúl Hernández Asensio. 2011a. Intervenciones de actores extraterritoriales y cambios en la intensidad de uso de los recursos naturales: el caso del territorio Cuatro Lagunas, Cusco-Perú. Santiago de Chile: Rimisp, Programa Dinámicas Territoriales Rurales, documento de trabajo 74.

.... 2011b. Límites a la articulación a mercados dinámicos en entornos de creciente vulnerabilidad ambiental: el caso de la dinámica territorial rural en la sierra de Jauja, Junín. Santiago de Chile: Rimisp, Programa Dinámicas Territoriales Rurales, documento de trabajo 69.

Harvey, Penelope. 1993. Género, comunidad y confrontación: relaciones de poder en la embriaguez en Ocongate, Perú. En Thierry Saignes, *Borrachera y memoria: la experiencia de lo sagrado en los Andes*. La Paz: IFEA, HISBOL.

Hernández Asensio, Raúl. 2008. Tres experiencias exitosas de desarrollo territorial rural: Antioquia, Pacucha y Quiquijana. En Romeo Grompone, Raúl Hernández Asensio y Ludwig Huber, *Ejercicio de gobierno local en los ámbitos rurales: presupuesto, desarrollo e identidad*. Lima: Instituto de Estudios Peruanos.

Hernández Asensio, Raúl y Carolina Trivelli. 2009. Dinámicas territoriales rurales con identidad cultural, Valle Sur-Ocongate (Cuzco, Perú). Lima: informe preparado para el proyecto Dinámicas Territoriales Rurales con Identidad Cultural.

Hernández Asensio, Raúl. 2010. Desarrollo rural y activos culturales. El Mapa de Emprendimientos con Identidad Cultural en Valle Sur-Ocongate. *Revista Argumentos*, edición 2, mayo.http://www.revistargumentos.org.pe/desarrollo_rural_y_activos_culturales.ht

.... y Carolina Trivelli. 2011a. Puesta en valor de activos culturales y dinámicas territoriales en el sur de Cuzco. Lima: http://www.rimisp.org/FCKeditor/UserFiles/File/documentos/docs/pdf/DTR-IC/documento-final-activos-culturales-cuzco.pdf

.... 2011b ¿El ocaso de las ciudades intermedias? Urcos y las dinámicas territoriales del sur de Cuzco. Lima. Publicación en preparación.

Trivelli, Carolina, Javier Escobal y Bruno Revesz. 2009. *Desarrollo rural en la sierra: aportes para el debate.* Lima: CIPCA-GRADE-IEP- CIES.

Trivelli, Carolina *et al.* 2010. Caja de herramientas para el desarrollo rural a partir de la experiencia peruana. Quito y Lima: Universidad Andina Simón Bolívar, sede Ecuador e Instituto de Estudios Peruanos, informe de investigación 2.

Capítulo 11. El territorio de Cuatro Lagunas en Perú. Intervenciones de actores extraterritoriales y cambios en la intensidad de uso de los recursos naturales

Javier Escobal, Carmen Ponce, Raúl Hernández Asensio[1]

Abstract

This study demonstrates the limits of initiatives aimed at linking rural economies to the market based on a more intense use of natural resources. In the early 1980s, Cuatro Lagunas was considered a typical example of a traditional rural Andean economy. At that time, some academics began to argue against the prevailing pessimistic vision, claiming that technological and institutional innovations were possible. The development strategy deployed in this territory, which was mainly catalyzed and promoted by external stakeholders and sustained by international cooperation, was based on technological modernization and more intense agricultural production (mainly the cultivation of potatoes to be sold in regional markets). However, the weakness of social coalitions and fragility of the ecosystem stood in the way of the consolidation of a strategy of inclusive and sustainable growth. Despite all of this, the territory experienced important changes including increased linkages between producers and local and regional markets, a budgetary increase as a result of taxes and the incorporation of local technical teams into the management of development plans, which could help establish the basis for future economic growth.

Desde la década de 1970, ha habido preocupación por el escaso crecimiento económico de la sierra peruana. En las décadas de 1970 y 1980, las propuestas de desarrollo se centraron en la transformación educativa, tecnológica e institucional, ya que entonces se consideraba que la organización comunal frenaba la integración de la sierra a los mercados regionales y nacionales. Recientemente, las propuestas se basan en la

[1] Agradecemos la valiosa asistencia de Denice Cavero y Sara Benites en la investigación en la que se basa este artículo.

gobernabilidad territorial -económica, política, social y ambiental-, así como en la necesidad de incluir a la población en el diseño y aplicación de los proyectos de desarrollo.

Si bien esta mayor preocupación por la gestión territorial y el empoderamiento de los actores locales es positiva, no se debe olvidar que las actuales dinámicas que se observan en la sierra peruana son, en buena parte, el producto de paradigmas y estilos de intervención implementados en las décadas pasadas. A través de esos paradigmas, verticales y externos, se pretendió profundizar la inserción de la sierra en los mercados intensificando fuertemente el uso de recursos naturales.

Para analizar los impactos y límites de una estrategia de desarrollo basada en una intensificación impuesta desde fuera, en la investigación en la que se basa este artículo se exploró la dinámica económica, social y ambiental de Cuatro Lagunas, un territorio ubicado en la sierra sur del Perú. Lo que estudiamos fue la interacción entre actores externos y dinámicas institucionales internas, así como la manera en que esta interacción ha condicionado, tanto las reglas de acceso y uso de los recursos comunitarios, como la definición de estrategias individuales de generación de ingresos. Nuestro objetivo es contribuir a un mejor entendimiento de cómo los procesos extraterritoriales afectan a un territorio, en particular el rol de la cooperación técnica internacional en la construcción de capital social y sistemas de gobernanza más efectivos en el territorio.

En la primera sección, presentamos las principales características del territorio haciendo énfasis en los cambios ocurridos desde la década de 1980, y discutimos la delimitación del territorio, los cambios en los niveles de vida, el acceso a actividades económicas y la dinámica institucional. En la segunda sección, analizamos el papel de los actores externos y del entorno macroeconómico en las dinámicas socioeconómicas y ambientales. En la tercera, presentamos los hallazgos del estudio centrados en la desigualdad socioeconómica y discutimos algunos factores asociados a ella. En la última sección, reflexionamos sobre los estilos de intervención para el desarrollo.

1. Algunos elementos claves del territorio

El ámbito de estudio es la cuenca lacustre Cuatro Lagunas, ubicada al sur de la ciudad de Cuzco, en la sierra sur del Perú. El nombre alude a las cuatro lagunas que articulan una parte importante de la dinámica económica de la zona y constituyen un continuo ecológico: Pomacanchi, Acopia, Asnaqocha y Pampamarca. Si bien el articulador fundamental es el recurso hídrico, las dinámicas de uso y gestión del territorio se han configurado, desde hace mucho, alrededor del conjunto de recursos de la zona, tales como agua, pastos y bosques. De acuerdo con la delimitación político-administrativa, dicha cuenca abarca distritos que pertenecen a dos provincias distintas. Así, el estudio incluye los distritos de Mosocllacta, Sangarará, Pomacanchi y Acopia, en la provincia de Acomayo, y Pampamarca y Túpac Amaru en la provincia de Canas.

Un importante factor de integración de la región es la historia. Esta fue el foco central de las rebeliones campesinas contra el poder español ocurridas en 1780-1782. José Gabriel Condorcanqui, Túpac Amaru II,[2] cacique de Surimana, Pampamarca y Tungasuca (capital del actual distrito de Túpac Amaru), líder de la rebelión, es un icono que articula el sentimiento regional. Su figura sigue vigente en todo el territorio y constituye un referente fundamental. El orgullo de haber sido escenario de la gesta unifica a la gente de Cuatro Lagunas, les dota de cohesión identitaria por encima de las diferencias étnicas y culturales.

Los centros poblados se ubican entre los 3.500 y 4.000 metros sobre el nivel del mar, aunque la mayor parte de las tierras está por encima de los 4.000 metros sobre el nivel del mar. No obstante, gracias a las lagunas, el clima es mucho menos frío que el de otras zonas cuya altitud es similar. La agricultura, la ganadería, la pesca, el comercio y la pequeña minería, sobre todo, la informal, son las principales actividades económicas. La ganadería tiene mayor importancia en esta zona que en otras partes de la sierra rural, mientras que la agricultura sigue

---

2 Túpac Amaru II habría sido bisnieto de Juana Pilco-Huaco, hija del último inca, Túpac Amaru I, ejecutado por los españoles en 1572.

siendo fundamentalmente de secano, pese a que ha aumentado el riego regulado desde fines de la década de 1990.[3]

La articulación comercial del territorio depende de la vía que une la ciudad del Cuzco, al norte con Sicuani, al sur. Los mercados más importantes son Combapata en al ámbito local, y en el regional, Sicuani y Cuzco. El traslado desde Pomacanchi (en la parte central del territorio) hasta Sicuani toma menos de dos horas en auto. Un camino asfaltado conecta a Pomacanchi con la carretera principal; el resto del trayecto se lo hace por una vía departamental asfaltada, en muy buen estado de conservación. Cuzco se encuentra a tres horas de distancia, mientras que a principios de la década de 1980 el viaje demoraba cinco horas en la estación seca (Cotlear 1989). Esta reducción ha provocado importantes cambios en las dinámicas económicas y sociales de la zona. La telefonía móvil ha entrado con fuerza; algunas comunidades tienen, desde hace poco, acceso a Internet en cabinas públicas. Con los recientes avances en las comunicaciones y las mejoras de la red vial se ha profundizado la articulación comercial del territorio con los mercados regionales.

Desde mediados de la década de 1990, ha habido un incremento moderado del gasto per cápita promedio en el territorio, pese a lo cual no han disminuido las tasas de pobreza. En 1993, ese gasto fue de 114,6 soles y 59,9% la tasa de pobreza; en 2005, dicho gasto subió a 149,4 soles, pero también la tasa de pobreza al 76,6%.[4] No obstante, en el mismo período ha mejorado la calidad de vida de la gente que habita el territorio estudiado. Tras un estancamiento de las condiciones de vida entre 1981 y 1993, que fue congruente con la crisis económica y político social que vivió el país en esa década, en particular la sierra, se produjo una mejora sin precedentes entre 1993 y 2007. La proporción de hogares que reporta tener satisfechas sus necesidades básicas[5] pasó del 3% a cerca del 33%. Esto

---

[3] En 2007, la cooperación española y la ONG Arariwa desarrollaron un programa para fomentar el riego por aspersión en el territorio.

[4] La información ha sido tomada de los censos de 1993 y 2005, de la Encuestas Nacional de Hogares (ENAHO) 2006 y de la Encuesta Nacional de Niveles de Vida (ENNIV) 1994.

[5] El cálculo se hizo a partir de cinco necesidades básicas insatisfechas: 1) características físicas inadecuadas de la vivienda, incluyendo paredes de estera,

se debió a que mejoró la dotación de servicios de desagüe de la vivienda, ya sea por conexión a la red pública o por construcción de letrinas; pero sobre todo, porque hubo un mayor acceso a la educación. Según Escobal (2010), en la subcuenca de Pomacanchi aumentaron los años de escolaridad de los jefes de hogar, de 3,7 a inicios de la década de 1980, a 7,7 en el 2009.

1.1. Los actores sociales en Cuatro Lagunas

Tres son los actores e instituciones locales que se destacan en el territorio de Cuatro Lagunas: las comunidades campesinas, los comités especializados y las municipalidades distritales. Un cuarto grupo de actores está conformado por la cooperación internacional, las organizaciones no gubernamentales (ONG) y los programas estatales, actores que analizamos en detalle, porque posibilitan entender la dinámica observada en el territorio desde la década de 1980.

Las comunidades campesinas son el principal actor en la vida social y económica de Cuatro Lagunas.[6] Ellas son las principales propietarias legales de la tierra. Prácticamente todos los campesinos explotan sus predios en régimen de usufructo con derecho a herencia. Las comunidades son la base sobre la cual se construye la identidad en el territorio, además de que enmarcan las posibilidades de la vida productiva y social. Cuando a finales de la década de 1970 e inicios de la siguiente los programas de desarrollo se extendieron por todo el Perú, las comunidades campesinas se convirtieron en un interlocutor imprescindible del Estado, porque casi siempre han sido la unidad básica de los programas de atención focalizada. Las comunidades son las que deben tomar la iniciativa, presentando proyectos o perfiles, y deben involucrarse en su ejecución: son el sujeto y el objetivo de las propuestas estatales.

---

quincha, piedra con barro, piso de tierra, y hogares que habitan en viviendas improvisadas (de cartón, lata, etc.); 2) viviendas con hacinamiento, donde residen más de tres personas por habitación; 3) viviendas sin desagüe de ningún tipo; 4) hogares donde niñas y niños entre 6 y 11 años de edad no asisten a la escuela; y 5) hogares con alta dependencia económica (más de tres personas dependientes por miembro ocupado).

6 En el territorio estudiado, existen 36 comunidades campesinas, cada una con una población cuyo número varía entre 200 y más de 1.000 habitantes.

Durante la década de 1990, nuevas necesidades organizativas dieron pie a la formación y consolidación de comités especializados, encargados de atender temas específicos, como la regulación y distribución del recurso hídrico; la planificación y comercialización de la producción; la ejecución de campañas de salud; la promoción de mejoras en la educación, entre otros. Los comités de regantes, encargados de la distribución del agua, son uno de los más importantes en Cuatro Lagunas, donde existen alrededor de 50. También son importantes los comités de productores.

Esos comités especializados contribuyen a redefinir las relaciones dentro de las comunidades, ya que cuestionan la noción de igualdad que ha sido central en la ideología comunitaria de la sierra sur. El criterio de membrecía no es sinónimo de "voluntad de participar", como ocurre (al menos en el discurso) en las instituciones comunales; se refiere más bien a la capacidad que tienen los candidatos de invertir su tiempo, trabajo o dinero en el funcionamiento de esos comités. Muchos comités de productores cuestionan también los mecanismos de acceso a bienes comunes, como los pastos y el agua. Quienes no participan en esos comités no lo hacen porque consideran que son una muestra del "egoísmo" que pone en peligro el modelo basado en la primacía de la comunidad. De no ser por la alianza estratégica que estos comités han establecido con los actores de fuera del territorio, este tendría muy limitadas posibilidades de articularse, de manera rentable, a los mercados externos.

El tercer actor central es la municipalidad distrital. Dos factores han reconfigurado su papel en los procesos locales de desarrollo: el aumento exponencial de los recursos públicos disponibles y el aumento de las regulaciones sobre la forma en que deben ser asignados. Los alcaldes ya no poseen el margen de discrecionalidad que, históricamente, tenían para asignarlos. Las restricciones vienen desde el gobierno central, a partir de la implementación de mecanismos de control del gasto público como el Sistema Nacional de Inversión Pública (SNIP); también por la implementación del presupuesto participativo. Estas transformaciones están acompañadas de un recambio generacional de las autoridades locales y personal técnico de las municipalidades. Además, se han creado dependencias para promover el desarrollo económico, frecuentemente llamadas oficinas de desarrollo económico local. Estas oficinas son importantes, porque generan nuevas oportunidades para que las comunidades y los grupos campesinos establezcan alianzas con actores externos y porque maximizan las oportunidades de los grupos organizados de campesinos de ser tenidos en cuenta en las decisiones que se toman a nivel local. Los directores municipales de desarrollo económico, sobre todo cuando cuentan con el apoyo de los alcaldes, se han convertido en articuladores entre agencias de desarrollo, autoridades locales y productores.

2. Cambios en el entorno macroeconómico e intervención de actores extraterritoriales

Desde la década de 1980, Perú atraviesa una de las crisis más agudas de su historia, junto con un proceso de ajuste y reforma estructural sin precedentes. En ese contexto, la estructura de los precios relativos del sector rural enfrenta un enorme cambio. A inicio de los años 1980, se optó por una política de control de precios que garantizara precios altos para los productores agrarios y bajos para los consumidores urbanos, la cual estuvo acompañada de subsidios masivos al crédito y a los principales insumos agrícolas. A fines de esa década, los subsidios se tornaron insostenibles y condujeron a un proceso hiperinflacionario. El ajuste macroeconómico y las reformas estructurales de inicios de los años 1990 modificaron la estructura de precios relativos, pero en contra de la agricultura.

Tales cambios habrían condicionado los sistemas de rotación, descanso e intensidad de uso de los suelos en el territorio. Asimismo, habrían restringido las oportunidades de introducir el cambio tecnológico, así como estrategias de diversificación de los ingresos en los hogares rurales.

En el territorio estudiado, los cambios en dicha estructura de precios han sido dramáticos. Si se observa la evolución del precio relativo de la urea, principal fertilizante, respecto al precio de la papa, el cultivo predominante en la zona a inicios de la década de 1980, se constata que hubo una reducción de esos costos y un aumento de la rentabilidad de la producción, gracias al subsidio a los fertilizantes. Por otro lado, existe una clara tendencia decreciente del precio relativo de la papa respecto de la carne de vacuno y de los lácteos. Aunque la volatilidad se incrementó en los años 1980, la estructura de precios relativos favorece cada vez más a la producción ganadera. La pérdida de fertilidad de los suelos junto con el encarecimiento de la urea convierte a la papa en un producto poco rentable para los productores del territorio estudiado.

Una evolución similar de la estructura de precios relativos se observa en otras zonas del país, donde también predomina la pequeña agricultura. ¿Esas consecuencias afectan solo al territorio estudiado o son parte de una tendencia general? Escobal (1994), quien estudió la evolución de la rentabilidad de la pequeña agricultura comercial durante el periodo de mayor cambio de los precios relativos (1989-1993) en tres contextos distintos (incluyendo la subcuenca de Pomacanchi en Cuatro Lagunas), entrega pistas al respecto. Las evidencias que presenta sugieren que el mismo cambio de los precios relativos puede tener impactos territoriales muy distintos, dependiendo de las características de cada territorio, las intervenciones complementarias y la manera en que los actores e instituciones reaccionan frente a dichos cambios en cada caso.

En Cuatro Lagunas han ocurrido dos transiciones, desde la década de 1980, que nos interesa explorar. Aunque ambas están fuertemente asociadas al cambio de la estructura de precios relativos, no se pueden entender sin tomar en cuenta la intervención de los actores extraterritoriales y su interacción con los actores e instituciones del territorio. El primer cambio fue en la década de 1980, cuando se pasó de una economía de subsistencia, con un componente pecuario alto (aprovechando las pasturas altoandinas que circundan las lagunas), a una mucho más integrada al mercado, con lo cual hubo una intensificación del uso de suelo agrícola. El segundo ocurrió en la década siguiente, cuando se pasó de esta economía diversificada con un componente agrícola importante a otra en la cual lo agrícola se tornó nuevamente marginal; entonces hubo un incremento del peso de los ingresos laborales y no laborales de origen no agropecuario. En el cuadro 11.1, se muestra la evolución del valor bruto de la producción (VBP), a precio de mercado, para una de las dos subcuencas del territorio estudiado. Mientras a inicios de la década de 1980 la economía estuvo centrada en lo pecuario, diez años después hubo un incremento sustantivo de la participación de lo agrícola junto con una diversificación hacia las actividades no agropecuarias independientes (incluyendo ingresos por transferencias); en la década de 2000 ocurrió una paulatina recuperación de la actividad pecuaria.

Cuadro 11.1. Cuatro Lagunas: evolución del valor bruto de producción en la subcuenca de Pomacanchi (%)

	1982/83	1991/92	2008/09
Agrícola independiente	38	41	17
Pecuario independiente	59	18	23
No Agropecuario Independiente	2	41	61
Total	**100**	**100**	**100**

Fuentes: Escobal (1994); Encuesta DTR Cuatro Lagunas (2009).

En consonancia con esos cambios, en el mismo periodo ha habido primero una reducción, y luego, una recomposición del hato pecuario en el territorio. Prácticamente han desaparecido las alpacas y disminuido el ganado ovino, mientras que se ha incrementado el *stock* de animales menores, por ejemplo, cuyes, y de ganado vacuno, sobre todo, de razas mejoradas.

Esos cambios aparecen también en la información retrospectiva de una muestra de hogares, representativa de todo el territorio, realizada en 2009 durante la investigación, en la cual preguntamos sobre la importancia relativa de las distintas fuentes de ingreso en el presente, hace 10 años y hace 25. En el gráfico 11.1, donde presentamos los resultados, queda en evidencia la pérdida de importancia de la actividad agrícola, la mayor diversificación y el creciente rol de las transferencias y remesas.

Gráfico 11.1. Cuatro Lagunas: distribución de los ingresos según fuentes

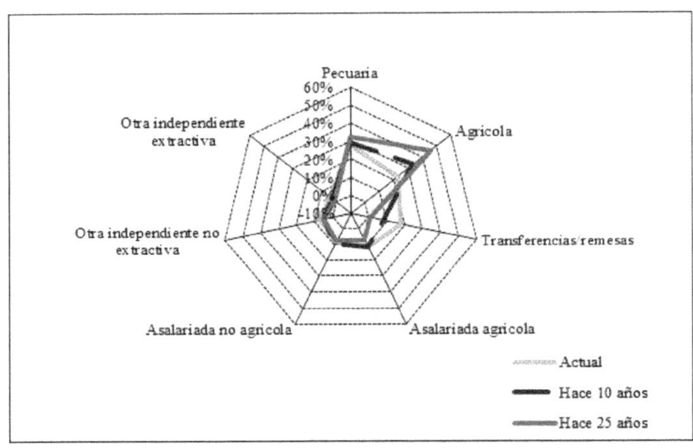

Fuente: Encuesta DTR Cuatro Lagunas, 2009. Elaboración propia.

A continuación, pasamos revista al rol que han jugado, tanto los actores externos como los actores e instituciones del territorio, en la reconfiguración de la estructura productiva, en la diversificación de la estructura de ingresos y en la intensificación del uso de los recursos naturales.

2.1. La transición ganadería-agricultura

La cooperación técnica internacional ha intervenido más en Cuatro Lagunas que en otros lugares de la sierra rural. Este territorio fue el escenario de una iniciativa emblemática en la década de 1980: el Proyecto de Desarrollo Rural en Microrregiones (PRODERM). Estuvo dirigido a promover el cambio tecnológico, elevar la productividad agrícola e intensificar el uso de recursos naturales, para incrementar los ingresos de las comunidades rurales. Las actividades comenzaron en las provincias de Acomayo, Canas, Paruro y Canchis; luego se extendieron a las demás provincias altas del Cuzco y Puno.

Entre 1979 y 1991, PRODERM recibió financiamiento del gobierno holandés y, desde 1986, contó con el cofinanciamiento de la Comunidad Europea.[7] Las intervenciones sumaron cerca de USD 25.000.000 en toda el área de influencia. Al inicio, tuvo un componente muy fuerte de crédito supervisado, dirigido a impulsar el cambio tecnológico. Posteriormente, se hizo una apuesta precursora: desarrollar programas de asistencia técnica basados en capacitaciones "de campesino a campesino", modalidad que luego sería muy usada en la sierra peruana y en otros países durante la década de 1990. El proyecto también fue precursor de los concursos para promover la innovación y el cambio tecnológico.

Si bien se modificó el enfoque de PRODERM debido a los impactos ambientales causados por la intervención, es importante resaltar cuál fue el enfoque inicial. Carpio, Cavaza y Gómez (1992, 9 y 23) señalan que el objetivo central fue "incrementar la producción y los ingresos de las familias campesinas, a través de la introducción de tecnologías modernas". Agregan que quienes lo impulsaron se preguntaban si las organizaciones campesinas tendrían la capacidad de mantener un equilibrio ecológico compatible con las necesidades de una población en crecimiento, pues su idea fue impulsar un proceso de modernización logrando, al mismo tiempo, que las instituciones comunales que gobernaban las actividades productivas del territorio, adecuaran sus normas de manejo de recursos para enfrentar esa modernización. Como el mercado (por ejemplo, precios relativos favorables) por sí solo no aseguraba el uso de tecnologías modernas, era necesario impulsar el cambio tecnológico a través de los proyectos de desarrollo rural, para poder incrementar la productividad campesina.

Fue por ello que PRODERM concentró sus inversiones en la construcción de tipos de infraestructura: vial; de riego y drenaje para ampliar la zona agrícola, con lo cual se redujo el espejo de la laguna de Pomacanchi; agropecuaria y de

---

7 Entre 1970 y 1981, se desarrolló en el Cuzco el programa: Centro Nacional de Capacitación e Investigación para la Reforma Agraria (CENCIRA-HOLANDA). El objetivo inicial de PRODERM fue complementar las actividades de ese programa con la inversión productiva.

transformación (almacenes, bañaderos, molinos). En menor medida, las inversiones también incluyeron la construcción de infraestructura de agua entubada y edificaciones comunales, fundamentalmente escuelas. A través del proyecto, se ensayaron varias modalidades de capacitación, como el crédito supervisado para transferencia de paquetes tecnológicos y la planificación participativa. En la última etapa, las inversiones también incluyeron actividades de forestación y conservación de suelos. Si bien la intervención de PRODERM ha sido marginal en la zona de Pampamarca y ha estado ausente en la de Mosocllacta,[8] no aparecen grandes diferencias de inversión por hogar entre las distintas comunidades intervenidas.

Las inversiones de PRODERM se complementaron con el incremento sustantivo del acceso al crédito. El programa de crédito, a tasas de interés subsidiadas, permitió que en una economía poco monetizada como la de Cuatro Lagunas los productores compraran gran cantidad de insumos, abandonaran sus tradicionales sistemas de rotación de suelos y se abocaran, masivamente, a la producción de papa para el mercado regional. En pocos años, Pomacanchi se convirtió en el distrito con mayor producción de papa de toda la región del Cuzco.

Sin embargo, también hay problemas. Según las entrevistas y grupos focales que realizamos en el territorio, durante ese periodo los líderes locales estuvieron más interesados en la modernización educativa, que en la negociación de los términos de la relación con los actores del PRODERM y de otras iniciativas públicas que trabajaban en ese territorio. Antes bien, se adaptaron a las prioridades establecidas por el PRODERM y acompañaron su ejecución proporcionando mano de obra de la gente de las comunidades y materiales de la zona.

El impacto ambiental que tuvo en el territorio la intensificación productiva ha sido, en general, bastante negativo. Más allá de las buenas intenciones, dicha intensificación, al no tomar en cuenta la fragilidad del ecosistema, terminó incrementando la vulnerabilidad ambiental y privando a la población de fuentes importantes de alimentación e ingresos.

---

8 Carpio, Cavaza y Gómez (1992) incluso usan la comunidad de Mosocllacta como "testigo" para evaluar los impactos del PRODERM.

Durante la década de 1980 e inicios de la siguiente, gracias a las tierras ganadas a las lagunas con el retroceso del espejo de agua, aumentaron las ganancias de productividad, pero debido a la fragilidad de los suelos la fertilidad disminuyó al cabo de cuatro o cinco años (Salazar 1998), sobre todo, en el entorno de la laguna de Pomacanchi. Con la contracción del espejo de agua, se redujo el nivel freático, se perdieron los pastos naturales y se redujo el alimento para el ganado. Los recursos pesqueros también fueron afectados con las diferentes intervenciones externas. La crianza de truchas en jaula, introducida por la cooperación holandesa, se masificó diezmando la población de pejerreyes, especialmente en la laguna de Pomacanchi. Posteriormente, la cooperación española introdujo carpas que desplazaron a todas las demás especies y afectaron la vegetación de las lagunas.[9]

Quienes lideraron la ejecución del PRODERM reconocieron, hacia finales de la década de 1980, que la estrategia de intensificación no era sostenible, debido a la fragilidad del entorno lacustre. Cuando la intervención estaba terminando, se pusieron en marcha iniciativas de manejo sostenible de los recursos (reforestación y actividades de conservación de suelos). Asumiendo que el éxito del PRODERM dependía de que los actores del territorio se apropiaran de la estrategia, desarrollaron actividades de capacitación campesina y concursos familiares (Van Immerzeel y Núñez del Prado 1989).[10] Si bien estos cambios no revirtieron los errores de diseño, sí desencadenaron un proceso de aprendizaje de mejores estilos de desarrollo rural. Calaron hondo en la plana de ejecutores locales del proyecto, que dos décadas más tarde asumirán liderazgos locales e, incluso, puestos importantes en el gobierno central.

PRODERM concluyó en 1991, cuando la violencia política que afectaba a todo el país también causaba estragos en Cuatro

---

9 Según Agurto (2000, 2): "La carpa causaría deficiencias en el funcionamiento del ecosistema, disminuiría la diversidad, modificaría las condiciones de vida y la abundancia relativa de peces convivientes."

10 A partir de 1987, se aplicó un sistema integral de capacitación denominado inicialmente *Unu Kamachiq*, que se caracteriza por el aprendizaje de campesino a campesino, en combinación con concursos entre familias. La estrategia se denominó *Pachamama Raymi*, en el último concurso realizado por PRODERM.

Lagunas. Durante ese periodo violento, pocos proyectos nuevos se ejecutaron, casi todos vinculados con la Iglesia Católica. Asimismo, la agricultura de Cuatro Lagunas entró en un doble circuito negativo. Por un lado, la tierra empobrecida requirió mayores cantidades de abonos químicos para poder mantener la producción, lo cual aceleró el proceso de degradación; por el otro, los rendimientos decrecientes de la tierra desincentivaron la producción y reforzaron la percepción generalizada de que se estaba viviendo una crisis y una decadencia. El menor caudal de las lagunas acarreó también trastornos ecológicos y climáticos. El componente económico del discurso sobre la decadencia de la agricultura de Cuatro Lagunas se cruzó, a partir de ese momento, con consideraciones morales como la de que hubo irresponsabilidad en las intervenciones con respecto al cuidado del ambiente del territorio, las cuales propiciaron un estado de ánimo que favorecía todas aquellas estrategias productivas menos agresivas, desde el punto de vista ambiental.

2.2. La transición agricultura-ganadería y otras fuentes de ingreso no agropecuario

La última etapa de la historia reciente de Cuatro Lagunas deriva de esa crisis. Está marcada por un abandono de las estrategias de intensificación de la producción agrícola; por una mayor diversificación de las fuentes de ingreso, y por un incremento selectivo de la actividad ganadera. Esto último fue inducido por los precios relativos favorables y porque las intervenciones, tanto las externas como las de los gobiernos locales, se orientaron al fomento de emprendimientos productivos.

La crisis económica y ambiental de inicios de la década de 1990 colocó al tema del agua en el centro de las preocupaciones de los actores locales. Campesinos, autoridades y promotores de desarrollo consideraron que el agua debía sustituir a los insumos químicos como emblema del progreso económico. Fue así como se multiplicaron los proyectos pequeños y medianos, a través de los cuales se convirtieron las tierras de secano en prósperas tierras de regadío.

La importancia central que ha adquirido el agua ha repercutido en todos los aspectos de la vida local; también han aumentado los conflictos por controlarla, conflictos que en algunos casos han adquirido dimensiones regionales, cuando un grupo amplio de actores locales se ha unido contra actores externos que han pretendido apropiarse del agua para funciones no agrícolas.[11] Esas protestas condicionan la vida cotidiana y las estrategias productivas del territorio, puesto que los cortes de carreteras, por ejemplo, obligan a dar largos rodeos por caminos secundarios, lo cual, en la práctica, aísla a la región con respecto a los mercados regionales de Cuzco y Sicuani. En el gráfico 11.2, ilustramos la intensificación actual de los conflictos en relación con lo que ocurría hace 10 y 25 años.

Gráfico 11.2. Cuatro Lagunas: intensidad de los conflictos

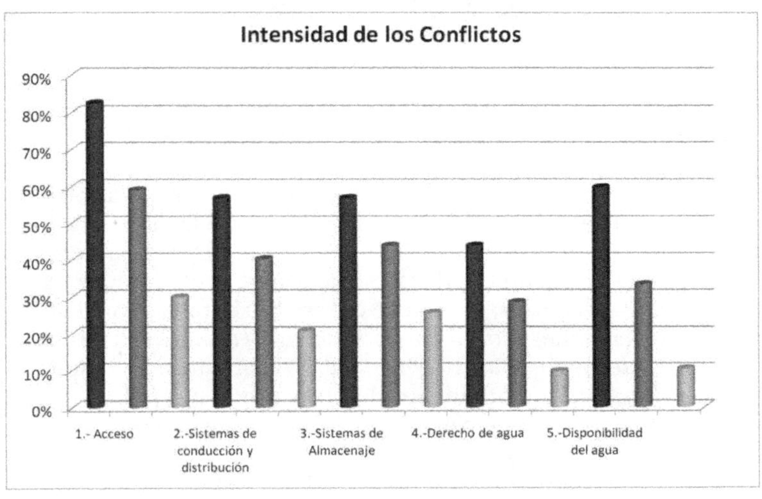

[11] Es el caso del conflicto que ocurre en el límite de Cuatro Lagunas, el cual enfrenta a los pobladores de Combapata y de Tinta con una empresa hidroeléctrica transnacional.

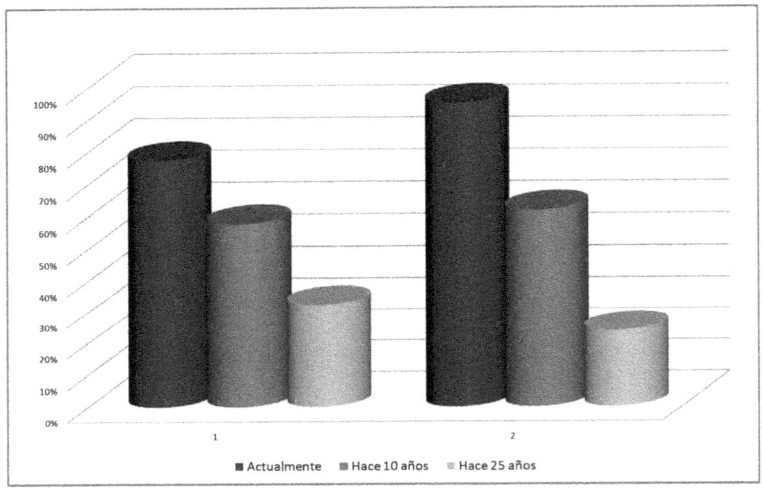

Fuente: Encuesta DTR Cuatro Lagunas (2009). Elaboración propia.

Además de la importancia que ha cobrado el agua, otro elemento destacado en la historia reciente del territorio es la orientación productiva hacia la ganadería. El proceso tiene su origen en el cambio de la estructura de precios relativos agrícolas-pecuarios; el colapso del crédito barato; el final de las subvenciones a los insumos agrícolas, y el aumento de los precios de los combustibles. El cambio de orientación ha sido apoyado (aunque no liderado) por instituciones públicas y privadas, que están incentivando la mejora de los cobertizos y la instalación de pastos mejorados. Extensiones de terreno anteriormente dedicadas a la agricultura se reconvierten en zonas de pastoreo. La ganadería intensiva es considerada una manera segura de lograr un aumento de los ingresos en un tiempo relativamente corto.

El menor peso relativo de la agricultura y el crecimiento de la actividad ganadera también se relacionan con la transición demográfica que atraviesa el territorio. La reducción del tamaño del hogar de 4,8 a 3,7 miembros, entre 1981 y 2007, junto con el gran incremento de la doble residencia -una estrategia de diversificación de ingresos–, han reducido la mano de obra disponible para la agricultura y han vuelto más rentable a la actividad pecuaria.

La transformación de la ganadería en la principal actividad productiva se apoya en los cambios de las modalidades de comercialización, a la vez que los incentiva. Municipalidades e instituciones de desarrollo, públicas y privadas, se esfuerzan por generar condiciones de comercialización más favorables al campesinado, por ejemplo impulsando las ferias locales con el objetivo de disminuir la dependencia de ferias como la dominical de Combapata. Algunas iniciativas apuntan a crear nuevos centros de comercialización; otras tratan de impulsar ferias tradicionales, cuya importancia había decaído en las décadas anteriores. También tratan de disminuir la importancia de los intermediarios, promocionando la venta de animales mediante subasta (venta a martillo en la terminología local), en sustitución de la venta a ojo, que todavía predomina en Combapata.

Tal proliferación de ferias no logra eclipsar la importancia de Combapata, que sigue siendo el principal mercado de ganado, aunque sí ofrece oportunidades complementarias para los productores, quienes ya no están obligados a llevar su ganado hasta ese poblado y afrontar los consiguientes costos de transporte, así como el riesgo de que se deteriore el producto. Las ferias locales les abren otras formas de aprendizaje de estrategias de negociación, habilidades que una vez adquiridas pueden ser aprovechadas en entornos más hostiles para los campesinos de altura, como la propia feria de Combapata o incluso en Sicuani.

La ganadería, principalmente el ganado vacuno y en menor medida los animales menores, es la actividad sobre la que la población de Cuatro Lagunas proyecta su futuro. Asimismo, ha puesto sus esperanzas en el turismo, cuyos atractivos principales serían el paisaje de la región y el recuerdo de la gesta de Túpac Amaru. También se han identificado restos prehispánicos importantes, como los de Wakrapucara, en Pomacanchi, o Torreccacca, en el distrito de Túpac Amaru. En la plaza de armas de Pomacanchi, se han instalado paneles en los cuales se invita a las personas visitantes a recorrer las "siete maravillas del distrito". Un embarcadero construido hace pocos años facilita el paseo en bote por la laguna.

Las municipalidades han tratado de generar alianzas y propiciar la inclusión de Cuatro Lagunas en el circuito turístico cuzqueño, pero han tenido poco éxito. La mayor parte de los días apenas es posible ver media docena de personas, casi siempre extranjeros, recorriendo las localidades cercanas a la laguna de Pomacanchi. La insuficiencia de los servicios de alojamiento y manutención impide prolongar la estancia. El turismo sigue siendo una perspectiva de futuro, más que una realidad.

La estructura de los ingresos de la población de Cuatro Lagunas es muchísimo más diversificada de lo que fue hace 25 años. Las fuentes consideradas para establecer la comparación son: agricultura, ganadería, otros ingresos independientes, ingresos salariales agrícolas, ingresos salariales no agrícolas, remesas y transferencias. Tal diversificación aumenta con el ingreso, hasta un punto en el cual la especialización empieza a ganar terreno, patrón que ya se percibe en 1982-1983, aunque los niveles de diversificación son más altos en 2008-2009.

Hay una correspondencia entre la mayor diversificación y una economía mucho más integrada a los mercados. A partir de la información de las encuestas de 1982-1983 y de 2008-2009 realizadas en la subcuenca de Pomacanchi, es posible ilustrar el incremento notable del componente monetario en la economía del territorio, monetización que habría aumentado la vulnerabilidad de la población más pobre frente a cambios en el entorno económico.

La pérdida de las fuentes de ingreso agrícolas dentro de una economía más monetizada habría obligado, a quienes no han podido reconvertirse a la actividad pecuaria, a depender de las transferencias. La comparación entre las fuentes de ingresos por transferencias, remesas y donaciones entre el territorio y Jauja (Escobal, Ponce y Hernández Asensio 2010) muestra que las transferencias públicas son las que tienen mayor importancia relativa en Cuatro Lagunas (cuadro 11.2).

Cuadro 11.2. Cuatro Lagunas: distribución de transferencias, remesas, donaciones y otros ingresos (%)

	Cuatro Lagunas	Jauja
- Remesas de familiares	11,3	40,0
- Programa público JUNTOS	38,2	17,3
- Fondo de jubilación, pensiones	7,9	33,8
- Seguro social (ESSALUD, SIS)	5,1	1,0
- Donaciones alimentarias	35,4	4,5
- Otros transferencias	2,1	3,5
Total	**100,0**	**100,0**
Monto anual promedio per cápita (S/.)	286,5	284,8
Importancia de las transferencias en el Ingreso total	12,7	12,6

Fuente: Encuestas DTR Cuatro Lagunas y Jauja, 2009. Elaboración propia.

3. La desigualdad dentro del territorio

A pesar de que las evidencias indican que, desde hace dos décadas, ha habido un crecimiento económico y se han reducido las necesidades básicas insatisfechas, persiste una inequidad de oportunidades en el territorio. De las entrevistas y grupos focales que realizamos, se desprende un discurso común sobre la importancia que tienen las condiciones iniciales, cuando se trata de desarrollar estrategias productivas (sean individuales o colectivas), y la conciencia de que las diferencias iniciales están provocando una creciente diferenciación, tanto entre unas comunidades y otras, como dentro de cada comunidad. El principal factor de cambio sería el auge de la ganadería, que si bien ofrece oportunidades de desarrollo individual y colectivo, no necesariamente está al alcance de todas las personas. Además, exacerba las tensiones ya existentes relacionadas con el uso de los recursos, en particular, el agua.

A continuación, discutimos los principales hallazgos en torno al tema de la inequidad prestando especial atención a la heterogeneidad de las dinámicas productivas del territorio, ya que parecerían explicar los procesos de desigualdad.

La evidencia estadística coincide con la información recogida a través de testimonios: ha aumentado la desigualdad e incluso la polarización del ingreso en la subcuenca de Pomacanchi, entre 1982[12] y 2009, y el coeficiente de Gini ha pasado de 0,47 a 0,58.[13] La brecha entre la población más rica y la más pobre ha crecido, no solo cuando se compara el 5% más rico con el 5% más pobre, sino también cuando se lo hace entre el 25% más rico y el 25% más pobre.

3.1. ¿Qué factores están asociados a la inequidad?

Del discurso recogido en las entrevistas y grupos focales, se desprende que la mayoría de personas considera que la nueva ganadería, en la cual se utilizan prácticas modernas para el manejo del ganado, es el principal factor diferenciador, no entre zonas del territorio, sino más bien entre comuneros y, eventualmente, entre comunidades. Las diferencias se deberían a que algunos comuneros tienen mayor acceso al capital natural y a programas de asistencia técnica. Para contrastar esta explicación con hipótesis alternativas hicimos algunos ejercicios cuantitativos.

Nuestros resultados indican que el ingreso pecuario es una de las fuentes que más contribuyen a la desigualdad de ingresos en el territorio. Tal desigualdad no se explica por las diferencias entre zonas ni entre comunidades; tampoco son importantes las diferencias de capital social y acceso a servicios públicos a nivel meso. Las características que contribuyen más a esta desigualdad son las de tipo individual, fundamentalmente asociadas al capital humano y a las diferencias generacionales (cuadro 11.3).

---

12 Contamos con información estadística de 1982 únicamente para esta subcuenca.

13 En el territorio, el coeficiente de Gini, 0.55, es ligeramente menor al observado en la subcuenca de Pomacanchi.

Cuadro 11.3. Cuatro Lagunas: desagregación de la desigualdad territorial (%)

Contribución a la desigualdad del territorio Theil-GE (1)	Entre particiones	Intrapartición
Particiones territoriales (características no individuales)		
Subcuencas	1	99
Distritos	2	98
Comunidades	8	92
Características asociadas al capital social		
Número de organizaciones a las que el hogar pertenece	2	98
Número de organizaciones en el centro poblado	1	99
Características asociadas a acceso a servicios públicos y programas de apoyo		
Número de servicios públicos en el centro poblado	3	97
Programas públicos	6	94
Características individuales de los hogares		
Edad del jefe de hogar	32	68
Educación del jefe de hogar	23	77
Aversión al riesgo	6	94
Doble residencia	8	92
Experiencia como productor pecuario	22	78
Restringido en el mercado de crédito	7	93

Fuente: Encuesta DTR Cuatro Lagunas (2009). Elaboración propia.

Al menos dos canales de transmisión estarían operando en el factor generacional: uno está asociado al capital humano y el otro al capital productivo. Las generaciones más jóvenes tienden a ser más educadas y a estar mejor articuladas, tanto a las dinámicas comerciales de las ferias grandes, por ejemplo, Combapata, como a actores externos al territorio (programas de desarrollo y redes de comercialización). Según los testimonios de comuneros y líderes locales, la gente más joven tendría un menor apego a la institucionalidad comunal y mayor flexibilidad para desarrollar emprendimientos individuales cuando se abren las oportunidades. Pero si estos fueran los únicos mecanismos de transmisión, observaríamos una tendencia creciente del ingreso per cápita: a más edad, menor ingreso. Esto no es así. La generación intermedia, entre 36 y 49 años, es la que presenta la peor situación en términos relativos, lo cual podría estar asociado a algo distinto: los productores de más de 50 años tenían 25 años o más a mediados de la década de 1980, cuando se inició la primera transición hacia la agricultura, y es posible que, en ese momento, contaran con cierto capital productivo que les habría permitido beneficiarse de la "bonanza" agrícola, así como resistir mejor y recuperarse más rápidamente durante la crisis de la siguiente década. La gente más joven no vivió la crisis que siguió a la primera transición, sino que habría iniciado sus actividades productivas en la segunda transición. La generación intermedia sería la más afectada porque vivió la crisis al inicio de su vida productiva, cuando estaba menos capitalizada, y le habría costado más recuperarse.

3.2. Discursos en pugna

En este contexto de inequidad y tensión, la percepción general es que los acuerdos y normas de uso de los recursos se sostienen en un precario equilibrio. Según se señala, el aumento de la población habría llevado a una sobreexplotación de los recursos, mientras que la apuesta por la ganadería habría propiciado un incremento exponencial de la demanda de agua, hasta poner en riesgo el abastecimiento de la población.

En muchas comunidades, se debaten esos problemas y se proponen algunos cambios de las normas de acceso y uso de los recursos, que cuestionarían el discurso tradicional sobre la igualdad y el bien común. En algunos casos, la solución consistiría en reafirmar los principios de la ideología comunitaria, aunque restrinja el crecimiento económico. Por ejemplo, en Ccochapata, una comunidad ubicada en el territorio, donde existen serios problemas de agua, han acordado limitar el número de animales que puede tener cada comunero, decisión que reafirma el peso de la comunidad como instancia rectora de la economía local, a la vez que restringe las posibilidades de que los comuneros aprovechen (sobre la base de estrategias individuales) las oportunidades de la coyuntura económica.

En otros casos, la solución ha ido en la dirección opuesta. En Pampamarca, comunidad con fuertes desequilibrios internos, el debate gira en torno a la liberalización del mercado de tierras, lo cual permitiría construir las infraestructuras necesarias para que esa comunidad se sume a la ola ganadera. Quienes apuestan a la total liberalización son todavía una minoría. El debate no se centra en atraer a compradores foráneos, sino en permitir comprar las tierras de la comunidad, a los comuneros más exitosos o a los hijos de pampamarquinos que han emigrado.

Las comunidades campesinas continúan siendo el principal actor en la vida social y económica de Cuatro Lagunas. Sin embargo, ha surgido un conjunto de actores e instituciones que funcionan con relativa autonomía, incluyendo líderes que trabajan en las municipalidades locales, así como una variedad de comités especializados: comités de productores de cuy, comités para comercialización de ganado vacuno, asociaciones de pescadores, entre otros. Aunque sus estrategias de producción no pueden obviar la importancia de las comunidades, estos nuevos actores generan canales de acceso a recursos extraterritoriales, que fortalecen los emprendimientos individuales en la zona. Por otro lado, las municipalidades se han convertido en un actor fundamental de la gestión local del desarrollo desde que se incrementó el presupuesto municipal. Asimismo, el hecho de que sea participativo abre un espacio importante a los comités especializados y a otros actores del territorio. Lo mismo ocurre con las gerencias de desarrollo local, muchas de las cuales están dirigidas por cuadros técnicos locales; la mayoría son antiguos promotores de proyectos de desarrollo ligados, directamente, a la experiencia del PRODERM o, indirectamente, a programas públicos como el Proyecto Manejo de Recursos Naturales en la sierra sur, MARENASS, o Corredor Puno-Cuzco, cuyos líderes tuvieron puestos directivos en PRODERM. Las entrevistas con estos actores muestran que son líderes "maduros", que han comprendido los errores de la primera fase de PRODERM y que han asumido los elementos positivos del programa, cuando se optó por aplicar una estrategia que empoderara a los actores locales.

4. Conclusiones

Explorar las opciones de desarrollo territorial rural en la cuenca altoandina de Cuatro Lagunas nos ha permitido entender la vulnerabilidad ambiental y los procesos de exclusión que enfrenta un territorio rural pobre, cuando explora alternativas para vincularse a los mercados locales y regionales. A inicios de la década de 1980, Cuatro Lagunas fue considerado un ejemplo típico de la economía campesina tradicional andina, en un momento en el cual algunos estudiosos sostenían que la innovación tecnológica e institucional era posible, frente a la visión pesimista que enfatizaba la dificultad de desarrollar la sierra debido a lo complejo del espacio rural andino (Cotlear 1989). De acuerdo con la primera posición, la educación, la inversión en investigación e infraestructura y la ampliación del crédito, enmarcado todo ello con políticas macroeconómicas estables, habría sido la combinación óptima para incorporar el campesinado a la modernidad.

La evolución observada en el territorio matiza esas ideas. Nuestro estudio demuestra que, pese a que hubo una reducción sustantiva de las necesidades básicas insatisfechas, una mejora de la educación y un fuerte apoyo de la cooperación internacional, los indicadores de pobreza monetaria son negativos. El territorio ha sufrido grandes transformaciones y se ha articulado a los mercados de productos, con cambios sustantivos en sus estrategias de diversificación de ingresos, pero no ha logrado aprovechar las oportunidades de crecimiento que el país y la región han generado, especialmente desde la década de 1990.

La aventura de articularse al mercado intensificando el uso de los recursos naturales dejó al territorio más vulnerable ambientalmente, sin haber logrado reducir significativamente la pobreza monetaria. Con todo, las mejoras de las necesidades básicas insatisfechas, NBI, el capital humano y el capital social, debido en parte a las intervenciones de actores externos, son un excelente punto de partida para una nueva aventura, esta vez liderada por actores del territorio que tienen mayor capacidad para discernir qué iniciativas externas son social, económica y ambientalmente sostenibles.

Persiste, por lo tanto, la inquietud de hasta qué punto las estrategias de desarrollo ensayadas en Cuatro Lagunas, aunque hayan fracasado en sus objetivos más inmediatos, por ejemplo, la mejora sostenible de la productividad y el incremento de ingresos, han logrado construir un capital social aún en proceso de consolidación. El análisis cualitativo muestra claramente el importante rol jugado por las nuevas generaciones en la gestión local y comunal. Algunos de los procesos de aprendizaje generados por PRODERM y por otras instituciones, que tuvieron una presencia importante en el territorio, se han convertido en el capital social de las nuevas generaciones de actores locales.

Un elemento nuevo, que merece especial atención, es la consolidación de la conciencia ambiental en el territorio, fundamentalmente con respecto a la conservación de las lagunas. Los problemas ocurridos en las décadas pasadas hicieron evidente la fragilidad del ecosistema y la necesidad de un manejo sostenible de los recursos naturales.

Finalmente, encontramos evidencias del crecimiento no inclusivo ocurrido en el territorio de Cuatro Lagunas. La mayor inequidad en las oportunidades de generación de ingresos estaría generando diferencias en el interior de las comunidades y entre comunidades, diferencias que no parecerían estar asociadas a un único activo territorial, sino más bien a activos individuales, los cuales permiten que solo algunas personas aprovechen las oportunidades generadas por el crecimiento de la demanda o por los programas de desarrollo. Nuestro estudio muestra que el principal factor explicativo de esta creciente inequidad es el auge de la ganadería, que si bien ofrece oportunidades de desarrollo individual y colectivo, no necesariamente está al alcance de todas las personas, ya que exige una inversión mínima y ciertas capacidades de negociación para articularse a mercados e intermediarios. Asimismo, como el manejo de ganado mejorado requiere pastos cultivados, exacerba las ya existentes tensiones que se derivan del uso de los recursos, en particular del agua. Así, a las recientes tensiones por el uso del recurso hídrico se suman las que se generan por el incremento en la desigualdad de los ingresos.

Referencias citadas

Agurto, José. 2000. *El pejerrey y la carpa: ¿enemigos?* Cuzco: Instituto de Manejo de Agua y Medio Ambiente, IMA.

Cotlear, Daniel. 1989. *Desarrollo Campesino en los Andes.* Lima: IEP.

Del Carpio, Olga, Augusto Cavaza y Herbert Gómez. 1992. *El impacto de proyectos de desarrollo en sierra: el caso del PRODERM en la Cuenca de Pomacanchi-Cuzco.* Cuzco: Centro Bartolomé de las Casas.

Escobal, Javier. 1994. Impacto de las políticas de ajuste sobre la pequeña agricultura. *Debate Agrario* núm 21: 51-78 (Lima, CEPES, diciembre).

Escobal, Javier, Carmen Ponce y Raúl Hernández Asensio. 2010. Nuevos estilos de articulación en entornos de creciente vulnerabilidad ambiental: el caso de la dinámica territorial rural en la sierra de Jauja, Junín. Lima: Rimisp, Programa Dinámicas Territoriales Rurales, informe de avance, segunda etapa.

Escobal, Javier. 2010. Una mirada de largo plazo a la economía campesina en los Andes. Lima: Consorcio de Investigación Económica y Social, CIES.

Salazar, Carlos. 1998. Manejo del ecosistema de una laguna en los Andes peruanos. Ponencia presentada por el Instituto de Manejo de Agua y Medio Ambiente, IMA en la Conferencia Internacional, Agua y Desarrollo sostenible realizada en París, los días 19, 20 y 21 de marzo. Disponible en línea: http://www.oieau.fr/ciedd/contributions/at2/resume/rima.htm (acceso: 26 de enero de 2011).

Van Immerzeel, Willem y Juan Núñez del Prado. 1989. *Pacha Mama Raymi: un sistema de capacitación para el desarrollo de comunidades.* Cuzco: PRODERM-CUZCO.

Capítulo 12. Diversidad territorial y crecimiento inclusivo en el valle de Jiquiriçá en el noreste de Brasil

Julian Quan, Alicia Ruiz Olalde, Valdirene Santos Rocha Sousa[1]

Abstract

Census data suggests that the Jiquiriçá valley in Northeast Brazil has experienced inclusive economic growth. This study revealed distinct development dynamics in different sub-regions. In high rainfall forest areas, small farmers producing cocoa and other high value crops and links with dynamic regional markets have stimulated trade, employment and growth of local towns. A rural union movement established by the Catholic Church has been influential in stimulating political change, better administration and new development projects in a region formally dominated by elite landowning families. Progressive public policies and programmes for poor families and small farmers have also contributed to growth and poverty reduction, as elsewhere in the valley. However drier and higher altitude areas dominated by large cattle and coffee farms have failed to adapt to changing market conditions. Trade stagnated, unemployment grew, and these areas now rely on transfers from federal government and migrants. Bahia State government's efforts to build a participatory planning forum for the valley have not yet succeeded, in part because the union movement's networks are weak beyond its home area in the forest zone. Accordingly, territorial policy needs to address the valley's diversity, adopt more localised approaches and strengthen local government and private sector participation.

En el valle de Jiquiriçá, localizado en Bahía, al noreste de Brasil, se ha consolidado un desarrollo basado en la agricultura familiar desde la década de 1960. Los pequeños agricultores han mantenido y aumentado la producción de una amplia gama de cultivos comerciales. Durante la década de 1990, los ingresos aumentaron mientras que la pobreza y la desigualdad se redujeron, a diferencia de lo que ocurrió en muchos otros territorios rurales del Brasil.

---

[1] Texto traducido del inglés al español por Julie Claire Macé.

¿Qué determina un desarrollo territorial exitoso entendido como dinámicas caracterizadas por un ciclo virtuoso de crecimiento económico, inclusión social y sostenibilidad ambiental? ¿Qué intervenciones pueden ser eficaces para estimular o promover un desarrollo territorial exitoso?

La hipótesis de nuestra investigación es que existe una conexión directa entre el crecimiento con inclusión social y el predominio de la agricultura familiar. En el estudio, examinamos las interrelaciones entre los factores exógenos, que promueven el cambio, y los endógenos, que determinan tanto las trayectorias de desarrollo en el valle como los resultados desde 1990. Fue así como identificamos los motores que impulsaron un desarrollo en el cual se combina el crecimiento con la reducción de la pobreza y la desigualdad y que también ayudan a comprender los impactos sobre la sostenibilidad ambiental.

El valle de Jiquiriçá es una cuenca hidrográfica de Bahía central. Está ubicado, aproximadamente, a 240 km de Salvador, la capital del Estado de Bahía (mapa 12.1). Los valles medios y altos forman una de las 26 agrupaciones de municipios de Bahía que han sido designados por los gobiernos estatal y federal como *Territorio de Identidade*. Esto fue el resultado de una consulta nacional realizada con el propósito de aumentar la responsabilidad social en la política y la planificación y, de esta manera, incrementar los beneficios para la gente pobre de las áreas rurales y urbanas.[2] Ese territorio comprende 21 municipios, tiene una superficie de 12.462 km2, el 53,7% de

---

[2] Desde 2003, Brasil ha adoptado un enfoque territorial para el desarrollo rural, liderado por la *Secretaria de Desenvolvimento Territorial* (SDT) del *Ministério de Desenvolvimento Agrário* (MDA). Esto implica el establecimiento de órganos colegiados de planificación que involucran a la sociedad civil, las autoridades municipales y las agencias estatales en los grupos de municipios que comparten una identidad sociocultural, así como características económicas y ambientales en común. En 2004-2007, el MDA financió el establecimiento de órganos colegiados en 8 territorios rurales de Bahía -entre los cuales no se incluyó el valle de Jiquiriçá- y estimuló la formación del CET (*Coordenação Estadual dos Territórios*), con el cual designó después 26 territorios que cubrían el estado completo. En 2007, el gobierno estatal de Bahía, dirigido por el *Partido dos Trabalhadores* (PT), adoptó las mismas 26 unidades espaciales para fines de planificación, y para ayudar al establecimiento de órganos colegiados y planes participativos de desarrollo rural en los otros 18 territorios que no estaban apoyados por el MDA.

la población es urbana, y la agricultura es la fuente principal de los ingresos y medios de subsistencia.[3] Se calcula que 100.000 personas, casi un tercio de la población, dependen directamente de la agricultura familiar (Olalde *et al.* 2007). El valle de Jiquiriçá es muy diverso en términos agroecológicos; comprende zonas de bosque tropical y zonas semiáridas separadas por una franja intermedia de transición. Produce una gran variedad de cultivos en grandes fincas tradicionales y en propiedades de pequeña y mediana escala. Sin embargo, el sector de servicios es el que más contribuye a la actividad económica y al empleo formal.

Mapa 12.1. Valle de Jiquiriçá: municipalidades en la cuenca y el *Territorio de Identidade*

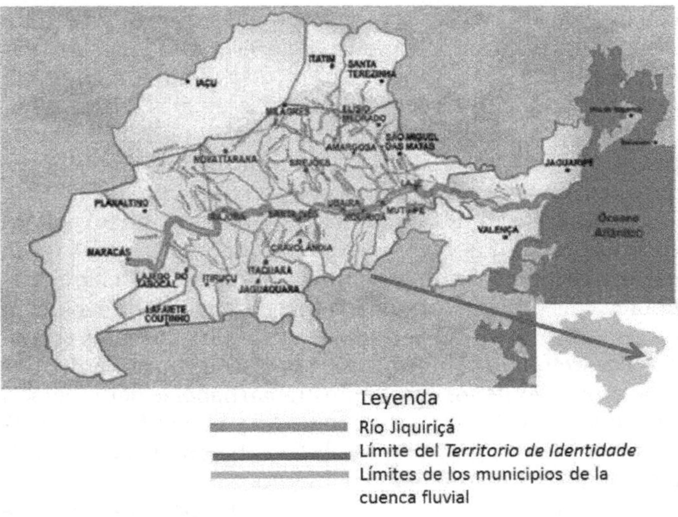

Fuente: CIVJ (2002).

---

[3] Datos del censo de 2000 consultado en www.ibge.br (21 de enero de 2009).

1. Marco conceptual y metodología

El marco conceptual es el adoptado por el programa Dinámicas Territoriales Rurales; el énfasis está puesto en el papel central que juegan las relaciones entre actores sociales, activos e instituciones en los resultados dinámicos del desarrollo. Nuestra investigación se concentró en identificar y entender los motores exógenos, endógenos y las causas inmediatas de los cambios sociales, económicos y ambientales; el desarrollo del capital social (Putnam 1992; Bourdieu 2001); la influencia tanto de las coaliciones de actores sociales emergentes en el cambio institucional (North 1990), como de la política sobre las dinámicas de desarrollo. Este marco se complementa con una comprensión socio-geográfica de los territorios como campos espaciales más o menos discretos (Santos 1999; Bourdieu 2005) constituidos por la superposición e interconexión de redes y relaciones de poder entre los actores a diferentes escalas (Raffestin 1993; Haesbaert 2004). Todo ello tiene como fin entender las múltiples trayectorias (Massey 2005) observadas, el ajuste entre las unidades territoriales administrativas y de planificación (Sack 1986) y las dinámicas de desarrollo, así como las implicaciones que ello tiene para la política.

El valle de Jiquiriçá fue uno de los tres territorios localizados en Bahía que mostraban tendencias positivas de desarrollo (crecimiento económico junto con reducción de la pobreza y la desigualdad) reflejadas en el análisis de evolución de los indicadores del período censal 1990 y 2000, reportado por Favareto y Abramovay (2009).[4] Una agrupación de diez municipios contiguos, que demostraban haber experimentado un aumento de los ingresos promedio y una reducción de la pobreza y la desigualdad, también cabe en el *Territorio de Identidade* designado por el gobierno.

Nuestra propuesta inicial fue que la prosperidad y la reducción de la pobreza en el valle de Jiquiriçá fueron el resultado de que un gran número de pequeños agricultores pudo acceder a las tierras productivas y a los mercados del cacao, así como a una amplia gama de cultivos tropicales. Por lo tanto,

---

[4] En el mapeo realizado para seleccionar el territorio, se rastrearon los cambios de los ingresos promedio per cápita (*proxy* para el crecimiento), los niveles de pobreza, y el índice de Gini para los ingresos (medida de la desigualdad).

examinamos el rol jugado por la evolución de los mercados agrícolas, la estructura agraria y las políticas sociales en la configuración de exitosas trayectorias de desarrollo rural, las contribuciones específicas de las coaliciones sociales emergentes para lograr el cambio institucional, y los impactos del proceso de desarrollo en la sostenibilidad de los recursos naturales del valle.

Comenzamos la investigación visitando las ciudades principales, las subregiones y las zonas rurales del territorio, y realizando entrevistas con agricultores, autoridades del gobierno local y actores de la sociedad civil. Asimismo, analizamos la literatura y los datos secundarios de los 21 municipios que conforman el *Territorio de Identidade*, lo cual confirmó la diversidad tanto de los recursos naturales como de los resultados del desarrollo en el valle. También reveló un *cluster* de seis municipalidades en la zona forestal (Amargosa, Laje, Sao Miguel das Matas, Mutuípe, Jiquiriçá y parte de Ubaíra) que presentaban una común dinámica de desarrollo y resultados convergentes en cuanto al crecimiento y a la reducción de la pobreza y la desigualdad.

En la segunda etapa, seleccionamos un grupo de cinco municipios adyacentes (Mutuípe, Jiquiriçá, Ubaíra, Santa Inés y Cravolândia), para destacar la diversidad de los patrones de desarrollo en el valle, al mismo tiempo que comprender la combinación específica de factores que condujo a un ciclo virtuoso de desarrollo en la zona forestal. Todos los municipios mostraron tendencias positivas de desarrollo en los años 1990. No obstante, Mutuípe, Jiquiriçá y parte de Ubaíra forman parte del cinturón forestal donde existe un gran número de pequeños agricultores familiares, mientras que los demás tienen más en común con el valle alto y el *sertão* del noreste de Brasil: una distribución de la tierra más polarizada, menos población rural y menos precipitaciones. Realizamos evaluaciones participativas en 18 comunidades rurales de esos cinco municipios, entrevistas semiestructuradas, una encuesta a los propietarios de establecimientos comerciales pequeños, y un estudio de las redes sociales e institucionales. Fue así como obtuvimos datos sobre las percepciones de los actores con respecto a los procesos y resultados del desarrollo. Un análisis posterior de los datos secundarios nos permitió dilucidar la variación geográfica en las tendencias productivas y económicas.

2. Dinámicas de desarrollo, motores e impactos

Dos procesos distintos y concurrentes han generado las positivas tendencias de desarrollo: la evolución y consolidación en curso de la agricultura familiar a pequeña y mediana escalas en respuesta a la expansión y los cambios de los mercados externos; y el desarrollo de las políticas públicas junto con el aumento de las transferencias financieras del gobierno federal durante los últimos quince años.

La diversidad ecológica del valle se refleja en tres subregiones económicas distintas, aunque no claramente delimitadas:

1. La zona forestal cuya productividad es alta, que está más cerca de los centros de los mercados costeros, y tiene un gran número de agricultores familiares orientados al mercado.
2. Las áreas semiáridas, al norte y al este, dominadas por grandes latifundios que dependen de las reservas de mano de obra informal y estacional, donde también se practica la agricultura de subsistencia.
3. La zona de transición donde la tenencia de la tierra es más heterogénea, y que comparte algunas características con las otras dos zonas.

Los sistemas de producción varían considerablemente en función de los factores geográficos, en particular, las precipitaciones, la altitud y la proximidad a los principales centros urbanos, pero también como resultado de la evolución de las estructuras agrarias y de las condiciones del mercado para una amplia gama de cultivos.

2.1. Ocupación y desarrollo histórico

Debido a su ubicación y situación agroclimática, el valle ha sido un territorio tradicionalmente importante para la ganadería y los cultivos comerciales destinados a los mercados urbanos de Salvador y el Recôncavo que se expandieron tras la abolición de la esclavitud en Brasil, en 1888. Las dinámicas contemporáneas de desarrollo del valle surgieron luego de que fuera colonizado por familias ricas y pobres, a finales del siglo XIX y principios del XX. Simultáneamente, se establecieron los derechos de propiedad, los sistemas de producción y las redes de comercio.

Los actores dominantes fueron un pequeño grupo de poderosas familias de colonos propietarios de grandes haciendas, cuyos miembros se casaron entre sí. Este grupo fue ocupando las tierras del oeste del valle y llegó a dominar el comercio y la política local. La mano de obra para el desmonte y la producción de cultivos estuvo conformada por descendientes de esclavos africanos, quienes, poco a poco, también establecieron sus propias granjas familiares junto a otros inmigrantes de diversos orígenes. La construcción de un ferrocarril, en 1906, facilitó el flujo de bienes y personas, el establecimiento de una cadena de asentamientos en las paradas del tren y de puestos de comercio en pequeñas ciudades y en los centros urbanos municipales de hoy. Con el tiempo, cada pueblo del valle estableció gradualmente su propio gobierno municipal, controlado por las familias de terratenientes, y la colonización se extendió desde el río principal hacia las partes superiores de la cuenca.

2.2. Ciclos agrícolas y cambios del mercado

El desarrollo agropecuario del valle se ha caracterizado por ciclos de auge y caída de los principales cultivos comerciales. En la parte media, las altas precipitaciones, la disponibilidad de tierra y mano de obra y la rápida expansión de una amplia gama de cultivos permitieron a los agricultores adaptarse a las cambiantes demandas del mercado durante la mayor parte del siglo XX. Los principales cultivos fueron: azúcar, tabaco, arroz, sisal y ricino. En las partes altas cultivaron café (muy importante entre los años 1920 y 1960) y, posteriormente, el cacao, en la zona forestal.

Los mercados regionales de los cultivos básicos han sido más estables; el territorio produce grandes cantidades de yuca y plátano (cultivados en asociación con cacao y también como cultivos independientes) para la subsistencia y para el mercado. Desde la década de 1950, han cobrado importancia la horticultura y la producción de frutas, principalmente de cítricos en las áreas de menor altitud del este del territorio, así como la producción mixta de verduras y frutas en toda la franja de transición.

La comercialización del cacao y el café alcanzó su punto máximo a principios de la década 1990, después de lo cual la producción cayó. Posteriormente, el cacao se ha recuperado y los otros cultivos importantes han seguido aumentando, sobre todo los producidos por agricultores familiares (cuadro 12.1). El cacao es el principal cultivo comercial de la zona forestal del este del valle, hoy centro de producción secundario de las industrias de procesamiento y exportación de este producto, concentradas en el sur de Bahía. La *Comissão Executiva do Plano da Lavoura de Cacaueira* (CEPLAC), que es la agencia nacional de investigación y desarrollo del cacao, abrió una oficina regional en Mutuípe, en 1972, para apoyar la producción de cacao y otros cultivos tropicales de alto valor. Los sistemas agrícolas familiares basados en el cacao dependen de la demanda del mercado mundial y del regional, ambos localizados fuera del territorio.

Cuadro 12.1. Cultivos principales del valle de Jiquiriçá: superficie sembrada, producción y valores del mercado en 2000 y 2007

	2000			2007		
Cultivo	**Superficie sembrada (Hectáreas)**	**Producción (Toneladas métricas)**	**Valor (R$1000)**	**Superficie sembrada (Hectáreas)**	**Producción (Toneladas métricas)**	**Valor (R$1000)**
Piña	200	5.100	1.558	220	4.362	2.591
Plátano	1.910	2.116	2.385	5.151	69.459	27.609
Cacao (granos)	15.641	6.635	9.980	19.638	9.556	37.288
Café (granos)	13.151	12.243	22.848	15.267	10.395	37.219
Caña de azúcar	756	47.340	4.074	911	49.950	8.698
Frijoles	3.773	2.020	1.230	1.902	1.371	3.411
Naranjas	260	15.426	464	856	16.461	3.402
Yuca	23.212	326.253	26.363	30.214	469.077	69.775
Maracuyá	2.209	253.720	11.318	2.596	33.963	13.121
Maíz	1.218	683	116	1.015	769	326
Sisal / agave	2.010	1.407	267	1.334	940	940
Tomate	1.710	56.600	21.919	632	22.065	11.659
TOTAL (todos los cultivos)	**68.135**	**744.878**	**105.658**	**81.180**	**693.958**	**218.548**

Fuente: IBGE, *Produção Agrícola Municipal*. http://www.ibge.gov.br/home/estatistica/economia/pamclo/2002_2006/ http://www.ibge.gov.br/home/estatistica/economia/pamclo/2007

La producción de cacao depende de la evolución de los precios y de los problemas fitosanitarios que afectan a todos los productores. Tuvo un crecimiento sostenido hasta finales de la década 1990, cuando sobrevino una caída de la producción en la mayor región cacaotera del sur de Bahía, provocada por el hongo Escoba de Bruja (*vasoura da bruxa*). La enfermedad se propagó gradualmente por el valle de Jiquiriçá. A principios de la década de 2000, los precios del cacao siguieron subiendo hasta llegar a un máximo de 180 reales por arroba en 2002,[5] lo cual benefició a los agricultores que podían asumir los costos tanto de los fertilizantes como de la mano de obra adicional necesaria para controlar la enfermedad y reemplazar los árboles más viejos con variedades resistentes. A mediados de la década de 2000, los precios al productor se redujeron a 60 y 70 reales por arroba; en 2010 subieron a 80 y 90 reales por arroba, con lo cual se ha reanudado la expansión del cacao (gráfico 12.1). La mayoría de agricultores tenía opciones alternativas; también podían producir otros cultivos de subsistencia y comerciales como la yuca y los plátanos, así como proporcionar mano de obra a los vecinos y a las grandes explotaciones. Las inversiones a pequeña escala en los cítricos, maracuyá y otras frutas tropicales y cultivos especializados también han crecido desde la crisis del cacao.

Gráfico 12.1. Tendencias de la producción de cacao en el valle de Jiquiriçá: 1990-2008

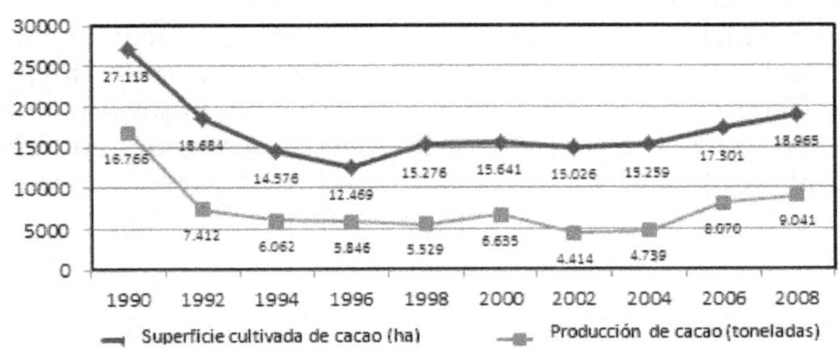

Fuente: IBGE *Produção Agrícola Municipal*-PAM.
http://www.ibge.gov.br/home/estatistica/economia/pam/

5 Equivale a USD 140 a un tipo de cambio de 1,3 reales por USD 1. Una arroba equivale a 15 kg (en Brasil equivale a 14,7 kg; en otros países de América Latina, una arroba tiene diferentes equivalencias, desde 11,5 kg hasta 340 kg en Argentina).

Anteriormente, el café fue una fuente importante de ingresos para los productores a pequeña y gran escala, así como la principal fuente de empleo en las grandes haciendas de la zona de transición. Ha perdido esa importancia por condiciones del mercado y fitosanitarias, así como por la falta de apoyo político. Hubo una campaña de erradicación del café, en la década de 1960, seguida de un plan de renovación que promovió las variedades productivas sin sombra y bajo riego en las zonas más altas. El colapso de los precios en la década de 1990, que descapitalizó a la industria en Bahía, junto con la elevación de salarios y el endurecimiento de la legislación laboral, redujo los márgenes de ganancia a tal punto que la producción a gran escala se derrumbó. A partir del año 2000, las empresas productoras comenzaron a vender tierras o ponerlas a disposición de la reforma agraria. El Ministerio de Agricultura retiró el crédito y el apoyo técnico a los municipios considerados inadecuados para la producción, entre ellos Santa Inés, Cravolândia y, más recientemente, Brejões. En consecuencia, hubo un colapso de las economías locales, el empobrecimiento de los productores de mediana y gran escala que se habían mantenido, un alto desempleo y problemas sociales urbanos asociados a la situación. La producción de café continúa siendo baja, excepto en las zonas más altas del suroeste del valle, donde los productores de mediana escala también han incursionado en la horticultura. Según las cifras del *Instituto Brasileiro de Geografia e Estatística* (IBGE), en 2008 la producción estuvo por debajo del 50% de los niveles alcanzados en 1990 (gráfico 12.2).

Gráfico 12.2. Tendencias de la producción de café en el valle de Jiquiriçá: 1990-2008

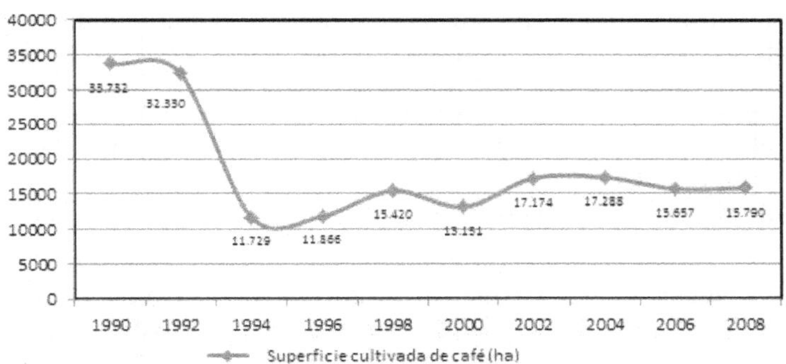

Fuente: IBGE *Produção Agrícola Municipal*- PAM. http://www.ibge.gov.br/home/estatistica/economia/pam/

El plátano, que da sombra a las plántulas de cacao, y la yuca son cultivos comerciales importantes en toda la zona forestal. Los agricultores han confirmado que son complementarios cuando baja la producción o los precios del cacao. No obstante, el limitado acceso a la tierra frena la diversificación de los cultivos. Algunos agricultores tienden a especializarse en la yuca como una alternativa al cacao. São Miguel das Matas es ahora una fuente importante de harina de yuca para los mercados urbanos regionales.

La ganadería extensiva, principalmente vacuna, sigue siendo importante con respecto al uso de la tierra, ya que el desmonte para el pastoreo es la principal causa de deforestación. El precio del ganado cayó casi un 40% entre 2000 y 2006, cuando los mataderos locales sin refrigeración tuvieron que cerrar debido a las regulaciones sanitarias.[6] La producción de carne fue sustituida por la de lácteos, pero tras el cierre de la planta de Parmalat, procesadora de leche, ubicada en

---

6 Datos tomados del IBGE, *Pesquisa Agropecuária Municipal*, 2000-2007, consultado en www.ibge.br, el 15 de julio de 2010.

Amargosa, solo los grandes productores o asociaciones de productores que tienen instalaciones propias pueden comercializar sus productos. Hoy, los ranchos ganaderos son relativamente improductivos y, a menudo, son mantenidos por empresas y propietarios ausentes como activos especulativos y para reducir las obligaciones fiscales. Según las cifras de los censos agropecuarios del IBGE (1996 y 2006),[7] el 55% de la superficie estuvo dedicada a pastos en 2006, pero la ganadería contribuyó solo con el 5,5% del valor de la producción agrícola total.

2.2.1. Comercialización y política agrícola

Los agricultores utilizan el transporte público o vehículos de los vecinos o comerciantes locales para llevar sus productos desde las pequeñas explotaciones a los mercados locales, o los venden en sus fincas a los intermediarios y los comerciantes que llegan hasta allí. Comercializan individualmente ya que las organizaciones de agricultores han sido débiles. Tanto los precios como los canales de comercialización de la yuca, los plátanos y el cacao están controlados por intermediarios y comerciantes que abastecen a los mercados regionales, al granel, puesto que cuentan con servicios de transporte e instalaciones de almacenamiento. Sin embargo, muchos agricultores venden sus productos directamente en los mercados locales. Con la construcción de vías de comunicación en toda la región han aumentado el comercio local y los ingresos rurales y ha mejorado la integración entre las zonas rurales y urbanas.

Los mercados agrícolas más importantes están ubicados en las principales ciudades del territorio y se han desarrollado en las zonas agrícolas más dinámicas. Así, Amargosa (anteriormente importante por el café) se ha convertido en un mercado regional, al por mayor, para los plátanos y los productos de yuca, y Jaguaquara para las verduras y las frutas. Los agricultores más grandes tienden a vender directamente fuera del territorio, en Feira de Santana, Santo Antonio de Jesús y Jequié. Los pueblos de la zona siguen siendo importantes

---

[7] Datos tomados del IBGE, *Pesquisa Agropecuária Municipal*, 2000-2007, consultado en www.ibge.br, el 15 de julio de 2010.

centros de comercio para un gran número de productores de pequeña y mediana escala.

El cacao se vende, generalmente, a los comerciantes pequeños y grandes que tienen locales de expendio en las ciudades, concentradas en Mutuípe, donde el mercado para otros cultivos también se ha ampliado en la primera década de 2000. Un pequeño grupo de comerciantes controla el mercado local de cacao y abastece a la industria regional en Ilheus e Itabuna (Almeida 2008). La mayoría de estos comerciantes son también productores cacaoteros de las familias exitosas que han invertido las ganancias del cacao en el transporte y el comercio, y las de estos rubros, a su vez, en la adquisición de más tierras.

Las políticas federales para apoyar a la agricultura familiar, que se iniciaron a mediados de la década de 1990, también han contribuido al aumento de los ingresos de los hogares. Estas incluyen el otorgamiento de créditos a pequeña escala en todo el territorio; el apoyo a los proyectos de reforma agraria; la investigación de variedades de cacao más productivas y resistentes a las enfermedades; asistencia técnica y seguros de cosechas. Los gobiernos federales y estatales también han tratado de fortalecer la seguridad alimentaria de los hogares pobres y estimular la adquisición pública en el ámbito local.

2.3. Acceso a la tierra

En la cuenca, son numerosas las explotaciones pequeñas y medianas, aunque un reducido número de grandes explotaciones ocupa la mayor parte de la superficie en la mayoría de municipios. La estructura de tenencia de la tierra es la consecuencia de una colonización progresiva protagonizada por pequeños y grandes terratenientes, las altas tasas de crecimiento de la población y la subdivisión de tierras durante el siglo XX entre las sucesivas generaciones de propietarios. Aunque esta estructura agraria dual y la concentración de la tierra no son muy diferentes de las del noreste de Brasil, es mayor el número de explotaciones pequeñas y medianas, y las explotaciones más grandes rara vez superan las 500 ha. En 2006, las explotaciones familiares superaron a las grandes empresas agrícolas y contribuyeron con más del 50% de la producción total del valle. En las zonas forestal y de transición, la agricultura familiar ocupa entre el 40 y el 60% de la tierra y produce, aproximadamente, el 70% del valor agregado.[8]

Aunque la subdivisión ha posibilitado un amplio acceso a la tierra en la zona forestal, también ha provocado tal fragmentación que muchas de las explotaciones pequeñas y muy pequeñas ya no pueden proporcionar suficientes ingresos a los hogares. La aparcería informal y los acuerdos ocasionales de trabajo entre pequeños y grandes agricultores, así como los arreglos comunitarios, son comunes cuando las familias no poseen suficiente tierra para satisfacer sus necesidades económicas. A medida que la crisis del cacao ha socavado la productividad y disminuido la contratación de mano de obra, la aparcería y uso informal de la mano de obra se han reducido. Dado que el cultivo en parcelas muy pequeñas es cada vez menos rentable, que han aumentado los costos de los insumos y la mano de obra, que los precios de mercado de los productos son volátiles, a la vez que faltan capital de trabajo y oportunidades de empleo, las generaciones más jóvenes prefieren migrar a las urbes en busca de medios de vida alternativos.

También están en marcha procesos espontáneos de concentración de la tierra, a través de un activo mercado informal. Cuando la falta de tierra y de recursos en efectivo restringe las posibilidades de expansión o diversificación, las generaciones jóvenes venden las propiedades heredadas o un miembro de la familia las concentra. A través del trabajo duro, las habilidades y la utilización racional de la tierra y la mano de obra, los pequeños y grandes agricultores pueden comprar más tierra a sus vecinos y miembros de la familia. Entre 1996 y 2006, los datos sobre el tamaño de las propiedades en la zona forestal confirman que no solo ha aumentado el número de pequeñas propiedades, sino también el de las medianas. La subdivisión de las pequeñas parcelas, junto con la tendencia de los agricultores prósperos a consolidar y

---

[8] Datos tomados del censo agropecuario de 2007, consultado en www. ibge. br, el 15 de julio de 2010.

ampliar sus propiedades, ha desencadenado, desde la década de 1970, un proceso gradual de concentración de la tierra en la mayoría de municipios.

En las áreas semiáridas donde predomina la ganadería extensiva, el tamaño de las explotaciones tiende a ser mucho mayor. En las zonas de transición más altas, predominan las propiedades grandes; las relaciones económicas siguen el patrón clásico del noreste de Brasil, donde los trabajadores rurales proporcionan mano de obra bajo contratos temporales que les permiten ocupar o alquilar pequeñas parcelas para la producción de subsistencia o establecer arreglos de aparcería. Como los mercados del café, el sisal y el ricino se derrumbaron y la ganadería se redujo, se han abandonado las propiedades grandes, ha caído drásticamente la demanda de mano de obra, y los hijos de los antiguos propietarios se han trasladado a Salvador u otras ciudades importantes para dedicarse a sus profesiones o a los negocios.

Desde inicios del siglo XXI, los latifundios de café y ganaderos han sido sometidos a la reforma agraria con lo cual se ha creado empleo y se ha reducido la pobreza. No obstante, sin fuertes inversiones en la adquisición y restauración de tierras, el riego y la asistencia técnica, es poco probable que a través de la reforma agraria se impulse el desarrollo sostenible, debido a la escasez de precipitaciones donde hay tierra disponible y a su alto precio en las zonas más productivas.

Los resultados del desarrollo agrícola impulsado por el mercado han sido muy diversos en las zonas centrales y altas del valle de Jiquiriçá. Esto se debe, en parte, al mayor potencial de los recursos naturales y la diversidad de sistemas de producción en la parte central, pero sobre todo a las diferentes estructuras agrarias. Mientras que la mayoría de los grandes productores del valle alto no han podido mantener la rentabilidad cuando han cambiado las condiciones del mercado y la legislación, las familias de los pequeños y medianos agricultores han podido adaptarse a esos cambios. Durante la década de 1990, hubo resultados positivos de desarrollo incluso en los municipios donde la producción agrícola se estancó. Si bien la disminución de los rendimientos de la agricultura a gran escala podría ayudar a explicar la disminución de la desigualdad y, a su vez, la emigración de la mano de obra contribuye a la reducción de la pobreza, son más bien las políticas públicas las que explican el continuo crecimiento económico y la convergencia positiva de los indicadores de desarrollo de diferentes zonas del valle.

2.4. Políticas públicas

Las políticas públicas y el desarrollo democrático desde el fin de la dictadura (ampliación de los derechos sociales en la Constitución de 1988, en particular, en educación, salud y pensiones), los programas de reducción de la pobreza y la mayor transferencia de recursos desde el gobierno central al local han sido un motor potente para el surgimiento de economías locales, urbanas, basadas en los servicios.

Las presiones de la Iglesia Católica y del movimiento sindical han asegurado el pago de las pensiones a los trabajadores agrícolas de mayor edad, desde principios de los años 1990. Las transferencias de ingresos sociales a las personas que no pueden trabajar y a la gente pobre han ido aumentando bajo los gobiernos federales, particularmente desde 2004 durante el gobierno de Lula. Este gobierno introdujo un sistema unificado de prestaciones sociales (Bolsa Familia) para todos los hogares que se ubican debajo de un umbral mínimo de ingresos; se calcula que entre el 90 y 95% de familias que viven en las zonas rurales reciben estas prestaciones.[9] Estas transferencias, junto con la expansión del empleo en los servicios municipales de salud y de educación, y el fortalecimiento gradual de la administración pública, han inyectado recursos en las economías locales, lo cual ha aumentado el poder adquisitivo de la gente pobre y ha ayudado a estimular y mantener un crecimiento, a pesar de las variaciones de la producción agrícola. Esto contribuyó a que los indicadores del censo con respecto al desarrollo fueran positivos, aunque ocultan los efectos particulares de las estructuras económicas en los lugares. En el cuadro 12.2, se muestran los valores de las transferencias federales, los

---

[9] En 2010, recibían 140 reales mensuales por miembro de los hogares con niños menores de 17 años, y 70 reales mensuales los hogares sin hijos. Los datos del trabajo de campo sugieren que entre el 90 y el 95% de las familias rurales de la mayoría de los lugares cubiertos por la investigación recibe la *Bolsa Familia*.

costos de los empleos públicos y las transferencias sociales en relación con el producto interno bruto (PIB) municipal y todas las contribuciones del sector servicios.

Cuadro 12.2. Valor del sector de servicios, transferencias financieras federales, empleo en el sector público y transferencias de ingresos sociales (*Bolsa Familia*) con respecto al PIB municipal en cinco municipios del valle de Jiquiriçá (miles de reales)

Municipio	PIB municipal (2007)	Valor de sector servicios (2007)	Transferencias federales, como % de PIB municipal (2007)	Costos del empleo en el sector público (2007)	Transferencias totales de ***Bolsa Familia*** (2004)
Mutuípe	73.206	52.387	16.147- 22%	7.090	2.172
Jiquiriçá	37.744	25.238	12.300- 32,6%	3.991	1.831
Ubaíra	65.898	41.448	15.860- 24%	7.869	2.584
Santa Inês	29.011	22.017	9.329- 32%	3.473	1.457
Cravolândia	18.569	12.196	6.725- 36,2%	3.051	605

Fuentes: Confederación Nacional de Municipios: www.cfn.org.br; SEPLAN BA. Secretario de Planejamento, Bahia: www.seplan.ba.gov.br; IBGE: www.ibge.gov.br/home/estatistica/economia/perfilmunic/2004/munic2004.pdf

Junto al crecimiento de la inversión pública en las zonas semiáridas del noreste de Brasil, ha habido períodos de sequías que han socavado la producción de los cultivos tradicionales y la ganadería, tanto en los latifundios como en la agricultura de subsistencia. Esto dio lugar a la aparición de lo que se ha descrito como “una economía sin producción” (Maia Gomes 2002), es decir, la que depende de la inversión pública y de las transferencias de ingresos. En Santa Inés y Cravolândia, más del 50% de los servicios son públicos, los cuales contribuyen más que la agricultura a la economía local. Al contrario, en las zonas más productivas, donde los agricultores pequeños y medianos han plantado cacao o han diversificado la producción, las transferencias federales han sido complementarias, lo que contribuye a la resiliencia del sector de la pequeña agricultura y a la economía local, pues proporciona cierta estabilidad en los ingresos familiares y estimula el comercio y la inversión. De esta manera, se crea un círculo virtuoso entre la agricultura y el crecimiento del sector servicios.

Las transferencias financieras del gobierno federal a los gobiernos municipales superan los ingresos locales recaudados mediante impuestos; también pueden superar el valor de la producción agrícola, especialmente en los municipios más pequeños (gráfico 12.3). El uso de los recursos federales para crear empleos públicos y responder a las demandas locales (infraestructura y servicios) ha permitido a las élites locales asegurar los votos, aprovechar las oportunidades económicas asociadas y crear municipios en pequeños pueblos rurales (por ejemplo, Cravolândia) con derecho a recibir las transferencias federales. De esta manera, las familias locales dominantes han consolidado el poder político y económico. Sin embargo, estos municipios siguen siendo demasiado pequeños como para ser fiscalmente viables.

Gráfico 12.3. Crecimiento del PIB total, sectorial y en la administración pública para todos los municipios del valle de Jiquiriçá en 2002-2006 (miles de reales)

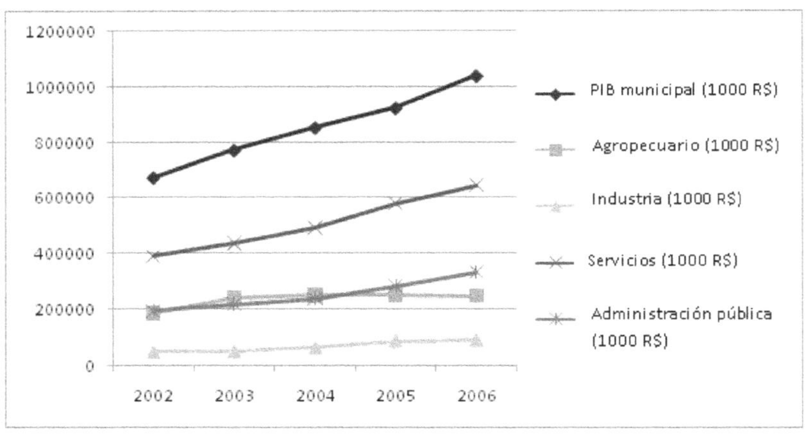

Fuente: Confederación Nacional de Municipios: www.cnm.org.ba/pib/padrao/asp

2.5. Comercio, desarrollo urbano e integración regional

Los pueblos más grandes se han convertido en centros de comercio como resultado de dos motores: el desarrollo agrícola vinculado al mercado y las transferencias públicas de ingresos. Actualmente, el sector servicios domina la actividad económica. El crecimiento económico urbano ha sido el más importante, y las economías locales las más grandes, en los municipios con una fuerte producción del sector agrícola familiar, en particular, Mutuípe.

Tras el declive del café y de la ganadería, el foco del desarrollo comercial se ha desplazado a las zonas dominadas por una agricultura familiar diversificada, que se ha adaptado a los mercados en evolución. Una trayectoria de desarrollo distintiva ha surgido abarcando las zonas urbanas y rurales en Jaguaquara, el centro de producción hortícola de las zonas de transición. El crecimiento del comercio y de los servicios desde la década de 1990 ha sido fuerte en Mutuípe, que se ha convertido en un polo de desarrollo local, donde los agricultores, grandes y pequeños, han invertido en el comercio, y donde unos cuantos (grandes y exitosos) han impulsado el desarrollo del comercio del cacao y la construcción.

Los resultados de la encuesta comercial realizada en cuatro municipios (Mutuípe, Jiquiriçá, Ubaíra y Santa Inés) mostraron que tanto la agricultura como las transferencias públicas de ingresos han sido fundamentales para sostener y aumentar el negocio; además, que el comercio es más dinámico en los lugares donde ha prosperado la agricultura familiar.

Aparte del secado y fermentación del cacao, y el procesamiento local de la harina y otros productos de la yuca, hay poco valor agregado, a nivel local, para los productos agrícolas. Los agricultores tienen escasa o ninguna influencia sobre los precios, las prácticas o las políticas del mercado; ocupan lugares subordinados en las cadenas de valor controladas afuera del territorio. Aunque los comerciantes locales han sido capaces de expandir sus operaciones con éxito, muy poco valor agregado se capta o se invierte localmente. Como resultado, las localidades se han desarrollado como centros para el comercio y la administración pública, en lugar de dedicarse al procesamiento y la transformación productiva.

Sin embargo, en muchos hogares y asociaciones comunitarias de productores se elaboran galletas y tortas de yuca, así como dulces, jaleas y pulpas de fruta para venderlas, puerta a puerta y semanalmente en los mercados locales. Los agricultores exitosos también han invertido en los negocios independientes, a medida que la economía urbana se ha desarrollado junto a la producción de cacao. El crecimiento de las empresas en Mutuípe está directamente vinculado al auge del cacao a finales de los años 1980 y principios de los 1990. Los hogares productores de cacao, pobres y ricos, invirtieron en mejores viviendas, vehículos y actividades comerciales. Los grandes agricultores invirtieron en el comercio de cacao, que a su vez generó capital para la inversión en las empresas urbanas y de construcción. Como la mayoría de esos comerciantes proviene de las zonas rurales mantuvo fuertes vínculos con la agricultura. Los comerciantes exitosos también han establecido filiales en las ciudades vecinas. La mayoría de comerciantes considera que si bien el cacao sigue siendo importante para la economía, la *Bolsa Familia,* las pensiones de jubilación y los salarios del sector público son sumamente importantes para sostener el comercio local. En Santa Inés, donde el desempleo es alto y la producción agrícola de las pequeñas explotaciones escasa, el comercio se estancó después del cierre del ferrocarril, en la década 1960; el resto del comercio al por menor depende casi exclusivamente de las transferencias de ingresos sociales y los salarios del sector público. Las empresas mayores (supermercados y estaciones de servicio) están controladas por la oligarquía terrateniente local.

A lo largo del valle, las dificultades para acceder a la tierra y la baja calidad de vida en las zonas rurales han impulsado a las generaciones jóvenes a la diversificación económica. En las familias más prósperas, unos hijos asumen la gestión de las empresas comerciales en las ciudades locales y manejan las explotaciones, mientras que otros optan por continuar sus estudios universitarios y por el trabajo profesional en Salvador. En las familias más pobres, los hijos se dedican al comercio a pequeña escala, consiguen empleos en las ciudades, o ahorran dinero y vuelven a invertir en empresas pequeñas en las ciudades del territorio.

El ferrocarril fue gradualmente reemplazado por una red vial en expansión. Las principales carreteras nacionales que cruzan el valle han incrementado su integración con la región y contribuido al crecimiento de las ciudades intermedias como centros comerciales. También ha aumentado el movimiento de mercancías y de personas dentro y fuera del territorio. El valle de Jiquiriçá está bien comunicado con dos centros industriales regionales en expansión: Santo Antonio de Jesús hacia el noreste, el centro principal de la zona forestal, y Jequié hacia el sur, el centro regional principal del resto del valle. Estas ciudades ofrecen atención médica de emergencia y especializada, servicios financieros y administrativos y educación superior, entre otras ofertas. Estas ciudades junto a otras pequeñas y medianas, en particular Jaguaquara, Amargosa y Mutuípe, hacen del valle un territorio multipolar, mostrando "las múltiples trayectorias" (Massey 2005), una diversidad de dinámicas locales que surgen de las variadas capacidades productivas, estructuras agrarias y de los vínculos espaciales con los centros urbanos.

3. Cambios sociales e institucionales

La población rural se redujo de 54,3% en 1991, a 46,3% en 2006; también el crecimiento demográfico anual,[10] lo cual se puede atribuir a una combinación del descenso de las tasas de natalidad y el aumento de la emigración. Si bien hay crecimiento urbano y emigración rural en el valle, la investigación de campo y un análisis detallado de los datos demográficos revelan dos excepciones. En municipios como Brejões y Cravolândia, cuyas estructuras agrarias son desiguales y enfrentan el colapso de la economía rural tradicional, hay una pérdida neta de la población por la escasez de empleo.

---

[10] Los datos han sido tomados también de la *Superintendência de Estudos Econômicos e Sociais* (SEI) del gobierno de Bahía. Consultado en www.sei.gov.ba.br, el 7 de septiembre de 2010.

En los municipios más productivos de la zona forestal, tal como Mutuípe, las poblaciones rurales han seguido creciendo aunque a un ritmo menor que en las ciudades.

Los destinos migratorios son los centros urbanos regionales, especialmente Salvador, y también San Pablo para el trabajo industrial. Al parecer los patrones migratorios difieren según la prosperidad de la economía local. La migración estacional y permanente se ha extendido desde las áreas semiáridas y ex productoras de café hacia regiones prósperas y productoras del café en el oeste de Bahía y Minas Gerais; también hacia las ciudades industriales en el sur de Brasil. Los hijos de familias de agricultores de la zona forestal emigran hacia el sur, pero también buscan mejores condiciones de vida, educación y empleo en ciudades como Salvador y otros centros regionales. No obstante, los migrantes tienden a regresar a la región y a la agricultura, y los residentes urbanos mantienen apegos fuertes a su tierra natal.

Estos cambios demográficos y de los flujos migratorios reflejan una transformación social gradual pero geográficamente desigual en la región.

El crecimiento de la prosperidad en la zona forestal del valle se sustenta en un desarrollo dinámico y flexible de la agricultura familiar, en la consolidación de las pequeñas y medianas explotaciones de productores de cacao y su participación en el comercio, con lo cual ha emergido una nueva clase media rural-urbana. Mientras se ha diluido el poder económico de las familias terratenientes tradicionales, ha mejorado la posición de los agricultores más pobres que han podido acceder a la tierra para plantar cacao y otros cultivos; estos complementan los ingresos agrícolas con el trabajo informal, el comercio a pequeña escala y las transferencias sociales. Asimismo, se han beneficiado los agricultores de la zona forestal que producen cacao, plátanos, yuca y plantan ciertas especies forestales, a la vez que ha crecido el empleo urbano en el comercio y en los servicios, sostenido por el aumento de los ingresos agrícolas. Quienes más se han beneficiado han sido los que tienen acceso relativamente bueno a la tierra y han generado rendimientos suficientes como para consolidar las empresas agrícolas o adquirir vehículos, puestos de venta en el mercado o tiendas pequeñas. Otros beneficiados son los empresarios urbanos que invirtieron en la agricultura durante el auge del cacao.

Tal imagen se apoya en el análisis, tanto de los cambios en los niveles de desigualdad en la distribución de ingresos entre 1990 y 2000, como en los cambios del tipo y tamaño de las propiedades registrados en los censos agropecuarios de 1996 y 2006. A pesar del crecimiento global, en la década de 1990 la proporción de los ingresos obtenidos por los más pobres en todo el valle se redujo, pero también se estancaron y cayeron los ingresos de los grupos más ricos en las zonas dominadas por los grandes terratenientes. Esto sugiere que los ganadores son, sobre todo, quienes perciben ingresos medios. No obstante, en los municipios más dinámicos la porción obtenida por el grupo más rico aumentó de 65 a 75%, sobre todo en Mutuípe, debido al ciclo dinámico del cacao y el desarrollo comercial. Aquí y en los municipios hortícolas, los agricultores medianos y grandes adquirieron más tierras productivas y mejoraron sus rendimientos, e igual al cacao, la horticultura comercial se expandió rápidamente en la década de 1990. En estos lugares, todos se beneficiaron, pero los más ricos ganaron más y la desigualdad aumentó.

3.1. Surgimiento de una nueva coalición social

Históricamente, la política municipal en el valle de Jiquiriçá ha estado dominada por unas pocas familias terratenientes, a través de un sistema basado en el clientelismo llamado el *coronelismo*, típico del noreste de Brasil: las élites locales ejercían el control mediante el intercambio de favores con sus partidarios políticos y con las personas que se asentaron en las localidades que controlaban.[11] Estas prácticas informales continúan hoy; los descendientes de los *coroneis* se han adaptado al sistema político moderno; son elegidos como prefectos municipales y aprovechan la pobreza y los

[11] Leal (1975 [1949]) define *coronelismo* como "un compromiso, un intercambio de favores entre un estado local cada vez más fuerte y la influencia social decadente de los señores locales, en particular los terratenientes".

bajos niveles de educación para gobernar mediante la distribución de recursos y favores (Rocha Souza 2010). Las familias dominantes formaron la administración pública del valle de Jiquiriçá y mantuvieron vínculos estrechos con la coalición dominante en Bahía durante casi 40 años, la cual otorgó favores a los prefectos municipales a cambio de su apoyo en la movilización de votos populares.

Desde la década de 1980, el cambio social y la redemocratización han erosionado estas estructuras de poder. Se ha vuelto insostenible, desde entonces, tratar de mantener el control casi absoluto de la tierra y del trabajo. En las zonas forestales del valle, en Mutuípe y sus alrededores, ha surgido una nueva coalición social basada en el movimiento sindical rural, que incluye a los agricultores pequeños y medianos y a los trabajadores urbanos, los comerciantes, los pequeños empresarios y los profesionales. En la primera década de 2000, esta coalición ha promovido cambios políticos e institucionales, así como nuevos proyectos económicos.

Durante la década de 1980, la movilización social ocurrió en el Brasil rural, en gran parte impulsada por la Teología de la Liberación, liderada por un sector de la Iglesia Católica en defensa de los derechos de los pobres. A través del trabajo comunitario en la diócesis de Amargosa, dirigido por un sacerdote que trabajaba en los municipios de Mutuípe, Jiquiriçá y Ubaíra,[12] se construyó una red de iglesias locales y se establecieron las *Comunidades Eclesias de Base* (CEB), para fortalecer el desarrollo comunitario, defender los derechos sociales y facilitar la formación de los *Sindicatos dos Trabalhadores Rurais* (STR), a mediados de los años 1990 (De Melo 2010). Posteriormente, estos se afiliaron a la *Federação de Trabalhadores Rurais e Agricultores Familiares* (FETRAF)[13] que estableció una sede local en Mutuípe, *Polo Sindical de*

---

[12] Padre Esmeraldo, a quien mencionaron frecuentemente con gran respeto y aprecio los dirigentes sindicales, activistas comunitarios y practicantes religiosos durante nuestro trabajo de campo, estuvo trabajando en la región entre 1982 y 1996; ahora es Obispo de Santarém de Pará. A raíz de los cambios en la jerarquía de la Iglesia Católica, la influencia de la Teología de la Liberación ha disminuido.

[13] Está vinculada a la *Central Única dos Trabalhadores* (CUT) que es la mayor confederación sindical del Brasil.

Amargosa, para organizar a los pequeños agricultores de 12 municipios contiguos del valle de Jiquiriçá y la región Recôncavo.

Los impactos de la movilización sindical rural y de esta nueva coalición en las estructuras locales de poder se perciben hoy, sobre todo en Mutuípe. La intervención de la FETRAF ha sido clave en la implementación eficaz de políticas públicas en el ámbito local, incluyendo el pago de las pensiones rurales y el desembolso del crédito rural a pequeños productores. Los sindicatos y el movimiento más amplio, que involucra a trabajadores de la salud y la educación, funcionarios locales e intelectuales vinculados al partido en el poder, el PT, han apoyado a las asociaciones de agricultores, se han comprometido con los concejos municipales y la política local y han capacitado a los líderes jóvenes de las localidades.

Estos acontecimientos hacen parte de los cambios nacionales que llevaron al poder a los gobiernos progresistas desde hace 15 años en Brasil. A pesar de su poca influencia directa en las políticas nacionales o estatales, la movilización social promovida por la Iglesia Católica ha coincidido con la expansión del cacao, el mejoramiento de las condiciones materiales de los pequeños agricultores y la aparición de la nueva clase media rural-urbana.

La acción colectiva de los agricultores en el valle de Jiquiriçá ha sido tradicionalmente débil, debido a los patrones dispersos de asentamiento y al predominio de una mentalidad individualista, según muchos informantes. En la mayoría de las 18 comunidades rurales investigadas no existían asociaciones de agricultores o su participación social era débil. Los líderes locales estuvieron estrechamente vinculados a los prefectos municipales, salvo en Mutuípe donde la movilización promovida por la Iglesia Católica ha construido formas duraderas del capital social que reúnen los intereses de diferentes grupos sociales (Putnam 1992) y proveen un activo que los actores individuales pueden utilizar para avanzar en sus posiciones (Bourdieu 2001). Con el apoyo de FETRAF, las asociaciones comunitarias se han embarcado en proyectos agroindustriales a pequeña escala, en crear empleo para las mujeres, abastecer a escuelas y proyectos sociales con productos locales, proteger las fuentes de agua, mejorar las condiciones de la vivienda y reducir la deforestación. En estas localidades, existen fuertes redes sociales y los grupos continúan reuniéndose en las instalaciones de la Iglesia.[14]

En el año 2000, Mutuípe eligió una de las primeras administraciones municipales del PT en Bahía, que ganó los mandatos sucesivos en 2004 y 2008. Esto introdujo una serie de innovaciones institucionales locales incluyendo el presupuesto participativo (también en el municipio vecino de Amargosa) que implica organizar asambleas comunitarias, la participación directa en las decisiones presupuestarias de los representantes elegidos, y la exposición de políticos y funcionarios a los debates y las demandas populares (Rocha Souza 2010). Mutuípe pudo apalancar unos recursos federales adicionales a través del *Desenvolvimento Regional Sustentável*, un programa de colaboración con el sindicato rural y las asociaciones comunitarias financiado por el Banco do Brasil, que proporcionó crédito y apoyo técnico a las iniciativas locales de desarrollo con fuertes efectos multiplicadores.[15] Los Concejos Municipales, previamente controlados por los prefectos municipales, fueron democratizados; la municipalidad colaboró activamente con el sindicato rural y las asociaciones locales de productores en los proyectos de adquisición pública, lo cual acarreó beneficios a proveedores y consumidores. La nueva coalición social también ha adoptado agendas de género y de sostenibilidad ambiental. Las mujeres son visibles y activas en la dirección de los sindicatos locales y en la política local. Asimismo, la tasa de participación femenina es alta en las asociaciones de productores y en los proyectos ambientales.

---

[14] Los intentos de organizar a los agricultores a mayor escala han tenido poco éxito. La Iglesia trató de establecer una cooperativa de comercialización para los agricultores, pero faltó el compromiso de los miembros, establecer acuerdos claros de gestión y también capacidad técnica, según los informantes.

[15] Mutuípe adoptó un enfoque innovador centrado en los plátanos y diversos cultivos asociados, en colaboración con los sindicatos rurales, la *Comissão Executiva do Plano da Lavoura de Cacaueira* (CEPLAC) y *Serviço Brasileiro de Apoio ao Empreendedor* (SEBRAE); también organizó la formación de los productores en métodos de agricultura sostenible, procesamiento a pequeña escala para las frutas tropicales, acceso a los mercados y vinculó el programa al presupuesto participativo.

Estas innovaciones se centran en Mutuípe, donde han mejorado las condiciones sociales, las oportunidades económicas, la gobernanza y la participación. Asimismo, se han fortalecido los vínculos entre las zonas urbanas y rurales. La coalición social emergente de los sindicatos rurales, las asociaciones comunitarias y los aliados en el gobierno local y en la sociedad civil, colabora directamente en la implementación y adaptación de las nuevas políticas y programas del gobierno federal y estatal. Es la fuerza motriz en el desarrollo de un foro territorial colegiado para todo el valle de Jiquiriçá, vinculado a las políticas de desarrollo territorial del gobierno, cuyo propósito es estimular la democracia participativa a escala intermunicipal.

En un estudio realizado para evaluar la nueva coalición, se confirmó la presencia de una fuerte red de actores que reúne a los sindicatos rurales, las organizaciones comunitarias, los gobiernos locales y empresas privadas, las ONG, profesionales y políticos locales. Se basa geográficamente en los municipios de la zona forestal y se vincula, históricamente, a la movilización impulsada por la Iglesia dentro de un "campo" territorial específico (Bourdieu 2005; Santos 1999), pero carece de una influencia significativa en otras áreas donde los pequeños agricultores familiares son menos numerosos y las dinámicas de desarrollo son diferentes. Debido al restringido alcance geográfico de esta coalición de actores hay el riesgo de que trate de implementar la política gubernamental de desarrollo territorial en todo el valle de Jiquiriçá, en vez de concentrarse en las áreas centrales donde podría crear una real diferencia.

Los gobiernos locales han sido actores débiles en el desarrollo de la acción intermunicipal, con las excepciones notables de Mutuípe y Planaltino. Las empresas privadas tampoco están bien organizadas, y aunque los sindicatos rurales tienen buenas conexiones sociales con los empresarios, no existen asociaciones de comercio activas en la política local o en la planificación del desarrollo. Si bien mediante la política federal se promueve la participación de las municipalidades, las agencias gubernamentales y las empresas privadas y de sociedad civil en las iniciativas de desarrollo territorial, hasta ahora no se ha puesto en marcha un apoyo técnico apropiado o incentivos para que tal participación ocurra.

4. El ambiente

El capital natural del valle es el fundamento de su fuerte dinámica agrícola; ha posibilitado la reducción de la pobreza y un crecimiento económico relativamente inclusivo, pero que repercute negativamente en la calidad y cantidad del suelo, el agua, los ecosistemas y el potencial de desarrollo. Las prácticas actuales de uso de la tierra son cada vez más insostenibles. La topografía empinada y ondulante, la deforestación y la conversión de tierras para pastos han provocado una erosión del suelo tal, que socava la productividad agrícola; también una sedimentación fuerte del río Jiquiriçá y sus afluentes (Fernandes 2008; Tomasoni 2010). El flujo del río se ha reducido sustancialmente, se ha vuelto más irregular y también hay inundaciones repentinas (Rocha 2008).[16] Todos los servicios prestados por los ecosistemas naturales del valle de Jiquiriçá están comprometidos, incluyendo la provisión de suelo y agua para la agricultura, la regulación del sistema hidrológico y los valores culturales, recreativos, científicos y económicos asociados a la biodiversidad y el paisaje.

Las causas directas de la degradación del ecosistema están vinculadas a la dinámica de desarrollo del valle. El desmonte para ocupar las tierras con ganadería extensiva es la principal causa de la pérdida de los bosques, la erosión del suelo y la degradación de los recursos y del agua. Asimismo, las malas prácticas agrícolas perjudican la fertilidad y potencial uso del suelo, la productividad, los ingresos y la calidad del agua. La tala de árboles en la zona forestal y el desmonte de *caatinga* cuya madera para la producción de carbón vegetal.

---

[16] Estos resultados se confirman con las observaciones en terreno y con los testimonios de las gentes de las comunidades y de ambientalistas de las localidades estudiadas. Un experto local con quien conversamos en Amargosa estimó que si las actuales tendencias de uso del suelo continúan, la productividad se agotará en 40 a 60 años.

A pesar de estas tendencias negativas, la prevalencia de los cultivos arbóreos, especialmente el cacao, y el desarrollo espontáneo de los sistemas agroforestales de múltiples niveles imitan la cubierta forestal, mejoran la conservación del agua y del suelo. Dado que la ganadería contribuye poco a la producción y los ingresos agropecuarios, hay la tendencia a sustituir pastos por cacao.[17]

No hay la evidencia sistemática de la magnitud de la pérdida y degradación de la cubierta vegetal y los recursos hídricos a través del tiempo. Para comprender detalladamente las tendencias, es necesario consultar datos de investigación, testimonios orales y registros fotográficos, pero estos son divergentes y esporádicos. Se han desarrollado sistemas para evaluar la idoneidad del uso del suelo sobre la base de la pendiente, la calidad del suelo, la precipitación y la hidrología de la cuenca del río (Fernandes 2008) y un análisis de la calidad del agua en el río Jiquiriçá (Rocha 2008), pero no hay datos de series de tiempo.

Los conflictos ambientales incluyen: disputas entre los agricultores pequeños y grandes relacionadas con la tala de pequeños remanentes de bosque para sembrar pastos; la desviación de las fuentes de agua y las restricciones de acceso; y el uso indiscriminado de herbicidas peligrosos. También hay fuertes conflictos entre ambientalistas y madereros ilegales. Además, existe alguna evidencia de los impactos negativos de la degradación ambiental en la salud humana.

La legislación ambiental y la sensibilización social han mejorado gradualmente en los últimos 15 años, con respecto, por ejemplo, a la eliminación de la madera en pie, la creación de áreas de bosque y de conservación en las explotaciones agrícolas, y la prohibición del uso de ciertos herbicidas, pero la capacidad de aplicación es débil. De 1993 a 2003, un consorcio intermunicipal estableció una ONG para promover la gestión participativa de los recursos de agua (Barreto *et al.* 2002; Batista, Fernandes y Arruda 2002), pero sin resultados

---

[17] Hay también una tendencia emergente a plantar eucaliptos y otras especies en las zonas degradadas, y algunas zonas de bosques secundarios hoy están protegidas por la legislación ambiental.

permanentes (Quan 2010). Con la influencia de unos pocos grupos ambientalistas y las nuevas políticas del Estado, han mejorado la supervisión e iniciativas de conservación en algunos municipios, pero esto no es suficiente para revertir las grandes tendencias a la degradación.

5. Conclusiones

La estructura del poder económico y social del noreste de Brasil se está transformando gradualmente. Tal transformación está relacionada con la democratización, la ciudadanía universal, las mejoras en la educación y la creciente integración nacional y mundial.

Esto acarrea cambios en el *habitus* (Bourdieu 2005), es decir, transformaciones de las mentalidades y comportamientos de la gente pobre y de las generaciones más jóvenes pertenecientes a las antiguas familias de la élite. Constituyen el telón de fondo de las dinámicas territoriales mucho más específicas que varían de acuerdo con las condiciones locales, el desarrollo del capital social, la construcción de nuevas redes territoriales y de capacidades que permiten a la población rural pobre superar la exclusión social (Haesbaert 2004), como ocurre en Mutuípe.

Los dos principales motores del cambio en el valle de Jiquiriçá son exógenos: el crecimiento de los mercados agrícolas durante el siglo XX y la implementación de políticas públicas e inversiones hechas por los gobiernos progresistas. Estos cambios han tenido impactos diversos en el territorio debido a los específicos factores geográficos y sociales, particularmente las condiciones naturales, las estructuras agrarias y los cambios en las coaliciones sociales dominantes en el ámbito local, que median en la implementación e impactos de las políticas públicas. A medida que los mercados agrícolas regionales han evolucionado, estos factores han facilitado o limitado el cambio social y económico en el valle de diferentes maneras. En resumen, se han desplegado múltiples trayectorias de desarrollo (Massey 2005).

Una dinámica de desarrollo distintiva y relativamente inclusiva ha surgido en la zona forestal del valle, producto de condiciones agrícolas favorables, un acceso amplio a la tierra y transferencias financieras públicas que, conjuntamente, han estimulado el surgimiento de un floreciente sector comercial local. Los agricultores familiares, pequeños y grandes, han jugado un papel activo en este proceso invirtiendo trabajo y dinero en nuevas iniciativas agrícolas y no agrícolas. Estos procesos, ligados a la expansión del cacao y la mejora de las condiciones económicas y las políticas sociales desde la década de 1980, han posibilitado la aparición de una nueva clase media urbana-rural. Dichos agricultores, con la ayuda de la Iglesia Católica, también han participado activamente en la fundación de un movimiento sindical rural, y en la formación de una nueva coalición social que engloba a agricultores, trabajadores urbanos, empresarios y profesionales. Esta coalición ha desplazado a la élite gobernante tradicional y desencadenado un nuevo proyecto participativo de desarrollo territorial en Mutuípe, que también tiene influencia en los municipios vecinos.

En cambio, en las áreas semiáridas del valle, dominadas por grandes propietarios, la caída del café y el declive de la producción ganadera han provocado un alto desempleo y un virtual colapso de las economías locales. Aunque los impactos sociales negativos están contenidos por las transferencias federales de recursos y por la emigración espontánea, el movimiento sindical rural está presente, las innovaciones productivas son menos avanzadas en estas zonas, y las familias de la élite tradicional mantienen su poder político.

La diversidad de dinámicas encontradas en el valle de Jiquiriçá sugiere que es necesario prestar mayor atención a los procesos interrelacionados que ocurren a diferentes escalas. Las instituciones formales del gobierno local en Brasil son municipales; su escala no corresponde al nivel territorial donde tienen lugar el desarrollo económico y el cambio ambiental. Por lo tanto, se requiere de nuevas instituciones y de políticas elaboradas en torno a las necesidades territoriales comunes.

Hemos encontrado que la escala operativa de las dinámicas territoriales involucra a los municipios que comparten las mismas historias sociales, entornos naturales, sistemas de producción y enlaces a mercados de ciudades regionales intermedias. Estos grupos se solapan, pero no corresponden a la agrupación oficial de los 21 municipios del Estado que fueron designados como un *Território de Identidade*. La base social de la coalición vinculada a los sindicatos rurales afiliados a la FETRAF abarca, principalmente, a la zona forestal donde predomina la agricultura familiar a pequeña y mediana escalas. Por lo tanto, su red de influencia no es lo suficientemente amplia como para estimular un cambio productivo e institucional a través de todo el valle. Hay buenas posibilidades de que los municipios aúnen sus recursos y realicen inversiones, sobre todo, en carreteras, transporte, agroprocesamiento, educación y gestión ambiental. No obstante, la fragmentación de intereses, de orden geográfico y político, entre los prefectos municipales socava el compromiso colectivo y el propósito compartido.

Existe una variedad de foros institucionales: el organismo colegiado del *Território de Identidade*; Mercovale, una Asociación de Prefectos Municipales y un consorcio intermunicipal emergente que cubre los 25 municipios de la cuenca; un consejo de seguridad alimentaria que incluye a algunos municipios del valle y algunos de las regiones vecinas; y el comité de la cuenca *Recôncavo Sul*, que tiene como alcance tres cuencas fluviales locales, y del cual se espera el establecimiento de un subcomité para el valle de Jiquiriçá. Además, la planificación y la gestión del gobierno estatal siguen siendo organizadas en torno a las regiones administrativas preexistentes. Por este motivo, los municipios del valle de Jiquiriçá han sido divididos en dos grupos e incluidos dentro de dos regiones administrativas diferentes, cuyos centros principales son las ciudades de Santo Antonio de Jesús y Jequie, ambas localizadas fuera del valle.

Desde el punto de vista de los recursos naturales, las dinámicas de desarrollo del valle Jiquiriçá presentan dos importantes retos de política que están interrelacionados.

- Gestión ambiental. Los pastizales extensivos como una forma de uso de la tierra están llegando al límite por la erosión del suelo y el impacto sobre los recursos hídricos en todo el valle, mientras que la agricultura en pequeñas parcelas es menos viable como consecuencia de la subdivisión y sobreutilización de la tierra. Actualmente, no se incorporan acciones de gestión ambiental en las políticas agrícolas, no se promueven métodos agrícolas más sostenibles ni existe una planificación efectiva, o sistemas de incentivos para mejorar el uso de los recursos naturales.

- Diversificación económica para superar las restricciones de acceso a la tierra y la degradación de los recursos naturales. Esto requiere apoyo profesional y de gestión para impulsar la creación de pequeñas y medianas agroindustrias, introducir innovaciones en la comercialización de los productos locales, promover el turismo rural, e impulsar la enseñanza técnica y profesional vinculada a las industrias locales emergentes.

Esta situación sugiere que será necesario contar con un marco normativo para el desarrollo territorial, que permita promover la colaboración intermunicipal involucrando al gobierno local y a la sociedad civil. Este marco tendrá que fomentar el capital social vinculando a diferentes actores y grupos sociales a varias escalas, para facilitar la ejecución de estrategias y proyectos intermunicipales dirigidos a las áreas que experimentan dinámicas comunes. También será necesario reunir a esos actores y grupos sociales para que aborden, conjuntamente, los desafíos y las oportunidades que enfrenta el valle de Jiquiriçá.

Referencias citadas

Almeida, Luciene Santos de. 2008. O Vale de Jiquiriçá no contexto do circuito espacial produtivo do cacau. Tesis de Maestría, Universidade Federal da Bahia, Salvador, Departamento de Geografía, Instituto de Geociencias.

Barreto, Alessandro Costa *et al.* 2002. Modelo Participativo de gestão de recursos hídricos na bacia do Rio Jiquiriçá, Bahia Brasil. Salvador, Bahia: Consorcio Inter-Municipal do Vale de Jiquiriçá.

Batista Marcia Nogueira, Marlene Fernandes y Carlos Alberto Arruda. 2002. *Participatory Management of Water Resources in the Jiquiriçá River Basin.* Bahia y Rio de Janeiro: Instituto Brasileiro de Administração Municipal (IBAM) y Caixa Econômica Federal (CEF).

Bourdieu, Pierre. 2001. The Forms of Capital. En *The Sociology of Economic Life* editado por Mark Granovetter y Richard Swedberg. 2da. ed. Boulder, Colorado: Westview Press.

.... 2005. *The Social Structures of the Economy.* Cambridge: Polity Press.

Favareto, Arilson y Ricardo Abramovay. 2009. O surpreendente desempenho do Brasil rural nos anos 1990. Santiago de Chile: Rimisp, Programa Dinámicas Territoriales Rurales, documento de trabajo núm. 32.

Fernandes, Natanaildo Barbosa. 2008. *Capacidade de uso das terras na bacia hidrográfica do Rio Jequiriçá, recôncavo sul da Bahia.* Ilhéus, BA: UESC y PRODEMA.

Haesbaert, Rogerio. 2004. *O Mito da Desterritorialização: do "fim dos territórios" à multiterritorialidade.* Rio de Janeiro: Bertrand Brasil.

Leal, Victor Nunes. 1975 [1949]. *Coronelismo, enxada e voto: o município e o regime representativo no Brasil.* São Paulo: Alfa-Ômega.

Maia Gomes, Gustavo. 2002. *Velhas secas em novas Sertões.* Brasilia: IPEA.

Massey, Doreen. 2005. *For Space.* Londres: Sage.

North, Douglass C. 1990. *Institutions, Institutional Change and Economic Performance (Political Economy of Institutions and Decisions).* Cambridge: Cambridge University Press.

Olalde, Alicia Ruiz *et al.* 2007. Indicadores de desarrollo territorial en el valle del Jiquiriçá, Bahía, Brasil. Ponencia presentada en el primer seminario de cooperación y desarrollo en espacios rurales iberoamericanos: sostenibilidad e indicadores, organizado por la Universidad de Almería y realizado en Almería, España el 16 y 17 de octubre 2007.

Putnam, Robert D. 1992. *Making Democracy Work: Civic Traditions in Modern Italy.* Princeton, New Jersey: Princeton University Press.

Quan, Julian. 2010. Territorial Dynamics and Environmental Change in the Jiquiriçá Valley, Bahia, Brazil. Santiago de Chile: Rimisp, Programa Dinámicas Territoriales Rurales, documento de trabajo.

Raffestin, Claude. 1993. *Por uma geografia de poder* (traducido del francés). São Paulo: Editora Atica SA, Serie Geografia e Politica, vol. 29.

Rocha Souza Valdirene Santos. 2010. Participação popular na gestão territorial: análise do orçamento participativo em Mutuípe, Bahia (2002-2008). Tesis de Maestría, UNEB, Santo Antonio de Jesus, Bahia, Programa de Posgrado en Desarrollo Regional.

Rocha, Jaidson Luiz Simões. 2008. Indicador integrado de qualidade ambiental, aplicado à gestão da bacia hidrográfica do Rio Jiquiriça, Bahia. Tesis de Maestría, UESC/PRODEMA, Ilhéus, Bahia.

Sack, Robert D. 1986. *Human Territoriality: its Theory and History*. Cambridge: Cambridge University Press.

Santos, Milton. 1999. *A natureza do espaço: técnica e tempo, razão e emoção*. São Paulo: Nobel.

SEI. 2004. *Analise territorial da Bahia rural*. Salvador: Superintendência de Estudos Econômicos e Sociais da Bahia.

Tomasoni, Marco A. 2010. Aspectos da dinâmica ambiental no Vale de Jiquiriçá: recorte espacial sobre os municípios de Mutuípe, Jiquiriçá, Ubaira, e Santa Inês. Salvador, Bahia: Instituto de Geociencias, UFBA, informe elaborado para Rimisp, Programa Dinámicas Territoriales Rurales.

Capítulo 13. Formación de territorios bajo la expansión de la industria del gas en Tarija, Bolivia

Leonith Hinojosa[1], Juan Pablo Chumacero, Guido Cortez, Anthony Bebbington

Abstract

How is rural development achieved in contexts where the national development strategy is dominated by the extraction of natural resources? Based on research in Southern Bolivia, this chapter argues that rural development has been possible through a deliberated policy and institutional arrangements to facilitate the expansion of foreign investments in the gas industry; these have impacted the relationships between state and companies and the formation of territorial projects. The aforementioned strategy has produced economic progress and poverty reduction at regional and local scales under the following conditions: (1) a significant transfer of financial resources to regional and local levels of government; (2) an articulated public policy that combines investments in infrastructure and social policies; (3) the ability of local leaders and organizations to negotiate the orientation of public investment and expenditure; (4) a regional level of government capable of distributing public resources among areas with different resource endowments. Additionally, the strategy has been environmentally-sustainable due to the minor changes that the gas industry and the increase of public infrastructure have caused in the rural territories. However, the overstated popular perception of environmental change, the unequal distribution of benefits and the political confrontation for gas rents between intra-regional territories —groups within each territory— and regions at national level have reduced the potential of the gas industry to generate rural development.

---

[1] Este artículo se basa en la investigación llevada a cabo por la Universidad de Manchester, la Fundación Tierra y el Centro de Estudios Regionales para el Desarrollo de Tarija (CER-DET), en colaboración con el Centro Latinoamericano para el Desarrollo Rural (Rimisp). Fue coordinada por Leonith Hinojosa y Anthony Bebbington. Juan Pablo Chumacero y Guido Cortez fueron coinvestigadores. Karl Hennermann es coautor del capítulo ambiental y Denise Humphreys Bebbington del capítulo sobre formación de territorios. Agradecemos a Félix Modrego y Daniela Acuña por sus valiosos comentarios; a Juan Carlos Llanos, Yenny Herrera, Martha Cruz y al equipo de CER-DET por su apoyo en el trabajo de campo, y a Diego Olivera y María Cuvi por editarlo.

¿Cómo se lleva a cabo el desarrollo territorial rural? ¿Por qué unos territorios son dinámicos mientras otros quedan rezagados? ¿Qué tipo de acción pública propicia las dinámicas exitosas? Estas son algunas preguntas que académicos, políticos, activistas de la sociedad civil y los propios actores del espacio rural han tratado de responder. Son también las preguntas que han motivado el programa Dinámicas Territoriales Rurales (Rimisp 2007). En este artículo, proponemos algunas respuestas que están relacionadas con: las bases económica y ambiental; las estructuras organizativas e institucionales; las estructuras de poder y el contexto político; y las interrelaciones entre actores y espacios.

Si el "éxito" de un territorio se define como "un ciclo virtuoso localizado de crecimiento económico, inclusión social y sustentabilidad ambiental" (Rimisp 2008, 4), estudiarlo en medio de la expansión de las industrias extractivas en Bolivia requiere definir tres elementos que constituyen el concepto de dinámicas territoriales rurales (DTR): el desarrollo territorial, el territorio y el espacio rural. El primer elemento se refiere al cambio continuo orientado al crecimiento, la inclusión y la sostenibilidad ambiental. El segundo, a "un espacio rural con una identidad construida socialmente, el cual incluye un marco institucional y un conjunto de agentes sociales" (Schejtman y Berdegué 2004, 34). El tercer elemento alude a las características particulares del territorio donde los recursos naturales, transformados en capital natural y servicios ecosistémicos, constituyen la base del dinamismo. Lo rural también se refiere a que las estrategias de vida, desarrolladas por quienes lo habitan, combinan un sentido utilitario del capital natural con uno simbólico del paisaje rural.

Entender las DTR implica entender cómo los cambios económicos transforman los territorios, las ideas y los imaginarios sobre lo rural. El potencial de la riqueza mineral, por ejemplo el gas y el petróleo, coloca a las inversiones de gran escala en el centro de estrategias de desarrollo que sobrepasan lo rural. Bajo estas circunstancias, el cambio ubica a lo rural en el centro de los procesos de cambio supraterritoriales: regionales, nacionales e internacionales.

Por lo tanto, se requiere analizarlo a distintas escalas y en diferentes relaciones espaciales.

Nuestro objetivo al estudiar las DTR en Bolivia, el segundo país más importante en reservas gasíferas de Latinoamérica, es aportar al debate sobre "cómo se hace desarrollo rural" en territorios ricos en recursos minerales. Para ello, analizamos las relaciones: 1) entre la riqueza mineral y las dinámicas económicas y sociales dentro de los territorios ricos en recursos minerales; 2) entre los actores que interactúan en torno a esa riqueza; 3) entre la expansión de las industrias extractivas y la formación de territorios.

El método de investigación fue de estudios de caso en dos territorios delimitados por el espacio municipal, los que fueron comparados mediante criterios de tipo institucional y de administración pública. La selección de los dos espacios municipales se basó en las historias de conformación y evolución de cada territorio, ya que estas los diferencian entre sí. Si bien ambos están dentro de un mismo contexto y forman parte de territorios mayores, presentan diferentes resultados de desarrollo. Los municipios seleccionados fueron el de Villamontes y el de Entre Ríos, ubicados en el departamento de Tarija, en el sur-centro de Bolivia, e influidos por la expansión de la industria de hidrocarburos. Villamontes está localizado en la zona del Chaco, mientras que Entre Ríos está entre el valle tarijeño y el Chaco (mapa 13.1). Lo que comparamos fue el impacto de los factores, externos y extraterritoriales, en la transformación de esos dos espacios locales.

Mapa 13.1. Tarija, Bolivia. Ubicación de los estudios de caso

Este artículo consta de seis secciones. En la primera, presentamos el marco conceptual de nuestro análisis. En la segunda, describimos el contexto en el que se expande la industria extractiva en Bolivia y las dinámicas territoriales observadas en Tarija. La tercera aborda el tema de los actores, sus alianzas y sus proyectos territoriales. En la cuarta, discutimos el proceso de construcción de territorios y su relación con el tema de los derechos de propiedad de la tierra. En la quinta, analizamos la sostenibilidad ambiental de las DTR para visualizar las opciones y posibilidades del territorio a largo plazo. Concluimos sugiriendo las implicaciones de política pública cuando se trata de apoyar las DTR que surgen dentro de un contexto de expansión de las industrias extractivas de hidrocarburos.

1. Marco conceptual

Nuestra investigación sobre DTR toma conceptos de: estrategias de vida y acceso a activos; servicios ecosistémicos; capitales social y político; descentralización fiscal;

y articulaciones productivas. Así, combinamos elementos de la economía política, de la geografía económica y de los estudios del desarrollo. Nos ubicamos conceptualmente en:

- Los marcos generados para tratar el desarrollo territorial que enfatizan las interacciones entre lo productivo y lo institucional.
- Un concepto de 'proyectos territoriales' que plantea cómo distintos actores construyen e imponen su visión del territorio.
- El concepto de escala, que insiste en la importancia de entender la articulación entre lo internacional, lo nacional y lo local en la construcción del territorio.
- Las articulaciones productivas, que proponen relacionar las dinámicas que ocurren dentro de la estructura productiva, con los espacios físicos en los cuales suceden.
- Los conceptos de estrategias de vida y acceso a capitales que permiten entender las diversas formas de la actividad económica desarrolladas por las poblaciones rurales basándose en su acceso a activos, así como las relaciones sociales y de poder que influyen en dicho acceso.

El enfoque de las estrategias de vida permite entender cómo las poblaciones rurales cambian dependiendo de cuál sea su acceso, control y acumulación de: capital natural, como la tierra, los recursos del subsuelo, el agua, el bosque; capital físico y financiero como infraestructura, maquinaria, equipo y dinero; capital humano, capital social y capital político. De todos estos activos, el capital natural permite no solo entender los cambios de esas estrategias de vida, sino que, por generar servicios ecosistémicos (MEA 2005), permite discutir la sostenibilidad de las DTR y de las estrategias de desarrollo, basadas en la extracción de recursos naturales no renovables (Hinojosa y Hennerman 2010).

Para abordar el rol de actores y coaliciones en las DTR, articulamos los conceptos de capital social y capital político. Entendemos al primero como las relaciones de confianza y apoyo mutuo de las organizaciones y redes; sus normas de conducta y funcionamiento; y los elementos culturales. El segundo se refiere a la capacidad de influencia de los grupos que acumulan capital social cuando se toman decisiones.

Elaboramos el concepto de proyectos territoriales (Wilson 2004; Hinojosa *et al.* 2010) para entender dicha conexión, la formación de coaliciones y su efecto en las DTR.

También abordamos el debate sobre si los recursos naturales no renovables son una "maldición" o, más bien, una "potencialidad", conectándolo con el rol de la inversión pública y la descentralización fiscal. Ello permite enfocar los efectos de la acción del Estado en el desarrollo territorial, ya sea de los territorios ricos en recursos minerales como de los que no los poseen (Hinojosa 2010).

Todos esos elementos conceptuales se ubican *vis a vis* en una estrategia de desarrollo basada en la industria extractiva, que varios gobiernos de países latinoamericanos de bajos ingresos y altos niveles de pobreza vienen promoviendo. Debido a que los recursos minerales hidrocarburíferos están localizados en el área rural, y a que su forma de explotación se efectúa con grandes inversiones de origen transnacional, entender las DTR dentro de esta estrategia permite tratar las relaciones económicas y de poder a diversas escalas. Así, lo local rural se conecta con lo nacional y lo global. El argumento económico de aprovechar las ventajas comparativas mediante la inversión externa, que plantea el modelo primario exportador, se complementa con el argumento geopolítico de garantizar la autosuficiencia energética y posicionar al país en los ámbitos internacionales. A nivel local, el argumento favorable al crecimiento de la industria extractiva se sustenta en la renta que las localidades pueden obtener con la descentralización fiscal.

En los estudios sobre riqueza mineral y desarrollo, se han identificado ciertas articulaciones entre lo productivo, lo institucional y lo territorial, que el sector extractivo considera vehículos a través de los cuales se contribuye al desarrollo local. Sin embargo, para que esas articulaciones funcionen debe existir, o surgir, un conjunto de arreglos institucionales y sociales, favorables al sector extractivo que, al mismo tiempo, produzcan un crecimiento y desarrollo, a través del cual se reduzca la pobreza, mejore la distribución y se posibilite la sostenibilidad ambiental. Considerando estos aspectos normativos, conectamos los conceptos de estrategias de vida con los de capital social y capital político.

2. Expansión de la industria de hidrocarburos en Bolivia

Un punto en común de las estrategias de desarrollo impulsadas en Bolivia es haber estado basadas en la extracción y exportación de sus recursos minerales, esencialmente metales y gas, desde inicios de la época republicana. La diferencia entre uno y otro período es la ideología -nacionalista o privatizadora- bajo la cual los gobiernos asignaron los derechos de propiedad y uso de dichos recursos. Bajo el nacionalismo, el Estado se atribuye el derecho de propiedad de esos recursos, su explotación y el control de los beneficios que se deriven de esa explotación. Bajo un régimen privatizador, el Estado otorga al sector privado, nacional o extranjero, la propiedad o el derecho de usufructo de los recursos minerales, y capta los beneficios de la explotación vía impuestos u otras formas de compensación.

Desde mediados de la década de 1980, cuando se impulsaron los programas de ajuste estructural, la privatización de las industrias extractivas ha buscado atraer inversión extranjera y aprovechar las significativas reservas de gas que el país tiene (Onorato, Fox y Strongman 1998; World Bank 1996). La "nacionalización" de los hidrocarburos, que impulsa el gobierno del presidente Evo Morales desde 2006, incluye la renegociación de los contratos con las empresas internacionales, para incrementar sus contribuciones y para lograr la participación directa del Estado en la producción, transformación y comercialización del gas y del petróleo (Gaceta Oficial de Bolivia 2007).

En 20 años de aplicación de esas estrategias, el producto interno bruto (PIB) creció 113%, entre 1988-2008 (INE 2009b); se redujo el aporte de la agricultura del 17% en 1989, a menos de 15% en 2008, frente a un aumento del peso relativo de los minerales, de 11% a cerca de 15%, entre 2004 y 2008; y se produjo un reforzamiento de la dependencia externa de la economía; en menos de 10 años los hidrocarburos han pasado a representar de 6 a 50% de las exportaciones.

Paralelamente, ha habido una desconcentración de las finanzas públicas y de las decisiones estatales, que históricamente han estado concentradas en la ciudad de La Paz. En la década de 1990, se promovió una descentralización administrativa y fiscal, con lo cual las municipalidades adquirieron poder de decisión en sus jurisdicciones territoriales, particularmente en el área rural, y recibieron recursos financieros. Hacia 2006, con la reformulación de la Ley de Hidrocarburos, se reforzó la descentralización fiscal, a través de los recursos asignados a los gobiernos departamentales y municipales.

Junto a lo anterior se reformularon el Servicio Nacional de Reforma Agraria y el régimen de distribución de tierras, conocido como la Ley INRA (núm. 1715 del 18 de octubre de 1996), la cual no solo define el marco normativo para el reconocimiento de los derechos de propiedad de las tierras, sino que, en la práctica, también da lugar a una nueva reforma agraria (Urioste 2001).

2.1. Las dinámicas territoriales rurales en Tarija

En varias regiones llanas del 'oriente boliviano', particularmente en los departamentos de Tarija y Santa Cruz y en algunos valles de Cochabamba y La Paz, la agricultura comercial a mediana y gran escala es el centro de las DTR. En otras regiones, como el Chaco tarijeño, el dinamismo está ligado a la expansión de la extracción de hidrocarburos y la inversión pública financiada por las rentas de esa extracción.

Las dinámicas territoriales de las dos décadas previas a la expansión del gas (de 1980 y 1990) son diferentes a las actuales por tres factores: la ubicación geográfica y la articulación con los centros urbanos; la disponibilidad de activos naturales para la agricultura comercial; y la capacidad de los actores de cada sector productivo para hacer alianzas. En los valles de las provincias del centro y oeste de Tarija, buena parte del dinamismo se explica por el sector vitivinícola, que emergió de un grupo empresarial de tamaño medio (para los estándares de Tarija y de Bolivia), el cual se habría beneficiado del mercado que se abrió con el crecimiento de la ciudad de Tarija y de otros centros urbanos menores (Beck, Paniagua y Preston, eds. 2001), así como con la inversión pública realizada a partir del petróleo y la producción de azúcar en la provincia de Bermejo. Este sector de la agroindustria junto con el crecimiento urbano habrían potenciado a un significativo grupo de agricultores de los valles e incidido en los flujos migratorios de retorno (Junta del Acuerdo de Cartagena 1988). En la zona del Chaco, hacia el sureste del departamento, las dinámicas habrían estado dominadas por el desarrollo comercial de la frontera y por el crecimiento urbano de Yacuiba. Como resultado hubo un relativo equilibrio en la composición del PIB departamental, entre la agricultura, los hidrocarburos, las manufacturas y los servicios. Las repercusiones de estas dinámicas en el bienestar social también han sido positivas: el porcentaje de la población con necesidades básicas insatisfechas disminuyó de 69 a 51% durante el periodo intercensal 1992-2001. También se redujo la pobreza extrema, de 35,9 a 14,6% (INE 2009b).

Con la expansión de las explotaciones del gas, a partir de 2000, El Chaco y Tarija se han reposicionado en el escenario económico y político nacional. El potencial concentrado en el departamento de Tarija -30% del petróleo nacional, 56% del gas natural y alrededor del 85% de las reservas de gas del país, según CEDLA (2008)- cambió substancialmente la estructura productiva de la economía departamental, sus finanzas públicas y el peso relativo de cada subterritorio (Hinojosa *et al.* 2010).

2.1.1. Las dinámicas territoriales desde la expansión de la explotación del gas

A inicios de la década 2000, Tarija buscó la expansión de la explotación de gas para exportarlo a México, Estados Unidos y Chile. La disputa que esto provocó en otros grupos y regiones del país desencadenó "la guerra del gas", que refleja la lucha por el control de esas rentas (Molina *et al.* 2009; Perreault 2006; PIEB y JAINA 2005). Tal como sugiere el Vicepresidente de Bolivia, fue también el resultado del empoderamiento de una clase plebeya hasta entonces relegada (García Linera 2010) y de la pugna de varios grupos por imponer sus visiones de los "proyectos territoriales" (Hinojosa *et al.* 2010). El conflicto que se generó en torno a la distribución de las rentas de los hidrocarburos provocó reformas del Estado y del territorio nacional, así como la promulgación de una nueva Constitución y de cinco leyes fundamentales, entre ellas la Ley de Autonomías.

En Tarija, hubo una cierta unidad en torno a la expansión del sector extractivo (Lema 2008), pero también disputas entre los líderes de los subterritorios y sus respectivas instituciones, relacionadas con el control de las rentas y el reposicionamiento en la geopolítica regional y nacional. Así, el significativo cambio en el flujo de rentas provenientes del gas ha estructurado las relaciones institucionales en el departamento.[2]

Estas relaciones entre las escalas nacional, regional y local son decisivas para entender las dinámicas territoriales. Las decisiones de política pública, que se tomen y ejecuten en los niveles institucionales establecidos para la administración estatal (gobierno central, prefectura o gobierno departamental y gobiernos municipales), dependen de la legitimidad política de cada nivel, puesto que afectan a sus respectivas jurisdicciones así como al proceso de conformación de territorios.

El cambio en las dinámicas económicas de la región de Tarija durante la última década ha reavivado los conflictos intrarregionales alrededor de la tierra y los recursos naturales (Chumacero 2010b). Actores del área rural como los ganaderos, los campesinos, los agricultores, las comunidades menonitas, los grupos indígenas y el movimiento de los sin tierra se han enfrentado y han tratado de respaldar sus reivindicaciones a través de estrategias diferentes. Una ha sido la construcción y fortalecimiento de espacios de "segundo nivel" que los articulen y representen; otra ha sido la relación directa de las organizaciones indígenas de base con el gobierno, las empresas o las ONG. Pero el proceso de fortalecimiento institucional y de representaciones no ha sido fácil. Por ejemplo, en 1989 se formó la Organización de Capitanes Weenhayek y Tapiete (ORCAWETA) con participación de los pueblos weenhayek y

---

[2] Por ejemplo, entre 2004 y 2008 los recursos controlados por la Prefectura de Tarija se incrementaron de 523 millones de bolivianos a 1.982 millones de bolivianos, mientras que los de los municipios subieron de cero a 444 millones de bolivianos (Chumacero 2010a).

tapiete, pero en 2004 este último se retira y más tarde adhiere al Consejo de Capitanes Guaraníes del departamento de Tarija (CCGT), el cual representa a los guaraníes del Chaco -mas no a los guaraníes de la Itika Guasu- el grupo más numeroso y significativo del pueblo guaraní en Tarija. No obstante estas diferencias, todos suscriben a la Confederación de Pueblos Indígenas de Bolivia (CIDOB), pero apoyan su acción solo bajo determinadas condiciones. Además, mientras la participación de la ORCAWETA en la CIDOB es directa, la del CCGT se da a través de la Asamblea Nacional de Pueblos Guaraníes, y la adhesión de la Itika Guasu a la Asamblea Nacional del Pueblos Guaraníes es sobre todo circunstancial. Bajo estas diferentes estrategias, los pueblos indígenas participaron en los procesos electorales locales y nacionales, y crearon comités para relacionarse intra y extraterritorialmente. Los cambios de estrategia también estuvieron influenciados por los cambios de la legislación respecto de las formas de representación indígena reconocidas por el Estado, lo que paulatinamente fue facilitando su participación directa en procesos electorales y no solamente a través de los partidos políticos. Si bien al inicio este tipo de articulaciones debilitó las alianzas dentro de los pueblos indígenas, pues facilitó el clientelismo y el desarrollo de relaciones asimétricas, con el fortalecimiento de las organizaciones indígenas, los cambios en la legislación y el progresivo acceso de los pueblos indígenas a los derechos ciudadanos básicos, también incrementaron sus posibilidades de participación en procesos políticos y económicos que involucran decisiones sobre su población y sus territorios (Cortez 2010).

Las articulaciones entre actores territoriales y extraterritoriales también se dieron dentro de las instituciones públicas, por motivos administrativos y políticos, por ejemplo, entre los municipios o entre municipios y el gobierno nacional. Los cambios institucionales realizados para impulsar la estrategia de "desarrollo a través del gas", así como los que surgieron durante la construcción de los proyectos territoriales, han provocado la superposición de atribuciones dentro de los organismos estatales que determinan la propiedad y control de los recursos naturales. Por ejemplo, no solo el Instituto

Nacional de Reforma Agraria (INRA) es el organismo que norma la adjudicación y control de la tierra, sino que también se aplica la Ley de Hidrocarburos, que es implementada por Yacimientos Petrolíferos Fiscales Bolivianos(YPFB) y el Ministerio de Hidrocarburos y Energía.

2.1.2. Dinámicas económicas rurales en Villamontes y Entre Ríos

En la dinámica territorial del municipio de Villamontes, ha dominado el espacio urbano desde la década de 1990. Desde mediados de la década de 1950 hasta el año 2000, Villamontes se ha identificado como "territorio ganadero", aunque su economía es, más bien, diversificada: ganadería bovina extensiva y tradicional con bajo rendimiento; pesca comercial con algo de manufactura; y agricultura principalmente de subsistencia y de secano. El principal mercado para la agricultura y ganadería ha sido la ciudad de Tarija, mientras que para la pesca son Tarija y las ciudades de Bolivia. No obstante, debido a la carretera asfaltada, Villamontes está más articulado con el departamento de Santa Cruz, al norte, y Yacuiba, al sur.

La dinámica económica de Entre Ríos ha estado, históricamente, marcada por las actividades agropecuarias, aunque significativamente decrecientes. Mientras en 1972 la agricultura, ganadería, caza y silvicultura fueron las principales actividades del 71,6% de la población, en 2001 lo fueron para el 47% (INE 2005). Producen maíz, maní, fruticultura, horticultura y ganadería vacuna a pequeña escala; venden esos productos principalmente en la ciudad de Tarija, y estacionalmente, en los mercados de los centros urbanos menores del departamento de Santa Cruz y en la ciudad de La Paz.[3]

Esas dinámicas rurales no cambiaron mucho en ninguno de los municipios cuando se expandió la explotación del gas en el departamento. No obstante, en Villamontes, Entre Ríos y en otros municipios del Chaco ha aumentado el número de personas que trabajan en los servicios ligados al sector del gas: construcción, hotelería y *catering*, servicios no calificados y

---

[3] Testimonios de dirigentes agrarios e indígenas y de miembros del equipo de CER-DET recogidos en Entre Ríos en septiembre de 2009.

comercio.[4] Además, el empleo generado por las empresas de hidrocarburos y las empresas contratistas que ejecutan obras para los municipios y la prefectura, habría inducido la migración interna y desde otras zonas del país hacia Tarija y el Chaco tarijeño.

Si bien la mayoría de las articulaciones productivas con mayor valor agregado son las que establecen las empresas de la industria del gas con las empresas subcontratistas de Santa Cruz, porque esta ciudad concentra los servicios, la infraestructura y el personal que las empresas requieren, la industria del gas también se ha articulado con los negocios locales y ha motivado nuevos cuyos capitales también son locales. Pero lo que más impacto ha causado en la economía de Villamontes, en la de la ciudad de Tarija y en los valles del resto del departamento es la inversión pública mediante la transferencia de rentas del gas. Esta inversión se ha destinado a: infraestructura vial, habilitación urbana, electrificación rural, infraestructura de servicios de educación y salud en el área rural y, muy recientemente, a infraestructura hídrica en Villamontes (Chumacero 2010b; Hinojosa 2010; Ministerio de Hacienda 2008).

Tales dinámicas económicas han incentivado la diversificación de las actividades productivas y han influido en la reducción de la pobreza. Esta tendencia, que apareció a inicios de la década de 1990, se ha reforzado durante la década de 2000 (Hinojosa 2010): Tarija consta entre los departamentos que presentan los más altos índices de desarrollo humano del país. Asimismo, hay signos de que ha mejorado la distribución de ciertos activos, sobre todo a favor de los grupos indígenas (Cortez 2010).

No contamos, sin embargo, con evidencias concluyentes respecto a los efectos de esas dinámicas sobre las vocaciones productivas e identidades territoriales. En Villamontes "lo ganadero" continúa dominando en el discurso y orientando la asignación de recursos públicos. Sin embargo, los propios ganaderos consideran que, en la década de 2000, la productividad del sector ha caído, el *stock* de ganado no ha crecido

---

[4] Cortez (2010) y entrevistas con varios informantes realizadas en 2009 y 2010.

significativamente y la demanda de los mercados locales se ha reducido por la competencia de los ganaderos de Santa Cruz y de la carne argentina que ingresa vía contrabando. También los costos laborales aumentaron por la reducción de la oferta de mano de obra, debido al desplazamiento de trabajadores asalariados a sectores mejor remunerados, como la construcción, y a la reducción del patronazgo y esclavitud de indígenas.

La principal externalidad de la expansión de la explotación del gas en las dinámicas territoriales descritas sería el deterioro de la base social de los municipios y el departamento, por los conflictos relacionados con el acceso a los activos naturales y las disputas sobre los límites territoriales. Respecto a su impacto ambiental, aunque se insiste en que se han reducido los recursos forestales, se ha contaminado el agua y se ha excluido a poblaciones locales, privándolas de los activos naturales que requieren para su supervivencia (CERDET 2006; Mamani, Suárez y García 2003), no pudimos comprobar que hubiera un importante deterioro de los activos naturales que soportan las dinámicas territoriales de Villamontes y Entre Ríos.

3. Principales actores, sus alianzas y proyectos territoriales

Un punto tienen en común Villamontes, Entre Ríos y la ciudad de Tarija: el rol que las élites urbanas han jugado en la conformación de alianzas y la creación de proyectos territoriales. En Tarija son las redes familiares de ingresos medioalto y alto, las que tienen inversiones en la agroindustria, la construcción, los medios de comunicación y en los servicios médicos, legales y educativos. También pertenecen a esas élites funcionarios de la Corte de Justicia, intelectuales y militares; algunos de sus miembros han conformado los partidos políticos conservadores, de derecha y centroderecha, y han sido miembros de logias masónicas. Tradicionalmente, estos grupos han ocupado el gobierno departamental y el de la ciudad; desde allí han impulsado un proyecto territorial mediante un corredor bioceánico que facilite la exportación del vino y el *singani* desde zonas no gasíferas. Bajo el lema de que "el gas se siembra", para referirse a que el ingreso producido por el gas puede generarse también a partir de otros sectores más articuladores, se han promovido inversiones estratégicas en cadenas productivas diversificadas, mediante las cuales se articularía a Entre Ríos con la ciudad de Tarija y con las otras provincias del oeste del departamento.[5]

Las tradicionales élites urbanas de Villamontes son las 'familias extendidas' que han combinado el poder económico, sobre todo ganadero, con el político, a través del acceso a la administración pública. Con el crecimiento urbano, ocurrido desde la década de 1990, se han dedicado a actividades comerciales y de servicios. La generación más joven, que vive en la ciudad y ha accedido al poder político vía la administración municipal u otras instancias estatales, guarda estrechos lazos con sus familiares que continúan radicados en el área rural, dedicados a la ganadería, la pesca comercial y la agricultura. Como señala Cortez (2010), estas conexiones inciden en las decisiones que se toman con respecto a la inversión pública y en la formación de coaliciones territoriales.

La élite urbana de Entre Ríos se formó recientemente. Guarda una estrecha relación con la ciudad de Tarija mediante el flujo migratorio que circula en ambas direcciones; se ha concentrado en el centro poblado mayor y participa en la administración pública, el comercio y los servicios a pequeña escala. Desarrolla la acción pública desde los cargos que sus miembros ocupan en la administración municipal. Su proyecto territorial -si es que tiene alguno- es articularse a la ciudad de Tarija mediante las cadenas productivas.

3.1. Los actores rurales y la formación de coaliciones

En Villamontes y Entre Ríos, quienes han vivido en el espacio rural han sido los ganaderos, el campesinado y los pueblos indígenas. Desde la explotación del petróleo y el gas, se les han sumado las empresas de hidrocarburos.

---

5 Ver también AUTAPO 2009.

La reforma agraria de 1953 marcó el surgimiento de los actores rurales en Tarija, pues sentó las bases para la apropiación del espacio rural. Según Cortez (2010), esta reforma dio lugar a ocupaciones de facto protagonizadas por familias urbanas y campesinos migrantes. Algo de tierras se asignó a los grupos indígenas, pero sobre todo se los arrinconó en lugares poco productivos. No obstante, lo dominante fue el establecimiento de la ganadería como actividad que definía lo rural en el Chaco, principalmente en Villamontes. La dirigencia de los ganaderos se ha articulado a los espacios urbanos, donde se decide sobre lo rural, y ha ejercido influencia política directamente, a través de la administración pública, e indirectamente apoyando a los partidos políticos 'más tradicionales'. El sector ganadero de Entre Ríos ha sido mucho más pequeño. Además, como ha habido restricciones para acceder a la tierra y el agua, solo se ha desarrollado en algunas zonas del sur de la provincia. Por lo tanto, su peso político ha sido mucho menor que el de Villamontes. Mientras en Villamontes los ganaderos han formado alianzas con todas las instancias de los gobiernos local y departamental, en Entre Ríos se han articulado más al gobierno departamental.

El campesinado es el grupo que se ha dedicado, fundamentalmente, a la agricultura; está integrado por la población local y por migrantes del interior del departamento y de las zonas del Altiplano boliviano. En Villamontes, tiene poca importancia, debido a la escasez de agua para riego, mientras que en Entre Ríos, donde hay más agua disponible, la actividad agrícola está más difundida, aunque a escalas pequeñas. Al no ser indígenas originarios, el campesinado se ha beneficiado menos de los procesos de titulación de tierras (Chumacero 2010b). La participación política de este grupo no ha sido importante en ninguno de los municipios; desde inicios de la década de 1980, cuando comenzó a haber elecciones locales, la Federación Campesina se ha orientado a brindar apoyo electoral de tipo clientelar. En Villamontes ha apoyado al Movimiento al Socialismo (MAS), partido del gobierno central; con ello la organización campesina ha logrado tener algunos representantes del grupo en la Asamblea Plurinacional, los cuales representan a los campesinos, no a los productores agrícolas. Las pocas alianzas políticas que se han establecido entre campesinos e indígenas han sido coyunturales y débiles, debido a que ambos grupos compiten por el acceso a la tierra y otros recursos naturales.

Han sido los grupos indígenas guaraníes, weenhayek y tapiete los que han ocupado buena parte de los espacios rurales en Tarija, especialmente en el Chaco. A pesar de que el número de integrantes de estos grupos se ha reducido significativamente, como resultado de la enajenación y desposesión de sus activos naturales, siguen siendo sujetos importantes del espacio rural. Desde la década de 1980, aparte de la pesca comercial, el resto de sus actividades económicas rurales y la fuerte migración están orientados a la supervivencia. Con la influencia de los acuerdos internacionales basados en el Convenio 169 de la Organización Internacional del Trabajo (OIT), a partir de los años 1990 su presencia ha sido más frecuente en los escenarios de concertación política del departamento y del país.

Dicha visibilidad no se debe solo a factores exógenos. En Tarija, las organizaciones indígenas surgieron en la década de 1980, junto con otras de las zonas bajas de Bolivia, principalmente del departamento de Santa Cruz. Una de las primeras ha sido la Asamblea de Pueblos Guaraníes (APG), de la cual nació la APG Itika Guasu en Entre Ríos, donde es muy fuerte. El proceso organizativo del pueblo weenhayek, en Villamontes, fue más tardío y se dio en áreas geográficas más restringidas. Las organizaciones guaraníes del Chaco son más débiles (CERDET 2006) y el pueblo tapiete está poco organizado (Humphreys Bebbington 2010; Humphreys Bebbington y Bebbington 2010a y b).

Las organizaciones de los pueblos indígenas se han conformado jerárquicamente, desde la comunidad hasta la federación nacional, con la intención de facilitar la participación y representación frente a otras organizaciones y el Estado. No obstante, desde la expansión del gas, las articulaciones, alianzas y negociaciones de las diversas instancias de representación indígena con los sectores de gobierno y con los actores privados se establecen de forma instrumental e inclusive clientelar.

3.1.1. El efecto del gas sobre el capital social y el capital político

Uno de los impactos más importantes de la expansión de la industria del gas en Tarija ha sido el trastrocamiento tanto de las estructuras organizativas en los escenarios políticos local y regional, como de la articulación de lo local con los espacios y actores extrarregionales, que definen las dinámicas territoriales de la última década (Cortez 2010; Hinojosa *et al.* 2010). Este efecto forma parte de un contexto más amplio, donde han cambiado las estructuras de poder dentro del Estado, los grupos que acceden al poder y las formas en que se relacionan los actores entre sí. Todo esto influye en las DTR y en la conformación de los territorios.

Esas alianzas facilitaron el acceso a los espacios de poder en Tarija hasta 2006. Los canales iban desde arriba hacia abajo; desde "la sede departamental", localizada en la ciudad de Tarija, se incorporaba tanto a líderes de partidos políticos de los centros urbanos mayores como a dirigentes de las localidades rurales. Era claro el modelo de centralización departamental con desconcentración administrativa para la gestión pública

La descentralización fiscal *de jure*, la "nacionalización" del gas, la nueva Ley de Hidrocarburos, así como la descentralización intrarregional *de facto* (Hinojosa 2010) han propiciado la extinción de la antigua clase política representada en partidos tradicionales (Seoane 2005; Vacaflores y Lizárraga 2005). Ha surgido una nueva clase política conformada por agrupaciones de diversa naturaleza, como los comités cívicos regionales y departamentales, los comités locales de desarrollo y las organizaciones indígenas. Todas estas agrupaciones se disputan la repartición de las rentas de los hidrocarburos, pero muy poco han aportado a la definición de la política social y de reducción de pobreza (Cortez 2010; Chumacero 2010a; Hinojosa 2010). Esto junto con la superposición de programas sociales implementados por el gobierno central, resta eficiencia y sostenibilidad a la política social (Frets-Cibils, Giugale y Luff 2006).

El "efecto gas" ha posibilitado a sectores como el campesinado encontrar un espacio para negociar su apoyo político a las organizaciones y dirigentes regionales y locales, a cambio de que sus demandas reciban atención y reconocimiento. Es así como ha cobrado fuerza la federación de comunidades campesinas de Tarija, la cual logró negociar con la Prefectura de Tarija, en 2007, un bono anual de aproximadamente USD 285 por familia "campesina", destinado a la compra de animales o implementos agrícolas. Es el único de este tipo en el país.

Ese "efecto gas" también ha vuelto visibles a los pueblos indígenas originarios de tierras bajas, en las esferas económicas y políticas de la región. La expansión del gas refuerza las reivindicaciones de sus derechos de propiedad sobre la tierra y el territorio, pero también aumenta su vulnerabilidad con respecto a las decisiones que se toman fuera de sus territorios y del departamento (Chumacero 2010b; Fundación Tierra 2009).

4. La construcción de los territorios

Para entender las relaciones entre la expansión de las industrias de hidrocarburos y las dinámicas territoriales, se requiere analizar los efectos de tales relaciones en las estructuras geográficas, regionales y nacionales.[6]

Desde que comenzaron las disputas en el ámbito nacional sobre cómo explotar el gas y cómo distribuir las rentas, la formación de territorios en Tarija dejó de ser un proceso endógeno y pasó a estar fuertemente influenciado por factores extraterritoriales. Algunos actores locales coinciden en que debería haber un solo discurso regional, que incluya todas las identidades territoriales: el tarijeño, el chapaco, el chaqueño, el indígena, el campesino chapaco y el citadino (Lizárraga y Vacaflores 2007, 25). Las élites urbanas de la ciudad de Tarija, al inicio también de Villamontes, han usado el discurso del gas para insertar la economía de su departamento o de sus municipios en los circuitos internacionales; de ahí que presten tanta importancia a la construcción de redes viales y apoyen a los agentes económicos mejor posicionados en los grandes mercados. El discurso de los líderes de Villamontes apunta a lograr el control de las rentas del gas, para promover una articulación con los principales mercados urbanos donde se comercializa la producción local; su

---

6 Esta sección está basada en Hinojosa *et al.* (2010).

principal espacio para la gestión territorial es la municipalidad. El discurso de los grupos indígenas demanda el reconocimiento de sus derechos territoriales sobre el espacio que reclaman como suyo; es así como pretenden negociar directamente con el gobierno y las empresas algunas retribuciones o compensaciones financieras. El discurso del gobierno central ha evolucionado desde un proyecto central 'nacional', cuyo eje estaba en La Paz, hacia uno de 'autonomías' que delega atribuciones con carácter territorial a espacios subnacionales.

En todos esos discursos, es el control de las rentas del gas lo que vuelve tangibles las relaciones de poder entre los diversos agentes y sienta las bases financieras para llevar adelante sus respectivos proyectos territoriales. Este proceso de construcción del territorio ha provocado tensiones, conflictos y la redefinición de los proyectos territoriales. El proyecto de un departamento unificado, que se gestó en 2006, se frustró con la división administrativa en 2010 entre la nueva región de "El Chaco" y el resto del departamento. Esto quiebra el poder del gobierno regional, establecido en Tarija, y así incrementa las posibilidades de que el gobierno central controle los recursos que el gas produce en El Chaco.

Todos esos acontecimientos sugieren que, en la construcción de territorios en Tarija, se confrontan la idea de territorio como el espacio político para la *administración* del desarrollo local, con la idea de territorio donde se *toman las decisiones* sobre la gestión del desarrollo.

Por ejemplo, algunos líderes locales reclaman la autonomía territorial usando argumentos históricos (Quejerazu 1971) y otros destacando la riqueza natural, como se describe en la siguiente nota:

> Conviene recordar que al año de 1810, Tarija igual que Paraguay y Uruguay éramos provincias de Argentina y que los "intereses" de no más de 17 comerciantes afincados en la tierra misma, fuertemente ligados al mercado de Potosí, nos ensartaron en Bolivia, mientras que las otras provincias, terminaron siendo Estados soberanos. No es tarde para repensar en estos hechos, porque –tampoco– fuimos parte formal y reconocida de Bolivia hasta el año de 1889. Lo que

> significa que Argentina recién resigna sus derechos sobre Tarija después de 63 años, al menos.
> El pueblo nuestro es esencialmente autónomo y libre de origen, y su anexión se debe a un acto de fidelidad por autodeterminación precisamente; para ser no solamente castigados con una guerra donde perdimos más de 270.000 kilómetros cuadrados; y hay quienes -en el occidente- que creen que "han ganado la guerra con el Paraguay", miran a Tarija como su "billetera" del gas.[7]

Los campesinos equiparan "territorio" con el espacio que les garantice el control de los recursos básicos para su producción y reproducción: tierra, agua y bosque (Calzavarini 2006, citado en Lizárraga y Vacaflores 2007).

Junto a la demanda por tierra, en el planteamiento indígena se reclama un dominio total del territorio, lo que incluye el control de los recursos del subsuelo, entre ellos, los hidrocarburos. Como señala De Vries (1998), el desafío actual de las comunidades y organizaciones indígenas consiste en:

> [...] consolidar territorios viables que faciliten un desarrollo como ellas mismas se lo plantean: 1) la consolidación jurídica de la propiedad del territorio y del acceso a los recursos naturales en su interior; 2) la consolidación de la gestión indígena del territorio, tanto para administrar internamente el propio espacio, como para negociar y relacionar con sectores no indígenas presentes en el territorio; 3) la consolidación económica y social, mediante el desarrollo de las comunidades de la manera que ellas mismas proponen.

5. El rol del capital natural y la cuestión de la sostenibilidad en las dinámicas territoriales rurales

En un modelo de desarrollo basado en la extracción de recursos no renovables, la explotación del capital natural y su

---

[7] "Bolivia - ¿Autodeterminación para Tarija?". Publicado el 24 de noviembre de 2007 en Columnistas, Internacional, Oscar E. Lazcano H. (http://www.lahistoriaparalela.com.ar/2007/11/24/bolivia-%C2%BFautodeterminacion-para-tarija/).

capacidad de generar servicios ecosistémicos son cruciales para las DTR. Hinojosa y Hennermann (2010) sugieren usar dos enfoques complementarios para analizar la relación entre el ambiente y las dinámicas territoriales: el que considera que los activos naturales condicionan las DTR, y el que mira el impacto de las DTR en el medio natural y su capacidad de generar servicios ecosistémicos. De esta forma, las posibilidades de un territorio para emprender procesos sostenibles de desarrollo humano dependen del capital natural y de su potencial para producir servicios ecosistémicos. Las industrias extractivas de hidrocarburos, en tanto usan el capital natural, inciden en la reconfiguración del territorio (Hinojosa *et al.* 2010). Asimismo, las transformaciones del capital natural (Chumacero 2010a) condicionan la provisión de servicios ecosistémicos y, con ello, el desarrollo de nuevas dinámicas territoriales.

Un tema del debate sobre la sostenibilidad se da respecto del tipo de conocimiento, tradicional o moderno, usado para respaldar los argumentos sobre la sustentabilidad de las industrias extractivas. En el estudio de los efectos ambientales de las DTR en Tarija, Hinojosa y Hennermann (2010) combinan elementos del Sistema de Evaluación de Ecosistemas (MEA 2005) con los enfoques de estrategias de vida. Mediante el análisis de imágenes satelitales, cuantificaron el cambio ambiental originado por las DTR en los últimos 10 años; mediante entrevistas, recogieron los cambios ambientales 'percibidos' y los factores en los que se basan los conflictos socioambientales. A partir de ello, discuten la sostenibilidad socioambiental de la expansión de la actividad hidrocarburífera y la gobernanza del capital natural, durante el periodo 2001-2008. Sostienen que:

> Ni la expansión de la explotación de hidrocarburos, ni las DTR que la acompañaron, han generado cambios que indiquen significativo deterioro ambiental o que muestren un nivel de mejora que satisfaga las expectativas del impacto esperado de las rentas gasíferas. En este sentido, se puede sugerir que la industria del gas puede ser ambientalmente sostenible y que la mejora del medio natural para la produc-

ción de servicios ecosistémicos depende más bien de cómo se use la renta del gas. (Hinojosa y Hennermann 2010, 33.)

También sugieren que el cambio ha afectado más aquellas zonas que ya estaban en condiciones de desventaja relativa, y donde se concentran poblaciones indígenas o pequeños campesinos. La desigual distribución geográfica de los cambios de los factores que afectan la generación de servicios ecosistémicos, junto con el conflicto por el acceso al capital natural y las rentas de los hidrocarburos, llevan a una conclusión menos optimista respecto de la sostenibilidad socioambiental de las estrategias basadas en las rentas del gas. Así, dos serían los aspectos fundamentales de la gobernanza de los recursos naturales: 1) conceptualizar el medio natural incluyendo el enfoque de capital natural, los servicios ecosistémicos, así como las relaciones de poder que determinan el uso, intercambio y transformación de los activos naturales; 2) considerar que los activos naturales y los servicios ecosistémicos requieren regulación social y estatal, así como articular el tema de los derechos de propiedad sobre los activos naturales al de los proyectos territoriales que conducen a DTR inclusivas y sostenibles.

6. Conclusiones

Desde inicios de la década de 2000, las dinámicas territoriales en Tarija han estado marcadas por la expansión de la industria del gas. A través de la renta fiscal que genera esa industria, el Estado ha ampliado la inversión pública y ha inducido cambios institucionales para facilitar la expansión de dicha industria, y ha establecido normas para regular la distribución descentralizada del ingreso fiscal. Estos cambios han transformado las relaciones del Estado, tanto con las empresas de hidrocarburos como con las organizaciones sociales locales.

La expansión de la industria extractiva, que actualmente sustenta la estrategia de desarrollo de Bolivia, es particularmente útil para entender los procesos de cambio de los espacios locales, así como las transformaciones de las relaciones económicas, sociales y políticas entre los territorios, a diversas escalas. Las dinámicas territoriales generadas con la expansión también ayudan a comprender la construcción de los territorios y a reconceptualizar el rol del área rural en el desarrollo.

Dicha expansión ha sido identificada como estratégica para reposicionar al Chaco dentro de Tarija, a Tarija dentro de Bolivia y a Bolivia dentro del continente sudamericano. La generación y apropiación de la renta del gas ha constituido la base de todos los proyectos territoriales identificados durante nuestra investigación. Los reparos de algunos sectores respecto del daño ambiental que esa industria pudiera provocar, así como del surgimiento de una cultura rentista en los organismos estatales y en las organizaciones comunitarias (McGuigan 2007; Laserna 2006), no han sido lo suficientemente fuertes como para impulsar proyectos que no dependan de los recursos provenientes del gas. Asimismo, la reciente preocupación de ir "más allá del gas" ha debilitado el cuestionamiento a la expansión *per se* de la industria. Antes bien, ha cobrado fuerza la posición de que mientras estén disponibles los recursos financieros producidos por el gas, mejor usarlos para impulsar un desarrollo más diversificado e inclusivo en Tarija. Por ello, las iniciativas de desarrollo productivo en el área rural no han chocado con la expansión de los hidrocarburos, al menos hasta 2010, año en el cual terminamos nuestra investigación. No obstante, las recientes protestas de grupos indígenas y rurales contra una expansión indiscriminada, que ocupe zonas ecológicamente vulnerables, están anunciando los potenciales problemas de sostenibilidad, a largo plazo, de este modelo extractivista.

Los procesos desencadenados con la expansión de la industria del gas en Tarija ayudan a responder las preguntas planteadas al inicio de este artículo. La primera constatación es que los procesos de cambio económico y transformación social están estrechamente ligados: el crecimiento que se ha observado en Tarija ha estado fuertemente influenciado por el gasto y la inversión estatal. En buena cuenta, la reducción de pobreza puede ser considerada como un resultado combinado de la acción del Estado subnacional, mediante la política social, y de las iniciativas de aquella población que ha logrado articularse al crecimiento inducido por el gas o que, mediante la presión social, ha conseguido que los recursos, públicos y privados, se dirijan hacia determinados grupos.

Una segunda constatación es que el capital social y el político están articulados entre sí, a través de las alianzas entre nuevos actores sociales y políticos. Si bien estas han servido para 'palanquear' recursos y, en alguna medida, modificar ciertas estructuras de poder, ya que están participando grupos que antes estuvieron excluidos de las esferas de poder, todavía es débil la concatenación entre ambos capitales. La influencia de la industria del gas en este proceso ha sido múltiple. Por un lado, la gran inversión privada y la intervención del gobierno central, facilitando la expansión de la explotación del gas, han provocado que grupos de las poblaciones locales, quienes han sido afectados o se han sentido amenazados, se aglutinen para enfrentar los efectos adversos de tal expansión. La articulación de grupos y la eventual formación de alianzas han sido posibles por la mayor disponibilidad de activos financieros y físicos generados por la industria extractiva. Pero también se han socavado las estructuras organizativas comunitarias, locales y regionales.

Una tercera constatación es el cambio institucional que se ha producido, particularmente con respecto al control de los activos naturales como el gas y la tierra. Lejos está de ser un cambio solo tecnocrático ligado a la administración de recursos. Antes bien, es un reflejo de las nuevas relaciones de poder que se han establecido entre los gobiernos nacional y subnacionales, y los actores locales. Es claro que el cambio institucional ha facilitado la expansión de la industria extractiva y que esta ha sido apoyada por todos los grupos de poder; en los ámbitos local y regional ha habido una decisión de articular los beneficios de la expansión al reforzamiento de las dinámicas territoriales, sustentado en proyectos territoriales. Si bien es cierto que parte del éxito de las dinámicas territoriales observadas se debe a la descentralización y desconcentración administrativa, al ser estas 'inducidas desde arriba' (Martínez 2008) han introducido elementos externos a los procesos de formación de los territorios, los cuales han distorsionado los proyectos territoriales y vuelto más complejo el escenario en el que tienen lugar las DTR.

Finalmente, el cambio ambiental provocado por la expansión de la industria extractiva y las DTR muestra que la relación entre el medio natural y el desarrollo es fundamental para conseguir un 'éxito sostenible'. Esto es lo que introduce una significativa diferencia entre el sector de hidrocarburos y la minería, ya que en esta última los conflictos socioambientales son los que condicionan el desarrollo de las zonas ricas en minerales (Bebbington *et al.* 2008). Si bien la expansión de la industria de hidrocarburos no ha generado significativos cambios ambientales, los que se dieron por efecto de factores que rebasan la industria extractiva y las propias DTR han provocado un deterioro del capital natural, lo cual ha perjudicado más a las zonas ocupadas por las poblaciones más vulnerables. Por ello concluimos que las políticas, pública y privada, deben considerar un sistema de gobernanza ambiental, el cual posibilite que el 'éxito' de aquellas DTR que forman parte de los modelos de desarrollo basados en la industria extractiva se traduzcan en un crecimiento que favorezca la disminución de la desigualdad y la sostenibilidad ambiental.

Los temas de política pública en los que coincidieron los 138 actores entrevistados durante nuestra investigación son:

1. El modelo de desarrollo territorial basado en la explotación de gas debe generar empleo, resolver la escasez de agua en El Chaco y asegurar que las rentas del gas sean administradas, eficientemente, por el sector público.
2. Es necesario reducir los 'problemas y competencia política entre los entes de gobierno subnacional', y crear espacios de coordinación que permitan el uso eficiente de los recursos públicos provenientes del gas.
3. El gobierno central debe apoyar las iniciativas locales y regionales, y ayudar a resolver los conflictos locales en lugar de exacerbarlos. Es necesario contar con un marco legal que favorezca a la población y sus instituciones.

Considerando esas opiniones y el proceso de cambios de las estructuras políticas e institucionales del Estado boliviano, identificamos los siguientes campos de acción para la política pública:

El primero está relacionado con el rol del Estado. La descentralización político-administrativa, junto con la descentralización fiscal, requiere que continúen y se reglamenten los cambios de la institucionalidad, de acuerdo con las necesidades y prioridades del área rural y de los espacios locales, dentro de los espacios intrarregionales que los integran. Tan importante como el desarrollo de la industria del gas, lo es el de otras actividades productivas que sostienen las economías locales, tanto en el área rural como urbana. Un uso óptimo y equitativo del capital natural que sostiene estas actividades, tales como las referentes a los recursos del subsuelo, la tierra y el agua, permitiría un crecimiento que incluya a los diversos grupos rurales, y que ello conduzca a un desarrollo social y ambientalmente sostenible. El Estado deberá respaldar los derechos de propiedad y uso.

Lo anterior exige trabajar varios aspectos, y sobre algunos ya se ha avanzado en Tarija. El primero es invertir en el fortalecimiento institucional y técnico de los recientes espacios de decisiones que se han establecido luego de que se pusieron en marcha las autonomías y la regionalización. El segundo es llevar a cabo el ordenamiento territorial con base en criterios no solo de rentabilidad económica, sino también de equidad social y sostenibilidad ecológica. El tercero es orientar la inversión pública hacia el fortalecimiento de una producción diversificada e innovadora, basada en las actividades que hacen competitivos a los subterritorios del departamento; esto necesariamente implica mejorar la red vial dentro de Tarija y la que conecta a Tarija con el resto del país. El cuarto aspecto es lograr una descentralización efectiva del poder estatal, donde el rol del gobierno nacional se centre en fortalecer las capacidades e iniciativas de los gobiernos subnacionales y no se superponga a ellas. El quinto es implementar mecanismos de evaluación y monitoreo que, sin masificar ni burocratizar, faciliten la participación y control social relacionados con el uso eficiente de los recursos e ingresos públicos.

La transformación social por la que están atravesando Tarija y Bolivia, desde inicios de 2000, es una oportunidad para generar las bases de una sociedad más equitativa. Ya que estos cambios han sido el resultado, en gran medida, de las movilizaciones, protestas y reclamos de la población, se requiere que esta genere sus propios mecanismos para regular la acción del Estado, de las empresas y de sus organizaciones sociales. Ello implica pasar de propósitos de corto plazo, como los electorales, a objetivos de mediano y largo plazo que den continuidad al cambio social; también implica generar alianzas que articulen lo local con espacios mayores, pues la dinámica global de la industria del gas y la fuerza política que induce su expansión, requieren que la acción de los actores locales sea reforzada por actores extraterritoriales. Más aun, considerando que uno de los roles de la sociedad civil es modular la acción del gobierno, es importante que el Estado garantice la autonomía a las organizaciones sociales locales, de tal manera que puedan ejercer dicho rol.

El rol de las empresas de hidrocarburos en el éxito de un modelo de desarrollo basado en la industria extractiva es fundamental. Más allá de que su aporte fiscal contribuya a la generación de dinámicas territoriales, se requiere que sus acciones de responsabilidad social corporativa, así como su vínculo con las comunidades, faciliten las sinergias entre los sectores público y privado, fortalezcan a las organizaciones territoriales y promuevan la formación de capital social dentro de los territorios donde actúan. Junto a ello, el resto del sector privado que se articula a la industria del gas debe contribuir a que los territorios sean competitivos y sostenibles.

Una reflexión final está relacionada con el rol de la información y la investigación en el éxito de las DTR. Las deficiencias de la información necesaria para el monitoreo y evaluación de impacto de los programas y políticas implementados dentro de los proyectos territoriales, limita el éxito de las DTR. La participación activa del sector académico en este campo permitiría mejorar la eficiencia y transparencia de los proyectos y políticas, además de que fortalecería el capital humano de los territorios, sin el cual ningún modelo de desarrollo es posible.

Referencias citadas

AUTAPO, Fundación Educación para el Desarrollo. 2009. *Plan estratégico 2009-2013 "Cadena uvas, vinos y singani". Comité de Competitividad Cadena Uva, Vinos y Singani.* Tarija, Bolivia: AUTAPO, Comité de Competitividad Cadena Uva, Vinos y Singani.

Bebbington, Anthony *et al.* 2008. Contention and Ambiguity: Mining and the Possibilities of Development. *Development and Change* 39, 6: 887-914.

Beck Stephan, Narel Paniagua y David Preston, eds. 2001. *Historia, ambiente y sociedad en Tarija, Bolivia.* Tarija: UMSA y University of Leeds.

CEDLA, Centro de Estudios para el Desarrollo Laboral y Agrario. 2008. La gestión de la renta de los hidrocarburos en las prefecturas: Caso Tarija. La Paz: CEDLA, Serie Transparencia Presupuestaria. Disponible en: www.cedla.org/content/590.

CERDET, Centro de Estudios Regionales de Tarija. 2006. Valoración y uso de recursos naturales de la TCO Guaraní Itika Guazu. Tarija: CERDET.

Chumacero, Juan Pablo. 2010a. Inversiones públicas y dinámicas territoriales rurales en Villamontes y Entre Ríos. La Paz: Fundación Tierra, documento de trabajo.

……. . 2010b. Tierra y dinámicas territoriales rurales en Villamontes y Entre Ríos.

Cortez, Guido. 2010. Actores y coaliciones de poder en Villamontes y Entre Ríos. Tarija: CERDET, documento de trabajo.

De Vries, Aldert. 1998. *Territorios indígenas en las Tierras Bajas.* Santa Cruz: CIDOB y SNV.

Frets-Cibils Vicente, Marcelo M. Giugale y Connie Luff, eds. 2006. *Bolivia. Por el bienestar de todos.* Washington DC: World Bank.

Fundación Tierra. 2009. Bolivia post-constituyente. Tierra, territorio y autonomías indígenas. Memoria del Seminario Internacional realizado en La Paz, Bolivia, del 26 al 28 de octubre, organizado por la Fundación Tierra.

Gaceta Oficial de Bolivia. 2007. *D.S. 29272 Plan Nacional de Desarrollo. Bolivia digna soberana productiva democrática para vivir bien. Lineamientos estratégicos 2006-2011.* La Paz: Imprenta GOB.

García Linera, Álvaro. 2010. *La potencia plebeya. Acción colectiva e identidades indígenas, obreras y populares en Bolivia.* La Paz: CLACSO.

Hinojosa, Leonith. 2010. Challenging the Resource Course in Bolivia. Fiscal Decentralization and Sustainability of Social Policy and Anti-Poverty Initiatives Financed by Hydrocarbons Rents. Manchester.

Hinojosa, Leonith y Karl Hennermann. 2010. Dinámicas territoriales rurales y servicios ecosistémicos en contextos de expansión de industrias extractivas. Un caso de estudio en Tarija, Bolivia. Manchester.

Hinojosa, Leonith *et al.* 2010. Territorial Dynamics and Formation of Territories in Contexts of Extractive Industries Expansion: a Case Study on Hydrocarbons in Bolivia. Ponencia presentada en la Conferencia 2010 AAG realizada en Washington DC, del 14 al 18 de abril organizada por Association of American Geographers.

Humphreys Bebbington, Denise. 2010. The Political Ecology of Natural Gas Extraction in Southern Bolivia. Tesis presentada para obtener el título de PhD en la Universidad de Manchester.

Humphreys Bebbington, Denise y Anthony Bebbington. 2010a. Extraction, Territory and Inequalities: Gas in the Bolivian Chaco. *Canadian Journal of Development Studies* 30, 1-2: 259-280.

……. . 2010b. Extracción, territorio e inequidades: el gas en el Chaco boliviano. *Umbrales: Revista del Posgrado en Ciencias del Desarrollo* 20: 127-160 (La Paz, Universidad Mayor San Andrés).

INE. 2005. *Estadísticas e indicadores sociodemográficos, financieros y productivos por departamentos.* La Paz, Departamento de Oruro: INE, UDAPE y DFID.

……. . 2009a. *Actualidad estadística departamental: estadísticas e indicadores sociodemográficos del Departamento de Tarija.* La Paz: INE.

INE. 2009b. *Anuario Estadístico 2008.* La Paz: INE.

Junta del Acuerdo de Cartagena. 1988. *Potencial económico-social del departamento de Tarija-Bolivia.* La Paz: JAC.

Laserna, Roberto. 2006. *La trampa del rentismo.* 2da. ed. La Paz: Fundación Milenio.

Lema, Luis. 2008. Desarrollo Económico de Tarija a Partir de las Regalías. Tarija.

Lizárraga, Araníbar, Pilar y Carlos Vacaflores Rivero. 2007. *Cambio y poder en Tarija: la emergencia de la lucha campesina.* La Paz: Plural Editores.

Mamani, Quiquinta, Walter, Nelly Suárez y Claudia García. 2003. *Contaminación del agua e impactos en la serranía aguarague.* La Paz: PIEB.

Martínez, Emilio. 2008. *Ciudadano X. La historia secreta del Evismo.* 4ta. ed. Santa Cruz de la Sierra: Editorial El País.

McGuigan, Claire. 2007. *Los beneficios de la inversión extranjera. Cuáles fueron los resultados en el sector de petróleo y gas en Bolivia.* La Paz: CEDLA.

MEA, Millennium Ecosystem Assessment. 2005. *Millennium Ecosystem Assessment Synthesis Report.* Washington DC: Island Press.

Ministerio de Hacienda de Bolivia. 2008. Departamento de Tarija. Presentación pública, Mayo 2008. Tarija: Ministerio de Hacienda.

Molina, Fernando *et al.* 2009. *Nacionalización, los costos de una ilusión.* La Paz: Editorial Cuatro Hnos.

Onorato, William T., Peter Fox y John E. Strongman. 1998. World Bank Group Assistance for Minerals Sector Development and Reform in Member Countries. Washington, DC: The World Bank, World Bank Technical Paper núm. 405.

Perreault, Thomas. 2006. From the Guerra del Agua to the Guerra del Gas: Resource Governance, Neoliberalism and Popular Protest in Bolivia. *Antipode* 38, 1: 150-172

PIEB, Programa de Investigación Estratégica en Bolivia y Comunidad de Estudios JAINA. 2005. Cronología del conflicto de la guerra del gas. Clasificación hemerográfica. *Nuevo Sur* 2003-2005 (La Paz).

Quejerazu Calvo, Roberto. 1971. *Masamaclay. Historia política, diplomática y militar de la Guerra del Chaco.* 4ta. edición. Cochabamba-La Paz: Editorial Los Amigos del Libro.

Rimisp. 2007. Minutes. Expert Consultation on the Applied Research Draft Methodological Framework realizada en Cocoyoc, México, el 23 y 24 de noviembre.

.... 2008. Applied Research on Rural Territorial Dynamics in Latin America. A Methodological Framework (version 2). Santiago de Chile: Rimisp, Programa Dinámicas Territoriales Rurales, documento de trabajo núm. 2.

Schejtman, Alejandro y Julio A. Berdegué. 2004. *Rural Territorial Development.* Santiago: Rimisp, Programa Dinámicas Territoriales Rurales, documento de trabajo núm. 4.

Seoane, José. 2005. Movimientos sociales y recursos naturales en América Latina: resistencias al neoliberalismo, configuración de alternativas. *OSAL 107,* 6, 17 (mayo-agosto): 93-107.

Urioste, Miguel. 2001. Hay una Ley INRA pero no una política de tierras. La Paz: Fundación Tierra, documento de trabajo.

Vacaflores, Carlos R. y Pilar A. Lizárraga. 2005. La lucha por el excedente del gas y la resignificación de las contradicciones de la identidad regional en Bolivia. Proyectos de dominación y resistencia en una región productora de hidrocarburos. *OSAL 107,* 6, 17 (mayo-agosto): 21-31.

Wilson, Fiona. 2004. Towards a Political Economy of Roads: Experiences from Peru. *Development and Change* 35, 3: 525-46.

World Bank. 1996. *Latin America and the Caribbean: A Mining Strategy. Industry and Mining Division.* Washington DC: World Bank, Technical Paper 345.

Capítulo 14. Sinergias y conflictos entre dinámicas territoriales: rumbo al desarrollo sustentable en la zona costera del Estado de Santa Catarina en Brasil

Claire Cerdan, Mariana Aquilante Policarpo, Paulo Freire Vieira[8]

Abstract

The central-north and central-south coastal territories of Santa Catarina present a unique model of development characterized by both strong economic dynamism and the concentration of the population in coastal areas. In the first part of this study, we discuss the repercussions of individual and collective actions by territorial stakeholders in regard to three ongoing dynamics that are fairly coordinated and interdependent. In the second part, we analyze the factors that explain these territorial dynamics and the unique path of coastal development observed in Santa Catarina, highlighting relationships of synergy, dependence and competition among these dynamics, which favor the emergence of coalitions, public initiatives, collective projects and even new territorial dynamics. The research also revealed new initiatives aimed at increasing appreciation for cultural heritage through the creation of improved opportunities for socio-economic and socio-political inclusion of traditional fishing and family farming communities whose ancestors are from the Azores. We also observed that the territory's rural development policies suggest a new type of public action that continues to be dependent on local initiatives and the presence of a civic community.

La zona de estudio, ubicada en la costa del Estado de Santa Catarina en el sur de Brasil, presenta un modelo de desarrollo peculiar en el cual el 46% de la población tiene una

[8] Agradecemos a quienes colaboraron en este estudio: los estudiantes de la *Universidade Federal de Santa Catarina*, UFSC (Melissa Vivacqua, Adinor Capellesso, Helio Castro Rodrigues, Benjamin Martinel, Eduardo Cordeiro, Anaïs Lesage, Francisca Meynard, Aglair Pedrosa Ruivo, Caetano Beber, Maiara Leonel). Agradecemos también a todos los socios locales: la *Empresa de Pesquisa Agropecuária e Extensão Rural de Santa Catarina* (EPAGRI), oficinas centrales y regionales, los siete ayuntamientos y sus equipos de técnicos, los representantes de las instituciones públicas, los representantes de las organizaciones sociales que trabajan para el desarrollo sostenible de la región centro-sur y centro-norte del litoral de Santa Catarina.

favorable situación económica. Identificamos la zona a través de datos estadísticos que indican que ha existido crecimiento económico con inclusión social en ese territorio (Favaretto y Abramovay 2009). Posteriormente, la investigación se centró en la elucidación de procesos de desarrollo rural con identidad cultural (Ranaboldo y Schejtman 2009), con la intención de evaluar en qué medida las comunidades tradicionales de pescadores y agricultores originarios de las Azores están contribuyendo al desarrollo de la región.

Nuestra principal hipótesis es que las complejas interrelaciones que producen el "juego de actores sociales", las organizaciones institucionales y las modalidades de apropiación y uso de la base de los recursos naturales y culturales son las variables que permiten comprender la génesis y evolución de las dinámicas de desarrollo territorial, así como sus múltiples efectos en términos del crecimiento económico, inclusión social y factibilidad ambiental.

Efectuamos un diagnóstico de la región costera de Santa Catarina basado en investigaciones bibliográficas y documentales. Luego identificamos aquellas innovaciones sociotécnicas, dentro del enfoque de desarrollo territorial sustentable (DTS), las cuales permiten comprender los patrones de interacción en los que están involucrados los sectores gubernamentales y empresariales, las comunidades y las organizaciones de la sociedad civil. Durante 2009 y 2010, entrevistamos a actores locales y extraterritoriales, así como a representantes del sector público, aplicamos cuestionarios y participamos en seminarios y talleres. Nuestra atención se enfocó en dos áreas contrastantes de la región costera: el litoral centro-norte (LCN) y el litoral centro-sur (LCS). En la primera, hay cuatro municipios, y en la segunda, tres; juntas suman un total de 249.387 habitantes (IBGE 2010).

En dicha región coexisten el minifundio rural con una red de centros urbanos de mediano tamaño, una gran diversidad de ecosistemas y paisajes relativamente preservados y un tejido cultural muy diverso, debido a la importante inmigración de población europea. Las comunidades rurales han tratado de adaptarse al proceso de modernización incorporando nuevas combinaciones de actividades de autoconsumo y diversificando sus actividades remuneradas (trabajo temporal y prestación de servicios).

En la primera parte, tratamos de demostrar que las dinámicas territoriales de la región fueron el resultado, en gran parte, de esa configuración singular en relación con otras regiones brasileñas. Teniendo en cuenta los factores condicionantes de las dinámicas territoriales exitosas, en la segunda parte mostramos de qué manera los actores sociales locales, comprometidos con el fortalecimiento progresivo de la competitividad territorial, están generando nuevas respuestas.

1. El modelo de desarrollo de Santa Catarina

La singularidad del proceso que tiene lugar en el Estado de Santa Catarina es ampliamente reconocida en el debate que tiene lugar en la comunidad científica y en la esfera gubernamental sobre las condiciones que viabilizan las estrategias territorializadas de desarrollo sustentable en Brasil (Vieira 2002). Este es un dato importante cuando se trata de comprender los factores condicionantes de las dinámicas consideradas económicamente positivas en este país.[9]

En los dos territorios estudiados, encontramos los siguientes tres factores condicionantes de ese éxito, que son citados en la literatura consultada.

- **La singularidad del proceso de colonización y la formación de un tejido social cohesivo.** La ocupación del territorio de Santa Catarina se inició con la llegada de inmigrantes de las islas Azores (Portugal) en los siglos XVII y XVIII, quienes impusieron sus formas culturales a la población indígena. Desde la segunda mitad del siglo XIX, llegó una fuerte ola migratoria europea compuesta por agricultores y artesanos, principalmente italianos y alemanes.

---

[9] En 2006, el producto interno bruto (PIB) per cápita de Santa Catarina fue estimado en 15.814 reales, monto superior al promedio nacional de 12.688 reales (IBGE 2006).

El espacio rural fue organizado con base en las prácticas agrícolas traídas por esos inmigrantes, caracterizadas por la predominancia de pequeñas explotaciones familiares de hasta 30 ha ocupadas con policultivos, crianza de animales y elaboración de artesanías. Las interacciones entre las diferentes comunidades (europeas y de las Azores) residentes en el litoral y en el interior del Estado se fueron intensificando en el transcurso de varios ciclos económicos, formando comunidades relativamente homogéneas desde el punto de vista sociocultural, que compartían una historia y una ética del trabajo marcada por la valorización de la autonomía local y de las relaciones de ayuda mutua en la esfera interfamiliar. En los estudios se considera que ese tejido social cohesivo es decisivo, pues les permite resistir las crisis cíclicas de la economía. Asimismo, la baja intensidad de las intervenciones gubernamentales federales parece haber contribuido a reforzar las tendencias a un crecimiento económico endógeno.

- **Desarrollo precoz de la pequeña y mediana industria.** Las primeras industrias aparecieron a fines del siglo XIX, respaldadas en la disponibilidad de mano de obra calificada, en la capacidad técnica y gerencial de los pequeños empresarios, en los capitales procedentes de la comercialización de excedentes agrícolas y en la existencia de mercados locales. El proceso estuvo acompañado de una progresiva división social del trabajo entre los núcleos urbanos (concentradores de actividades manufactureras y comerciales) y las zonas rurales (con predominio de actividades agropecuarias).
El dinamismo del sector secundario, representado por los sectores textil-vestuario, agroindustrial (porcinos y aves) y cerámica, también se benefició con las combinaciones creativas de un gran número de pequeñas y medianas empresas que funcionaron, mano a mano, con las grandes empresas visibles en los escenarios nacionales e internacionales. Este patrón se asemeja al que mencionan los teóricos del desarrollo territorial como existente en el noreste y centro de Italia (Piore y Sabel 1989).

- **Innovaciones orientadas a un nuevo concepto de competitividad regional.** Las instituciones públicas y privadas estimularon la creación de varias cadenas productivas industriales locales desde la década de 1990. Esas innovaciones apuntan a la diversificación sectorial y al fomento de aglomerados, geográficamente concentrados, de empresas interrelacionadas e instituciones locales (*clusters*). De ese modo, se torna más nítido el esfuerzo invertido en la búsqueda de una integración progresiva de las dinámicas de desarrollo regional y en la creación de nuevas organizaciones institucionales basadas en lazos de confianza y solidaridad, además de la preocupación por la innovación y por la calificación técnica de los productores.
  En esa misma perspectiva, se encuadra la concepción de nuevas estrategias de planificación y gestión del desarrollo local territorial planteadas por el gobierno estatal –a ejemplo de las Secretarías de Desarrollo Regional (SDR)– junto con la expansión del enfoque territorial del desarrollo rural en el campo, a través de políticas públicas federales. Podemos afirmar que el nuevo sistema de planificación y de gestión implantado en Santa Catarina está creando un cuadro más favorable para la promoción de iniciativas locales, la inserción de nuevos actores y la formación de nuevas coaliciones.

Por lo tanto, en los estudios centrados en el rescate de la historia económica de Santa Catarina consta un conjunto de características endógenas y varios vectores de intervención exógena relacionados con la creación de programas y políticas de alcance nacional. Además, resalta la distribución equilibrada, en el Estado, de polos productivos y de consumo relacionados entre sí. Estas interconexiones del territorio con otras "regiones ganadoras" ayudan a comprender el surgimiento de procesos *sui generis* de dinamización socioeconómica.

Sin embargo, más allá de esos factores positivos, el modelo de desarrollo de Santa Catarina ha resultado poco eficaz para enfrentar los desafíos que rodean a la inclusión social de las comunidades rurales, es decir, la sustentabilidad ambiental y la promoción de la calidad de vida de las poblaciones residentes en los espacios rurales costeros de Santa Catarina.

En varios estudios, se señalan las innumerables consecuencias socioambientales negativas de este "modelo". La degradación de los suelos ocasionada por las prácticas convencionales de agricultura y silvicultura, así como el deterioro de la calidad de los recursos hídricos son las implicaciones más mencionadas, además del desafío que constituye la falta de saneamiento básico en la mayoría de municipios costeros. También continúa erosionándose la biodiversidad costera, a pesar del esfuerzo invertido en la creación de mosaicos de Unidades de Conservación, pues los consejos que las gestionan siguen operando como instancias consultivas sin suficiente personal, recursos financieros y materiales.

Esas limitaciones se pueden verificar en el Mapa de la Exclusión Social en Santa Catarina, elaborado a partir del censo demográfico de 2000 (Borchardt 2003). De los 5.356.360 residentes en el Estado en aquel año (IBGE 2000), 665.000 personas fueron consideradas sin ingresos suficientes para garantizar su alimentación cotidiana.[10] La distribución es bastante desigual entre las zonas rural (19,7%) y urbana (10,5%), y entre las regiones. Más específicamente, según Borchardt (2003) el 16% de la población rural del litoral de Santa Catarina no puede garantizar su alimentación diaria.

Si bien se ha analizado ampliamente el modelo de Santa Catarina, pocos son los estudios que tratan de explicar los procesos de desarrollo en regiones específicas. Los municipios costeros han presentado resultados positivos en términos del crecimiento económico, aunque cuestionables en cuanto a la reducción de las desigualdades sociales. Por lo tanto, nuestro objetivo es reflexionar sobre los factores que condicionan tanto el éxito como las limitaciones de las dinámicas territoriales en la región costera de Santa Catarina.

---

[10] Son aquellas personas cuyos ingresos mensuales son inferiores o iguales a 90,00 reales (aproximadamente el 17% del salario mínimo nacional).

2. Principales características de los territorios estudiados

El litoral de Santa Catarina se extiende por aproximadamente 561,4 km, con 9.250 km2 de superficie, e incluye 36 municipios (mapa 14.1). La población total es de 2.378.862 habitantes, aproximadamente el 38% de la población del estado (IBGE 2010). La mayoría está radicada en zonas urbanas: el 96% en el litoral norte, centro-norte y central, y el 81,1% en el litoral centro-sur y sur.

Mapa 14.1. Santa Catarina. Ubicación de los municipios litoraleños

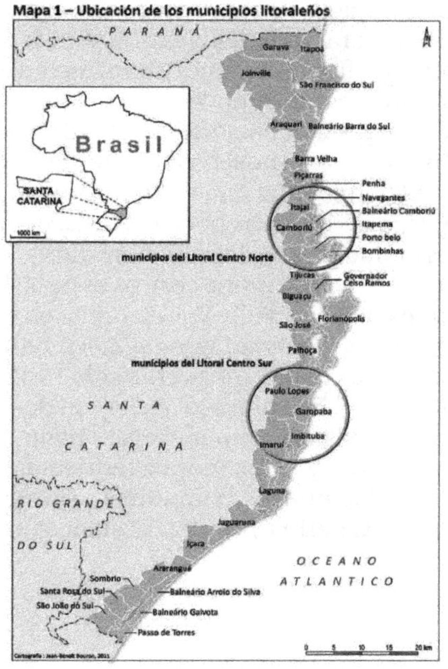

Fuente: Elaborado por Benoit Bouron para Rimisp, UFSC, CIRAD.

Tres características, que marcan al litoral Santa Catarina y particularmente a los dos territorios investigados, confirman que el espacio rural costero atraviesa una profunda transformación en relación con otras regiones del Estado.

La primera característica está ligada a la situación geográfica, que le permitió contribuir y beneficiarse plenamente del modelo de desarrollo de Santa Catarina. Desde el inicio de la colonización, estuvo conectada económicamente con otras regiones, ha sido una puerta de entrada de inmigrantes y un puente entre el interior del Estado y el espacio marítimo abierto al resto de Brasil (Santos, San Pablo, Río de Janeiro). La construcción de la autopista BR-101, en 1970, también ha sido un poderoso vector de polarización de los diversos municipios, ya que ha articulado los centros más dinámicos con aquellos más frágiles en términos socioeconómicos.

La segunda característica se refiere al fenómeno de "litoralización" de la población: urbanización intensiva y concentración demográfica en la zona costera. El Instituto Brasileño de Geografía y Estadística (IBGE) calcula que el crecimiento poblacional anual de estas dos áreas fue de 4,47 entre 1991 y 2000, mientras que el de Brasil fue de 1,64 y el de Santa Catarina de 1,87. Las mayores tasas de crecimiento ocurren en los municipios del litoral centro-norte. La densidad poblacional promedio en la zona costera es de 300 habitantes por km2, pero es muy variable. Por ejemplo, en el Balneário Camboriú se tiene aproximadamente 2.000 habitantes por km2, mientras que en Paulo Lopes eran solo 15,18 habitantes por km2 (IBGE 2000). Ese proceso acelerado de ocupación y uso desordenado está directamente relacionado con el éxodo rural y el desarrollo de una "economía residencial" (Davezies 2008) basada en los nuevos habitantes oriundos de otras regiones de Santa Catarina y de otros Estados (gráfico 14.1).

Gráfico 14.1. Santa Catarina. Evolución de la población urbana y rural de los dos territorios: 1970-2010

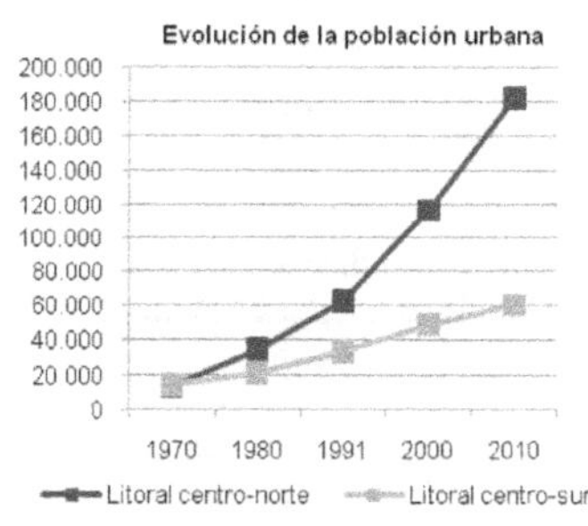

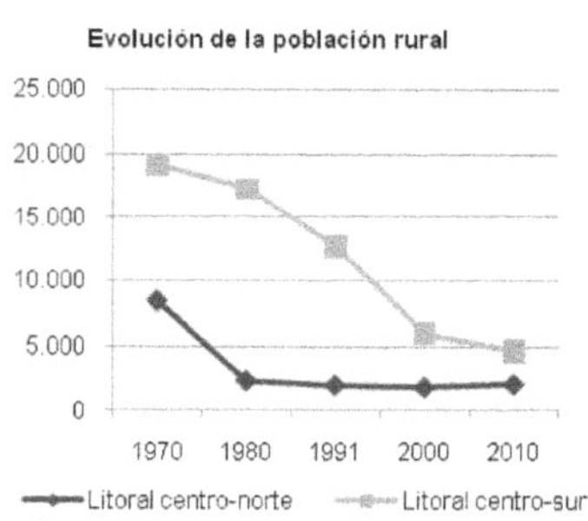

Fuentes: IBGE, Censos demográficos de 1970, 1980, 1991, 2000 y 2010.

Desde la década de 1970, los territorios centro-norte y centro-sur quedaron bajo la influencia de ciudades más importantes (Florianópolis, Tubarão e Itajaí), pero acogieron a ciudades intermedias de entre 4.000 y 15.000 habitantes, algunas de 40.000 como Itapema e Imbituba, y otras de más de 100.000 habitantes como el Balneário Camboriú. Ello ha tenido consecuencias importantes para la zona tales como el desarrollo de un mercado consumidor para la producción agrícola; el crecimiento significativo de la población económicamente activa (PEA), esencialmente en el medio urbano; y la dotación de servicios y bienes públicos -educación, salud, bancos- para las poblaciones locales (cuadro 14.1). La PEA rural se redujo dramáticamente desde 1970-1980 en el litoral centro-norte, mientras que en el litoral centro-sur la caída ocurrió desde los años 1990. La tasa de participación de la PEA femenina es mayor en los municipios más urbanizados (cuadro 14.2).[11] Otra consecuencia del fenómeno de la litoralización es el aumento de la presión agraria sobre la tierra en las áreas periurbanas (gráfico 14.2).

---

[11] De acuerdo con los estudios de género, las representaciones sociales no consideran la participación femenina en las actividades productivas y de procesamiento. Por lo tanto, como en los censos utilizan una metodología de autodeclaración, es muy posible que la PEA femenina rural esté subestimada.

Cuadro 14.1. Santa Catarina. Servicios en las ciudades intermedias de los territorios costeros (litoral centro-norte y litoral centro-sur)*

Territorio	Municipios	Número de establecimientos de salud	Número de escuelas		Número de agencias financieras	Distancia de la mayor ciudad
			Unidad			
		Unidad	Básica	Enseñanza media	Unidad	(km)
Litoral centro-norte	Balneario Camboriú	97	31	12	14	11
	Bombinhas	6	7	2	1	47
	Porto Belo	10	12	3	2	43
	Itapema	31	15	4	6	28
Litoral centro-sur	Imbituba	43	22	4	6	92
	Garopaba	15	17	2	2	72
	Paulo Lopes	4	7	1	1	56

Fuentes: IBGE, Censos demográficos de 2000 y 2010.
* De acuerdo con nuestras entrevistas, todos los productores familiares y pescadores tienen acceso regular a los puestos de salud y servicios de educación.

Cuadro 14.2. Santa Catarina. Tasa de participación de la población económicamente activa femenina y masculina

Territorio	Municipios	Tasa de participación	Tasa de participación
		Mujeres (%)	Hombres (%)
Litoral centro-norte	Balneario Camboriú	53	73
	Bombinhas	42	73
	Porto Belo	43	72
	Itapema	47	70
Litoral centro-sur	Imbituba	40	65
	Garopaba	40	71
	Paulo Lopes	36	71

Fuente: IPEA, *Instituto de Pesquisa Económica Aplicada*, 2000, basado en el Censo demográfico de 2000. http://www.ipeadata.gov.br (acceso: 13:00 hs., 2 de diciembre de 2010).

Gráfico 14.2. Santa Catarina. Precio de la tierra agrícola en los litorales centro-sur y centro-norte en 2009

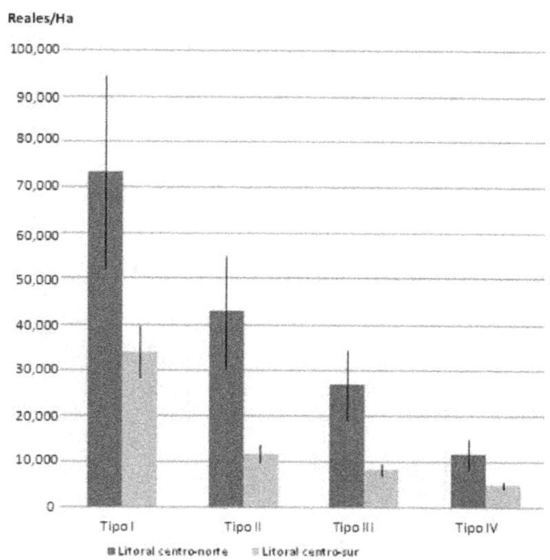

Fuente: elaborado a partir de los datos de CEPA, EPAGRI 2009.
Nota: Se consideran cuatro tipos de tierras agrícolas: a) Tierra de *varzea* nivelada y tapiada, con canales de riego y drenaje, lista para el cultivo de arroz ya sea con drenaje o inundado (Tipo I); b) tierra de primera, apta para la mecanización y fértil (Tipo II); c) tierra de segunda, es decir, de buena fertilidad pero con dificultades para la mecanización (Tipo III); iv) áreas cubiertas de bosque primario, en etapa media (matorral), o avanzada (matorral grande) de recomposición (Tipo IV).

Como resultado de la litoralización, en la mayor parte de los municipios costeros más del 90% de la población se puede considerar alfabetizada. Si bien en los últimos 20 años se amplió el acceso a la enseñanza básica y superior, el grado de escolaridad no ha sobrepasado el cuarto año de enseñanza básica en la franja etaria sobre los 45 años (IBGE 2000). Además, en la última década se constató un aumento del Índice de Desarrollo Humano (IDH) en todos los municipios costeros (cuadro 14.3).

Cuadro 14. 3. Santa Catarina. Principales características sociales y económicas de los municipios

Sector	Municipios costeros	Población total		Área territorial (km2)	IDH		PIB / 2006 (R$ mil)			Incidencia de la pobreza (%)*	Índice de alfabetización (%)
		2000	2010		1991	2000	Agropecuario	Industria	Servicios		
Litoral centro-norte	Balneario Camboriú	73.455	108.107	46,49	0,797	0,867	4.490	157.705	861.026	25,32	97,2
	Itapema	25.869	45.814	59	0,725	0,835	2.656	53.873	244.088	33,10	95,6
	Bombinhas	8.716	14.312	34,49	0,733	0,809	12.021	14.462	84.674	36,68	94,5
	Porto Belo	10.704	16.118	92,76	0,716	0,803	15.884	25.144	104.670	35,28	92,8
Litoral centro-sur	Garopaba	13.164	18.144	114,67	0,682	0,785	8.838	29.619	88.279	32,65	87,4
	Paulo Lopes	5.924	6.692	450,37	0,683	0,759	3.990	12.640	25.427	29,32	84,8
	Imbituba	35.700	40.200	184,79	0,739	0,805	16.693	77.538	324.976	34,66	92,3

Fuentes: IBGE, Censos demográficos de2000 y 2010; IBGE, Ciudades 2010; PNUD 2000.

La tercera característica es la fuerte evolución y diversificación de los sectores productivos. Esto se refleja en la distribución del PIB de los municipios, en los cuales el sector de servicios es predominante (63,42% del PIB), mientras que los sectores industriales y agropecuarios representan el 25,16 y el 11,42% del PIB, respectivamente. Solo en 2006 el sector de servicios movilizó cerca de 70.367 personas en 17.553 empresas. El ingreso promedio osciló en torno a dos salarios mínimos por mes (IBGE 2007).

Tales características indican que los espacios rurales periurbanos están sometidos a una fuerte influencia de los polos industriales y urbanos. Optamos por considerarlos como la expresión de un "nuevo mundo rural" que mantiene características singulares y requiere, por lo tanto, de políticas y programas de apoyo diferentes a los de las demás regiones rurales del Estado. Además se destaca la presencia de pequeñas propiedades dedicadas a la agricultura familiar: en los municipios de Bombas y del Balneario Camboriú representan el 45,5% de los establecimientos agropecuarios; en Porto Belo e Itapema, el 78,2%; y en Garopaba, Imbituba y Paulo Lopes, el 76,8%. Sin embargo, ya es posible constatar una relativa concentración de la tierra en estas áreas (IBGE 2006).

Se observa también un proceso de individualización, envejecimiento y masculinización de la población (Abramovay y Camarano 1999). Cada vez más jóvenes, sobre todo mujeres, abandonan el medio rural rumbo a los centros urbanos; apenas el 7% de los establecimientos agropecuarios está a cargo de mujeres (IBGE 2006). Es común encontrar agricultores mayores de 50 años, cuyo principal ingreso proviene de la jubilación. La importancia de la renta agrícola se redujo a lo largo de los años, tendencia que también aparece en las comunidades de pescadores artesanales.

Los principales cultivos producidos en los territorios investigados son el arroz bajo riego (3.518 ha), la mandioca, especialmente en el litoral centro-sur (3.382 ha), el maíz (233 ha), el frijol (145 ha) y las hortalizas (29 ha). La apertura de nuevos mercados en los centros urbanos ha favorecido la diversificación de las cadenas productivas, por ejemplo, el cultivo de oleaginosas y frutales. La intensificación de la cría de ganado bovino para la producción de leche y de carne refleja también la influencia de esas demandas, y las estrategias de los productores que buscan actividades menos exigentes en mano de obra, inversiones y tiempo de trabajo.

Además de la agricultura familiar, en la zona costera de Santa Catarina actúan 22.951 pescadores en 75 puntos de desembarque, los cuales disponen de aproximadamente 6.137 embarcaciones y aportan con el 8,6% de la producción del estado (IBAMA 2005; Vasconcellos, Diegues y Sales 2007). Durante la investigación, operaban 23 colonias de pescadores, que congregaban a cerca de 35 mil asociados. Según sus respectivos presidentes, solo el 50% puede ser considerado profesional; los demás son jubilados, personas para quienes la pesca es una actividad recreativa o que están interesadas en captar los beneficios de ciertos programas gubernamentales.

3. Dinámicas territoriales, motores y respuestas de los actores locales

El concepto de dinámica territorial designa "...la evolución y la traducción, en un territorio dado, de las repercusiones económicas, sociales, políticas y ambientales de las acciones realizadas por los agentes, y de las relaciones (alianzas y conflictos) tejidas entre ellos, pudiendo dichas acciones adquirir o no un perfil colectivo" (Cazella, Bonnal y Maluf 2009, 60).

Su caracterización pasa por el análisis riguroso de los proyectos colectivos del sector gubernamental, del privado y de las organizaciones civiles. Además, el enfoque de desarrollo territorial sustentable (DTS) permite considerar que en un espacio dado coexistan dinámicas diferentes, cuyas interacciones pueden engendrar situaciones positivas y sinérgicas o, al contrario, generar tensiones o conflictos entre los actores sociales implicados.

Para evaluar las condiciones de viabilidad de nuevas estrategias de desarrollo, recurrimos a una adaptación del modelo *Driving Forces, Pressures, State, Response* (DPSR), que generalmente se usa para organizar conjuntos de indicadores ambientales. Identificamos los diferentes elementos de ese modelo por medio de entrevistas realizadas a actores locales, y de una lectura analítica de las dinámicas territoriales. En el gráfico 14.3, presentamos los principales elementos motrices y sus respuestas a dichas dinámicas.

Gráfico14.3. Modelo aplicado a la investigación sobre dinámicas territoriales costeras en Santa Catarina

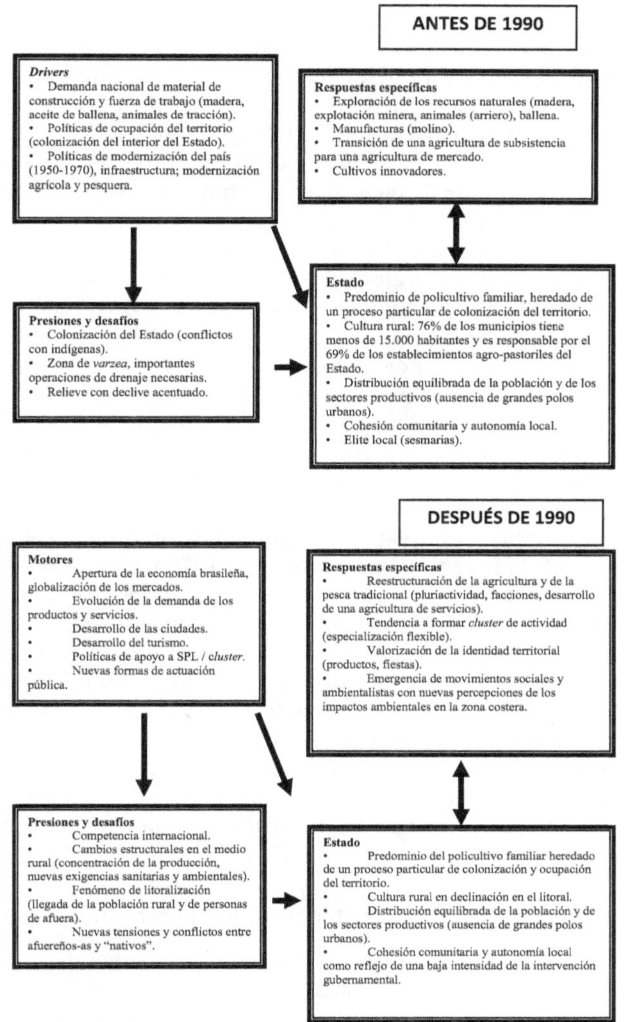

ANTES DE 1990
Drivers
• Demanda nacional de material de construcción y fuerza de trabajo (madera, aceite de ballena, animales de tracción).
• Políticas de ocupación del territorio (colonización del interior del Estado).
• Políticas de modernización del país (1950-1970), infraestructura; modernización agrícola y pesquera.
Respuestas específicas
• Exploración de los recursos naturales (madera, explotación minera, animales (arriero), ballena.
• Manufacturas (molino).
• Transición de una agricultura de subsistencia para una agricultura de mercado.
• Cultivos innovadores.
Presiones y desafíos
• Colonización del Estado (conflictos con indígenas).
• Zona de *varzea*, importantes operaciones de drenaje necesarias.
• Relieve con declive acentuado.
Estado
• Predominio de policultivo familiar, heredado de un proceso particular de colonización del territorio.
• Cultura rural: 76% de los municipios tiene menos de 15.000 habitantes y es responsable por el 69% de los establecimientos agro-pastoriles del Estado.
• Distribución equilibrada de la población y de los sectores productivos (ausencia de grandes polos urbanos).
• Cohesión comunitaria y autonomía local.
• Elite local (sesmarias).
DESPUÉS DE 1990
Motores
• Apertura de la economía brasileña, globalización de los mercados.
• Evolución de la demanda de los productos y servicios.
• Desarrollo de las ciudades.
• Desarrollo del turismo.
• Políticas de apoyo a SPL / *cluster*.
• Nuevas formas de actuación pública.
Respuestas específicas
• Reestructuración de la agricultura y de la pesca tradicional (pluriactividad, facciones, desarrollo de una agricultura de servicios).
• Tendencia a formar *cluster* de actividad (especialización flexible).
• Valorización de la identidad territorial (productos, fiestas).
• Emergencia de movimientos sociales y ambientalistas con nuevas percepciones de los impactos ambientales en la zona costera.
Presiones y desafíos
• Competencia internacional.
• Cambios estructurales en el medio rural (concentración de la producción, nuevas exigencias sanitarias y ambientales).
• Fenómeno de litoralización (llegada de la población rural y de personas de afuera).
• Nuevas tensiones y conflictos entre afuereños-as y "nativos".
Estado
• Predominio del policultivo familiar heredado de un proceso particular de colonización y ocupación del territorio.
• Cultura rural en declinación en el litoral.
• Distribución equilibrada de la población y de los sectores productivos (ausencia de grandes polos urbanos).
• Cohesión comunitaria y autonomía local como reflejo de una baja intensidad de la intervención gubernamental.

Fuente: Elaboración propia a partir de las entrevistas efectuadas a actores locales.

Considerando el proceso de construcción socioespacial de los territorios, distinguimos dos períodos marcados por dinámicas específicas de desarrollo. El primero se inició con la colonización de las tierras agrícolas y se consolidó con el proceso de urbanización e industrialización. En esta fase de colonización, los motores están relacionados, por un lado, con el desarrollo de una demanda nacional de materiales de construcción, principalmente de San Pablo, o de fuerza de trabajo (animales de tracción y de transporte); por el otro, incluyen las políticas nacionales de ocupación del espacio y de modernización, promovidas por la Corona Portuguesa y por el gobierno brasileño. Las respuestas consistieron en la consolidación de un importante proceso de explotación de los recursos naturales, y en la conformación de redes de actores locales y extraterritoriales para la salida de los productos y para la movilización de recursos financieros en el ámbito nacional. El segundo período emergió durante la década de 1990 y corresponde al momento de apertura de la economía brasileña a la globalización, con lo cual aparecieron nuevos motores. Estos continúan relacionados con la demanda, pero su perfil se ha modificado drásticamente a productos y servicios más elaborados o especializados. El *boom* turístico al que fue sometida la región desde los años 1970 y el crecimiento de las ciudades son también motores que han influido en las dinámicas territoriales rurales del litoral de Santa Catarina.

La naturaleza de las respuestas, por lo tanto, cambia; se pasó de una economía basada en la explotación de los recursos naturales, a otra diversificada y de especialización flexible, que se adapta a las nuevas formas de competitividad. También son relevantes las políticas públicas de fomento a los arreglos productivos locales y a las diferentes formas de *cluster* para poder entender el perfil *win-win-win* de una parte de los municipios costeros investigados.

3.1. Mosaico de dinámicas territoriales según lógicas diferenciadas

Como mostramos en el cuadro 14.4, los elementos de estructuración del litoral de Santa Catarina y sus respectivas dinámicas sociales posibilitaron la emergencia y consolidación de dinámicas con perfiles diferenciados en los dos territorios estudiados.

Cuadro 14.4. Dinámicas territoriales en la zona costera de Santa Catarina

Dinámicas territoriales (DT)		Motores	Actividades y proyectos colectivos	Principales promotores de esas dinámicas
DT1	Urbanización y litoralización de la población con polos industriales y promoción del turismo masivo	- Apertura de la economía brasileña - Nuevas demandas - Desarrollo del turismo - Políticas de apoyo a SPL / Cluster - Nuevas formas de actuación pública	- Importantes actividades de la construcción civil - Expansión de las áreas urbanas - Polos turísticos (nuevas actividades) - Privatización de los espacios comunes y de las playas	- Empresas de construcción civil internas y externas a la región - Iniciativas de turismo - Agencias inmobiliarias - Industrias - Órganos públicos y para-estatales
DT2	Ecologización del territorio	- Nueva sensibilidad para las cuestiones ambientales - Nuevas formas de actuación (coaliciones ambientalistas)	-Áreas protegidas (federales, estatales, municipales) -Sitios arqueológicos -Parques	- Agencias de turismo - Asociaciones ambientalistas - IPHAN - Ayuntamientos - Universidades, escuelas - Órganos públicos y para-estatales
DT3	Agricultura de subsistencia y pesca artesanal	- Nuevas demandas para servicios - Desarrollo del turismo - Políticas de apoyo a SPL / Clúster - Nuevas formas de actuación pública	- Agricultura - Pesca artesanal (camarones, jaibas, carpas) - Inserción en el SIAL de la Pesca industrial - Prestación de servicios a los turistas	- Agricultores, pescadores y sus organizaciones (club de madres, colonias de pescadores) - Familias de descendientes de las Azores / quilombos - Ayuntamientos - Universidades, escuelas - Órganos públicos y para-estatales
DT4	Intensificación del modelo de desarrollo con legitimidad socio-ambiental	- Nueva sensibilidad para las cuestiones ambientales - Nuevas demandas	- Nuevas construcciones respetando leyes vigentes - Extensión de áreas urbanas en las áreas rurales	- Cf DT1 + DT2
DT5	Valorización del modelo *agricultura, pesca y artesanía con identidad cultural*	- Nuevas demandas para servicios culturales y ambientales - Desarrollo del turismo	- Valorización de las artesanías locales - Fiestas religiosas y culturales (*Terno de Reis, Boi de Mamão*) - Valorización de los molinos tradicionales de harina y de las artes de la pesca artesanal.	- Cf DT3 + Intelectuales del movimiento de las Azores y ONG

Fuente: Elaboración propia.

La dinámica predominante (DT1) se caracteriza por la expansión y diversificación de los sectores industrial y turístico durante la urbanización desordenada de la zona costera. Además del fenómeno de "litoralización" de la población, ha existido un constante crecimiento de la infraestructura de hospedaje y de actividades inmobiliarias en las dos últimas décadas. Según cálculos de la SANTUR (empresa vinculada a la Secretaría de Estado de Turismo, Cultura y Deporte del Estado) realizados en 2010, el movimiento de turistas durante la estación alta (enero y febrero) del período 2009 y 2010 superó los cuatro millones de personas y generó una renta total de más de 2.5 mil millones de reales (aproximadamente USD 1.5 mil millones).[12] El turismo es una actividad estacional, concentrada en el verano y económicamente estratégica, que se ha distribuido de manera desigual en el espacio, en la medida en que ofrece oportunidades a las inversiones privadas. También permite complementar el ingreso de quienes habitan el espacio rural costero, por medio del alquiler de sus residencias para turistas durante la temporada alta.

La segunda dinámica (DT2) está relacionada con la implementación de unidades de conservación de uso sustentable y de propuestas de *gerenciamento costeiro integrado e compartilhado* (GERCO). Identificada con un proceso de "ecologización del territorio", se originó en políticas públicas recientes surgidas de conquistas logradas por el movimiento ambientalista. Dichas políticas apuntan a tornar compatible la conservación de la diversidad biológica y cultural con la promoción de estrategias alternativas de desarrollo rural y urbano, ya sea por medio de áreas protegidas territorialmente demarcadas, o por reglamentos que promuevan la protección de espacios a través de instrumentos legales. Un ejemplo es la nueva Ley 10.257 del 10 de julio de 2001 (Estatuto de la Ciudad), que estimula a los ayuntamientos a que adopten los principios de sustentabilidad ambiental como una guía para la planificación urbana.

Esa dinámica ha contribuido a la progresiva declinación de las prácticas agrícolas en la región litoraleña. Como las medidas

---

[12] Disponible en www.santur.sc.gov.br (acceso: 15:00 hs., 1º de diciembre de 2010).

prohíben el uso de las áreas con un declive acentuado, así como derribar y quemar montes nativos, un segmento significativo de agricultores está dedicado a otros tipos de actividades del sector secundario o del terciario (Lesage 2010; Martinel 2010).

La tercera dinámica (DT3) involucra a las comunidades de pescadores artesanales, mariscadores, agricultores familiares y artesanos, con una combinación de sistemas de producción "pluriactivos" y prácticas de autoconsumo. A partir de los años 1970, con la consolidación de otras dinámicas económicas, esas actividades comenzaron a debilitarse y disminuyeron tanto el número de pescadores (pocos jóvenes prosiguen en esta actividad) como el volumen de pesca y de productos agrícolas. Así, la agricultura y la explotación de los recursos naturales, principalmente la explotación maderera, que fueron dominantes durante la colonización del litoral, se han convertido, poco a poco, en actividades secundarias para la mayoría de los actores domiciliados en él. Además, los pequeños agricultores están vendiendo sus tierras a las empresas que cultivan arroz bajo riego y a las iniciativas vinculadas al turismo masivo, dada la tendencia actual del mercado inmobiliario en las zonas costeras (Lesage 2010).[13]

3.2. Dinámicas emergentes y el potencial de los actores locales

Los antagonismos y sinergias entre las dinámicas mencionadas han favorecido el surgimiento de nuevas coaliciones, de iniciativas públicas o privadas, individuales o colectivas. De las interrelaciones que involucran al DT1 (urbanización-industrialización) y al DT2 (ecologización del territorio), y también de las preocupaciones crecientes de los habitantes y visitantes relacionadas con el fenómeno de degradación intensiva de los ecosistemas costeros, están surgiendo proyectos turísticos o industriales que tratan de legitimarse y que han contribuido a la configuración de una dinámica territorial (DT4). Pese a los esfuerzos invertidos en la integración de las dimensiones ambiental, social y económica, estos proyectos irradian pocos

---

[13] Es común parcelar las propiedades agrícolas para obtener un ingreso en situación de emergencia o de dificultades financieras (Lesage 2010).

efectos beneficiosos hacia las comunidades locales y los tradicionales usuarios directos de los recursos patrimoniales costeros.

La quinta y última dinámica territorial identificada (DTS-IC) se refiere a las iniciativas de valorización del patrimonio cultural, creando con ello mejores oportunidades de inclusión socioeconómica y sociopolítica a las comunidades tradicionales de pescadores y agricultores familiares con antepasados en las islas Azores. Esta dinámica resulta de varios proyectos colectivos y de iniciativas privadas que buscan reconectar o anclar las actividades económicas al territorio, con miras a reafirmar una identidad territorial específica. Consideramos que este conjunto de iniciativas son las nuevas respuestas de los actores a la evolución de las dinámicas territoriales y a las presiones inducidas por la creación de nuevos pactos institucionales. De acuerdo con los avances teóricos de la economía territorial, esas respuestas, centradas en la búsqueda de valorización de los atributos y bienes culturales, pueden ser consideradas como un proceso de especialización del territorio.[14] En principio, creemos que este proceso podría aumentar el nivel de competitividad del espacio costero en relación con los demás territorios de Santa Catarina.

4. Factores condicionantes del éxito y las limitaciones de las dinámicas costeras

La zona costera de Santa Catarina presenta características peculiares que explican, en parte, su dinamismo económico. En esta sección, identificamos los factores condicionantes del éxito. A primera vista, algunos son similares a los mencionados cuando caracterizamos el "modelo de desarrollo de Santa Catarina", pero otros se desprenden de las nuevas respuestas específicas de los actores sociales locales que han fortalecido la competitividad del territorio. Por lo tanto, la coexistencia de varias dinámicas y sus relaciones de sinergia-dependencia-competencia pueden ser decisivas para la factibilidad del enfoque de DTS en dicha zona costera. Encontramos las siguientes cinco hipótesis.

---

[14] La especialización de un territorio alrededor de un producto-servicio se logra con la institucionalización de la relación entre los actores del territorio con miras a la movilización de recursos potenciales.

4.1. Comunidades rurales pluriactivas

En la primera hipótesis, suponemos que el modelo de reproducción de las comunidades rurales reposa en la alternancia entre las actividades sociales y económicas, que asocian prácticas productivas, artesanales y sociales. Este modelo ha permitido a las comunidades evolucionar y adaptarse al proceso de modernización mediante la incorporación de nuevas combinaciones de actividades. Por lo tanto, el surgimiento de nuevas dinámicas territoriales en el litoral ha afectado profundamente a dichas comunidades sin por ello comprometer su existencia.

Historiadores y antropólogos señalan que las actividades de las comunidades tradicionales están moduladas por las estaciones del año, en las cuales el trinomio tradicional pesca-agricultura-artesanía ocupa una posición destacada: otoño e invierno en el mar, primavera y verano en tierra. Es así como se ha establecido un calendario que, de cierta manera, se ha mantenido en la vida cotidiana de las comunidades (Pereira 2010; Martinel 2010; Cordeiro 2010).

Desde la colonización, hombres y mujeres participaban en el proceso productivo familiar: ellos a cargo de las prácticas agrícolas y pesqueras "fuera de casa"; ellas colaborando en el cultivo y en la cosecha, en beneficiar el pescado y en la producción agrícola de subsistencia. Además de estas funciones, se dedicaban al tejido y a las prácticas religiosas, culturales y recreativas. Varios pescadores-agricultores que fueron entrevistados admiten que con la explotación de madera o las demás actividades industriales, portuarias, comerciales y turísticas, complementan el ingreso familiar. La pluriactividad finalmente sirvió para invertir en la pesca o la agricultura, como es el caso de los pescadores artesanales que trabajan en la pesca industrial durante un determinado período.

Hoy, la pluriactividad continúa siendo una práctica generalizada en el litoral de Santa Catarina. Según el censo agropecuario (IBGE 2006), más de un tercio de los 892 establecimientos agropecuarios familiares de los dos territorios puede ser considerado pluriactivo. Este fenómeno puede explicar el hecho de que una parte de los establecimientos ubicados en los municipios de la franja litoraleña presente un bajo valor agregado. Del análisis de esos datos, consideramos que en un escenario negativo estaríamos ante una agricultura en crisis y marginada de la moderna agricultura brasileña; o que en uno positivo estaríamos frente a una agricultura inserta en una realidad diferenciada, en la cual la pluriactividad y otras fuentes de ingreso abrirían oportunidades para invertir en actividades agrícolas, agropecuarias y agroindustriales innovadoras (Martinel 2010). El trabajo de Lesage (2010) confirma esta segunda hipótesis cuando resalta que la elección de un determinado producto por parte de los productores está influenciada por su relación costo / beneficio y por su calendario de trabajo agrícola. A su vez, geógrafos y economistas relevan la proximidad de las ciudades y de las áreas industriales como factor condicionante de la diversificación de las fuentes de ingreso de las familias de pescadores-agricultores familiares. Varios miembros de esas familias prestan servicios de limpieza, trabajan como albañiles o como trabajadores asalariados y estacionales (gráfico 14.4).

Gráfico 14.4. Santa Catarina. Composición del ingreso de una familia de pescadores artesanales del litoral centro-sur

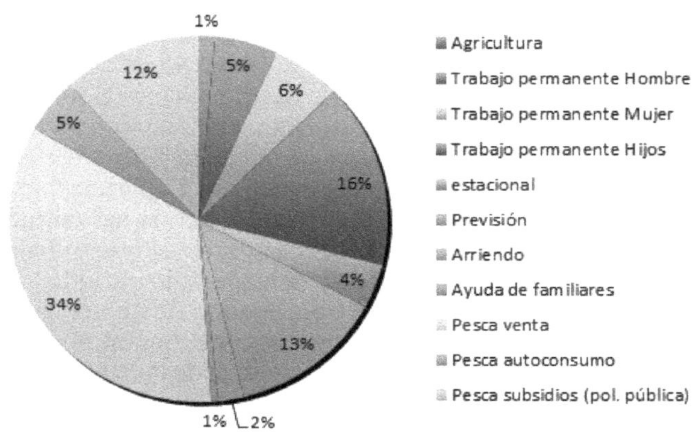

Fuente: Investigación de campo, 2009, 2010; Capellesso (2010).

El Estado ha valorizado la pluriactividad transfiriendo recursos a los pescadores artesanales y a los agricultores familiares a través de programas gubernamentales. Estos estímulos son percibidos por las dos categorías profesionales como la oportunidad de suspender sus actividades tradicionales durante un cierto período: sus integrantes pasan a disponer de recursos que aseguran mínimamente su subsistencia y reproducción social. Asimismo, muchos pescadores y agricultores pueden continuar manteniendo sus actividades con el financiamiento que ofrece el Programa Nacional de Fortalecimiento de la Agricultura Familiar (PRONAF) orientado a nuevas inversiones en la producción (para los agricultores familiares) y en infraestructura.

Sin embargo, según Capellesso (2010), estos recursos públicos también pueden generar problemas. En la pesca artesanal, por ejemplo, las inversiones para adquirir barcos grandes han ampliado el esfuerzo de captura más allá de la capacidad de carga de las principales especies explotadas. En consecuencia, los pescadores artesanales empiezan a enfrentar serias dificultades ante la disminución del volumen de las capturas, lo que exige una ampliación de las actividades 'extrapesca' para complementar el ingreso familiar. En este contexto, la pluriactividad también podría ser un indicador más de la crisis estructural que enfrenta este sector. Pero solo los pescadores más viejos alternan la pesca con otras actividades, ya que sus hijos generalmente abandonan la actividad pesquera.

4.2. Sistemas productivos flexibles en el medio rural

En la segunda hipótesis, sostenemos que la importancia histórica y cultural de las unidades rurales pluriactivas en el litoral de Santa Catarina ha contribuido al desarrollo del sector secundario, sustentándose en un modelo específico de especialización flexible. Esos sistemas productivos, basados en relaciones de confianza y de reciprocidad, representan una forma innovadora de dinamizar las economías locales; se generan nuevas relaciones de trabajo y flujos productivos que incluyen a un número significativo de mujeres. Para ilustrar esta hipótesis, tomaremos el caso de las industrias de la rama de la confección de ropas, conocidas como *facções* (facciones) en el medio rural.

La subcontratación textil, a través de la aplicación de las etapas productivas de la confección, es una forma de reducir los costos de producción y favorecer la creación de nuevas relaciones de trabajo (flexibilización de la mano de obra) y nuevos flujos productivos. En Santa Catarina, encontramos tales *facções* en muchas comunidades rurales. Surgieron desde la década de 1980 con la expansión de la industria textil en las ciudades de Brusque e Ilhota, en el norte, y en Tubarão, en el sur. Son estructuras familiares o comunitarias que funcionan en los hogares o en cuartos que han sido convertidos en talleres de costura. Generalmente el trabajo es realizado por mujeres y cumple dos funciones: complementar los ingresos de la producción agrícola o concentrar a las mujeres cuyas parejas trabajan en la ciudad o en comunidades alejadas; ellas conforman pequeños grupos para reducir los costos de logística.

De esa manera, las costureras pueden organizar su tiempo escogiendo la cantidad de piezas a procesar y la duración del contrato (específico en cada caso). El trabajo es abundante y continuo, las remuneraciones varían conforme el número de piezas montadas, y ellas no están cubiertas por ningún derecho laboral. Esto último se resalta en varias denuncias, además de las bajas remuneraciones, la ausencia de control de las jornadas de trabajo y de los locales, que pueden ser inadecuados, y la participación de los demás miembros de la familia, sobre todo menores de 14 años.[15]

4.3. Sistemas productivos innovadores en el medio rural

Los llamados Sistemas Agroalimentarios Localizados (SIAL) pueden ser un condicionante de la evolución específica de los territorios estudiados. Están estructurados como sistemas productivos integrados e innovadores que incluyen

---

[15] En abril de 2010, según el Tribunal de Justicia de Santa Catarina, cerca de 200.000 niños y niñas menores de 14 años trabajaban en plantaciones de tabaco, en cultivos de cebolla, en extracción de yerba mate, en las pequeñas facciones textiles, en la recolección de basura reciclable y en actividades de extracción de carbón.

a las comunidades rurales en vías de modernización. Dichos sistemas disponen de ventajas competitivas estrechamente asociadas a la activación de recursos específicos (como productos, *knowhow*, redes de actores, instituciones), y a su capacidad de combinarlas con los recursos externos al territorio.

El sistema agroalimentario localizado de la pesca. Durante el siglo XX, la pesca artesanal se transformó significativamente. Además de la prohibición de la caza de ballenas, ingresó la modernización (nilón, motores, etc.) y la industrialización progresiva al sector (Diegues 1999; Vasconcelos, Diegues y Sales 2007). Durante los gobiernos militares (1964-1985) se atribuyó a la pesca y a la agricultura la misión de ampliar la producción para enfrentar la ampliación del mercado interno (industrialización + urbanización = progreso) y la necesidad de recaudar más divisas por medio de las exportaciones. Sin embargo, basándose en el supuesto de que los pescadores artesanales eran refractarios a la modernización, las políticas públicas de crédito y de concesión de incentivos fiscales prácticamente los excluyeron de tales beneficios (Vasconcelos, Diegues y Sales 2007; Capellesso 2010).

Aunque relegada a un segundo plano, la pesca artesanal se benefició indirectamente de la instalación de un parque industrial de calidad para el procesamiento de la pesca, que absorbió la producción artesanal. Incluso contando con escasos recursos públicos demostró su capacidad de modernizar y expandir la producción, además de incorporar a nuevos trabajadores. La ausencia casi total de crédito oficial fue parcialmente compensada por sistemas informales de financiación; un ejemplo son los intermediarios que hasta hoy mantienen relaciones de dependencia económica y social con los pescadores artesanales. Vale la pena destacar que la mayor parte de la producción continúa siendo comercializada en estado natural, sin ningún tipo de procesamiento, lo cual demuestra la capacidad de respuesta de los actores locales en la creación de un sistema flexible que integra a un segmento importante de pescadores. La apertura de los mercados de la pesca, las posibilidades de trabajar en los barcos industriales y la adquisición de nuevos conocimientos o equipos son externalidades que han impulsado el desarrollo del sector pesquero y mejorado su competitividad.

Los sistemas agroalimentarios localizados en torno a la producción, procesamiento y comercialización directa. Los sistemas que funcionan en torno a la producción y venta directa de productos agrícolas constituyen otro ejemplo. Nuestra investigación ha evidenciado la agricultura innovadora que puso en marcha principios agroecológicos; también creó nuevos servicios, por ejemplo, el caso de los productores que venden sus productos directamente al consumidor y la organización de pequeñas ferias y puntos de venta (Cordeiro 2010; Martinel 2010).

En la red de agroecología del litoral centro-sur, están insertas varias familias de productores, todas cultivando y procesando productos orgánicos. Las ventas realizadas en las ferias o en las "Casas de Productores", que se han consolidado en el transcurso de los años 1990, ofrecen una oportunidad que parece depender de la proximidad de los mercados urbanos. No existen estadísticas, pero en las visitas que hicimos a las ferias localizadas en diversos lugares del litoral pudimos constatar que son iniciativas impulsadas por algunos productores líderes, muchas veces inducidos por instituciones públicas o no gubernamentales.

Esa evolución se inscribe en las actuales transformaciones del espacio rural costero; se está consolidando una agricultura periurbana capaz de innovar, generando valor agregado mediante la calificación de sus productos. Identificamos proyectos centrados en la valorización o en la certificación de varios productos alimentarios en el ámbito del movimiento *Slow Food* y por medio de los sellos oficiales distintivos o de calidad (Agricultura Orgánica, Indicación Geográfica, o de la Marca Colectiva y de la Marca Territorial). Esos modelos tienden a reconectar a consumidores de la región con los agricultores familiares, lo cual torna viable esa actividad dentro del complejo escenario de la región costera.

4.4. Interdependencia de las dinámicas territoriales y vínculos solidarios

Las relaciones de sinergia entre las dinámicas territoriales estimulan la emergencia de una solidaridad obligatoria entre las categorías de actores sociales presentes en los territorios investigados, constituye la cuarta hipótesis explicativa.

Nuestro análisis de las imágenes de los folletos en los que se promociona el turismo en el litoral de Santa Catarina evidenció las estrategias de comunicación de los agentes clave ubicados en la región costera. También muestra otra forma en la que las instituciones públicas y privadas suelen "vender" esta región. Indirectamente, nos ha permitido contrastar el nivel de apropiación de los recursos del patrimonio cultural y natural por parte de los actores locales (cuadro 14.5).

Cuadro 14. 5. Santa Catarina. Imágenes de los folletos

Categorías	Imágenes	
	Nº	%
Paisaje urbano, belleza natural y biodiversidad	669	18,18
Patrimonio histórico	318	8,64
Cultura, artesanías, fiestas culturales y religiosas	491	13,34
Agricultura, pesca artesanal y gastronomía	311	8,45
Ecoturismo, turismo rural	149	4,05
Museos	124	3,37
Turismo de verano, playas	135	3,67
Deportes	178	4,84
Paisaje urbano, industrias	507	13,78
Parques temáticos	105	2,85
Servicios, *shopping*, economía	693	18,83
Total	**3.680**	**100**

Fuente: Investigación 2010.

El análisis de las imágenes evidencia que hay un equilibrio entre aquellas que se refieren a la cultura y a la naturaleza (bellezas naturales) y las que destacan los servicios disponibles (ocio, *shopping*, comercio). Algunas categorías analizadas en los folletos contienen elementos que ya forman parte del escenario del territorio de la región costera de Santa Catarina: la cultura local, el paisaje, las iglesias y otros patrimonios territoriales y ambientales. Otras, sin embargo, necesitan de una comunidad tradicional "viva" para existir y reproducirse. Es el caso de las imágenes sobre la artesanía, las fiestas, la gastronomía, los barcos de pesca, la agricultura familiar y tradicional, los molinos de harina.

En resumen, una parte de los elementos utilizados están intrínsecamente relacionados con el dinamismo de las comunidades tradicionales, cuyo futuro depende de los servicios ligados al turismo. Esas dependencias implican una necesaria relación de solidaridad y de convergencia en la construcción de proyectos de territorio, por parte de los actores del litoral, aun cuando les parezca estar contribuyendo a dinámicas contradictorias.

4.5. Nuevas coaliciones de actores sociales

La quinta hipótesis supone que la formación y la consolidación de sistemas productivos localizados, con activación de recursos específicos, están muy condicionadas por la eficiencia de los procesos de aprendizaje colectivo y de gobernanza territorial. Así, las políticas públicas orientadas a la promoción del desarrollo territorial sustentable constituyen oportunidades para el fortalecimiento de esos nuevos sistemas de planeamiento y gestión.

Nuestros resultados permiten especificar las principales categorías de actores sociales y de los "juegos de poder" que sostienen esas dinámicas territoriales. Duran y Thoenig (1996), entre otros autores vinculados al campo de la ciencia política contemporánea y la geoeconomía territorial, enfatizaron el rol de los actores y de la institucionalización de las acciones colectivas en la construcción de la trayectoria de desarrollo de un territorio (Pecqueur 2000; Gumuchian *et al.* 2003; Andion 2007). La hipótesis subyacente es que el momento de la gestión del desarrollo está "...marcado por la transición de un modelo de acción integrada por el Estado hacia un tipo de poliarquía institucional, caracterizada por la confrontación entre poderes heterogéneos, poco previsibles y difícilmente jerarquizables" (Andion 2007, 74).

Verificamos en nuestro análisis que durante los últimos treinta años se han modificado mucho las posiciones y relaciones entre los actores. Entraron en escena nuevos representantes de la sociedad civil y emergieron nuevos espacios de discusión y de negociación de las acciones colectivas (Gumuchian *et al.* 2003; Andion 2007; Scherer-Warren 2006). En el análisis, hicimos el mismo recorte histórico en dos períodos: antes y después de 1990.

Durante el período de la colonización, la evolución socioeconómica de los territorios estuvo influenciada por las comunidades de pescadores-agricultores que mantenían entre sí diversas relaciones de sinergia, competencia y conflicto, principalmente en cuanto a los modos de acceso a los recursos naturales y su uso. En el "juego de actores", participaban: 1) una élite agraria heredera de capitanías y compuesta por dueños de tierras, pequeños empresarios y comerciantes, sintonizada con los demás actores del escenario territorial; y 2) una burguesía oriunda de la pequeña producción mercantil, descendiente de inmigrantes europeos (dueños de molinos de harina).[16] Estos actores lograron crear importantes redes de comercialización para sacar las mercaderías a las grandes ciudades como Río de Janeiro y San Pablo; reforzaron su influencia con su poder local y sus capacidades de articulación con los representantes del Estado o del país. Existía en ese momento un proyecto de territorio compartido entre los actores: *¡colonizar y ocupar!*

Las primeras políticas de ocupación del espacio y de modernización agrícola se basaron en esa lógica de poder, jerarquizada y liderada por una élite agraria que defendía sus propios intereses a pesar de su carácter relativamente redistributivo.[17] Tal contexto político-institucional permite

---

[16] Entre 1870 y 1940 poseer un molino de harina era un signo de autonomía y prestigio social.

[17] A diferencia de otras regiones, los grandes propietarios ponían una parte de sus tierras a disposición de la comunidad, generalmente conocidas como "tierras comunales", "pastos comunes" o "*matos* del pueblo". Caracterizamos estas prácticas como "redistributivas", ya que permiten el uso colectivo de un determinado recurso privado entre miembros de una misma comunidad.

comprender las actuales asimetrías de poder entre los supuestos "líderes" de las dinámicas territoriales y las comunidades tradicionales.

Con la utilización de nuevos medios de producción (tractores y otros equipos agrícolas), pudieron intensificar la productividad. Con el capital acumulado y luego de vender sus propiedades, un segmento de esa élite migró hacia los centros urbanos, lo cual estimuló la especialización industrial. Fue así como se valorizó el precio de las tierras en el espacio rural, al par que se produjo la reducción de las áreas de uso colectivo y la progresiva desestructuración de los sistemas comunitarios de producción.

El segundo período, desde la década de 1990, está marcado por el cambio de la vocación tradicional de los espacios rurales en función de las actividades industriales, de los cada vez más complejos sistemas urbanos y de las actividades turísticas. Muchas personas oriundas del interior de Santa Catarina (especialmente, del oeste del Estado y del altiplano serrano) y Rio Grande do Sul y San Pablo pasaron a instalarse en los espacios rurales del litoral involucrándose en iniciativas turísticas, actividades deportivas y de ocio. Esa emigración no influyó directamente sobre el modelo local dominante de acción colectiva. Solo contribuyó a fragilizar las relaciones de poder de la élite tradicional, proporcionando nuevas oportunidades para la dinamización económica.

Este período se caracteriza también por un cambio de las relaciones entre el Estado y la sociedad civil organizada. Surgió un proceso de institucionalización de las ONG, de algunas acciones colectivas y de movimientos sociales que buscan afirmar sus identidades, como las feministas, los ambientalistas, los agricultores familiares, las mujeres campesinas y pescadoras artesanales (Scherer-Warren y Lüchmann 2004; Andion 2007).

En la zona de estudio aparecen varios representantes de grupos y de organizaciones (asociaciones comunitarias, consejos de desarrollo, comités de microcuencas, foros de la Agenda 21, etc.). Sobresalen los de movimientos ambientalistas, los del sector productivo y las coaliciones culturales. Las coaliciones ambientalistas reúnen a las ONG, los institutos privados y los órganos públicos (universidades y escuelas técnicas). Sus actividades y proyectos se centran en la sensibilización y educación ambiental, en la organización de rutas o senderos ecológicos y en la recuperación de las áreas degradadas.

En cuanto a los movimientos culturales y las coaliciones discursivas, los trabajos de Kühnen (2002) y Lacerda (2003) confirman la aparición, desde los años 1980, de un fenómeno de "etnización" de la identidad de las islas Azores y de reinvención de la tradición. Este fenómeno se está fortaleciendo en el seno de un movimiento amplio de reorganización política y de promoción de eventos culturales, que rememoran la ocupación y desarrollo de la región costera. Ese movimiento involucra al medio académico (antropólogos, sociólogos, historiadores y geógrafos), a la esfera gubernamental (principalmente a los ayuntamientos) y a descendientes de las comunidades tradicionales de pescadores-agricultores.

Los sectores productivos, principalmente agrícolas y pesqueros, comenzaron a organizarse mejor y se fortalecieron en las negociaciones con los representantes del sector público en los ámbitos estatal y federal de planificación y gestión.

Con respecto a las cuestiones de género, la influencia de los movimientos de mujeres en la sociedad contemporánea se expandió y adecuó al espacio rural, a partir de la organización de las mujeres agricultoras (Stropassolas 2004). Algunas modificaciones ya han sido incorporadas en la legislación, por ejemplo, la jubilación rural y la licencia pagada por maternidad (Brumer 2004), además del crédito rural. Según las personas entrevistadas, se lograron también avances importantes en el sector de la pesca, como el reconocimiento del derecho a la jubilación para las pescadoras.

Otra consecuencia importante de esas transformaciones es la aparición y la institucionalización de nuevos espacios de diálogo y negociación entre la sociedad civil, el Estado y el sector privado, lo cual constatamos durante la investigación. Estos espacios se diferencian entre sí en función de su origen (privados y públicos), objetivos y grado de institucionalización. Los de origen privado pueden movilizar a los actores del sector público (técnicos o representantes del gobierno local o estatal), por ejemplo, del Centro Comunitario de Ibiraquera, en el litoral centro-sur; del Instituto Boi-Mamão, del Museo del Mar y de los Clubes de Madres en el litoral centro-norte. Los espacios de origen público apuntan a la implementación de políticas que necesitan un fuerte involucramiento de la sociedad civil (consejos gestores de áreas de preservación ambiental, consejos de desarrollo económico y social, consejos de seguridad alimentaria, colegiado territorial, comités de cuencas, planes rectores municipales, procesos de descentralización, sistemas de salud, etc.).

No faltan ejemplos de innovaciones en las formas convencionales de negociación y diálogo pluralista. En Brasil, se multiplicaron los estudios de caso con lo cual se ha ampliado el conocimiento empírico sobre esta situación; en varios se señala que un riesgo de estos espacios es que la participación de la sociedad civil sea restringida, porque se la individualiza por medio de la figura de los "notables", o porque se la limita a algunos sectores y organizaciones que, aunque presenten una relación más orgánica con la sociedad, son escogidos con poca injerencia de la sociedad civil. Según la visión de algunos críticos, esas tentativas de democratización de los espacios donde se toman decisiones se tornan en un nuevo y peculiar pacto para la legitimación de los sistemas de dominación tradicionales (Rodrigues 2010).

En este caso, la asimetría de poderes entre los actores sociales involucrados aún no ha sido adecuadamente resuelta. Las evoluciones recientes que apuntan al DTS continúan, por lo tanto, dependientes de la calidad de las iniciativas locales y de la presencia de una comunidad cívica (Putnam 1996).

A pesar de esos límites, parecería que los recientes cambios económicos y políticos estimulan la inserción de aquellos actores que no formaban parte de las élites locales y que han contribuido activamente a la experimentación de nuevas estrategias territoriales de DTS en la región. Podemos mencionar las experiencias del *Fórum da Agenda 21 da Lagoa de Ibiraquera y del Conselho Gestor da Área de Proteção Ambiental (APA) da Baleia Franca* (CONAPA). Estas dos experiencias aparecieron a comienzos de la década de 1990 e involucraron a organizaciones comunitarias, al Ministerio de Medio Ambiente y a la *Universidade Federal de Santa Catarina* (UFSC). Esas acciones colectivas pueden ser consideradas coaliciones que favorecen el fortalecimiento de la sociedad civil y, por ende, la implementación de sistemas más integrados de regulación y control social para enfrentar problemas socioambientales locales. Iniciativas de ese tipo acaban modificando los sistemas de gobernanza territorial.

Nos parece oportuno poner a esos nuevos "juegos de actores" en perspectiva, considerando el surgimiento de las nuevas políticas territoriales e indagando cómo se están posicionando las políticas y los programas gubernamentales ante esas relaciones simultáneas, de conflicto y cooperación.

Las recientes políticas de desarrollo rural rompen con la lógica de los programas anteriores enfocados en transferir tecnología y distribuir insumos y conocimientos externos en el escenario local. La intención es valorar la base de recursos locales (capital social y humano, productos diferenciados, servicios específicos) estimulando, al mismo tiempo, nuevas formas de gobernanza territorial. El campo de acción de esas políticas, concebidas y desarrolladas desde la década de 1990, es supramunicipal; abarca un espacio geográfico socialmente construido. Los agentes locales involucrados tienen una relativa autonomía de decisión en el desarrollo e implementación de los proyectos. Se enfatiza la promoción de los recursos locales, la diversificación de las actividades agrícolas e innovaciones en su forma de producir, transformar y comercializar los productos. Finalmente, hay una preocupación por la conservación de los recursos naturales de uso común.

Basándonos en Bonnal y Kato (2010), verificamos que en los dos territorios están en curso políticas del Gobierno Federal de apoyo a proyectos locales. El sector público determina los principales lineamientos e identifica las áreas de acción a partir de una serie de indicadores socioproductivos. Los actores de estos "nuevos" territorios son invitados a desarrollar proyectos que luego son validados por las instancias superiores de gestión. La noción de territorio "construido" por los actores no es un prerrequisito; los criterios para la delimitación de los territorios están relacionados principalmente con la concentración de agricultores familiares y asentamientos en áreas rurales, o con la presencia de pueblos indígenas. Lo que sí es una condición es que se realice un diagnóstico participativo y se fijen prioridades antes de la definición de las estrategias que serán adoptadas por los actores involucrados.

Esta nueva forma de intervención del sector público ha generado innovaciones en los sistemas de gobernanza y estimulado el surgimiento de organizaciones territoriales dotadas de personalidad jurídica. No obstante, algunos autores consideran que aún no hay ningún programa que permita implementar, satisfactoriamente, todos los elementos del llamado abordaje territorial del desarrollo rural. Además, el proceso de cambio institucional se encuentra en una etapa embrionaria (Favareto 2009a).

La Política de Desarrollo Territorial de la Pesca y de la Acuicultura se inserta en ese nuevo formato de acción pública y adopta el mismo concepto utilizado en el Programa *Territórios da Cidadania,*[18] promovido por el Ministerio de Desarrollo Agrario (MDA). Su implementación comenzó con la conformación de colegios territoriales, cuya responsabilidad era identificar las demandas prioritarias de las poblaciones y la construcción participativa de un plan de desarrollo territorial sustentable, un instrumento que define los proyectos prioritarios y ordena la captación de inversiones del Gobierno Federal (Meynard 2010). Sin embargo, hasta el momento no ha sido debidamente apropiado por las comunidades de pescadores que son los beneficiarios finales. Los liderazgos del sector evalúan positivamente la iniciativa, aunque reconocen que su concreción depende, principalmente, de la capacidad de articulación de los actores mediante el funcionamiento de los colegios territoriales. Desde nuestro punto de vista, la construcción de estos nuevos espacios de negociación podría estimular la valorización, tanto de los territorios de las comunidades pesqueras tradicionales como de sus identidades culturales. Quienes formulan esta política reconocen, además, el importante rol que cumplen las mujeres en el proceso de

---

18 Fue creado en 2008 con el "objetivo de reunir un conjunto de iniciativas dispersas a través de casi dos docenas de ministerios y de las estructuras de Gobierno para el desarrollo del Brasil profundo, del Brasil rural" (Favareto 2009b, 54).

encadenamiento de sistemas productivos de base familiar. Los pescadores coinciden con este punto, como consta en las decisiones tomadas en 2004 en el Primer Encuentro Nacional de Pescadoras y Acuicultoras, mediante las cuales garantizan a las mujeres los beneficios laborales actuales.

5. Conclusiones

Nuestra investigación confirma que existe una particular trayectoria de desarrollo en la zona costera de Santa Catarina, caracterizada por su fuerte carácter endógeno; por la capacidad de generar sistemas de especialización flexible, y por un estilo de vida de las comunidades rurales que propicia el desarrollo de nuevas actividades de prestación de servicios y de empleos estacionales. La emergencia de nuevas dinámicas territoriales en la zona litoraleña ha afectado profundamente a las comunidades rurales, aunque sin comprometer su existencia. El principal factor de desarrollo de la región son los procesos de diversificación productiva con énfasis en la industrialización y la urbanización. La coexistencia de varias dinámicas y sus relaciones de sinergia-dependencia-competencia puede ser el factor decisivo de las condiciones generales de factibilidad del enfoque de DTS en la región costera de Santa Catarina.

Desde el punto de vista de los cambios constatados en el ingreso, el consumo y la distribución de la renta, la zona costera de Santa Catarina está experimentando un fuerte crecimiento económico, aunque con poca reducción de las desigualdades sociales, junto con un proceso de intensificación de los focos de degradación ecosistémica. En este contexto, verificamos que los "juegos de actores en sistemas de acción colectiva" presentan puntos de estrangulamiento importantes que merecen una consideración más atenta de quienes investigan y toman decisiones, pues no se ha roto aún el dominio del modelo asimétrico tradicional de relaciones entre una élite agraria dominante y un mosaico de comunidades rurales cuya capacidad de intervenir en los espacios de decisión sobre proyectos alternativos de desarrollo territorial es aún muy restringida. Las innovaciones institucionales y organizativas continúan reproduciendo o fortaleciendo a los "notables", en el seno de una cultura política clientelar. Eso nos lleva a concluir que el modelo económico de especialización flexible ha sido poco eficaz para enfrentar los desafíos relacionados con la inclusión social de las comunidades rurales, y con la promoción de la calidad de vida de las poblaciones asentadas en los espacios rurales costeros de Santa Catarina.

Si bien los procesos no están orientados a la valorización del patrimonio cultural de las comunidades rurales, la evolución de los principales motores de las dinámicas socioeconómicas confirma el surgimiento de nuevas demandas que involucran al conjunto de actores del territorio costero, y valorizan, en términos de activos específicos, un conjunto de factores ambientales y culturales (Pecqueur 2000). Por lo tanto, desde nuestro punto de vista, el mayor desafío es poder construir puentes y reforzar alternativas capaces de promover una relación de complementariedad entre las dinámicas en curso. Ello implica la creación de innovaciones, tanto en el ámbito del "juego de actores" como de las modalidades de apropiación de los recursos naturales y culturales. Además, será necesario construir, progresivamente, sistemas viables de gobernanza territorial.

La superación de esos desafíos dependerá del diseño de un nuevo estilo de desarrollo no solo socialmente incluyente y descentralizado, sino también cada vez más sensible a la compleja creación de un sistema de gestión integrada y compartida de los ecosistemas costeros. Nos parece que el enfoque de planificación de estrategias flexibles de "desarrollo territorial sustentable" ofrece pistas innovadoras, aunque todavía débiles, que apuntan claramente en esa dirección.

Referencias citadas

Abramovay, Ricardo y Ana Amélia Camarano. 1999. *Êxodo rural, envelhecimento e masculinização no Brasil: panorama dos últimos 50 anos*. Rio de Janeiro: IPEA. Texto para discusión 621.

Andion, Carolina. 2007. Atuação das ONG nas dinâmicas de desenvolvimento territorial sustentável no meio rural de Santa Catarina: os casos da APACO, do Centro Vianei de Educação Popular e da AGRECO. Tesis de doctorado, Universidad Federal de Santa Catarina, Programa Interdisciplinar de posgrado en Ciencias Humanas.

Bonnal Philippe y Karina Kato. 2010. Análise comparativa de políticas públicas de desenvolvimento territorial. Brasilia: IICA, relatoría final OPPA/CPDA/UFRRJ.

Borchardt, Ilmar. 2003. *Diagnóstico da exclusão social em Santa Catarina: mapa da fome.* Florianópolis: SDS, Instituto Cepa, SC.

Brumer, Anita. 2004. Gênero e agricultura: A situação da mulher na agricultura do Rio Grande do Sul. Revista *Estudos Feministas* vol. 12, núm 1: 205-227 (Universidad Federal de Santa Catarina, Centro de Filosofía y Ciencias Humanas, Centro de Comunicación y Expresión).

Capellesso, Adinor. 2010. Os sistemas de financiamento na pesca artesanal: um estudo de caso no litoral centro-sul catarinense. Tesis de Maestría en Agroecosistemas. Florianópolis: UFSC, Centro de Ciencias Agrarias.

Cazella, Ademir Antonio, Philippe Bonnal y Renato Maluf. 2009. Multifuncionalidade da Agricultura Familiar no Brasil e o enfoque da pesquisa. En *Agricultura familiar, multifuncionalidade e desenvolvimento territorial no Brasil* editada por Ademir Antonio Cazella, Philippe Bonnal y Renato Maluf. Rio de Janeiro: Editorial Mauad X, pp. 47-70.

Cordeiro, Eduardo. 2010. Sistemas Alimentares Territorializados (salt's) no litoral centro-sul de Santa Catarina - um estudo de caso do sistema agroecológico de Paulo Lopes, Garopaba, Imbituba e Laguna. Florianópolis: UFSC, Curso de Ciencias Sociales, monografia.

Davezies, Laurent. 2008. *La République et ses territoires. La circulation invisible dês richesses.* París: Ed. du Seuil.

Diegues, Antonio Carlos. 1999. Asócio-antropologia das comunidades de pescadores marítimos no Brasil. *Revista Etnográfica* vol. 3, núm 2: 361-375.

Duran, Patrice y Jean Claude Thoenig. 1996. L'Etat et la gestion publique territoriale. *Revue française de science politique* 4: 580-623.

Favareto, Arilson. 2009a. Retrato das políticas de desenvolvimento territorial no Brasil. Santiago de Chile: Rimisp, Programa Dinámicas Territoriales Rurales, documento de trabajo 26.

Favareto, Arilson. 2009b. Três momentos na evolução recente da gestão social do desenvolvimento territorial - dos conselhos municipais de desenvolvimento rural a os Territorios da Cidadania. En Bacelar Tânia *et al. Gestão Social dos Territórios*. Brasilia: IICA, Série Desenvolvimento Rural Sustentável, vol. 10: 53-65.

Favareto, Arilson y Ricardo Abramovay. 2009. Mapa das Dinâmicas Territoriais no Brasil (1991-2000). Santiago de Chile: Rimisp, Programa Dinámicas Territoriales Rurales, documento de trabajo.

Fundação PROZEE. 2005. Relatório Técnico sobre o Censo Estrutural da Pesca artesanal marítima e estuarina nos Estados de Espírito Santo, Rio de Janeiro, Paraná, Santa Catarina e Rio Grande do Sul. Fundação de Amparo à Pesquisa de Recursos Vivos na Zona Econômica Exclusiva. Itajaí: Fundação PROZEE, noviembre.

Gumuchian, Hervé *et al.* 2003. *Les acteurs -ces oubliés du territoire.* París: Anthropos.

IBAMA, Instituto Brasileiro do Meio Ambiente e dos Recursos Naturais Renováveis. 2005. *Estatística da pesca 2004. Brasil, Grandes regiões e unidades da federação.* Brasilia DF: Ministério do Meio Ambiente, Instituto Brasileiro do Meio Ambiente e dos Recursos Naturais Renováveis.

IBGE, Instituto Brasileiro de Geografia e Estatística. Censos demográficos de 1970, 1980, 1991, 2000 y 2010. Disponible en: http://www.ibge.gov.br (acceso: 15:00 hs., 11 de diciembre de 2010).

.... 2006. Censo Agropecuario de 2006. Disponible en: <http://www.sidra.ibge.gov.br (acceso: 9:00 hs., 23 de marzo 2009).

IBGE, Instituto Brasileiro de Geografia e Estatística. 2007. Cadastro Central de Empresas, Disponible en: http://www.sidra.ibge.gov.br (acceso: 15:00 hs., 26 de marzo de 2009).

IBGE Cidades, Instituto Brasileiro de Geografia e Estatística. 2010. Disponible en: www.ibge.gov.br/cidadesat (acceso: 15:00 hs., 12 de diciembre de 2010).

Kühnen, Ariane. 2002. *Lagoa da Conceição - Meio ambiente e modos de vida em transformação.* Florianópolis: Cidade Futura.

Lacerda, Eugenio Pascele. 2003. O Atlântico açoriano: uma antropologia dos contextos globais e locais da açorianidade. Tesis de doctorado en Antropología Social por la UFSC, Florianópolis.

Lesage, Anaïs. 2010. La diversité d'une agriculture familiale dans un contexte d'urbanisation du territoire agricole: Diagnostic agraire de la municipalité d'Itajaí (Brésil). Monografía (título en Agronomía) Curso de Ingeniería Agronómica de Agrosup Dijon, "Especialización en Agronomía Tropical" del l'institut des Regions Chaudes-Montpellier SUPAGRO.

Martinel, Benjamin. 2010. Les circuits courts le long du littoral du Santa Catarina: un outil de préservation de l'Agriculture Familiale entre relais vers un système agricole familial durable et tribune d'expression. Tesis de Maestría en Geografía, Universidad Lumiere Lyon, Francia, Facultad de Geografía e Historia del Arte y Turismo, mención en Estudios Rurales.

Meynard, Francisca. 2010. Análisis del proceso de elaboración de la Política de Desarrollo Territorial de Pesca y Acuicultura; Territorio Litoral Sul Catarinense. Montpellier: Monografía para obtener el Master Agrimundus IRC Montpellier, SUPAGRO.

Pecqueur, Bernard. 2000. *Le développement local.* París: Syros.

Pereira, Maiara Leonel. 2010. Diagnóstico dos setores da agricultura familiar e pesca artesanal na Zona Costeira Catarinense: Estudo de caso no município de Paulo Lopes. Monografia (título en Agronomía) Curso de Ciencias Agrarias, UFSC, Florianópolis.

Piore, Michael y Charles Sabel. 1989. *The Second Industrial Divide: Possibilities for Prosperity*. Nueva York: Basic Books.

PNUD, Programa de Naciones Unidas para el Desarrollo. 2000. *Atlas do Desenvolvimento Humano no Brasil*. Disponible en: http://www.pnud.org.br/atlas/

Putman, Robert. 1996. *Comunidade e democracia: a experiência da Itália moderna*, 2da. ed. Rio de Janeiro: FGV.

Ranaboldo, Claudia y Alexander Schejtman. 2009. El valor del patrimonio cultural. Territorios rurales, experiencias y proyecciones latinoamericanas. Lima: Instituto de Estudios Peruanos y Centro Latinoamericano para el Desarrollo Rural.

Rodrigues, Hélio Castro de Lima. 2010. Subsídios para proposta do plano de Ordenamento Pesqueiro da APA da Baleia Franca. Garopaba, Brasil: Instituto Chico Mendes de Proteção da biodiversidade - área de proteção ambiental da baleia Franca - APA BF, projeto de conservaçao e manejo dos ecossistemas brasileiros - PROECOS PNUD/BRA/00/009, Documento de trabajo núm. 3.

Scherer-Warren, Ilse y Lígia Lüchmann. 2004. Situando o debate sobre movimentos sociais e sociedade civil no Brasil. *Política & Sociedade* vol. 5: 13-35.

Scherer-Warren, Ilse. 2006. Das Mobilizações às redes de movimentos sociais. *Revista Sociedade e Estado* vol. 21, núm. 1: 109-130 (Brasilia, enero-abril).

Stropassolas, Valmir. 2004. O valor (do) casamento na agricultura familiar. *Estudos Feministas* vol. 12, núm. 1: 253-267 (Universidad Federal de Santa Catarina, Centro de Filosofía y Ciencias Humanas, Centro de Comunicación y Expresión).

Vasconcelos, Mauricio, Antonio Carlos Diegues y Renato Rivaben Sales. 2007. Limites e possibilidades na gestão da pesca artesanal costeira. En *Nas Redes da Pesca Artesanal* coordinado por Adriana Lobo Costa. Brasilia: IBAMA y MMA.

Vieira, Paulo Freire (ed.). 2002. *A pequena produção e o modelo catarinense de desenvolvimento*. Florianópolis: APED.

Capítulo 15. Fronteras de la transformación agroindustrial en el secano interior de la región de O'Higgins en Chile

Félix Modrego, Eduardo Ramírez, Rodrigo Yáñez, Daniela Acuña, Mariela Ramírez, Esteban Jara[1]

Abstract

The goal of this study is to determine the factors allowed the Secano Interior (Interior Drylands) of the O'Higgins Region to show improved indicators of wellbeing during the last decade of the 20th century, despite the fact that it used to be an isolated territory with limited assets, dependent on low-productivity agriculture and poorly linked to the markets. The results suggest that the main cause of this change was the productive transformation of agriculture promoted by extra-territorial agents. It was made possible by institutional changes in acces to and use of natural resources, and by public investment in infrastructure; these changes created favorable conditions for private investment. The agro-industrial transformation of the Secano generated new economic and social opportunities, particularly for women and young people through labor market. Small-scale farmers have not benefited as much from the territory's productive transformation. We argue that the weakness of institutional framework for the governance of the water resources, and the absence of social coalitions that can promote institutional change, have led to a situation of environmental vulnerability that threatens the Secano's transformation. The results have implications for territorial development policy.

Las dinámicas de desarrollo del secano interior de la región de O'Higgins (SIO)[2] en la zona central de Chile contrastan con las del resto del país (Modrego, Ramírez y Tartakowski 2008). Entre 1992 y 2002, en los municipios contiguos de Litueche, La Estrella, Marchigue y Pumanque se combinó el crecimiento con la reducción de la pobreza y la desigualdad del ingreso.

---

1 Agradecemos los valiosos comentarios de Julio A. Berdegué.

2 Secano es un término utilizado en Chile para caracterizar las zonas donde se practica la agricultura sin riego.

En los primeros años de la década de 1990, la base económica de esos cuatro municipios dependía de la pequeña producción campesina de cereales y de la ganadería de secano. La dotación de sus recursos naturales no es particularmente generosa; con suelos de pobre calidad y un largo periodo de déficit hídrico, el capital natural no ofrece las mejores condiciones para el desarrollo de una agricultura de alto valor. En lugar de una fuerte organización social, lo que se destaca en ese territorio es la ausencia de actores que estén catalizando procesos de movilización y participación ciudadana.[3] Tampoco existe un núcleo urbano importante que empuje al entorno rural hacia una dinámica de crecimiento sostenido. A inicios del periodo estudiado, había severas carencias en los servicios básicos de salud, educación y comunicaciones. En síntesis, es un territorio del cual se esperaría que su derrotero fuese el del rezago social y la declinación. Al contrario, lo que ha ocurrido son importantes cambios económicos y sociales impulsados por la transformación productiva desde la agricultura.

La pregunta que orientó la investigación de la que se desprende este artículo fue: ¿cómo en un territorio sin ventajas comparativas evidentes han mejorado sus indicadores de bienestar? Nuestro argumento es que el crecimiento económico fue impulsado por una fuerte inversión pública en infraestructura y provisión de servicios básicos, a partir de la década de 1990, y por los cambios institucionales y políticos que se gestaron en la década de 1980, los cuales modificaron el acceso, gestión y uso del agua. Estos cambios atrajeron la inversión extraterritorial, que fue la que dinamizó el sector agrícola, la cual junto a la inversión pública social generaron nuevas oportunidades para los hogares, entre ellas, el acceso de las mujeres al trabajo asalariado y de la gente joven a la educación.

En un territorio tributario de fuertes procesos de reforma agraria cabe preguntarse cómo estas dinámicas afectaron a los pequeños agricultores. Más allá de las experiencias exitosas puntuales, el modelo de "empresarialización" de la pequeña agricultura promovido a través de la política sectorial, aún no

---

[3] Esto contrasta con la situación de Chiloé que analizamos en el capítulo 16 de este libro.

se ha alcanzado, lo que pone en duda la autonomía de las mejoras en el bienestar del grupo de pequeños productores. Lo que sí parece ocurrir es que los excedentes del crecimiento sectorial se transfieren afuera del territorio. Finalmente, el crecimiento acelerado de la superficie bajo riego ha provocado conflictos en torno al agua, recurso estratégico para sostener las posibilidades futuras del territorio. Estos conflictos se agravan debido a la ausencia de coaliciones sociales con capacidad política para modificar el ineficaz marco institucional hacia una gestión sostenible y equitativa del recurso hídrico.

En este artículo, condensamos y articulamos los principales hallazgos de siete estudios temáticos desarrollados durante casi los dos años que duró la investigación. El artículo está organizado de la siguiente forma. En la primera sección, describimos el marco conceptual del estudio. En la segunda, presentamos el diseño de la investigación. En la tercera, describimos el territorio y sus dinámicas de transformación. En la cuarta, explicamos los resultados del desarrollo organizados en torno a los motores principales de las transformaciones. La última está dedicada a las conclusiones y las implicaciones que este caso tiene para las iniciativas de desarrollo territorial en Chile y América Latina.

1. Las dinámicas del territorio como procesos de construcción social

El marco conceptual de la investigación se basa en el propuesto para el Programa de Dinámicas Territoriales Rurales (Rimisp 2008). El énfasis está puesto en la estructura de las relaciones sociales que se establecen en el territorio, particularmente en las interacciones entre los actores y las coaliciones sociales, los marcos institucionales que ellos promueven, y las reglas que en estos marcos se establecen para definir el acceso y uso de activos entre distintos segmentos y grupos de interés.

El territorio es entendido, no como un espacio físico "objetivamente existente", sino como una construcción social, es decir, un conjunto de relaciones sociales que dan origen y, a la vez, expresan una identidad y los propósitos compartidos por múltiples agentes públicos y privados (Schejtman y Berdegué 2004, 5). Nos apoyamos también en el concepto de campo social (Bourdieu 2005; Abramovay y Favareto 2008) definido como un sector semiautónomo de la actividad social dentro del cual los actores compiten para imponer sus intereses en pugna. Es por ello que el territorio es un espacio en permanente construcción, a partir de los diferentes proyectos de desarrollo en juego (Warnaars 2010).[4]

Tal sistema social se despliega sobre un capital natural, el cual provee una serie de servicios ecosistémicos que benefician a la sociedad, desde la provisión de bienes esenciales, como el agua y los alimentos, hasta la regulación de los ciclos geofísicos e, incluso, algunos servicios intangibles como la recreación, la belleza escénica o elementos de identidad territorial (Millenium Ecosystem Assessment 2005). La cantidad, tipo y calidad del capital natural inciden significativamente en las posibilidades de desarrollo del territorio, ya que establecen un cierto orden en el conjunto de opciones disponibles para sostener el bienestar presente y futuro. Cómo este capital natural influirá, finalmente, en el desarrollo del territorio dependerá de una serie de motores de cambio directos (por ejemplo, cambios en el uso del suelo y el cambio tecnológico) e indirectos (por ejemplo, las tendencias demográficas, económicas y culturales). Asimismo, las condiciones iniciales y los procesos históricos son importantes en las dinámicas contemporáneas (Warnaars 2010). Sin embargo, los procesos pueden alterarse abruptamente por la acción de dichos motores; la dirección y el sentido que tomen dependerán de las relaciones que se establezcan en el campo social territorial, así como del tipo e intensidad de las relaciones entre el territorio y los factores de transformación.

Nuestra hipótesis general es que la interacción entre las relaciones sociales del territorio y los cambios sociales nacionales, regionales y globales explicaría el crecimiento económico, la inclusión social y sostenibilidad ambiental, o su ausencia, en O'Higgins, donde las orientaciones de la política pública han incidido en las dinámicas del territorio. Formulamos, además, las siguientes hipótesis específicas: 1) la inversión pública ayudó a revertir las desfavorables condiciones iniciales y a crear otras que favorecieron la transformación productiva del territorio;

---

4 Ver también el capítulo 13 que aparece en este volumen.

2) el desarrollo del territorio no ha sido tan inclusivo, porque buena parte de los beneficios han sido capturados afuera; 3) la vulnerabilidad ambiental del SIO es el resultado de la falta de coaliciones capaces de promover cambios orientados a lograr una gestión sostenible del recurso estratégico del territorio: el agua.

2. Diseño de la investigación

Realizamos la investigación en la que se basa este artículo entre enero de 2010 y octubre de 2011. Usamos técnicas cualitativas y fuentes secundarias de información cuantitativa. No pudimos realizar la encuesta de hogares que estuvo planeada, porque el terremoto del 27 de febrero de 2010 devastó la comuna de Pumanque y azotó fuertemente las otras tres que forman parte del territorio estudiado.

Entrevistamos a 146 personas, número que equivale a un 0,8% de la población del territorio; la mayoría de esas personas está radicada en las comunas del SIO; el resto vive en las ciudades de Santiago y Rancagua, capital de la región de O'Higgins. En las primeras entrevistas, recogimos información sobre las percepciones generales del territorio, los procesos de cambio y los motores de las transformaciones. Avanzada la investigación, focalizamos más las entrevistas, para ahondar en aspectos institucionales particulares y en la gestación y evolución de coaliciones relacionadas con temas específicos, tales como los mercados del agua, las inversiones agroindustriales y las cadenas productivas (Acuña y Mendoza 2010; Ramírez, Modrego y Yáñez 2010; Yáñez, Modrego y Ramírez 2010; Ropert 2010; Mendoza y Bowen 2010; Rey 2010).

Inicialmente, seleccionamos a los entrevistados a partir de un mapeo de actores (Modrego *et al.* 2010a) inspirado en un estudio anterior realizado en el territorio de Chiloé, al sur de Chile (Ramírez *et al.* 2009a). El mapa de base fue adaptado a la realidad del territorio revisando estudios y efectuando recorridos de apreciación. Con el fin de incluir una amplia diversidad de perfiles y posiciones con respecto a los temas consultados, seleccionamos actores del mundo público (gobiernos locales y organismos sectoriales) y del privado (inversionistas y empresas de capitales extraterritoriales, productores agrícolas, emprendedores locales no agrícolas); personas que trabajan en la academia y centros de investigación; agentes de la red de innovación y fomento; y representantes de distintos segmentos de la sociedad civil. También recurrimos al principio de la "bola de nieve", para ampliar la red de actores entrevistados. Esto nos permitió recoger una base amplia y diversa de percepciones, representativa de los distintos grupos de interés del territorio estudiado.

Además, condujimos tres grupos focales para recoger las perspectivas de actores cuyas voces suelen estar subrepresentadas: pequeños productores, mujeres y asalariados temporeros agrícolas. La preparación y desarrollo de los grupos se apoyó en los principios y herramientas de la metodología de investigación social *Social Analysis System* o *SAS2* (Chevalier y Buckles 2009). También realizamos dos talleres de redes sociales siguiendo el enfoque propuesto por Schiffer y Waale (2006), para analizar dos importantes cadenas de valor para la pequeña agricultura de la zona: ovinos y frutilla (Ramírez, Modrego y Yáñez 2010). Reconstruimos las historias de dos comunidades, una muy dinámica, Pailimo, y la otra muy rezagada, Las Chacras (Mendoza y Bowen 2010), para lo cual adaptamos la metodología de las "historias de vida" (Aceves 1999). Con respecto a las fuentes secundarias, procesamos datos de los censos de población, los censos agrícolas, las bases de datos de los servicios públicos y las encuestas de caracterización socioeconómica (Monroy 2010; Celis 2010). Revisamos también los archivos de prensa relacionados con los conflictos ambientales del territorio y la documentación del Sistema de Evaluación de Impacto Ambiental (Yáñez, Modrego y Ramírez 2010).

3. El territorio y sus dinámicas

El territorio estudiado está conformado por cuatro municipios de la región de O'Higgins: Litueche, La Estrella, Marchigue y Pumanque (mapa 15.1). Se encuentra aproximadamente a tres horas, en vehículo, de la ciudad capital nacional Santiago. Corresponde a una de las seis zonas fisiográficas homogéneas de esa región (INE 1997 citado por Dirven 2006). El clima es del tipo mediterráneo cálido con lluvias invernales;

las precipitaciones son bajas (700 milímetros anuales, aproximadamente), concentradas entre mayo y agosto; los cursos de agua superficiales son escasos en el territorio si se los compara con los de la zona del valle central, ubicada a igual latitud; predominan los suelos para usos ganadero y forestal, cuyos problemas frecuentes son la erosión y el drenaje (CONAF-PANCD 2000 citado en CNR 2003).

Mapa 15.1. El secano interior de la región de O'Higgins

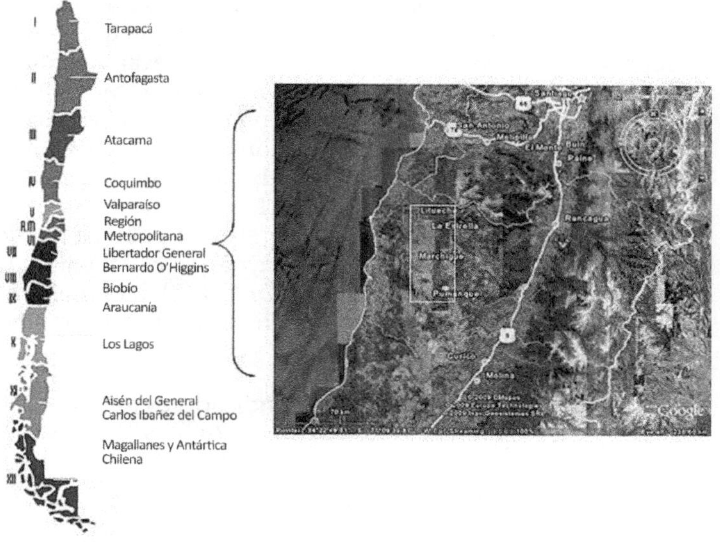

Fuente: Elaboración propia a partir de *Google Earth* y http://www.vi-e.cl/internas/aprende/lo_mejor/regiones/indice.htm

Tales condiciones agroclimatológicas determinan formas particulares de producción que generan, a su vez, diversas prácticas sociales y culturales, principalmente en torno a la agricultura del trigo. Todo esto es la esencia de una identidad territorial propia del secano. El territorio hereda la historia de grandes haciendas, establecidas con los títulos de dominio otorgados por la colonia española durante el siglo XVI, y se estructura en torno a pequeños poblados que surgieron con las misiones religiosas afincadas en la zona (Modrego *et al.* 2010a). En el territorio estudiado, se llevó a cabo una fuerte reforma agraria durante las décadas de 1960 y 1970 que, dada la baja productividad de los suelos, dejó a un importante segmento de productores campesinos en posesión de lotes de gran tamaño. Hasta el presente, la estructura agraria es más equitativa que en el resto del país (Modrego *et al.* 2010a).

La superficie del territorio es de 2.153 km2 y su población 20.093 habitantes, de acuerdo con el último censo (2002); de esta el 67% es rural, mientras el porcentaje para el país es 13%. El sector silvoagropecuario primario absorbe al 39% de los ocupados del territorio frente al 10% que este sector representa a nivel nacional. Destacan los elevados índices de masculinidad (55% versus 49% nacional) y catolicismo (88% versus 70% nacional), y el bajo porcentaje de población indígena: 1% contra 5% a nivel nacional. El acceso a activos diversos como educación, servicios básicos o tecnologías de información y comunicaciones es limitado (cuadro 15.1). El secano es una zona de bajos ingresos, la pobreza fue de 23% en 2002, un porcentaje algo mayor que el del país, y la inequidad es muy baja (Modrego *et al.* 2010b). En síntesis, es una sociedad agrícola campesina con carencias y sin grandes diferencias sociales aparentes.

Cuadro 15.1. O'Higgins. Indicadores de dotación de activos en 2002

Indicador	SIO	País
% con educación media (secundaria)	31,5	53,8
% con educación universitaria	2,7	10,1
% Hogares con teléfono celular	45,8	51,0
% Hogares con Internet	1,4	10,2
% Hogares con computador	5,9	20,6
% Hogares con teléfono	14,3	51,5
% Hogares con agua de red	55,6	91
% Hogares con electricidad de red	90,6	96,1
% Viviendas con alcantarillado	59,7	90,4

Fuente: Modrego *et al.* (2010a).

Aun así, el territorio ha sufrido importantes transformaciones, las cuales se originan en el sector silvoagropecuario. El SIO ha transitado desde una agricultura tradicional cerealera-ganadera de pequeña producción campesina, a una floreciente actividad frutícola de exportación. En dicha transición, se destaca la reconversión del uso del suelo hacia plantaciones de olivos y viñas en desmedro de los cereales, principalmente el trigo (cuadro 15.2). La ganadería ovina sigue siendo un rubro importante para los hogares del territorio; en la actualidad, hay casi cinco cabezas ovinas por habitante. En los últimos años, grupos de pequeños agricultores han innovado en el cultivo de frutillas (fresas) y más recientemente en el de arándanos y en las plantaciones forestales (Ramírez, Modrego y Yáñez 2010; Mendoza y Bowen 2010). La fruticultura ha sido posible por el fuerte desarrollo del riego, la mayoría tecnificado. Esta es una de las zonas del país donde más ha aumentado, en proporción, la superficie bajo riego: entre 1997 y 2007 se triplicó (Modrego *et al.* 2009).

Cuadro 15.2. O'Higgins. Cambios en la agricultura del territorio

Indicador (SIO)	1997	2007	Cambio (% / puntos porcentuales)
Número de explotaciones agrícolas*	2.246	1.930	-14,1
Superficie promedio de explotaciones agrícolas	92,3	107,3	16,3
Porcentaje de explotaciones en propiedad de sociedades de inversión	2,3	5,3	3,0
Superficie olivos (ha)	3,5	909,2	25.877,1
Superficie viñas (ha)	503.1	3.814,6	658,2
Superficie arándanos (ha)	0	62,5	-
Superficie cereales (ha)	9.489	2.578	-72,8
Ganado ovino (cabezas)	105.826	96.776	-8,6
Superficie bajo riego (ha)	2.222,1	7.513	238,1

Fuentes: Modrego *et al.* (2009, 2010a).

* Incluye explotaciones silvoagropecuarias sin tierra.

Los actores que impulsan esa transformación son, principalmente, inversionistas de afuera del territorio: las grandes viñas que expanden su frontera desde el valle central de Colchagua, por ejemplo, Mont Gras, Montes, Errázuriz-Ovalle y Los Vascos, y empresarios de Santiago que invierten en los olivos como Olisur. La llegada de estas inversiones coincidió con una caída del número de explotaciones agrícolas (de 2.296 en 1997 a 1.930 en 2007) y un aumento de la propiedad de la tierra en manos de sociedades de inversión, a tal punto que la proporción de este tipo de propiedad es mayor en el SIO que a nivel nacional: en 1997 representó el 2,3% de explotaciones con el 8,7% de la superficie, mientras que en 2007 representó el 5,3% de explotaciones con 37,2% de la superficie. Sin embargo, esta transformación no incrementó la concentración de la tierra agrícola, entre 1997 y 2007, en las comunas estudiadas, lo que sí sucedió en otras cercanas (Modrego *et al.* 2009).

Coexiste con esta nueva agricultura un importante grupo de pequeños productores; de las 1.825 explotaciones agrícolas con tierra en el SIO, 1.272 son menores de 50 ha, y 968 menores de 20 ha. Pese a ello, el número de autoempleados agrícolas ha decrecido rápidamente: mientras en 1992 tal condición fue reconocida por 644 personas, en 2002 la cifra se redujo a 325 personas. Lo que sí aumentó fue el trabajo asalariado agrícola, al contrario de la caída ocurrida en el país en el mismo periodo bajo estudio. Asimismo, el sector agroindustrial, que en 1992 prácticamente no generó empleo, al final de periodo generó 245 puestos de trabajo; se destacan los grandes proyectos agroindustriales en La Estrella, y la producción de aves y cerdos en Litueche (Yáñez, Modrego y Ramírez 2010).

En general, con la transformación productiva del secano aumentó un 10,5% el número de ocupados, entre 1992 y 2002. Esto contribuyó al crecimiento del 10,2% de la población, que si bien fue menor que el 13% nacional, superó al de las comunas rurales de Chile central que fue de 8% (Olfert *et al.* 2010). El aumento poblacional se concentró en La Estrella (52%) y Marchigue (11%), mientras que en Litueche fue de apenas un 1%, y Pumanque, una comuna netamente rural, perdió población (-9%). Durante la transición la ruralidad cayó de 80,4 a 67,3%, de acuerdo con la definición oficial.[5]

4. Los motores de la transformación

En la dinámica territorial del SIO, se mezclan factores de naturaleza endógena y exógena, ambos importantes, y en cuya interacción radicaría la explicación de los cambios descritos. Cinco elementos son centrales, a nuestro juicio, para entender los resultados del desarrollo en términos de crecimiento, inclusión y sostenibilidad.

4.1. Liberalización del uso de los recursos naturales y estímulo a la inversión privada

Desde la segunda mitad de la década de 1970, las políticas de Chile se orientaron al libre mercado, destacando la desregulación de la economía y los estímulos a la inversión privada (Camus y Hayek 1998). En una economía sustentada en la explotación primaria, las políticas de aprovechamiento de los recursos naturales no fueron la excepción; en esta etapa, empezó a gestarse una serie de modificaciones en las cuales el mercado se convirtió en el principal mecanismo de asignación. Dado el contexto político imperante en esa época, estas medidas se establecieron sin discusión parlamentaria ni participación ciudadana.

Esos cambios institucionales tuvieron una fuerte repercusión en el territorio estudiado, donde el agua es el recurso clave para el desarrollo. En 1981, se promulgó el Decreto, con Fuerza de Ley, No 1122 o Código de Aguas, que consagró la figura del "derecho de aprovechamiento", con lo cual se habría fortalecido la seguridad jurídica del derecho de uso privado del recurso (Donoso 2003). Además, se estableció la libre transferencia de estos derechos, bajo el principio de una asignación eficiente de un recurso escaso, basada en un sistema de mercado (Donoso 2003). Según Bauer (1997,

---

5 Una descripción más detallada del territorio y sus dinámicas puede encontrarse en Modrego *et al.* (2010a).

651), el Código de Aguas sería un "reflejo fiel y simbólico del modelo neoliberal mayor".

De acuerdo con los datos de la Dirección General de Aguas (DGA),[6] entre 1990 y 2009 se constituyeron, en el SIO, 1.158 derechos de agua por un caudal de 6.028 litros por segundo, la mayoría para aguas subterráneas (gráfico 15.1). De este total, el 67% se constituye en Marchigue, gracias a que un agricultor de esta zona encontró un importante acuífero, a inicios de la década de 2000. A partir de entonces, se inició una intensiva perforación de pozos profundos, principalmente para regar las grandes viñas que se expandían desde el valle central. El pico de inicios de periodo que aparece en el gráfico15.1 corresponde, principalmente, a los derechos constituidos en La Estrella, la mayoría es de la empresa Agrosuper. Este hecho fue el anticipo de los grandes proyectos agroindustriales que se materializaron una década después (Yáñez, Modrego y Ramírez 2010). En el balance, los 1.158 derechos constituidos durante el periodo analizado corresponden a 508 dueños, aunque el 27% del caudal está en manos de solo tres propietarios.[7]

El estímulo al uso privado del agua se complementó con otro cambio institucional importante, derivado de la política central. En 1985, se promulgó la Ley No 18450 de fomento al riego y drenaje, la cual establece un subsidio de hasta el 75% del costo de implementación de obras de riego o drenaje, así como de las inversiones en equipos y elementos de riego mecánico. Son beneficiarias las personas naturales o jurídicas en posesión de títulos de propiedad sobre predios agrícolas, así como las organizaciones de usuarios previstas en el Código de Aguas. El instrumento es gestionado por la Comisión Nacional de Riego (CNR).

---

[6] http://www.dga.cl/administracionrecursoshidricos/derechosconstituidos/Paginas/default.aspx (acceso: 19:15 hs., 27 de diciembre de 2010).

[7] Agrícola Hijuelas Las Casas, que pertenece al mismo grupo de la Viña Errázuriz Ovalle; Agrosuper, una agroindustrial pecuaria; y Viña Cánepa. El coeficiente de Gini del caudal de agua constituido por derechos es de 86% en el periodo estudiado.

Gráfico 15.1. O'Higgins. Evolución de los derechos del agua subterránea del secano (caudales por año)

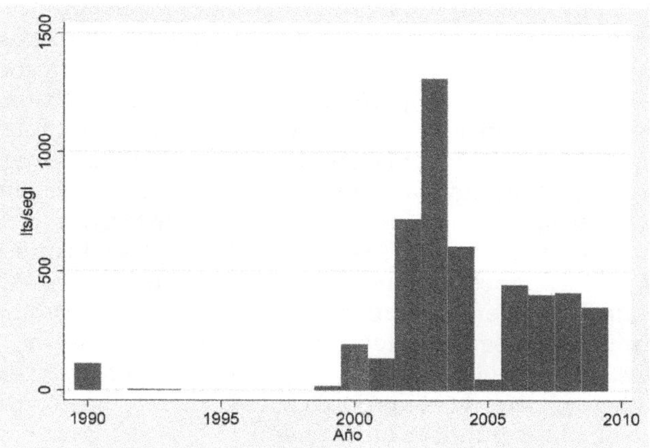

Fuente: DGA. http://www.dga.cl/administracionrecursoshidricos/derechosconstituidos/Paginas/default.aspx (acceso: 19:15 hs., 30 de diciembre de 2010.

Esa Ley también constituyó un potente estímulo a la inversión privada en la agricultura y fue un claro motor de la transformación del SIO. Entre 1990 y 2009, se financiaron 161 proyectos privados de riego en el territorio, por un monto total de subsidios de 3.4 mil millones de pesos chilenos o USD 6.9 millones (Celis 2010). De ese monto, solo el 12% corresponde a pequeños agricultores.[8] El 64% fue destinado a empresarios medianos, cuyos proyectos tienen en promedio una inversión de un millón de pesos (USD 2.000) más que las de los empresarios grandes. Según constatamos durante la investigación en terreno, varios predios de las grandes empresas olivícolas y viñas en La Estrella y Marchigue se beneficiaron de este subsidio; los montos oscilan, en general, entre el 40 y el 60% de la inversión total.

---

[8] De acuerdo con la Ley 18.450, pequeño es quien no supera las 40 ha de riego (ponderadas por factores de potencial del suelo); mediano, quien está entre 40 ha y 200 ha; y grande, el que supera las 200 ha.

4.2. Inversión pública en infraestructura social

Con el retorno a la democracia en Chile, en 1990, y con el reconocimiento de las desigualdades y desequilibrios que acarreaban los procesos de crecimiento económico, cobró fuerza la inversión pública en infraestructura social como instrumento de política. Los ejes son la provisión de servicios básicos como la electricidad, el agua potable, el alcantarillado, las escuelas rurales, junto con inversiones de desarrollo de la conectividad física y comunicaciones. Entre 1990 y 1999, casi se quintuplicó el monto de la inversión en infraestructura rural: de USD 57 millones anuales pasó a USD 277 millones (Faiguenbaum 2001). Ante el diagnóstico de que la deficiente infraestructura limitaba el crecimiento del país y su inserción efectiva en los mercados internacionales, el desarrollo de la red vial se convirtió en el eje de la política sectorial de obras públicas (MOP 2001). La inversión total en obras públicas en la región de O'Higgins aumentó un 124% real entre 1990 y 1999, ya que se elevó de USD 24 millones a USD 55 millones (MOP 2001).

El secano de O'Higgins no ha sido la excepción. La inversión pública responde a un portafolio diversificado que combina los bienes públicos o semipúblicos con los privados, donde tienen gran relevancia las políticas de inversión en activos del lugar o, si se quiere, *place-based*.[9] Para ilustrar esa afirmación, en el recuadro 15.1 presentamos la composición de los fondos de inversión regional en el territorio, en 2010.

---

[9] Las políticas de activos del lugar son aquellas orientadas a la inversión en activos inmóviles, por lo cual estos no pueden ser capitalizados en otros espacios (Olfert *et al.* 2010).

Recuadro 15.1. O'Higgins. Inversión pública en el territorio: un portafolio diversificado

Analizamos los datos de 2010 generados por el Programa Público de Inversiones Regionales (PROPIR) de la región de O'Higgins en el cual se detalla el gasto público nominal en dicha región. Incluye gastos en estudios, proyectos y programas, tanto de iniciativas de inversión como de transferencias corrientes y transferencias de capital, excepto los gastos de funcionamiento y de personal de las instituciones públicas y municipios.

Consideramos solo aquellos proyectos en los que al menos una de las cuatro comunas del territorio fue beneficiaria. Aunque no representa la inversión efectiva en cada comuna, el PROPIR da una idea del uso de los fondos regionales. El monto de la inversión fue USD 204 millones aproximadamente, de los cuales el 94,7% corresponde a financiamiento sectorial, mientras que el 5,3% restante proviene del Fondo Nacional de Desarrollo Regional, principal instrumento de inversión pública descentralizado.

Casi dos tercios corresponden a la inversión en bienes públicos o semipúblicos (gráfico de la izquierda). Asimismo, el 72% corresponde a inversiones en activos de lugar (gráfico de la derecha).

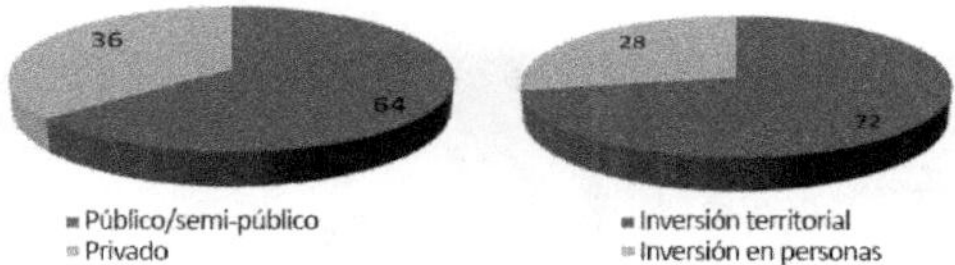

Panel de la izquierda: bienes públicos/semipúblicos y privados.
Panel de la derecha: inversión en activos de lugar y de las personas.
Fuente: Elaboración propia a partir de datos del Gobierno Regional de O'Higgins (2010). http://www.goreohiggins.cl/portal/web/index.php?action=documento&iframe=1&id_documento=22 (acceso: 28 de diciembre de 2010, 12:20 horas).
Nota: Clasificación público / privado siguiendo criterios de López y Galinato (2007); clasificación activos territoriales / de personas siguiendo criterios de Olfert *et al.* (2010).

En la segunda mitad de la década de 1990 e inicios del siglo XXI, se pavimentaron varios caminos, lo cual ha permitido contar con una red vial de altos estándares que articula las localidades del territorio (mapa 15.2), así como reducir notablemente el tiempo de traslado hacia las ciudades de Melipilla, San Antonio y Santiago por el norte, Pichilemu (capital provincial) por el occidente, y Santa Cruz y San Fernando por el oriente. Varias personas entrevistadas comentaron que la pavimentación de la vía I-124, entre la localidad de Litueche y la Central Hidroeléctrica Rapel (tramo de la ruta a Melipilla, San Antonio y Santiago), marcó el despegue del territorio, pues terminó con el aislamiento histórico de la zona y posibilitó la llegada de la inversión externa. Los municipios del SIO cuentan con una superficie de 156 km de caminos pavimentados, aparentemente poco en términos absolutos, pero 3,7 veces más de km per cápita que el promedio de la región. Salvo alguna empresa forestal de mediana escala en Marchigue y la agroindustria pecuaria en La Estrella, es un territorio básicamente exportador de materias primas, por lo que la conexión con los centros de procesamiento, localizados en San Antonio, Melipilla y el valle central, es un factor esencial de la economía (MOP 2008). La conexión vial con el puerto de San Antonio, desde donde se exporta la producción, ha sido clave en el desarrollo de la industria.

Mapa 15.2. O'Higgins. Pavimentación de caminos en el secano y en los centros urbanos importantes para el territorio (círculos en color)

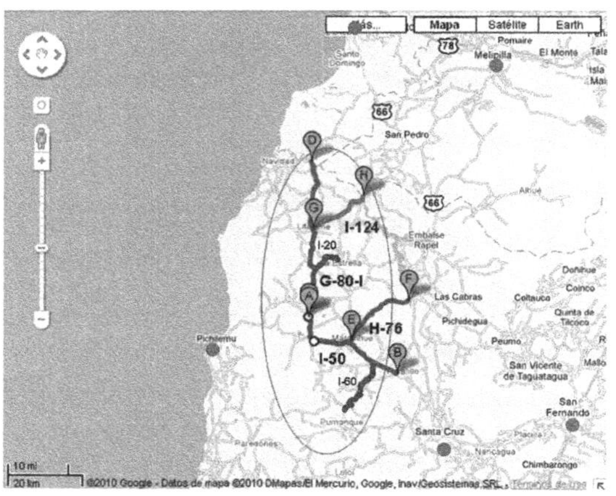

Fuente: *Google maps.*

No solo la producción fluye a través de los caminos; también se desplazan personas que encuentran empleo en otros sectores dentro del mismo territorio y en las zonas colindantes. Dentro del territorio, Marchigue es un núcleo receptor de mano de obra proveniente de La Estrella y Pumanque (4 y 9% de las personas ocupadas de dichas comunas, respectivamente), que va a trabajar principalmente en las viñas. Los productores frutícolas entrevistados indicaron que enfrentan escasez de mano de obra en ciertas épocas, en especial durante la cosecha; la cubren con trabajadores de otros municipios que son contactados por los intermediarios locales especializados en los servicios de provisión y transporte de mano de obra. También hay gran movilidad laboral desde La Estrella hacia las comunas urbanas del Gran Santiago, como San Bernardo o La Reina, municipios que están a más de dos horas y media de viaje.

Aun cuando se mantiene un déficit en la provisión de servicios básicos, con la inversión pública hubo avances importantes durante la década de 1990. Tanto es así que las carencias de dichos servicios, así como los indicadores multidimensionales de pobreza, han caído significativamente en el periodo estudiado. Los datos del Sistema Integrado de Información Regional de O'Higgins[10] indican que el porcentaje de hogares no pobres bajo criterios múltiples aumentó en el territorio del 7,3 al 21,2% entre 1992 y 2002. No obstante, otros indicadores reflejan una situación de vulnerabilidad, por ejemplo, por el aumento de las carencias con respecto al origen del agua (del 5,2 al 13,5%). El acceso a los servicios básicos es importante en términos de *capabilites*,[11] ya que puede ayudar a que la gente pobre supere la exclusión (Siddiqui 2008). En términos generales, el SIO es un territorio aún deficitario. Pumanque y La Estrella, por ejemplo, carecen de educación media (secundaria); tampoco se ofrece educación superior en ningún lugar del territorio; Pumanque solo posee postas rurales de salud y centros de atención, pero los médicos no atienden permanentemente. Además, dentro del SIO, el desarrollo de los servicios ha sido heterogéneo; las carencias se manifiestan sobre todo en las comunidades rurales más aisladas.[12] Esto ha sido un factor que ha generado diferencias en las trayectorias de desarrollo en el interior del territorio (recuadro 15.2).

---

10 http://censo.goreohiggins.cl/censo/. Nos referimos a hogares sin necesidades básicas insatisfechas ni bajo la línea de pobreza.

11 Preferimos usar este término antes que capacidades porque es más abarcador; combina las condiciones, capacidades y libertades que permiten a toda persona expresar su potencial como ser humano (Sen 1999).

12 Ver, por ejemplo, Mendoza y Bowen (2010).

Recuadro 15.2. O'Higgins. Inversión pública social para el desarrollo de *capabilities*. Historia de dos comunidades

Pailimo y Las Chacras son dos localidades rurales del territorio que a principios de la década de 1990 estaban rezagadas en cuanto a sus niveles de bienestar y desarrollo. Desde entonces las trayectorias de cada una han sido radicalmente distintas. Mientras la población de Pailimo ha crecido y el acceso a servicios es similar a los niveles promedio del territorio, Las Chacras constituye un claro ejemplo de una comunidad en declinación. Estas son las características socioeconómicas y demográficas de Las Chacras y Pailimo:

Características	Las Chacras		Pailimo		SIO
	1992	**2002**	**1992**	**2002**	**2002**
Habitantes (n°)	97	92	214	267	20.093
Mayores de 18 años con educación media	3%	11%	5,7%	20,6%	31,5%
Desempleados en edad activa	1,8%	11,9%	10,2%,	6,5%	12,7%
Hogares con agua potable / agua de red	0%	0%	1,8%	80,3%	55,6%

Fuente: Censos de Población 1992 y 2002.

La clave de estas diferencias radica en la inversión pública social y su efecto en el desarrollo de *capabilities*. En Pailimo, los habitantes lograron acceder a inversiones en infraestructura de riego, que apoyaron el desarrollo de nuevos esquemas de producción agrícola. Asimismo, la mejora en la red vial disminuyó los tiempos de conexión con otras localidades dentro y fuera del territorio, lo que les permitió acceder a nuevos mercados de insumos y productos. Las mejoras permitieron contener la emigración, al permitir a los residentes encontrar alternativas en su misma comunidad. La retención de población joven con mejores niveles de capital humano posibilitó el surgimiento de liderazgos comunitarios que aún hoy siguen impulsando proyectos productivos innovadores, por ejemplo, en el cultivo de arándanos.

Por el contrario, en Las Chacras ha habido una carencia crónica de servicios esenciales. El poblado no cuenta con un centro de atención de salud ni con caminos pavimentados. La escuela básica cerró. Problemas en el acceso al riego han limitado sus capacidades productivas y la falta de provisión de agua potable de red obliga a sus habitantes y a las autoridades a hacer grandes esfuerzos para asegurar el abastecimiento. Esto ha afectado la calidad de vida de los habitantes. La situación empeoró con la instalación de una megaplanta de crianza de cerdos en ese mismo espacio. Así, muchos jóvenes han decidido emigrar en busca de oportunidades en otros lugares, dejando atrás una comunidad que se estanca.

Fuente: Mendoza y Bowen (2010).

4.3. Nuevas oportunidades para las mujeres y la gente joven

El número total de ocupados en el SIO aumentó un 10,5% entre 1992 y 2002, pero disminuyó la participación de las personas menores de 25 años, del 23 al 16%, en el mismo periodo. A esto se asocia un aumento en la proporción de jóvenes que continúan sus estudios (Monroy 2010). En los 10 años considerados, aumentó el porcentaje de la población mayor de 15 años que accedió a la educación superior, del 5 al 12%, lo cual refleja un avance en materia de capital humano. Sin embargo, el territorio todavía no ofrece las suficientes oportunidades a la gente joven para que desarrolle las capacidades adquiridas. Así, la inversión en capital humano es aprovechada por otras zonas del país. Los hijos de la mayoría de los hogares de las personas entrevistadas que recibieron educación superior fuera del territorio no han regresado. Quienes sí lo han hecho tienen como principales alternativas la profesionalización del manejo de los campos de sus padres o el trabajo en un aparato público que está creciendo.

Por lo tanto, el aumento de la ocupación se debe en buena medida a la incorporación de las mujeres al trabajo formal. Mientras la ocupación masculina cayó un 2,7%, el trabajo femenino fuera del hogar llegó a 47,4% en los 10 años analizados. Un 24% del cambio en la ocupación del territorio es imputable al incremento del trabajo femenino en la agricultura y la industria agroalimentaria, principalmente en cultivos y *packings* frutícolas. Sin embargo, creemos que esta cifra puede no reflejar la real participación de las mujeres en el trabajo asalariado.[13] Lo que sí está claro es que este cambio ha incidido en la reducción de la pobreza, pues los hogares cuentan ahora con una segunda fuente de ingresos. Aun cuando la política social ha contribuido en algo a mejorar el bienestar de los hogares del territorio, los datos disponibles entre 2000 y 2006 muestran que es un factor de poca relevancia.[14]

---

[13] El censo se realiza en abril, mientras que el pico del trabajo temporal en el territorio se presenta de diciembre a marzo.

[14] Según datos de la Encuesta de Caracterización Socioeconómica Nacional (CASEN), la participación de los subsidios en los ingresos de los hogares se incrementó levemente en Litueche (de 5 a 6,5%), marginalmente en Marchigue (de 3,4 a 3,9%) e incluso cayó en La Estrella (de 3,7 a 3,2%). Si bien no hay datos

Un desafío central para lograr un desarrollo inclusivo en el territorio es mejorar los estándares laborales del trabajo estacional en la agricultura. De algunos testimonios que recogimos se desprende que las condiciones del trabajo en este sector distan mucho de lo que debiera exhibir un sector que aspira a que Chile se convierta en la "potencia agroalimentaria y forestal" (ODEPA 2005; CELARE 2006). En el grupo focal que organizamos con los temporeros agrícolas, los problemas más frecuentes que mencionaron fueron la falta de instalaciones básicas en los predios y *packings*, por ejemplo, baños separados para hombres y mujeres, comedores y duchas. También se refirieron a los "enganchadores" o proveedores informales de mano de obra en la agricultura, quienes en su opinión estarían precarizando el trabajo en el sector, puesto que liberan al empresario de sus responsabilidades laborales con los trabajadores.

Pese a ello, el trabajo asalariado algo ha empoderado a las mujeres, lo cual es valorado por las temporeras agrícolas y, en general, por entrevistadas de perfiles diversos.[15] Comentaron, por ejemplo, que por el hecho de percibir un ingreso, tienen más autonomía en su hogar y un nuevo estatus en sus comunidades. Una apicultora señaló:

> Las mujeres antes eran sometidas. O sea, ¿la mujer para qué le servía? Se casaba, era hacer la comida, atender al marido y tener crías. Esa era la mentalidad de la mujer. [...] aquí en el sector había mujeres que "no hay azúcar, se acabó", "ya, mañana voy a comprar". Iba el marido a comprar, no la mujer. La mujer se quedaba en la casa.
> Pero ahora que ingresaron al mercado laboral... Es muy equitativo todo [...] hay libertad de acción de la mujer. Las mujeres hacen cosas. Si el marido no quiere hacer, la mujer toma decisiones.

---

para Pumanque, pues no se encuestó en 2000, la participación de los subsidios en 2006 fue de 5,9%.

15 Grupo focal realizado con mujeres en Marchigue, el 16 de octubre de 2009.

4.4. La pequeña agricultura en el "secano verde"

Los pequeños agricultores siguen siendo un grupo importante en el SIO. En los poblados rurales pequeños, donde la autoridad es un vecino cercano y las dinámicas políticas se tornan fácilmente clientelares, los agricultores son una fuerza social que importa. Lo constatamos a través de la observación cotidiana de los servicios públicos y gobiernos locales. En el nuevo secano de riego, valga la contradicción, las orientaciones de la política central son determinantes a la hora de caracterizar tanto los cambios como el *statu quo* de este grupo social.

El discurso político de crecimiento económico con inclusión impulsado por los gobiernos democráticos, a partir de la década de 1990, se manifestó en el agro en el objetivo de participación de la agricultura familiar campesina en la modernización del sector (por ejemplo, Rojas *et al.* 2007), y dio origen a una serie de programas públicos focalizados en la pequeña agricultura. Además de los programas de alcance nacional, en el secano se impulsaron iniciativas localizadas geográficamente, de las cuales la emblemática fue el desaparecido Programa de Desarrollo para Comunas Pobres del Secano (PRODECOP-SECANO), que se inició en 1997 y se clausuró en 2008 por motivos de eficiencia y traslape con otros programas (DIPRES 2010). Con fondos de este Programa se financiaron, en La Estrella, iniciativas asociativas de producción y comercialización, incluida la instalación de una planta de aceite de oliva. Todavía es recordado por los actores locales como una experiencia que generó elevadas expectativas y dio malos resultados (Modrego *et al.* 2010a).

En 2009, el número de beneficiarios de los programas del Instituto de Desarrollo Agropecuario (INDAP) alcanzó, en el SIO, a los 1.060, con una inversión de USD 1,5 millones.[16]

---

[16] INDAP es el encargado del fomento a la pequeña agricultura. Pueden beneficiarse de sus programas quienes posean una superficie de explotación no superior a las 12 ha de riego básico y activos que no superen las 3.500 unidades de fomento (USD 140.000, aproximadamente). Las cifras se obtuvieron en la página web del INDAP. http://desarrolloweb.indap.cl/BeneficioInstrumento/BuscarInfBen.asp (acceso: 14:20, 29 de diciembre de 2010).

El monto máximo observado ese año, a nivel de beneficiario individual, fue de 6.7 millones de pesos chilenos (USD 13.400). En 2009, la distribución del monto total en las comunas del SIO fue: 28% a programas de emergencia; 25% al programa (subsidio) de inversiones; 34% en partes casi iguales entre los programas emblema Servicio de Asesoría Técnica (SAT) y Programa de Desarrollo Local (PRODESAL) (ambos de transferencia técnica al segmento de los más pequeños dentro del universo INDAP); y 8% al Centro de Gestión de Marchigue. Los programas específicos de riego solo aportaron ese año el 3%. Esta cartera marcada por los subsidios es distinta a la que predomina en la región, donde los créditos son seis veces mayores que el monto total del programa INDAP que le sigue: inversiones (Celis 2010).

Las evidencias de nuestra investigación no revelan que haya habido un claro empeoramiento de la situación de los pequeños productores agrícolas del secano. Sin embargo, tampoco hay suficientes evidencias para afirmar que su situación haya mejorado más allá de los cambios positivos en los hogares del territorio: más educación, mejor vivienda y más acceso a servicios. Los que han abandonado la agricultura han corrido distinta suerte; algunos pudieron vender sus predios a buenos precios y ahora viven de la renta; otros se han vuelto asalariados y trabajan donde antes fueron sus propios predios. Los que han perseverado relatan dos problemas principales: el decaimiento del trigo, cultivo profundamente arraigado en su *habitus* (Bourdieu 2005) de productores y también de habitantes del territorio; y la amenaza latente de la escasez de agua.

Los agricultores del SIO presentan niveles de acceso a activos similares a los del país, aunque los indicadores de asociatividad, participación y, sobre todo, los de acceso a los mercados son menores en el territorio (cuadro 15.3). En el balance, el ideal de la política pública de integrar la pequeña agricultura a la innovación y los nuevos mercados de mayor valor es una promesa que todavía no se materializa, como ilustra el análisis de dos cadenas productivas importantes en el territorio (recuadro 15.3). La excepción es la cooperativa productora agrícola Pailimo, donde los programas de fomento y de innovación en la producción de arándanos sí han dado pie a una iniciativa asociativa que hoy exporta a los mercados más exigentes. Claves en esta experiencia han sido la presencia de emprendedores líderes y el capital social comunitario para la cooperación comercial (Mendoza y Bowen 2010).

Cuadro 15.3. O'Higgins. Indicadores del acceso a los activos en la agricultura del secano en 2007

Indicador	SIO	PAIS
Acceso a crédito privado (%)	10	10
Beneficiario de instrumentos públicos de fomento (%)	13	16
Acceso a computador e Internet (%)	6	8
Uso de tecnologías avanzadas de producción (%)*	32	23
Educación media (secundaria) (%)	15	15
Educación universitaria (%)	9	9
Participación en cooperativas (%)	2	4
Participación en asociación gremial (%)	1	3
Venta a agroindustria o exportación (%)	5	15
Tiempo de viaje a polo urbano más cercano (min)	77	68
Baja dotación de activos productivos (%)**	58	63

Fuente: Jara *et al.* (2009).
* Uso de semillas certificadas, control integrado / biológico de plagas, agricultura orgánica (certificada o en transición) o fertirrigación (al menos 1).
** Correspondiente a productores sin acceso a crédito privado, con educación básica / preparatoria o sin educación, sin uso de computador e Internet, y que no pertenecen a cooperativas o asociaciones gremiales.

Recuadro 15.3. O'Higgins. La trunca empresarialización de la pequeña agricultura del secano

Estudiamos dos cadenas de valor que son relevantes para los pequeños productores del territorio: la producción ovina y la frutilla (fresa). La primera representa a la cara más tradicional de la agricultura del secano; la segunda es un rubro innovador impulsado en la década de 1990, principalmente a través de INDAP, para fomentar la agricultura familiar campesina.

INDAP estratifica a su población objetivo (pequeña agricultura) en tres segmentos: i) pluriactivos (pequeños); ii) empresarialización incipiente (medianos); y iii) empresarialización (los más grandes dentro de la agricultura familiar campesina). Los pequeños se acogen principalmente al programa de transferencia técnica PRODESAL y los segmentos mayores al Servicio de Asesoría Técnica y al Programa de Desarrollo de Inversiones. En el SIO solo se encuentra el segmento de empresarialización en el sector ovino, cuyos integrantes además son vinculados al Programa Nacional Ovino, con objetivos de comercialización para la exportación.

La lógica de INDAP se sustenta en un escalamiento progresivo de las capacidades productivas, de producción, gestión y comercialización de los pequeños agricultores, con la expectativa de lograr un desenvolvimiento autónomo en cadenas de valor crecientemente complejas y exigentes. La teoría de cambio tras los instrumentos pone un fuerte énfasis en la asociatividad para el desarrollo de la competitividad. Estos programas han logrado avances principalmente en la apertura de nuevos canales de comercialización, abastecimiento y vinculación a la institucionalidad de innovación y fomento productivo, como muestra la evolución de estas dos redes de valor en la Figura R3. Aun así, todos los pequeños productores consultados, que fueron más de veinte, señalaron que su desempeño depende mucho del apoyo del INDAP, a pesar de que la mayoría participa por varios años en sus programas.

En ambas cadenas, los programas públicos no han tenido el éxito esperado en la conformación de esquemas de cooperación para la competitividad. En el caso de la frutilla, experiencias fallidas desincentivaron a los productores de perseverar en emprendimientos asociativos para el logro de economías de escala y poder de negociación. A pesar de que los productores de ovinos están mejor dispuestos, también fracasaron iniciativas emblemáticas como la Asociación Rural de Criadores de Ovinos (ARCO).

El modelo de la empresarialización de la pequeña agricultura en el SIO choca además con ciertos aspectos muy propios de la lógica de la economía campesina, bien descrita por Schejtman (1980), que bajo los programas existentes impiden romper la dependencia del Estado. Esto es especialmente claro en el caso de las frutillas, en lo que podríamos entender como el "sueño de las dos hectáreas". Consultados sobre las expectativas de crecer, aun reconociendo que "*el negocio es bueno*" ningún entrevistado superó ese umbral. A diferencia del trigo ("*la magia del campo*", según un entrevistado), la frutilla implica una transformación importante, no solo del esquema productivo (riego, uso intensivo de mano de obra, etc.), sino también del sistema de vida del hogar (dedicación permanente a la plantación). Por lo tanto, los bienes públicos creados por los programas de fomento como conocimiento y tecnología, redes comerciales y otros, empiezan a ser capitalizados por emprendedores de la comuna colindante de San Pedro, con mayor capacidad de inversión, *know-how* e integración vertical.

La crianza de ovinos es una actividad profundamente arraigada como medio de vida de la población rural; el segmento de empresarialización ha logrado vincularse de forma incipiente a grandes poderes de compra (Carnes Ñuble y en perspectiva Tattersall). Sin embargo, en las redes comerciales siguen predominando las negociaciones a nivel de productores individuales. A pesar de los esfuerzos realizados en el mejoramiento de los estándares de producción y gestión, las condiciones de venta, en muchos casos, siguen siendo mejores en los mercados locales o incluso en la venta a orilla de camino. Esto motiva el establecimiento de vínculos comerciales discontinuos y de corto plazo con las grandes faenadoras.

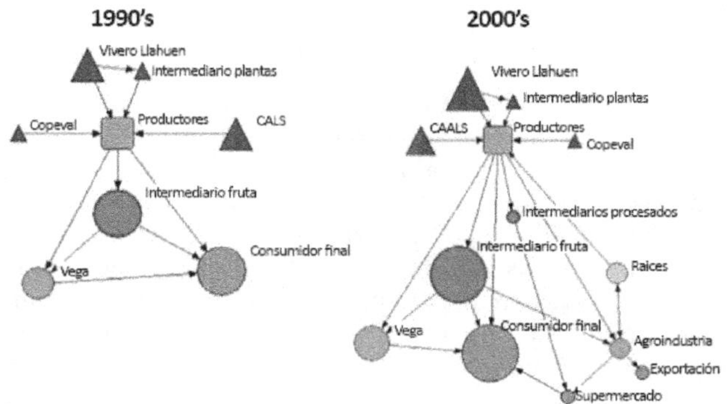

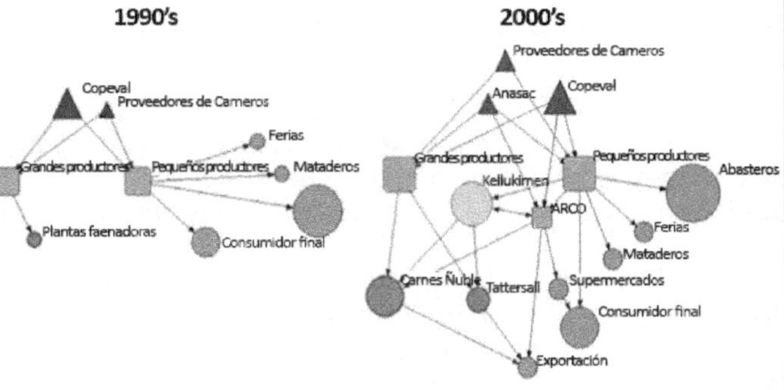

Figura R3. Redes de comercialización en el SIO. Fuente: Ramírez, Modrego y Yáñez (2010).

4.5. Dos explicaciones para la vulnerabilidad ambiental

La intensiva extracción de las aguas subterráneas comenzó a tener consecuencias. Hay merma de los acuíferos, situación que no solo restringe la disponibilidad de agua para el riego, sino del agua para el consumo humano, en ciertos casos.

En 2002, el SIO seguía siendo un territorio muy dependiente de los pozos o las norias, para suministrar agua a los hogares: 39% contra 6% a nivel nacional, cifra que alcanzó al 56% de las viviendas a nivel rural, frente al 38% en el país. Esta fuente, todavía muy importante en el territorio, se ha visto considerablemente mermada en las zonas colindantes a viñas, olivos y plantas agroindustriales.

> [...] aquí hay poca agua [...] los esteros están con muy poca agua. Sacamos agua del estero Alonso Morales, que es el mismo que pasa por aquí con una gota de agua, pero hay un sector abajo, en El Pihuelo, y aquí en Puente Colorado, donde la gente ha preparado unos tacos [barreras] para que lleguen los camiones. Para el consumo humano se hace entrega con un camión aljibe que está especialmente dedicado a eso y no se ocupa con ninguna otra agua que no sea la de una noria grande que tiene la municipalidad en el sector de Casa de Campo, pero la gastan en un día y hay que esperar dos para que se recupere. Entonces tenemos que salir 2 o 3 veces en la semana a entregar agua a los sectores que no tienen agua, porque las norias se secan. Eso para el consumo humano de los sectores aledaños. Lo que sacamos del estero es solo para el riego del estadio, o el riego de los pastos, los prados que hay (Funcionario municipal).

Relatos similares a este se escuchan en diversos poblados pequeños del territorio como Chequén o Las Chacras; también en sectores de las localidades más grandes como Litueche y La Estrella.

Dos factores ayudan a explicar el colapso del agua en el SIO: las importantes fallas de las instituciones encargadas de gestionar el agua subterránea, y la falta de acción colectiva para monitorear los procesos y corregir estas fallas. Nuestro argumento es que, en principio, un mecanismo de asignación de mercado *per se* no conduce, necesariamente, a una sobreexplotación del recurso si existen los mecanismos adecuados para equilibrar los intereses privados, de corto plazo, con el objetivo social de la conservación para un uso sostenible. Más aun, ni siquiera debería haber necesariamente exclusión si operaran mecanismos para garantizar el acceso de los grupos más vulnerables. Creemos que los mecanismos que posibilitaron el acceso de los pequeños productores al agua subterránea operaron en el territorio, no así aquellos destinados a velar porque el uso sea sustentable.

Un porcentaje importante de los derechos de agua en el territorio corresponde a los pequeños agricultores, pero con un bajo caudal. De los 496 poseedores de derechos, entre 1990 y 2009, que van desde 0,1 a 549 litros por segundo, el 85% tiene menos de 10 litros por segundo y el 44% menos de un litro por segundo. Esta base de pequeños caudales legalmente constituidos se debe, en buena medida, a la acción deliberada del INDAP para compensar el acaparamiento de grandes caudales por parte de los grandes productores. En 2005, esta institución inició un plan de regularización de los pozos de los pequeños agricultores del territorio; también ha apoyado a los cientos que han tramitado títulos de derechos de aprovechamiento. Así, aprovechó la denominada "ley del mono", modificación transitoria del Código de Aguas, para estimular la regularización de obras pequeñas de captación de aguas, especialmente por parte de pequeños productores y comunidades indígenas. La "ley del mono" fue derogada en 2010, al tomar la autoridad conciencia de quiénes eran los principales beneficiados. Se estima que alrededor de 40.000 de las 55.000 solicitudes tramitadas bajo esta ley provendrían de grandes operadores mineros e industriales.[17] La gran mayoría de los pequeños agricultores entrevistados indicó que fueron regularizados por la "ley del mono", pero ninguno tenía el documento en su poder, dado que seguían en tramitación en la DGA. Aun así, el acceso al agua subterránea en O'Higgins contrasta con el de las concesiones acuícolas en Chiloé, donde

---

17 http://www.fima.cl/gobierno-corrige-codigo-de-agua-y-rechazara-miles-de-solicitudes-de-derechos-de-uso/ (acceso: 12 de diciembre de 2009).

no operó ningún mecanismo de apoyo público para que los campesinos pescadores y mariscadores pudieran acceder al recurso (Ramírez *et al.* 2009b).

Esa gestión del agua subterránea no excluyó a los pequeños productores, pero sí falló al no garantizar el uso sostenible del recurso. Respecto a las fallas institucionales en los sistemas de uso y aprovechamiento del agua en Chile, Donoso (2003) destaca algunas, como: la inadecuada definición de los derechos, incluyendo las mermas de las aguas subterráneas; la incertidumbre frente a la disponibilidad del recurso; la falta de información adecuada y oportuna; y el débil soporte institucional. Argumentamos que varias de estas fallas han estado presentes en el territorio y han sido esenciales en determinar la crisis actual.

El caso del acuífero Marchigue-Las Cadenas muestra la violación de una condición básica para el uso sustentable de un recurso bajo un esquema de derechos de aprovechamiento: la asignación de un recurso del que se desconoce su disponibilidad real. Aun cuando la extracción de agua de la napa comenzó en 2000, recién cinco años después se realizó el primer estudio hidrológico concluyente, en el cual se identificó, delimitó y cuantificó el acuífero (DGA 2005b). El estudio se efectuó después de que se presentó una crisis provocada por las solicitudes que pedían el cierre de ese acuífero (DGA 2005a). Este fue declarado zona de restricción, pero la resolución permite el otorgamiento de derechos de aprovechamiento provisionales por 958 litros por segundo, debido a que el cálculo de los consumos efectivos sería inferior al nominal que consta en los derechos constituidos. Si bien en 2005 no se constituyeron derechos sobre las aguas subterráneas en Marchigue, entre 2006 y 2009 se otorgaron 836,7 litros por segundo o 209 litros por segundo al año, cantidad cercana a la que se otorgó en 2004 (260 litros por segundo). El problema de esa resolución es que las demandas fueron calculadas con base en la información de los derechos constituidos, información que subestima la demanda real debido a que numerosos pozos no están inscritos.

> Ahora, yo creo que un tema complejo es el que se ha presentado el último tiempo, que es la inscripción de los pozos. Es bastante complicado para todos los usuarios de acá, porque la DGA inscribió muchos pozos. Contrató una consultora, le hizo la solicitud de inscripción a la DGA y resulta que en este momento tenemos un 30% de pozos que no fue inscrito [...] Estaban hechos los pozos pero la gente dijo que no quería acogerse a la ley. Había que pagar apenas 20 mil pesos. Es un tema complejo, porque pongámosle que tenemos 6000 norias, pero aquí hay en proceso de inscripción... las norias que no están inscritas no pueden acceder a ningún beneficio del Estado, para hacer proyectos, por ejemplo. O sea, de ese estudio nos llegó un listado grandote pero dentro de él hay muchos que no están. Y tampoco tenemos claro quiénes son los que no han inscrito. Y no estar inscrito es ilegal (Funcionario del INDAP).

La fiscalización de la normativa de aguas en el territorio es muy compleja. Durante la investigación, recogimos una serie de denuncias de perforación irregular de pozos, unas veces por simple desconocimiento de la normativa, otras por conductas dolosas. Según los entrevistados, los problemas se producen porque los costos de fiscalización de numerosos pozos, pequeños y dispersos a lo largo y ancho del territorio, son altos, pero también por el poder de algunos grandes empresarios que perforan en zonas restringidas "a vista y paciencia de todo el mundo". Aunque no tenemos evidencias fehacientes de estos hechos, nos llamó la atención la intensa actividad de perforación que pudimos observar en un área restringida. En el caso de los pozos regularizados, tampoco habría rigor en la fiscalización que se hace para saber si existe concordancia entre los caudales constituidos y los efectivamente extraídos. En muchos casos habría importantes diferencias, sostuvo un técnico agrícola del área. Los funcionarios de la DGA entrevistados señalaron que la institución opera dentro de las competencias establecidas por la ley; también reconocieron que la lógica de tal fiscalización es reaccionar ante las denuncias (Acuña y Mendoza 2010).

Lo que planteamos es que, ante una sociedad pasiva, desinformada y con baja capacidad de organización para la acción colectiva, las fallas institucionales que atentan contra la sostenibilidad son difíciles de subsanar. Estudios realizados en distintos contextos muestran que la acción colectiva es una fuente de cambio institucional para el manejo de los recursos naturales (Ostrom 1990). En el caso del agua subterránea, aun privatizándose el derecho de aprovechamiento, el recurso sigue teniendo las características de un bien común: no exclusión (en teoría no existen grandes barreras para constituir un derecho mientras haya disponibilidad), pero sí rivalidad en el consumo. El Código de Aguas consagra el rol de autorregulación de las organizaciones de usuarios; en el caso de los acuíferos, establece la creación de una "comunidad de aguas" en las zonas de restricción, la que no opera en el acuífero Marchigue-Las Cadenas.

Las razones tras la falta de organización para la gestión del agua están relacionadas con diversas inequidades, las cuales restringen la participación de quienes estuvieron excluidos desde el inicio del proceso. Una se expresa en la asimetría con la que circula la información del Código de Aguas (Bauer 1997). El siguiente testimonio ilustra tal situación:

> **Pero aquí, en el territorio, ¿cuándo comenzó la disputa por el agua?**
>
> Desde el año 95 en adelante.
>
> **¿Qué sucedió el año 95 que gatilló esto?**
>
> No fue en el año 95, sino en el 94. A ver, lo que sucedió es que la información no llegó. Y mucho tiene que ver el tema de que la gente del campo es dejadita en ese sentido. Por ejemplo, nunca se preocupan de recolectar la información, de inscribir su pozo. Pero llega un momento en que es necesario que todos los procesos estén regularizados para quedar como corresponde. Entonces el tema es que la información no bajó a tiempo a la gente del campo, y si bajó no la hicieron suya, no lo hicieron, simplemente. Hubo gente que sí fue más astuta e inscribió las aguas (Funcionario municipal).

También las inequidades se expresan en las instancias de resolución de conflictos. Donoso (2003) señala que los conflictos que podrían resolverse en las instancias privadas estipuladas por el Código de Aguas son desplazados a los tribunales de justicia, donde los procesos son lentos, y los juzgados no tendrían las competencias técnicas requeridas. Aun cuando en la normativa se establecen mecanismos claros de resolución de conflictos, en general, quienes los usan son los que cuentan con recursos económicos para contratar los servicios de asesoría legal. Bauer (1997) señala que los productores campesinos carecen de la influencia social y de recursos para defender sus intereses en las instancias legales y administrativas que se establecen en el Código de Aguas. El caso del acuífero Marchigue-Las Cadenas ilustra esta situación. Si bien el solicitante consiguió la declaración de área de restricción, la petición primero fue objetada por 18 contrapartes, entre las que se encontraba Agrosuper, una empresa controladora de una de las inmobiliarias más grandes del país, e incluso un alcalde en ejercicio que actuó a título personal.

En este litigio, no participó ninguna autoridad u organismo fiscal en representación de los intereses de los pequeños productores o de la comunidad, ya sea a favor o en contra.

Si creemos en el poder que la acción colectiva tiene para modificar los marcos institucionales de gestión de los recursos naturales en el SIO, es porque existe un precedente en La Estrella y Litueche respecto de grandes inversiones industriales pecuarias. Esta acción fue la que permitió equilibrar los desbalances de poder entre la sociedad local y los grandes proyectos de inversión, en el marco de la institucionalidad ambiental vigente, pero movilizando también recursos fuera de ella (recuadro 15.4).

Recuadro 15.4. O'Higgins. La coalición social en defensa del ambiente

A partir del año 2000, Agrosuper, Ariztía y Max Agro, tres de las empresas más grandes de la industria agroalimentaria chilena, sometieron al Sistema de Evaluación de Impacto Ambiental (SEIA) una serie de inversiones millonarias para construir planteles de crianza de aves y cerdos de gran escala, en las comunas de La Estrella y Litueche. Si bien eran proyectos similares implementados en zonas semejantes y sometidos al mismo marco regulatorio ambiental, en la comuna de La Estrella se aprobaron los cuatro que fueron presentados entre 2000 y 2004, mientras que en Litueche se aprobó solo uno de los tres presentados entre 2007 y 2010, esto después de haber introducido diversas modificaciones al proyecto original.

Los resultados entre una y otra localidad son diferentes, porque en el segundo caso se articuló una coalición medioambiental. Conformada por diversos grupos de interés, intra y extraterritoriales, esta coalición logró desplazar el problema más allá de la arena local y también de la institucionalidad ambiental. Medios de prensa, parlamentarios y servicios públicos diversos hicieron eco de las demandas de una pequeña comunidad rural sometida a los impactos ambientales (contaminación de cursos de agua, proliferación de moscas y malos olores, levantamiento de polvo en caminos rurales, etc.) de proyectos agroindustriales carentes de soporte local. En este periodo, diversos reportes y redes sociales visibilizaron el conflicto, se impusieron recursos de protección en los tribunales ordinarios de justicia y se aplicaron multas a las empresas en operación. Estas retiraron tres proyectos presentados al SEIA.

Dos factores hicieron posible la acción colectiva en defensa del medio ambiente. En primer lugar, el aprendizaje social que dejó la experiencia del daño ambiental provocado por proyectos implementados a inicios de la década de 1990. En respuesta a esta situación, se construyó un discurso que convocó y movilizó a grupos ciudadanos de protesta, como el movimiento "La Estrella Limpia" (Figura R4). En segundo lugar, el liderazgo de las autoridades locales, que pudieron articular los intereses locales con los de actores provistos de los recursos necesarios para sostener ese discurso en la arena de la toma de decisiones, por ejemplo, la agrupación "Salvemos el Lago Rapel".

La combinación del soporte social, que dio la comunidad local, con el capital económico que aportaron los veraneantes del Lago, se tradujo en capital político que permitió equilibrar los desbalances de poder entre una pequeña comunidad rural y las mayores empresas agroindustriales del país.

Figura R4. Afiche del movimiento ciudadano La Estrella Limpia. Fuente: Yáñez, Modrego y Ramírez (2010).

5. Conclusiones

De acuerdo con los resultados de la investigación, la dinámica del SIO puede resumirse en los siguientes elementos:

1. La inversión pública en bienes públicos y privados, con un fuerte enfoque en activos de lugar (*placed-based*), permitió superar el aislamiento, la escasez de servicios básicos y los limitados servicios ecosistémicos a la producción, que fueron las desventajas comparativas iniciales.
2. Las nuevas condiciones y el estímulo al uso productivo del agua subterránea, un recurso que anteriormente no era utilizado, atrajeron la inversión privada extraterritorial que lideró la transformación productiva. La mayor vinculación interna y externa del territorio a los mercados laborales y de productos impulsó el crecimiento económico del territorio.
3. Ese crecimiento económico no ha permitido consolidar un desarrollo inclusivo, pues buena parte de los recursos productivos y excedentes generados quedan en manos de agentes económicos externos, con mayor(es) capital(es) y con mayor acceso a información. Salvo contadas excepciones, los pequeños productores -anterior base social y económica local- no se integran a la nueva agricultura del territorio, a pesar de que se ha tratado, a través de la política de fomento, de dotarlos de las capacidades empresariales para su desenvolvimiento autónomo y sostenible en los mercados agroalimentarios dinámicos.
4. Debido a la falta de coaliciones sociales que impulsaran los cambios de una institucionalidad ineficaz para la gestión sostenible del agua subterránea, ha habido sobreexplotación y agotamiento del recurso. Esto sitúa al territorio en una condición manifiesta de vulnerabilidad ambiental y económica.
5. En el balance, la sociedad local ganó por el incremento del empleo, los ingresos y las oportunidades económicas y sociales para algunos grupos, por ejemplo, las mujeres y los jóvenes. A cambio, cedió el control sobre los recursos estratégicos que le permitirían sostener sus posibilidades

productivas en el largo plazo y, con ello, las herramientas para gestionar su propio desarrollo.

Varios de estos elementos también aparecen en otros territorios rurales en Chile,[18] incluso en algunos que no crecieron y donde la pobreza no se redujo significativamente. Mirando la dinámica territorial en prospectiva, planteamos que la trayectoria del SIO es similar a la que recorrieron los territorios colindantes con un desarrollo frutícola y vitivinícola consolidado en el valle central de O'Higgins. No obstante, creemos también que en un escenario *business-as-usual* el potencial de crecimiento del territorio tiene un techo: el SIO representa un caso de descapitalización de los activos y servicios ecosistémicos que sostienen las dinámicas territoriales y, si se quiere, de destrucción de una ventaja competitiva. Si no se desarrollan las instituciones requeridas para garantizar el uso sostenible del agua del subsuelo, la nueva base productiva del territorio está en riesgo.

Este caso aporta cuatro lecciones para orientar las iniciativas de desarrollo territorial. Con respecto al debate sobre la pertinencia de la inversión pública en activos de lugar o territoriales, es un buen ejemplo del tipo de procesos que esta inversión puede estimular en los territorios con potencial para vincularse a los mercados. Si bien este tipo de instrumentos no será una opción viable en toda circunstancia y lugar, existen muchos territorios en Chile y en Latinoamérica que sí presentan las condiciones para que estas inversiones desaten el crecimiento. Esta es la primera lección.

El caso también aporta al debate sobre la inversión en bienes públicos o privados; reconociendo el punto de quienes están en contra de que la inversión pública se destine a subsidios privados, como López y Galinato (2007), en algunos casos en los que esté bien focalizada puede contribuir a corregir las inequidades provocadas por los marcos institucionales;

---

[18] Por ejemplo, el estímulo directo a la inversión privada en la agricultura y el cambio institucional en torno al agua subterránea se parecen al desarrollo de la salmonicultura y al cambio institucional en torno al sistema de concesiones acuícolas en Chiloé (Ramírez *et al.* 2009b).

así lo muestran los esfuerzos públicos para asegurar que los pequeños productores del territorio accedan al riego. Esta es la segunda lección.

La tercera es la que muestra cómo las orientaciones de política que se ponen en marcha, a través de instituciones en las que se reproducen las inequidades sociales a distintos niveles, pueden limitar o incluso abortar el potencial inclusivo del crecimiento económico del territorio.

La cuarta lección es la que ilustra cómo las políticas orientadas a fomentar la actividad privada, valorizando económicamente los activos y servicios ecosistémicos en el territorio, pueden terminar matando a la gallina de los huevos de oro; esto ocurre cuando existen fallas institucionales y está ausente la acción colectiva, condiciones ambas que atentan contra un equilibrio entre actividad económica y sostenibilidad ambiental.

La política y, en general, la acción pública pueden hacer mucho más con el fin de generar las condiciones para conseguir una mejor gestión del desarrollo en el SIO. Fundamental resulta no solo la inversión directa que soporte a la actividad económica, sino también la inversión en el desarrollo de las capacidades internas de los actores y del territorio. Las capacidades críticas, que surgen de esta investigación, son: los sistemas de información territorial; la planificación estratégica; las plataformas de gestión; los liderazgos sociales; las capacidades de participación y construcción de acuerdos; la coordinación público-privada; y la articulación intersectorial y entre los niveles de gobierno. Estas son las líneas de trabajo que el proyecto de desarrollo de capacidades en el SIO, subsidiario de la investigación que realizamos, ha intentado estimular. En un proceso participativo en el cual estuvieron involucrados actores públicos y privados locales, se gestó un proyecto para crear una oficina de desarrollo productivo para la provincia de Cardenal Caro (Ropert 2010), que articule los esfuerzos de cada municipio con la expectativa de financiamiento por parte del Fondo Nacional de Desarrollo Regional. Esperamos que esta iniciativa sea el primer paso en un proceso sostenido de fortalecimiento de las capacidades para la gestión del territorio.

Referencias citadas

Abramovay, Ricardo y Arilson Favareto. 2008. Pode a teoria dos campos de Pierre Bourdieu ser aplicada em estudos de desenvolvimento territorial? Notas para discussão no Seminário do Projeto de Pesquisa "Territorios rurales em movimiento." Salvador de Bahia, 24-27 de septiembre.

Aceves, Jorge. 1999. Un enfoque metodológico de las historias de vida. En Historias y Relatos de Vida: Investigación y Práctica en las Ciencias Sociales. *Proposiciones* 29: 1-7 (Ediciones SUR).

Acuña, Daniela y Manuela Mendoza. 2010. Dimensión Ambiental de la Dinámica de Desarrollo del Secano Interior de la Región de O'Higgins. Santiago de Chile: Rimisp, DTR-O'Higgins, documento de apoyo.

Bauer, Carl J. 1997. Bringing Water Markets Down to Earth: The Political Economy of Water Rights in Chile, 1976-95. *World Development* 25, 5: 639-656.

Bourdieu, Pierre. 2005. Principles of an Economic Anthropolgy. En *The Handbook of Economic Sociology*, editado por Neil J. Smelser y Richard Sewdberg. 2da. edición. Nueva York: Princeton University Press.

Camus, Pablo y Ernst R. Hajek. 1998. *Historia ambiental de Chile*. Santiago de Chile: Andros Impresores.

Celis, Ximena. 2010. Inversión pública en las comunas del Secano Interior de la Región de O'Higgins. Santiago de Chile: Rimisp, DTR-O'Higgins, documento de apoyo.

CELARE, Centro Latinoamericano para las Relaciones con Europa. 2006. El diálogo social en los acuerdos Unión Europea / América Latina y el Caribe: Situación en el sector rural en México y Chile. Santiago de Chile: Unión Europea, INDAP.

Chevalier, Jacques M. y Daniel J. Buckles. 2009. SAS2: Guía para la investigación colaborativa y la movilización social. Canadá: Centro Internacional de Investigaciones para el Desarrollo (IDRC, Canadá). Disponible en: http://www.sas2.net/

CNR, Comisión Nacional de Riego. 2003. Diagnóstico del Riego y Drenaje en la VI Región. Santiago de Chile: CNR, Ministerio de Agricultura. Disponible en: http://www.cnr.gob.cl/opensite_20051129121756.aspx

DGA, Dirección General de Aguas. 2005a. Informe técnico Nº 351. Expediente VAR 06-03-2001. Santiago de Chile: DGA.

.... 2005b. Evaluación de los recursos hídricos subterráneos de la VI Región. Modelación hidrogeológica de los Valles de Alhué, Cachapoal y Tinguiririca. Santiago de Chile: DGA, Departamento de Gestión de Recursos Hídricos, Informe Técnico SDT núm. 209.

DIPRES, Dirección de Presupuestos. 2010. Evaluación de Impacto: Programa de Desarrollo Local PRODESAL, Programa de Desarrollo de Comunas Pobres, PRODECOP. Santiago de Chile: Dirección de Presupuestos del Ministerio de Hacienda, Minuta ejecutiva.

Dirven, Martine. 2006. Las distintas "distancias" y su ilustración a través de mapas censales. Presentación en el Seminario INDAP/Rancagua "El TLC y su impacto en la agricultura", Rancagua, Chile, 4 de agosto de 2006.

Donoso, Guillermo. 2003. *Mercados de Agua: Estudio de Caso del Código de Aguas de Chile de 1981*. Santiago de Chile: Pontificia Universidad Católica de Chile, Facultad de Agronomía e Ingeniería Forestal.

Faiguenbaum, Sergio. 2001. Inversión pública en infraestructura en las zonas rurales. Santiago de Chile: Rimisp, Informe preparado para la Oficina de Estudios y Políticas Agrarias, ODEPA.

Freres, Juan Carlos y Xavier Mancero. 2001. *El método de las necesidades básicas insatisfechas (NBI) y sus aplicaciones en América Latina*. Santiago de Chile: CEPAL, Serie Estudios Estadísticos y Prospectivos núm. 7.

Jara, Esteban *et al.* 2009. Empresas agrícolas en Chile: caracterización e implicancias para las políticas de innovación y competitividad en el sector agroalimentario. Santiago de Chile: Informe elaborado por Rimisp para la Fundación para la Innovación Agraria.

López, Ramón y Gregmar Ignacio Galinato. 2007. Should Governments Stop Subsidies to Private Goods? Evidence from Rural Latin America. *Journal of Public Economics* 91, 5-6: 1071-1094.

Mendoza, Manuela y Sofía Bowen. 2010. Heterogeneidad interterritorial en el Secano Interior de la Región de O'Higgins. Historias locales de Pailimo y Las Chacras. Santiago de Chile: Rimisp, DTR-O'Higgins, documento de apoyo.

Millennium Ecosystem Assessment. 2005. *Ecosystems and Human Well-being: Synthesis*. Washington DC: Island Press.

Modrego, Félix, Eduardo Ramírez y Andrea Tartakowsky. 2008. La heterogeneidad espacial del desarrollo económico en Chile: radiografía a los cambios en bienestar durante la década de los 1990 por estimaciones en áreas pequeñas. Santiago de Chile: Rimisp, Programa Dinámicas Territoriales Rurales, documento de trabajo núm. 9.

Modrego, Félix *et al.* 2009. El mercado de la tierra agrícola en Chile y sus implicancias para la innovación agroalimentaria. Santiago de Chile: Informe elaborado por Rimisp para la Fundación para la Innovación Agraria.

……. 2010a. Dinámicas territoriales en el secano interior de la Región de O'Higgins. Santiago de Chile: Rimisp, Informe de la 2da. etapa de investigación del Programa de Dinámicas Territoriales Rurales.

……. 2010b. La heterogeneidad territorial del desarrollo en la década de oro de la economía chilena. Santiago de Chile: Rimisp.

Monroy, Fernando. 2010. La transformación del Secano Interior de O'Higgins en cifras. Santiago de Chile: Rimisp, Proyecto DTR-O'Higgins, documento de apoyo.

MOP, Ministerio de Obras Públicas. 2001. La década de la infraestructura. Santiago de Chile: MOP, Dirección de Planeamiento, Informe final.

……. 2008. Plan de infraestructura para el sector frutícola de las regiones de O'Higgins y Maule. Santiago de Chile: MOP, Dirección de Planeamiento, informe final.

ODEPA, Oficina de Estudios y Políticas Agrarias. 2005. Agricultura Chilena 2014: Una perspectiva de mediano plazo. Santiago de Chile: ODEPA. Disponible en: http://www.odepa.gob.cl/odepaweb/servicios-informacion/publica/Agricultura2014.pdf

Olfert, Margaret Rose *et al.* 2010. *Places for place-based policies.* Santiago de Chile: Rimisp.

Ostrom, Elinor. 1990. *Governing the Commons: The Evolution of Collective Action.* Cambridge, Reino Unido: Cambridge University Press.

Ramírez, Eduardo *et al.* 2009a. Caracterización de los actores de Chiloé Central. Santiago de Chile: Rimisp, Programa Dinámicas Territoriales Rurales, documento de trabajo núm. 55.

……. . 2009b. Dinámicas Territoriales en Chiloé Central: La Fuerza de las Coaliciones Extra Territoriales. Santiago de Chile: Rimisp, Programa Dinámicas Territoriales Rurales, documento de trabajo núm. 54.

Ramírez, Mariela, Félix Modrego y Rodrigo Yáñez. 2010. Acceso a mercados dinámicos para los pequeños agricultores del Secano Interior de O'Higgins. Santiago de Chile: Rimisp, Proyecto DTR-O'Higgins, documento de apoyo.

Rey, Daniel. 2010. Desarrollo territorial en O'Higgins. ¿El agua y el riego claves en la transformación productiva y desarrollo del territorio? Santiago de Chile: Rimisp, Proyecto DTR-O'Higgins. Rimisp, documento de apoyo.

Rimisp, Centro Latinoamericano para el Desarrollo Rural. 2008. Investigación Aplicada de Dinámicas territoriales rurales en América Latina: Marco metodológico. Versión 2. Santiago de Chile: Rimisp, Programa Dinámicas Territoriales Rurales, documento de trabajo núm. 2.

Rojas, Alvaro *et al.* 2007. Inserción competitiva de la agricultura familiar campesina chilena: modelo de desarrollo inclusivo en economías globalizadas. Santiago de Chile: Ministerio de Agricultura de Chile.

Ropert, María Angélica. 2010. Proyecto implementación de la primera etapa del sistema de gestión para el desarrollo productivo de la Provincia de Cardenal Caro, Región de O'Higgins. Santiago de Chile: Rimisp, Proyecto DTR-O'Higgins, informe final.

Schejtman, Alexander. 1980. Economía campesina: lógica interna, articulación y persistencia. *Revista de la CEPAL* núm. 11 (Santiago de Chile).

Schejtman, Alexander y Julio. A. Berdegué. 2004. Desarrollo territorial rural. Santiago de Chile: Rimisp, Programa Dinámicas Territoriales Rurales, documento de trabajo núm. 4.

Schiffer, Eva y Douglas Waale. 2006. Tracing Power and Influence in Networks: Influence Network Mapping as a Tool for Research and Strategic Network Planning. IFPRI Discussion Paper núm. 772. Washington DC: International Food Policy Research Institute.

Sen, Amartya. 1999. *Development as Freedom*. New York: Knopf y Oxford University Press.

Siddiqui, Rizwana. 2008. *Income, Public Social Services, and Capability Development: A Cross-Districtanalysis of Pakistan*. Islamabad: Pakistan Institute of Development Economics, Working paper núm.43.

Warnaars, Ximena. 2010. Territorial Transformation in El Pangui, Ecuador. Santiago de Chile: Rimisp, Programa Dinámicas Territoriales Rurales, documento de trabajo núm. 60.

Yáñez, Rodrigo, Félix Modrego y Eduardo Ramírez. 2010. Conflictos ambientales y coaliciones sociales en el Secano Interior de O'Higgins: aprendizaje y liderazgo como catalizadores de organización social. Santiago de Chile: Rimisp, Proyecto DTR-O'Higgins, documento de apoyo.

Capítulo 16. La industria acuícola del salmón en Chiloé, Chile: del crecimiento económico al desarrollo sostenible

Eduardo Ramírez, Félix Modrego, Rodrigo Yáñez, Julie Claire Macé[1]

Abstract

During a period in which the Chilean economy suffered structural changes, the archipelago of Chiloé experienced one of the most surprising productive transformations of the late 20th century. Technological gains, entrepreneurial abilities, and public / private collaboration came together to allow for the development of the aquaculture industry in that region. The changes are evident: thousands of people have joined the job market, men have stopped emigrating in search of employment, women have traded in their gardens for formal employment and young people have been hired by the industry as workers. Many people have come to Chiloé from other regions, and a set of service companies has linked up with the aquaculture industry to meet new needs. In addition to this productive transformation, permanent changes have taken place in the social relations, environment and landscape of the territory. Strategies based on the island's unique cultural identity have lost visibility and two coalitions have emerged: those who support the salmon industry and those who criticize it using the overarching discourse of the environment and the identity of Chiloé. The differences between the two have deepened as a result of the serious sanitary problems that are affecting salmon production in Chile. The crisis has shown that the dynamics of economic growth in Chiloé have produced a need for institutions that are capable of ensuring that environmental damages are avoided and a new coalition focused on life strategies linked to the territory's heritage.

---

[1] Muchas mujeres y muchos hombres colaboraron en la investigación de la que proviene este artículo. Agradecemos, en primer lugar, a las gentes de Chiloé que nos abrieron sus puertas para conversar sobre sus vidas, sueños, esperanzas y temores; a Carlos Venegas del Centro de Educación y Tecnología (CET) Chiloé, y a su equipo de profesionales, cuyo trabajo comprometido en terreno permitió obtener la información de tan buena calidad que hemos utilizado en este estudio; a Andrew Gerhart, estudiante de doctorado de la Universidad de Standford, EE.UU., quien nos acompañó durante el trabajo de campo.

En un contexto nacional en donde el crecimiento económico ha sido rápido aunque geográficamente dispar desde el punto de vista del bienestar (Ramírez, Tartakowskyy Modrego 2009; Modrego, Ramírez y Tartakowsky 2008), Chiloé se destaca por las profundas transformaciones estructurales ocurridas en su territorio. Tales transformaciones están asociadas al establecimiento de la industria acuícola en medio de una sociedad tradicional cuya economía se ha sustentado en la agricultura campesina, la pesca artesanal, la migración temporal y en un incipiente mercado de trabajo. Fue esa industrialización acelerada la que fomentó el crecimiento de la población, un aumento acelerado de los ingresos y una fuerte reducción de la pobreza. Asimismo, hubo un considerable impacto tanto cultural como ambiental.

La isla de Chiloé es reconocida por mantener una fuerte identidad territorial basada en un elevado capital cultural (Mansilla 2006), que se sostiene en un patrimonio material e inmaterial apreciado por sus habitantes y por la población de afuera de la isla. Tal identidad genera un sentido de pertenencia y contribuye a crear, externamente, una particular y valorada imagen (Grenier 1984).

Durante la década de 1980 en el sur de Chile, sobre todo en Chiloé, se inició la industria acuícola, producto de experimentaciones e innovaciones lideradas primero por el sector público y posteriormente por la Fundación Chile.[2] La producción de salmones creció de 29.000 toneladas en 1990 a 600.000 toneladas en 2008, con lo cual Chile se convirtió en el segundo productor mundial con USD 2.5 mil millones (valor FOB) de las exportaciones (SalmonChile 2008). Según Barton (1998), este exitoso desarrollo de la industria se debe a las particulares condiciones hidrobiológicas, la producción contracíclica y los bajos costos de producción y transporte. Otros autores lo atribuyen a las ventajas comparativas de tipo institucional, tales como las bajas regulaciones ambientales y laborales (Barret, Caniggia y Read 2002), o al marco normati-

---

[2] Fundación Chile es una corporación privada sin fines de lucro cuyos socios son el Gobierno de Chile y BHP-Billiton-Minera Escondida. Su misión es introducir innovaciones de alto impacto y potenciar el capital humano para aumentar la competitividad de Chile, promoviendo y desarrollando la economía a través de transferencias tecnológicas y en alianza con redes de conocimiento locales y globales.

vo liberal que rige la asignación de recursos marinos (Izuka 2004; Katz 2006).

Hacia fines de 2008, cuando Chile alcanzó el más alto nivel de producción, se inició el colapso del sistema acuícola debido a los problemas sanitarios que se derivaron de la masificación del virus ISA introducido en 2007. Las fallas institucionales, la expansión casi ilimitada de las unidades de explotación en el borde costero y la carga sobre la columna de agua generaron una alta vulnerabilidad en el sistema, lo cual impidió que se reaccionara adecuadamente a la crisis sanitaria.

En la provincia de Chiloé, se destaca un grupo de seis comunas que son las más directamente relacionadas con las dinámicas del desarrollo de la industria acuícola: Castro, Dalcahue, Chonchi, Curaco de Vélez, Quinchao y Puqueldón. La población total de estas comunas es de 79.000 habitantes, de los cuales el 48% vive en las zonas rurales. Asimismo, el 50% de la población total vive en la comuna de Castro.

En síntesis, Chiloé Central es un territorio con una doble dinámica económica de desarrollo, una de carácter exógeno liderada por la industria del salmón, y otra vinculada a las capacidades locales o endógenas, centradas en actividades tradicionales relacionadas con su identidad cultural. El desarrollo industrial explica el fuerte crecimiento económico, la caída de la pobreza y la persistencia de una desigual distribución del ingreso. En lo que respecta a lo ambiental, el modelo presenta problemas de sostenibilidad.

En este estudio, indagamos sobre los factores territoriales que favorecen un desarrollo económico en el cual disminuye la pobreza, pero no cambia la distribución del ingreso entre los hogares. En particular, nuestro objetivo es conocer cuáles actores sociales y coaliciones promueven formas de distribución y uso de activos que pueden sustentar dinámicas territoriales exitosas y marcos institucionales innovadores, los que a su vez estimulen un crecimiento económico inclusivo desde el punto de vista social y ambientalmente sostenible. También nos interesa conocer si se requiere o no de grandes dotaciones de activos (materiales y no materiales) para que surjan coaliciones sociales innovadoras. Finalmente, discutimos si la identidad territorial puede ser un activo que sostenga dichas coaliciones.

1. Metodología

Utilizamos tres fuentes de información primaria para estudiar las dinámicas de Chiloé: entrevistas, grupos focales y una encuesta representativa de hogares. También recurrimos a fuentes secundarias como reportes científicos y artículos de prensa.

Realizamos 30 entrevistas en profundidad para dar cuenta de las dinámicas económicas y sociales desde las visiones de actores locales identificados correspondientes a varias fuentes (bases de datos del Programa Chiloé Emprende de la Subsecretaría de Desarrollo Regional; directorio de autoridades locales y funcionarios públicos de organismos de control y fomento; directorio de instancias colectivas de representación sectorial como mesa del turismo, cámara de comercio, sindicato de pescadores artesanales, representantes de agricultores tradicionales y dirigentes de sindicatos de salmoneras; profesionales independientes del sector de recursos naturales y del ámbito de asesorías legales a medianos y pequeños empresarios; docentes universitarios y profesionales de la cultura y las artes); se entrevistó asimismo a empresarios salmoneros y gerentes de plantas salmoneras en Chiloé.

También se hicieron dos grupos de discusión en una comuna rural (Curaco de Vélez) con actores considerados vulnerables a las transformaciones sociales experimentadas en la isla: jóvenes de ambos sexos y mujeres adultas. Los participantes en los grupos de discusión fueron identificados de los registros municipales de personas pertenecientes a familias de alto grado de vulnerabilidad económica, no vistos generalmente como informantes calificados.

Además, junto con el *Program in Environment and Resources* de la Universidad de Stanford, California, diseñamos y aplicamos una encuesta en mayo y junio de 2009, en 856 hogares de las áreas rurales y urbanas de seis comunas.[3] Usamos información y cartografía del Censo de 1992 para seleccionar

---

[3] La estimación de error se calculó con muestreo aleatorio simple considerando el efecto del diseño por corresponder a una muestra bietápica estratificada y con un ajuste de población. El error de estimación es 2,4% para proporciones de 10% de atributos estimados.

las viviendas, empadronamos manzanas en las áreas urbanas e hicimos recorridos de verificación de viviendas en las áreas rurales. En la encuesta, recogimos información social, económica y laboral del presente y del pasado, junto con la opinión de las personas entrevistadas sobre temas relacionados con las dinámicas económicas del territorio. Por último, realizamos una revisión sistemática de medios de prensa escrita sobre Chiloé, así como un análisis de discurso[4] para visualizar opiniones y visiones desde diferentes tipos de actores dando cuenta de la conformación de coaliciones territoriales.

La premisa principal de esta investigación es que los resultados de las dinámicas del territorio (la disminución de la pobreza así como los cambios en el ingreso y la equidad), son función de las interacciones entre actores y coaliciones sociales, enmarcadas por las instituciones que promueven y definen las reglas de acceso y uso de los activos disponibles (Rimisp 2008). A su vez, las dinámicas dependen de los tipos y alcance de los servicios ambientales disponibles en el territorio (*Millennium Ecosystem Assessment* 2003).

Entendemos a los actores sociales como agentes del territorio en el que interactúan en los campos político, económico, cultural y social (Ostrom 2005). Además de contar con capital propio o adquirido, dichos actores definen las reglas de interacción en cada campo, con base en los comportamientos asociados a la posición social de dichos actores en la sociedad (Bourdieu 2001).

Ese fue el marco conceptual que aplicamos en el territorio de Chiloé para explicar las dinámicas territoriales, junto con las siguientes tres hipótesis de trabajo:

1. La industria salmonera ha generado una dinámica de crecimiento económico positivo pero desigual, debido a que los actores sociales locales no han podido movilizar recursos (materiales y no materiales) para legitimar sus propias estrategias de vida.

---

[4] Sobre *El Mercurio, La Tercera, La Nación* y *La Estrella de Chiloé*: años 2007, 2008 y primer semestre 2009.

La interacción entre inversión e investigación incrementa el valor de la producción, directa e indirectamente, en distintos sectores de la economía, además de que genera fuerzas de crecimiento de largo plazo (Aghion y Howitt 1998). Las economías de escala producen externalidades positivas que posibilitan la agregación de la actividad económica en ciertos territorios (Krugman 1995). Finalmente, dichas economías, junto con el funcionamiento de mercados con agentes cuya racionalidad es limitada y donde la incertidumbre es alta, propician el crecimiento de las empresas e impulsan la concentración de la industria (Winter y Nelson 1982).

El escenario que se creó en Chiloé fue el de una concentración acelerada junto con la reducción del número de actores, aunque con un alto impacto en el territorio (directo e indirecto), a través de la dinamización de los sectores de servicios que crecen alrededor de la industria acuícola. En tal escenario, quienes impulsan estrategias locales de desarrollo no disponen de suficientes recursos financieros y simbólicos para oponer resistencia a la expansión del salmón, con lo cual pierden relevancia en la arena pública y económica.

2. El fortalecimiento de coaliciones sociales innovadoras que favorezcan aquellas estrategias de desarrollo incluyentes requiere que la sociedad local cuente con una dotación mínima de activos (materiales y no materiales). Solo con un *stock* crítico pueden emerger actores y organizaciones que asuman roles de liderazgo en el territorio en cuestión. Una coalición social es el producto de las alianzas entre diversos actores que han construido un discurso y que poseen los recursos materiales y simbólicos para sostenerlo (Birner, Sharma y Palaniswamy 2006). Las coaliciones forman parte de una acción colectiva difusa en términos espaciales y temporales (Bebbington *et al.* 2007). Esto explica su alta visibilidad en determinados momentos (por ejemplo, cuando surgen conflictos sociales o ambientales) e invisibilidad en otros. Las coaliciones pueden ser discursivas, es decir, grupos que comparten

un sistema de valores y creencias comunes (Van Dijk 1998) pero que no despliegan, necesariamente, una acción política, aunque cuando se presenta un conflicto tienen la capacidad de conformar coaliciones de defensa o grupos que abogan por ciertas opciones políticas en las cuales coordinan discursos y actividades (Birner, Sharma y Palaniswamy 2006). Una coalición exitosa es la que reúne varios atributos que le permiten influir en la esfera pública: nexos con la sociedad local; liderazgos fuertes; vínculos extraterritoriales; experiencia y condiciones iniciales (Bebbington *et al.* 2007).

Aplicando este marco de análisis, se puede explicar la existencia de diferentes coaliciones en el territorio y su grado de éxito, entendido este como la capacidad de influir en los discursos que predominan en la esfera política con el propósito de que se tomen ciertas decisiones sobre la política pública y la inversión privada.

3. La identidad cultural de Chiloé puede transformarse en un activo de la comunidad que permita consolidar estrategias locales de desarrollo económico incluyente basadas en dicha identidad cultural.

   En varios estudios, se discute si dada la existencia de productos o servicios con identidad territorial, estos podrían ser atributos que permitirían vincular los territorios rurales con mercados dinámicos (Bowen y Valenzuela 2009; Tregear 2003; Arfani y Mora 1998; Ray 1998).

   Se busca establecer empíricamente la relación entre identidad territorial y estrategias de vida en los hogares de Chiloé Central y se propone un modelo de análisis similar al desarrollado por Ruben, Pender y Kuyvenhoven (2007) y Pender (2004), que estime la probabilidad de selección de diferentes estrategias de generación de ingreso sujeta a los atributos de individuos y hogares. Se incluyeron variables que reflejen atributos de identidad (autodeclaración étnica, ser nacido en Chiloé, conocer las historias de Chiloé, saber cocina típica, tener conocimientos del mar y la agricultura) en los modelos de selección de estrategias de empleo de los hogares.

2. Principales instituciones del territorio

Los distintos actores del territorio configuran un campo de interacción a partir de sus roles, comportamientos y expectativas, lo cual permite clasificarlos, por ejemplo, a partir de sus intereses particulares, actividades económicas o pertenencia a grupos institucionalizados. En el cuadro 16.1, presentamos a esos actores clasificados en tres grandes grupos que representan las visiones y cambios experimentados con la llegada de la industria acuícola (Ramírez *et al.* 2009): actores del sector tradicional, actores del sector industrial y actores transversales que se constituyen con base en una serie de agentes.

Cuadro 16.1. Chiloé. Actores del territorio

Actores	Representantes
Actores del sector tradicional	Grupos indígenas. Instituciones públicas de fomento productivo. Empresarios y prestadores de servicios turísticos. Actores de la pesca artesanal. Artesanos. Pequeños productores tradicionales. Artistas e intelectuales. Universidad de Chile. Organizaciones sociales y ONG. Fundación Amigos de Iglesias de Chiloé.
Actores del sector industrial	Industria salmonera y mitilícola. Prestadores de servicios. Profesionales y técnicos. Trabajador asalariado acuícola.
Actores transversales	Municipalidades. Servicio Nacional de Pesca (SERNAPESCA). Servicio Agrícola y Ganadero (SAG). Organizaciones del sector público al nivel local. Obispado de Chiloé. Comisión Nacional del Medioambiente (CONAMA).Otros servicios públicos de acción local.

Fuente: Elaboración propia.

Entre las instituciones, se destacan dos: las que norman el acceso a los recursos naturales, sea bajo un esquema de asignación de derechos de propiedad (por ejemplo, tierra y bosques) o de uso de recursos como el borde costero para la producción de salmones; y aquellas que median en los acuerdos entre agentes, como los sistemas que norman la industria del salmón y la red de servicios de soporte del sistema, o las reglas que rigen el turismo.

2.1. Sistema de concesiones marinas

El desarrollo industrial de Chiloé se sustentó en un marco legal que se plasmó en la Ley General de Pesca y Acuicultura (Nº 18.892) de 1989, modificada en 1991 (Nº 19.079 y 19.080, y Decreto Nº 430) para incentivar el desarrollo de la acuicultura. Para ello, se creó una figura legal que otorga derechos de uso y goce para realizar acuicultura a quienes solicitan concesiones marinas; tales derechos son indefinidos y pueden ser transferidos a través del mercado (Artículo 2). Los sistemas de control y fiscalización sanitaria quedaron asignados al Servicio Nacional de Pesca (SERNAPESCA). A medida que la escala de producción aumentaba, se iban creando diferentes normativas ambientales y sanitarias: en 1993 se publicó el Reglamento de Concesiones (RCAAA) del Ministerio de Economía; en 1997 y 2001 se dictaron reglamentos ambientales para la acuicultura; en 2003 las empresas productoras de salmón, a través de SalmonChile, elaboraron un Manual Normativo y de Buenas Prácticas (MNBP).

Ese conjunto de etapas administrativas, junto con el pago de patentes en los procesos de asignación de concesiones marinas, explica por qué, al inicio, las comunidades locales y los empresarios de la zona no pudieron obtener esos derechos. La información, junto con el apoyo legal y financiero, permitió el acceso a las concesiones. En la primera etapa de desarrollo de la industria, muchas medianas empresas se instalaron en la isla; en 1995 fueron alrededor de 200, de las cuales las 10 más grandes no representaban una proporción importante de la producción.

En 2006 se modificó la Ley de 1991 con respecto al acceso a las concesiones y las normas relacionadas con la transferencia de las mismas y el pago de patentes. El objetivo fue generar un acceso más equitativo a las concesiones, eliminar los incentivos a la especulación de concesiones y normar la caducidad para compatibilizarla con las normas de descanso de los cuerpos de agua.

La siguiente normativa fue la respuesta a la crisis ambiental del virus ISA; fue acordada en las mesas de trabajo de los actores públicos y privados donde los actores locales no estuvieron representados. La intención fue perfeccionar las normas ambientales y de manejo coordinado y descanso de los centros de cultivo, otorgando mayores poderes de fiscalización a SERNAPESCA y estableciendo multas y castigos a quienes no las cumplan. Se retomó una de las principales soluciones planteada en 1993 por la Fundación Chile (Alvial 1995), en la que se propone el diseño de uso del borde costero en forma coordinadao en los llamados barrios, que son unidades de explotación homogénea del borde costero (deben cumplir coordinadamente el conjunto de etapas de engorde, cosecha y descanso), independiente del propietario de la concesión que se encuentre dentro del barrio. En esos años, tal propuesta fue ignorada por las autoridades y combatida por el sector privado, ya que la industria la consideró innecesaria y atentatoria contra las decisiones de cada empresa.

2.2. Contratos entre salmoneras, trabajadores y empresas prestadoras de servicios

Durante el desarrollo de la industria del salmón, se fueron consolidando tres sistemas importantes de relación contractual: el de los trabajadores directamente contratados por la industria, el de los trabajadores subcontratados y el de las empresas prestadoras de servicios como transporte, limpia y confección de redes.

Según el estudio de la Universidad de Chile (2005), la contratación de la industria presenta una formalidad y estabilidad similares a la media nacional: 81% de trabajadores está contratado indefinidamente, frente al 79,5% que es el promedio nacional. La sindicalización alcanza al 33% de los trabajadores, un porcentaje mayor que la tasa de sindicalización nacional que alcanza al 22% de los trabajadores con contrato de trabajo. Un problema importante es que la industria del salmón presenta una alta tasa de infracciones de las leyes del trabajo. En cuanto a las condiciones laborales, la primera fuente de faltas laborales está relacionada con asuntos administrativos (38%) y con el déficit de infraestructura para los trabajadores en faena (21%).

Por otro lado, la subcontratación en la industria no supera el 6% del total de trabajadores del sistema (ENCLA 2004). Sin embargo, como los servicios subcontratados están concentrados en pocas labores, hay procesos completos, como los servicios de buceo, que son implementados, casi exclusivamente, por medio de este sistema contractual. Las últimas normativas sobre subcontratación (Ley 20.193 de 2006) se orientan a reducir la precarización del empleo y mejorar las normas de seguridad haciendo solidariamente responsables a las empresas mandantes de las faltas cometidas por la empresa subcontratista.

Finalmente, se generó un conjunto de servicios de apoyo a la industria del salmón. Los que más han crecido son el transporte marítimo y terrestre, los proveedores de alimentos, la reparación y construcción de redes, los proveedores de insumos para centros de cultivos (flotadores, sistemas de fijación de jaulas, etcétera) y, recientemente, la investigación en convenio con empresas privadas y universidades.

Los sistemas contractuales, a través de los cuales la industria se vincula con un conjunto de empresas, han transitado desde la relación informal y la fijación de precios en mercados *spot*, hacia una red de contratos de mediano y largo plazo, lo cual ha permitido que se modernice el sistema, se realicen importantes inversiones y aumente la escala.[5]

2.3. Normas y reglas que gobiernan el sistema turístico

En Chiloé, cinco sistemas económicos se basan en el turismo. El primero está dominado por los operadores turísticos principalmente de Puerto Montt y Santiago que, generalmente, llevan al turista a recorrer sectores de interés histórico y paisajístico (museos, iglesias, miradores) de la isla durante un día. La mayoría de estos operadores mantiene acuerdos informales con los proveedores de servicios de alimentación en los que los precios se fijan caso a caso. Tal estrategia de negocio ha crecido mucho; se expresa en la demanda de servicios turísticos que superó los 100.000 visitantes en la temporada 2008 (Municipalidad de Castro 2009).

El segundo sistema es el que relaciona a los actores locales con el turismo. Organizados generalmente a través de agencias del Estado –Instituto de Desarrollo Agropecuario (INDAP),

---

5 Comunicación personal con un empresario que inició actividades en Chiloé a fines de la década de 1980.

Fondo de Solidaridad e Inversión Social (FOSIS), Servicio de Cooperación Técnica (SECOTEC), Servicio Nacional de Turismo (SERNATUR)–, forman redes de agroturismo o servicios turísticos específicos (cabalgatas, *trekking*, etc.) conformando sistemas informales o más formales como la red de agroturismo que apoya INDAP.

El tercer sistema está más desestructurado. Consiste en servicios de alojamiento en un conjunto amplio de cabañas turísticas, principalmente cerca de Castro. Según un arquitecto local, en este segmento hay un dinamismo muy fuerte y se espera que mejore la calidad del servicio como producto de una demanda por servicios de este tipo cada vez más exigente.

El cuarto, más estructurado, es el sistema hotelero formal. Se trata de un conjunto de hoteles tradicionales que junto con algunas inversiones nuevas han ampliado la disponibilidad hotelera del territorio. En general, participan en la cámara de comercio o de turismo de la zona. Como los inversionistas son de Chiloé, se establecen lazos de confianza que les permiten ampliar la red de relaciones basándose en sistemas informales.

El quinto sistema se relaciona con los servicios turísticos que presta el Sistema de Parques Nacionales de la Corporación Nacional Forestal (CONAF), el cual ha generado dos circuitos: uno en el mismo parque nacional de Chiloé, regido por la normativa que implementa CONAF, y el otro con la población vecina al parque, en general perteneciente a la etnia *huilliche*.

2.4. Clientelismo y asistencialismo

El clientelismo político se refiere al intercambio de favores políticos u otros recursos destinado al apoyo electoral (Auyero 2001). Es una práctica arraigada en las zonas rurales y aisladas de Chile (Valenzuela 1977; Durston *et al.* 2005), que constituye "a menudo la forma principal de participación de las comunidades y barrios pobres en el gobierno" (Durston 2003); se manifiesta de varias formas, no únicamente mediante el intercambio extraoficial de favores por votos.

Un elevado porcentaje de las personas encuestadas (48%) considera que el desempeño de políticos y autoridades ha empeorado si se lo compara con lo que sucedía veinte años atrás. Casi la mitad (49%) opina que existe más burocracia y un 57%

sostiene que hay más clientelismo.[6] Estas opiniones, junto a una mayoría que no confía en los partidos políticos (68%), reflejan la desconfianza con respecto a la institucionalidad política que hoy caracteriza a la sociedad chilena, en general, y a la chilota en particular. Junto al fenómeno del clientelismo se presenta el del asistencialismo en una correspondencia sinérgica: un 46% opina que hoy existe más asistencialismo que hace veinte años.

En nuestras entrevistas y grupos focales, esta idea se ratifica. Por ejemplo, hay consenso en el grupo focal de mujeres en que existe un conjunto de personas que son "clientes" frecuentes de la municipalidad. Todos los meses recurren por diferentes tipos de ayudas, las que son comprometidas generalmente de manera discrecional por la autoridad municipal. Esto se ve reforzado por un creciente esfuerzo del Estado de Chile por mejorar la cobertura y la magnitud de la política social. Mucha de esa política termina siendo aplicada por los municipios, los que en ciertos casos transforman el sistema en una red de asistencialismo y clientelismo.

3. Acceso a activos productivos e identitarios

El principal activo productivo del territorio son las concesiones marinas. Se rigen por una regulación propia que permite a sus poseedores tanto la producción como la venta del derecho de uso. Aunque al principio hubo un incremento importante de empresas con concesiones, a partir de 1996 comenzó una etapa de concentración acelerada de la industria. Esta situación alcanzó el punto más alto el año 2002 con 79 firmas propietarias del total de concesiones en producción. Pero más importante es el tamaño de las empresas: en 2008, año de la crisis sanitaria, las cinco más grandes eran responsables del 45% de la producción de salmón, mientras las 10 firmas más grandes alcanzaban el 61% de la producción total.

Tierra y bosques son otros activos productivos del territorio que se relacionan directamente con el denominado Chiloé

[6] Se preguntó sobre la facilidad y rapidez para hacer trámites en la gobernación, los municipios y los servicios públicos (burocracia); si la comunidad depende, más o menos, del Estado para su bienestar económico y social que 20 años atrás (asistencialismo); y la frecuencia con la que políticos y autoridades intercambian favores por apoyo en las votaciones (clientelismo).

tradicional. El cultivo de la papa, la ganadería y la explotación de la madera son los principales. El acceso a estos activos naturales difiere entre hogares; por ejemplo, los hogares más relacionados con la actividad industrial tienen menos acceso a estos recursos.

En el cuadro 16.2, mostramos el precio que las personas entrevistadas asignan a la tierra y los bosques y la variación experimentada entre 1990 y 2008. Cuando se preguntó sobre el cambio de valor por la venta de los bienes, un número importante de hogares no respondió (42%). Un caso interesante es el de quienes no declaran empleo en 2008; pertenecen al grupo con mayor acceso a tierras y bosques, posiblemente debido a que son hogares más viejos y de antiguas familias chilotas dueñas de predios.

Cuadro 16.2. Chiloé. Expectativas del valor que las personas entrevistadas tienen de su tierra y sus bosques en 2008, por tipo de hogar

Tipo	Valor tierra y bosque (millones de pesos chilenos)	Diferencia en el valor de la tierra y bosques declarado en 1990 y 2008 (millones de pesos chilenos)
Moderno	7	-2
Servicios	12	-2
Tradicional	33	-1
Mixto	35	2
Sin empleo	36	3

Fuentes: Rimisp y *Woods Institute for the Environment, Stanford University* (2009). Encuesta Chiloé.
Notas: Se eliminaron valores mayores a 100 millones. 359 casos sin información. Tasa de cambio: 1 Ch$ = 470,10 USD (Banco Central, promedio mayo 2008).

Independiente del enfoque operativo de valoración de la identidad cultural, hay cierta unanimidad en entender cultura como el conjunto de rasgos distintivos, espirituales, materiales y afectivos característicos de una sociedad o grupo social. Comprende, además de las artes y las letras, los modos de vida, los derechos fundamentales del ser humano y los sistemas de valor, creencias y tradiciones (Ranaboldo y Schejtman 2008; Montecino 2003; Ibáñez 1979).

Para este trabajo, se busca hacer operativo el concepto de identidad a través de verificar la existencia o no de conocimiento de prácticas consideradas tradicionales, generadoras de identidad chilota. Entendiendo conocimiento como capacidad de efectuar prácticas tradicionales de producción o participar en actividades consideradas tradicionales. Además se considera lugar de nacimiento (chilote) y pertenencia étnica (autodeclarada). Los resultados del cuadro 16.3 muestran que los hogares chilotes mantienen una alta proporción de prácticas calificadas como identitarias, aunque la tendencia es la de ir perdiéndolas, como es el caso de la elaboración de artesanías, las prácticas agropecuarias y las forestales. En cambio, la tendencia en los hogares no chilotes es aumentar los conocimientos ligados a actividades económicas como las artesanales y a otras que acrecientan el capital social mediante la participación en las fiestas tradicionales.

Cuadro 16.3. Chiloé. Porcentaje de hogares que declaran conocimientos para realizar actividades definidas como identitarias

Origen	Tipo de conocimiento	Año	
		1990 %	2009 %
No chilote	Elaboración de artesanías	40	49
	Prácticas agropecuarias y forestales	32	44
	Prácticas de manejo en el mar	29	39
	Cocina, mitos y participación en fiestas	42	75
Chilote	Elaboración de artesanías	83	70
	Prácticas agropecuarias y forestales	84	75
	Prácticas de manejo en el mar	73	67
	Cocina, mitos y participación en fiestas	95	95

Fuente: Encuesta realizada en Chiloé en 2009 por Rimisp y *Woods Institute for the Environment, Stanford University.*

4. Coaliciones en Chiloé Central

A través del análisis de prensa, identificamos tres períodos en los que emergen coaliciones con un discurso propio en el que emiten sus juicios sobre el desarrollo del territorio: i) el de las "alianzas originales", anterior a la aparición del virus ISA;

ii) el de la "reconfiguración" durante la crisis que provocó la expansión de dicho virus; y iii) el "refundacional", que comprende la época de recuperación de la industria posterior al colapso ocasionado por el virus. En estos tres momentos, los actores antes descritos se enlazan a dos grandes bloques que reconfiguran su comportamiento de acuerdo con el contexto en el que se expresan: un bloque ligado a la industria salmonera y el otro a los grupos ambientalistas.

Durante el período de las alianzas originales, apareció con fuerza la coalición "fundacional". La alianza que sustentó originalmente a la industria salmonera estuvo conformada por el sector público representado por sus agencias administrativas y los organismos de fomento e innovación; el sector privado integrado por empresarios e inversionistas que dirigen la industria; los principales medios de comunicación escritos de difusión nacional; y el mundo de los trabajadores del salmón que confían en la salmonicultura como generadora de empleo y desarrollo, así como en sus capacidades para sortear distintos problemas. El discurso de esta coalición estuvo cohesionado en torno a las fortalezas que posee la industria, principalmente las relacionadas con la generación de empleo y crecimiento económico. El gobierno central apoyó a través de sus interlocutores en el extranjero, quienes defendieron irrestrictamente a la industria cuando se cuestionaban sus prácticas laborales o ambientales.

La otra coalición presente en el primer período es la "ambiental", agrupación que existía desde los orígenes de la industria. Está conformada fundamentalmente por ONG locales y agencias internacionales que observan de manera crítica el comportamiento de la industria; por pescadores artesanales con quienes las salmoneras disputan el medio marino; y por un sector de los agentes turísticos, cuyo mercado de servicios basado en el aprovechamiento de la cultura y los recursos naturales del archipiélago está amenazado. También adhiere parte de la comunidad científica anidada en los centros de investigación universitarios que cuestiona las estrategias mediante las cuales se cultiva y explota el recurso. El discurso de esta coalición se difunde principalmente en los medios locales (*La Estrella de Chiloé*) o en los nacionales de baja circulación (*La Nación*) y adquirió mayor protagonismo a partir de la crisis sanitaria provocada por el virus ISA.

En julio de 2007, se confirmó el primer caso del virus ISA en Chile, que apareció en un vivero situado en la isla de Chiloé. Este instante marcó un punto de inflexión en la historia de la industria salmonera: su comportamiento en el mercado laboral, el impacto de sus inversiones, las posiciones de los distintos actores sociales vinculados a esta industria, entre otros aspectos del contexto. Durante el primer semestre de 2007 y segundo semestre de 2008, se reconfiguraron las coaliciones originales de las cuales emergieron dos nuevas expresiones: la "salmonera" (extensión de la "fundacional") y la "crítica del salmón" (extensión de la "ambiental"). Ambas generan un nuevo comportamiento, porque manifiestan las transformaciones en el tipo de actores que las integran.

Con la emergencia de la crisis sanitaria, se produjeron despidos masivos que suscitaron cuestionamientos del gobierno y de los trabajadores a la industria salmonera. La "coalición crítica del salmón" fue la que articuló estas críticas con las anteriores lideradas por los ambientalistas.

En respuesta, surgió la "coalición salmonera", heredera de la "fundacional", bajo el protagonismo del sector privado, empresarios e inversionistas. El resto del bloque que conformaba la coalición "fundacional" suspendió su apoyo incondicional debido a las características que comenzó a tomar el conflicto. La "coalición salmonera" articuló su discurso en torno a una serie de críticas dirigidas a las agencias ambientalistas que vaticinaban el colapso total de la industria. La forma de enfrentarlas consistió en destacar reiteradamente las virtudes de la salmonicultura y el camino recorrido hasta poder posicionarse en la competencia productiva mundial: una industria de tales características no puede desaparecer.

De esta manera, la disputa entre las coaliciones se ordena en torno a dos polos, cada uno tratando de captar la mayor cantidad de actores con el objeto de validar socialmente sus respectivos discursos. El fin de esta lucha por la hegemonía culminó en la tercera etapa, caracterizada por la reestructuración definitiva de las alianzas: se terminó el movimiento intermitente de los actores sociales que aparecieron en el segundo período, con lo cual se reforzó la estructura de una sola de las coaliciones: la "fundacional".

El reacoplamiento se logró mediante un discurso que vaticina la refundación de la salmonicultura, sus estrategias de cultivo y producción, y su relación con los entornos ambiental y laboral. El discurso que comienza a construirse propone generar nuevas confianzas para reunir a los actores que dieron vida a la industria.

Mientras tanto, la coalición "ambiental" mantiene su discurso opuesto al "fundacional". Para los ambientalistas la cuestión no se soluciona controlando el virus, porque si bien pueden reducirse las tasas de cesantía, se mantiene el impacto ecológico que genera la salmonicultura.

De esta forma, se puede apreciar cómo se configuran las coaliciones en torno a una de las principales dinámicas económicas de Chiloé, las variables que determinan sus transformaciones y el posicionamiento final de dichas coaliciones. Todo esto muestra las relaciones de poder que estructuran al territorio donde la coalición principal es controlada por actores extraterritoriales.

5. Efectos del desarrollo: crecimiento económico e inclusión social

Durante la década de 1990, hubo importantes logros económicos y sociales en Chiloé Central. Un elemento explicativo es la relación entre los hogares y las fuentes de empleo. En el periodo 1990-2008, se observa un incremento de los sectores de servicios y el moderno y una caída de las actividades tradicionales. También aumentó el número de hogares mixtos, es decir, aquellos que se integran a diferentes sectores de la economía.

Además de los cambios en el empleo, en el cuadro 16.4 mostramos las transiciones de los hogares rurales en el periodo 1990-2008. Presentamos los resultados de un análisis de los cambios en las estrategias de empleo de los hogares de Chiloé. Se pregunta a un mismo hogar el tipo de empleo de sus miembros activos en 1990 y los tipos de empleo desarrollados ahora, en el año 2008. El cuadro se debe interpretar siguiendo la línea horizontal. Por ejemplo, de los hogares sin empleo en 1990, en 2008 el 46% se vinculó a empleos en el sector servicios; el 25%, al moderno; mientras que apenas el 5% estaba en el sector tradicional y solo un 9% no tuvo a ninguno de sus miembros con trabajo. Se definen cinco estrategias: sin empleo (hogares en los que ningún miembro en edad activa tiene empleo); tradicional (hogares en los que todos sus miembros activos desarrollan su actividad en el sector agropecuario, elaboración de artesanías y la pesca artesanal); moderno (hogares en los que todos sus miembros activos con empleo trabajan en la industria del salmón, desde en los centros de producción hasta en las plantas de procesamiento y embalaje); servicios (hogares en los que todos sus miembros activos con empleo desarrollan su actividad en el sector servicios, por ejemplo, comercio, empleados en financieras o bancos, sector público, restaurantes y hoteles, transporte terrestre y marítimo); y mixto (hogares en los que sus miembros activos desarrollan su actividad en sectores diferentes, por ejemplo, uno en el sector tradicional y otro en el moderno).

Cuadro 16.4. Chiloé. Matriz de transición de las estrategias de empleo de los hogares rurales entre 1990 y 2008 (porcentajes en relación con 1990)

	2008					
1990	**Sin empleo %**	**Tradicional %**	**Moderno %**	**Mixto %**	**Servicios %**	**Total %**
Sin empleo	9	5	25	15	46	100
Tradicional	9	44	10	26	11	100
Moderno	4	8	49	16	22	100
Mixto	11	7	5	54	22	100
Servicios	7	3	9	17	63	100
Total	**8**	**15**	**17**	**22**	**37**	**100**

Fuente: Encuesta realizada en Chiloé en 2009 por Rimisp y *Woods Institute for the Enviroment, Stanford University.*

Nota: Datos expandidos N=26.000

Del cuadro 16.4, se desprende que: 1) el 40% de hogares no cambia de estrategia; 2) la condición más móvil es la de hogares sin empleo: un 91% se mueve a estrategias de empleo principalmente en el sector moderno o de servicios, seguido de los que en 1990 fueron tradicionales y que muestran una gran movilidad hacia estrategias mixtas; 3) los hogares del sector moderno están orientados a los servicios y estrategias mixtas; una baja proporción se mueve al sector tradicional; 4) parte importante de los hogares con estrategias mixtas se especializa en servicios y una fracción no menor pierde el empleo.

Esas transiciones tienen un correlato con el monto de los ingresos que logran los hogares en cada estrategia (cuadro 16.5). Así, los hogares en los que ningún miembro estuvo empleado en 2008 son los que reciben los montos menores; sus ingresos provienen casi exclusivamente de las jubilaciones y los subsidios. En el otro extremo, se ubican los hogares especializados en empleos del sector servicios, cuyos ingresos son los más elevados. Las estrategias de especialización en los sectores moderno y tradicional generan ingresos un poco más bajos.

Cuadro 16.5. Chiloé. Ingreso mensual (en pesos chilenos) de los hogares en 2008, según tipo de estrategia

Tipo estrategia	Número de hogares	Ingreso promedio anual (pesos chilenos)
Sin empleo	2.083	462.901
Tradicional	3.834	604.220
Moderno	4.514	1.183.751
Mixto	5.602	1.364.899
Servicios	9.588	1.719.442

Fuente: Encuesta realizada en Chiloé en 2009 por Rimisp y *Woods Institute for the Environment, Stanford University.*
Nota: 1 USD = 635 pesos chilenos de noviembre de 2008.

¿Cuáles condiciones posibilitan que un hogar pueda vincularse con las estrategias que generan los mayores ingresos? Seleccionamos un marco de análisis que nos permitiera responder qué factores son los que explican por qué un hogar toma una u otra vía para vincularse con el mercado del trabajo (Pender 2004).

Clasificamos los hogares en nueve categorías ordenadas de menor a mayor, según el nivel de ingreso en el año 2009 y en la transición de estrategias presentada en el cuadro 16.4. Aparecen, primero, tres grupos: los hogares que transitan hacia estrategias de empleo en las que perciben menos ingresos; los hogares que se mantienen en las mismas estrategias; y los hogares que se mueven hacia estrategias que les generan un mayor ingreso.

En el grupo de hogares que se mueven a estrategias de menores ingresos, se presentan cuatro situaciones:

- Los hogares que no tuvieron empleo en 2008 pero que sí tenían alguno en 1990.
- Los hogares que pasan del sector servicios a empleos en el tradicional.
- Los hogares que pasan del sector servicios a empleos en el sector moderno y los que pasan de estrategias mixtas a estrategias en el sector tradicional.
- Los hogares que pasan de estrategias en el sector servicios hacia estrategias mixtas, junto con los hogares que transitan desde estrategias mixtas hacia el sector moderno, y con aquellos que salen del sector moderno para involucrarse en estrategias tradicionales.

En el grupo de los hogares que se mueven a estrategias de mayores ingresos, también identificamos cuatro situaciones:

- Los hogares que no tienen empleo y transitan hacia el sector tradicional, junto con los que van del sector tradicional al moderno, con los que pasan del moderno al mixto, y con los hogares que pasan de estrategias mixtas hacia el sector servicios.
- Los hogares que pasan de no tener empleo hacia empleos en el sector moderno, más los que transitan desde estrategias en el sector tradicional hacia estrategias mixtas, y los que pasan del sector moderno a empleos en el sector servicios.
- Los hogares sin empleo que se involucran en estrategias mixtas, más hogares que transitan del sector tradicional hacia el de servicios.

- Los hogares sin empleo que pasan a tener empleos en el sector servicios.

Los resultados[7] del cuadro 16.6 muestran que solo cuatro variables explican los cambios de estrategias: el número de personas del hogar es una variable que en todas las especificaciones tiene signo positivo en la probabilidad de cambiar a una estrategia de mejores ingresos. Esta variable determina las posibilidades de diversificación de estrategias de un hogar; la edad del jefe del hogar muestra signo negativo en dos de las cuatro especificaciones. La edad es una buena aproximación al ciclo de vida en que se encuentra un hogar, a mayor edad del jefe no solo los hijos van saliendo del hogar parental, para formar nuevos hogares, sino que también hace más difícil la transición del mismo jefe de hogar a empleos diferentes a los que tradicionalmente ha desempeñado; ser chilote de nacimiento o radicado en Chiloé antes de 1990 tiene signo negativo en una de las especificaciones. No muy consistente, ya que solo en uno de los modelos es relevante, pero en todo caso muestra la tendencia de los hogares chilotes a mantener las actividades tradicionales antes que moverse al sector moderno o al de servicios; y localización en la zona urbana a favor de los hogares urbanos en dos de las cuatro especificaciones. El estar radicadas en zonas urbanas permitió a muchas mujeres poder acceder a trabajos en el sector moderno y de servicios, principalmente por las facilidades de transporte que entrega el sector urbano en desmedro del rural en Chiloé y a que las empresas, si bien tienen sus instalaciones de producción en áreas más bien rurales, sus plantas de procesamiento se encuentran más cerca de las zonas urbanas.

---

[7] Realizamos un análisis de regresión Probit con múltiples categorías. Se efectuaron cuatro especificaciones. La primera relaciona el capital humano con las trayectorias. La segunda suma a las variables de capital humano las de capital natural (superficie de tierra). La tercera suma la variable de participación política o social de los miembros del hogar. La cuarta suma variables de identidad, tales como conocimiento de las prácticas tradicionales, pertenencia a la etnia *huilliche* o haber nacido en Chiloé.

Cuadro 16.6. Chiloé. Coeficientes para cada variable de las diferentes especificaciones del modelo de probabilidad ordenado (variable dependiente 9 categorías de trayectorias: las que se mueven hacia mejores ingresos, las que se mantienen y las que bajan ingresos)

	Especificación n1	Especificación n2	Especificación n3	Especificación n4
Edad Jefe de Hogar en 1990	-0,010	-0,010	-0,012*	-0,015**
Sexo JH en 1990 (1=hombre)	-0,053	-0,054	-0,119	-0,256
Escolaridad jefe hogar 1990	-0,007	-0,006	0,006	-0,029
Tamaño hogar 1990	0,058**	0,059**	0,098**	0,063*
Zona residencia (1=urbano)	0,278*	0,301*	0,243	0,058
Acceso a tierra en 1990 (1=sí)		0,081	0,083	0,244
Participación en organizaciones (1=si)			-0,042	0,201
Vinculación en redes			-0,314	-0,175
Familiares fuera de Chiloé (n)			0,011	-0,010
Conocimiento elaboración artesanías (1=sí)				-0,214
Conocimientos manejo de la tierra (1=sí)				-0,323
Conocimientos del mar (1=sí)				0,027
Conocimientos tradiciones y mitos (1=sí)				-0,263
JH Nacido en Chiloé (1=sí)				-0,691**
Pertenece a etnia Hulliche (1=sí)				-0,030
Número de casos	744	744	531	523
Prob> chi2=	0,001	0,0028	0,0026	0,0002

* Significativo al 5%; ** significativo al 1%

Los atributos con los cuales hemos aproximado la identidad de las personas no explican las estrategias de empleo, salvo el hecho de haber nacido en Chiloé. Ni los conocimientos sobre técnicas ancestrales ni la identidad étnica tienen efectos sobre las estrategias de vida de los hogares. Por lo tanto, descartamos, al menos para el caso de Chiloé Central, la hipótesis de que la identidad bajo ciertas condiciones permite a las sociedades locales transformar este atributo en un activo que genera una ventaja económica, la misma que puede ser capitalizada territorialmente. Al menos en un territorio donde se despliegan grandes inversiones de empresas extraterritoriales en la explotación de recursos antes inexistentes.

6. Relación entre actores, instituciones, acceso a activos y desarrollo territorial

Como antes mostramos, en el territorio hay múltiples actores con sus respectivos espacios económicos de diferente alcance y dinamismo. Sin embargo, con el desarrollo de la industria salmonera son los actores y coaliciones extraterritoriales los que pueden tomar decisiones que afectan las dinámicas territoriales, gracias a que han consolidado una estrategia de desarrollo basada en la valorización de un recurso nuevo.

La industria salmonera en Chile es un ejemplo exitoso de los acuerdos público-privados (Katz y Contreras 2009). Las instituciones que nacen de este acuerdo expresan los intereses de los actores involucrados: el sector privado impulsado por empresas de diferente tamaño pero lideradas por grandes grupos económicos; y el sector público liderado por el Ministerio de Economía. Ambos se han articulado a través del trabajo de innovación iniciado por la Fundación Chile y continuado por el sector industrial, que es apoyado con fondos del tesoro público.

Asimismo, las instituciones reflejan las posiciones e intereses en juego. Por un lado, el Estado promovió la inversión privada en un sector que se presentaba como un potencial motor del desarrollo exportador, además de los ya consolidados como son el minero, el forestal y el agrícola. Por otro, el sector privado aprovechó la oportunidad de las ventajas comparativas que le han permitido participar en mercados internacionales compitiendo con los pocos actores que a esa fecha dominaban el mercado del salmón: Noruega y Escocia (Montero 2004). Con estos intereses, sumados a la consolidación de una estrategia de desarrollo basada en la apertura comercial y el rol subsidiario del Estado, se ha establecido un sistema de reglas donde el rol fiscalizador no tiene prioridad. Este sistema se sostiene en la capacidad de autorregulación del sector privado, ya que la capacidad pública de fiscalización, de por sí escasa, se agudiza como tal en este caso porque el poco personal asignado no puede cumplir la laxa normativa de fiscalización.

Ese desarrollo explosivo de la industria ha tenido un impacto positivo en los actores locales. Se ha consolidado un mercado del trabajo antes pequeño: la industria abre oportunidades laborales a las mujeres y la gente joven; los jefes de hogar hombres no deben ausentarse de sus hogares durante largos periodos para trabajar en la zona austral del país durante las temporadas de esquila. Los intereses de la coalición extraterritorial y los de los actores locales tienen importantes coincidencias. Las pocas voces críticas que se levantan se concentran en plantear demandas principalmente ambientales, pero no presentan propuestas a través de las cuales se viabilice un esquema de desarrollo alternativo. El ambiente, el turismo, la cultura y la identidad son temas importantes pero no son los ejes estratégicos de la economía local. Como mostramos antes, los hogares abandonan las actividades tradicionales para sumarse al sector moderno y al de servicios. Así, la coalición alternativa se transforma en un espacio de poca importancia que pierde trascendencia, aunque es capaz de establecer redes internas y externas que generan impactos en la opinión pública de manera ocasional.

Hasta antes de la crisis sanitaria, la relación actores, instituciones, acceso a activos y resultados económicos se condensaba en una gran coalición que agrupaba al gobierno, al sector industrial y a los actores territoriales vinculados al empleo generado por la industria. Esta transformaba, adecuadamente, los apoyos en capital político para sostener el sistema de normas de acceso al borde costero y obtener nuevas concesiones en mares australes. Además, tuvo la capacidad de impedir que se promulgaran cambios legales sustantivos y que el sector público asumiera un rol más activo en la fiscalización laboral y ambiental. La industria pudo soportar los embates de los sectores ambientalistas que ampliaron sus redes de acción hasta los mercados de destino, con lo cual obligaron a la industria a aumentar las labores de responsabilidad social y ambiental. Por ejemplo, SalmonChile dictó un protocolo de conducta sanitaria cuyo título es "Manual normativo y de buenas prácticas".

Por otro lado, el desarrollo territorial de Chiloé está condicionado por la industria del salmón. Los sectores de servicios, incluido el de turismo, también se sostienen en parte en la industria. El mantenimiento de hoteles, cabañas, restaurantes durante el largo período de baja del turismo se apoya en la actividad acuícola. La confluencia de intereses de la mayoría de los actores locales permite que la industria se desarrolle sin un contrapeso importante. El deterioro ambiental y los riesgos sobre el sistema son minimizados. Quienes asumen las banderas de defensa del ambiente no tienen espacio ni en el ámbito local ni en el nacional. Pese a ello, muestran tener capacidad para establecer alianzas internacionales. Existe, entonces, una coalición dominante que influye decisivamente en la asignación de los activos centrales para su desarrollo, y que genera también un importante desarrollo económico y social en el territorio, aunque sin prestar atención a la capacidad del sistema físico y biológico para soportar la presión a la que es sometido.

Con los problemas sanitarios, la industria entró en crisis, muchas empresas sintieron que la quiebra y el cierre podrían ser inminentes. El gobierno se alarmó y buscó a quién responsabilizar del problema. Los actores locales que perdieron sus empleos culparon a la industria por su insensatez. Las autoridades de los gobiernos locales, ausentes hasta entonces, se manifestaron porque quienes se quedaron sin trabajo golpearon las puertas de sus despachos; estas autoridades vivieron a diario la nueva demanda de apoyo que hacían los miembros de los hogares que, de un día para otro, se quedaron sin sus fuentes de ingresos.

En respuesta a la crisis, se instaló la mesa del salmón que reunió a la industria y al gobierno para buscarle solución al problema. Se rediseñó la institucionalidad, se corrigieron los aspectos reguladores, se fortalecieron las capacidades de fiscalización y se asignaron mayores derechos y más responsabilidades a las empresas. La coalición se amplió para incluir a interlocutores locales, principalmente trabajadores, quienes consideraban que la única alternativa para cubrir sus necesidades de empleo era el renacimiento de la industria. Todo indicaba que luego de un período de pánico, la industria resurgiría, probablemente fortalecida con las nuevas concesiones en los mares australes que fueron entregadas por la autoridad a raíz de la crisis como muestra de su interés en apoyar al sector.

Al final, todo cambió para que en el ámbito local todo siguiera igual. Los actores locales son espectadores de un desarrollo que ayuda, pero no integra, que genera empleo, pero también vulnerabilidades. Es un desarrollo que no permite ni estimula el surgimiento de otros sectores, por ejemplo, la agricultura o la economía vinculada a la identidad cultural. En definitiva, el caso ejemplifica la aplicación de un modelo de desarrollo que tiene virtudes, pero que olvida los territorios que le dan sustento. Al parecer, la crisis sanitaria permitió mejorar los aspectos de manejo y control del sistema, pero los problemas del desarrollo del territorio quedaron en la lista de espera.

7. Conclusiones

A través de un estudio de caso, hemos analizado la relación entre actores sociales, marcos institucionales y acceso a los activos materiales y simbólicos en el desarrollo del territorio, medido este como ingresos, pobreza, distribución de ingresos y sostenibilidad ambiental.

Las dinámicas de Chiloé Central muestran que ha habido un crecimiento económico con una fuerte disminución de la pobreza, debida principalmente a la transformación productiva provocada por el desarrollo de la industria de la acuicultura. Los trabajadores asalariados no han enfrentado barreras muy altas para ingresar a esta industria; la residencia rural y el tamaño de los hogares (mano de obra disponible) son las únicas restricciones activas para entrar al mercado laboral; y, finalmente, la industria genera un conjunto de encadenamientos en el territorio con un número importante de pequeñas y medianas empresas que demandan una importante mano de obra para sus actividades. En consecuencia, la dinámica industrial es muy inclusiva. Por lo tanto, la primera hipótesis de trabajo es descartada por falsa.

La dinámica de desarrollo territorial ha sido muy vulnerable. La crisis sanitaria demuestra que Chiloé no está preparado para vivir sin el salmón. Las estrategias de desarrollo económico basadas en el "sector tradicional" no logran convertirse en ejes de un desarrollo sustantivo, aunque una notable proporción de hogares permanece ligada a dichas estrategias. Un aspecto que explica tal marginalidad es la precariedad de las organizaciones locales y su falta de ideas innovadoras. No es una sociedad local capaz de apostar a una alternativa de desarrollo que reemplace a la salmonicultura. La participación política precaria y el clientelismo creciente contribuyen a que no surjan liderazgos que promuevan dinámicas de un desarrollo incluyente. Por lo tanto, la segunda hipótesis de trabajo es verdadera: nuevas coaliciones sociales que sustenten un desarrollo territorial inclusivo requieren no solo de la industria del salmón, sino también de actores locales capaces de liderar transformaciones en el territorio.

La identidad cultural no está relacionada con las estrategias de vida asumidas por los hogares de Chiloé. Con la expansión de la industria, han llegado nuevas familias a la isla que han adoptado, sin mayor problema, el conjunto de prácticas tradicionales que representan la identidad cultural de Chiloé. En este sentido, la identidad es un activo de la sociedad chilota que mejora o facilita el capital social del territorio. La identidad cultural contribuye a mejorar la confianza y los lazos sociales dentro del territorio (hipótesis 3). Por lo tanto, podría contribuir a fortalecer instituciones y coaliciones que lideren los procesos de desarrollo económico inclusivo. No obstante, dicha identidad no es un activo que la sociedad chilota utilice para sostener estrategias de desarrollo económico local.

Finalmente, en la investigación sale a la luz un proceso de crecimiento económico altamente vulnerable, carente de estrategias que fortalezcan la sociedad local de manera armónica y en el que no se ha cuidado ni el entorno social, ni el natural, ni el patrimonio histórico. La coalición que sustenta la industria del salmón está conformada por actores extraterritoriales que aprovechan el capital político que han logrado acumular gracias a los miles de empleos generados por la industria en el territorio, para imponer una estrategia de desarrollo centrada en el salmón.

Esta coalición, que durante veinte años ha sido muy exitosa, ha sido incapaz de internalizar los costos ambientales. La naturaleza ha cobrado su factura; la crisis sanitaria obligó tanto a la industria como al gobierno a tomar medidas correctivas. Con dichas medidas es muy probable que resuelvan el problema inmediato. Sin embargo, esta coalición "dominadora" incuba su próxima crisis, esta vez, social. Seguir liderando una industria mundial sin mirar el territorio, su rica historia cultural, su belleza natural y su gente, y sin entender que el crecimiento de la industria tiene una paradoja local que resolver, es mantener la vulnerabilidad latente. Para que el salmón siga siendo importante, no solo para la industria, sino también para el país, se debe mirar a Chiloé.

Contribuir a que otras estrategias económicas se fortalezcan, colaborar para que el ambiente no solo sirva a los salmones, sino también al turismo y la pesca artesanal, apoyar la rica historia cultural para que las gentes del territorio se sientan orgullosas de su patrimonio y que este sea fuente de empleos y riqueza para la sociedad local, son caminos posibles para ir desde el crecimiento económico de hoy hacia el desarrollo que buscamos para mañana.

Referencias citadas

Aghion, Philippe y Peter Howitt. 1998. *Endogenous Growth Theory*. Cambridge, MA: MIT Press.

Alvial, Adolfo. 1995. La zona costera en Chile: presente y futuro. En *Seminario Internacional La Zona Costera en Chile: Presente y Futuro*. Santiago de Chile: Fundación Chile.

Auyero, Javier. 2001. *La política de los pobres: las prácticas clientelistas del peronismo*. Buenos Aires: Manantial.

Arfani, Filippo y Cristina Mora (eds.).1998. *Typical and Traditional Products: Rural Effect and Agroindustrial Problems.* Actas del seminario 52 de la European Association of Agricultural Economics realizado en Parma, Italia en 1997. Università di Parma, Istituto di Economia Agraria e Forestale.

Barret, Gene, Mauricio Caniggia y Lorna Read. 2002. There are More Vets than Doctors in Chiloé: Social and Community Impact of the Globalization of Aquaculture in Chile. *World Development* vol. 30, núm. 11: 1951-1965.

Barton, Jonathan. 1998. Salmon Aquaculture and Chile's, Export-Ledeconomy. *Norwegian Journal of Geography* vol. 52, núm. 1: 37-47.

Bebbington, Anthony *et al.* 2007. Los movimientos sociales frente a la minería: disputando el desarrollo territorial andino. En: *Territorios rurales: movimientos sociales y desarrollo territorial rural en América Latina.* Santiago de Chile: Rimisp.

Birner, Regina, Neeru Sharma y Nethra Palaniswamy. 2006. *The Political Economy of Electricity Supply to Agriculture in Andhra Pradesh and Punjab*. Washington DC: IFPRI.

Bourdieu, Pierre. 2001. The forms of Capital. En: Mark Granovetter y Richard Swedberg, *The Sociology of Economic Life,* 2da. ed. Boulder, CO.: Westview Press, 96-111.

Bowen, Sara y Ana Valenzuela. 2009. Geographical Indications, Terroir, and Socioeconomic and Ecological Sustainability: The Case of Tequila. *Journal of Rural Studies,* vol. 25, núm.1 (enero): 108-119.

Durston, John. 2003. Superación de la pobreza, capital social y clientelismos locales. Ponencia presentada en Seminario Capital Social y Programas de Superación de la Pobreza: Lineamientos para la Acción, organizado por CEPAL, 10 y 11 de noviembre, en Santiago de Chile.

Durston, John *et al.* 2005. *Comunidades campesinas, agencias públicas y clientelismos políticos en Chile.* Santiago de Chile: LOM.

ENCLA. 2004. *Encuesta Laboral 2004. Relaciones de trabajo y empleo en Chile.* Santiago de Chile: Departamento de Estudios, Dirección del Trabajo.

Grenier, Philippe. 1984. *Chiloé et les chilotes - Marginalité et dépendance en Patagonie Chilienne.* Paris, Francia: Editorial EDISUD.

Ibáñez, Jesús. 1979. *Más allá de la sociología.* Madrid: Siglo XXI.

Izuka, Michiko. 2004. Organizational Capability and Export Perfomance: the Salmon Industry in Chile. Ponencia presentada en DRUID Winter Conference realizada del 22 al 24 de enero en Dinamarca.

Katz, Jorge. 2006. Salmon Farming in Chile. En *Technology, Adaptation, and Exports. How some Developing Countries Got it Right,* editado por Vandana Chandra. Washington DC: Banco Mundial.

Katz, Jorge y Carmen Contreras. 2009. Desarrollo local, convergencia con exclusión social y teoría económica. Santiago de Chile: Rimisp, Programa Dinámicas Territoriales Rurales, documento de trabajo núm. 34.

Krugman, Paul. 1995. *Development, Geography and Economic Theory.* Cambridge, MA: MIT Press.

Mansilla, Sergio. 2006. Chiloé y los dilemas de su identidad cultural ante el modelo neoliberal chileno: la visión de los artistas e intelectuales. *Alpha: revista de artes, letras y filosofía* núm. 23: 9-36.

Millennium Ecosystem Assessment. 2003. *Ecosystems and Human Well-Being: a Framework for Assessment.* Washington DC: Island Press.

Modrego, Félix, Eduardo Ramírez y Andrea Tartakowsky. 2008. La heterogeneidad espacial del desarrollo económico en Chile: radiografía a los cambios en bienestar durante la década de los 90 por estimaciones en áreas pequeñas. Santiago de Chile: Rimisp, Programa Dinámicas Territoriales Rurales, documento de trabajo núm. 9.

Montecino, Sonia. 2003. *Mitos de Chile: diccionario de seres, magias y encantos*. Santiago, Chile: Editorial Random House, Mondadori y Sudamericana.

Montero, Cecilia. 2004. *Formación y desarrollo de un cluster globalizado: el caso de la industria del salmón en Chile.* Santiago de Chile: CEPAL, Serie Desarrollo Productivo.

Municipalidad de Castro. 2009. Plan de Desarrollo Comunal. Castro, Chiloé.

Ostrom, Elinor. 2005. *Understanding Institutional Diversity*. Princeton: Princeton University Press.

Pender, John. 2004. Development Pathways for Hillsides and Highlands: some Lessons from Central America and East Africa. *Food Policy* núm. 29: 339-367.

Ranaboldo, Claudia y Alexander Schejtman eds. 2008. *El Valor del patrimonio cultural. Territorios rurales, experiencias y proyecciones latinoamericanas*. Lima: Instituto de Estudios Peruanos y Rimisp, Territorios con identidad cultural.

Ramírez, Eduardo, Andrea Tartakowsky y Félix Modrego. 2009. La importancia de la desigualdad geográfica en Chile. Santiago de Chile: Rimisp, Programa Dinámicas Territoriales Rurales, documento de trabajo núm. 30.

Ramírez, Eduardo *et al.* 2009. Caracterización de los actores de Chiloé Central. Santiago de Chile: Rimisp, Programa Dinámicas Territoriales Rurales, documento de trabajo núm. 55.

Ray, Christopher. 1998. Culture, Intellectual Property and Territorial Rural Development. *Sociologia Ruralis* vol. 38, núm. 1: 3-20.

Rimisp. 2008. Investigación Aplicada de Dinámicas Territoriales Rurales en América Latina: Marco metodológico (versión 2). Santiago de Chile: Rimisp, Programa Dinámicas Territoriales Rurales, documento de trabajo núm. 2.

Ruben, Ruerd, John Pender y Arie Kuyvenhoven. 2007. *Sustainable Poverty Reduction in Less-favoured Areas*. Oxford, UK: CABI.

SalmonChile. 2008. Ficha Industria del Salmón núm. 10. Departamento de Estudios, SalmonChile. Puerto Montt.

Tregear, Angela. 2003. From Stilton to Vimto: Using Food History to Rethink Typical Products in Rural Development. *Sociologia Ruralis* vol. 43, núm. 2: 91-107.

Universidad de Chile. 2005. Estudio de Condiciones Laborales en la Industria del Salmón. http://www.salmonchile.cl/files/CondicionesLaborales_2005.pdf (acceso: enero de 2011).

Van Dijk, Teun Adrianus. 1998. *Discurso y poder. Contribuciones a los Estudios Críticos del Discurso*. Traducción de Alcira Bixio. Barcelona: Gedisa.

Valenzuela, Arturo. 1977. *Political Brokers in Chile: Local Government in a Centralized Polity*. Durham, NC: Duke University.

Winter, Sidney G. y Richard R. Nelson. 1982. *An Evolutionary Theory of Economic Change*. EE.UU.: University of Illinois at Urbana-Champaign's Academy for Entrepreneurial Leadership Historical Research Reference in Entrepreneurship http://ssrn.com/abstract=1496211 (acceso: noviembre de 2010).

Reseñas biográficas

Ricardo Abramovay. Doctor en Filosofía por la Universidad Estatal de Campinas. Profesor titular de la Facultad de Economía y Administración de la Universidad de San Pablo y coordinador del Núcleo de Estudios Socioambientales.

Daniela Acuña. Magíster en Medio Ambiente y Desarrollo por el *King's College*, Londres; médica veterinaria por la Universidad de Chile. Investigadora del programa Dinámicas Territoriales Rurales de Rimisp.

Francisco Aguirre. Ingeniero agrónomo y economista agrario. Investigador del programa Dinámicas Territoriales Rurales de Rimisp, a cargo de la línea de desarrollo de capacidades. Secretario ejecutivo de la Red Latinoamericana de Extensión Rural. Ha prestado asesoría en temas de innovación en el sector rural y alimentario en diferentes países e instituciones. Desde 2004, fue director ejecutivo de Consultoría Profesional Agraria.

Marcela Alvarado. Estudió Ingeniería en Geografía y Desarrollo Sustentable con mención en Ordenamiento Territorial en la Pontificia Universidad Católica del Ecuador. Colaboró en los procesos de manejo autónomo del territorio de la Federación de Pueblos Kichwas de la sierra norte del Ecuador.

Diego Andrade. Ingeniero en Geografía y Desarrollo Sustentable con mención en Ordenamiento Territorial por la Pontificia Universidad Católica del Ecuador. Ha sido coordinador nacional del proyecto de elaboración de un sistema georreferenciado para la Cruz Roja Ecuatoriana.

Mariana Aquilante Policarpo. Estudiante de doctorado del Programa de Posgrado en Sociología Política de la Universidad Federal de Santa Catarina, Brasil. Forma parte del equipo del programa Dinámicas Territoriales Rurales y DTR-IC. Investiga temas de desarrollo territorial sustentable, co-gestión adaptativa de los recursos naturales de uso común y agricultura agroecológica.

María Alejandra Arias. Economista de la Universidad de los Andes, Colombia. Asistente de investigación en el Centro de Estudios Económicos sobre Desarrollo Económico de la Facultad de Economía de la Universidad de los Andes. Se ha concentrado en el estudio de temas de desarrollo microeconómico.

Anthony Bebbington. Magíster y Ph.D en Geografía por la Universidad de Clark, EE.UU. Profesor de Ambiente y Sociedad y director de la Escuela de Posgrados en Geografía de esa Universidad. Investigador del Consejo de Investigaciones Económicas y Sociales del gobierno británico; investigador asociado del Centro Peruano de Estudios Sociales; profesor asociado de la Universidad de Manchester. Miembro de la Academia de Ciencias Nacionales de EE.UU. Sus investigaciones se enfocan en: estrategias de vida y pobreza rural; ONG y movimientos sociales; industrias extractivas, conflictos sociales y desarrollo territorial.

Javier Becerril García. Doctor en Economía Agrícola por la Universidad de Kiel, Alemania. Magíster en Economía Ecológica por la Universidad Autónoma de Barcelona. Magíster en Urbanismo, Economía y Ambiente por la Universidad Nacional Autónoma de México. Profesor investigador de la Facultad de Economía de la Universidad Autónoma de Yucatán.

Julio A. Berdegué. Ph.D en Ciencias Sociales por la Universidad de Wageningen, Holanda. Investigador principal de Rimisp y coordinador del programa Dinámicas Territoriales Rurales. Ha publicado numerosos artículos en revistas internacionales, libros y ediciones especiales de revistas científicas.

Diana Bocarejo. Magíster en Ciencias Sociales y Ph.D en Antropología Social por la Universidad de Chicago. Docente de la Escuela de Ciencias Humanas de la Universidad del Rosario, Colombia. Sus principales áreas de interés son la antropología política y jurídica, y los estudios sociales del espacio.

Wladymir Brborich. Ingeniero Eléctrico por la Escuela Politécnica Nacional, Ecuador. Diplomado Superior en Gestión Administrativa por la Universidad Tecnológica Indoamérica, Ecuador. Trabajó en el procesamiento de indicadores para la construcción de los mapas de pobreza del programa Dinámicas Territoriales Rurales de Rimisp y en el desarrollo del Sistema Integrado de Indicadores Sociales del Ecuador.

Gloria Camacho. Magíster en Ciencias Sociales y Género por la FLACSO, sede Ecuador. Ha realizado investigaciones y participado en programas de capacitación en temas de género y desarrollo, derechos, violencia hacia la mujer y en migraciones. Ha sido directora del Centro de Planificación y Estudios Sociales, CEPLAES.

Diego Carrión. Magíster en Estudios Culturales de Comunidades. Diplomado en Trabajo Comunitario Integrado y en Didáctica de la Educación Superior. Profesor de Economía Política en la Facultad de Ciencias Económicas de la Universidad Central del Ecuador. Ha investigado sobre historia de comunidades y desarrollo rural.

Rafael E. Cartagena. Magíster y Doctor en Ciencias Sociales por la FLACSO, sede Costa Rica. Investigador en la Fundación Prisma especializado en Sociología Ambiental. Ha trabajado en investigaciones sobre desarrollo sostenible, conflictos socioambientales, movimientos sociales y medios de comunicación.

Sinda Castro. Ingeniera agrónoma. Magíster en Desarrollo Rural por la Universidad Nacional de Loja, Ecuador. Ha trabajado con ONG y organizaciones campesinas de la provincia de Loja en gestión comunitaria de recursos naturales y fortalecimiento organizativo. Forma parte del comité técnico de la Red Agroecológica de Loja.

Claire Cerdan. Doctora en Geografía Humana, Económica y Regional por la *Université de Paris Nanterre*. Investigadora del Centro de Cooperación Internacional en Investigación Agronómica para el Desarrollo. Desde 2007 coordina las investigaciones del programa Dinámicas Territoriales de Rimisp y DTR-IC en Santa Catarina. Desde 2004, es investigadora visitante y docente de la Universidad Federal de Santa Catarina, Brasil.

Manuel Chiriboga. Diploma en Economía del Desarrollo en el Instituto de Países en Vías de Desarrollo y sociólogo de la Universidad Católica de Lovaina, Bélgica. Investigador principal del programa Dinámicas Territoriales Rurales de Rimisp desde 2007. Profesor de la Universidad Andina Simón Bolívar, sede Ecuador. Ha publicado libros y artículos sobre temas de historia económica, agricultura y desarrollo rural, ONG y movimientos sociales.

Juan Pablo Chumacero. Magíster en Estudios Latinoamericanos por la Universidad Andina Simón Bolívar, sede Ecuador. Desde el año 2000, trabaja en la Fundación Tierra en Bolivia. Investiga sobre temas de tenencia y acceso a la tierra, derechos indígenas, desarrollo rural y seguridad alimentaria.

Guido Cortez. Sociólogo por la Universidad de Buenos Aires, Argentina. Diplomado en Pedagogía. Desde 2005 es director del Centro de Estudios Regionales para el Desarrollo de Tarija, Bolivia.

João Fábio Diniz. Candidato al doctorado en Sociología por el Instituto de Relaciones Internacionales de la Universidad de San Pablo. Trabaja en la Fundación Karnig Bazarian de Brasil y como colaborador en el *Centro Brasileiro de Análise e Planejamento.*

María do Carmo D'Oliveira. Magíster en Extensión Rural y Desarrollo Local por la Universidad Federal Rural de Pernambuco, Brasil. Técnica del Proyecto Dom Helder Camara, del Ministerio de Desarrollo Agrario. Investiga sobre la participación de la agricultura familiar en dos programas: Adquisición de Alimentos y Alimentación Escolar. Su tema principal de investigación es la condición de género en el desarrollo.

Javier Escobal. Magíster por la Universidad de Nueva York y Ph.D en Desarrollo Económico por la Universidad de Wageningen, Holanda. Investigador principal del Grupo de Análisis para el Desarrollo en temas de desarrollo rural, pobreza y economía agrícola. Investigador principal para el Perú del proyecto "Niños del Milenio".

Alejandra Pamela España Paredes. Antropóloga por la Universidad Autónoma de Yucatán, México. Asistente de investigación en la Unidad de Ciencias Sociales del Centro de Investigaciones Regionales Dr. Hideyo Noguchi dedicha Universidad.

Arilson Favareto. Sociólogo. Doctor en Ciencia Ambiental por la Universidad de San Pablo, Brasil. Profesor del Programa de Maestría en Planificación y Gestión del Territorio de la Universidad Federal ABC. Colaborador del Núcleo de Economía Socioambiental de la Universidad de San Pablo y del Núcleo Ciudadanía y Desarrollo del *Centro Brasileiro de Análise e Planejamento.*

Ivett Liliana Estrada Mota. Magíster en Investigación Educativa por la Facultad de Educación de la Universidad Autónoma de Yucatán, México. Asistente de investigación en la Unidad de Ciencias Sociales del Centro de Investigaciones Regionales Dr. Hideyo Noguchi de la misma Universidad. Investiga sobre los temas de: implementación de políticas públicas educativas, derechos de niños, niñas y adolescentes, y género.

Ignacia Fernández. Doctora en Sociología por la Universidad de Barcelona. Socióloga y Magíster en Ciencia Política por la Universidad de Chile. Investigadora de Rimisp, profesora de las Maestrías en Gestión y Políticas Públicas de la Universidad de Chile y en Gestión Pública y Desarrollo Regional y Local de la Universidad de Los Lagos, Chile.

Manuel Fernández. Magíster en Economía por la Universidad de los Andes en Colombia. Consultor del Banco Mundial en proyectos de investigación sobre economía laboral y movilidad social. Asistente de investigación del Centro de Estudios sobre Desarrollo Económico, Universidad de Los Andes, Bogotá.

Rosario Fraga. Ingeniera Química por la Universidad Central del Ecuador. Ha trabajado en la Universidad Andina Simón Bolívar, sede Ecuador procesando y analizando encuestas de hogares, y en el procesamiento estadístico para la construcción de los mapas de pobreza del Ecuador.

Paulo Freire Vieira. Doctor en Ciencia Política por la Universidad de Munich, Alemania. Profesor titular del Programa de Posgrado en Sociología Política de la Universidad Federal de Santa Catarina, Brasil. En esta Universidad coordina el Núcleo Transdisciplinar de Medio Ambiente y Desarrollo. Investigador del Consejo Nacional de Desarrollo Científico y Tecnológico.

Ileana Gómez. Estudios de Doctorado en Sociología y Cultura en la Universidad de Alicante y Magíster en Ciencias Sociales por la FLACSO, sede México. Coordinadora *pro tempore* de la Fundación Prisma. Ha investigado sobre movimientos sociales, conflictos socioambientales, gestión territorial rural, medios de vida rurales, turismo y desarrollo territorial.

Ligia Ivette Gómez. Magíster en Economía y Desarrollo en un programa centroamericano de la Universidad de Amberes, Bélgica, con la UCA de Nicaragua. Desde 1995 se ha desempeñado como investigadora de Nitlapan-UCA. Se ha especializado en estudios sobre programas de desarrollo, nueva ruralidad, desarrollo territorial y medios de vida sostenibles.

Raúl Hernández Asensio. Historiador. Doctor en Filosofía y Letras por la Universidad de Cádiz, España. Magíster en Estudios Latinoamericanos por la Universidad Internacional de Andalucía (Huelva, España) y por la Universidad Andina

Simón Bolívar, sede Ecuador. Es investigador del Instituto de Estudios Peruanos con sede en Lima.

Leonith Hinojosa. Economista. Ph.D en Medio Ambiente y Desarrollo por la Universidad de Manchester. Investigadora en el Departamento de Geografía de la *Open University* y asociada a la Escuela de Medio Ambiente y Desarrollo de la Universidad de Manchester. Investiga y publica sobre temas de economía del desarrollo y geografía económica con énfasis en los países andinos.

Patric Hollenstein. Magíster en Estudios Políticos por la FLACSO, sede Ecuador. Asistente de investigación en la Universidad Andina Simón Bolívar, sede Ecuador.

Ana María Ibáñez. Magíster y Ph.D en Economía Agrícola y de los Recursos Naturales por la Universidad de Maryland en *College Park*. Profesora asociada de la Facultad de Economía de la Universidad de los Andes, Colombia. Directora del CEDE, Colombia. Los temas principales de sus investigaciones se refieren a: análisis microeconómico del conflicto, los costos económicos del crimen y del conflicto, las causas y consecuencias del desplazamiento forzoso.

Esteban Jara. Ingeniero Agrónomo. Magíster en Economía Agraria por la Universidad Católica de Chile. Investigador del Departamento de Economía Agraria de dicha Universidad. Consultor de Rimisp y del Consejo Nacional para la Innovación y la Competitividad. Sus investigaciones tratan temas como el del mercado de aguas, políticas agrarias en Chile y América Latina, mercados agrícolas y desarrollo rural.

Christian Jaramillo. Magíster y Ph.D en Economía por la Universidad de Michigan en Ann Arbor. Físico e Ingeniero Mecánico de la Universidad de los Andes, Colombia. Subdirector del Departamento Administrativo Nacional de Estadística, Colombia. Profesor en la Universidad de los Andes. Sus temas de interés son la economía pública: tributación, políticas públicas y cooperación.

Jessica Kisner. Antropóloga por la Universidad de los Andes, Colombia. Trabaja en una empresa de paisajismo con enfoque social. Sus temas de interés son el diseño de ciudades, estudios ambientales, estudios territoriales, urbanismo y minorías.

Renato Landín. Magíster en Informática por la Universidad Andina Simón Bolívar, sede Ecuador. Profesor agregado y jefe de la Unidad de Informática de la Universidad Andina Simón Bolívar desde 1997. Especialista en estadística, técnicas cuantitativas, indicadores sociales, tipologías y procesamiento de datos.

Ana Isabel Larrea. Estudió Economía en la Universidad de Trent, Canadá. Asistente de investigación en la Universidad Andina Simón Bolívar, sede Ecuador. Ha trabajado para instituciones públicas, no gubernamentales e internacionales en modelamiento matemático aplicado a las ciencias sociales. Contribuyó a construir el Observatorio Laboral y la Unidad de Investigación Socioambiental en la Universidad Andina Simón Bolívar, sede Ecuador.

Carlos Larrea. Ph.D en Pensamiento Social y Político por la Universidad de York, Canadá con estudios posdoctorales en salud y nutrición por la Universidad de Harvard, EE.UU., y estudios especializados en investigación cuantitativa en la Universidad de Michigan, EE.UU. Magíster en Ciencias Sociales por la Fundación Bariloche, Argentina. Es profesor e investigador de la Universidad Andina Simón Bolívar, sede Ecuador, y profesor de la Universidad Central del Ecuador.

Julie Claire Macé. Magíster en Administración Pública por la Universidad de Cornell, EE.UU. Fue investigadora y consultora en estudios de caso del programa Dinámicas Territoriales Rurales de Rimisp, particularmente sobre la influencia de los sistemas de género en el desarrollo territorial.

Paola Maldonado. Estudió Ingeniería Geográfica y Medio Ambiente en la Escuela Politécnica del Ejército, Ecuador. Investigadora asociada del Sistema de Investigación de la Problemática Agraria del Ecuador. Forma parte del equipo de capacitadores del Consorcio Camaren. Trabaja en temas socioambientales en ONG, instituciones académicas y organismos de cooperación.

Silvia Matuk. Psicóloga por la Universidad Nacional de Colombia, sede Bogotá. Ha trabajado temas sobre el conflicto armado en Colombia.

Jimena Méndez Navarro. Economista y Magíster en Demografía por el Colegio de la Frontera Norte, México. Ha trabajado temas de migración internacional de menores, evaluación de programas gubernamentales, y políticas públicas de desarrollo rural.

Félix Modrego. Magíster en Economía Agraria por la Universidad Católica de Chile y candidato al doctorado en Economía Regional por la Universidad de Groningen, Holanda. Investigador del programa Dinámicas Territoriales Rurales de Rimisp. Sus investigaciones se concentran en los temas de desarrollo territorial, desigualdad y pobreza, economía ambiental y de los recursos naturales, y evaluación de programas públicos.

Pablo Ospina Peralta. Magíster en Antropología por la Universidad Iberoamericana de México DF. Profesor del área de Estudios Sociales y Globales de la Universidad Andina Simón Bolívar, sede Ecuador. Investigador del Instituto de Estudios Ecuatorianos. Se ha especializado en los temas de movimientos sociales, historia y antropología de los pueblos indígenas, políticas ambientales y políticas agrarias.

Leticia Paredes Guerrero. Magíster en Antropología Social por el Colegio de Michoacán, México, y candidata al doctorado en Antropología por la Universidad Nacional Autónoma de México. Profesora investigadora de la Unidad de Ciencias Sociales del Centro de Investigaciones Regionales Dr. Hideyo Noguchi de la Universidad Autónoma de Yucatán. Responsable de varios proyectos de investigación relacionados con la participación política de la mujer.

José Poma. Coordinador del Centro de Investigación y Apoyo al Desarrollo Local-Regional de la Universidad Nacional de Loja, Ecuador. Ha realizado diagnósticos socioeconómicos y estudios de planificación en subcuencas y sistemas de riego en la provincia de Loja, así como de procesos de gestión local en esta provincia y en la de Zamora Chinchipe, Ecuador.

Carmen Ponce. Magíster en Economía por la Universidad de Texas, en Austin, EE.UU. Investigadora asociada del Grupo de Análisis para el Desarrollo, en Lima. Ha investigado sobre temas de desarrollo rural, pobreza y economía agrícola, trabajo infantil y adolescente.

Bruno Portillo. Ingeniero en Ciencias de Alimentos por la Universidad Nacional Agraria La Molina, en Lima. Asistente de investigaciones internacionales sobre enfermedades de transmisión sexual. Está especializado en estudios sobre ecología política posestructuralista de sistemas agroalimentarios y economías extractivas.

Julian Quan. Sociólogo. Magíster en Gestión Ambiental y candidato a Ph.D por la Universidad de Greenwich, Inglaterra. Investigador principal del *Natural Resources Institute* de esta Universidad. Su trabajo de investigación se concentra en temas de tenencia de la tierra, gestión de recursos naturales, desarrollo territorial y en la implementación de programas de desarrollo económico rural.

Mariela Ramírez. Ingeniera Agrónoma con un Diplomado en Políticas Públicas por la Pontificia Universidad Católica de Chile. Asistenta de investigación del programa Dinámicas Territoriales Rurales de Rimisp.

Eduardo Ramírez. Magíster en Economía Agrícola por la Pontificia Universidad Católica de Chile. Ingeniero agrónomo por la Universidad Austral de Chile. Desde 1992 es investigador de Rimisp. Profesor invitado en universidades chilenas y extranjeras. Sus temas de interés son el estudio de las sociedades rurales y su transformación económica desde la óptica de los procesos sociales, los arreglos institucionales, el cambio técnico y las estrategias de vinculación a mercados.

Helle Munk Ravnborg. Ph.D en Planificación Ambiental y Estudios Sociales por el Centro Universitario Roskilde, Dinamarca. Investigadora principal del Instituto Danés de Estudios Internacionales, donde coordina la unidad de investigación sobre recursos naturales y pobreza. Su investigación está enfocada en el acceso a los recursos naturales y la gobernanza en un contexto de inequidad.

Lorena Rodríguez. Licenciada en Estudios Internacionales con mención en Ciencias Políticas por el *College of St. Scholastica,* Minnesota, EE.UU. Investigadora en REDES-Amigos de la Tierra, Uruguay, en el área de soberanía alimentaria. Participó en publicaciones sobre la industria de los agrocombustibles y la soja en América Latina.

Alicia Ruiz Olalde. Doctora en Economía Agraria por la Universidad de Campinas, San Pablo. Profesora de la Facultad de Agronomía de la *Universidade Federal del Recôncavo Bahiano,* Brasil, donde es también miembro del consejo académico. Sus principales temas de investigación son: producción campesina, reforma agraria y desarrollo territorial.

Alejandra Santillana. Socióloga. Coordinadora de proyectos realizados por la Fundación Rosa Luxemburgo en Ecuador y Colombia.

Valdirene Santos Rocha Sousa. Geógrafa con Magíster en Cultura, Memoria y Desarrollo Regional de la *Universidade Estadual da Bahía.* Trabaja como profesora de la red municipal y es vicegestora de la red estatal de educación.

Alexander Schejtman. *B. Litt* en Economía por la Universidad de Oxford e Ingeniero Comercial con mención en Economía por la Universidad de Chile. Desde 2002, es investigador principal de Rimisp. Trabaja sobre temas de economía campesina, agricultura de contrato, economía política de los sistemas alimentarios y de la seguridad alimentaria, desarrollo rural y desarrollo territorial rural.

Valeria Serrano Cote. Magíster en Economía por la Universidad de las Américas en Puebla, México. Asistente de investigación en el Centro de Estudios Económicos del Colegio de México. Sus temas de interés son la economía agrícola y la educación.

Ana Lucía Torres. Magíster en Estudios de Género por El Colegio de México. Trabaja como asesora en el Ministerio de Coordinación de la Política Económica del Ecuador.

Carolina Trivelli. Magíster en Economía Agraria por Universidad Estatal de Pennsylvania, EE.UU., y Bachiller en Ciencias Sociales con mención en Economía por la Pontificia Universidad Católica del Perú. Investigadora principal del Instituto de Estudios Peruanos. Desde el 2011, Ministra de Inclusión Social y Desarrollo de Perú.

Rodrigo Yáñez. Antropólogo Social por la Universidad de Chile. Asistente de investigación de Rimisp, donde participó en estudios sobre temas indígenas, dinámicas territoriales rurales y evaluación de proyectos.

Antonio Yúnez Naude. Ph.D en Economía por la Escuela de Economía de la Universidad de Londres. Profesor investigador a tiempo completo y director del Centro de Estudios Económicos de El Colegio de México. Especialista en desarrollo económico y comercio internacional, con énfasis en el sector rural y agropecuario, en la emigración, la pobreza y los recursos.

Índex

A

B

C

D

E

F

G

I

J

L

M

N

O

P

R

S

T

U

V

Y